D1720072

Die Deutsche Bibliothek

CIP-Einheitsaufnahme

Klaus-Peter Pakert

Die Feinstwaage der Seele ⌐ Ursachen und Therapie aller Suchtkrankheiten

Die Goldwaage (2)

Akropolis-Verlag München 1998

© Akropolis-Verlag Vanadis Schäfer München 1998

Lektorat: Dr. Karl Friedrich Schäfer

Titelgestaltung: Manfred Kirschner

Druck: Alois Erdl KG, Trostberg

ISBN 3-929528-67-2

Klaus-Peter Pakert

Die Feinstwaage der Seele
Ursachen und Therapien aller Suchtkrankheiten
Die Goldwaage (2)

AKROPOLIS

INHALT

INHALT

INHALT

Abkürzungen und Erklärungen

ADH =	Alkoholdehydrogenase
Elt-Ich =	Eltern-Ich
Erw-Ich =	Erwachsenen-Ich
GB =	Grundbedürfnisse
GeB =	Gesamtbewußtsein
Ki-Ich =	Kindheits-Ich
sk =	suchtkrank
SK =	Suchtkrankheit
Sk =	Suchtkranker, der Suchtkranke
TB =	Tagesbewußtsein
UB =	Unterbewußtsein, Unbewußtses

Warum akzeptieren wir das Wort Unterbewußtsein?
1.) Weil es unter dem Tagesbewußtsein anzusiedeln ist.
2.) Es ist nachrangig, obwohl es die meisten automatisch ablaufenden Vorgänge des Körpers übernimmt.
3.) Es ist unterwürfig dem TB gegenüber, weil es ein Ja-Sager ist, kritiklos alle ankommenden Informationen annehmen muß.
4.) Unterbewußtsein auch deshalb, weil wir Menschen uns unten Dunkelheit vorstellen können und unser Unterbewußtsein hauptsächlich im Dunkeln, Nicht-Greifbaren, Unklaren arbeitet.

Warum verwende ich das Wort Tagesbewußtsein?
Das Tagesbewußtsein benenne ich so, weil es alle bewußten Denk- und Handlungsvorgänge in uns bestimmt. Dies geschieht überwiegend in unserer Wachphase, also im Regelfall am Tag.
Selbst, wenn es in der Nacht anfängt zu denken, erscheint es in mir, also ob es hell wird, so daß ich eher das Gefühl habe, mehr im Tag als in der Nacht zu sein.

Vorwort
von Peter Germann,
Vizepräsident und Fachfortbildungsleiter
Bund deutscher Heilpraktiker e. V.

Mit "Die Goldwaage II" stellt der Kollege Klaus-Peter Pakert sein zweites Buch vor. Aufbauend auf seinem ersten Werk, befaßt sich dieses mit den Ursachen und Therapien von Suchtkrankheiten.

Als Oberbegriff wählt er das Wort "Hörigkeit". Jeder Suchtkranke ist auch hörig-keitskrank. Übertriebenes Streben nach Liebe und Anerkennung führt zur Vernachlässigung der eigenen Persönlichkeit. Dies führt schnell in die Isolation, und so werden Ersatzhandlungen begangen, wobei auch Suchtmittel eingesetzt werden.

Ein weiterer Faktor ist "Angst"; mit diesem arbeitet unser gesamtes Gesellschaftssystem: Angst, die Arbeit zu verlieren; Angst, zu versagen; Angst, den sozialen Standard nicht halten zu können. Aber auch die Angst vor Krankheit und Tod, letzteres ist ja das große Tabuthema unserer Gesellschaft.

In der Werbung, einem Spiegelbild unserer Verhaltensweisen, wird das Alter immer als kraftvoll, dynamisch, unternehmungslustig und abgesichert dargestellt - Gebrechen und Tod fehlen völlig.

Im allgemeinen Überfluß gibt es auch die Angst, zu wenig zu bekommen.

Dies wird mit exzessivem Konsumieren kompensiert - auch mit Suchtmitteln.

Diese Angst kann auch auf die andere Seite schlagen: Ich habe Angst, es reicht nicht. Hier entwickelt sich dann häufig eine Persönlichkeit, die sich nie etwas gönnt und alles zurückstellt.

Diese sozio-kulturellen Einflüsse sind mitverantwortlich für Suchtkranken-verhalten.

Ebenso kann das Zusammenbrechen dieser Struktur zur Suchtkrankheit führen, wie wir es bei Völkern sehen, deren Kulturen durch unsere Strukturen überdeckt worden sind, z.B. bei den Indianern oder Eskimos. Diese Entwurzelung (= fehlende Erdung im wahrsten Sinne des Wortes) führt zur inneren Leere, es ist keine Zugehörigkeit mehr zu erkennen und der Suchtkrankheit damit Tür und Tor geöffnet.

Ich möchte ohne Einschränkung sagen, daß unsere Gesellschaftsstruktur krank ist.

Dies führt zwangsläufig zu falschen Informationen, das ergibt wiederum falsche Ergebnisse, und es folgen falsche Handlungen.

Wieso kommen andere Kulturen, die mit Rauschdrogen im religiösen und spirituellen Bereich arbeiten, damit bestens klar, wir aber nicht (siehe Drogenentwicklung von den sechziger Jahren bis heute)?

Die Gründe sind folgende: Wir fangen, nach unseren erlernten Mustern, sofort an zu konsumieren, oder versuchen, weil wir die Ambition im Leben nicht finden, also aus Unzufriedenheit, uns zu betäuben.

Diese vermeintliche "Lust am Leiden" entsteht aus einem falsch verstandenen Handlungsbedarf: Bevor ich depressiv nichts tue, werde ich lieber aktiv, schaffe Ersatz, auch, wenn dies meine Lage noch verschlechtert. Bevor ich nichts tue (= Stillstand, = Tod), ergehe ich mich lieber in Ersatzhandlungen. Zufriedenheit, innere Ruhe und Ausgeglichenheit liegen aber außerhalb des Konsums!

Der XIV. Dalai Lama schreibt zu dem Thema "Was Leiden verursacht":

"(So) verhält es sich mit Menschen, die nach dem Glück materiellen Reichtums streben. Sie raffen ein Vermögen zusammen und kämpfen darum...Ihre Leiden sind zahlreich:

1.) Sie leiden darunter, daß sie doch nicht soviel Schätze zusammentragen konnten, wie sie sich ursprünglich erträumt hatten.

2.) Dazu leiden sie darunter, daß sie ihren Reichtum nicht absolut sicher schützen können gegen Diebstahl, Verlust, Wertminderung (und) Mißwirtschaft...

3.) Sie leiden schließlich, weil ihr Eigentum zwangsläufig in andere Hände fallen wird, und sie sich eines Tages endgültig davon trennen müssen."

Hierunter fällt sämtliches Konsumverhalten sowie Beziehungssüchte, sowohl in der Partnerschaft, als auch im Eltern - Kindverhalten und auch das Anhäufen gesellschaftlicher Anerkennung.

Klaus-Peter Pakert will sein zweites Buch als Anleitung verstehen, wie jeder sein eigener Seelentherapeut werden kann. Untermauert wird dies alles mit autobiografischen Berichten. Dies Werk ist auch für Kinder gedacht, die schon lesen können.

Peter Germann (HP)
Dortmund, im August 1997

Einleitung

1.) Beschreibung des Buches durch den Autor

Lieber Leser,

Sie halten ein kompaktes Werk in Ihren Händen. Es sind unbedingt notwendige Informationen, die nur im Zusammenhang verstanden werden, aber sie bedeuten noch keine richtige Therapie. Bitte lesen Sie dieses Buch wie ein Fachbuch und nicht wie einen Roman. Die Anfänge müssen verstanden und regelrecht mitgenommen werden.

Wie ich schon sagte, hat dieses Buch nicht den Anspruch, eine Therapie zu sein, sondern soll aufklären und zeigen, wie falsch doch einige Informationen durch unsere Umwelt bisher verbreitet wurden.

Dieses Buch beschäftigt sich zum einen Teil mit der Hörigkeit, aber, und das ist das Besondere an diesem Buch, auch einmal ganz neu mit der menschlichen Seele. Einige Patienten kommen darin wieder zu Wort.

Ich habe es wieder einmal gewagt, die Seele in ihre Bestandteile zu zerlegen und den einzelnen Teilen bestimmte Aufgaben zuzuordnen: so funktioniert unsere Seele. Auf diese Überlegungen stützt sich auch das gesamte Erklärungssystem für Ursachen und Therapien bei Hörigkeiten = Suchterkrankungen. Dabei sollte jedoch immer jedem Leser klar sein, daß die Seele und der Körper im Leben eine Einheit bilden und alle Abläufe im Körper ein stetiges Zusammenspiel aller Komponenten sind.

Ich biete Ihnen meine Gedanken, Lösungsmöglichkeiten und grundsätzliche Überlegungen an. Gedanken, die sich jeder Mensch einmal macht, aber dabei selbst nicht auf Lösungsmöglichkeiten für sich gekommen ist. Oder er hat sich nicht getraut, Gedanken zuende zu denken.

Ebenso versuche ich Ihnen ausführlich zu erklären, worauf sich meine Aussagen und Überlegungen stützen.

Die vielen Wiederholungen und der Aufbau dieses Buches sind unbedingt notwendig, um unser Unterbewußtsein richtig zu schulen.

Dieses Buch, die Goldwaage II, enthält Informationen zum besseren Verstehen von sich selbst, der Umwelt und sich in der Umwelt. Wenn ich verstehe, bin ich nicht mehr ganz hilflos u. habe gleichzeitig zwei neue Möglichkeiten: 1.) Ich kann Verständnis haben oder 2.) ich kann dafür kein Verständnis haben.

Übertreibungen und Untertreibungen sind in unserer Gesellschaft normal. Diese sind aber auch Erziehungsfehler, aus denen über einen gewissen Zeitraum eine Suchtkrankheit entstehen kann und leider meistens auch wird.

Ich behaupte, daß die meisten Menschen in der Zivilisation in irgendeiner Form suchtkrank sind!

Energien verbrauchen sich nicht!
Nach dem *Newtonschen Lehrsatz* kann Energie weder aus dem Nichts entstehen, noch vernichtet werden. Es finden nur Umwandlungen in andere Energieformen statt.
Die Summe der Energien ist konstant.
Äquivalenz zwischen Masse und Energie! ($E = m \times c^2$)
Diese Gleichung folgt aus der speziellen Relativitätstheorie *(Einstein und Newton)* und ist eine Grundgleichung der Kernwissenschaften.

Ich habe versucht, die menschliche Seele einmal "wissen - schaftlich" (nach bestem Wissen und langen Erfahrungen) zu betrachten.
Es handelt sich also nicht um eine rein abgehobene, esoterische Abhandlung, sondern vielmehr um sachliche, nachvollziehbare Überlegungen; teils wissenschaftlich untermauert, teils noch nicht vollständig erforscht, mit denen ich die Zusammenhänge zwischen Körper, Seele und auftretenden Suchtkrankheiten erläutern möchte, wobei ich aber niemals den Anspruch der Vollständigkeit und ausschließlichen Richtigkeit erhebe. Es sind von mir gemachte Lebenserfahrungen, mit denen schon heute einige tausend Menschen glaubwürdig, selbstbewußt und zufrieden leben.
Somit dient dieses Buch nicht nur als Nachschlagewerk für bereits Betroffene, Suchtkranke und deren Angehörige, sondern soll auch zur Vorbeugung und zum besseren Verstehen aller Ursachen für Suchtkrankheiten hilfreich sein.
Meine These:
"Der Körper ist Materie, selbst unser Gehirn; doch die Seele ist ein Energiepotential, und Energien verbrauchen sich nicht!"

2.) Die Seele und ihre Grundbedürfnisse
Die Seele wird vom Patienten F aus verschiedenen Sichtweisen betrachtet und dem Leser zum besseren Verstehen von sich selbst angeboten.
Ändert sich die Sichtweise, ändert sich die Wahrheit.
Finden Sie, liebe Leser, zu Ihrer Wahrheit und zu Ihren neuen Werten, dann werden auch Sie für sich selbst wertvoller!
3.) Die Hörigkeit
Über Hörigkeiten als Suchtkrankheit wird ausführlich vom Patienten C berichtet.
4.) Die Suchtkrankheiten
Suchtkrankheiten werden im Zusammenhang mit Ursachen, Therapie und Konsequenzen ausführlich von der Patientin D dargestellt. Bei ihr war überwiegend das Ki-Ich erkrankt.
Der Therapieablauf ist bei allen Patienten verschieden, nur die Grundlagen dafür sind immer dieselben.

Warum Goldwaage II geschrieben wurde.

Goldwaage II wurde notwendig und ist geschrieben worden für alle Menschen, die etwas darüber lesen wollen, wie jeder mithelfen kann, eine Seele und deren Hörigkeit zu verstehen, eine Suchtkrankheit zum Stillstand zu bringen oder sogar sie zu verhindern.

Goldwaage II ist notwendig geworden, weil aus den Erkenntnissen der ersten Goldwaage über Ursachen und Therapie bei Suchtkrankheiten weitere Erkenntnisse sich zwangsläufig ergeben mußten.

Jeder Suchtkranke ist mit Sicherheit auch hörigkeitskrank !

Erst hat er, so wie fast alle Menschen, höriges Verhalten. Später, wenn er das richtige Maß für sich verloren hat, wird es zur selbständigen Krankheit. Diese Krankheit wird leider als solche nicht rechtzeitig erkannt, weil ein Suchtmittel (Alkohol, Drogen, Medikamente) entweder überwiegt oder ein solches nicht gefunden werden kann, derjenige noch zu jung ist oder wenn sein Verhalten nicht verstanden wird.

Sich Anerkennung und Liebe durch andere Menschen zu verschaffen, wobei sich derjenige immer mehr vernachlässigt, heißt Hörigkeit. Sie beginnt leider oftmals schon etwa im 8 Lebensjahr.

Also, nur Freude über andere, durch andere Menschen oder eine Sache zu haben, bedeutet Hörigkeit, weil jeder, der sich so verhält, sich selbst mit Sicherheit vernachlässigt.

Wer dieses Verhalten zeigt, verhält sich suchtkrank und wird im Laufe der Zeit immer schwächer. Er wird sich nicht mehr die richtige Liebe und Anerkennung geben können. Somit lebt er nach Jahren nur noch durch andere, über andere Menschen, eine Sache oder Suchtmittel. Daß dabei sein Freudenkonto immer leerer wird, fällt keinem auf. Diesem Verhalten muß Einhalt geboten werden, oder der Mensch stirbt sehr früh. Er nimmt sich das Leben oder macht sich mit einem Suchtmittel so kaputt, daß er zu früh stirbt.

Die Hörigkeit ist die häufigste Suchtkrankheit dieser Welt.

Warum ist das so?

Um das Beste aus unserem Leben machen zu können, müssen wir unsere Grundbedürfnisse zu unserer Zufriedenheit erfüllen. Wir streben fast immer im Leben an, Liebe, Freude und Anerkennung zu bekommen, aber auch glaubwürdig und geachtet wollen wir werden. Dabei über- oder untertreiben wir, und unsere Persönlichkeitsvernachlässigung bemerken wir nicht richtig.

" Liebe macht blind. "

Wir deuten dieses Streben leider anders, nur nicht als Über- oder Untertreibungen und auch nicht als Verständigungsschwierigkeiten.

Viele negative Ersatzhandlungen müssen begangen werden, wozu auch Suchtmittel gehören und eingesetzt werden, damit man sich wieder ein wenig aushalten und ertragen kann. Alles was wir in einem ungesunden Maß benutzen, macht krank. Alles, was wir in einem gesunden Maße nutzen, wenn wir es benötigen, macht gesund.

Das Aufspüren von Erziehungsfehlern und der vielen Verständigungsschwierigkeiten ist notwendig geworden oder sogar eine Pflicht, damit besser verstanden werden kann, in welcher kranken Gesellschaft wir mit unseren Kindern leben.

Das Wort hat keine richtige Gültigkeit und Bedeutung mehr. Traditionen verschieben sich, bis sie ganz verschwunden sind. Werte verändern sich bis zur Wertlosigkeit. Das führt zu Verständigungsschwierigkeiten, Verständigungsschwierigkeiten führen zu Suchtkrankheiten.

Aus krankhaftem Verhalten <u>kann</u> Krankheit entstehen. Es ist eine Frage der Zeit und der Katalysatoren.

" Ist unsere Gesellschaftsstruktur krank ? " " Ja !"

Falsche Informationen führen zu falschen Ergebnissen und falschen Handlungen. Wer falsch denkt und handelt, verwirklicht sich falsch und wird krank.

Goldwaage II ist geschrieben worden für alle Menschen, die helfen wollen:
- für alle Eltern, damit sie ihre Kinder besser verstehen,
- für alle Großeltern, damit sie ihre Enkelkinder besser verstehen,
- für alle Menschen, die sich selbst besser verstehen wollen,
- für alle Menschen, welche die Krankheitsentstehung besser verstehen wollen,
- für alle Menschen, die Hilfe benötigen,
- für alle Menschen, die auf der Suche nach Lösungsmöglichkeiten für sich selbst, für ihre Schwierigkeiten und Probleme sind,
- für alle Menschen, die verstehen und Hilfestellung leisten wollen,
- die Trost suchen, die sich alleingelassen fühlen,
- die sich nicht verstanden fühlen, die sich verständigen wollen,
- die andere verstehen wollen, die neue Erkenntnisse brauchen,
- die neue Hoffnung haben wollen,
- die Liebe suchen, die Anerkennung suchen,
- die Geborgenheit suchen, die Harmonie suchen,
- die ein bewußtes Leben führen wollen, die es überdrüssig sind, sich wie ein orientierungsloser, zielloser, hilfloser, nutzloser Mensch zu fühlen.

Mit meinen Überlegungen kann jeder Mensch sein eigener Seelen-Therapeut werden.

Eine einzigartige Sicht der Seele hält Einzug in unsere Herzen!

Eltern aufgepaßt! Dieses Wissen gehört in jede Familie, in jeden Haushalt, in jede Schule und in alle Freizeitgestaltungen.

Richtig erkannte Ursachen ergeben eine richtige Therapie.

Einige meiner Erkenntnisse der letzten 20 Jahre.

Ich habe erkannt.....ich kann.....jeder kann.....erkennen und nachvollziehen:
- Die Ursachen für alle Suchtkrankheiten.
- Die Ersterkrankung ist immer die eigene Hörigkeit und bei jeder SK zu finden.
- Die richtige - hilfreiche - Therapie bei allen Suchtkrankheiten.
- Der Kreis des richtigen Verstehens einer Suchtkrankheit hat sich geschlossen.

- Hilflosigkeit kann sich bessern durch Verstehen.
- Mit Unsicherheiten werden wir aber gut leben können.
- Solch eine Therapie ist für jeden Menschen geeignet.
- Sein eigener Seelen-Therapeut durch neue Informationen werden.
- Alle Suchtkranken bringen die gleichen Merkmale mit.
- Deshalb ist auch eine Therapie mit einem einheitlichen Therapieansatz hilfreich.
- Eine Hörigkeit ist auch nur eine Suchtkrankheit.
- **Höriges Verhalten ist in unserer Gesellschaft normal.**
- Aus hörigem Verhalten wird die manifeste Krankheit Hörigkeit.
- Verständigungsschwierigkeiten lösen einen inneren Druck aus. Dieser Druck wird durch Ersatzhandlungen geringer. So kann auch mein mir gefährliches Suchtmittel entfallen.
- Negative Ersatzhandlungen sind Suchtkrankenverhalten.
- Alles kann zum Suchtmittel werden, das bei Über- oder Untertreibungen krank macht.
- Alles kann Einstiegsdroge sein.
- Alles kann Katalysator sein.

Eine Suchtkrankheit ist bei einem Sk nie allein zu finden.
Wer suchtkrank geworden ist, hat mindestens drei Suchtkrankheiten:
Die Beziehungssuchtkrankheit, der falsche Kontakt.
Die Liebe zum jeweiligen Suchtmittel.
Das Suchtmittel selbst mit seinen Spielregeln.
Dreizehn Suchtkrankheiten kann sich jeder Mensch nur aneignen,
weil wir nur 13 Grundbedürfnisse haben und diese bei Über- oder Untertreibungen zur Krankheit, der Suchtkrankheit, führen.
Die Menschen sind unterschiedlich, die Krankheiten sind unterschiedlich,
die mitgebrachten Merkmale sind unterschiedlich,
die Therapiezeit ist unterschiedlich,
die Therapie selbst ist unterschiedlich, aber die Grundlagen sind gleich.
Der Mensch mit Körper und Seele muß akzeptiert - anerkannt werden.
Die Seele wird von mir aufgeteilt in fünf Teile, und den Teilen werden
eindeutige nachvollziehbare Aufgaben zugewiesen: "So funktioniert unsere Seele".
Eine Suchtkrankheit zu haben, sie zum Stillstand zu bringen, dauerhaft innerlich zufrieden leben, ist nicht kompliziert, nur komplex und bedarf einer langen Übungszeit, die gleichzeitig Genesungszeit ist.
Die Schuldfrage wird eindeutig und nachvollziehbar verneint, und dies wird logisch und eindeutig erklärt und bewiesen werden.

Der Makel suchtkrank zu sein, wird eindeutig widerlegt.
Jeder Suchtkranke ist Spieler = Verlierer, weil er seine Einsätze verliert
oder mit dem Gewinn der Freude nichts Richtiges mehr anfangen kann, weil sein Freudenkonto leer ist.

15

Das ganze Leben ist ein Spiel, wir bringen regelmäßig unsere Einsätze.
Diese Einsätze sind entweder ideeller oder materieller Art. Sind wir zufrieden, sind wir Gewinner! Sind wir unzufrieden, haben wir Angst und bezeichnen uns als Verlierer.

Eine eigene Hörigkeit ist auch nur eine Suchtkrankheit, weil derjenige, der dieses Spiel betreibt, mit Sicherheit Verlierer sein wird.

Jeder Mensch hat Stärken oder Schwächen..Ein gleiches Maß von beiden hält die Waage im Gleichgewicht! Nur mit Kraft, mit Stärke kann man die Waage aus dem Gleichgewicht bringen, aber auch zurückbringen ins Gleichgewicht! (Physik: Bewegung bedeutet Kraftaufwand. Starke Bewegung bedeutet viel Kraft, viel Stärke.)

Eine SK ist eine große Kraft, der wir mit einer großen Kraft an Verstehen begegnen können. Mit der Stärke als seelischem oder körperlichem Einsatz kann man das Ungleichgewicht in sich selbst zum Stoppen und zurück zum Gleichgewicht bringen.

Jeder Mensch kann das.

Jeder Mensch hat das schon mindestens drei mal gemacht!

In der vorgeburtlichen Phase, in der nachgeburtlichen Phase und in der hormonellen Umstellungsphase, der Pubertät.

Warum nicht weitere Male?

Weil der Mut fehlt, viele Gedanken nicht zu Ende gedacht werden und weil wir ja so gerne leiden. Leiden können wir lange Zeit allein, wir ziehen uns damit zurück in die Isolation, weil wir glauben oder schon oft erlebt haben, daß uns wenige Menschen oder kein Mensch richtig versteht und somit auch nicht helfen kann.

Freude hingegen macht uns beschwingt, frei und locker, so daß wir keine Scheu haben, über unsere Freude anderen zu berichten. So wird die Freude durch Abgeben geteilt. Der innere Druck löst sich, weil sich auch wieder einmal die Wertschätzung und die Wahrheit geändert hat.

Die Kunst, etwas zu genießen, liegt darin, sich begnügen zu können.

Ich bin Heilpraktiker geworden, weil ich mich dadurch noch mehr für die Würde des Menschen und seiner Menschenrechte einsetzen kann. Die Macht des Behandlers benutze ich dazu, jedem Menschen seine innere Freiheit zu zeigen. Er bleibt Bestimmer darüber, was er damit macht.

Reize sind Impulse oder Informationen, deshalb lassen sie sich reizen oder anregen, durch weitere jetzt folgende Informationen.

"Hätte ich diese Informationen früher gehabt, wäre mir eine Menge Leid erspart geblieben."

Diesen meinen Satz als ganz große Erkenntnis sagte mir jeder Patient zu irgendeinem Zeitpunkt in seiner Therapie.

In Goldwaage II kommen aber auch weitere Patienten zu Wort!

Patient F kommt zu Wort

Hätte ich diese Informationen der Goldwaage I und II früher gehabt, wäre mir eine Menge Leid erspart geblieben.

Ich bin ein ehemaliger Junkie, der durch viele neue Informationen zu sich selbst und einem neuen Leben gefunden hat.

Zuerst einmal stelle ich mich Ihnen vor:
Ich, der Patient F, bin männlich und heute (1997) 27 Jahre alt. Um ein wenig mit dem Vorurteil aufzuräumen, daß Suchtkranke immer aus einer zerrütteten Familie kommen oder eine schwere Kindheit hatten usw., gebe ich Ihnen einen kurzen Lebenslauf von mir.

Ich habe während und nach meiner Drogenzeit viele Leute getroffen, die mein äußeres Leben kannten und bei meinem Geständnis der Drogenabhängigkeit nur ungläubig den Kopf geschüttelt haben: "Du? Das glaube ich dir nicht!" Erst als offensichtliche körperliche Schäden (z.B. Narben) auftraten, glaubten es einige.

Ich wurde 1969 in Hannover geboren. Meine Eltern waren beide berufstätig, meine Mutter hat nach meiner Geburt noch etwa 1 1/2 Jahre gearbeitet und ist danach zu Hause geblieben. Während der ersten Zeit hat sich meine Großmutter tagsüber um mich gekümmert.

Meine Kindheit war nach meinem Empfinden sehr schön, ich war in die Familie eingebunden. Sowohl in der Kindheit als auch in meiner Jugend hatte ich immer guten und engen Kontakt zu meinen Eltern, Großeltern, Onkeln und Tanten. Als ich drei Jahre alt war, wurde mein Bruder geboren. Wir verstehen uns sehr gut.

Von 1975 - 1979 besuchte ich die Grundschule, danach zwei Jahre die Orientierungsstufe und von 1981 - 1988 das Gymnasium. Dort habe ich dann, ohne "Ehrenrunde", mein Abitur gemacht.

Da ich nicht wußte, ob und was ich studieren sollte, habe ich kurzerhand eine Lehre zum Hotelfachmann begonnen und habe nach deren problemlosen Abschluß in dem Hotel noch 1/2 Jahr an der Reception gearbeitet.

Ende 1991 arbeitete ich als Büroleiter in einem sehr renommierten Rechtsanwalts- und Notariatsbüro, und zwar 2 Jahre.

Seit 1988 nahm ich auch Drogen. Ich war zwar zu Anfang noch nicht körperlich abhängig, so dachte ich, aber sie waren ein wichtiger Bestandteil in meinem Leben. Dazu aber später ausführlicher.

Im Januar 1994 meldete ich mich dann arbeitslos, da aufgrund meiner Suchtkrankheit die Arbeitskraft sehr gelitten hatte und ich aufhören mußte.

Damals bestand aber schon der tiefe Wunsch, die Krankheit zum Stillstand zu bringen.

Da ich nicht vom Arbeitslosengeld mein Leben und meine Drogen finanzieren konnte, versuchte ich mich als Anzeigenberater bei einem Anzeigenblatt. Da ich dort als "freier" Mitarbeiter beschäftigt war, teilte ich mir auch meine Arbeitszeit sehr "frei" ein. So kam ich natürlich nicht weiter und habe auch dort wieder aufgehört. Daraufhin kam ein sehr heftiger Absturz.

Mein Leben bestand daraus, in meiner Wohnung zu "leben", bis mittags im Bett zu liegen und dann schnell loszufahren, um Heroin zu besorgen, wenn ich nichts mehr hatte. Meistens habe ich aber versucht, mir für den Morgen noch etwas übrigzulassen, damit ich erst mal versorgt war, um dann in Ruhe loszufahren.

Wenn ich zurück in meine Wohnung gekommen war, setzte ich mich wieder auf mein Bett, spritzte die Droge, schaltete den Fernseher ein, der sowieso nahezu 24 Stunden lief, und legte mich dann wieder hin, um "zu entspannen". Mehr war nicht möglich und wurde von mir auch nicht als nötig angesehen.

Essen war Nebensache. Eine Scheibe Toast oder ein Joghurt waren meine tägliche Nahrung. Ich hatte aber auch selten ein Hungergefühl. So hatte ich über Jahre ein Gewicht von 79 kg bei 1,94m Körperlänge.
Meine "Drogenkarriere" begann recht klassisch. 1988, also zu Beginn, rauchte ich ab und zu mal einen Joint (Haschischzigarette). Darangekommen bin ich über Bekannte und Kollegen. Niemand sah es als schlimm an.
Wie gesagt, es passierte mal am Wochenende, aber auch nicht regelmäßig.
Nach einiger Zeit kam ich in Kontakt mit Leuten, die Heroin rauchten. Ich war neugierig und fragte ständig nach dem Unterschied in der Wirkungsweise der beiden Drogen. Irgendwann hatte ich alle soweit "genervt", daß mir irgendjemand eine kleine Menge Heroin auf ein Stück Alufolie legte und mir zeigte, wie man es rauchen müsse.
Ich probierte es aus und war ziemlich enttäuscht, da ich überhaupt nichts merkte. Also probierte ich weiter, bis ich irgendwann eine Wirkung erzielte, die mir gefiel. Es war ein angenehmes Gefühl der Wärme und Geborgenheit. Ich fühlte mich sehr wohl, Sorgen und Probleme waren in den Hintergrund gerückt bzw. waren auf einmal sehr nebensächlich. Der innere Druck war weg.
Daß ich mir zu diesem Zeitpunkt die körperliche Krankheit schon angeeignet hatte, war mir nicht bewußt, das erfuhr ich erst später von Peter. Da ich eine gewisse Hemmschwelle hatte, mir selbst Stoff zu besorgen, nahm ich also in der ersten Zeit nur etwas, wenn andere mir etwas abgaben. Und da die Droge ja nun nicht gerade billig ist, waren immer gewisse Zeitabstände dazwischen.
Irgendwann sah ich die anderen spritzen. Zwar hatte ich als Kind panische Angst vor Spritzen, aber ich war wiederum neugierig auf die Wirkungsweise. Man hatte mir erklärt, daß man beim Rauchen langsam in einen Rauschzustand kommt, während man beim Spritzen eine Art "Kick" verspüre. Das ist logisch, da man beim Injizieren sofort eine geballte Menge der Droge direkt in die Blutbahn gibt.
Natürlich wollte ich auch das ausprobieren.
Allerdings gibt es unter Junkies einen gewissen "Ehrenkodex".
Niemand möchte einem Neueinsteiger die erste Spritze setzen.
Ich selber traute mich nicht. Nachdem die anderen etwas genommen hatten, fand sich schließlich doch jemand, der mir die Spritze setzte. Die Wirkung war überwältigend. Ich verzichte an dieser Stelle auf eine Beschreibung des sich

einstellenden Gefühls, da ich die Droge nicht "sympathisch" beschreiben will, zumal ich heute keine "Sympathie" mehr empfinde. Damals tat ich es.

So spritzte ich dann auch fast ein 1/2 Jahr lang die Droge, ohne körperliche Entzugserscheinungen zu verspüren. Daß ein ständiger innerlicher Drang, wieder etwas zu konsumieren, körperliche Suchtkrankheit sein könnte, wäre mir nie eingefallen, da ich dachte, erst bei starken Entzugserscheinungen sei ich körperlich abhängig. Somit war ich falsch aufgeklärt.

Zum einen brauchte ich immer jemanden, der mir die Injektion gab, zum anderen mußte ich immer jemanden finden, der mir Stoff mitbrachte. Erst als mir diese Abhängigkeit von anderen Personen zu umständlich wurde, begann ich, unter großer Angst mich selbst zu spritzen. Und ich begann, mir allein den Stoff zu besorgen. Meine Hemmschwellen waren also bereits deutlich gesunken. Meine Suchtkrankheit nahm ihren Lauf.

Irgendwann kam dann der Tag, an dem ich morgens aufwachte und mich schlecht fühlte. Mir war unwohl, ich fror leicht und meine Nase war verstopft. Ich dachte mir, ich sei vielleicht erkältet. Um das angenehme Gefühl der Droge wissend, nahm ich eine kleine Dosis und siehe da, binnen Minuten war alles wie weggeblasen, ich fühlte mich gut, ich fühlte mich stark.

Natürlich war es keine Erkältung. Es war ein starker körperlicher Entzug, den ich da verspürt hatte.

Daß einen die Droge in eine Scheinwelt entführt, habe ich im Laufe der 8 Jahre sehr oft erfahren. Ich sprach damals immer von einem "Allheilmittel". Kopfschmerzen, Erkältung, Hungergefühl, Niedergeschlagenheit - nach einer kleinen Spritze war das alles kein Thema mehr. So lebte ich anfangs perfekt in meiner Scheinwelt.

"Natürlich" mußte ich im Laufe der Zeit die Dosis immer mehr steigern, um die gewünschte Wirkung zu erzielen. Auch war die Qualität des Stoffes nicht immer gleich. Es gab durchaus Zeiten, in denen ich am Tag 5 - 7 Gramm verbraucht habe. Erst zum Ende meiner Drogenzeit reduzierte ich wieder langsam. Zum Schluß brauchte ich etwa 1 - 2 Gramm am Tag, je nach Qualität und "Fehlversuchen", d.h. wenn ich eine Vene nicht traf oder der bereits in der Spritze mit ein wenig Blut vermischte Stoff geronnen war.

Allerdings muß ich dazu sagen, daß natürlich irgendwann der Punkt gekommen war, daß ich eine tatsächliche berauschende Wirkung nur noch in den seltensten Fällen erzielt habe. Ich nahm die Droge die letzten Jahre eigentlich mehr wie eine Medizin.

Wachte ich auf, ging es mir schlecht. Ich nahm meine Spritze und fühlte mich dann "normal", sprich: ich hatte keine Rauschwirkung, aber es ging mir körperlich gut, so daß ich mein Tagewerk verrichten konnte.

Nur so war es mir möglich, noch bis Ende 1993 zu arbeiten. Da bestand mein Leben aber nur noch aus Geld besorgen, Drogen kaufen, konsumieren, arbeiten gehen, wieder Drogen konsumieren und schlafen. Da meine Venen fast am ganzen

Körper schon kaputt oder noch nicht wieder regeneriert waren, dauerte das Spritzen manchmal Stunden.

Ein typischer Tagesablauf zu der Zeit, als ich noch täglich gearbeitet habe, sah folgendermaßen aus: (Während meiner Arbeitslosigkeit können Sie "arbeiten" durch "schlafen" oder "Geld und Drogen besorgen" ersetzen.)

5:00 Uhr früh:
Aufstehen, ins Bad setzen und versuchen, eine geeignete Vene zu finden. Wenn ich Glück hatte, war ich in nach einer halben Stunde fertig, wenn ich Pech hatte, saß ich bis 7:30 Uhr, teilweise ohne Erfolg.

7:30 Uhr:
Schnelles Rasieren und Waschen, Anziehen und zur Arbeit, ohne Frühstück.

8:00 Uhr bis 13:00 Uhr:
Arbeit. Ging es mir gut, konnte ich normal arbeiten. Ging es mir schlecht, habe ich nur das Allernötigste getan, und auch nur dann, wenn jemand in der Nähe war.

13:00 Uhr bis 14:00 Uhr:
Mittagspause. Ich bin schnell nach Hause gefahren, die Wohnung war mit dem Auto nur 3 Minuten vom Büro entfernt. Wenn ich etwas zu essen hatte, nahm ich es mit ins Badezimmer. Sonst aß ich nichts. Ich versuchte krampfhaft, innerhalb der kurzen Zeit eine Spritze zu nehmen. Ich saß immer bis zur letzten Minute zu Hause (13:55 Uhr). Dann raste ich wieder zur Arbeit. Oftmals, wenn ich keine Vene fand, spritzte ich mir den Stoff intramuskulär oder wahllos ins Gewebe, um zumindest eine leichte Linderung zu haben und den restlichen Arbeitstag zu überstehen.

14:00 Uhr bis ca. 18:45 Uhr:
Arbeiten.

19:00 Uhr bis ?:
Spritzen. Danach bin ich noch losgefahren oder habe einen Dealer angerufen, der dann vorbeikam. Hatte ich kein Geld, mußte ich auch das vorher noch besorgen. Entweder ging ich an mein Konto, welches erstaunlicherweise durch meine Arbeit immer wieder etwas aufgefüllt wurde, oder ich mußte es anders "organisieren". Näheres möchte ich dazu nicht sagen, nur soviel, daß ich es in all den Jahren geschafft habe, nie groß kriminell werden zu müssen, was sicherlich ein ausgesprochener Einzelfall ist.

Wenn ich mir heute überlege, wie ich das damals immer wieder geschafft habe, kann ich es gar nicht mehr genau sagen. Natürlich gab es auch Tage, an denen ich kein Geld auftreiben konnte. So hatte ich dann entweder Entzugserscheinungen oder ich hatte eventuell einen Dealer an der Hand, der mir etwas gab, ohne daß ich ihn gleich bezahlen konnte. Wenn man regelmäßig kauft und zahlt, gibt der Dealer etwas, da er Angst hat, einen Kunden zu verlieren.

Ca. 22:00 Uhr bis ca. 2:30 Uhr:
Spritzen, um schlafen zu können.

Ca. 2:30 Uhr bis 5:00 Uhr:
Schlafen.
Ungefähr so lief jeder Tag ab. Nur am Wochenende versuchte ich, so lange wie möglich zu schlafen. Spontane Freizeitgestaltung gab es nicht mehr. Wenn ich wirklich mal ausging, hatte ich ständig den Blick auf die Uhr. Ich mußte ja bedenken, daß nach einer gewissen Zeit wieder der Entzug (der "Affe") einsetzte. Also mußte ich rechtzeitig zu Hause sein, damit es gar nicht soweit kam.

Sie sehen, ich habe eigentlich nicht mehr gelebt. Zumindest war ich nicht mehr der Bestimmer über mein Leben. Die Droge diktierte mir, was ich zu tun hatte.
Im September 1994 bekam meine Mutter von einer Bekannten die Adresse von Peter. Ich hatte zu diesem Zeitpunkt bereits mehrere Entgiftungen hinter mir, wobei ich mich immer geweigert habe, mich einer stationären Behandlung zu unterziehen. Ich wollte nicht eingesperrt werden. Ich hatte immer den Anspruch und den Ehrgeiz, mir alleine helfen zu können. Ich wehrte mich nicht gegen Unterstützung von außen, aber sobald etwas nicht meinen Vorstellungen entsprach, blockte ich ab.
Meine Mutter bat mich, doch einmal mit Peter zu sprechen. Um meine Ruhe zu haben und um meine Mutter zu beruhigen, willigte ich ein.
Ich hatte ein Erstgespräch mit Peter. Ich war innerlich völlig verschlossen. Ich redete zwar mit ihm, aber ich wehrte mich gegen diesen Eingriff in mein Leben. "Es war nicht der Weg, den ich im Kopf hatte."
Im stillen dachte ich bei mir: "Was soll das Reden schon bringen? Ich muß meinen Körper von der Droge entwöhnen, und das klappt bestimmt nicht durch Gespräche." Außerdem ärgerte ich mich über sein, so erschien es mir damals zumindest, überhebliches Auftreten. Es war nicht der Tonfall oder die Art und Weise, wie er sich benahm, sondern mit welcher Selbstverständlichkeit er behauptete, er könne mir auf jeden Fall helfen. Ich müsse nur mitarbeiten.
Wie wollte er das wissen? Ich war ich und nicht irgendein anderer Patient aus der Statistik. Ich hatte meine Geschichte und meine Ansichten. Ich war fest davon überzeugt, daß nur ich selber mir helfen könne.
Ich war so ärgerlich, daß ich bei mir beschloß, Peter nicht recht behalten zu lassen. Bei mir würde er es nicht schaffen, ich würde ihm schon zeigen, daß er an mir scheitern werde. Ich wollte zwar weg von der Droge, aber so einfach, wie er mir das darstellte, konnte es gar nicht sein.
Ich ging also regelmäßig zur Therapie und hörte mir an, was Peter zu sagen hatte. Allmählich begann meine Einstellung zu bröckeln. Zwar war ich nach wie vor davon überzeugt, daß er mir nicht helfen könne, aber ich war überrascht, wieviel Dinge, die ich mit Peter erarbeitete, mir zumindest nachvollziehbar und logisch erschienen. Ich versuchte zwar immer seine Thesen durch Fragen oder Beispiele ins Wanken zu bringen, aber er konnte mir jede Frage beantworten und Zusammenhänge erklären.

Irgendwann war ich dann sogar soweit, einen ambulanten Entzug zu machen. Peter bereitete mich darauf vor, er gab mir Sicherheiten mit auf den Weg; er stellte mir ein paar Medikamente zusammen und sagte, ich könne ihn während der vier Tage zu jeder Tages- und Nachtzeit anrufen.

Also startete ich meinen nächsten Entzug, wie ich ihn später noch protokollarisch beschreiben werde. Ich habe es auch geschafft, und es war leichter, als die Male vorher. Ich war froh und Peter freute sich auch.

Aber bereits eine Woche später nahm ich doch wieder Stoff. Ich wollte es natürlich geheimhalten. Peter fragte mich jedesmal, wenn ich in die Praxis kam, ob es mir gut ginge und wieviele Tage ich jetzt schon clean sei. Da ich das Datum des Entzuges im Kopf hatte, konnte ich mit Hilfe eines Kalenders immer die angebliche Tageszahl ausrechnen. Ich log und hoffte, daß er es nicht merken würde. Er sagte auch nie etwas, aber gemerkt hat er es sicherlich.

Er machte sich genaue Eintragungen, die mit meinem jeweiligen Konsum übereinstimmten. Er ließ mir zu diesem Zeitpunkt mein Lügen und Betrügen, an das ich mich so gewöhnt hatte und das damals zu meinem Leben gehörte.

Im Mai 1995 hatte ich dann endgültig die Nase voll. Ich hatte von einem Arzt gehört, der Patienten in das Methadonprogramm aufnahm. Normalerweise braucht man eine medizinische oder soziale Indikation, um in das Programm hineinzukommen. Ich war aber weder schwer krank, noch gab es soziale Gründe, mich aufzunehmen. Trotzdem rief ich in der Praxis an und bat um ein Gespräch. Dies kam auch zustande, und der Arzt sagte mir, daß er mich aufnehmen könne, aber ich müsse wirklich wollen und dürfe mir keine Rückfälle erlauben, sonst müsse er mich leider sofort aus dem Programm nehmen.

Ich wollte aber nichts sehnlicher als von der Droge wegzukommen. Also gab er mir die Chance. Ich kümmerte mich um eine psycho-soziale Betreuungsstelle, die vorgeschriebenermaßen mit der ärztlichen Substitution einhergehen mußte.

Zur Erklärung: Methadon oder Polamidon ist ein Medikament, welches die körperlichen Entzugserscheinungen beim Absetzen der Droge mildert oder ausschaltet, ohne daß man einen Rauschzustand erreicht.

(Quelle: Sahihi):

Methadon (Diphenyl-6-dimethylamino-3-heptanon) ein synthetisches Derivat des Morphins, eingesetzt zur Behandlung der Heroinsucht, in Deutschland nur als Levomethadon (Polamidon) im Handel; in der Heroinszene äußerst begehrt, da es Entzugserscheinungen aufhebt; M. ist (wie im Grunde alle Mittel, die Opiatsucht bekämpfen sollen) selbst suchterzeugend, was seit Jahren Stoff für Diskussionen liefert: so kritisieren die einen, daß lediglich eine Sucht gegen die andere ausgetauscht wird; dem wird entgegengehalten, daß die Süchtigen sich immerhin dem kriminellen Umfeld entziehen und einem geregelten Leben nachgehen können.

L-Polamidon starkes Schmerzmittel (eingetragenes Warenzeichen) auf Basis des Wirkstoffes Levomethadon - HCl, eines Morphin-Derivates; L-P wird medizinisch bei starken Schmerzen und zur Behandlung von Opiatabhängigen gereicht; in der Drogenszene gehört L-P zu den beliebtesten Ersatz-Opiaten.

Nachdem ich also mit dem Arzt meine Vorgeschichte besprochen hatte und er eine ausgiebige Untersuchung mit Blutbild, EKG, Sonografie usw. durchgeführt hatte, bekam ich am 15.05.1995 zum ersten Mal 10 Milliliter Methadon. Jeden Tag mußte ich einmal zum Arzt, um dort mein Medikament zu trinken. Ich sollte in der ersten Woche ausprobieren, ob mir die Menge ausreiche oder ob ich eventuell mehr brauchte. In den ersten Tagen nahm ich auch noch Heroin nebenher, aber es brachte gar nichts mehr. So ließ ich es dann auch sein. Urinkontrollen, die in unregelmäßigen Abständen durchgeführt wurden, überprüften den eventuellen Beigebrauch von Drogen o.ä. Insgesamt wird auf 6 Substanzen geprüft. Auch Betäubungs- oder Aufputschmittel gehörten dazu. Nach etwa 4 Wochen äußerte ich den Wunsch, die Dosis zu verringern.

So ging ich auf 9 Milliliter. Ich hatte mir in den Kopf gesetzt, so schnell wie möglich ganz clean zu werden. Also ging ich von da an alle 14 Tage um einen Milliliter runter. Ich muß dazu bemerken, daß dies nicht die Regel ist und daß ich mit Sicherheit ein Ausnahmefall bin. Dies ist keine Selbstüberschätzung, sondern Aussagen anderer Betroffener und auch meines Arztes. Dazu hat sicherlich die begleitende oder vorher schon stattgefundene Therapie bei Peter beigetragen. So bin ich bis auf 5 Milliliter heruntergegangen. Als ich dann 14 Tage später weiter herunter wollte, verweigerte es mir mein Arzt. Er sagte, ich solle bitte 4 Wochen auf den 5 ml stehenbleiben. Ich war wütend. Er aber erklärte mir, daß er seit 5 Jahren die Substitution durchführe und daher eine Menge Erfahrungswerte habe. Er wolle mich also nicht schikanieren, sondern mir im Gegenteil helfen, alles zu einem guten Abschluß zu bringen. 5 ml seien die Hälfte von meiner Ausgangsdosis, und genau an diesem Punkt gebe es viele Rückfälle. Da er nicht wollte, daß mir das auch passiert, sollte ich nicht zu schnell vorgehen. Ich hörte auf ihn, und es ging mir gut dabei. Nach vier Wochen bin ich aber auf 4 ml heruntergegangen und habe danach wieder alle 14 Tage um 1 ml reduziert, bis ich auf 2 ml herunter war. Dann habe ich 14tägig nur noch um 0,5ml reduziert, bis ich schließlich bei einer täglichen Menge von 0,5 ml angekommen war. Das war im Dezember 1995. Mein Ziel war, noch vor Weihnachten komplett ohne das Medikament auszukommen. Auch hier lehnte mein Arzt wieder ab. Er sagte, ich solle bitte über die Feiertage das Methadon noch weiternehmen. Gerade an Feiertagen, wenn man viel freie Zeit hat und auch eventuell Langeweile, sei die Rückfallgefahr sehr groß. So nahm ich also bis in den Januar hinein meinen halben Milliliter. Später einmal erfuhr ich von meinem Arzt, daß ich das Medikament schon gar nicht mehr gebraucht hätte, da eine so geringe Dosis nur noch einen Placeboeffekt hätte. Aber diesen Effekt wollte er ausnutzen, um mich vor einem Rückfall zu bewahren. Im Januar bekam ich plötzlich Angst, ich könne den Schritt von 0,5 auf 0 ml nicht machen. Also sagte mein Arzt, es sei kein Problem, dann solle ich eben auf 0,25 ml heruntergehen. Lieber Leser, lachen Sie nicht! Sicher ist die Menge von

0,25 ml Flüssigkeit nur noch ein Tropfen auf dem Becherboden, aber die Sicherheit, die man dadurch empfindet, ist nicht zu unterschätzen.

Eines Tages, es war Sonnabend, der 10.02.1996, verschlief ich die Zeit. Als ich aufwachte, war die Ausgabezeit für das Methadon längst vorbei. Also konnte ich nur auf den nächsten Morgen warten und hoffen, daß es mir bis dahin gut ginge. Der Tag verlief einwandfrei und ich hatte keinerlei körperliche Beschwerden und auch nicht den Bedarf, wieder Drogen nehmen zu müssen. Am anderen Morgen wurde ich rechtzeitig wach. Es ging mir gut. Also beschloß ich, auch diesen Sonntag nicht zur Ausgabe zu gehen. Am Montagmorgen bin ich dann aber in die Praxis gefahren, wo mir alle gleich aufgeregt entgegenliefen, da sie natürlich vermutet hatten, ich sei kurz vor dem Ziel doch wieder rückfällig geworden. Ich schilderte ihnen das Wochenende, und sie waren erst einmal beruhigt. Danach sprach ich mit dem Arzt. Ich mußte eine Urinkontrolle abgeben und bekam zur Sicherheit ein Fläschchen mit einer Menge von 0,25 ml Methadon. Ich sollte in den nächsten 14 Tagen einmal pro Woche in der Praxis erscheinen, außer ich hätte das Methadon genommen. Dann sollte ich sofort am nächsten Tag wiederkommen. Alles ging gut, und nach diesen 14 Tagen wurde ich offiziell aus dem Programm abgemeldet.

Das kleine braune Fläschchen mit den 0,25 ml Methadon steht noch heute, so wie ich es damals bekommen habe, in meinem Regal. Jedesmal, wenn ich es ansehe, freue ich mich, daß ich es geschafft habe!

Allerdings muß ich auch gleich allen Lesern sagen, die jetzt meinen: "Na also, ist doch ganz einfach", daß ich in der 5jährigen Praxis des Arztes in diesem Bereich erst der dritte Patient war, der es tatsächlich bis auf 0 ml geschafft hat, ohne Rückfall.

Auch während meiner Substitution bin ich zu Peter gegangen, allerdings nur noch einmal die Woche, da meine finanziellen Mittel durch meine Suchtkrankheit völlig erschöpft waren.

Peter bot mir eines Tages an, die restlichen Therapiekosten abzuarbeiten. Er erzählte mir von seinem Buchprojekt "Die Goldwaage I". Da er wußte, daß ich Schreibmaschine schreiben konnte und auch Erfahrung am Computer hatte, fragte er mich, ob ich ihm helfen wolle, sein Buch fertigzustellen, was ich auch tat. So hatte ich irgendwann meine Kosten abgearbeitet.

Danach strebte ich nach Veränderung. Ich bewarb mich bei einem Reiseveranstalter als Reiseleiter auf Mallorca und wurde auch angenommen. Ich arbeitete auch kurze Zeit dort, mußte aber leider aus persönlichen Gründen, die nichts mit meiner Vorgeschichte zu tun hatten, wieder aufhören. Die Arbeit hat mir sehr viel Spaß gemacht, und wenn sich mir die Möglichkeit bietet, werde ich es auch noch einmal tun.

Im Moment bin ich bei Peter fest angestellt und habe mich um den Bürobereich der Praxis zu kümmern. Ich fühle mich sehr wohl dabei. Für die Zukunft möchte ich mich gerne in meinem erlernten Beruf weiterbilden, eventuell eine Ausbildereignungsprüfung ablegen und mich irgendwann selbständig machen. Ich würde

gerne ein kleines Bistro oder Café eröffnen oder vielleicht auch eine Bar. Die Zeit wird zeigen, was sich ergibt.
Ich denke, Sie können sich jetzt ein ungefähres Bild von mir machen.

Jetzt habe ich aber die Möglichkeit, bei Peter über einige Informationen ausführlich zu berichten, die wesentlich dazu beigetragen haben, daß ich mich heute besser kenne, besser mit mir umgehe, zu mir ja sagen kann und mich schon ein wenig lieb habe.
Bei mir können Sie folgendes lesen:
- Was ich in meiner Therapie verstanden habe.
- Wie ich etwas in meiner Therapie verstanden habe.
- Was ich hineininterpretiert habe.
- Wie ich mit den mir angebotenen Informationen umgegangen bin.
- Was ich mit diesen Informationen gemacht habe, können Sie jetzt selbst nachvollziehen.
- Was ich sonst noch gelesen habe und in meine Therapie einfügen konnte.
- Was ich am spannendsten fand, versuche ich schriftlich wiederzugeben.
Zum großen Teil kümmere ich mich aber um die Seele.
Hier noch ein kleines Experiment, falls Sie Lust dazu haben: Lesen Sie sich meine Aufzeichnungen aufmerksam durch! Wenn Sie dann über die Ich-Formen im Tagesbewußtsein informiert sind, lesen Sie noch einmal meinen Lebenslauf. Können Sie erkennen, welche Ich-Form zu einem bestimmten Zeitpunkt für eine Entscheidung verantwortlich war?
Ich hoffe, ich habe Sie neugierig gemacht.

Meine Gedanken zur Drogenabhängigkeit als Suchtkrankheit

Da ich Drogenabhängigkeitskranker (Heroin) war, liegt es mir am Herzen, zuerst etwas zur Drogenabhängigkeit als Suchtkrankheit zu sagen.

"Suchtkrankheit - ein Teufelskreis ohne Ausweg ? ?"

Das Buch "Die Goldwaage II" zeigt Ihnen, so wie mir, einen einfachen, logischen Weg aus der Suchterkrankung.

Eine Suchtkrankheit ist eine Flucht vor sich, der Umwelt und dem Leben, aber ohne Erfolgsaussichten.

Jede Suchtkrankheit verändert unser Leben, also müssen wir wiederum unser Leben ändern, um die Suchtkrankheit zum Stillstand zu bringen.

Die folgende Frage kann nicht oft genug gestellt werden, weil die Antworten in diesem Buch immer eine etwas andere Sichtweise ergeben, und ändere ich die Sichtweise, ändere ich die Wahrheit. So ergeben sich viele Wahrheiten, aus denen ich frei wählen kann, welche Wahrheit zu mir paßt und welche Wahrheit ich leben kann.

"Was ist Suchtkrankheit, und wer ist suchtkrank?"

Diese Fragen wurden mir einmal als Drogenabhängigen gestellt. Hier tauchte für mich die Frage auf, warum der "Süchtige" krank ist? Und überhaupt: Was ist eigentlich Sucht, Abhängigkeit oder Krankheit? Wie funktioniert dieses rätselhafte, mythische Sich-zerstören-Müssen mit der Betonung auf Müssen?

Wie kommt jemand dazu, ein "Gift", das ihm als tödlich bekannt ist, nicht nur nehmen zu wollen, sondern es auch noch regelmäßig nehmen zu müssen?

Warum wird dieses tödliche Gift, die Droge, entweder verharmlost oder zuviel Angst gemacht?

Peter sagt dazu:

Wenn wir den Begriff "Sucht" definieren wollen, müssen wir uns frei machen von den Mythen und Räuberpistolen, von denen dieses Thema umrankt ist:

Es gibt keine Droge - weder Heroin noch irgendeine noch so potente Designer-Droge! - die sofort süchtig oder, wie ich sage, krank macht.

Sucht ist etwas zwanghaft zu Wiederholendes, auch ohne daß ich diesen Zwang verspüre, z.B. die Erfüllung unserer Grundbedürfnisse. Finde ich nicht meine richtige Dosierung, werde ich sk.

Ansichten wie:

"Harte Drogen machen krank, auch wenn man nur einmal davon probiert!"

Dies sind moderne Legenden. Einerseits sollen diese Aussagen Angst machen, mit der Droge auch nur in Berührung zu kommen; andererseits spiegeln sie unsere ambivalente Haltung zur Droge wider.

Tatsache ist, daß wir unterschiedlich auf Drogen reagieren. Ein Jugendlicher wird von einer bestimmten Menge einer harten Droge nach zwei- bis dreimaligem Gebrauch krank. Ein Erwachsener wird von der gleichen Dosis noch nicht krank. **Um als Jugendlicher oder Erwachsener nicht von Drogen krank zu werden, sollte man jegliche Art von Experimenten mit harten Drogen vermeiden!**

Jetzt schildere ich meine Ansichten, die noch etwas anders sind.
Reduziert man die obige Warnung auf den Klartext, so bleibt die Proposition:
"Harte Drogen sind so überwältigend, daß wir noch nicht einmal davon probieren können." In diesem Satz schillert jene Mischung aus Angst und Neugier, die uns sofort ergreift, wenn es um Drogen geht.
(Quelle: Arman Sahihi; "Designer-Drogen")

Warum aber werden die Menschen überhaupt suchtkrank?

- Durch die falsche Befriedigung eines oder mehrerer den Menschen angeborener Grundbedürfnisse des Körpers und der Seele.
- Weil wir mit Verständigungsschwierigkeiten geboren werden und uns anlagebedingt selten begnügen können.
- Weil wir uns also mit dem "Normalen" nicht begnügen können.
- Der Druck, der dadurch entsteht, "schreit" nach Erleichterung und macht uns teilweise blind für die Realität.
- Deshalb müssen wir schädliche Ersatzhandlungen begehen.
- Daß wir uns dadurch vernachlässigen und der Fehlbedarf immer größer wird, fällt uns zuerst nicht auf.

"Wir sind ja immer so beschäftigt."

"Wir haben es selbst im Urlaub eilig."

Außerdem sind das ja solche Kleinigkeiten oder Selbstverständlichkeiten, die wir so nebenbei erledigen, oder wir denken, sie erledigen sich von selbst. Viele Menschen denken, daß sich als Kind um sie gekümmert wurde, geht immer so weiter, und deshalb wehren sie sich dagegen, Pflichten zu übernehmen.

Sie wollen sich weiter bedienen lassen.

Davon sind hauptsächlich Männer betroffen. Es gibt viel mehr alte männliche Kinder als weibliche Kinder, die das Alter von 20 Jahren überschritten haben.

Dafür aber gibt es bei den Frauen gehäuft die Mischform. Zwei Ich-Formen sind erkrankt. Das Kindheits-Ich und das Eltern-Ich. Deshalb hören viele Frauen mit 40 Jahren auf zu leben, sie funktionieren nur noch und machen sich das Leben schwer.

Die Weltgesundheitsorganisation definiert Sucht mit: etwas zwanghaft zu Wiederholendes. . . usw.

Sucht ist demnach gleich Krankheit und das ist völlig falsch.

Ich habe mich mit dem "zwanghaft zu Wiederholenden" nicht begnügt und mir meine eigenen Gedanken dazu gemacht. Von Peter habe ich dazu genug Anregungen erhalten.

Suchtkrank heißt demnach: Wenn wir das zwanghaft zu Wiederholende über einen kürzeren oder längeren Zeitraum über- oder untertreiben, also unser persönliches Maß verlieren, werden wir krank. Deshalb widerspreche ich der WHO.

(Quelle: Peter Pakert; "Die Goldwaage I + II".)

Er hat es in diesen Büchern gewagt, mehrere Tabus zu brechen, sichtbar zu machen und viele nur "angedachte" Thesen zuende zu denken. Dazu gehört Mut.

Unser höchstes Ziel im Leben ist, die Zufriedenheit zu erreichen.

Wenn wir nun aus den unterschiedlichsten Gründen in einzelnen Punkten unseres Lebens unzufrieden sind, sei es ein Mangel an Zuneigung oder Liebe, keine Anerkennung, zuwenig Harmonie und Geborgenheit, so gehen wir irgendwann dazu über, uns eine Ersatzbefriedigung zu suchen.

Ziel muß es also sein, sein Leben von Anfang an so zu gestalten, daß es gar nicht erst zu einer großen Unzufriedenheit kommt. Anfangen, unser Leben zu gestalten, können wir schon sehr früh, denn wir haben und erhalten meistens schon als Kind ein Mitspracherecht. Somit könnten Suchtkrankheiten schon im Vorfeld durch Erwachsene und uns selbst verhindert werden.

Leider macht uns die Erziehung unserer Eltern das Leben schwerer, als es nötig wäre. Es werden zuviele Erziehungsfehler begangen, weil die Eltern sich nicht verstehen, weil sie ihre Erziehung nicht richtig verstehen, weil sie ihre Kinder nicht richtig verstehen, was sie dann so weitergeben.

Wir müssen lernen, eventuelle Probleme gleich richtig zu lösen, bevor sich ein riesiger Berg aufbaut und wir in eine Scheinwelt flüchten müssen, weil wir uns übernommen haben. "Wenn ich das eine will, ich das andere muß!"

Die folgenden Aussagen sind in ihren Grundfesten überholt, und trotzdem biete ich sie Ihnen an, weil es z. Zt. noch geltendes Recht bei den Psychologen ist.

Wie Peter Sucht = Abhängigkeit definiert und beschreibt, haben Sie sicherlich schon gelesen.

Nicht immer muß man einer Meinung sein, aber bei einer Krankheit sollte eine grundsätzlich übereinstimmende Meinung vorherrschend sein.

Zuerst einmal müssen wir unterteilen in psychische (seelische) und physische (körperliche) Abhängigkeit.

(Quelle: Sahihi):

"Von psychischer Abhängigkeit spricht man, wenn z.B. ein Drogenkonsument, ohne physisch abhängig zu sein, eine bestimmte Droge für sein Wohlergehen benötigt:

Das Absetzen oder Nicht-Einnehmen der Droge führt zu Ängstlichkeit, Nervosität, bisweilen sogar zu schweren Depressionen; psychische Abhängigkeit wird in aller Regel unterschätzt, sie kann so stark sein, daß der Konsument irgendwann, mürbe von der täglichen tausendfachen Versuchung und müde von dem ständigen Kampf mit sich selbst, bereit ist, seinen gesamten Lebensstil zu ändern und die Droge zum Mittelpunkt seines Lebens zu machen.

Dies führt dann zur physischen (körperlichen) Abhängigkeit.

Physische Abhängigkeit: Die Einnahme gewisser Drogen über längere Zeit führt dazu, daß der Körper sich an die regelmäßige Zufuhr dieser Drogen gewöhnt und die Herstellung bestimmter Körpersekrete einstellt, so daß, wird die Zufuhr dieser Stoffe eingestellt, der Körper mit für die betreffende Droge spezifischen Entzugserscheinungen reagiert, und dies solange, bis entweder erneut eine adäquate Menge der Droge eingenommen wird oder die Entzugserscheinungen durchgehalten werden, bis die Körperfunktionen sich normalisiert haben und die

Produktion der entsprechenden Körpersekrete (Endorphine) wieder aufgenommen worden ist.

Physische Abhängigkeit kann, muß aber nicht notwendigerweise mit psychischer Abhängigkeit einhergehen.

Von physischer Abhängigkeit wird auch gesprochen, wenn der Körper sich endgültig an eine bestimmte Menge einer Droge gewöhnt hat, so daß eine Steigerung der Dosis nötig ist, damit sich die gewünschte Wirkung, der angestrebte Zustand, einstellt. **In diesem Fall muß von Krankheit gesprochen werden. Peter spricht schon von Krankheit, wenn eine Hörigkeit vorliegt.**

Es fehlen mir die Gegenargumente, weil er mich von meiner Hörigkeit eindeutig überzeugt hat.

Wenn es erst einmal zur physischen Abhängigkeit (Krankheit) gekommen ist, muß der Körper zunächst entgiftet werden.

(Quelle: Sahihi):

"Der Körper produziert seine eigenen Opiate. Diese wurden erst 1975 entdeckt und Endorphine genannt. Diese Endorphine, eine Klasse von Neurotransmittern, als Reizvermittler, die im Gehirn agieren, bilden die natürliche Art des Körpers, mit Belastung, Schmerzen und Streß umzugehen. Endorphine bezeichnen wir auch als Schmerzbetäuber.

Eine andere natürliche Gruppe von Neurotransmittern sind die Norepinephrine, die auf schmerzhafte, besorgnis- und angsterregende Reize reagieren und den Organismus mit Energie für den Kampf mobilisieren.

In dem Moment, da jemand Opiate einnimmt, wird sein Körper von künstlichen Endorphinen überschwemmt und stellt die Eigenproduktion ein (Peter).

Der User = Konsument erlebt ein unbeschreibliches schwebendes Wohlergehen, eine große Euphorie, die ihn gegen alles Unschöne und Unangenehme gefeit zu machen scheint.

Deshalb bezeichne ich die Droge als den Freund, der hält, was er verspricht.

Angesichts all der künstlichen Endorphine hält der Körper, sobald die Einnahme über einige Zeit regelmäßig erfolgt, die eigene Endorphinproduktion für überflüssig und stellt sie völlig ein.

(Morphin- bzw. heroinsüchtig = krank ist ein Organismus in dem Moment und solange sein Endorphinhaushalt brachliegt.)

So bekommt der Drogenkranke bei seinem Entzug die Bewegung, den Umbau seiner Knochen mit. Deshalb die starken Knochenschmerzen (Peter).

Wird nun die Opiatzufuhr eingestellt, dauert es mehrere Tage - je nach Grad der Krankheit: drei bis neun Tage -, bis das Endorphinversorgungssystem des Körpers sich beginnt zu normalisieren und seine Produktion von Endorphinen wieder aufnimmt. (Peter)

In dieser Zeit, da der Körper zunächst gänzlich ohne Endorphine auskommen muß ("auf dem Trockenen liegt"), ist auch die Produktion der angstreizvermittelnden und mobilisierenden Norepinephrine gestört:

Der Kranke sieht kaum eine Chance, keinen Hoffnungsschimmer; alles ist sehr deprimierend, sehr beängstigend, und schmerzhafte Verkrampfungen drohen. Die Verlangsamung und die folgende Blockade der natürlichen Versorgung des Körpers mit Endorphinen und Dopaminen (zuständig für Lust- und Euphoriegefühle) mindert die Fähigkeit des Individuums, den täglichen "Kampf" des Alltags durchzustehen. Dadurch ist die Rückfallgefahr so groß.

Der Organismus regelt sich nicht mehr selbst; die Fähigkeit, Freude und Genuß zu empfinden, ist wie tiefgefroren. Depression und Angst prägen, als Folge fehlender Norepinephrine, das Denken und Fühlen der Suchtkranken.

Der Körper des Menschen hat seine eigene Art und Weise, sich zu belohnen, Lust zu verschaffen.

So fühlen wir uns wohl nach tiefem Schlaf, einer erfrischenden Dusche, einem wohltuenden Spaziergang, einem guten Essen oder auch einem befriedigenden Liebesakt - weil eben die entsprechenden Körpersäfte aktiviert werden.

"Belohnt" sich nun jemand künstlich, indem er täglich (und dann: mehrmals täglich) Drogen einnimmt, reduziert er die Produktion dieser Körpersäfte auf Null zu - bis ihm schließlich das Leben nur mit entsprechend hohen und noch zu steigernden Dosen künstlicher Endorphine erträglich ist.

Der Süchtige = Suchtkranke erlebt durch die Einnahme seiner Droge kaum noch einen Rausch, sondern normalisiert lediglich seinen angeknacksten Gemüts- und Gesundheitszustand für die nächsten Stunden, aber ohne die Stimmungslage wirklich befriedigend ausgleichen zu können. Seine Gefühlskurve ist sehr weit, auf minus 6 unter das Normalniveau abgesunken.

Das Sich-frei-Fühlen oder Auf-Wolken-Schweben entfällt ganz. Es kann, trotz hoher Dosierung, nicht mehr erreicht werden. Die Tagesform ist jedesmal anders, deshalb stimmt auch die Dosierung nicht mehr. **Ein Teufelskreis.** Mal ist die angebotene Dosis zu hoch, mal zu gering, mal zu schnell oder zu langsam gegeben.

Es muß daher unser aller Bestreben sein, bereits im Vorfeld den Aufbau einer überwältigenden Unzufriedenheit zu unterbinden, so daß wir gar nicht erst zu einer Ersatzbefriedigung, den Drogen, greifen müssen.

Solange "nur" die Seele Lebensschwierigkeiten hat, können wir noch mit einfachen Mitteln (Gesprächstherapie) Abhilfe schaffen.

Ist aber erst mal eine zusätzliche körperliche Abhängigkeit = Krankheit erreicht, so laufen vorher beschriebene biologische Prozesse ab, die zwar Auswirkungen auf unser Gefühlsleben haben, aber durch seelische Problembewältigung nicht so einfach aus der Welt zu schaffen sind. Möglich ist es aber.

Am Anfang muß der körperliche Entzug stehen. Danach sollte eine Gesprächstherapie gemacht werden.

Erst Einzel- später Gruppentherapie!

Es treten also körperliche Entzugserscheinungen auf, die wir zuerst hinter uns bringen müssen, um dann unser Seelenleben auf den richtigen Weg zu bringen. Dabei und bei der Verhinderung dieses Zustandes hilft das vorliegende Buch.

Darin finden Sie viele einfache, verständliche und hilfreiche Hinweise. Wenn wir uns in dieser Sache mit dem Alkohol befassen, denn Alkohol ist eine der "härtesten Drogen", die wir haben, so sind die körperlichen Reaktionen allerdings etwas anders.

Die therapeutische Breite ist sehr groß, deshalb wird diese Droge auch sehr unterschätzt. Beim Konsum von Alkohol wird die Produktion der Endorphine nicht eingestellt, sondern es werden hauptsächlich nur Nerven und Nervenzellen mit ihren Ärmchen vergiftet. Das Absterben der Ärmchen oder der Zelle selbst ist nur eine Frage der Zeit und der Dosis. Es entstehen Polyneuropathien (vielfache Nervenschädigungen).

Da der Alkoholiker sich des öfteren in eine lebensbedrohliche Situation begibt, trainiert er sein Gehirn auf die sofortige Ausschüttung von Endorphinderivaten = Morphiaten.

Diese Morphiatausschüttung streben z.B. auch Spitzensportler an, damit sie ausdauernder werden und keine Schmerzen mehr verspüren.

Ob ich meine Ansichten noch ändern werde? Mit Sicherheit "Ja". Ich werde es irgendwann richtig wissen, und zwar dann, wenn ich mich auch innerlich von allen "harten Drogen" getrennt habe.

Es folgt nun ein direkter Auszug aus meinem Arbeitsordner, den ich während meiner Therapie geführt habe. In dieser Zeit war ich noch nicht clean!

26.09.1994

Erklären und Verstehen

Auszug einiger Themen meiner Vorbereitung für den Entzug und für meine Therapie. So hatte ich an Peter viele Fragen, und er gab mir bereitwillig auf alle Fragen Antworten, die mich ruhiger werden ließen.

Wundern Sie sich nicht über meine wirren Gedanken! So denken nun mal Drogenabhängige, wenn sie "drauf sind".

Was passiert in meinem Körper?

Wenn ich weiß, was in meinem Körper vor sich geht, kann ich es mir erklären und begründen. Wenn ich vorher weiß, was und wann etwas passiert, kann ich mir es erklären und mich besser darauf einstellen. Wenn ich mir einen Schmerz erklären und begründen kann, habe ich weniger Angst davor.

Dann brauche ich auch bei meinem bevorstehenden Entzug weniger und leichter wirkende Medikamente. Mit einer eigenwilligen Zusammenstellung von Peter ist mir mehrfach ein Entzug über die ersten Tage gelungen.

Leider hatte sich in meinem Kopf das Methadonprogramm festgesetzt. Auch konnte ich zu Peter kein richtiges, notwendiges Vertrauen aufbauen, da er kein Junkie war. Er war ja nur ein trockener Alkoholiker!

Beispiel für Angstabbau durch ein Erklärungssystem: Man fühlt irgendwo am Körper einen verhärteten Punkt. Sofort gerät man in Angst. Ist es ein Tumor, ein Knoten oder vielleicht nur ein Furunkel? Erst wenn der Arzt die Diagnose gestellt hat, kann ich mich damit auseinandersetzen und mich informieren. Somit wird die Angst kleiner, da die Ungewißheit weg ist.

Sicher, wenn ich Erklärungen habe, läßt die Angst und Ungewißheit nach, aber die Schmerzen werden ja nicht geringer. Ich kann sie nur besser aushalten.

Z.B.: Wenn ich Zahnschmerzen habe und weiß, daß es ein Loch ist und weiß, daß es gebohrt und gefüllt werden muß, habe ich zwar keine unbestimmte Angst mehr, aber doch die Schmerzen. Also nehme ich eine Tablette, wenn die Schmerzen unerträglich werden.

Wieweit helfen mir also die Informationen, wenn ich doch die Schmerzen habe und dann doch wieder auf eine Droge zurückgreife, obwohl ich weiß, daß es falsch ist und in Wahrheit nur kurzfristig "hilft"?

Dafür sind aber Schmerztabletten da, um Schmerzen zu lindern.

Was bewirkt Heroin in meinem Körper?

Ich schildere dieses Thema bewußt noch einmal, da es zu den Vorbereitungen für meinen Heroinentzug diente. Durch diese Erklärungen traute ich mich, einen ambulanten Entzug zu machen, wobei ich auf die sonst üblichen Medikamente verzichten sollte. Wie Sie lesen werden, gelang dieser Entzug erstaunlich einfach.

Das Gehirn steuert die Produktion und Abgabe von Endorphinen (Schmerzblockern).

Täglich baut der Körper die Knochen um, d.h.

1.) sie wachsen, aber mehr noch

2.) bauen sie sich jede Minute um, damit immer die größtmögliche Belastungsfähigkeit hergestellt ist, d.h. sie sind in Bewegung.

Osteoklasten klauen, bauen ab, Osteoblasten bauen Knochensubstanz wieder auf. Die Endorphine verhindern unter anderem, daß man die Umbauschmerzen der Knochen spürt.

Heroin ist ebenfalls u.a. ein Schmerzblocker. In seiner chemischen Struktur, beides sind Eiweiße, ähnelt Heroin den Endorphinen.

Bekommt der Körper also regelmäßig von außen diese Schmerzstiller, so stellt das Gehirn die Produktion ein, da es keine Notwendigkeit sieht, weiterhin die Endorphine zu produzieren. Sie werden ja von außen in übergroßer Menge zugeführt. Setze ich nun das Heroin ab, spürt der Körper den Knochenumbau und die Entzugsschmerzen, da das Gehirn erst nach etwa 3 Tagen wieder mit der Produktion von Endorphinen beginnt. Daher auch die Gliederschmerzen (Beinstrecken, nicht sitzen, liegen können) während des Entzuges.

Auch das kalte Schwitzen, Durchfall oder Verstopfungen haben damit zu tun. Die Haut als Entgiftungsorgan zieht Säuren an und gibt Säuren ab. Ist der Säurefilm der Haut aufgefüllt, wird der Rest in die Umwelt abgegeben und man "stinkt". Die Füße oder unsere Extremitäten sind davon besonders betroffen.

Fragen:

- Was passiert noch?
- Warum harter Stuhl oder Durchfall?
- Warum gleichzeitiges Frieren und Schwitzen?
- Warum Kraftlosigkeit?
- Warum kann ich nicht mehr schlafen?
- Warum werde ich erst albern, dann aber aggressiv und nervös?
- Warum kommt nach 4 Tagen (letztes Mal) noch dieses seelische Tief? (Am vierten Tag, als es mir körperlich schon besser ging, bekam ich den "Melancholischen", habe fast drei Stunden ununterbrochen geweint.)
- Was kann ich tun:

a.) gegen die Schmerzen? Bekomme ich Tabletten bzw. kann ich welche nehmen, wenn ich welche habe? Muß ich sie überhaupt nehmen?

b.) gegen die Gedanken? D.h. alles dreht sich nur darum, was kann ich machen, schlimmstens, wo kriege ich schnell was her? Ich kann mich nicht ablenken (nicht lange), weil ich mich nicht konzentrieren kann, weder fernsehen noch malen oder Kreuzwörter rätseln. Nach kurzer Zeit verliere ich das Interesse oder die Konzentration, und der Kopf ist wieder nur bei dem einen Thema: DROGEN.

Ein Teufelskreislauf, der an allen Kräften zehrt.

Hierbei braucht man einen Freund, dem man vertraut, der sich auskennt und der einem den "Ist-Zustand" erklärt. Der aber auch sagen kann, was mich in den nächsten Stunden erwartet, denn ehrlich währt am längsten. Darauf kann man sich einstellen. Das half mir auf alle Fälle sehr.

Für mich spielt die äußere Situation eine sehr große Rolle (für den Kopf). Deshalb will ich ja auch aus Hannover weg. Fluchtgedanken sind in mir. Ich habe es selbst gemerkt, mein Tagesbewußtsein hat es gemerkt.

Der Aufwand, den ich betreiben muß, um Drogen zu besorgen, ist in Hannover klein, also auch körperlich zu schaffen. Hannover ist meine Stammkneipe! Bin ich weg und weiß auch nicht, was und wo ich suchen muß, dann schreckt es mich ab, da ich vorher weiß, daß ich viel Aufwand habe und auch sehr viel Zeit brauche.

- Wo bekomme ich Stoff her?
- Wen kann ich fragen?
- Wohin muß ich fahren?
- Keine Anhaltspunkte.
- Kein Ansprechpartner, keine Hilfe.

Somit muß ich richtig weg. Z.B. wäre Hamburg oder Berlin genauso ungeeignet. Ich habe mich schon mit vielen Menschen unterhalten. Mit Ärzten, mit Ex-Junkies oder noch Betroffenen. Alle haben mir geraten, meinen Entzug irgendwo anders zu machen.

Nur Peter ist da anderer Meinung. Er sagt, egal wo ich hinfahre, ich nehme mich mit. Außerdem muß ich ja irgendwann wieder nach Hannover.

Ich habe erfahren, daß es sehr wenig Leute gibt, die es gleich beim ersten Anlauf geschafft haben. Viele haben es geschafft, wenn sie weggefahren sind. Ich habe auch schon erfolgreich entzogen, bin aber hier in Hannover sofort wieder rückfällig geworden. Deshalb sind diese Fluchtgedanken z. Zt. bei mir dominant. Ich will fliehen, ich will die Droge nicht mehr. Ich brauche Hilfe von außen!

An dieser Stelle möchte ich einfügen, daß ich weiß, daß diese "Flucht" keine Lösung ist, denn ich habe heute (1997) mehr Erfahrungen und von Peter gelernt, daß ein abstinentes Leben auf Dauer nur möglich ist, wenn ich es "in meiner Stammkneipe", also in meiner gewohnten Umgebung schaffe.
Weiter aus meinem damaligen Tagebuch:

Für mich sehe ich folgende Vorteile:

a.) oben beschriebene Situation für den Kopf,

b.) bessere Ablenkung durch Austritt aus dem gewohnten Alltag (neue Eindrücke schaffen),

c.) einfach das Klima wechseln, Wärme (das Frieren mindern).

Sowohl mein Internist als auch der Oberstabsarzt bei der Bundeswehr fanden meinen Weg gut und haben mir Erfolg gewünscht, d.h. mit Tabletten zur Linderung der Schmerzen in kleiner werdender Dosis, in einer angenehmen, weit entfernten Umgebung, in einem warmen Klima.

Es hat ja bei mir auch jedesmal funktioniert.

Erst als ich dann wieder hier war, Alltag, gleicher Trott, gleiche Probleme, wuchs überhaupt wieder die Idee, mal wieder etwas zu nehmen, und schon war der Rückfall da.

Als ich z.B. vor 2 Jahren in Spanien den Entzug gemacht habe, war ich clean. Nach dem Entzug bin ich noch 3 Wochen dort geblieben. In der zweiten Woche hätte ich mir etwas kaufen können. Ich habe es nicht getan.
Als ich aber wieder in Hannover war, hat es nicht lange gedauert, und ich war wieder dabei. Darum möchte ich gerne wieder weg, weil es hier noch nie geklappt hat.
Soll ich jetzt Peter glauben oder meinen Erfahrungen oder den Ärzten? Durch Heroin werden bestimmt Abläufe in meinem Körper gestört. In erster Linie die Funktion der Nerven, d.h. die Reizübertragung. Da alle Körperfunktionen durch Nerven gesteuert werden, treten folglich auch hier Störungen auf.
So wird z.B. die Befehlsübertragung an den Darm gestört. Als Folge arbeitet der Darm nicht mehr so, wie er sollte. Es entstehen verkrampfte und erschlaffte Abschnitte. So sind Teile verstopft, andere halten nichts mehr, es rutscht weiter und es entsteht Luft. Somit hat man entweder harten Stuhl oder Durchfall.
Auch das Frieren und Schwitzen entsteht durch eine Störung der Nerven. So ist auch im Körper der Elektrolythaushalt gestört und auch das Säure-Base-Verhältnis.
Kraftlosigkeit:
Während des Entzuges braucht der Körper die ganze Energie für diesen "Kampf". Somit werden hauptsächlich die lebenswichtigen Organe versorgt, und die Kraft aus den Muskeln wird abgezogen.
Vieles passiert schon im Vorfeld. So produziert der Körper vorher etwa die 3fache Menge weiße Blutkörperchen. Da er während des Entzuges (Kampf) keine Kraft opfern kann für den "Nachschub", werden vorher Reserven geschaffen.
Schlafen:
Am ersten Tag schöpft der Körper noch einmal Kraft, da er weiß, was auf ihn zukommt. Daher am ersten Tag die Müdigkeit. An den folgenden Tagen und Nächten kann ich nicht mehr schlafen. Wiederum eine Störung der Nerven.
Albern/Aggressiv:
Auch hier war bei mir eine Störung. Der Körper muß wieder "umdenken".
Richtige Vorbereitung für die Tage meiner Entgiftung:
- Papier / Stift oder Kassettenrecorder, falls ich keine Lust zum Schreiben habe.
- Warmes Zimmer / Decken, aber auch schnelle Lüftungsmöglichkeiten.
- Entsprechendes Essen. Rinderhack mit Salz und 1 Eigelb, Graubrot 2 Tage alt, Salzkartoffeln. Kein Obst, kein Joghurt.
- Getränke. Wasser, Tee (Hagebutte mit etwas Zucker).
- Tabletten (Paracetamol mit Codein, Schlaftabletten, alles nach Bedarf und in geringen Dosierungen).
- Hygiene, öfter waschen oder duschen und frische Wäsche anziehen.

<u>08.10.94</u>   **Mein Entzug.**
Dies ist ein stichwortartiges Protokoll meines Entzuges. Ich habe diesen Text absichtlich nicht ausformuliert, da er durch die knappen und abgehackten Sätze und die teilweise wirren Aneinanderreihungen meiner Empfindungen ziemlich

gut meine Stimmung und meinen Zustand widerspiegelt. Zumindest habe ich dieses Gefühl beim Lesen der Aufzeichnungen.

Do., 29.09.94: ca. 23:00 Uhr eine normale Dosis genommen, danach nichts mehr. Normal geschlafen.

Fr., 30.09.94: Bis gegen 10:00 Uhr gedöst, vorher bis etwa 8:45 Uhr geschlafen. Den Tag aber die meiste Zeit im Bett verbracht. Gewisse Erwartungshaltung bezüglich Entzug, aber kaum Entzugserscheinungen, wie sie sonst gewöhnlich nach 8 - 14/16 Stunden anfingen (schwitzen, frieren, laufende Nase, tränende Augen). Also freitags tagsüber keine erwähnenswerten Entzugserscheinungen, etwas Müdigkeit und Schlappheit.

Genau wie Peter es gesagt hat, mein Entzug wird anders sein.

Freitagnacht:

Innere Unruhe beginnt, keine Angst, Knochenschmerzen, vor allen Dingen in den Beinen, keine 30 Sek. in einer Position gelegen, nicht geschlafen, höchstens mal für einen kurzen Moment gedöst. Gefühl unangenehm, aber erträglich. Gegen 5:00 Uhr erste Schlucke Paracetamol-Saft genommen (ohne Codein).

Sa., 01.10.94:

Unruhe, Beine besser, aber jetzt leichte Magenschmerzen, keine Krämpfe, auszuhalten, weiterhin Saft geschluckt, ab und zu aufgestanden, rumgelaufen, wieder ins Bett usw.; aufkommende Aggressivität, keine Lust zu schreiben oder zu diktieren. Sehr unwohl, aber noch erträglich. Nachts nicht geschlafen, um 3:00 Uhr Rest Saft erste Flasche. 1 Std. später 2 Codein-Tabletten, 1 Std. später 2 Schlaftabletten. Gegen morgen für 2 Std. eingeschlafen.

So., 02.10.94:

Knochenschmerzen, Magenschmerzen, Müdigkeit, aber nicht schlafen können. Weniger Aggressivität, aber Unruhe groß. Gegen 15:00 Uhr beginnende starke Unruhe, Suche nach alten Filtern *(durch die man das aufgekochte Heroin durchziehen muß, damit man keine Verunreinigungen in die Spritze bekommt. In diesen Filtern bleibt immer ein gewisser Rest zurück, so daß man diese, wenn man genug davon hat, noch einmal aufkochen kann und eine gewisse Dosis erhält),* hin- und herschwanken, ob ich losfahren soll oder nicht, steigert sich immer mehr. Gegen 18:00 Uhr Selbstmitleid beginnend. Weinen, steigert sich, ich will nicht mehr weitermachen, möchte ein bißchen Heroin haben, wenigstens für eine Stunde Ruhe, etwas Schlaf.

Wird schlimmer, ging ins Wohnzimmer, beruhige mich nicht.

Mama ruft Peter Pakert an.

Er kommt sofort gegen 13:30 Uhr.

Blutdruck gemessen, o.k. 130/80. Puls normal.

Bekomme zwei Distraneurin, werde merklich ruhiger, will nicht mehr wegfahren. Schlafe dann für ca. 1 1/2 bis 2 Std., esse ein wenig, Tee getrunken und um 24:00 Uhr noch eine Distra genommen. Ins Bett, kann aber nicht gleich schlafen.

Nach 3 Std. 2 Schlaftabletten genommen, nach 1/2 Std. 2 Codein genommen, gegen 4:30 Uhr eingeschlafen.

Mo., 03.10.94: Etwas gefrühstückt, 1 Distra genommen, fühle mich besser, kaum Schmerzen, innerlich ruhig, Stimmung schwankt zwischen froh / gute Laune und betrübt. Denke an Endspurt. Abends etwas gegessen und noch eine Distra genommen (20:00 Uhr). Einigermaßen geschlafen.

Medikamente vom Arzt verschrieben. Peter teilte sie mir ein, so wenig wie möglich.

Di., 04.10.94: Fühle mich besser, merke Erkältung stärker, keine Tabletten mehr, nachmittags Kuchen gegessen, gespielt, Abendbrot gegessen.

Nach meinem körperlichen Entzug bin ich wieder zu Peter in die Praxis gefahren und wir haben weitere Fragen geklärt.

Warum habe ich im Laufe der Zeit nicht mehr so "verschlafen" ausgesehen, wenn ich etwas genommen habe?

1.) Der Körper hat sich an die Droge gewöhnt und sie in den Nahrungskreislauf eingebaut.
2.) Ich habe anders dosiert.
3.) Die Zielsetzung hat sich verändert.

Warum bin ich unpünktlich und unzuverlässig gewesen?

1.) Weil ich sk war, hörigkeitskrank und drogenkrank.
2.) Weil ich mich in meiner Scheinwelt befand.
3.) Weil der Wertschätzungsverlust immer mehr zunahm.
4.) Weil ich mich zwangsläufig immer mehr vernachlässigen mußte.

Warum nahm ich überhaupt Drogen?

Peter erklärte mir daraufhin, die Droge ist Ersatzhandlung - Handlungsersatz.
Ich möchte bestimmte Dinge haben oder erreichen. Oftmals kann ich diese Dinge nicht bekommen. Sie sind nicht erreichbar, also suche ich mir einen Handlungsersatz. Ich konnte schon lange nicht meine seelischen GB befriedigen, hatte einen großen Fehlbedarf. Außerdem irritierten mich meine Gedanken als Neigungen so sehr, daß ich mit meiner ganzen Persönlichkeit unzufrieden war.
Ich allein bin Bestimmer meiner Handlungen, d.h. nur ich bestimme, was ich tue oder nicht. Das ist mir inzwischen klar geworden. Ich muß lernen, mir im Leben in jeder Situation, an jedem Ort der Welt selber helfen zu können. Eine Ahnung davon, daß ich das schaffen kann, habe ich inzwischen. Wenn Peter mit seinen Entzugsüberlegungen recht hat, dann wird er auch in anderen Dingen recht haben. Außerdem glaube ich daran, daß es vor mir mit ihm schon viele Patienten geschafft haben. Das macht mir Mut und gibt mir Hoffnung sowie die Kraft, meinen weiteren Weg zu gehen.
Dazu muß ich mir Sicherheiten einbauen und diese trainieren.
Ein Suchtkranker trainiert die Morphiatproduktion.
Lebensrettende Endorphine, auch Morphiate genannt, werden im Gehirn produziert.

Hat das Tagesbewußtsein oder das Unterbewußtsein den Eindruck, der Körper befindet sich in Lebensgefahr, werden vom Gehirn sofort Morphiate freigesetzt.
Sie wirken erstens schmerzbetäubend,
zweitens stabilisieren sie Muskeln, Bänder, Sehnen, Knochen und Gelenke,
drittens werden die Sinne erweitert.
Alle Wahrnehmungen sind nahezu verzehnfacht.
11.10.94
Das Mißtrauen meiner Eltern.
Es geht nicht darum, daß ich es verstehe oder nicht verstehe.
Es geht auch nicht darum, daß ich es gut finde oder nicht gut finde.
Frage: Worum geht es dann?
Es geht einzig und allein darum, daß meine Eltern ein Recht darauf haben, miß-
trauisch zu sein. Wenn ich es gut mit meinen Eltern meine, lasse ich ihnen diese
Rechte.
Frage: Was ist ein richtiges Leben im Moment für mich?
Das, was für mich vernünftig ist, ist für mich auch gesund und richtig.
Frage: Was ist für mich vernünftig / gesund?
Was mir und anderen nicht schadet, und was ich mir leisten kann.
Frage: Was heißt vernünftig sein?
Sich nach der eigenen Gerechtigkeit zu verhalten.
Da ich einen grundsätzlich ausgeprägten Gerechtigkeitssinn habe, fällt es mir
auch nicht schwer, über alles zu befinden, was richtig und was falsch ist, wenn
ich clean bin.
Meine Vernunft ist meine Gerechtigkeit.
13.10.94
F: Was heißt Sucht, was heißt Abhängigkeit?
Sucht = Abhängigkeit ist etwas zwanghaft zu Wiederholendes, auch ohne diesen
Zwang zu verspüren, aber keinesfalls gleich eine Krankheit.
Die Grundbedürfnisse zu erfüllen ist Sucht = Abhängigkeit. Erfülle ich meine GB
in meinem Normalmaß, werde ich zufrieden, und daran sehe ich nichts Krankhaf-
tes, im Gegenteil, es ist für mich gesund und vernünftig!
F: Was heißt Suchtkrankheit?
Von der Sucht krank geworden zu sein!
Wer das zwanghafte Wiederholen über einen kürzeren oder längeren Zeitraum
über- oder untertreibt und davon krank wird.
F: Wer bestimmt darüber, ob jemand krank geworden ist?
1.) Derjenige selbst, der sich als krank empfindet.
2.) Andere Menschen, die diese Krankheitssymptome deuten können.
F: Bin ich zur Zeit suchtkrank?
"Nein."
Begründung: Nur wer sein Suchtmittel übertrieben konsumiert, ist suchtkrank.
Oder wer sk geworden ist und noch nicht sein richtiges Maß gefunden hat. Da
muß ich auch unterscheiden, brauche ich dieses Suchtmittel, um zu leben (Essen,

Trinken, Atmen) oder kann und muß ich darauf verzichten (z. B. Alkohol, Drogen).
Wer sein krankmachendes Suchtmittel nicht mehr konsumiert, befindet sich auf dem Wege der Genesung. Somit befinde ich mich als Suchtkranker auf dem Wege der Genesung und zwar ab dem nächsten Tag, weil ich tags zuvor noch um 23:00 Uhr konsumiert habe, aber am nächsten Tag, nach dem Wachwerden, mich bewußt gegen die Droge entschieden habe.
Die Krankheit selbst kann aber nur zum Stillstand gebracht werden, sie bleibt aber latent schleichend bis an mein Lebensende in mir.
Wenn ich nicht richtig aufpasse, keine vernünftigen Sicherheitsmaßnahmen ergreife, bricht sie sofort wieder aus.
So muß ich mir auch eine Prioritätenliste erstellen.
Nach dieser Liste teile ich mein neues Leben ein.
1.) Persönlichkeitsarbeit in meiner Lebensschule, die überall ist, wo ich gerade bin.
2.) Beruf.
3.) Privatleben. Es umfaßt den Alltag mit allen Verpflichtungen. (Einkauf, Haushalt, Auto, Freunde, Bekannte usw.).
4.) Freizeitgestaltung mit: Intimsphäre = Sexualleben, Urlaub, Auszeiten.
Schönheiten dieser Welt darf ich in allen Bereichen erleben und genießen.
18.10.94:
F: Warum nahm ich Heroin?
Weil es mir so gefiel und es zur lieben Gewohnheit geworden war. Später wurde es Haß-Liebe. Ich neigte mehr zum Heroin, als zu einem anderen Suchtmittel.
F: Wer wollte zuerst Drogen nehmen, der Körper oder die Seele?
Zuerst die Seele, nach dreimaligem Gebrauch dann auch der Körper, weil ich als Jugendlicher damit angefangen habe.
F: Was ist die Seele?
Eine Energieform.
F: Aus wieviel Teilen besteht die Seele?
Aus 5 Teilen.
1.) Tagesbewußtsein
2.) Unterbewußtsein
3.) Gefühl
4.) Wille
5.) Aura
F: Wer ist Bestimmer der Seele?
Das Bewußtsein, bestehend aus TB und UB.
F: Wer ist Chef in mir?
Das Tagesbewußtsein.
F: Wer hat seinen Sitz im Tagesbewußtsein, wer ist das TB?
Meine drei Ich-Formen:
1.) das Kindheits-Ich (Ki-Ich),

2.) das Eltern-Ich (Elt-Ich),
3.) das Erwachsenen-Ich (Erw-Ich).
F: Wer von diesen drei Ich-Formen kann krank werden?
Zuerst das Ki-Ich und dann das Elt-Ich, das Erw-Ich fast nie.
F: Welche Teile der Seele können krank werden?
Nur das Bewußtsein.
Wenn das Bewußtsein krank geworden ist, wird mit dem Gefühl, dem Willen und der Aura falsch umgegangen.
Diese 3 Energieformen der Seele sind somit nur gestört, aber nicht krank.
Eine Gefühlskrankheit gibt es somit nicht. Es kann nur eine Gefühlsstörung geben. Die Seele ist die Gesamtheit der 5 Energieformen. Die Seele heißt auch Gemüt. Das Gemüt, die Seele, kann krank sein, dann heißt es Seelenkrankheit oder Gemütskrankheit, wobei nur das Bewußtsein krank werden kann.
19.10.94
Während der Suchtkrankheit (Heroin) hat das Ki-Ich die Oberhand bekommen. Aber wie mir Peter erklärte, war das schon vorher so. Es war eine von mir unbemerkte Hörigkeit, weil ich durch andere, über andere und nicht durch mich Anerkennung und Liebe haben wollte. Daß ich mich dabei vernachlässigte, habe ich zwar geahnt und angedacht, mir fehlten aber Informationen, um dieses zuende denken zu können.
Das Ki-Ich bestimmte überwiegend alle Handlungen. Jetzt muß sich das Erw-Ich wieder neu auf seine Dominanz besinnen und die "Chefposition" einnehmen.
Das Tagesbewußtsein mit seinen drei Ichs ist der Chef in mir. Es bestimmt mein bewußtes Denken und Handeln. Es bezieht jedoch auch viele Informationen aus dem Unterbewußtsein und der Umwelt.
Das UB ist während der Suchtkrankheit mit falschen Informationen vom TB versorgt worden.
Damit sich meine Denk- und Handlungsweisen und somit mein Leben verändert, ist es notwendig, das UB mit dem TB neu zu trainieren, neu zu schulen. Normalerweise muß eine Information ca. 18mal vom Tagesbewußtsein wiederholt werden, bis das UB diese übernimmt.
Bei einem Suchtkranken jedoch liegt eine Störung vor (Nerven - Körperfunktionen). Die Information muß nun ca. 80 bis 100mal wiederholt werden, bis das UB sie aufnimmt und "abspeichert", d.h. sie gegebenenfalls verwenden kann.
Solange das Ki-Ich mein hauptsächlicher Bestimmer und mein Freudenkonto leer ist, solange ist die Gefahr eines Rückfalls am größten. Das Ki-Ich wird weiterhin versuchen, in der bisherigen kindlichen Weise zu verfahren, d.h. Ausreden suchen, Pläne schmieden, also alles wie bisher. So würde ich mich als Erwachsener kindisch verhalten und das fällt natürlich anderen auf.
Das Erw-Ich als oberster Chef mit der größten Dominanz muß wieder an oberste Stelle treten. Erst wenn das Tagesbewußtsein wieder richtig Chef ist (über Seele und Körper), kann das UB neu geschult werden. Die restlichen Teile der Seele

(Gefühl, Wille, Aura) werden davon ebenfalls beeinflußt. So wird z.B. das Verhältnis von Angst und Freude wieder in ein Normalmaß gebracht.

Ich will sagen, daß während der Suchtkrankheit, der Dominanz des Ki-Ich, das Angstpotential größer ist als das der Freude. Während der Suchtkrankheit habe ich gelernt, mit der Angst umzugehen. Freude hat man sehr selten und wenig empfunden bzw. überhaupt zugelassen, weil mit Freude nichts anzufangen war. Erst wenn das Tagesbewußtsein mit dem Erw-Ich wieder richtig Chef ist, kann das Gefühl "ausgeglichen" werden. Meine Gefühlskurve normalisiert sich.

20.10.94

Während meiner Suchtkrankheit herrschte in mir eine Diktatur des Ki-Ichs.

Jetzt, auf dem Wege der Genesung sollte das Erw-Ich die Diktatur übernehmen und zwar hauptsächlich für die nächsten 3 - 5 Jahre. Das Ziel ist die Demokratie zwischen den drei Ichs und dem Körper. Diese kann auch schon mal in den nächsten Jahren auftreten, vordringlich soll aber die Diktatur des Erw-Ichs herrschen.

Da diese "Staatsform" mir sehr vertraut ist, brauche ich sie nur in mir einer anderen Persönlichkeit, dem Erw-Ich, zu geben.

Das Erw-Ich handelt eher rational, ohne große Gefühlsanteile, so daß ich gute Chancen habe, nicht wieder durch meine alten Gefühle rückfällig zu werden.

25.10.94

Unter den Energieformen der Seele ist Bestimmer das Bewußtsein: Tagesbewußtsein und Unterbewußtsein. Ein weiterer Teil ist der Wille. Der Wille ist ein Energiepotential. Er ist das Kraftpotential für das Bewußtsein. Der Wille wird an eine Information, an einen Reiz angehängt, um Gedanken zu entwickeln, angefordert vom Tages- oder Unterbewußtsein.

Die Information kann in der Seele, im Gehirn entstehen oder von außen über die Sinne aufgenommen werden. Nun hängt sich ohne Zeitverlust das Gefühl an, nachdem das Bewußtsein die Information bewertet hat. Der Wille wird auch dazu angefordert.

Dadurch kann die Vorstellung weiterentwickelt werden und eine Handlung durch den Körper ausgeführt werden. Wobei auch das Denken bereits eine Handlung ist.

Der Wille ist also ein Energiepotential. Von allein tut er nichts (wie z.B. Treibstoff bei einem stehenden Kraftfahrzeug). Erst wenn ein Reiz entsteht und ankommt, wird der Wille durch das Bewußtsein, je nach Bewertung, angehängt. Er ist also sozusagen eine antreibende Kraft (Kraftstoff).

Ein weiterer Teil der Seele ist das Gefühl. Das Gefühl ist kein Bestimmer. Es ist eine Energieform. Das Gefühl hängt sich an eine Information ohne Zeitverlust an und ist Ausdrucksform der Seele. Das Gefühl kann positiv oder negativ sein. Genaueres zur Seele werde ich noch beschreiben.

26.10.94

F.: Kann ich Falschheit mit Überlegenheit tarnen?

Richtig nicht.

41

Falschheit ist bereits eine Tarnung. Überlegenheit aus diesen Gründen ist eine weitere Tarnung. Falschheit und Überlegenheit sind auch Maske. Die Maske des Suchtkranken oder des Falschspielers, also eines Lügners.

Das Lügen und Betrügen gehört aber zu jeder SK als fester Bestandteil dazu.

Eine weitere Energieform der Seele ist die Aura. Jedes Ding, jeder Körper ist umgeben von einer Aura. Auch sogenannte "tote" Dinge, wie Steine usw.. Die Aura umgibt den Körper. Diese Energie kann man heute sogar schon mit einer bestimmten Fototechnik (Kirlianfotografie) sichtbar aufnehmen. Die Aura ist dehnbar. Sie kann sehr eng am Körper liegen (bei Angstgefühlen), oder sich ausdehnen (bei Freude). Sie kann aber auch nur einen Arm bzw. Finger "ausfahren", um an eine Information zu gelangen. So kann sie z.B. von einem Körper in einem Zimmer, dessen Tür geschlossen ist, mit einem "Ausläufer" zur Tür durchs Schlüsselloch und dann in den Vorraum tasten. Es ist also nicht notwendig, daß sich die komplette Aura so groß ausdehnt.

Da sie eine spezielle Energieform ist, kann sie auch durch feste Materie dringen, genau wie die Gesamtheit der Seele.

Durch die Kirlianfotografie erkennt man, daß die Aura in die Spektralfarben aufgeteilt ist. Da diese Wissenschaft zum einen noch nicht weiter in der Entwicklung ist und zum anderen noch nicht recht anerkannt ist, kann ich nur auf das zurückgreifen, was man bis jetzt weiß.

Die Aura kann sich aufteilen. Das heißt: Zum einen gehört die Aura mit zur Seele, verläßt also den menschlichen Körper bei dessen Tod. Zum anderen, so sagte ich vorhin, ist auch ein toter Körper von einer Mono-Aura umgeben. Somit bleibt also - mal bildlich dargestellt - eine Farbe der Aura um den Körper, die restliche Aura entsteigt mit der Seele. Wird nun ein neuer Körper mit einer Seele "beseelt", so ist er ja auch schon mit einem Teil Aura umgeben. Somit vervollständigt sich die Aura beim Eintreten der Seele in den Körper wieder.

Die Aura ist ein sehr wichtiger Informationslieferant. Die Aura hat positive und negative Energiefelder. Die Aura kann aber auch gesamt überwiegend positiv (bei großer Freude) oder negativ (bei großer Angst) geladen sein.

Die Aura ist allerdings immer im Zusammenhang mit den anderen Sinnen zu sehen. Da die Aura keine direkte Verbindung zum Gehirn hat, muß sie die anderen Sinne benutzen, um ihre Informationen abzugeben oder zu bekommen.

Auch dazu mache ich noch ausführlichere Aussagen.

Trotzdem ist die Aura, meiner Meinung nach, der wichtigste Informationslieferant. Unsere restlichen Sinne (z.B. Sehen, Hören, Riechen, Fühlen, Schmecken) sind alle bis zu einem gewissen Grad räumlich begrenzt. Die Aura kann jedoch ungeahnte Strecken und Entfernungen überwinden. Außerdem kann sie auch mit anderen Auren kommunizieren, d.h. sie erfährt Dinge, die wir nicht mit den anderen Sinnen sofort wahrnehmen können. Des weiteren kann die Aura nicht lügen. Wenn man also die Gabe hat, die Aura eines anderen zu spüren, kann man mitbekommen, ob er uns belügt.

Ein weiterer Vorteil der Aura als Informationslieferant liegt in ihrer Fähigkeit, sogar unsere Zeit zu überwinden, d.h. in die Zukunft zu gehen. Oder in die Vergangenheit. Oftmals hat man ein "Déjà-vu"-Erlebnis. Man meint, man hätte eine Situation schon einmal erlebt. Ich habe 2 Erklärungen für dieses Phänomen.
1.) Die Aura tastet in die Zukunft und nimmt eine Situation auf. Wenn die Situation dann passiert, hat man das Gefühl, dies bereits schon einmal erlebt zu haben.
2.) Wenn die Behauptung stimmt, daß bei der Evolution der Seele diese mehrfach wieder verschiedene Körper beseelt, so könnte ich mir vorstellen, daß man eine Situation mit Körper 1 erlebt, also auch mit der Aura wahrnimmt und dann, nachdem die Seele (+Aura) in einem neuen Körper sitzt, die Situation noch einmal erlebt und mir das dann auch bewußt wird.
Dies sind aber wie gesagt meine ganz persönlichen Überlegungen!
Peter sagt dazu: Nicht die Aura kann in die Zukunft sehen, sondern unser UB.
Genauso schwer wie es ist, die Aura wissenschaftlich zu erforschen bzw. darzustellen, genauso schwer ist es, die Funktionen und Möglichkeiten der Aura zu begreifen.
So kann man z.B. Dinge, wie die Telepathie mit der Kommunikation der Auren erklären. Man spricht ja auch oft von Seelenverwandtschaft. Oftmals hört man das Sprichwort: "Zwei Doofe, ein Gedanke". Ich selbst habe schon häufig beobachtet, daß solche Situationen zwischen mir und meiner besten Freundin (seit 18 Jahren) vorkommen. So gehe ich zum Telefon und will sie anrufen und im gleichen Augenblick klingelt das Telefon und sie ist dran. Dies könnte man also gut mit dem Dialog unserer beiden Auren erklären. Sie will mich anrufen. Diese Info kommt bei mir an. Ich gehe also zum Telefon, da ich denke, ich hätte die Idee, sie anzurufen. Die Idee ging aber von ihr aus. Oder uns passiert es auch oft, daß wir z.B. Fernsehen schauen und plötzlich, wie auf Kommando, beide gleichzeitig das gleiche Wort oder den gleichen Satz aussprechen. Wir sagen dann immer: "Schön, jetzt leben wir noch 1 Jahr länger zusammen." Dieses Sprichwort kenne ich für den Fall, daß man gleichzeitig das gleiche ausspricht.
Ich denke, die Aura ist mit der wichtigste Sinn, den wir haben.

27.10.1994
Das Unterbewußtsein streicht "ja" und "nein". Es kümmert sich nur um Fakten und klare Vorstellungen.
Sage ich z.B.:
Ich nehme (nie) wieder Drogen.
Ich lasse (keine) Drogen in meinen Körper gelangen.
Dagegen ist es besser, klar zu sagen:
Drogenfreiheit ist mein Ziel.
Mein Ziel ist es auch, zufrieden zu werden. Dazu muß ich das Beste aus meinem Leben machen und dem UB gegenüber bei klaren Anweisungen kein ja oder nein verwenden.

Eine kurze Berechnung des Kostenaufwandes eines Suchtkranken
Die Zahlen sind nicht genau, stehen aber in richtiger Relation.

Drogenabhängige
50.000
pro Tag DM 100,-
durchschnittlich 12 Jahre Beschaffung
50.000 x 36.500,- x 12
= DM 21.900.000.000,-
Medikamentenabhängige
20.000.000 x 20,- x 25 Jahre
= 3.650.000.000.000

Alkoholabhängige
20.000.000
pro Tag DM 20,-
ca. 25 Jahre Beschaffung
20.000.000 x 7300,- x 25
= DM 3.650.000.000.000,-
Spieler
= 3.650.000.000.000

Kommentarlos lasse ich diese Überlegungen einmal so stehen.
27.10.1994

Das Gefühl als Energieform ist Teil unserer Seele. Wir stellen uns das Gefühl wie einen Nebel vor. Wenn nun eine Information entsteht oder aufgenommen wird, ragt diese Information wie eine Spitze in diesen Nebel und wird sofort von diesem umhüllt. Eine Information wird immer von einem Gefühl umhüllt, dann werden Impulse an den Körper gegeben, und wir spüren es dann körperlich, je nachdem welches Gefühl sich an die Information gehängt hat. Welches Gefühl sich an eine Information anhängt, richtet sich nach den Erfahrungen, die wir mit dieser Information verbinden. Wir greifen also auf alte Erfahrungen und Erinnerungen zurück. Das heißt konkret: Wenn ich bereits mehrfach als Fußgänger von einem Auto angefahren wurde und einen Unfall hatte mit Schmerzen und Verletzungen, so verbindet sich mit dieser Erfahrung ein Gefühl der Angst. Wenn ich jetzt ein Auto sehe, hängt sich das entsprechende Gefühl an und die Impulse werden an den Körper gegeben, ich empfinde Angst, meine Knie werden "weich", meine Handflächen beginnen zu schwitzen... Das gleiche passiert nach Geburtstraumen. Oder Fahrstuhlängste usw..

Ebenso kann sich an eine Information natürlich auch ein Gefühl der Freude anhängen. Ich sehe eine Blume. Die Information gelangt in mein Gehirn. Bisher habe ich Blumen nur als etwas Schönes kennengelernt. Ich habe sie schon öfter geschenkt bekommen. Sie duften schön. Sie sehen schön aus und bringen Farbe in das Zimmer. Also bewerte ich die Gesamtheit der Blume als schön.

Es hängt sich also ein positives Gefühl an, und ich empfinde Freude.

Nun kann es aber auch vorkommen, daß sich die Informationen ändern und sich dann ein anderes Gefühl anhängt. So kann es z.B. sein, daß ich mehrfach eine Rose bekomme und mich jedesmal an den Dornen steche. Es wird sich dann, wenn ich wieder eine Rose bekomme, ein negatives Gefühl anhängen und ich empfinde Angst, die Rose anzufassen. Ich habe Angst, mich wieder zu stechen.

Wenn ich einmal eine Information aufnehme, über die mir noch keine Erfahrungen vorliegen, so schließt sich trotzdem ein Gefühl an. Es gibt bestimmte

Grundmuster, nach denen eine Information bewertet wird. Je nachdem, welches Grundmuster der Information am ähnlichsten ist, hängt sich ein Gefühl an. Der Bestimmer in uns ist das Bewußtsein. Dies teilt sich auf in das Tagesbewußtsein (TB) und das Unterbewußtsein (UB). Unser Bewußtsein ist ebenfalls ein Energiepotential. Es beträgt bei jedem Menschen 100%. Zwar kann das Bewußtsein von Mensch zu Mensch verschieden groß sein; für den jeweiligen Menschen ist das Energiepotential jedoch immer 100%. Dabei teilt sich das Bewußtsein auf in das TB zu ca. 20% und das UB zu ca. 80%.

Eine der vielen verschiedenen Aufgaben und Funktionen des UB ist das "Archiv". Es werden Informationen verarbeitet, abgelegt und können jederzeit in Bruchteilen von Sekunden dem TB zur Verfügung gestellt werden, wenn dieses sie anfordert. Das UB hat ein eigenes Ablagesystem. Informationen werden verarbeitet, ausgewertet, gespeichert und abgelegt. Manchmal kann das TB dem UB sogar bei der Arbeit zusehen. Dies geschieht nachts, wenn wir träumen, d.h. der Traum ist die Beobachtung des TB bei der Arbeit des UB. Das UB arbeitet allerdings immer, auch wenn wir schlafen. Wenn das TB ihm dabei zusieht, träumen wir. Wenn wir nicht träumen, sieht das TB nicht bei der Arbeit des UB zu. Das TB ist sogar in der Lage zu schlafen. Das bezeichnen wir dann als unsere Tiefschlafphase. Diese dauert meist von ein paar Sekunden bis zu 10 Minuten, kann aber wiederholt in einer Nacht auftreten.

Da das UB, wie man sich vorstellen kann, unzählige Infos verarbeiten muß, beschränkt es sich auf klare Fakten und Vorstellungen. Alle Formen von ja und nein werden gestrichen. Will ich also mein UB nach der Suchtkrankheit neu trainieren, so muß ich beim Einbau der Sicherheiten genau auf die Formulierung achten. Wenn ich sage: "Ich nehme keine Drogen mehr", so streicht das UB die Form von Nein, also "keine" und speichert: "Ich nehme mehr Drogen". So wird sich das Verlangen immer mehr steigern, denn das UB hat ja gespeichert: Ich nehme mehr Drogen - also mehr als vorher. Ich muß also z.B. so formulieren: "Drogenfreiheit ist mein Ziel". Dies wird so abgespeichert. Positiv dabei ist erstens, daß ein klares Fakt formuliert wird, und zweitens, daß in der Formulierung gleich "mein Ziel" eingebaut ist.

Ziel meines neuen Lebensweges ist es, Zufriedenheit zu erreichen. Zufriedenheit erreiche ich, wenn ich alle meine Grundbedürfnisse *richtig* befriedige. Zum einen die körperlichen (Essen, Trinken, Atmen, Stuhl absetzen, Wasser lassen, Behütet-sein (Wärme/Kälte), Schlafen, Hygiene), zum anderen die seelisch-geistigen Bedürfnisse (Anerkennung, Liebe, Harmonie, Geborgenheit, Selbstverwirklichung). Wenn alle diese Bedürfnisse gleichmäßig und genügend (richtig) befriedigt werden, erreiche ich meine Zufriedenheit und habe kaum eine "Chance", suchtkrank zu werden.

Dann kann ich auch mit mir auskommen, mich ertragen. Dann erreiche ich auch Drogenfreiheit. Sobald ein Grundbedürfnis nicht richtig oder gar nicht erfüllt wird, bin ich nicht zufrieden. Wenn ich nicht zufrieden bin, ist das Ziel meines

Lebens nicht erreicht. Also werde ich mir wieder eine Ersatzbefriedigung für das nicht erfüllte Bedürfnis suchen.

02.11.94

Bei klaren oder unklaren Gefühlen, bei denen uns aber die Informationen nicht bewußt sind, sprechen wir von Emotionen.

Ich habe meiner Mutter Macht über mich gegeben, die sie notwendigerweise gebrauchen darf.

F.: Wodurch?

1.) Ich bin wieder zu Hause eingezogen und muß mich somit der dort herrschenden Hausordnung unterwerfen.

2.) Ich habe meine Mutter beauftragt: "Hilf mir dabei, ein neues Leben anzufangen und Schäden aus meiner Vergangenheit zu beseitigen!"

03.11.1994

F.: Aus wieviel Energieformen besteht die Seele?

Aus unendlich vielen.

F.: Aus wieviel Energieformen besteht das Bewußtsein?

Aus zweien: 1.) TB, 2.) UB.

F.: Aus wieviel Energieformen besteht das Gefühl?

Im Wesentlichen aus zweien: 1.) Angst, 2.) Freude.

F.: Aus wieviel Energieformen besteht der Wille?

Aus einer, es ist die Kraft, die das TB und das UB zur Verfügung haben, um Gedanken bewußt oder unbewußt zu entwickeln, um den Körper damit zu steuern und zu lenken.

F.: Was entwickelt das Bewußtsein?

Vorstellungen, Pläne, Ideen und Bilder.

Das sind somit unsere bewußten oder unbewußten Gedanken.

F.: Was steuert das Bewußtsein?

1.) hoffentlich die Gedanken in die richtigen Bahnen.

2.) den Körper.

F.: Wie steuert das Bewußtsein die Gedanken und den Körper?

1.) bewußt oder 2.) unbewußt

F.: Aus wieviel Energieformen besteht die Aura?

Aus unendlich vielen. Sichtbar gemacht, leuchtet die Aura in allen Farben des Spektrums.

08.11.1994

F.: Gibt es männliche und weibliche Seelen und wenn ja, wie definieren bzw. unterscheiden wir sie?

Die ausführliche Antwort dazu gebe ich später, jetzt sage ich nur einmal ja dazu. Welche Redensarten kennt der Volksmund für Seelen?

- ehrliche Seele   - unehrliche Seele
- treue Seele   - untreue Seele
- gläubige Seele   - ungläubige Seele

Kommentarlos möchte ich das so stehen lassen, aber es geht nicht. So erfaßt ein Suchtkranker sich und seine Umgebung!!

Nach einigen Monaten des Lernens sieht das Bild schon etwas klarer aus, und der Patient F kann geordnet und klar über seinen Therapieverlauf berichten. Zuerst fängt er bei den Grundbedürfnissen an.

Die Grundbedürfnisse eines jeden Menschen.
Übersicht

Die körperlichen Grundbedürfnisse eines jeden Menschen sind nur dazu da, damit der Mensch nicht stirbt. Also die körperlichen GB, um zu leben, und die seelischen GB, um zufrieden zu werden.

Es gibt für alle Menschen gleichermaßen 13 Grundbedürfnisse. Sie lassen sich aufteilen in:

acht körperliche und fünf seelische Grundbedürfnisse.

I. körperliche Grundbedürfnisse:

Essen

Trinken

Atmen

Schlafen

Sauberkeit / Hygiene

Wasser lassen

Stuhl absetzen

Behütet sein (Wärme-, Kälteschutz)

II. seelische Grundbedürfnisse:

Anerkennung

Liebe

Harmonie

Geborgenheit

Selbstverwirklichung

Erfülle ich alle Grundbedürfnisse richtig, werde ich zufrieden.

Richtig ist immer das, was mir gefällt und für mich gesund und vernünftig ist.

Wir haben neben den 13 Grundbedürfnissen noch einige andere Bedürfnisse, die ich Ansatzweise kurz auflistе.

- Sich berauschen zu wollen, ist ein Bedürfnis.
- Der Realität vorübergehend zu entfliehen, ist ein Bedürfnis.
- Maßlos zu sein, also zu übertreiben oder zu untertreiben, ist ein Bedürfnis.
- Dominieren zu wollen.
- Führen zu wollen.
- Immer weiter konsumieren zu wollen.
- Besitz ergreifen zu wollen.
- Haben zu wollen.
- Reich werden zu wollen.
- Gesund sein zu wollen.
- Arbeit haben zu wollen.
- Eine hübsche Wohnung haben zu wollen.

Schlicht gesagt, alle unsere Wünsche, ob berechtigt oder nicht, ob gesund oder nicht, sind uns ein Bedürfnis, lassen sich aber in unsere 13 GB einordnen.

Die Liste der Wünsche = Bedürfnisse kann sehr lang werden.

Ich begnüge mich mit der kurzen Aufzählung, um Ihnen zu zeigen, daß wir unterscheiden lernen müssen zwischen unseren *Grundbedürfnissen* und unseren *Wünschen als Bedürfnisse.*

Zu den Grundbedürfnissen:

- Ich bekomme meine seelischen Grundbedürfnisse dadurch erfüllt, daß ich sie abgebe. Aber um richtig zufrieden zu sein, muß ich in der Lage sein, zuerst mir selbst diese Grundbedürfnisse zu erfüllen, also sie mir zu geben. Wenn ich sie mir selbst geben kann, bin ich auch dazu fähig, anderen Anerkennung, Liebe, Harmonie und Geborgenheit zu geben.

Wer nichts hat, kann nichts geben.

- Alle Menschen beteiligen sich am Geben, also muß ich aufmerksam aufpassen, ob und wann etwas für mich dabei ist.

- Bei einer Hörigkeit lebt der Mensch fast ausschließlich über und durch andere Menschen. Dabei vernachlässigt er sich und hat somit auf Dauer einen Fehlbedarf bei der Befriedigung seiner eigenen Grundbedürfnisse. Selbst dann, wenn er von anderen viel Anerkennung und Liebe bekommt, bleiben seine Harmonie und Geborgenheit auf der Strecke. Es fehlt ihm mit Sicherheit die Befriedigung dieser Bedürfnisse, weil er sich nicht richtig selbst verwirklicht.

Dieses Verhalten ist krankhaft und führt zu körperlichen und seelischen Schäden. Diese bezeichne ich als Suchtkrankheit, nämlich Hörigkeit.

Unsere Grundbedürfnisse können wir auch als unseren Lebenserhaltungstrieb bezeichnen. Wir können die Grundbedürfnisse unterteilen in die lebenswichtigen, die befriedigt werden müssen, um zu leben oder um zu überleben (z.B. das Atmen), und die seelischen, um zufrieden zu werden und um zufrieden zu leben, also die nicht lebenswichtigen GB.

Glücklichsein ist meistens eine Minutensache und sei hier nur am Rande erwähnt.

Wenn ich alle meine körperlichen und seelischen Grundbedürfnisse richtig befriedigen kann, erreiche ich meine Zufriedenheit.

Das Streben eines jeden Menschen sollte ein Ziel verfolgen, zufrieden zu werden. Daß viele Menschen diese Ziele falsch deuten, liegt in der Natur des Menschen und hat immer damit zu tun, daß sie sich nicht begnügen können.

Wir sind mit Verständigungsschwierigkeiten geboren worden und werden sicherlich auch so sterben, weil unsere Seele diese immer haben wird.

Um diese Grundbedürfnisse zu erfüllen, haben wir genaue Richtlinien, wie vorher aufgelistet, in unseren Erbanlagen des Körpers und der Seele.

1. Resümee:

Für den Körper haben wir acht Grundbedürfnisse, die für alle Menschen gleich sind.

Sie müssen in irgendeiner Art und Weise erfüllt werden, damit der Körper nicht stirbt. Ob zuerst durch unsere Erzieher und später von uns selbst, ist egal. Hauptsache ist, daß sie richtig erfüllt werden.

2. Resümee:

Für die Seele gibt es fünf Grundbedürfnisse, die auch für alle Menschen gleich sind.

Sie sind für das Erreichen der eigenen Zufriedenheit verantwortlich und dafür, daß sich die Seele hier auf Erden weiterentwickelt.

Diese Richtlinien können auch als Anreger oder Motor bezeichnet werden.

Hinter allem, was wir tun und anstreben, steht irgendeines unserer Grundbedürfnisse, aber meistens sind es mehrere. Dies fällt uns nur bei einer näheren Betrachtungsweise auf.

Wie gehe ich mit diesem Wissen um?

- Ich lerne langsam zu begreifen.

Wie kann ich meine Grundbedürfnisse richtig befriedigen?

- Indem ich lerne, richtig zu begreifen.

- Indem ich lerne, mich richtig zu verwirklichen.

Was passiert, wenn ich ein oder mehrere Grundbedürfnisse nicht richtig oder gar nicht befriedigen kann?

- *Ich werde erst in der Seele, im Bewußtsein und später am Körper krank.*

Diese Krankheit heißt immer zuerst einmal "Suchtkrankheit = Hörigkeit".

Die Grundbedürfnisse eines jeden Menschen:

Die 13 GB müssen alle richtig erfüllt werden, sonst ist eine Zufriedenheit nicht möglich oder das Leben ist sogar bedroht. Der Mensch stirbt eher als geplant.

Zuerst muß ich aber alle meine GB kennen, um sie richtig erfüllen zu können.

Wenn ein GB nicht richtig befriedigt wird, entsteht eine kleine Unzufriedenheit.

Ein GB kann über einen kürzeren oder längeren Zeitraum ruhig einmal vernachlässigt werden, es entwickelt sich dadurch kein großer Schaden, aber auch keine große Zufriedenheit. Es kann sogar von Vorteil sein, eine gewisse Zeit lang zu "fasten". Wenn ich wegen der Gesundheit faste, ergibt sich sogar eine Zufriedenheit (Abspecken).

Es gibt also die in der Übersicht erwähnten *acht körperlichen GB*, die in unterschiedlichen Zeitabständen *erfüllt werden müssen, damit der Körper nicht stirbt.*

Alles was wir müssen ist Zwang! Zwang ist Sucht und Sucht ist Abhängigkeit.

Sucht und Abhängigkeit ist aber noch lange keine Krankheit.

Essen "müssen" wir unbedingt, trinken auch.

Auf das Essen können wir mal eine Zeitlang verzichten, auf das Trinken kaum. Täglich müssen dem Körper 1,5 bis 1,8 Liter Flüssigkeit zugeführt werden. Es ist auch möglich, daß wir mal eine Zeitlang auf das Trinken verzichten können, aber dann entsteht ein körperlicher Fehlbedarf oder sogar ein Schaden.(Austrocknung, Übersäuerung, Nieren- oder Gehirnschäden usw.)

Selbst auf die Atmung können wir für kurze Zeit verzichten, trotzdem "müssen" wir atmen.

Selbstverständlich ist diese Zeit begrenzter, als wir auf Essen und Trinken verzichten können. Manchmal ist es sogar von Vorteil, nicht zu atmen, weniger zu atmen, z.B. bei einer Hyperventilationstetanie: Verkrampfung der Lunge infolge von psychogen bedingtem zu schnellem und zu heftigem Einatmen.

Folge: Erhöhter Sauerstoffpartialdruck bei Erniedrigung des Kohlensäure-partialdrucks.

Hilfe: kurzzeitiges Rückatmen in eine Plastiktüte unter Aufsicht eines Arztes, dadurch Ausgleich des unterschiedlichen Partialdrucks.

Verzeihen Sie mir bitte die manchmal fachliche Ausdrucksweise, aber nur so ist es möglich, in kurzen Sätzen das zu sagen, wozu ich im Deutschen seitenlange Erklärungen abgeben müßte, damit Sie mich verstehen. Ich hoffe, daß Sie mich auch so verstehen werden. Ich werde auch weiterhin versuchen, fast alles zu verdeutschen. Das direkte Fachbuch für Ärzte und Psychologen wird sicherlich eines Tages jemand schreiben, der das kann, und wenn auch die dementsprechenden Worte in der Suchtkrankenhilfe gefunden wurden.

Wir Menschen "müssen" schlafen, aber Schlaf ist nicht unbedingt erforderlich, um zu überleben, er dient dem Wohlbefinden.

Es gibt Menschen, die können auf Schlaf lange Zeit verzichten.

Es gibt auch Krankheiten, bei denen der Mensch auf Schlaf verzichten muß.

Peter sagte mir: Er habe in seiner Sauf- und Tablettenzeit, zwischen dem 14. und 21. Lebensjahr, sein Schlafzentrum im Gehirn soweit geschädigt, daß er wochenlang kein Schlafbedürfnis hatte. Der Körper mußte zur Ruhe kommen, aber die bewußten Gedanken konnten nicht abschalten. Somit war ein Schlaf nicht möglich.

Auch heute noch, nach 20jähriger Abstinenz, passiert es noch manchmal, daß er tagelang seine bewußten Gedanken nicht richtig abschalten kann. Es ist heute vom Gefühl her wie ein Halbschlaf. Da er aber weiß, was mit ihm passiert, ist er zufrieden. Er sieht dem Körper zu, wie dieser schläft.

Ich habe den Schlaf in die körperlichen GB eingereiht, da das Streben eines jeden Menschen nach Zufriedenheit nun einmal vorhanden ist und der wohltuende Schlaf deshalb unbedingt für die Zufriedenheit der Seele erforderlich ist. Jedenfalls empfinden wir so. Nach einem erholsamen Schlaf fühlen wir uns wie neu geboren und voller Tatendrang. Nach einem schlechten Schlaf mit einigen Alpträumen sind wir froh, daß diese Nacht vorüber ist.

"Ein ruhiges Gewissen ist ein sanftes Ruhekissen."

Ein gesunder Mensch schläft gut und zufriedenstellend. Ein nervengeschädigter Mensch schläft manchmal gar nicht.

Unsere Gehirnzellen fangen im embryonalen Zustand schon an zu arbeiten. Das hört zeit unseres Lebens nie auf, erst beim Einsetzen des Gehirntodes, wenn keine energetischen Spannungen mehr zu messen sind und das Herz aufgehört hat zu schlagen, sind wir tot und unsere Seele verläßt diesen Körper. Das heißt, die Seele und der Körper haben im Laufe unseres Lebens nicht unbedingt Schlaf nötig. Das Gehirn schläft unser ganzes Leben lang nicht. Es sind Tag und Nacht Gehirnströme zu messen. Also wird Tag und Nacht im Gehirn mit dem UB, welches auch nie schläft, gearbeitet. Es muß ja schließlich Ordnung geschaffen werden, damit alles ordentlich funktionstüchtig ist, wenn der Chef, das TB, wach wird.

Zur Ruhe kommen müssen sie aber alle auf jeden Fall, sonst würden wir völlig verrückt werden, weil wir die auf uns einströmenden Informationen nicht mehr auseinanderhalten könnten. Ordnung muß sein, sonst entsteht Streit. Ein Streit aller Persönlichkeiten wäre unvermeidlich und hätte katastrophale Folgen.

Suchtkrankheit ist eine Folge, körperliche Krankheiten die andere.

Sauberkeit und Hygiene "müssen" auch unbedingt sein.

Jedenfalls eine gewisse Hygiene und nicht die übertriebene Sauberkeit, wie sie heute oftmals gehandhabt wird. Der Säurefilm unserer Haut ist lebensnotwendig. Der Körper muß in irgendeiner Form saubergehalten werden, damit keine Entzündungen entstehen, Bakterien sich nicht zusätzlich hineinsetzen und der Körper nicht mit Erregern überschwemmt wird. Denn auch daran kann er sterben. Die Seele verliert ihren Wirtskörper.

Zuviel Sauberkeit und Hygiene ist auch ungesund. Es ist eine Übertreibung!

Dadurch schädigen wir, wie schon gesagt, den Säuremantel unserer Haut, was wiederum zur Folge hat: Entzündungen breiten sich aus, überschwemmen den Körper mit Erregern, und schließlich sterben wir früher als gedacht.

Essen und Trinken sowie Wasser lassen und Stuhl absetzen "müssen" sein.

Beim Essen und Trinken kann man von einer Versorgung des Körpers sprechen.

Beim Wasserlassen und Stuhl absetzen von der Entsorgung des Körpers.

Dem Körper werden meist Nahrungsmittel auf einem Wege, d.h. durch eine Röhre zugeführt (Speiseröhre). Die Entsorgung findet über 2 Ausgänge statt. Über den Darm werden fettlösliche Gifte und unnötiger Ballast entsorgt, über die Niere wasserlösliche Giftstoffe und überschüssiges Wasser.

Wenn ein Ausgang verstopft ist, gibt es einen Rückstau, dieser führt erst zu Krankheiten, später stirbt daran der Körper.

Die Haut als zusätzliches Entsorgungsorgan (Wärmeabgabe und Entgiftungsorgan) erwähne ich nur am Rande, obwohl gerade die Haut für uns eine größere Bedeutung hat, als wir bisher annahmen.

Ein gewisser Wärme- und Kälteschutz "muß" für unseren Körper auch vorhanden sein.

Beispiel:

Ein Kleinkind hat fast alle körperlichen Grundbedürfnisse erfüllt bekommen. Es hat gegessen, getrunken, es hat ausreichend geschlafen, es atmet gut, es hat gerade Wasser gelassen und Stuhl abgesetzt und ist auch hygienisch richtig versorgt worden.

Dann wird das Kind nackt nach draußen, bei minus 10 Grad Celsius, gelegt. Es dauert nicht lange, und das Kind ist gestorben. Also ist ein gewisser Wärme- und Kälteschutz unbedingt erforderlich, selbst im Erwachsenenalter.

Ein Säugling kann im ersten halben Lebensjahr noch nicht selbst Wärme erzeugen. Auch später, wenn das Wärmeerzeugen möglich ist, braucht es von uns die Fürsorge, es warm zu halten oder richtig abzukühlen.

Von den fünf seelisch-geistigen GB brauchen wir unbedingt:
Die richtige Anerkennung,
die richtige Liebe,
die wohltuende und richtige Harmonie und
die unbedingt notwendige und richtige Geborgenheit.
Diese können wir uns nur selbst richtig geben, über eine richtige Selbstverwirklichung.
Die Selbstverwirklichung, also die Vorstellung + Tat = Idee + Ausführung "müssen" wir für Säuglinge auch erst einmal richtig übernehmen.
Später müssen wir selbst dafür sorgen, daß wir uns richtig verwirklichen.
Innerliche Zwänge zwingen uns dazu, daß wir uns richtig selbstverwirklichen.
Dieser Zwang geht von unserem Gerechtigkeitssinn aus. Jede Persönlichkeit hat einen Gerechtigkeitssinn, somit haben wir vier Gerechtigkeitssinne, die in Harmonie gebracht werden müssen, weil wir aus vier Persönlichkeiten bestehen.
Die Selbstverwirklichung gehört unbedingt zu jedem Lebewesen, weil jeder etwas Eigenes im Kopf hat. Jeder möchte sich selbst verwirklichen.
Jeder Mensch möchte unbedingt seine Vorstellungen in die Tat umsetzen. Eine Zielsetzung im Leben zu haben, läßt uns hoffen und leben.
Mit Hoffnung im Herzen sind Berge zu versetzen!
Wer keine Hoffnung mehr hat, stirbt eher als geplant.
Mir geht es erst einmal um das Grundsätzliche.
Wenn diese Bedürfnisse seelischer Natur vom Grundsatz, vom Ansatz her, für alle Menschen gleich sind, dann "muß" selbstverständlich auch jeder Mensch wissen, wie er diese Bedürfnisse erfüllt bekommt.
Er muß seine Grundbedürfnisse kennen.
Er muß dazu seine Mittel und Möglichkeiten kennen.
Er muß dazu seine Zielsetzung kennen.
Er muß sich selbst kennen.
Wer er ist, wie er ist, was er ist.
Ich gehe davon aus, daß jeder Mensch eine gewisse Erziehung bekommt.
Erfahrungen mit der Umwelt macht man z.B. als erstes mit der Hebamme, mit dem Arzt, mit dem Krankenhauspersonal, mit den Besuchern, mit der Mutter und dem Vater. Dann geht's ab nach Hause. Opa, Oma, Tanten, Onkel, Verwandte und sonstige Besucher lassen sich sehen. Alle bestaunen sie den Neuankömmling. Die dümmsten Sprüche werden gemacht: "Ei, wo ist er denn?" Dabei ist er für alle zu sehen!
Oder: "Er oder sie sieht ganz dem Papa oder der Mama ähnlich."
Weitere Sprüche erspare ich mir. Außerdem sind das die ersten Erziehungsfehler.
Das Kind wird also in eine Umgebung gebracht, in der es behütet wird oder behütet werden sollte.
Für einige Eltern jedoch scheint dieses Kind auch unerwünscht zu sein.
Das bekommt das Kind schmerzlich zu spüren.

Ein weiterer Erziehungsfehler:
"Es sollte eigentlich ein Junge werden" oder
"Es sollte eigentlich ein Mädchen werden".
Ein weiterer Erziehungsfehler:
Viele Patienten, so hörte ich von Peter, beklagen gerade diesen Punkt, nicht gewünscht zu sein, in ihrer Therapie als sehr schmerzlich, also als den ausschlaggebenden Punkt für ihre Suchtkrankheit. Egal was sie machten, nichts konnten sie Ihren Eltern recht machen, weil sie unerwünscht waren.

Peter korrigiert diese Ansicht, so entsteht eine neue Wahrheit für den Patienten, und dadurch versteht er auch seine Vergangenheit und seine Eltern besser.
Verstehen-lernen ist und bleibt das Zauberwort gegen die Hilflosigkeit.
Ist das Kind gewünscht, wird es willkommen geheißen.

In dieser neuen Umgebung wird zunächst dafür gesorgt, daß das Kind eine gewisse Ruhe, eine gewisse Sauberkeit hat, daß es ernährt wird, daß es versorgt wird, rundherum die körperlichen Bedürfnisse erfüllt bekommt. Daß es auch auf dem Arm gehalten wird, also körperliche Wärme und Nähe bekommt, ist mindestens ebenso wichtig.

Liebe und Anerkennung bekommt dieses Kind sicherlich auch, aber ob es das Richtige für das Kind ist, weiß keiner, außer das Kind selbst.

Ein Tier zeigt, wenn es gestreichelt werden will oder wenn es davon genug hat.
Ein Mensch nimmt sehr oft falsche Rücksicht. Er läßt sich Schmusereien auch gegen seine Überzeugung gefallen, oder er sagt nicht, daß er jetzt diese Anerkennung nicht braucht, nur "weil man das nicht macht". Also bleibt es Tieren vorbehalten! Haustiere, Hunde, Katzen, Pferde melden sich und ihre Bedürfnisse an oder zeigen, wenn es ihnen reicht. somit reagieren sie unbewußt richtig

Viele Kinder geben später ihre Erziehung den Eltern als Protesthaltung zurück.
Die Eltern können diese Handlungsweisen des Kindes meistens nicht verstehen und werden noch ungerechter, als sie es vorher schon waren.
Ein Teufelskreis und viele Erziehungsfehler!
Eine Suchtkrankheit entsteht auch durch Suchtkrankenverhalten.
Erziehungsfehler sind Suchtkranken-Verhaltensweisen.
In den meisten Fällen wird noch wie früher gehandelt. Das heißt, die eigene Erziehung durch ihre Eltern wird in abgewandelter Form angewendet, aber die Grundzüge sind gleich.

Es wurde früher gesagt, das Kind braucht Ruhe, Abgeschiedenheit, keinen Krach, keinen Lärm. Es wurde isoliert, wie wir heute sagen.

In vielen Fällen wird schon nach einer neuen Methode vorgegangen. Da werden folgende Überlegungen angestellt, die ich auch anstelle und zwar:

Das Kind tritt in *unser* Leben ein, muß sich also an uns, an unseren täglichen Ablauf gewöhnen, und nicht nur wir unbedingt an das Kind.

Ich glaube, das Kind hat große Umstellungsschwierigkeiten, wenn erst eine völlige Ruhe vorherrschend ist und wir nach 1/4 Jahr dann endlich wieder zum "Alltag" übergehen. Das Radio wieder etwas lauter einschalten, in einer für uns vorher gewohnten Lautstärke. Mal werden wieder die Türen klappern, so wie wir es gewohnt sind, weil wir denken, das Kind sei jetzt alt genug, es wird das schon vertragen können. Die Geräuschkulisse nimmt somit zu.

Sorgfältigkeit, Rücksichtnahme sollte in jedem Alter gegenüber anderen Menschen geübt werden. Auch ein kleines Kind ist ein Mensch und eine Persönlichkeit. So hat jede Persönlichkeit das Recht auf Rücksichtnahme und Gerechtigkeit. Essen wird gekocht, das Kind wird überallhin mitgenommen, und dann entsteht für das Kind eine große neue, ungewohnte Geräuschkulisse. Ich denke mir, das Kind ist besser behütet und aufgehoben, wenn es gleich von Anfang an integriert, d.h. in den normalen täglichen Ablauf eingebracht wird. Wobei, ich betone es nochmals, selbstverständlich eine normale Rücksichtnahme immer angebracht ist.

Bitte nichts über- oder untertreiben.
Verhalten Sie sich ausgewogen, ist ihr Kind ausgewogen.
Verhalten Sie sich ehrlich, ist ihr Kind ehrlich.
Verhalten Sie sich ordentlich, ist ihr Kind ordentlich.
Verhalten Sie sich rücksichtnehmend, ist ihr Kind rücksichtnehmend.
Leben Sie richtig verstehend und gerecht vor, wird Ihr Kind es nachmachen.
Daß ein Stückchen Rücksicht genommen wird, sollte für jeden klar sein.

Aber: Fenster müssen geöffnet werden, es muß gelüftet werden. Selbstverständlich dringt dann die Geräuschkulisse von außen ein. Die Geräusche des Alltäglichen; daß Besuch kommt, daß geklingelt wird, daß das Radio läuft, daß der Fernseher läuft, kann oder sollte wie immer sein, damit das Kind diese Informationen bekommt und sich an diese Geräuschkulisse gewöhnt. Es wäre dem Kind gegenüber glaubwürdig, weil ehrlich!

Das heißt mit anderen Worten: Es muß für das Kind selbstverständlich werden. In dieser Welt lebt es jetzt. In dieser Welt ist es willkommen. In diese Welt gehört es. Es gehört dazu. Es darf Geborgenheit und Harmonie empfinden.

Dieses Kind wird, wenn es nicht krank geboren wurde, gesund aufwachsen.

Bei kranken Kindern gelten natürlich andere Gesetzmäßigkeiten. Die Eltern oder Erzieher haben sich auf die Bedürftigkeit einzustellen!

Diese normale Geräuschkulisse, die ja auch Wort und Tat umfaßt, bezeichne ich auch schon als ein körperliches und seelisches Bedürfnis. Denn das Kind braucht die Geräuschkulisse, braucht das gesprochene Wort, braucht, sobald es ein wenig besser hören kann, die Gegenüberstellung, das Einordnen, das Zuordnen, das Wiederholen und das Erkennen, aber auch die Nähe und Wärme einer schon älteren Seele.

Denn nur, wenn das Kind im Wiederholungsfall verschiedene Dinge angeboten bekommt, wird es ein Erkennen zeigen. Es wird sich ab einem bestimmten Alter (drei bis sechs Jahre) daran bewußt erinnern. Vorher sind es mit Sicherheit unbewußte Erinnerungen, die später nicht mehr bewußt abrufbar sind, aber das Unterbewußtsein ist von diesen Eindrücken geschult und wird versuchen, das TB und den Körper dementsprechend zu beeinflussen.

Die Kurzzeitgedächtnisse im TB und das Langzeitgedächtnis im UB müssen geschult werden.

Das Kind hat sich schon an die Stimme der Mutter oder an die Stimme des Vaters gewöhnt. Das ist ja auch schon ein Erkennen. Es reagiert auf Berührungen, es reagiert auf Lichteinfall, und später fängt es an zu krabbeln und kann sich irgendwann hinsetzen. Es macht dann natürlich mit der Umgebung neue, spannende Erfahrungen. Dinge müssen unbedingt begrabbelt werden oder sie werden in den Mund gesteckt.

Kleinkinder erstaunen uns manchmal dadurch, daß sie Hilfsgegenstände einsetzen, um an etwas heranzukommen, wozu ihre Arme nicht ganz reichen. *Es ist spannend, Kinder zu beobachten.*

Das Kind wird gelobt, damit es einschläft, das Kind wird gelobt, wenn es die Flasche ausgetrunken hat, dem Kind werden liebevolle Worte gegeben, das heißt mit anderen Worten, dem Kind wird, ohne daß es bisher eine große Leistung vollbracht hat - *einfach nur, weil es da ist* - *Anerkennung und Liebe gegeben.* Auch wird eine gewisse Harmonie und Geborgenheit vermittelt.

Es wird ihm aber nur Liebe entgegengebracht, wenn wir es lieb haben.

Das Kind kann nichts dafür, daß es da ist und geliebt oder nicht geliebt wird.

Das Kind kann nichts dafür, daß es geboren wurde.

Das Kind kann nichts dafür, daß es gezeugt wurde.

Erfüllen Sie ihm bitte die GB richtig, damit es sich gesund entwickeln kann!

Wenn wir uns ganz normal lieb in unserem Alltag verhalten, wird das Kind auch verspüren: Das ist die Harmonie, die ich brauche.

Wenn immer in der Familie alles gleich abläuft, die Geräuschkulisse normal ist, fühlt sich das Kind dazugehörig und geborgen. Dann wird die Geräuschkulisse später für das Kind der erste Kontakt zur wirklichen Harmonie und Geborgenheit sein. Dann fühlt sich dieses Kind selbstverständlich geborgen. Unbedingt darf der liebevolle, zärtliche Körperkontakt nicht fehlen.

Die Seelennähe einer liebenden Erwachsenen-Seele muß gewährleistet sein.
Wird dies grob vernachlässigt, kommt es zum plötzlichen Kindstod.

Normalerweise sind dem Menschen schon vier der fünf seelischen GB erfüllt. Der Säugling fängt sofort nach der Geburt unbewußt an, sich selbst zu verwirklichen, d.h. das in die Tat umzusetzen, was es so im Kopf als GB, wir sagen Anlagen, mitgebracht hat. Später hat das Kleinkind nur das im Kopf, was wir hineingebracht haben bzw. wie es vom UB zuerst geschult wurde.

Berücksichtigen müssen wir später auch die Phantasie der Seele, des TB und die Informationen, die das UB aus früheren Leben mitbringt.

Selbstverständlich ist in jedem Kind der Entdeckergeist vorhanden (Neugier).

In einem Kind mehr, im anderen Kind weniger. Jeder Mensch ist mit einer angeborenen Kreativität und Neugier ausgestattet. Sonst könnte es keinen Fortschritt geben.

Sichausprobieren, begreifen wollen, liegt fest in unseren seelischen Anlagen. Dazu gehört Anfassen, also etwas ertasten wollen, dazu gehört selbstverständlich das In-den-Mund-stecken, dazu gehören selbstverständlich auch die Erfahrungen, die das Kind mit den verschiedenen Heiß- und Kaltformen macht. Je älter das Kind wird, desto mehr lernt es, und wir bestimmen mit, was es lernt. Also haben wir Verantwortung.

Dann wird das Kind mit einer immer wieder neuen Realität konfrontiert, in der das häufigste Wort "nein" ist.

Dazu sagen wir, das ist nun mal die Erziehung!

Die Eltern verkaufen dem Kind in den ersten Jahren das meiste mit "nein".

Dies darfst du nicht, jenes darfst du nicht, da darfst du nicht rangehen usw..

Höre auf mich, glaube mir, ich meine es ja nur gut mit dir!

Sind die Eltern aber unglaubwürdig, wie soll das Kind ihnen Glauben schenken?

Wenn du älter bist, wirst du mich besser verstehen können.

Wir Erwachsenen mußten diese schmerzlichen Erfahrungen auch machen.

Du sollst es mal besser haben als wir. Deshalb auch das vielfache "Nein".

Die anderen Erklärungen sollen bei dem Kind Verständnis wecken. Wecken aber eher Unverständnis, weil es noch nicht richtig versteht.

Daß wir damit dem Kind Angst machen, wird uns nicht bewußt.

Später, im Alter zwischen acht und zwölf Jahren zahlen uns die Kinder ihre Erziehung heim. Sie wenden Protesthandlungen für berechtigte oder unberechtigte Reaktionsweisen der Eltern gegen sie an.

Das verstehen dann die Eltern wiederum nicht. Sie meinen, ihr Kind sei undankbar. Dabei wiederholt das Kind nur das, was es von den Erwachsenen gelernt hat. Somit sollten aufpassen, was wir dem Kind beibringen.

Sobald das Kind anfängt zu krabbeln, zu laufen, muß alles höher gestellt werden. Unten herum muß alles "Gefährliche" weggeräumt werden, wenn man es schützen will.

Blumentöpfe und Bücher läßt man nur unten stehen, wenn das Kind nach Belieben darin herumblättern und wühlen darf.

Die meisten Menschen haben aber nicht soviele Gegenstände, die dem Kind zur Verfügung gestellt werden können, damit es sie kaputtmacht, sondern es wird über Kinderbücher und sonstige kindgerechte Spielgerätschaften an Dinge herangebracht, mit denen es liebevoll umgehen kann oder soll. Das Verantwortungsbewußtsein ist ausgeprägt.

Eines Tages ist es für das Kind selbstverständlich, daß es mit diesen Dingen auch in unserem Sinne liebevoll und sorgsam spielt.

Unsere Wertschätzung übertragen wir auf unsere Kinder, nicht umgekehrt!

In unserem Sinne heißt, vernünftig, nach der Erwachsenenvernunft, in einem Buch zu blättern, vernünftig mit der Puppe und der Eisenbahn oder sonstigen Dingen umzugehen. Dabei müssen wir aber die Kindervernunft berücksichtigen, sonst ist das Kind überfordert, oder es wird sogar falsch bestraft.

Viele Eltern oder Erwachsene reden von Vernunft und wissen gar nicht, was es wirklich bedeutet. Sie meinen im allgemeinen ihre Ordnung, die sie für richtig halten oder von ihren Erziehern übernommen haben. *Dabei strebt jedes Kind sein eigenes Erwachsensein an! Dabei strebt jedes Kind seine eigene Vernunft nach seiner eigenen Gerechtigkeit an!*

Über Vernunft, wie Peter sie definiert, wird ausführlich beim Patienten C gesprochen. Da Sie es schon ein wenig gelesen haben, wissen Sie in etwa, was ich meine.

In der ersten Zeit, in den ersten Lebensjahren wird für jeden Menschen der Grundstein dafür gelegt, die GB seelisch-geistiger Natur erst einmal zu verspüren. Es werden Erfahrungen in dem Kind geprägt. Mit diesen Erfahrungen macht das Kind Handlungen, die seinen richtigen Realitätssinn ausprägen sollen. Dieser Realitätssinn ist dann wiederum seine gemachte Erfahrung, aber auch seine Wahrheit.

Macht dieses Kind vernünftige Erfahrungen, wird es weniger krank werden. Eltern, werdet Euch dieser Verantwortung bewußt!

Wenn dem Kind die richtige Anerkennung gegeben wurde, dann wird das Kind später auch in der Lage sein, richtige Anerkennung und Liebe abgeben zu können. Zuerst sich selbst, dann auch anderen Menschen, Tieren und Pflanzen. Welches die richtige Anerkennung und Liebe ist, kann ich Ihnen nicht sagen.

Das entscheidet jeder Mensch für sich selbst. Zumindest sollte er es dürfen.

Aber es sei von mir noch einmal soviel dazu gesagt:

Haben Sie Ihr Kind lieb, ist es erwünscht, werden Sie sicherlich alles richtig machen!

Was das Kind später mit dieser Erziehung macht, liegt nicht mehr in Ihrer Verantwortung. Es reicht, wenn Sie sich sagen können: So wie ich mein Kind erzogen habe, wollte ich es auch erziehen und bin damit zufrieden.

Liebende Eltern geben immer das Beste für ihr Kind.
Hören Sie auf Ihren Gerechtigkeitssinn! Hören Sie auf Ihre innere Stimme!
Vertrauen Sie sich!

Wenn dem Kind die richtige Liebe entgegengebracht wurde, dann ist dieses Kind in der Lage, später auch richtige Liebe und Anerkennung nach eigenen Vorstellungen sich und anderen abzugeben.

Durfte dieses Kind sein Freudenkonto auffüllen, wird es Freude abgeben können.

Wenn dem Kind genügend Harmonie vermittelt und Geborgenheit gegeben wurde, dann ist dieses Kind auch in der Lage, über die eigene Selbstverwirklichung Harmonie und Geborgenheit sich und anderen zu geben.

Deshalb lautet die Antwort auf die Frage, wie ich meine seelisch-geistigen GB befriedigt bekomme: indem ich sie zuerst mir gebe, später anderen Menschen gebe, in der Hoffnung, sie von ihnen richtig zurückzubekommen.

Wie Sie erkennen können, ist suchtkrank zu werden nicht schwer.

Wenn sich jeder Mensch an der Abgabe von Anerkennung, Liebe, Geborgenheit und Harmonie beteiligt, dann muß auch ich zwangsläufig diese seelischen GB befriedigt bekommen. Ich muß nur aufpassen, ob etwas ehrlich für mich dabei ist.

Selbstverständlich habe ich keinen Anspruch darauf, wenn ich jetzt Anerkennung abgebe, sofort Anerkennung wiederzubekommen. Wünschen kann ich es mir

aber. Die zurückkommende Anerkennung auf meine Abgabe läßt manchmal lange Zeit auf sich warten. Geduld und Aufpassen muß jeder selbst erlernen.
Hier kann ganz einfach das Prinzip des Schenkens angewandt werden, das ich einmal kurz so definiere:
Ich schenke etwas, um zunächst mir selbst drei Freuden zu machen.
Ich suche das Geschenk für eine Person aus.
Ich freue mich über dieses Geschenk, kaufe es oder stelle es selbst her und habe meine Freude über dieses Geschenk.
Es ist meine Vorfreude.
Und dann, wenn ich denke, es ist fertig, es ist eingepackt, es ist richtig hergerichtet, dann gebe ich es ab. Ich biete also mit dieser Geste einem anderen Menschen an: Freue dich genauso darüber, wie ich es tue!
Wenn derjenige sich darüber nicht freut, ist das sein Problem. Meine Freuden hatte ich. Selbstverständlich bin ich auch ein wenig traurig, wenn ich sehe, mein Geschenk kommt nicht an, weil ich diese Freude ja uch noch haben wollte.
Festgestellt habe ich, daß ich einem geliebten Menschen das schenke, was ich auch gerne hätte, aber es für mich zu kaufen, mir zu teuer wäre. Wenn es Ihnen auch so geht, teilen sie dieses herzliche, aber auch unangenehme Gefühl mit mir!
Es geht noch weiter, denn fünf Freuden kann ich durch Geben erreichen:
Wenn ich jetzt sehe, daß der Beschenkte sich darüber freut, dann bekomme ich von ihm Anerkennung und Liebe zurück. Diese Freude kann 1. aufrichtig und ehrlich sein, dann bin ich über das mir entgegengebrachte Geschenk (Anerkennung und Liebe) zufrieden und dankbar. 2. kann die Freude maskenhaft sein, gekünstelt. Wenn ich das verspüre, löst es in mir ein gewisses Unbehagen aus, aber keine große Enttäuschung, weil ich die Hoffnung hatte, mein Geschenk kommt an, wird ehrlichen Herzens aufgenommen. Da das nicht der Fall war und ich es nur hoffte, kann ich also nur klein enttäuscht sein und bin es auch meistens nur.
Eine Erwartung, daß der Beschenkte sich darüber freut, hatte ich nicht.
Erwartungen sind immer einklagbar und gehören in das Geschäftsleben .
Kann ich Anerkennung und Liebe einklagen? **Nein.**
Das sind meine Überlegungen zum Grundprinzip des Schenkens.
Leider, muß ich sagen, wird das Schenken heute meistens anders gesehen. Es wird geschenkt, um etwas wiederzubekommen. Das ist Unsinn. Denn dadurch schaukeln sich die Geschenke hoch; die Geschenke werden immer kostbarer, immer pompöser, bis nachher keiner mehr mithalten kann. Sie erreichen dann eine Größenordnung, die schon nichts mehr mit einer liebevollen Geste zu tun hat, sondern eher mit einer starken Verpflichtung.
Der Wertschätzungsverlust wird dadurch gefördert.
Beim Fest der Liebe, Weihnachten, halte ich Geschenke für überflüssig.
Es gibt an so einem Tage bessere Anlässe, sich zu freuen!
Ich persönlich bin der Meinung, es kommt nicht so sehr darauf an, was man schenkt, sondern wie man es schenkt. Eine Kleinigkeit, die von Herzen kommt, ist mir allemal lieber, als ein lieblos gekauftes teures Geschenk.

Als Kind schon und als Erwachsener freue ich mich am meisten über einen "bunten Teller". Deshalb schenke ich am liebsten bunte, süße Teller.

Freundschaft kann man sich nicht erkaufen, Freundschaft muß wachsen.
Auch Freundschaft zu den eigenen Kindern muß wachsen.
Freundschaft bekommen wir geschenkt.

Ich glaube auch nicht daran, daß man sich gerade zu Weihnachten mit einem Geschenk einen Freund kaufen kann. Nehmen Sie sich einmal die Zeit, darüber nachzudenken!

Bei der Erfüllung der seelischen GB ziehe ich jetzt auch weiterhin einfach mal dieses Prinzip des Schenkens heran. Um diese Freude nicht zu trüben, sollte immer ehrlich oder gar nicht geschenkt werden.

Ich gebe ab, weil ich mich darüber freue. Ich gebe ab, weil ich mir selbst durch ein Geschenk für andere mindestens "drei Freuden" (Vorfreude) machen kann.

Begnüge ich mich damit, kann mir keiner diese Freuden nehmen.

Erstens die Freude an der zuerst unbestimmten, später richtigen Idee.

Zweitens die Freude am Kauf oder der Herstellung, an der Verpackung und drittens die Freude, wenn ich es verschenken kann, also die Geschenkübergabe.

Wenn sich der Beschenkte dann auch noch ehrlich freut, habe ich schon die vierte Freude. Sollte ich dann zufällig noch Anerkennung und Liebe wiederbekommen, dann ist das in Ordnung, ich erwarte es aber nicht. Ich hoffe es nur ein wenig. Anerkennung und Liebe sind aber schon bei den anderen Freuden dabei. Geht der Beschenkte sorgsam mit dem Geschenk um, kann ich die fünfte Freude auch noch irgendwann bekommen.

Ich sollte mich nur davor hüten, eine Gebrauchsanweisung mit abzugeben, wo das Geschenk zu plazieren sei oder wie der Beschenkte damit umzugehen hat. Diese Art der Gebrauchsanweisung schmälert unsere Freuden, weil der Beschenkte sicherlich weiß, was er mit dem Geschenk macht.

Wie gesagt: Wenn jeder Mensch diese seelischen GB abgibt, dann bekomme ich, wenn ich aufpasse, auch etwas ab. Nur der Zeitpunkt ist immer unterschiedlich.

Ich behaupte einfach nochmal, daß das Streben eines Menschen nur in eine Richtung geht. Er tut alles nur aus einem einzigen Grund: der Zufriedenheit wegen.

Dabei erfüllt er gleichzeitig seinen Auftrag in diesem Leben: das Beste aus seinem Leben zu machen.

Was machen wir nicht alles der Anerkennung wegen! Was machen wir nicht alles, damit wir Liebe bekommen! Wir arbeiten, wir schaffen, wir strengen uns an im Beruf oder in der Freizeit, wir bemühen uns um unseren Partner, wir gehen Wahnsinnsverpflichtungen ein, nur der Liebe oder Anerkennung wegen oder um ein Stückchen der Harmonie und Geborgenheit abzubekommen.

Gebe ich, werde ich bekommen.

Aber ohne die richtige Anerkennung und die richtige Liebe ist eine Harmonie und Geborgenheit nicht möglich. Diese aber kann ich mir selbst am richtigsten geben.

Bin aber auch auf das, was ich von anderen bekomme, angewiesen.

Diese Anstrengungen machen wir selbstverständlich über unsere Selbstverwirk-

lichung. Wir können uns aber nur richtig verwirklichen, wenn wir uns kennen. Somit müssen wir alles tun, um uns selbst erst einmal richtig kennenzulernen. Wir müssen unsere Bedürfnisse kennen. Wenn ich nicht weiß, wer ich bin, wie ich bin, was ich bin, wie will ich dann richtig mit mir umgehen? Was wollen wir eigentlich? Was macht uns zufrieden? Was ist für mich gerecht, richtig und gesund? Wir müssen uns ausprobieren, wir müssen Erfahrungen sammeln.

Wir müssen eine gewisse Erziehung genossen haben, und davon können wir einiges, aber nicht alles ableiten. Wir brauchen selbstverständlich mit der Erziehung unserer Eltern, unserer Geschwister, unserer Pflegeeltern nicht einverstanden zu sein, aber sie werden uns trotzdem ein wenig prägen.

Wichtig dabei ist, daß wir dabei zusätzliche eigene Vorstellungen entwickeln. *Unsere eigene Kreativität ist gefragt.*

Es ist aber auch gefragt, daß unsere Persönlichkeiten sich verstehen und keinen Krieg untereinander beginnen, sondern in Harmonie miteinander leben.

Wir stellen uns vor, Zufriedenheit zu erlangen und sind dadurch auf dem besten Wege zur Zufriedenheit, weil:

Jede Vorstellung in uns hat den Anspruch, sich zu verwirklichen.

Von der Grundstruktur sind die Bedürfnisse aller Menschen gleich. Wie es aber bei jedem einzelnen aussieht, das ist von Individuum zu Individuum verschieden. Der eine mag gern Schlagsahne, der andere mag gern Eisbein. Der eine betreibt gern Sport, der andere liest gern. Der eine Mensch hat das Bedürfnis, auf einen Berg zu steigen, der andere legt sich lieber den ganzen Tag an den Strand und faulenzt. Der eine fühlt sich dazu berufen, Arzt zu werden, der nächste wird Kaufmann. Leider wird heute nicht derjenige Arzt, der sich dazu berufen fühlt, sondern derjenige, der den dazu benötigten Numerus Clausus schafft.

Leider sage ich auch deshalb, weil ein Arzt in der heutigen Zeit leider auch noch ein guter "Geschäftsmann" sein muß. Menschlichkeit unter Ärzten war lange Zeit nicht gefragt, ist es aber wieder!

Da zeigt es sich, welche "Neigungen zu" und "Neigungen gegen" wir in uns haben. Es zeigt sich aber auch, welche Möglichkeiten wir tatsächlich haben.

Was uns sympathisch oder unsympathisch ist, das ist nicht immer zu verwirklichen. Diese Neigungen sind aber zu fördern und nicht zu vernachlässigen.

Eine genaue Zielsetzung sollte jeder Mensch haben, egal in welchen Bereichen. Seine eigenen Neigungen erst einmal kennenzulernen, sollte ein ehrliches Anliegen aller verantwortlichen Menschen sein.

Dazu zähle ich zuerst mich, weil ich bei meiner "Haustür" anfange, dann

die Eltern,

die Erzieher,

die Lehrer,

die Großeltern,

die Freunde,

die Politiker,

die Chefs und auch alle anderen Menschen.

Aber die von mir gesondert Erwähnten sollten sich mal Gedanken darüber machen, warum ich gerade sie hervorgehoben habe! Es geht umd die Macht, die sie haben.

Sie tragen nach meiner Meinung große Verantwortung und könnten viele Erziehungsfehler machen. Diese kommen dann zu den schon vorhandenen Verständigungsschwierigkeiten hinzu, und eine SK ist die Folge. Eindeutig Erziehungsfehler.

Nur wenn sie ehrlich mit uns umgehen, trauen wir uns auch über unsere Neigungen zu sprechen. Gehen sie unehrlich mit uns um, zwingen sie uns, vor lauter Angst auch zu lügen. Eindeutig Erziehungsfehler. Wo soll das hinführen?

Viele Chefs denken: Sind meine Leute gesund, sind sie zu fördern. Sind sie krank, sind sie behandlungsbedürftig. Sind sie suchtkrank, muß ich zusehen, daß ich sie schnell loswerde. Verzeihen Sie mir, daß ich diese Selbsterfahrung erwähne, aber ich möchte auch in diesem Punkt ehrlich sein.

Der Makel, suchtkrank zu sein, muß abgeschafft werden.

Wenn uns etwas sympathisch ist, dann werden wir selbstverständlich unsere Anstrengungen über die Selbstverwirklichung in diese Richtung lenken und nicht das Gegenteil wollen. Manchmal müssen wir auch zu unserem Glück gezwungen werden. Gehen unsere Erzieher ehrlich und gerecht mit uns um, fällt uns manches leichter, aber bei aller Liebe kann uns Disziplin nicht erspart bleiben.

Wir bekommen durch intensives Üben, durch intensives Training Geschmack an einer Sache, so daß unsere verborgene "Neigung zu" durch Training, durch Übung zum Tragen kommen kann. Das heißt mit anderen Worten, wir sind durchaus in der Lage, uns um unsere Dinge zu kümmern und auch Interesse daran finden zu können. Selbst dann, wenn wir es irgendwann einmal abgelehnt haben. Wir müssen nur die richtigen Erfahrungen mit diesen Dingen machen und eine gewisse Zeit lang damit üben, dann kann es uns noch sympathischer werden, d.h. wir haben es ein wenig mehr lieb.

Es wird uns dann Freude oder Hoffnung geben. Es muß uns ein wenig Freude machen, über diese Tätigkeit muß uns Liebe und Anerkennung gegeben werden, dann machen wir diese Tätigkeit um so freudiger. Wenn unsere Anstrengungen, mögen sie noch so groß sein, von Erfolg gekrönt sind, dann bekommen wir im Laufe der Zeit immer mehr Freude daran, wir werden unsere Anstrengungen in diese Richtung wie von selbst üben und verstärken. Die Selbstdisziplin steigt.

Nicht jeder kann sich seinen Beruf aussuchen. Derjenige, der z.B. gern Goldschmied werden möchte, darf es nicht, sondern muß Kellner lernen. Warum? Weil er zu Hause die Gaststätte oder das Hotel übernehmen soll. Er muß also vom Fach sein. Was macht das Kind aber mit seinen heimlichen Bedürfnissen?

Er darf seinen Interessen, seinen Neigungen, die er verspürt, nicht nachgeben, sondern muß zwangsläufig einen Beruf ergreifen, der ihm nicht so sehr liegt. Wenn dieser Mensch dazu gezwungen wird, diesen Beruf zu ergreifen, ist er nur halbherzig dabei, und er wird es in diesem Beruf sicherlich auch nicht zur Perfektion bringen. Das heißt aber auch, er ist innerlich sehr unzufrieden.

Dies ist ein glatter Erziehungsfehler.
Irgendwelche Stimmen haben ihn da vielleicht als "innere Stimme" gewarnt und ihm eingegeben: Werde lieber Goldschmied statt Kellner! Daß derjenige dann doch Kellner geworden ist und nicht Goldschmied, ist nur so zu verstehen, daß die Eltern soviel Macht über das Kind hatten, und das Kind über das eigene Leben nicht frei entscheiden konnte.

Dies ist Zwang von außen, und Zwang ist Sucht, und Sucht ist Abhängigkeit, und aus dieser zwanghaften Abhängigkeit kann im Laufe der Zeit eine Krankheit entstehen. Diese heißt immer SK. *So wird aus einem Erziehungsfehler eine SK.*
Diesen Zwang, diese Sucht, diese Abhängigkeit bezeichnet keiner als Krankheit oder krankhaftes Verhalten.

Warum nicht?

Warum wird dieser Zwang nicht als eindeutiger Erziehungsfehler bezeichnet? Ich bezeichne es so! Macht es Sie nachdenklich? Ist unsere Gesellschaft nicht doch krank? Ich behaupte eindeutig "JA"!
Sie wissen, daß aus suchtkrankem Verhalten eine Suchtkrankheit entsteht.

In der heutigen Zeit muß jemand zwangsläufig einen Beruf erlernen, um überhaupt einen Job zu haben, um eine Ausbildung zu haben. Aber wenn das Kind, der Jugendliche, der heranwachsende Erwachsene nicht mit ganzem Herzen bei der Sache ist, wird er es in diesem Beruf, den er ergreifen mußte, auch nicht weit bringen. Können wir dann ihm diese Schuld anlasten? Ich sage auch da: "Nein".

Sicherlich kann ihm dieser Beruf auch eines Tages ein Stückchen Spaß machen, denn durch Übung, durch Training, durch Anerkennung der eigenen Arbeit und Leistung steigert sich ja das Wohlbefinden. Im innersten Herzen verspürt derjenige aber: Ich hätte lieber Kranführer oder sonst was werden sollen.

Daß diese Wege nicht jedem offen stehen, ist heute leider klar.

Ist es tatsächlich so klar, oder stimmen unsere Strukturen schon lange nicht mehr? Haben Verantwortliche versagt? Wird die Unzufriedenheit absichtlich geschürt?

Denken Sie auch bitte daran, Spaß ist Freude auf Kosten anderer!

Das Kind ist inzwischen erwachsen, es ist über 20 Jahre, hat eine abgeschlossene Lehre, versucht, mit beiden Beinen im Leben zu stehen, versucht wiederum, Anerkennung und Liebe über andere zu bekommen, weil es ihm so beigebracht wurde.

Dieser Mensch steckt gerade in der Pubertät, oder sie ist fast schon abgeschlossen und eine neue Anspruchshaltung taucht auf: die Neigung zur körperlichen Vereinigung, also eine Form von Liebe, einschließlich des Fortpflanzungstriebs.

Also wieder so ein Zwang, der etwas mit Sucht, mit Abhängigkeit zu tun hat. Ist diese Sucht deshalb gleich krankhaft? Mit Sicherheit "Nein". Es sind Hormone.
Das andere oder eigene Geschlecht wird plötzlich interessant, eine andere Liebe als Geschwisterliebe oder Elternliebe wächst in uns heran.

Wächst sie nach unseren allgemeingültigen richtigen Maßstäben normal aus, wird derjenige nicht auffällig. Fällt er aber aus der Norm, was macht er dann? Soll er sich krank fühlen? Soll er sich jemandem anvertrauen? Soll er seine Neigungen verheimlichen?

Wieviel negative Erfahrungen hat er damit schon gemacht oder muß er machen? Soll er darüber schweigen? Soll er es sich entwickeln lassen? Was soll er mit diesen Gedanken und Gefühlen machen? Was ist, wenn er sich zum selben Geschlecht hingezogen fühlt? Wer kann ihm bei dieser Gesellschaftsordnung richtig helfen? Findet er durch "Zufall" zu seinen richtigen Neigungen und den Mut, sich dieser Neigung zu stellen und diese dann auch zu leben?

Danach richten sich dann seine weiteren Verhaltensweisen aus.

Ist er mutig genug, seine Neigungen zu leben, richtig ja zu ihnen zu sagen?

Es wird immer wieder neu von ihm überdacht. Wie bekomme ich die richtige Liebe, wie bekomme ich die richtige Anerkennung, wie lebe ich meine Sexualität richtig aus? Wer kann mir richtig dabei helfen?

Ist es verboten oder erlaubt?

Weil das Verlangen nach dieser Liebe so groß ist und wenn derjenige in seiner Kindheit erfahren hat: Gib Liebe ab, dann bekommst du Liebe, dann wird er selbstverständlich diesen Weg gehen. Hat er nicht gelernt, sich die richtige Liebe und Anerkennung selbst zu geben, wird er immer einen Fehlbedarf verspüren, denn andere können ihm nur einen gewissen Teil seiner GB erfüllen. Dann ist er in diesem Alter bestimmt schon hörigkeitskrank und keiner bemerkt es richtig.

Wenn er eine Erziehung hatte, die aus Forderungen bestanden hat, dann ist dieser Mensch nicht in der Lage und auch nicht bereit, Liebe abzugeben, sondern er ist eher dazu geneigt, Liebe zu fordern, zu verlangen.

Auch das ist ein Erziehungsfehler.

Vielleicht hat dieses Kind, dieser Jugendliche schon zu viel Lob bekommen:

> Du siehst gut aus,
> du siehst toll aus, du bist hübsch usw..

Dem Mädchen wurde gesagt, du kannst jeden Mann haben. Dem Jungen wurde gesagt, du kannst jede Frau haben.

Auch das sind Erziehungsfehler.

Wenn sie sich so ausprobieren und es nicht wie gefordert oder erwartet klappt, sind sie sehr enttäuscht und verstehen die Welt nicht mehr. Sie verstehen sich nicht mehr, sie verstehen gar nichts mehr.

Somit haben sie Verständigungsschwierigkeiten mit sich selbst und anderen, leiden unter den Erziehungsfehlern und der bereits manifesten Hörigkeit.

Sie erhöhen ihre Anstrengungen in der vorgegebenen Richtung, doch noch zum Erfolg der Freude zu kommen, und wenn das auch nicht funktioniert, sind sie geschockt, frustriert oder tief enttäuscht. Diese Kinder, diese Jugendlichen werden andere Vorstellungen haben als die Kinder, die nicht mit so viel Lob über ihr Aussehen, über ihre Kleidung, über ihre Geburt erzogen wurden.

Eltern und Erzieher haben es schon ganz schön schwer, oder? Erziehungsfehler bleiben da nicht aus. Deshalb tragen Eltern auch an diesen Erziehungsfehlern keine Schuld, weil sie es ja nur gut mit ihren Kindern meinen.

Die Kinder, die mit Lob überschüttet wurden, neigen eher dazu, eine hohe Anspruchshaltung zu haben. Sie erwarten einfach, daß man sie so liebt und anerkennt wie sie sind. Ist das nicht so, sind sie ganz enttäuscht, weil sie Liebe erwartet haben. Sie erwarten einfach, daß sie von der Person her, schon wenn sie einen Raum betreten, anerkannt und geachtet werden.
Dabei gehört eine Erwartungshaltung nur in das Geschäftsleben.
Zu diesen Kindern sagen wir, es sind verzogene Kinder. Doch können diese Kinder gar nichts dafür.
Es sind eindeutig Erziehungsfehler der Erwachsenen.
Wenn das nicht so ist, sie nicht richtig geachtet oder beachtet werden, versuchen sie, sich Liebe zu erkaufen oder zu erzwingen. Da fallen jedem einzelnen die unterschiedlichsten Tricks ein, wie man so etwas machen kann.
Beispiele dafür sind:
Liebe oder Anerkennung mit Geld zu bezahlen
oder Liebe mit zuviel Aufwand, mit viel Arbeit, mit viel Fürsorge und mit vielen Gefälligkeiten und Hilfsbereitschaft zu erkaufen.
Also eine Wahnsinnsanstrengung, die letztendlich doch nicht zufrieden macht!
Denn die richtige Zufriedenheit können wir uns nur selbst geben.
Eine andere Zufriedenheit stellt sich ein, wenn uns Wünsche erfüllt werden.
Zufriedenheit, Anerkennung und Liebe nur durch andere zu bekommen, zwingt uns dazu, uns zu vernachlässigen, und das ist höriges Verhalten, und dieses ist wiederum in unserer Gesellschaft ganz normal.
Also wird krankhaftes Verhalten in unserer Gesellschaft nicht nur geduldet, sondern es ist normal, weil es fast alle machen und alle erwarten, daß sie durch andere zufrieden werden.
Vernachlässigen wir uns aber dabei zu sehr, ist es krankhaftes höriges Verhalten und das führt immer irgendwann zur Krankheit "Hörigkeit".
Gerade in der Pubertätszeit ist dieser Anspruch auf Liebe und Anerkennung recht groß. Obwohl dieser Zwang nach Liebe kein Anspruch ist, sagen wir aber umgangssprachlich: Ich habe einen Anspruch auf Liebe. Somit ist unsere Umgangssprache falsch und wird falsch verstanden.
Das erhöht unsere Verständigungsschwierigkeiten und die Möglichkeit, krank zu werden.
So macht uns die normale Sprache krank, weil sie ungenau ist.
Kinder, Jugendliche und auch ältere Menschen hoffen aber auf Genauigkeit.
Auf genaue, glaubwürdige Aussagen eines Freundes, eines Lehrers, eines Arztes, eines Politikers, eines Ehepartners. Wie soll das gehen, wenn unsere Umgangssprache falsch, d.h. ungenau ist?
Ich benutze deshalb das Wort "Anspruch", weil diese aufkommenden Sexualgefühle sich anfangs so darstellen. Es wird als Anspruch oder Begierde empfunden.
Sie sind trotzdem falsch, es sind falsche Empfindungen.
Weil so falsch empfunden wird, wird falsch gedacht, falsch gesprochen, falsch gehandelt. Eine Sk hat sich eingeschlichen.

Eine SK muß die Folge sein. Deshalb ist unsere Gesellschaft sk, d.h. zumindest hörigkeitskrank.

Wir haben ein Recht auf Liebe oder Anerkennung, aber keinen Anspruch darauf. *Diesen Anspruch können wir, wenn überhaupt, nur bei uns selbst einklagen.*

Weil der Jugendliche auch so offen, so frei ist, weil der Jugendliche auch von dem Entdeckerdrang getrieben wird und einfach meint, *er habe Anspruch* auf das Leben und die Liebe, hat er oder sie dieses falsche Gefühl.

Hormone, an die wir uns erst gewöhnen müssen, sind in unser Leben getreten und verändern das Denken und Handeln. Ordnung in uns zu schaffen ist unsere Aufgabe, die wir als Pflicht betrachten müssen. Dabei können uns wiederum erfahrene Erwachsene helfen.

Aber wenn sie selbst falsch gedacht und gehandelt haben, wie wollen sie uns da richtig helfen? Kann ein Kranker einem anderen, der dabei ist, krank zu werden, helfen? Nein.

Deshalb drücken sich viele Erwachsene vor Antworten, weil sie sich selbst nicht richtig helfen konnten oder selbst nie die richtige Hilfe erfahren haben. Sie sagen einfach: Da mußt du durch, oder sonst etwas Hilfloses.

Erst die späteren eigenen bitteren Erfahrungen werden dem Jugendlichen, dem späteren Erwachsenen zeigen, was es mit dem "Anspruch haben" so auf sich hat. Diese Anspruchshaltung werde ich in einem eigenen Kapitel nochmals besprechen.

Vorab möchte ich schon einmal sagen, für mich ist "einen Anspruch zu haben" eine Forderung, und eine Forderung ist eine einklagbare Sache (Berufsleben).

Ich gehe davon aus, daß wir lieber Hoffnung oder Wünsche haben sollten. *Dann sind die Enttäuschungen nicht so groß, wenn die Wünsche nicht erfüllt werden.*

In den ersten Lebensjahren müssen leider große Enttäuschungen vorhanden sein, sonst kann sich kein echter Realitätssinn ausprägen.

Wir Menschen lernen und begreifen nur richtig über Schmerzen. Auch große Freude macht inneren Druck, d.h. Schmerzen. Mit Freude zu lernen, macht selbstverständlich viel mehr Freude.

Deshalb gehört auch in den ersten Lebensjahren diese Forderung nach Freude zum normalen Leben dazu.

Trotzdem gibt es hierzu eine riesengroße Hilflosigkeit in der Bevölkerung und führt zur SK. So gesehen, ist eine SK zu haben, etwas Normales, weil es sich aus der "Normalität" entwickelt hat.

Das Streben eines jeden Menschen ist, die Zufriedenheit zu erreichen. Dies geht aber nur über ehrliche Freude, die festgehalten werden kann.

Forderungen der Kinder in die Erziehung einzubauen ist ein Erziehungsfehler.

Das scheint ein Widerspruch zu sein, ist es aber bei genauerer Betrachtungsweise nicht. Eltern haben zwar die Versorgungspflicht, und wenn sie es gut mit ihrem Kind meinen, werden auch liebevoll ihre Wünsche erfüllt, aber nicht alle.

Denn das wäre wieder ein Erziehungsfehler. Wünsche zu haben, ist und bleibt ein normales Verhalten. Es entspricht genau unseren Grundbedürfnissen. Doch es muß heißen: "Ich wünsche mir, daß meine Grundbedürfnisse erfüllt werden, aber ich habe keinen Anspruch darauf. Dafür bin ich später selbst verantwortlich."
Die Kinder, die hierin falsch erzogen werden, klagen fast alles ein. So sind leider die meisten Kinder erzogen worden. Deshalb ist es wiederum normal, hörigkeitskrank zu sein! Leider wird dieses Krankheit als solche nicht rechtzeitig erkannt.

Leider sage ich auch deshalb, weil viele Eltern die Kinder von sich abhängig machen wollen - ein schwerer Erziehungsfehler!

Diese Kinder haben zwar Anspruch auf Essen, Trinken, Schlafen usw.. Erst im Laufe der Zeit wird sich diese Anspruchshaltung verschieben, die auch nachher, wenn sie nicht sofort erfüllt wird, große Enttäuschungen in sich birgt und diese Enttäuschungen sind seelische Schmerzen, die wir körperlich nachempfinden werden.

So lernt das Kind über Schmerzen, sich irgendwann selbst zu versorgen. Gibt dieses Kind seine Erziehung und gemachten Fehler weiter, wird es Erziehungsfehler und die Anleitung zur SK der Hörigkeit weitergeben.

Als Beispiel für seelische Schmerzen nenne ich Liebeskummer. Die Seele tut weh, der Körper tut weh. Selbstmitleid entsteht. Eine Liebe geht zu Bruch, eine Jugendliebe, eine Kinderliebe. Das ist ein seelisch-geistiger Schmerz mit körperlichen Auswirkungen. Dieser seelisch-geistige Schmerz (das Geistige, das Gehirn) wiederum ist unbedingt erforderlich, damit sich eine gewisse Realität ausprägt, die für das Kind nur gesund sein kann. Also brauchen wir nicht nur einen körperliche Schmerz, sondern auch einen seelisch-geistigen Schmerz zur Ausbildung unseres Realitätssinns, *damit wir unsere Grenzen und die Möglichkeiten, die wir haben, richtig kennenlernen.*
Die Chance, dabei hörigkeitskrank zu werden, ist trotzdem sehr groß.
Leider ist unsere Erziehung in vielen Fällen falsch.
Deshalb wird sich ein falscher Realitätssinn ausbilden.
Wenn vorhandene Informationen falsch sind, werden sie so weitergegeben.

Nach diesen Grenzen, die uns durch unsere Erziehung gezeigt werden, richten wir dann unser weiteres Vorgehen aus und streben nach Anerkennung, nach Liebe, nach Geborgenheit, nach Harmonie, also unseren seelischen GB.

Es sieht in jedem Haushalt, der sich irgendwann neu gründet, anders aus, weil jeder einen anderen Geschmack hat und weil jeder andere Vorstellungen hat, wie und was er gerade schön findet.

Jeder Mensch hat einen eigenständigen Realitätssinn und somit auch eine eigene Wahrheit. Sucht dieser Mensch einen Gleichgesinnten, hat er es schwer. Deshalb haben wir die Liebe, die vorübergehend blind macht.

Warum ist es also so schwer, daß sich zwei Menschen, die sich lieben, durch den Alltag wieder trennen müssen?

Blindheit? Erziehungsfehler? Kranke Gesellschaft?

Wenn alle Menschen die gleichen Grundbedürfnisse haben, dürfte es nicht schwer sein:

Suchtkrankheiten zu verhindern!

Hörigkeiten zu verhindern!

Scheidungen zu verhindern!

Leidende Kinder glücklich zu machen!

Kriege zu verhindern!

Wunschdenken ist das keinesfalls. Wir sind für diese Überlegungen nur noch nicht reif. Helfen Sie mit, damit wir dazu reif werden! Fangen Sie bei sich an!

Nocheinmal zusammengefaßt:

Die Grundbedürfnisse aller Menschen sind gleich!

a.) Die körperlichen, um zu überleben.

b.) Die seelischen, um mit dem jeweiligen Körper zufrieden zu werden.

Wenn wir die Grundbedürfnisse für unsere Selbstverwirklichung richtig befriedigen können, erreichen wir unsere Zufriedenheit.

Helfen Sie mit, Erziehungsfehler zu korrigieren, und wir werden alle zufriedener! Unsere Kinder werden es uns eines Tages danken. Wir sollten uns nicht nur um die Umwelt kümmern, sondern auch um die Seelen der immer wieder nachwachsenden Kinder.

Da wo meine Bedürfnisse befriedigt werden, ist meine Heimat, mein Zuhause! Deshalb strenge ich mich wie unter einem Zwang an, mir eine Familie, ein Zuhause zu schaffen und mich damit wohl zu fühlen.

In mir zu Hause zu sein, ist mir ein Bedürfnis!

Wo besteht nun der Zusammenhang zwischen meinen Grundbedürfnissen und einer Suchtkrankheit?

Grundbedürfnisse müssen wir richtig erfüllen, wenn wir zufrieden werden wollen.

Also ist der Zwang schon in uns, der jederzeit entarten kann.

Das Folgende wiederhole ich auf meine Weise, so wie ich es verstanden habe.

Peter sagt: Wiederholungen müssen sein, gerade in einem Buch des Lebens.

Definition: Was heißt Sucht?

Sucht ist etwas zwanghaft zu Wiederholendes, auch ohne daß ich den Zwang verspüre (wie beim Atmen). Also etwas ganz Normales, etwas nicht Krankes oder Krankhaftes. Sucht = Abhängigkeit, also normales Bedürfnis.

Was heißt suchtkrank?

Wer das zwanghafte Wiederholen über einen kürzeren oder längeren Zeitraum über- oder untertreibt, wird davon krank, wird suchtkrank. Eine Untertreibung ist eine Übertreibung im negativen Sinn. Wenn ich etwas zuwenig tue (z.B. zu wenig essen) und das übertreibe, werde ich krank. Eindeutig suchtkrank.

Wer also das Erfüllen seiner GB, ob körperlich oder seelisch, in einem ungesunden Maß über- oder untertreibt, wird mit Sicherheit davon krank, und zwar eindeutig zuerst suchtkrank. Später kommen beim Körper andere Krankheiten hinzu.

Wir können uns also "13 Suchtkrankheiten" erwerben, da wir 13 GB haben unbd alle SK darin einzuordnen sind.

1. *Die körperlichen Suchtkrankheiten.*
2. *Die seelischen Suchtkrankheiten. Das Bewußtsein wird krank.*

Des weiteren können wir unterteilen in:

1. *Die stoffgebundenen Suchtkrankheiten, und derer gibt es nur acht.*
2. *Die nicht stoffgebundenen Suchtkrankheiten, und derer gibt es nur fünf.*
3. *Die angeborenen Suchtkrankheiten, und davon gibt es dreizehn.*
4. *Die erworbenen Suchtkrankheiten, und davon gibt es dreizehn.*
5. *Die legalen Suchtkrankheiten (erlaubt), und davon gibt es dreizehn.*
6. *Die illegalen Suchtkrankheiten (verboten), und davon gibt es dreizehn.*

Wenn eins meiner GB nicht richtig erfüllt wird, entsteht in mir eine große Unzufriedenheit. Wächst diese Unzufriedenheit, wächst auch der innerliche Druck. Kann ich über diese Unzufriedenheit nicht sprechen, habe ich Angst und habe Verständigungsschwierigkeiten mit mir selbst oder mit anderen. Kann ich die Unzufriedenheit, also den Druck, nicht beseitigen, kann ich mich selbst irgendwann nicht mehr ertragen.

Um mich zumindest zeitweilig wieder ertragen zu können, begehe ich Ersatzhandlungen, um das nicht richtig erfüllte GB scheinbar doch noch zu befriedigen. Da aber die Unzufriedenheit dadurch ständig weiterwächst, weil eine Ersatzhandlung keine Originalhandlung ist, fange ich irgendwann an, die Ersatzhandlungen zu steigern, und zwar in einem ungesunden, krankmachenden Maß.

Es führt unweigerlich zur SK, der Hörigkeit.

Wenn diese Ersatzhandlungen immer häufiger an ein Suchtmittel gebunden sind und ich den Konsum über einen längeren Zeitraum übertreibe (z.B. Alkohol, Drogen, Liebe, Anerkennung) oder untertreibe, werde ich zwangsläufig suchtkrank. Dann ist es entweder eine stoffgebundene SK oder eine nicht-stoffgebundene SK.

Alles, was wir einsetzen oder benutzen, kann ein Suchtmittel sein.

Alles, was wir einsetzen oder benutzen, kann Einstiegsdroge sein.

Zusammenfassend kann also gesagt werden:

Voraussetzung für ein zufriedenes Leben ist die richtige Erfüllung aller meiner "Grundbedürfnisse".

Wenn ich nicht suchtkrank werden will, muß ich meine GB kennen und wissen, wie ich sie alle richtig befriedigen kann. Wünsche ich mir die Erfüllung, ist dieser Wunsch berechtigt, wird mir dieser Wunsch erfüllt oder ich erfülle ihn mir selbst.

So kann ich eine Suchtkrankheit bereits im Vorfeld verhindern.

Beseitige ich fast alle Verständigungsschwierigkeiten, habe ich fast alle Möglichkeiten zur Verhinderung einer Suchtkrankheit ausgeschöpft.

Werden mir meine realistischen Wünsche erfüllt, werde ich nicht suchtkrank.

Erlerne ich den richtigen Umgang mit mir, werde ich nicht suchtkrank. Finde ich mein richtiges Maß, werde ich nicht suchtkrank.

*Habe ich weniger Verständigungsschwierigkeiten, habe ich auch keinen gro-
ßen Druck in mir, der nach Ersatzhandlungen schreit. Somit wird ein Suchtmittel, das zur Krankheit führt, überflüssig.*

Die Seele. Übersicht über Bestandteile und Aufgaben.
Die Seele und die Mikroseele.

Was ist die Seele?
Eine Energieform.
Aus wieviel Energieformen besteht die Seele?
Aus unendlich vielen Energieformen.
Aus wieviel Teilen besteht die menschliche Seele?
Im wesentlichen aus fünf Teilen.
Wie heißen diese fünf Teile?
TB, UB, Gefühl, Wille, Aura.
Was macht die Seele?
Sie beseelt Lebewesen.
Tote Materie zu beseelen, macht keinen Sinn.
Welche Aufgaben hat die Seele?
1.) Lebewesen zu beseelen.
2.) Sich weiterzuentwickeln.
3.) *Dankbar zu sein*
für ihre Existenz,
für ihre Fähigkeiten,
für ihre Möglichkeiten,
für das eigene Leben hier auf Erden,
für ungeahnte Zukunftsaussichten.
Das Leben der Seele geht immer weiter.
4.) Das Beste aus ihrer Existenz zu machen.
5.) Alles zu tun, um zufrieden zu werden.
6.) Solange es geht, mit dem jeweiligen Wirtskörper zu leben.
Aber auch niedere Lebensformen, z.B. Kleinstlebewesen, haben bereits eine Seele.
Aus wieviel Teilen besteht so eine "junge" Kleinstlebewesenseele, die erst am Anfang ihrer Evolution steht?
(Evolution = Weiterentwicklung über einen großen Zeitraum.)
Aus drei Teilen.
Wie heißen diese Teile?
Aura, UB und Wille.
Welche energetische Form kommt später in der Evolution hinzu?
Das Gefühl.
Welche energetische Form kommt dann nach vielen weiteren Jahren hinzu?
Das TB.
Dann erst kann es eine menschliche Seele werden!
Beispiel:
Möchte ich unterscheiden, ob ein Lebewesen ein TB hat oder nicht, können wir uns das in etwa so vorstellen:
Zuerst beseelt so eine kleine Seele ein Kleinstlebewesen niederer Art.

Später, wenn Gefühl dazugekommen ist, können diese Tiere oder Pflanzen Schmerzen, Angst oder Freude empfinden.

Deshalb: "Quäle nie ein Tier zum Scherz, denn es fühlt wie du den Schmerz!"
Ist noch kein TB zur Seele hinzugekommen, reagieren z.B. Tiere blitzschnell. So bewegt sich ein Sardinenschwarm sehr schnell. Bei Richtungswechseln machen es alle gleichzeitig. Ein TB macht jedes Lebewesen viel langsamer und bedächtiger. Es überlegt erst, bevor es handelt.

Vögel, die sich blitzschnell in der Luft von Insekten ernähren können, haben nach meiner Ansicht kein TB. Kommt das TB hinzu, kann sich ein Vogel nicht mehr so schnell aus der Luft ernähren.

Vielfach haben wir selbst schon erlebt, daß wir über unser UB reflexmäßig schnelle Reaktionen machen können.

Überlegen wir erst einmal, wie ein Tischtennisball angenommen oder zurückgegeben werden soll, ist der Ball weg.

Genauso ergeht es den Tieren und Pflanzen, die ein TB haben.

Beseelt so eine tierische Seele einen Menschen und ist die Seele noch nicht reif, d.h. noch nicht stark und genug entwickelt dafür, entsteht z.B. "der plötzliche Kindstod".

Das Frage- und Antwortspiel zum besseren Kennenlernen der Seele geht weiter.

Durch was oder wen werden die energetischen Formen der Seele zusammengehalten, damit sie sich nicht verflüchtigen oder mit anderen gleichgesinnten Energieformen vermischen können?
Durch die Aura.

Woher kommen Seelen?

Wer hat Seelen erschaffen?

Wer hat die Reihenfolge der einzelnen Entwicklungsstufen bestimmt?
Der Schöpfer aller Dinge, eine höhere Macht, hat sich sicherlich etwas dabei gedacht, Seelen zu erschaffen, und ihren vorbestimmten Weg festgelegt, ohne daß wir ihn jemals zurückverfolgen werden können.

Wie und wann enden unsere Seelen?
Wenn sich Energien nicht verbrauchen, könnten Seelen nach unserer Zeitrechnung ewig leben. Ob sie jemals enden und wie sie enden, können wir nicht wissen.

Was könnte aus Seelen noch werden?
Vielleicht Schutzengel, oder die einzelnen Energieformen gesellen sich wieder zu gleichartigen Energien, woraus wieder geschöpft werden kann.

Oder die Seele beseelt weiterhin mehrfach Lebewesen.

Oder die Seele steht wieder dem Schöpfer für neue Aufgaben zur Verfügung.

Was kann die einmalige Seele alles?
1.) Lebewesen beseelen. (Zuerst Tiere und Pflanzen, später Menschen.)

2.) Sich weiterentwickeln. (Energieformen kommen hinzu.)

3.) Sich mit anderen Seelen, also untereinander bewußt, oder ohne daß es uns klar oder richtig bewußt würde, verständigen.

(Unbewußte Verständigung, durch das UB oder die Aura, die im TB nicht eindeutig ist.)

4.) Sich mit dem jeweiligen Wirtskörper verständigen.

Entweder über die Erbanlagen, über die Nerven oder über das Gehirn.

5.) Den jeweiligen Wirtskörper steuern und lenken, und zwar je nach Eigenart des Lebewesens. Bewußt und unbewußt.

6.) Zeit und Raum unbegrenzt ausnutzen.

Reisen in der Gegenwart, Reisen in die Zukunft, Reisen in die Vergangenheit sind der Seele gedanklich möglich und machen die Seele zur höchsten entwickelten Lebensform in unserem Universum. Wobei ich davon ausgehe, daß Fremdlebewesen auch eine Seele haben.

7.) Sie steht dem Schöpfer aller Dinge für weitere Aufgaben zur Verfügung.

An dieser Stelle spekuliere ich nicht weiter, sondern benutze nur bekannte Überlegungen.

8.) Vielleicht Schutzengel werden.

9.) Weil es eine Energieform ist, unvergänglich bleiben.

Welche Fortbewegungsmöglichkeiten gibt es für die Seele?

Gedanklich in der Zeit zu reisen (Gegenwart, Vergangenheit, Zukunft).

Gedanklich im Raum zu reisen.

Gedanklich mit dem Licht zu reisen.

Gedanklich mit dem Schall zu reisen.

Gedanklich auf vielen anderen Energieträgern oder Wellen zu reisen.

Gedanklich auf dem Curie- oder Hartmann-Gitter zu reisen.

(Wissenschaftlich nachgewiesene Energiegitter, die den gesamten Globus umspannen).

Gedanklich mit dem jeweiligen Wirtskörper zu reisen.

Wohin er sich bewußt oder unbewußt steuern und lenken läßt.

Die gedanklichen Reisen bezeichne ich auch als eine Mikroseele auf Reisen.

Diese mikroskopisch kleine Seele als ebewußter Gedanke oder Plan.

Mit welcher Geschwindigkeit reist die Seele?

Mit der Gedankengeschwindigkeit.

Sie ist schneller als das Licht!

Mit allen anderen Geschwindigkeitsmaßeinheiten, selbst mit der langsamsten Geschwindigkeit, der Diffusionsgeschwindigkeit.

Ist der Seele allein eine Vergeistigung möglich?

Selbstverständlich "Nein".

Das Vergeistigen ist nur mit Seele und Gehirn möglich.

Der Geist ist das entspannte Zusammenspiel zwischen Seele und Gehirn.

Welches "Transportmedium" hat die Seele, das TB, das UB oder die Aura, um Gedanken als Informationen, die elektrische Impulse oder Reize sind, an ein Gehirn zu geben oder vom Gehirn abnehmen zu können?

Raum und Zeit.

Welches Transportmedium oder Kontinuum (der übergeordnete Raum) können die Gedanken daher benutzen?

Raum und Zeit. In Nullzeit bis in ungeahnte Entfernungen.

Mit den Augen über das Licht.

Mit den Ohren durch den Schall.

Mit der Nase über den Geruch.

Mit der Zunge über den Geschmack.

Mit dem Körper durch Betasten, Berührungen, Streicheln.

Mit all unseren anderen Sinnen, einschließlich der Aura.

Oder all die Dinge, die bei "Fortbewegungsmöglichkeiten der Seele" aufgezählt wurden.

Aus wieviel Bewußtsein besteht die Seele?

Jede Seele besteht aus 100% Bewußtsein.

Selbst schwache Seelen haben jeweils 100%.

Zwei gleiche Seelen gibt es nicht.

Jede Seele besteht aus zwei Bewußtseinsarten.

- ca. 20% TB
- ca. 80%UB

Aus wieviel Persönlichkeiten bestehen wir Menschen?

Aus vier Persönlichkeiten.

Das TB aus drei Persönlichkeiten: Ki-Ich, Elt-Ich, Erw-Ich.

Der Körper besteht aus einer Persönlichkeit.

Das UB ist keine Persönlichkeit, weil es nicht kritikfähig ist.

Aus wieviel Energieformen besteht das Gesamtbewußtsein?

Aus vier Energieformen.

Weil ich die Ich-Formen als jeweils eine Energieform ansehen kann und das UB als eine Energieform. Das UB kann sich aufteilen in einen vieltausendfachen Helfer, es ist eine große Energieform, die alle Aufgaben automatisch, unbewußt ausführt.

Aus wieviel Energieformen besteht demnach das TB?

Aus drei Energieformen, weil jede Ich-Form eine Energieform ist.

Wie heißen diese drei Energieformen?

Ki-Ich, Elt-Ich, Erw-Ich.

Aus wieviel Energieformen besteht das UB?

Aus einer Energieform.

Aus wieviel Energieformen besteht das Gefühl?

Im wesentlichen aus zwei Energieformen.

Wie heißen diese Energieformen?

Angst und Freude. (Alles, was keine Freude ist, ist Angst.)

Aus wieviel Energieformen besteht der Wille?

Aus einer Energieform, die als Kraftpotential angesehen werden kann.

Stellen Sie sich einen Kraftstofftank vor, z.B. im Auto.

Er kann unterschiedliche Größen haben und hat trotzdem immer nur 100%

Raumvolumen. Er kann unterschiedliche Kraftstoffe enthalten.
Dieser Kraftstoff kann in unterschiedlichen Dosierungen abgerufen werden, sparsam oder in großen Mengen. Füllt sich aber leider nicht von alleine auf. Das macht nur der "Willenstopf".
Genauso wie mit dem Tank funktioniert unser Willenspotential.
Aus wieviel Energieformen besteht die Aura?
Aus unendlich vielen Energieformen.
Sichtbar gemacht, leuchten sie in allen Farben des Spektrums und ändern ständig ihre Zusammensetzung. Sie kann sogar ihr Gewicht verändern (Autogenes Training).
Aus wieviel Energieformen besteht somit die Seele?
Aus unendlich vielen Energieformen.
Aus wieviel Energieformen besteht eine Mikroseele?
Aus unendlich vielen Energieformen, weil eine Mikroseele der kleinste Teil einer Seele ist. Sie ist auch als ein Gedanke zu bezeichnen, den ich auf Reisen schicken kann. Innerhalb oder außerhalb meines Körpers.
Sehe ich die Energieformen als einzelne Teile, so ergeben sich weitere Fragen.
Aus wieviel Teilen besteht die Seele?
Aus fünf Teilen.
Aus wieviel Teilen kann eine Mikroseele bestehen?
Aus fünf Teilen: TB, UB, Gefühl, Wille, Aura.
Oder aus vier Teilen: UB, Gefühl, Wille, Aura.
Oder aus drei Teilen: Aura, UB, Wille.
Es kommt auf den Evolutionsstand und das bewußte oder unbewußte Denken einer Seele an.
Was ist eine Mikroseele ?
Eine mikroskopisch kleine Energieform, also eine mikroskopisch kleine Seele, bestehend aus vielen Energieformen.
Der kleinste Teil einer Seele: ein Gedanke, ein Plan, eine Idee oder ein Gedanke, den ich auf Reisen schicken kann.
Es ist eine Macht, eine Kraft, die ich gedankenschnell zu mir zurückholen kann. Sofort bin ich kräftiger, fühle mich wohl. Diese Macht kann ich auch willentlich, durch eine Vorstellung, sofort einem anderen Menschen geben oder entziehen. Damit hat er keine Macht mehr über mich.
"Ich stelle mir vor, ich kappe ein Tau oder durchschneide ein Band, das mich mit dem anderen Menschen unsichtbar verbindet." Dadurch hat jeder andere Mensch seine Macht über mich verloren. Auch meine Eltern! So kann ich mich z. B. von meinen Eltern lösen.
Es ist eine wiederum Macht, eine Kraft:
die ich anderen geben kann,
die auf andere wirkt,
die andere mir geben können,
die andere wiederum auf mich wirken lassen können,

die in mir, in meinem Körper, Selbstheilungskräfte oder Selbstzerstörungskräfte entfalten kann.

Sie transportiert Informationen von der eigenen Seele weg oder bringt neue Informationen zur Seele zurück.

Bestimmer darüber bleibt das TB bewußt, das UB unbewußt.

Welche Transportmediem benutzt eine Mikroseele?

Genau die gleichen wie eine große Seele: *Raum und Zeit.*

Wer kann so eine Mikroseele auf Reisen schicken und wie?

Das Tagesbewußtsein bewußt oder das Unterbewußtsein unbewußt.

Was ich kann, können andere Menschen auch. Das sollte ich bedenken.

Auch sollte jeder Mensch wissen, daß unsere anderen Bestandteile der Seele nichts von allein machen. Nicht das Gefühl, nicht der Wille und auch nicht die Aura. Unsere Aura ist mit einer Fensterscheibe zu vergleichen, die Informationen wertungsfrei weitergibt.

Zusammenfassung von Peters wesentlichen Überlegungen

Der Schöpfer aller Dinge hat Aufgaben verteilt:

Dem Tagesbewußtsein: Das Beste aus seiner Existenz zu machen.

Dem Unterbewußtsein: Dem Tagesbewußtsein dabei behilflich zu sein.

Dem Gefühl: Dem Bewußtsein eine gefühlsmäßige Ausdrucksmöglichkeit über den jeweiligen Körper und sich selbst zu verleihen.

Dem Willen: Dem Bewußtsein die Kraft zur Verfügung zu stellen, damit es denken und sich verwirklichen kann.

Der Aura: Schutzhülle der Seele zu sein. Je nach Auftrag Informationen heranzuholen oder Informationen abzugeben.

Solange wir bewußt leben, erhält die Aura ständig Aufträge, weil unsere Sinne in der Umwelt tasten und sich informieren wollen.

Erst durch diese Schutzhülle, die ein Vermischen mit anderen Energieformen verhindert, wird es möglich, daß wir tatsächlich von einer einmaligen Seele sprechen dürfen. Denn dadurch ist auch gewährleistet, daß sich die einmalige Seele nicht mit einer anderen ergänzen oder weniger werden kann.

Warum ist es so schwierig, daß sich zwei Seelen verständigen können, ohne den Wirtskörper agieren zu lassen?

Telepathie ist allen Menschen noch nicht gezielt oder geordnet bewußt möglich. Ausnahmen gibt es sicherlich.

Telepathiebegabte Menschen bezeichnen wir als Hellseher oder Seelenverwandte.

Im allgemeinen ist uns Telepathie nur unbewußt über Mikroseelen möglich.

Manchmal ahnen wir, da sieht uns jemand an oder ich bekomme Besuch.

Der Schöpfer aller Dinge hat sich sicherlich etwas dabei gedacht, diese Art der Verständigungsmöglichkeit so schwierig zu gestalten. Wir sollen sicherlich die Möglichkeit erhalten, uns frei, kreativ und eigenständig entwickeln zu dürfen.

Er hat dafür gesorgt, daß wir unsere Geheimnisse haben dürfen, und er hat auch dafür gesorgt, daß wir die gedankliche Intimsphäre erleben dürfen.

Er hat auch daran gedacht, daß unser TB geschützt werden muß, und zwar vor einem Überangebot an Informationen.

Ist es nicht schrecklich, sich vorzustellen, ein anderer könnte die eigenen Gedanken lesen? Oder wir würden verrückt durch das Überangebot an Informationen?

Ausdrucksformen der Seele über den Körper

Wie heißen die Ausdrucksformen der Seele über den Körper?

Verständigungsmöglichkeiten!

Welche Verständigungsmöglichkeiten hat mein Körper, mit anderen Körpern, nur über den Körper, aber gesteuert durch die Seele?

Über Gestik und Mimik (Pantomime, Zeichensprache).

Über Töne, Laute und Geräusche (abgeben und empfangen).

Farben zeigen und empfangen können (Hautfarbe).

Duft und Geruch abgeben und empfangen.

Die eigenen Formen, also sich zeigen. Andere Formen sehen oder ertasten können.

Größe - Länge - Breite - Höhe darstellen und empfangen können.

Durchmesser oder Umfang sehen oder ertasten können.

Unsere Informationen der Sinnesorgane empfangen.

Der Körper empfängt und leitet zur Seele weiter.

Wie heißen die Ausdrucksformen der Seele zu anderen Seelen?

Verständigungsmöglichkeiten.

Welche Verständigungsmöglichkeiten hat die Seele?

Über, durch oder mit dem Körper.

Durch seelische Energieformen.

Mikroseelen, also Gedanken.

Über die Aura.

Diese können sich sympathisch oder unsympathisch sein.

Über *bewußt* oder *unbewußt* ausgesandte Mikroseelen.

Über das Gefühl der Angst und Freude, die wiederum meistens durch den Körper, über den Körper weitergeleitet werden, oder es wirkt nur in der Seele, im Bewußtsein der Seele.

Peters Therapie war auch deshalb so spannend für mich, weil ich nicht nur Grundlagen zum Verstehen vieler Dinge bekam, sondern auch soviele verschiedene Sichtweisen, die es mir wiederum ermöglichten, daraus frei wählen zu dürfen, welche dieser Überlegungen als Sichtweisen mir sympathisch oder unsympathisch waren. So entstand im Laufe der Zeit meine eigene Meinung, meine neue Wahrheit. Zu mir selbst, zu meiner Umwelt und zu den vielen Suchtkrankheiten. Eine weitere Sichtweise biete ich Ihnen jetzt an.

Makroskopische Betrachtungsweise, also die Anatomie der Seele, Bau und Funktion der Seele.

Der Mensch besteht aus Körper und Seele.

Die Seele ist eine Energieform und setzt sich aus fünf Teilen zusammen, also aus dem TB als drei Energieformen,

dem UB als Energieform,

dem Gefühl als Energieform, aufgeteilt in Angst und Freude, also wieder zwei Energieformen,

aus dem beweglichen Willen als immer gleichbleibendes, feststehendes Energiepotential

und der Aura, bestehend aus vielen Energieformen, mit der Hauptaufgabe, die gesamten Energieformen der Seele zusammenzuhalten.

Der Körper und die Seele haben Grundbedürfnisse und sonstige Bedürfnisse.

Um diese Bedürfnisse zu befriedigen und ein zufriedenes Leben führen zu können, *muß* jeder diese Bedürfnisse kennen.

Es gibt acht körperliche Grundbedürfnisse, die für alle Menschen gleich sind:

Essen, Trinken, Schlafen, Atmen, Sauberkeit/Hygiene, Wasser lassen, Stuhl absetzen, das Behütetsein; damit meine ich in erster Linie den Wärme- und einen gewissen Kälteschutz.

Andere körperliche Bedürfnisse können bei den schon erwähnten Bedürfnissen oder GB eingeordnet werden.

Weiterhin gibt es fünf seelische Grundbedürfnisse, die auch für alle Menschen gleich sind:

Anerkennung, Liebe = Freude, Harmonie, Geborgenheit, Selbstverwirklichung.

Die Selbstverwirklichung ist auch als Vorstellung + Tat = Beziehungskunde (Kontaktkunde) zu bezeichnen.

Alle anderen seelischen Bedürfnisse können auch bei den schon erwähnten Bedürfnissen oder GB eingeordnet werden.

Diese 13 Grundbedürfnisse sind mitgebrachte Richtlinien oder Vorgaben, die das Bewußtsein versucht, in irgendeiner Art und Weise richtig zu erfüllen.

Das TB macht es bewußt, wobei es die Gedankenfreiheit der Rationalität, der Phantasie und der Kreativität einsetzen kann.

Das UB ist der unbewußte Helfer des Tagesbewußtseins und hilft mit seinen Möglichkeiten, daß der angedachte Wunsch doch noch in Erfüllung geht.

Das TB ist der Bestimmer in uns und wird in drei Ich-Formen aufgeteilt:

das Ki-Ich, das Elt-Ich und das Erw-Ich.

Wenn man sich ein Großraumbüro vorstellt, ist das UB zu 80% der Büroraum für die sich vieltausendfach aufteilenden Sachbearbeiter. Inmitten des UB befindet sich das TB zu 20%. Wie in eine Glaskugel eingebettet, so daß die drei Ich-Formen als Bestimmer einen kompletten Rundumblick über das UB haben und Informationen des UB aus allen Richtungen empfangen können. Leider etwas verzerrt, wie durch eine Milchglasscheibe betrachtet.

Es kann aber nur jeweils eine der drei Ich-Formen des TB im Chefsessel sitzen und bestimmen. Die drei Ich-Formen müssen sich erst einmal einig werden, wer in den Chefsessel darf. Das braucht Zeit und macht das TB in seinen Handlungen langsamer als das UB. Gibt es Streit zwischen den Chefs, dauert es lange; verstehen sie sich, geht es schneller und Handlungsaufträge können schneller umgesetzt werden.

Deshalb ist es gut vorstellbar, daß gerade durch den Einigungsprozeß der drei Ich-Formen das TB Handlungen über den Körper recht langsam macht.

Das UB allein handelt blitzschnell.

Wenn etwas getan werden soll, muß als erstes eine Information dasein. Informationen sind auch Reize, Ideen, Pläne oder Vorstellungen, also für das Bewußtsein und das Gefühl sichtbare Informationen, die bewertet werden müssen.

An eine Information hängt sich das Gefühl ohne Zeitverlust in Gedankengeschwindigkeit, nachdem es vom TB oder vom UB bewertet wurde.

Von alleine macht das Gefühl nichts, es braucht schon eine bewertete Information, um sich anhängen und ausdrücken zu dürfen. Dieses Gefühl kann nun aufgrund der Information und Bewertung Angst oder Freude sein.

Um eine Vorstellung zu entwickeln und sie in eine Tat umzusetzen, bewirkt das Bewußtsein durch einen Gedankenbefehl, aus dem Willenspotential Willensenergie zu nehmen.

Der Wille ist das allgegenwärtige, immer vorhandene Kraftpotential.

Vergleichbar mit dem Kraftstoff in einem Kraftstofftank bei einem Auto, aber mit dem Unterschied, daß sich das Seelenwillenspotential immer sofort wieder auffüllt, wenn die Aura durchlässig ist.

Somit ist der "Willenstopf" immer bis zum Rand gefüllt.

Es kann sein, daß die Chefs einmal müde sind und Erholung brauchen.

Am fehlenden Willen liegt es bestimmt nicht, wenn wir manchmal antriebslos, müde oder lustlos sind.

Dabei möchte ich gleich erwähnen, daß *jeder* Sk einen großen Willen hat.

Von alleine macht der Willen nichts. Er wird vom UB oder TB benutzt.

Das Willenspotential füllt sich selbständig wieder auf, so daß immer genügend freie Energie für das Bewußtsein vorhanden ist.

Der Gedankenfluß darf nicht unterbrochen werden.

Die entnommene Willensenergie kann nicht zurückgeführt werden. Wird sie nicht gebraucht, also die geplante Tat nicht ausgeführt, sammelt sich die Energie im gesamten Nackenbereich. Dort verursacht sie Nackenverspannungen, Verkrampfungen und Kopfschmerzen.

Entspannen wir uns bewußt oder unbewußt, lösen sich diese Energien und fließen dann mit Diffusionsgeschwindigkeit im Körper gleichmäßig nach unten ab. Danach verlassen sie uns über die geöffnete Aura.

Sollten im Körper leicht vorgeschädigte Stellen vorhanden sein, ist das zusätzliche Willensenergieangebot zuviel für diese Stellen, und es entstehen vorübergehend Schmerzen. Diese Schmerzen sind meistens nicht richtig nachweisbar, denn das

Überangebot erzeugt nur Verkrampfungen. Lösen sich diese Verkrampfungen, sind die Schmerzen weg, und es ist nicht mehr möglich, diese gelösten Verkrampfungen nachzuweisen.

Oder es wird die geplante Tat umgesetzt und die Willensenergie wurde damit gebraucht, also umgewandelt.

Die Aura hält die Energieformen der Seele zusammen.

Die Aura kann mit anderen Auren kommunizieren, indem sie sich ausbreitet - ausdehnt - oder ihre Fühler als Fingerchen ausstreckt und eine andere Aura bei sich lesen läßt; oder sie selbst liest bei einer anderen Aura. Dadurch gibt sie Informationen des eigenen Bewußtseins ab und holt gleichzeitig über die andere Aura Informationen des anderen Bewußtseins heran.

Oder sie legt sich eng an den Wirtskörper an und läßt die Energien nicht richtig fließen, sie macht dicht. Damit macht sie sich undurchlässig oder unbeweglich.

Aber immer vom Bewußtsein gesteuert.

Nicht mehr benötigte Energien können nicht abfließen, und benötigte Energien können nicht in die Energieblase Aura eindringen. Der Mensch bekommt entweder Platzangst, oder er hat das Gefühl, keine Luft mehr zu bekommen. Mit Antriebslosigkeit hat das nichts zu tun. Das kann nur das Bewußtsein selbst sein.

Ein Beispiel:

Wenn man sich nicht wohl fühlt, krank ist und man sich unbewußt oder auch ganz bewußt abschottet: Wenn sich dann die Aura weitet, also wieder ausdehnt, kann sich die Seele innerhalb der Aura freier bewegen, die Energien fließen frei, von innen nach außen und umgekehrt, und man fühlt sich auch dadurch wohler.

Ist die Aura frei beweglich, kann die Seele auftanken.

Umgewandelte, nicht mehr benötigte Energien entweichen wieder der Seele hauptsächlich, neue benötigte Willensenergie strömt wieder in die Seele ein.

Unsere Seele hat das Bestreben, die Summe der Energien konstant zu halten.

Peter hat es gewagt, die Seele in ihre Einzelteile zu zerlegen und diesen Teilen bestimmte Aufgaben zuzuordnen, um so die Funktionsweise unserer Seele zu erklären. Dabei gewann er viele zusätzliche Erkenntnisse, u.a. erklärte er mir die Evolution der Seele, und daß Tiere und Pflanzen auch eine Seele haben. Daß dieses Erkennen und Verstehen nicht leicht war, können Sie sich sicherlich vorstellen.

Peters Forschungsarbeit hat 20 Jahre gedauert, wobei die vorhergehenden Jahre der Beobachtung nicht mitgerechnet werden. Diese ganzen Informationen stellt er allen Patienten und der Öffentlichkeit zur Verfügung, damit sie weitergetragen werden können. Doch keiner sollte sein "Jünger" werden.

Er stellt aber auch alle anderen Erkenntnismöglichkeiten, die sich daraus ergeben, zur Verfügung, damit seine Patienten keinen Therapeuten mehr brauchen und ihr eigener Therapeut werden können.

Es sollte in dieser Realität bei der Seele niemals vergessen werden, daß die Seele immer nur als Gesamtheit zu sehen ist und auch immer mit einem jeweiligen Wirtskörper zusammenarbeiten muß, damit sie sich verwirklichen kann.

Ohne einen handlungsfähigen Körper kann sich keine Seele richtig verwirklichen, weiterentwickeln und sich auch nicht gefühlsmäßig ausleben.

Das Verstehen und das Verständnis für die Seele ist eine der wichtigsten Voraussetzungen für ein zufriedenes Leben.

"Danke, Peter, daß wir, und damit spreche ich für viele Menschen, diese Informationen haben dürfen!"

Nach diesen Vorkenntnissen wird es Ihnen, lieber Leser, sicherlich nicht schwer fallen, freier weiterzulesen.

Lassen Sie mich jetzt zu den Einzelteilen der Seele einige Ausführungen machen. Ausführlicher wird es etwas später behandelt.

Auch wenn Sie glauben, das kennen Sie schon, das ist ja eine Wiederholung, lesen Sie aufmerksam langsam weiter! Es ergeben sich bei jeder Wiederholung neue Erkenntnisse und neue Sichtweisen.

Außerdem kann ich aus eigener Erfahrung berichten, daß es gerade die Vorgehensweise der Wiederholungen war, die mich weitergebracht hat!

Was ist die Seele?

Die Seele ist eine Energieform, die sich aus unendlich vielen einzelnen Energieformen zusammensetzt. Sie ist auch der wirkliche Lebensspender.

Es ist heute bereits möglich, die Seele, d. h. ihre Existenz als Energieform, nachzuweisen.

Zuerst einmal einige Informationen über Energien:

Energien sind meßbar.

Energien sind sichtbar zu machen.

Energien haben ein Gewicht.

Energien können transportiert werden.

Energien können Geschwindigkeiten erreichen.

Energien können Kälte oder Wärme haben.

Energien können umgewandelt werden.

Energien verbrauchen sich nicht.

Jeder Mensch hat eine Seele.

Da die Seele keine Materie ist, kann sie nur Energie sein.

Dazu, daß Energien meßbar sind und auch Gewicht haben, gibt es wissenschaftliche Untersuchungen auch in bezug auf die Seele. Nicht alles, was wissenschaftlich bewiesen ist, ist auch anerkannt.

Auch wenn diese Experimente heute noch von vielen Menschen belächelt werden, erwähne ich sie , weil sie mir logisch und glaubhaft erscheinen.

Es wurden verschiedene Sterbende bei Eintreten des Herzstillstandes und Hirntodes auf Feinstwaagen gewogen und dabei wurde ein Gewichtsverlust von 21,2 bis 21,6 Gramm festgestellt. Dies soll, so behaupten es die Wissenschaftler, gleichzeitig der Beweis dafür sein, daß die Seele den Körper nach dem Tode verläßt und daß die Seelenenergien ein Gewicht haben.

Mystische oder religiöse Überlegungen erwähne ich deshalb nicht, weil sie allein schon zur Seele ganze Bücher füllen und der Phantasie keine Grenzen gesetzt sind. Deshalb überlasse ich es Ihnen, sich dazu selbst Gedanken zu machen.

Auf jeden Fall steht für mich fest, daß die Seele weiterexistiert, da Energien sich nicht verbrauchen oder verschwinden können. Sie können höchstens in eine andere Energieform umgewandelt werden.

Seelen beseelen Körper, und Seelen entweichen Körpern bei ihrem Tode.

Dies soll ersteinmal an Überlegungen reichen. Dadurch ist für mich die Existenz der Seele und ihre Funktionsweise glaubhaft geworden.

Als Patient F, der sich ausführlich mit diesem Thema beschäftigt hat, darf ich mir diese Aussagen erlauben.

Behauptung von Peter:
Die Seele hat fünf Teile.

Das Tagesbewußtsein läßt uns alles bewußt erleben.

Das Unterbewußtsein speichert und arbeitet unbewußt.

Das Tagesbewußtsein und Unterbewußtsein sind das Gesamtbewußtsein.

Das Gefühl besteht nur aus Angst und Freude.

Der Wille, die Kraft.

Die Aura, ein uns umgebendes Energiefeld, welches unter anderem die Seele zusammenhält.

Warum teile ich die Seele in einzelne Bestandteile auf, wenn sie doch immer nur als Ganzes betrachtet werden kann?

Da die Arbeits- und Funktionsweise der Seele sich über die Einzelteile besser und logischer erklären läßt wurde diese Unterteilung notwendig.

Sie als Leser sollen auch das ansatzweise verstehen, was für mich jetzt selbstverständlich ist, weil ich es leben durfte, und Sie dieses Wissen vielleicht noch vor sich haben. Freuen Sie sich darauf!

Genauso, wie das Herz eines Menschen anatomisch und funktional aufgeteilt und besprochen werden kann, mache ich es mit der Seele.

Die Aufgaben der 5 Teile der Seele!

Das Tagesbewußtsein

Unser TB läßt uns Umwelt und Innenleben bewußt erleben.

Es trifft alle Entscheidungen für unser Denken und Handeln bewußt.

Es ist sozusagen der Chef in uns.

Es gibt die Befehle für unser bewußtes Handeln an den Körper weiter, so daß wir bewußt bestimmte Dinge tun oder lassen können, z. B. Lernen, Schwimmen usw..

Es schult das UB, damit es alle automatisch ablaufenden Dinge übernimmt, so daß der Chef, das TB, freier und kreativer denken und handeln kann. Z. B. Maschine schreiben, Klavierspielen.

Das Unterbewußtsein

Unser Unterbewußtsein übt verschiedene Aufgaben aus. Zum einen ist es unser Archiv oder das Langzeitgedächtnis der Seele, das heißt, es nimmt Informationen auf, sortiert sie, legt sie ab und kann sie hervorholen, um sie dem TB zur Verfügung zu stellen.

Damit haben wir gleich die zweite Aufgabe beschrieben, es ist Berater des TB. Es stellt dem TB die notwendigen Informationen zur Verfügung, so daß das TB richtig handeln kann. Dieses geschieht sicherlich auf verschiedenen Wegen. Zum einen können wir uns eine Rohrpost vorstellen. Darüber fordert das TB exakte Informationen an. Zum anderen können wir uns z. B. das Telefonieren vorstellen. Auf diesem Wege kommen Informationen klar und eindeutig im TB an. Zum anderen ist das UB vom TB durch eine "Milchglasscheibe" getrennt.

Hält das UB Informationen für das TB hoch, kann das TB dieses nicht exakt lesen, weil die Scheibe klare Informationen verfälscht und wir nur ahnen, was das UB meint. Sehr oft deuten wir diese Informationen über den Umweg der Gefühle. *Dies bezeichne ich auch als Verständigungsschwierigkeiten der beiden.*

Außerdem kann unser UB auch unsere innere Stimme sein, die uns vor den Entscheidungen des TB warnt.

Leider hören wir selten auf diese Stimme, weil sie leise und etwas undeutlich ist. Hinterher sagen wir: Hätte ich bloß auf meine innere Stimme gehört.

Oder wir sagen: Das habe ich gleich gewußt.

Diese innere Stimme kann aber auch eine der beratenden Ich-Formen sein.

Wegen unserer Verständigungsschwierigkeiten können wir das nicht auseinanderhalten.

Geschulte Menschen, die sich richtig entspannen können und gelernt haben, sich zu vertrauen, hören auf diese Stimme und handeln danach.

Zu diesen Menschen sagen wir, sie handeln intuitiv.

Als Warner vor Gefahren können aber auch alle anderen Ich-Formen tätig sein. Aber das können wir leider nicht auseinanderhalten.

Leider sage ich auch deshalb, weil wir in der heutigen stressigen, hochkonzentrierten Zeit oftmals verlernt haben, auf diese inneren Stimmen zu hören.

Als Datenverarbeitungssystem, aufgeteilt in viele, tausendfache Helfer und Sachbearbeiter des Chefs, ist unser UB auch verantwortlich für unsere Träume.

Während sich in der Schlafphase das TB ausruht, verarbeitet das UB alle Eindrücke des Tages und alle liegengebliebenen nicht mehr benötigten Informationen. Träume haben wir, wenn unser TB seine Ruhezeit dazu nutzt, dem UB bei seiner Arbeit zuzusehen.

Die Vermutung liegt nahe, daß die Trennwand oder Milchglasscheibe während der Schlafphase etwas klarer wird, so daß wir sehr oft eindeutig, realitätsbezogen unsere Träume erleben und auch erzählen können. Ich habe den Verdacht, daß unser UB in dieser Zeit etwas nachlässig ist und dem TB nicht zutraut, einiges von seiner Arbeit mitzubekommen. Deshalb ist die Milchglasscheibe etwas durchsichtig und das TB kann ein wenig Einsicht nehmen, wie das UB arbeitet.

Auch läßt uns das UB unbewußt denken und handeln.

Jeder Mensch kennt bestimmt eine Situation, in der er, nach seiner Auffassung "instinktiv" richtig gehandelt hat, also meist anders, als das TB es in diesem

Augenblick vorschlägt. Wir nennen dies auch oft "aus dem Bauch heraus handeln". Dieses Phänomen ist nichts weiter als unser handelndes UB, das ja wesentlich mehr Informationen zur Verfügung hat als das TB. Es kann dem TB diese Informationen zwar zur Verfügung stellen, aber wenn unser Tagesbewußtsein doch anders handeln will, dient uns unser UB oft als Schutz und handelt in lebensbedrohlichen Situationen selbständig anders. Es bringt den Körper aus der Gefahrenzone, oder es rettet mit dem eigenen Körper andere Menschen aus Gefahrensituationen.

Hinterher fragen wir uns: Woher habe ich nur den Mut dazu genommen?

Das Programm des UB ist von unserem TB nicht einsehbar, deshalb wissen wir auch nicht, zu welchen Leistungen wir tatsächlich fähig sind.

Das Gefühl

Das Gefühl ist ebenfalls eine Energieform.

Das Gefühl hängt sich ohne Zeitverlust an eine Information an, nachdem es vom Bewußtsein bewertet wurde. Dabei ist es unerheblich, ob diese Information von außen in uns eindringt (z.B. Hören, Sehen) oder ob diese Information durch eine Vorstellung in unserem Gehirn oder dem Bewußtsein direkt entsteht.

Wir bekommen also eine Information, und sofort hängt sich ein Gefühl an.

Je nach Bewertung der Information kann es ein positives oder negatives Gefühl sein, also Freude oder Angst. Selbst Trauer ist Angst, da es keine Freude ist.

Das Bewerten der seelischen Informationen macht ausschließlich unser Bewußtsein. Der Körper hat sein eigenes Bewertungssystem, welches er dem Bewußtsein meldet und dieses dann, nach Bewertung, das entsprechende Gefühl anhängt. Somit kann ich sagen, daß nur die Seele ein Gefühl erzeugt, der Körper aber hat Empfindungen.

Natürlich kann unser Körper auch bewerten, aber er *muß* diese Informationen erst dem Bewußtsein zeigen und das entscheidet, wie bewertet wird. So können wir mit dem Bewußtsein Schmerzen des Körpers auf- oder abwerten. Schlechter oder besser ertragen heißt das. Natürlich sind große Schmerzen nicht allein vom Bewußtsein zu kompensieren oder sogar zu ignorieren. Der Körper hat ein hormonelles Sicherheitssystem, welches zum einen als Überlebenshormone bezeichnen. Zum anderen verfügt der Körper über die bereits erwähnten Endorphine.

Aber auch das Gefühl steht nicht unveränderbar fest. Durch neue Erfahrungen, durch neue Eindrücke kann sich ein völlig neuer Blickwinkel, d.h. eine neue Bewertung, eine neue Wahrheit, ergeben, so daß sich an die gleiche Information plötzlich ein anderes Gefühl anhängt.

Beispiel:

Ein kleines Kind wird von einem Hund gebissen. Es wird danach also jedesmal, wenn es nur einen Hund sieht, Angst oder Panik verspüren, weil es dieses Erlebnis so bewertet hat. Bewerten können in uns nur die Ich-Formen bewußt als unser TB und das Unterbewußtsein.

<u>*Letzteres meistens nur so, wie es vom TB dazu geschult wurde.*</u>

Als erwachsener Mensch lernt er dann einen Partner kennen und lieben, der einen Hund hat, so daß er sich zwangsläufig mit dem Tier befassen muß. Dieser Hund ist aber besonders zutraulich, lieb und in keiner Weise aggressiv. Nach und nach werden neue Informationen in seinem UB gespeichert, bis der Mensch eines Tages freudig auf die meisten Hunde zugeht. An die Information "Hund" hängt sich jetzt also auch das Gefühl "Freude" statt nur das Gefühl der "Angst" an. Leider aber nur auf dem Umweg der Angst. Die Angst wird immer zuerst dasein. Vorsichtig wird der Mensch also sein Leben lang gegenüber Hunden oder Tieren mit einem großen Gebiß sein.

Der Wille

Der Wille ist ebenfalls eine Energieform, sozusagen unser Kraftstoff. Der Wille macht nichts von allein. Er muß angefordert werden. Entweder vom TB oder vom UB, weil jede Information vom Bewußtsein registriert oder bewertet wird.

Erst wenn wir einen kraftstoffbetriebenen Motor in Betrieb setzen, kommt der Kraftstoff zu seiner eigentlichen Bestimmung. Der Bestimmer, wieviel Kraftstoff abgerufen wird, ist zum einen der Fahrer des Wagens und zum anderen, das Maß, wieviel Kraftstoff der Motor benötigt, um die erdachte Geschwindigkeit oder Leistung zu erreichen.

Bei der Seele sind es die Bestimmer TB als Chef und UB als sein Helfer.

Diese Bestimmer brauchen den Willen, um eine Vorstellung zu entwickeln und um sie dann über den Körper in die Tat umzusetzen.

Je größer das Bedürfnis der Seele oder des Körpers als Vorstellung des Bewußtseins ist, desto mehr Willen brauchen wir.

Vergleich: Je schwerer eine Last ist, desto mehr Kraft muß ich aufwenden, um sie anzuheben. Desto stärker muß auch die Vorstellung und der Wille sein.

Da der Wille auch nur eine Energieform ist, kann er sich nicht verbrauchen.

Der Ausspruch: "Ich habe einfach nicht mehr den Willen dazu" ist also falsch. Geändert hat sich lediglich unsere Zielsetzung, also unsere Vorstellung zu einem unserer Bedürfnisse. Hilflosigkeit lähmt uns, macht das Herz und die Beine schwer.

Die Aura

Die Aura umgibt unseren Körper lückenlos. Sie ist ein aus verschiedenen Energien zusammengesetztes Kraftfeld.

Die Energien können sowohl etwas mehr positiv als auch etwas mehr negativ geladen sein.

Die Aura hat aber neben ihrer Schutzfunktion der Seele noch eine andere wichtige Aufgabe. Sie ist mit der effektivste Informationslieferant für unser UB. Da sie als Energieform sehr beweglich ist, kann sie auch sehr große Strecken ohne weiteres überwinden. Die Existenz der Aura läßt sich heute schon durch eine bestimmte Phototechnik (Kirlianfotographie) nachweisen. Das Deuten dieser Aufnahmen ist leider noch recht zweifelhaft. Es werden uns auch in Zukunft nur Spekulationen möglich werden, weil sich der Schöpfer unserer Seelen nicht in seine Karten sehen läßt.

Es ist herausgefunden worden, daß sich die Aura aus allen Farben des Spektrums zusammensetzt (vergleichbar mit den Farben des Regenbogens). Je nachdem, wie wir uns fühlen bzw. wie unsere seelische und körperliche Verfassung ist, kann die Aura überwiegend negativ oder auch überwiegend positiv geladen sein. So können auch die Farbschattierungen in bestimmten Situationen in einer Richtung dominieren. Ebenso hat man herausgefunden, daß die Aura, wenn es uns schlecht geht, z.B. wenn wir krank sind, sehr eng am Körper anliegt, während sie, wenn wir uns gut fühlen, wir gesund sind, sehr beweglich ist.

Sie kann auch mit anderen Auren kommunizieren bzw. Informationen austauschen. So können wir z.B. erklären, warum es uns oft passiert, daß wir an einen Menschen denken und dieser dann bei uns anruft. Die beiden Auren haben miteinander kommuniziert und sozusagen eine Verbindung hergestellt. Allerdings hat die Aura keine direkte Verbindung zum Gehirn, so daß sie sich zur Übermittlung der Informationen aller unserer übrigen Sinne bedient. Zusätzlich kann das TB bewußt oder das UB unbewußt sich an die Aura versetzen und so direkt sehen, was die Aura sieht, denn innerhalb der Aura kann sich das Bewußtsein frei bewegen.

Allerdings hat die Aura eine Sonderposition, wenn man sie als Bestandteil der Seele betrachtet. Man hat nämlich ebenfalls bewiesen, daß jedes Ding von einer Monoaura umgeben ist, auch sogenannte "tote" Gegenstände, wie z.B. ein Stein. Ein Stein hat aber mit Sicherheit keine Seele, aber eine Aura. Der Stein ist ein Mineral, und Mineralien haben eine zusätzliche Eigenstrahlung.

Manche Strahlungen können wir gebrauchen, dann tun sie uns gut. Können wir sie nicht gebrauchen, zeigt diese Strahlung in der Seele und am Körper eine negative Erscheinung. Wir fühlen uns zuerst unwohl, später treten Krankheiten auf.

Noch einmal kurz die Aufgaben der Aura zusammengefaßt:

Sie holt Informationen heran, auch über sehr große Entfernungen. Sie gibt Informationen ab, wobei sie nicht in der Lage ist, zu lügen, d.h. wenn ein Mensch sensibel für die Informationen der Aura und über das UB ist, kann er genau feststellen, ob sein Gegenüber lügt oder nicht. Viele Menschen bekommen diese Informationen so bewußt mit, ordnen sie aber nicht als solche ein, sondern sprechen dann oftmals von einem "unguten oder guten Gefühl". Das UB teilt uns diese Informationen als innere Stimme mit. Es kann aber auch eine Ich-Form sein, die gerade nicht im Chefsessel sitzt und Beraterfunktion hat.

Des weiteren ist die Aura Schutzmantel für die anderen Bestandteile der Seele, damit sie sich nicht verflüchtigen oder sich mit anderen gleichgesinnten Energien vermischen.

Ein weiterer interessanter Gesichtspunkt ist das Geschlecht der Seele und damit verbunden auch ihre Polarität. Ich bin davon überzeugt, daß jede Seele eine geschlechtliche Mischform darstellt. Somit hat jede Seele einen weiblichen, einen männlichen und einen sächlichen Anteil, unabhängig vom Geschlecht des Wirtskörpers. Sicherlich gibt es auch Dominanzen in dieser Mischform, aber ich bin überzeugt, daß es keine eingeschlechtlichen Seelen gibt. Der Idealfall ist immer eine dominant geschlechtliche Seele in einem dazu passenden Körper.

Wenn eine Frau also eine überwiegend weibliche Seele hat, sind ihre Bedürfnisse seelischer und körperlicher Art zueinander passend. Die Chance, daß diese Frau große Unzufriedenheiten durch die Seele erlebt, ist sehr gering.

Damit kommen wir zur bereits erwähnten Polarität der Seele. Alles in der Natur unterliegt dem Gesetz der Polarität, somit auch die Seele. Es gibt kein "Für" ohne "Wider", kein "Oben" ohne "Unten", kein "Heiß" ohne "Kalt", jedes Ding hat sein Gegenteil.

Das Leben kann somit wie eine Waage oder Wippe betrachtet werden, bei der Gewichte und Gegengewichte eine große Rolle spielen. Somit hat unser Körper von Geburt an bestimmte Vorlieben und Abneigungen, welche wir als Anlagen bezeichnen oder auch als "Neigungen zu" oder "Neigungen gegen". Diese Anlagen sind uns mit den Erbinformationen mitgegeben worden. So kann ich die Erbinformationen aufteilen in seelische und körperliche Erbinformationen. Also nicht nur der Körper hat sie, sondern auch die Seele bringt ihre Neigungen zu oder Neigungen gegen mit.

So hat auch unsere Seele bestimmte Sympathien und Antipathien. Diese Zu- bzw. Abneigungen dienen uns auch als Bewertungssystem der Goldwaage oder des Gerechtigkeitssinns, also unterliegt unsere Seele auch dem Gesetz der Polarität. Unsere Seele bringt diese Neigungen zwar von Geburt an mit, dennoch sind sie nicht unumstößlich feststehend, denn wir haben ja unser eigenständiges TB. Durch neue Erfahrungen gewinne ich als Mensch neue Eindrücke, eine neue Sichtweise der Dinge. Dadurch kann sich auch meine Bewertung ändern und damit auch meine Neigung zu oder gegen etwas. Wir können also im Laufe unseres Lebens unsere Neigungen wiederholt verändern. Genauso können wir mit dem TB den Gerechtigkeitssinn zeitweise verändern. Die Grundeinstellung des Gerechtigkeitssinns aber läßt sich nicht verdrehen. Selbst bei allergrößter Anstrengung nicht, da wir die alte Seele nur schulen, aber nicht grundsätzlich verändern können. Haben wir den Gerechtigkeitssinn aber vorübergehend verändert, sprechen wir von einer Krankheit, der Suchtkrankheit.

Diese veränderten Werte sind dann auch als Merkmal bei jeder SK zu finden.

Genauso verändern sich bei jeder SK:
die Wahrheit,
das Wertesystem,
das Wertschätzungssystem
und vieles mehr, so daß ich von einer Persönlichkeitsveränderung spreche.

Mit diesem Wissen um die Seele und ihre Krankheiten, die gewissen Veränderungen unterliegen, konnte ich mir bisher viele Fragen beantworten und werde dies auch noch weiterhin tun, weil meine Therapie eine Langzeitwirkung hat.

Mit dem Wissen um meine Bedürfnisse, um meine Neigungen und deren Veränderbarkeit, um die Arbeitsweise der Seele kann ich viel leichter positiv denken. Ich nehme nichts mehr als gegeben und unveränderbar hin, sondern ich probiere mich aus, ich probiere das Leben neu aus, versuche meine Bedürfnisse richtig zu befriedigen und meine körperlichen und seelisch-geistigen Neigungen in Einklang zu bringen, so daß ich ein rundherum zufriedenes Leben führen kann, ohne daß ich dies als Zwang ansehe oder ständig darüber nachdenken muß, ob etwas für mich richtig ist oder nicht. Denn meinen Gerechtigkeitssinn aller beteiligten Persönlichkeitsanteile einschließlich des UB habe ich neu geschult und werde dies auch weiterhin machen, so daß es automatisch, d.h. unbewußt, richtig in mir abläuft. Heute kann ich mit Gewißheit sagen, daß ich mich so angenommen habe, wie ich bin.

Wenn ich meinen Körper mit meiner Seele in Einklang bringe, werde ich automatisch immer das für mich Richtige tun, um so meine Zufriedenheit zu erlangen.

Wenn ich mein UB richtig schule, nimmt es mir eine Teil dieser Arbeit ab.

Eine gesunde Seele hat einen gesunden Körper.

Ansteckungskrankheiten und Erbkrankheiten bilden eine Ausnahme.

Ich hoffe, die bisherigen Informationen über die Seele, und ihre Aufgaben waren für Sie als Leser in Ihrer neuen Lebensschule verständlich. Es folgen nun weitere Ausführungen und Informationen.

Wer die Seele in ihrer Gesamtheit nicht verstehen kann,
versteht sich nicht, kann andere nicht richtig verstehen,
kann sein Leben nicht richtig ändern,
weil er mit Sicherheit Verständigungsschwierigkeiten hat.

Das Über-Ich, der Astralleib

Den vielen Spekulationen darüber möchte ich mich nicht anschließen.
Grundlagen für diese, meine Überlegungen waren die Ergebnisse der Goldwaage I + II.
Leider kann ich in diesem Buch erst einmal nur Fakten aufzählen. Eine Therapie speziell auf jeden einzelnen zugeschnitten, ist schriftlich nicht möglich. Mit einem Klavier wird auch nicht die Fähigkeit verkauft, darauf spielen zu können.

Was ist das Über-Ich?

Alle in mir, an mir, zu mir gehörende Energieformen.

Alles was meine Persönlichkeit ausmacht, somit Seele und Körper.

Also alle Energieformen zusammen genommen, die eine Persönlichkeit mit all ihren Verständigungsmöglichkeiten ausmacht, auch die Ausdrucksformen der Seele über den Körper.

Was ist das Karma?

Das Über-Ich

Alle mitgebrachten Erfahrungen der Seele aus früheren Existenzformen.

Die Seele bringt viele Schicksale mit.

Die Seele bringt auch einen Auftrag mit.

Die Seele bringt viel Wissen als Erfahrungswerte mit. Dieses ist im Langzeitgedächtnis der Seele gespeichert, also im Gedächtnis des UB. Leider kommen wir mit dem TB nicht richtig an dieses Wissen heran.

Dies bezeichne ich als Verständigungsschwierigkeiten des Bewußtseins.

Was ist der Astralleib ?

Die Seele mit all ihren Bestandteilen.

Einen zusätzlichen Körper konnten die bisherigen Studien nicht nachweisen. Deshalb behaupte ich, daß der Astralleib nur unsere Seele in ihrer Gesamtheit ist.

Und jetzt wende ich mich wieder direkt der Seele zu.

Wo hat die Seele, das Bewußtsein, Verständigungsschwierigkeiten?

Zwischen dem TB und dem UB.

Zwischen den drei Ich-Formen im TB.

Zwischen dem TB und der Aura.

Zwischen dem TB und dem Körper.

Zwischen Dem TB und einigen Gefühlen.

Mit anderen Seelen.

Die drei Ich-Formen

Dem Ki-Ich schreibe ich eher das Spielen zu.

Es kann sich aber auch wie jede andere Ich-Form verhalten.

Es kann sich z. B. alle Fähigkeiten des Erw-Ichs abschauen und nachspielen.

Das Ki-Ich ist der perfekte Schauspieler.

Dem Elt-Ich spreche ich eher das Elterliche zu, also Stolz auf Leistungen anderer zu sein, sowie verstehend, verzeihend, helfend, sich zurücknehmen können.

Das Elt-Ich kann als einzige Ich-Form richtig genießen.

Dem Erw-Ich spreche ich eher die Ratio, also das rationale Denken ohne große Gefühlsanteile zu. Es ist am gerechtesten. Es denkt eher geschäftsmäßig.

Jede Ich-Form kann sich verstellen!

Jede Ich-Form kann schauspielern.

Jede Ich-Form kann ehrlich sein.

Jede Ich-Form kann unehrlich sein.

Jede Ich-Form kann also alle Eigenschaften haben, auch die Eigenschaft, suchtkrank zu sein.

Die drei Ich-Formen sind unterschiedliche Bestimmer.

Sie sollten gleichberechtigt sein, sind es aber nicht.

Das Erw-Ich ist, wenn es wach werden durfte, der dominanteste Bestimmer.

Nur zur Gedächtnisauffrischung:

Das zuerst wachgewordene Ki-Ich will die Vorherrschaft nicht abgeben.

Wird das Erw-Ich richtig geschult, hat es die ganze Befehlsgewalt über:

das Ki-Ich,

das UB

und den Körper.

Nur Medikamente und Krankheiten können diese Dominanz über den Körper gegen den Willen des Erw-Ichs verändern.

(Suchtmittel sind auch Medikamente, haben aber eine recht unterschiedliche therapeutische Breite.)

Wird ein Mensch suchtkrank, verschieben sich die Dominanzen, die Prioritäten, die Bestimmer.

Suchtkrank verhalten sich immer zuerst das Ki-Ich, dann das Elt-Ich und fast nie das Erw-Ich, wohl aber das UB, schon lange vor dem Körper.

Aus suchtkrankem Verhalten kann eine Krankheit entstehen.

Ein weiteres Forschungsergebnis von Peter in den letzten 20 Jahren mit einem suchtkranken Personenkreis und deren Angehörigen von mindestens 14.000 Personen:

In 90% der Fälle wird zuerst das Ki-Ich krank, weil es die zuerst wachgewordene Ich-Form ist. Weil es die Vorherrschaft nicht abgeben möchte und somit das Ki-Ich die ganze Familie (Elt-Ich, Erw-Ich, UB und Körper) steuert und lenkt.

Stellen Sie sich vor, wie es ausgeht, würde Ihr Kind Ihre ganze Familie lenken und steuern, es hätte bei Ihnen über alle Belange das Sagen! Die Familie würde bankrott gehen, unglücklich werden und das kranke Kind alle krank machen, weil es mit den vielfältigen Aufgaben, die zu bewältigen sind, völlig überfordert wäre. Aber auch alle Außenstehenden würden durch falsche Kommandos krank werden oder sich distanzieren. Das Ki-Ich will aber die einmal erlangte Dominanz nicht wieder abgeben und wird mit zunehmendem Alter immer schwächer. Deshalb wird ein etwa 50jähriger Mensch geistig immer jünger.

Er verhält sich wie ein Kind, handelt kindlich, spricht kindlich und ist im Erwachsenenalter als kindisch anzusehen.

Allen Menschen, die dieses erwachsene Kind kennen, fällt es auf, aber kaum jemand kommt auf die richtige Idee, daß dahinter eine Suchtkrankheit stehen könnte. Dieser sk Mensch wird entweder von der Gesellschaft getragen oder aus dieser ausgeschlossen.

So bekommt der Sk seinen Makel.

Später, ab dem 20. Lebensjahr wird in ca. 70% aller Fälle auch das Elt-Ich suchtkrank, weil es dem Ki-Ich beisteht, ihm falsch hilft und auch überfordert ist. Das Erw-Ich wird fast nie suchtkrank. Es muß schon dazu gezwungen werden, und zwar geht das nur von außen.

Das Erw-Ich hat von allen Ich-Formen durch den Schöpfer der Seele die größte Dominanz erhalten. Dies ist auch das Glück eines Suchtkranken.

Wenn er sich auf diese Dominanz besinnt, mit dieser Ich-Form die Dominanz übernimmt und dabei diktatorisch vorübergehend vernünftige Anordnungen gibt, müssen alle anderen Persönlichkeiten in ihm gehorchen.

Ein normales, gesundes Leben ist nach einiger Übungszeit (3 - 5 Jahre) wieder möglich. Ein genesendes Leben ist schon vorher möglich!

Peters Überlegungen, die jetzt auch meine sind, sind so ähnlich wie die des Hinduismus oder des Buddhismus und doch sehr anders.

Der Unterschied ist, daß sein Erklärungssystem weiterführend ist.

Diese makroskopische Betrachtungsweise ist nach Peters logischen Schlüssen mit seiner eigenen Logik entstanden und bisher, soviel ich weiß, nicht widerlegt worden. Ich habe diese Logik für mich übernommen.

Der Astralleib ist danach nichts weiter als die Seele, denn ein zusätzlicher Leib wäre unlogisch und ist auch noch nicht gefunden worden.

Eine weitere Frage drängt sich mir bei diesem Erklärungssystem auf, die ich mir aber sofort, und zwar richtig beantworten kann.

Was ist ein Mikroastralleib?

Eine Mikroseele!

Ein Gedanke, auf Reisen geschickt.

Jetzt wende ich mich weiter der Seele und ihren Einzelteilen zu, aber mit einer noch einfacheren und genaueren Betrachtungsweise.

Jetzt nehme ich die Seele weiter auseinander, betrachte die Einzelteile mit ihren Aufgaben und Funktionsweisen, gebe meine Überlegungen dazu und füge sie wieder zusammen. Genauso, wie man ein Auto kennenlernen möchte, und zwar bis zur letzten Schraube.

Was Sie mit dem Auto machen, ist Ihre Sache.

Was ich mit meiner Seele mache, ist meine Sache.

Anfangen werde ich mit dem Tagesbewußtsein, dann fortfahren über das UB, Gefühl, Wille, Aura bis hin zur Zusammenfassung.

Das Tagesbewußtsein

Was ist das Tagesbewußtsein (TB)?

Es besteht aus drei Energieformen des Bewußtseins.

Der erste Teil der Seele.

Chef der Seele.

Bewußter Bestimmer der Seele und des jeweiligen Körpers, in dem die Seele zur Zeit ihren Sitz hat.

Ein Teil des Gesamtbewußtseins mit einem Anteil von ca. 20% - 30%. Genau weiß es keiner. Es gibt aber eine ungenaue Meßmethode, von der ich gehört habe, die ich aber nicht richtig benennen kann (hier sind wieder Wissenschaftler gefragt).

Eine Energieform, aufgeteilt in drei Energieformen, die Kindheits-Ich (Ki- Ich), Eltern-Ich (Elt-Ich) und Erwachsenen-Ich (Erw-Ich) heißen.

Es umfaßt auch die Kurzzeitgedächtnisse des TB, aber in Verbindung mit dem jeweiligen Gehirn und seinem Kurzzeitgedächtnis des jeweiligen Wirtskörpers.

Was macht das TB? Was kann es und was nicht?

Es läßt uns bewußt denken und handeln.

Es steuert bewußt den jeweiligen Wirtskörper.

(Ein Wirtskörper ist ein Körper, der etwas beherbergt.

In diesem Fall beherbergt der menschliche Körper eine Seele.)

Es gibt dem UB bewußt Aufträge, nachdem auch das Elt-Ich wach geworden ist.

Dann schult es das UB, und zwar bewußt.

Die drei Ich-Formen können sich jeweils zu zweit miteinander unterhalten, dabei hört die dritte Ich-Form zu und hat eventuell Beraterfunktion.

Es bewertet bewußt, es wägt bewußt ab.

Es geht bewußt mit dem Gefühl um.

Es fühlt bewußt. Es kann Angst und Freude empfinden und diese Gefühle an den Körper weitergeben.

Es setzt bewußt die Kraft = den Willen für bewußte Gedanken = Vorstellungen = Ideen und Pläne ein.

Es beauftragt bewußt die Aura beweglich = durchlässig oder unbeweglich = undurchlässig zu sein.

Es beauftragt die Aura bewußt, Informationen zu sammeln.

Es sendet bewußt Mikro-Seelen als Gedanken aus.

a.) Im eigenen jeweiligen Körper.

b.) In die Umgebung, bis in ungeahnte Entfernungen.

c.) In die Vergangenheit.

d.) In der Gegenwart.

e.) In die Zukunft.

f.) Zu anderen Seelen.

Es kann bewußt die Seelenkräfte, bestehend aus TB, UB, Gefühl, Wille und Aura als *Selbstheilungskräfte* für die Regenerierung der Seele oder des eigenen Körpers einsetzen.

Es kann aber auch bewußt diese Kräfte, diese Energieformen der Seele als Selbstzerstörungskräfte einsetzen.
Dadurch leiden die Seele und der Körper. Deshalb reagieren beide erst mit Miß-empfindungen, später mit Krankheiten, die wir teils schon kennen oder noch nicht richtig deuten und verstehen können. Meistens sind es Suchtkrankheiten.
Es kann sich zur Ruhe begeben, in dem es sich bewußt vom täglichen Gesche-hen zurückzieht (Konzentration oder Meditation) oder es kann sich sogar ganz bewußt von den übrigen Energieformen abkapseln (Schlaf oder Ohnmacht).
Wir bezeichnen das letztere Verhalten als Schlaf- oder Tiefschlafphase. In Notsi-tuationen oder bedrohlichen Lebenssituationen zieht es sich auch vollständig vom bewußten aktiven Leben zurück, was wir dann als Ohnmacht oder Koma be-zeichnen. Das Koma ist die tiefste Bewußtlosigkeit, die wir kennen. Ohnmacht als Schutzfunktion des Gehirns.
Es kann bewußt Informationen als elektrische Impulse an das jeweilige Gehirn des Wirtskörper geben und diesen darüber steuern und lenken.
Es kann bewußt Informationen des jeweiligen Wirtskörpers lesen, deuten und bewerten.
Manchmal leider nicht richtig, deshalb sind Verständigungsschwierigkeiten vor-programmiert. Dadurch entstehen auch unsere falschen Taten und auch SK.
Es kann sich mit dem UB unterhalten, wobei das UB alles versteht, was der Chef sagt, nur der Chef, das TB, kann die Informationen des UB nicht richtig lesen und nicht richtig verstehen bzw. deuten. Wiederum Verständigungsschwierig-keiten, die zu Fehlhandlungen oder SK führen.
Das TB kommt nicht bewußt an alle gespeicherten Informationen heran, es braucht dazu das UB.
Weil der Chef, das TB, seine selbst angeforderten und vom UB herübergereich-ten Informationen oft nicht richtig lesen und deuten kann, sind Verständigungs-schwierigkeiten vorprogrammiert.
Somit werden wir fehlerhaft geboren, mit Verständigungsschwierigkeiten behaf-tet, und leider auch so sterben. Deshalb sind wir auch schuldlos, wenn wir da-durch krank werden.
Doch Sie werden noch erkennen, daß es auch für uns ein Vorteil ist, nicht alles zu wissen.
Das Beste trotzdem aus unserer Existenz zu machen, ist für jeden Menschen eine zwingende Aufgabe.
Unsere Grundbedürfnisse sind dabei ganz dominante, vorrangige Erbanlagen.
Das Tagesbewußtsein kann weiter:
Diese Informationen der Grundbedürfnisse zu lesen ist für das TB recht schwie-rig. Dazu brauchen wir Hilfe von außen, des UB oder die Anforderungen sind so dominant, daß wir sie mit dem TB deuten können (Hunger, Durst, Atmung, Schlaf, Angst, Liebe usw.).
Es kann diese Informationen manchmal richtig lesen, wenn sie im Kurzzeitge-dächtnis bekannt oder, wei ich sage, höherschwellig sind.

Es kann sie aber meistens nur grob unterscheiden, in körperlich oder seelisch. Es kann sich freuen und deshalb diese Grundbedürfnisse über- oder untertreiben.
Es kann sich ärgern und deshalb die Grundbedürfnisse vernachlässigen, also auch über- oder untertreiben.

Immer dann, wenn wir etwas können, kann es auch entarten.
Dies kann bewußt oder später unbewußt geschehen.
Es kann sich manchmal richtig mit dem UB oder mit dem Körper verständigen. Leider ist das selten oder einzelnen Menschen vorbehalten. Es sei denn, wir fordern über das "Rohrpostverfahren" Namen oder sonstige Informationen aus dem Langzeitgedächtnis an. Dann bekommen wir diese, aber es dauert einige Zeit.
Es kann sich aber auch mit allen anderen Persönlichkeiten, auch mit dem Unterbewußtsein streiten. (Heftig in die Wolle kriegen.)
Es kann das UB richtig oder falsch schulen.
Es wird aber meist das UB falsch schulen, da es ankommende Informationen nicht immer richtig deuten kann, denn die Phantasie geht sehr oft eigenartige Wege. *Verständigungsschwierigkeiten.*
Das alles kann das TB bewußt erleben und noch vieles mehr.
Damit ein Mensch das Beste aus seinem Leben machen kann, sollte er richtiger als bisher im TB mit Informationen geschult werden.
Die uns angeborenen Verständigungsschwierigkeiten der Seele sind als Ursache jeder SK für mich eindeutig bewiesen.
Ist das TB immer handlungsfähig?
Nein, weil Alkohol, Medikamente und Drogen, aber auch Hypnose unser Handeln verändern oder blockieren können. Dieses kann mit unserer Zustimmung oder gegen unsere Zustimmung geschehen (äußere Gewalt).

Jeder Sk verliert im Laufe der Zeit sein geistiges Alter.
Eine Skala für die Nutzung des Tagesbewußtseins eines Sk.
Das geistige Alter wird immer jünger, bis ins Kindesalter.

0 ————————|————————|————————————————▶100%

      8 - 10 Jahre   Suchtkranker

"Kinderarbeit" (Ki-Ich) ist verboten ! !
Deshalb haben diese erwachsenen Kinder überall große Schwierigkeiten.
Es folgen weitere Erkenntnisse über TB und Suchtkrankheit.
Bei einer Suchtkrankheit kämpft das TB, eine oder zwei Ich-Formen, gegen das UB und den Körper, deshalb verliert es. Jeder, der kämpft, verliert. Zumal in diesem Fall gegen sich selbst. Die Verhältnismäßigkeit stimmt nicht mehr. Es ist nicht groß und stark genug für einen Kampf. Nur mit der richtigen Dominanz des Erw-Ichs wird es wieder Gewinner.

1.) Das Tagesbewußtsein

Ich behaupte, nachdem ich von Peter aufgeklärt wurde, daß unser Tagesbewußtsein uns bei hoher Konzentration zu ca. 20 - 30% vom Gesamtbewußtsein zur Verfügung steht.

Ich kann mit dem Tagesbewußtsein über mein Leben bestimmen.

Es gibt natürlich Handlungen, die reflexmäßig ablaufen, wie z.B. das Atmen. Ich kann zwar bewußt für einige Zeit die Luft anhalten, aber irgendwann muß ich bewußt wieder atmen, damit der Körper nicht stirbt. Es ist eines meiner körperlichen Grundbedürfnisse zu atmen. Bewußtes Leben heißt, ich kann bewußt empfinden und erleben. Ich kann etwas bewerten und danach eine Reaktion ausführen, und zwar ganz bewußt.

Das Tagesbewußtsein ist der Bestimmer über unser Leben, also der Chef in uns. In dieser "Chefetage" sitzen allerdings drei unterschiedliche Chefs:

das Kindheits-Ich (Ki-Ich),

das Eltern-Ich (Elt-Ich) und

das Erwachsenen-Ich (Erw-Ich).

Jede dieser drei Ich-Formen kann in dem bestimmenden "Chefsessel" Platz nehmen und über unsere Handlungen bestimmen. Zwei Ich-Formen kommunizieren immer miteinander. Die dritte Ich-Form kommuniziert inzwischen mit unserem Unterbewußtsein oder ist Beobachter, es wird uns aber nicht bewußt.

Das UB oder eine Ich-Form, die nicht im Chefsessel sitzt, können wir in diesem Zusammenhang als unsere innere Stimme bezeichnen. Es können aber auch Berater sein.

Wie schon gesagt, trifft letztendlich nur eine der drei Ich-Formen eine Entscheidung und gibt den entsprechenden Befehl zur Ausführung weiter. Mit Hilfe des Körpers wird dieser Befehl dann in die Tat umgesetzt. Anhand der ausgewerteten Handlungen eines Menschen kann man genau erkennen, welche der Ich-Formen gerade im "Chef-Sessel" gesessen hat. Es sei denn, derjenige spielt falsch oder ist suchtkrank oder er befindet sich durch eine andere Krankheit in einem Ausnahmezustand.

Auch hier kurz die Querverbindung zu einer möglichen Suchtkrankheit.

Suchtkrank wird immer zuerst das Ki-Ich.

In einigen Fällen, ca. 70%, wird später auch das Elt-Ich suchtkrank.

Das Erw-Ich wird normalerweise nicht krank, es sei denn, es wird dazu gezwungen.

Auch dafür gibt es Beispiele. Einige möchte ich nur ansatzweise erwähnen:

Angeborene Krankheiten,

durch Zwang erworbene Krankheiten,

aus beruflichen Gründen entstandene Leiden,

aus körperliche Krankheitsgründe (Medikamente),

ganz normales Suchtkrankenverhalten.

Jetzt etwas ausführlichere Aussagen zum Zwang:

1.) "Zwang" im Volksmund und meine Gedanken dazu
Eine Folge der fortschreitenden Suchterkrankung.
Dies kommt häufig bei kranken Alkoholikern vor.
Dies kommt bei allen SK, auch der Hörigkeit, vor.
Es passiert auch Langzeit-Drogenkranken, d.h. Menschen, die mehr als 15 Jahre suchtkrank sind.
Eine Rechnung: Mit 15 Jahren ist jemand Erstkonsument.
Dauer des Konsums 15 Jahre lang, ergibt 30 Lebensjahre.
25 Jahre suchtkrank zu sein, heißt:
Alle drei Ich-Formen sind zwangsläufig suchtkrank geworden, weil ich die Hörigkeitskrankheit als Ersterkrankung dazurechnen muß.

2.) Zwang von außen:
Gegen den eigenen Willen wird jemand an das Suchtmittel gewöhnt.
Ein Mensch wird mit Drogen mehrmals gespritzt oder gezwungen.
Unter Zwang werden einem Menschen lange Zeit Alkohol oder Tabletten eingeflößt!
Oder durch beruflichen Zwang.
Wenn das Ki-Ich, das Elt-Ich und das Erw-Ich krank geworden sind, kann dieser Mensch nur noch mit Hilfe von Medikamenten und stationär therapiert werden.
Wenn alle drei Ich-Formen erkrankt sind, kann demnach keine Ich-Form mehr eine für den Menschen gesunde Entscheidung treffen, d.h. wir können mit einer Psychotherapie nicht viel erreichen, da keine gesunde Ich-Form für den "Chefsessel" vorhanden ist. Der Mensch ist nicht psychotherapiefähig.
Wenn alle drei Ich-Formen im suchtkranken Leben verhaftet sind, wer soll dann die Entscheidungen für ein neues, suchtmittelfreies Leben treffen?
Wenn ein Mensch sich nicht mehr mit sich selbst unterhalten kann, sich nicht mehr selbst zusehen kann, keine innere Stimme mehr hört, also immer nur *eine* Ich-Form da ist, spricht man von "Schizophrenie":
Einmal ist er ein Kind und das andere Mal ist er Napoleon. Die Persönlichkeiten können sekundenschnell wechseln.
Der Mensch hat eine gespaltene Persönlichkeit.
Er kann sich nicht mehr mit sich selbst unterhalten, obwohl er nach außen hin das Erscheinungsbild abgibt, er könnte es. Weil er vielfach laut spricht, zeigt er zum einen, daß er Angst hat und zum anderen, daß er diese Angst nicht mehr richtig kontrollieren kann.
In diesem Fall kann auch nur zuerst eine stationäre Behandlung helfen.
Später, nach richtiger Medikamenteneinstellung und wenn auszuschließen ist, daß dieser Mensch eine Gefahr für sich oder die Allgemeinheit ist, kann er ambulant weiter therapiert werden. Natürlich geht das auch nur, wenn er betreuende Angehörige hat.
Viele Suchtkranke kommen irgendwann an den Punkt, an dem sie sich fragen, ob sie noch normal sind oder ob sie langsam schizophren oder verrückt werden, weil sie einerseits genau wissen, daß sie ihrem Körper und ihrer Seele Schaden

zufügen und sich auf der anderen Seite zusehen, wie sie doch immer wieder zu ihrem Suchtmittel greifen, obwohl sie das schon lange nicht mehr wollen. Aber genau diese innerliche Diskussion zeigt, daß man keine gespaltene Persönlichkeit hat, sondern immer noch in der Lage ist, auch seine warnende innere Stimme zu hören, wenn man auch selten *auf* sie hört.

Die Suchtkrankheit ist stärker. Die Liebe zum Suchtmittel ist stärker. Die Hilflosigkeit, "ohne" dazustehen, ist größer.

Der Suchtkranke und das Tagesbewußtsein

Wenn wir davon ausgehen, daß wir ein Bewußtsein von 100% zur Verfügung haben, hat das Tagesbewußtsein, mit gewissen Verschiebungen, 20% Anteile.

Bei hoher Konzentration sogar 30% Anteile. Den Rest benötigt das UB mit einem Anteil von etwa 70 - 80%.

Das Tagesbewußtsein ist nicht in der Lage, an all unsere Informationen heranzukommen, sondern ist auf das Unterbewußtsein als umfassenderen Informanten unbedingt angewiesen.

Wir können es uns als eine Art Rohrpostverfahren vorstellen, worüber wir klare Informationen vom UB aus dem Langzeitgedächtnis erhalten. Unklare Informationen erhalten wir durch die Angst-Milchglasscheibe, denn die Mauer, die zwischen UB und TB errichtet wurde, ist eine Angstmauer. Das UB hat Angst, daß unser TB zuviel erfährt! Nur mit der Angst können Mauern gebaut werden. *Allein mit dem Tagesbewußtsein könnten wir nicht leben.*

Über unsere Sinne bekommen wir alle Informationen aus der Umwelt. Wenn wir mit unserem Tagesbewußtsein jedes kleine Geräusch, jede kleine Bewegung wirklich so, wie sie ankommt, registrieren würden oder wir sie wirklich aufnehmen, wie sie abgestrahlt wurden, würden wir verrückt werden.

Weil unsere Aufnahmekapazität im TB stark beschränkt ist, haben wir angeborene Verständigungsschwierigkeiten.

Also konzentrieren wir uns mit unserem Tagesbewußtsein nur auf wesentliche Dinge, die eine gewisse Schwelle, eine gewisse Schärfe überschreiten, so daß wir sie hören können, so daß wir sie auch klar definieren und einordnen können. Unser Sehwinkel z.B. ist viel größer, als wir denken, und trotzdem haben wir nur einen Punkt des schärfsten Sehens. Wir registrieren also nur richtig immer einen scharfen Punkt. Alles andere sehen wir schon wieder verschwommen.

Also ist das Tagesbewußtsein mit diesem kleinen Anteil von 20 bis 30% unbedingt erforderlich, damit wir einerseits nicht in geistige Umnachtung treten und andererseits damit unsere Gehirnkapazität ausreicht, um nicht überlastet zu werden. Zusätzlich brauchen wir das TB für ein bewußtes Leben.

Sollte eine Überbelastung des TB stattfinden, haben wir immer noch die Ohnmacht als Notschalter, in die wir uns flüchten können.

Eines Tages wird es sicherlich möglich sein, unser ganzes Gehirn mit seinem Nervenvolumen für unsere Intelligenz nutzbar zu machen. Heute nutzen wir diese Gehirnkapazität nur bis zu maximal 30%.

Im Vorgriff auf das Kapitel "Aura" ist schon jetzt zu sagen, daß wir viele Informationen über die Aura heranholen. Über unsere Sinne gelangen diese Informationen ins Gehirn und ins UB, werden gespeichert, und irgendwann handeln wir nach diesen Informationen und wissen gar nicht warum. Aber die Erklärung ist einfach: Weil sie unbewußt in unsere Speicher gelangt sind und wir sie irgendwann, wenn wir sie brauchen, im Tagesbewußtsein zur Verfügung haben, weil sie durch das Unterbewußtsein für diese Gelegenheit bereitgestellt werden.

Oder es war irgendwann ein geheimer Wunsch, wobei das UB mithilft, diesen zu erfüllen. Damit ist dann ein Auftrag an das UB und an die Aura: "Sucht nach Informationen, damit mir dieser Wunsch erfüllt wird!", erledigt.

Wiederum gelangen diese gefundenen Informationen im Rohrpostverfahren in die Speicher des TB. Durch die Trennwand-Milchglasscheibe wäre das nicht möglich.

Deshalb sind wir manchmal ganz erschrocken: Das kann ich doch gar nicht wissen, weil ich es nie gelernt habe, aber unbewußt haben wir es sicherlich schon mal gehört, gesehen, registriert, und unser UB, wenn es intakt ist, wird uns zur rechten Zeit diese wichtigen Informationen in das Tagesbewußtsein eingeben, also vom Langzeitgedächtnis in das Kurzzeitgedächtnis. Wobei ich in Frage stelle, ob nicht doch das UB auch eine Art Kurzzeitgedächtnis hat. Denn mit Sicherheit hat es einen Keller zur Ablage. Warum nicht auch eine erste Etage, also ein Kurzzeitgedächtnis?

Dieses komplizierte Verfahren in einer Kurzform zu beschreiben, ist schwer. Wie Sie aber erkennen können, nicht ganz unmöglich.

Das heißt, diese Energieform "Tagesbewußtsein" kann auch, sofern vom Unterbewußtsein bereitgestellt, sämtliche Informationen nutzen.

Selbständig kommt das Tagesbewußtsein nur an die Informationen heran, die an der Oberfläche liegen, also an die Kurzzeitgedächtnisse des Tagesbewußtseins.

Das Langzeitgedächtnis befindet sich, wie bekannt, im Unterbewußtsein.

Wir sind bewußt in der Lage, das Kurzzeitgedächtnis zu schulen, d.h. wir sind auch in der Lage, eine bessere Kommunikation zwischen Tagesbewußtsein und Unterbewußtsein herzustellen, somit ist ein reibungsloser Ablauf gewährleistet. Die Intelligenz erhöht sich dadurch.

Wird das TB besser geschult, schult das TB unser UB und den Körper besser.

Mehr steckt nach meinem Dafürhalten nicht dahinter als ein Training zwischen diesen beiden Energieformen, wobei Nutznießer auch der Körper ist. Wenn wir also eine bestimmte Information gerne übernehmen wollen, damit wir irgendwann wie selbstverständlich danach handeln, können wir dies bewußt trainieren.

Wir müssen diesen Befehl mit unserem Tagesbewußtsein öfter - ca. 20 mal - bewußt wiederholen, bis unser UB ihn so verarbeitet und gespeichert hat, daß er in einer entsprechenden Situation automatisch, weil immer wieder angefordert und gebraucht, vom UB an das Tagesbewußtsein gegeben wird und wir in unserem Sinne richtig handeln.

Oder das UB löst, wenn notwendig, eine selbständige Handlung aus.

Bei einem Suchtkranken muß dieser Befehl bis zu viermal so häufig wiederholt werden, also ca. 80 - 100mal, bis das UB ihn aufgenommen hat, weil das Gehirn eines Sk geschädigt ist.

Daher ist es auch so schwierig, neue Informationen bei einem Suchtkranken zu plazieren und der Genesungsweg dauert so lange. Drei bis fünf Jahre mit einer Therapie nach dem vorliegenden Verständnis.

Ein Sk fällt automatisch in den ersten Monaten seiner Therapie immer wieder in alte, gewohnte Verhaltensmuster zurück. Deshalb ist es auch nicht verwunderlich, daß ein Suchtkranker in der ersten Zeit seines abstinenten Lebens mit dem Lügen und Betrügen weitermacht, obwohl er gar keinen Grund mehr dazu hätte.

Auch muß er erst einmal das Weiterlügen in die Abstinenz mitretten, denn, gibt er das Lügen auf, also das Unwahre-Geschichten-Erzählen, wird er noch hilfloser. Die Hoffnung würde schwinden, daß er es schaffen kann, die Suchtkrankheit richtig, d. h. dauerhaft zum Stillstand zu bringen.

Der Berg, der sich vor einem Sk aufrichtet, ist so schon groß genug.

Hoffentlich schaffe ich, das alles wieder in Ordnung zu bringen.

Hoffentlich werde ich wieder glaubwürdig.

Ungeduld und ein großes Nachholbedürfnis entstehen.

Es äußert sich als ein Gefühl nach Freiheit, aber es ist nur das Bedürfnis nach Harmonie.

Nun noch ein bildhaftes Beispiel:

Unser Bewußtsein - ein Großraumbüro, ein Rundbildkino oder ein Planetarium?

Unser TB ist anteilmäßig mit etwa 20 - 30% an unserem Gesamtbewußtsein beteiligt. Es läßt uns Dinge bewußt erleben, läßt uns bewußt denken und handeln.

Unser UB, mit 70 - 80% des Gesamtbewußtseins, läßt uns unbewußt "denken" und handeln.

Wie können wir uns unser Bewußtsein nun bildlich vorstellen, wobei zu bedenken ist, daß es sich wie gesagt um eine Energieform handelt, also um etwas Nicht-Stoffliches, Nicht-Greifbares, aber nichts Mystisches, sondern etwas Reales?

Beginnen wir zunächst mit der einfachsten Variante, dem Großraumbüro.

Unser UB stellen wir uns einmal als Großraumbüro vor.

Unser UB ist sozusagen die Verwaltungsabteilung mit eigenen Entscheidungsbefugnissen. Im UB werden Informationen verarbeitet, sortiert, bewertet, abgelegt, archiviert, gesammelt, ergänzt, katalogisiert und gespeichert.

Jede Information wird in dem entsprechenden Aktenordner bzw. in der entsprechenden Datei abgelegt. Oder wenn es nicht mehr benötigt wird, kann es, wie auf einem Mikrofilm, verkleinert werden und wird im UB-Keller abgelegt.

Bei Bedarf, z.B. im Alter des Menschen, kann es wieder hochgeholt werden. Deshalb ist es auch möglich, daß sich alte Menschen so gut an ihre Kindheit erinnern. Sie können spannende Geschichten aus ihrer Kindheit erzählen, die viele Einzelheiten enthalten.

In diesem Großraumbüro stehen rundherum viele Tische mit jeweils einem Sachbearbeiter. Jeder Sachbearbeiter hat sein eigenes Ressort, aber alle stehen ständig über Funk in Verbindung, so daß sie stets alle Informationen austauschen können. Auch werden in dieser Abteilung Entscheidungen getroffen (unser unbewußtes Denken und Handeln), aber die Sachbearbeiter arbeiten vordringlich der Chefetage, dem TB, zu.

Die Chefetage ist unser TB mit seinen drei Ich-Formen.

Das Chefbüro liegt in der Mitte des Großraumbüros, etwas erhöht und komplett rundumverglast, so daß ein ständiger Rundumblick möglich ist.

In diesem Mittelbüro sitzen drei Chefs, die sich das Management teilen.

Es sind das Ki-Ich, das Elt-Ich und das Erw-Ich.

Jeder der drei hat abwechselnd einmal die oberste Entscheidungsgewalt, sitzt also im Chefsessel und befiehlt, erlaubt, verbietet oder bestimmt etwas. Manchmal beraten sich auch zwei Chefs und treffen gemeinsam, nachdem sie miteinander gesprochen haben, eine Entscheidung, die dann eine Ich-Form verwirklicht.

Auch sie können Verbindung zu jedem einzelnen Sachbearbeiter im UB halten.

Es kann aber auch eine Konferenzschaltung über das gesamte Büro gelegt werden, so daß alle verfügbaren Informationen abgerufen werden können.

Je nachdem, wie eine Entscheidung ausfällt, d.h. je nachdem, wie wir denken oder handeln, kann man erkennen, welcher der drei Chefs für diese Entscheidung und Handlung verantwortlich ist.

Ganz stimmt das nicht, weil jede Ich-Form in der Lage ist, Schauspieler zu sein und alle Eigenschaften der anderen Ich-Formen zeigen kann.

Die Chefs können auch mit dem UB telefonieren, sich zurufen, Rohrpostverfahren oder sonstige Kommunikationsmöglichkeiten ausnutzen.

Da dieses Büro ständig neue Informationen hereinbekommt, arbeiten die Sachbearbeiter auch nachts.

Nur die drei Chefs haben dann eine Ruhepause, d.h. sie ziehen sich zurück, sie ziehen die Konzentration zurück. Diese Zeit ist unsere Schlafphase.

Die drei Chefs selbst fallen bei einem 30-50jährigen Menschen etwa 4 - bis 10 mal pro Nacht in einen Tiefschlaf, der mehrere Minuten dauern kann.

Die Gehirntätigkeit wird in einigen Bereichen auf ein Minimum abgesenkt.

(Anhand der Spannungsverhältnisse im EEG nachzuweisen.)

Jeder Chef hat seinen eigenen Sessel, den er so dreht, daß er jeweils ein Drittel des Großraumbüros durch die Trennwand Milchglasscheibe überblicken kann.

Die drei oder zwei oder nur einer sehen also den Sachbearbeitern bei ihrer Tätigkeit zu, d.h. jeder sieht sein Drittel, gibt aber gleichzeitig das, was er beobachtet, an seine beiden Mit-Chefs weiter.

Schläft ein Chef, ist der Austausch unterbrochen, und der Traumfilm ist lückenhaft, aus dem Zusammenhang gerissen. So entstehen teilweise recht verworrene Informationsverknüpfungen, unsere Träume.

Dazu kommt noch, daß die Sachbearbeiter in einem rasenden Tempo vorgehen, so gedankenschnell, also sogar schneller als ein Computer, so daß die Chefs gar nicht so schnell sehen und hören können und daß teilweise recht große Sprünge gemacht werden.
Auch das ist eine Begründung für unsere lückenhaften Träume.

Noch etwas präziser ist das Bild vom Rundblickkino,
in dem die drei Zuschauer jeweils nur ein Drittel der Leinwand sehen, um aber den Film komplett zu kennen, jeder dem anderen erzählt, was er nun gerade in seinem Drittel sieht.
Aber es ist noch plastischer vorstellbar.

Nun stellen wir uns das Ganze noch einmal als Planetarium vor, also als Kugel.
Diese Kugel dreht sich in alle denkbaren Richtungen. Vertikal, horizontal und beides vermischt.
Die drei Oberwissenschaftler (TB) sitzen in der Mitte der Kugel in ebenfalls einer Kugel aus Milchglas, die sich wiederum in alle Richtungen dreht.
Beide Kugeln sind ständig in Bewegung, vergleichbar mit diesen neuen rasanten Fahrgeschäften auf der Kirmes, bei denen sich die Gondeln drehen, überschlagen, an einem drehbaren Arm befestigt sind, der wiederum auf einer Plattform befestigt ist, die sich ihrerseits wieder dreht.
Somit sieht jeder Wissenschaftler, die Ich-Formen, ständig einen anderen Bildausschnitt. Dazu kommt noch der alles einhüllende Sternennebel, unser Gefühl.
Dieser Sternennebel füllt den ganzen Raum bis zur Aura aus.
Da die Wissenschaftler sich ständig austauschen, können wir uns vorstellen, wie verknotet da einige Informationen werden.
Unsere verworrenen Träume.
Wir sehen also, unser Bewußtsein ist vergleichbar mit einem Hochleistungscomputer, aber noch viel komplizierter und verwirrender, indem alle Informationen in Gedankengeschwindigkeit verarbeitet werden, indem aber auch alle Informationen ständig abrufbar sind, so daß bewußt oder unbewußt eine für uns richtige oder falsche Entscheidung getroffen werden kann.
Soviel erst einmal zum Thema Tagesbewußtsein und Unterbewußtsein, denn dieses mußte ich zwangsläufig miteinbeziehen. Also habe ich vom ganzen Bewußtsein berichtet.
Bringe ich das Bewußtsein jetzt noch mit dem körperlichen Gehirn oder dem übrigen Körper selbst in Beziehung, wird das Beschreiben oder Vergleichen um ein Vielfaches komplexer.
So entsteht die Intelligenz. So steuert und erlebt die Seele sich und den Wirtskörper.
Genau betrachtet, ist es nicht kompliziert, nur komplex.

Das Unterbewußtsein

Was ist das Unterbewußtsein (UB)? Wozu ist es da?

Eine Energieform.

Der zweite Teil der Seele.

Anteilmäßig umfaßt es vom Gesamtbewußtsein etwa 70 - 80%.

Ausführungsorgan des Chefs der Seele, des TB, und Ausführungsorgan der seelischen und körperlichen Grundbedürfnisse sowie Ausführungsorgan der Erbanlagen der Seele und des Körpers, die wir als Neigung "zu" oder Neigung "gegen" bezeichnen (Zuneigung, Abneigung). Deshalb sehen wir uns manchmal zu, wenn wir etwas tun, was wir gar nicht wollen. Hauptsächlich erleben das Suchtkranke.

Es ist auch Ausführungsorgan aller automatisch ablaufenden Reaktionen.

Es gehört zum Bewertungssystem, zur Goldwaage.

Es hat kein Anlehnungsbedürfnis.

Es muß all das tun, wozu es vom TB oder dem Körper beauftragt wird, weil es nicht kritikfähig ist.

Das wird z.B. durch die Hypnose bewiesen. Somit ist es eine kritiklose Instanz.

Es ist die Ablage, der Speicher, das Archiv oder das Langzeitgedächtnis.

Es ist, je nach Auftrag in der Größenordnung, anteilmäßig am Gesamtbewußtsein veränderbar. Durch die Konzentration des TB, Schlafphasen, Medikamente, Drogen oder komatöse Zustände.

Es ist unbewußter Steuermann des jeweiligen Wirtskörpers.

Was macht das UB?

Das ergibt sich zum Teil aus den oben genannten Aufgaben.

Es übernimmt alle automatisch ablaufenden Aufgaben.

Es arbeitet mit einem Bewertungs- und Wertschätzungssystem, und zwar so, wie es vom TB dazu geschult wurde.

Es arbeitet mit dem eigenständigen Gerechtigkeitssinn, der bei einer SK gestört wird. Eigenständig deshalb, weil ich annehme, daß unser UB ein Notprogramm hat und somit auch zur Not einen eigenständigen Gerechtigkeitssinn.

Es stellt dem TB fast alle Informationen, die es hat, zur Verfügung. Fast deshalb, weil es keine Auskunft über das Vorleben und über die Zukunft gibt. Das hat der Schöpfer der Seelen zur Sicherung und freien Entwicklung so eingerichtet.

Es verschweigt also dem TB die eigene Vorvergangenheit.

Es verschweigt dem TB die eigene Zukunft.

Es kann sich in viele tausend Helfer aufteilen.

Es sieht dem TB auch bei Ungerechtigkeiten zu, ohne sie verhindern zu können.

Es kann alle Abläufe im Körper lesen, deuten und darauf unbewußt reagieren.

Es schult das Ki-Ich gleich, nachdem es wach geworden ist. Aber erst von der Beseelung eines Lebewesens an, kurz nach der Befruchtung, und das bis zum dritten oder sechsten Lebensjahr. Kommt das Elt-Ich hinzu, wird diese Ich-Form wach, verschließt es sich zum Teil vor dem TB und läßt keinen klaren Einblick mehr zu. Bei jeder Seele ist es eine eigene Zeitspanne, wann das Elt-Ich wach wird.

Es hilft dem Chef, dem TB, alle anstehenden Aufgaben, je nach Auftragslage kritiklos zu erfüllen. Angstmauern können zusätzlich hinderlich sein und bestimmte Auftragserfüllung erschweren.

Es berücksichtigt selbstverständlich dabei alle ihm zugänglichen und vorhandenen Informationen, die etwas mit dem Auftrag zu tun haben.

Das UB selbst hat ein Langzeitgedächtnis und einen "Keller", wo alle z. Zt. nicht mehr vom TB benötigten Infos auf "Mikrofilm" verkleinert und abgelegt werden.

Im Alter, bei Gehirnverkalkung, werden diese Spulen wieder hochgeholt.

Deshalb können sich ältere Menschen so gut an ihre Kindheit erinnern.

Das UB hat ungeahnte Möglichkeiten, weil es richtig mit allen erreichbaren Informationen umgehen kann.

Es wird aber von sich aus nicht die Entwicklung der Seele des Lebewesens in diesem Leben groß beeinflussen können, weil das TB dieses Leben neu gestaltet.

Das TB bleibt Bestimmer, das UB nur der Helfer.

Es empfängt Informationen aus:

dem TB.

dem jeweiligen Wirtskörper.

der Umwelt.

der Vergangenheit, einschließlich einzelner Informationen aus den vorhergehenden Leben auf Erden, in einem anderen Wirtskörper, aber nur, wenn dieser zu dem jeweiligen Auftrag gehört.

der Jetztzeit.

der Zukunft vielleicht nur begrenzt, vielleicht nur Sekunden, vielleicht aber auch weiter, damit das jeweilige Leben geschützt wird.

Ausnahmen sind ehrliche Hellseher.

Das Unterbewußtsein streicht oder ignoriert jede Form von Ja oder Nein in einer Anweisung, die vom TB gegeben wurde. Genauso hört das UB weg, wenn das TB von wir, man oder uns spricht. Das Unterbewußtsein selber ist allerdings ein "Ja-Sager", das heißt, als kritiklose Instanz muß es alle Anweisungen des TB ohne Widerspruch befolgen.

Das UB als kritiklose Instanz wird von mir nicht als Persönlichkeit angesehen.

Es ist nur ein sich vieltausendfach aufteilender Helfer des Chefs, des TB.

Das UB selbst hat für sich das Ja und Nein, sonst könnte es zu einer Anweisung, zu einem Befehl, vom TB oder Körper gegeben, nicht ja sagen oder in Notsituationen das TB umgehen, um den z.Z. besiedelten Körper aus einer Gefahrensituation zu retten.

Also muß es noch solch ein Notprogramm für das UB geben.

Vielleicht genauso ein Notprogramm, wie unser Gehirn es hat, das in einer Gefahrensituation für Leib und Leben Morphiate oder Überlebenshormone ausschütten kann.

Nochmals:

Bei normalen Anweisungen von außen, von dem TB, Körper, Umwelt oder einer anderen Seele, streicht das UB Ja und Nein.

Die Anweisung selbst muß es im Normalfall immer annehmen.

Weil es Ja und Nein von außen kommend streicht, ist es nicht kritikfähig. Und wer nicht kritikfähig ist, ist keine Persönlichkeit.

Es ist vom Schöpfer so erschaffen worden (nach Peter).

Das UB hat aber etwas anderes, wir bezeichnen es als Sympathie oder Antipathie.

Dem Unterbewußtsein sind einige Anweisungen aber auch unsympathisch, deshalb zögert es mit der Ausführung, aber machen muß es, was das Tagesbewußtsein ihm sagt.

Persönlichkeitslose, kritiklose Instanzen oder Rückgratlose machen immer das, was ihnen gesagt wird. Sind es Menschen, bezeichnen wir sie als "Hörige oder Leibeigene".

So kann ich zum UB auch sagen, daß es dem TB gegenüber hörig ist.

Somit haben wir die Hörigkeit von Geburt an in uns.

Somit bringt jede Seele ihre eigene Hörigkeit mit.

Somit ist es nicht verwunderlich, daß viele Menschen sk sind.

Somit ist es nicht verwunderlich, daß unsere Gesellschaft krank ist.

Somit ist es nicht verwunderlich, daß ich sk geworden bin.

Somit ist es nicht verwunderlich, daß ich nicht selber darauf gekommen bin.

Somit ist es nicht verwunderlich, daß Peter sagt, bei einer Sk gibt es keine Schuld.

Somit ist es für mich auch nicht mehr verwunderlich, daß sich Fachleute, Wissenschaftler, Politiker, Eltern und sonstige Verantwortliche dagegen sträuben, richtig an die Seele heranzugehen, oder die gemachten Erkenntnisse nicht anerkennen wollen.

Somit ist es auch nicht verwunderlich, daß sich große Verlage bisher dagegen gesträubt haben, dieses heiße Eisen anzufassen.

Anweisungen vom TB oder dessen Informationen müssen mindestens 18mal wiederholt werden, wenn sie dem UB unsympathisch sind, dann erst sind sie im TB und UB mein Eigentum, mein Wissen.

Das UB hat auch einen normalen Gerechtigkeitssinn und zwar so,
wie es vom TB dazu geschult wurde.

Grundsätzlich bringt das UB einen Gerechtigkeitssinn mit, der aber nur bis zum Erwachen des Erw-Ichs Gültigkeit hat.

Nach diesem Gerechtigkeitssinn schult es unser Ki-Ich.

Nach Wachwerden des Elt-Ich zieht sich das UB mit all seinem Wissen und seinen Anlagen als Geheimniskrämer hinter die Angstbarriere zurück. Dadurch wird das TB in seiner freien Entwicklung so wenig wie möglich vom UB gestört.

Man könnte auch vom UB sagen, es ist ein Falschspieler ohne Persönlichkeit.

Wenn es soviel Wissen hat, warum stellt es dieses nicht dem TB von selbst zur Verfügung?

Es gibt nur eine Erklärung dafür:

Der Schöpfer der Seelen hat es so gewollt.

So darf sich das TB mit dem Körper in diesem Leben frei entfalten.

Später, wenn der Mensch älter geworden ist, entscheidet es sich, durch neue Überlegungen, ob die Seele auf der guten Seite des Lebens oder auf der schlechten Seite landet.

Die gute Seite ist z. B., ein ehrlicher Mensch zu werden, die schlechte Seite im Leben ist, ein Verbrecher zu werden.

Das Unterbewußtsein hat nach dem Wachwerden der Ich-Formen im Normalfall

keinen selbständig entwickelten Gerechtigkeitssinn,

kein selbständig entwickeltes Mittelpunktsdenken,

kein selbständig entwickeltes Bewertungssystem,

kein selbständig entwickeltes Wertschätzungssystem,

das im jetzigen Leben zur Geltung kommt.

Nur im beschriebenen Notfall zeigt es, was es wirklich kann und welche Möglichkeiten es hat.

Menschen wachsen in Notfällen über sich hinaus.

Es setzt sich der ureigenste Gerechtigkeitssinn, das Notprogramm zur Hilfe der eigenen Person oder für andere durch. Es wird auch in solch einem Fall seinem ureigensten Plan folgen und das gerechte Mittelpunktsdenken, das ureigene Bewertungssystem und das ureigene Wertschätzungssystem einsetzen.

Aber wie gesagt, nur in Notfällen, also zur Lebensrettung.

Deshalb stimmt auch das Sprichwort:

"In jedem Menschen steckt ein guter Kern."

Das Unterbewußtsein zeigt von sich aus im Normalfall keine Protesthaltung.

Verleitet das UB den Körper zu einer Protesthaltung, ist es mit Sicherheit vom Tagesbewußtsein oder vom Körper dazu geschult worden.

Wer jetzt noch glaubt, ein Kranker oder Suchtkranker trage an seiner Krankheit Schuld, ist selber schuldig.

Das UB hat eine Computer-Logik.

Das UB hat Aufträge, die es erfüllen muß.

Der Schöpfer aller Dinge hat das UB mit Aufträgen ausgestattet:

aus der Seele und dem jeweiligen Wirtskörper das Beste zu machen und, solange es geht, mit ihm zu leben. Das Ki-Ich, sobald es wach wird, zu schulen.

Um diese vielfältigen Aufgaben erfüllen zu können, hat es Grundbedürfnisse als Richtlinien mitbekommen.

Wie heißen diese Grundbedürfnisse?

Anerkennung, Liebe, Harmonie und Geborgenheit sowie die eigene Selbstverwirklichung.

Das UB bestimmt auch zum großen Teil mit über meine Selbstheilungskräfte und über die Selbstzerstörungskräfte, wenn es vom TB dazu geschult wurde.

Es ist der Koordinator meiner Abwehrkräfte.

Das UB wird vom TB geschult: "Halt den Körper gesund!"

Je eindeutiger diese Schulung ist, desto genauer kann das UB den Körper leiten und die Abwehrkräfte koordinieren.

Habe ich Erkenntnisse, bedeutet es Freude, und Freude löst Angstmauern auf.
Selbst negative Erkenntnisse erfreuen mich, weil ich nicht mehr hilflos bin.
Nur Erkenntnisse lösen Mauern von innen auf, die wir uns selbst errichtet haben.
Errichtet haben diese Mauern das TB oder das UB.
Mauern werden zwischen TB und UB sowie zum Körper hin gebaut.
Barrieren kann das Bewußtsein mit der Aura gegenüber anderen bauen.
Dadurch schützt es sich vor einer anderen Seele, die ihm Kraft entziehen will.
Beim Mauerbau wird das Gefühl daran gehindert, sich frei im ganzen Körper auszubreiten, oder diese Mauern verhindern den Informationsfluß zwischen TB und UB, je nachdem wie und von wem diese Mauern gebaut wurden.
Prüfungsängste sind z.B. der Beweis dafür, daß zwischen TB und UB eine große Angstmauer existiert.
Nur Erkenntnisse beseitigen auch Mauern, die wir zum Körper aufgebaut haben.
Diese Mauern sind Angstmauern, denn nur mit der Angst können Mauern gebaut werden.
Das heißt, Erkenntnisse lassen uns körperliche und seelsiche Freude, weil wir es als Freude bewertet haben. Bewerten wir etwas bewußt als Angst, werden wir Angst empfinden.
Haben wir Freude durch Erkenntnisse, wird die Angst eindeutig weniger.
Es ändert sich das Bewertungssystem.
Es ändert sich die Wahrheit, weil sich die Sichtweise ändert.
Ohne Erkenntnisse und ohne eine neue Bewertung ist eine neue Lebensweise nicht möglich.
Wir brauchen Freude, um ein neues Leben richtiger gestalten zu können.
Wir brauchen Freude, um unsere Lebensqualität zu erhöhen.
Ohne neue Erkenntnisse, die uns erfreuen, sind wir nicht in der Lage, unser Lebensbuch umzuschreiben.
Ist in uns Freude, gelingt es uns wie von selbst, weil das UB automatisch mithilft.
Es scheint ein Widerspruch zu sein, daß wir über Schmerzen lernen und begreifen, aber leider ist es so.
Freude macht es uns aber leichter.
Erhöht sich die Freude, kann sie Schmerzen und Druck machen.
Um aber unser Leben anders gestalten zu können, brauchen wir auch Kraft.
Diese Kraft kann auch beim UB abgerufen werden:
Es ist unser Wille. Dieser Wille kann nur vom Bewußtsein abgerufen werden.
Nur das Bewußtsein bestimmt über alle anderen Teile der Seele.
Was bedeuten die oben erwähnten Erkenntnisse für das Erw-Ich?
Es muß sich noch mehr anstrengen und aufpassen, daß die anderen Ich-Formen nicht übermütig werden und wieder ihre alte Suchtkrankendominanz erhalten.
Eine weitere Aufgabe des UB
Wenn das UB bemerkt, daß das Elt-Ich so langsam wach wird, zieht es sich zurück und errichtet hinter sich eine Mauer aus Angst, die mit einer Milchglasscheibe vergleichbar ist.

Da vorher das Ki-Ich allein war, war es auch nicht in der Lage, Informationen zu behalten. Schizophrene können auch nichts behalten und sich auch nicht an gestern erinnern. Somit können sie auch keine Geheimnisse weitererzählen.

Das Kurzzeitgedächtnis im TB und Gehirn entsteht erst dann richtig, wenn das Elt-Ich hinzugekommen ist. Deshalb durfte das Ki-Ich ruhig in das UB hineinschauen. Ein Kleinkind ist selbstverständlich auch lernfähig, aber es kann das Gelernte nicht dauerhaft behalten und sich später daran erinnern. Der Mensch kann sich erst dann an seine Kindheit erinnern, wenn das Elt-Ich als zweite Ich-Form hinzugekommen ist.

Die Trennwand ist jetzt, nach Errichten der Angstmauer, vom TB nicht mehr eindeutig zu durchschauen. Daher die Verständigungsschwierigkeiten zwischen TB und UB.

Für das UB ist diese Trennwand klar und durchsichtig. Es bekommt alle Informationen vom TB und aus der Umwelt klar und eindeutig mit. So wie es die Erbsubstanz des jeweiligen Körpers eindeutig lesen kann.

Doch gibt es diese Informationen nicht dem TB. Genausowenig sagt es dem TB, daß der Körper jetzt Vitamine braucht.

Es sagt dem TB: "Iß einen Apfel oder eine Banane!"

Entweder darf es das zum Schutze des TB nicht, damit es sich frei entwickeln kann, oder es kann diese Informationen nicht verständlich über das "Rohrpostverfahren" rüberbringen.

Diese Informationen der Erbsubstanz gehen aber trotzdem nicht verloren.

Sie verbleiben als Geheimnis im UB. Sie werden im Langzeitgedächtnis des UB gespeichert.

Deshalb kann sich das UB in Hypnose an die Geburt, an das vorgeburtliche Stadium und an frühere Leben erinnern.

Darüber gibt es dann erstaunlicherweise Auskunft.

Seine anderen Geheimnisse gibt es selbst in Hypnose nicht preis. Entweder darf es das auch nicht oder es kann sich für dieses Leben wirklich nicht daran erinnern. So daß selbst das UB einen Schutz erhält, damit es nichts ausplaudern kann.

Eine weitere Aufgabe des UB, worüber es auch Auskunft gibt:

Empfindsame Frauen bekommen es mit, d.h. sie wissen es ganz genau, jetzt hat eine zweite Seele in sie Einzug gehalten.

Es wird von ihnen so gedeutet, jetzt bin ich schwanger, heute hat es geklappt.

Ich glaube nicht, daß eine Frau bemerkt, wenn ein Spermafaden in das Ei eingelassen wird, sondern eher, daß ihr UB dem TB diese Information gab, jetzt hat eine neue Seele in mir Einzug gehalten.

Das Gefühl

Was ist das Gefühl?
Eine Energieform und der dritte Teil der Seele.
Was macht das Gefühl?
Nichts von allein.
Wann macht das Gefühl etwas?
Wenn eine Information für das Gefühl zu sehen ist, hängt es sich, je nachdem wie diese Information vom TB bewußt oder vom UB unbewußt bewertet wurde, an diese an.
In welcher Intensität, mit welcher Geschwindigkeit hängt sich das Gefühl an?
Ohne meßbaren Zeitverlust, mit Gedankengeschwindigkeit.
Wie heißt die Geschwindigkeit, mit der sich das Gefühl an eine Information anhängt?
Meistens Gedankengeschwindigkeit, es kann aber auch eine andere Geschwindigkeit sein.
Eine schnellere Geschwindigkeit kennen wir nicht.
Was ist alles mit der Gedankengeschwindigkeit möglich?
Das Gefühl in Gedankenschnelle an eine Information anzuhängen.
Gedankenschnelle Reaktionen der Seele und dadurch auch des Körpers.
Sich fast ohne Zeitverlust gedanklich auf Reisen zu begeben.
Damit sind Reisen in die Zukunft, in der Gegenwart und in die Vergangenheit möglich. Damit planen wir für die Zukunft, wir erleben damit die Gegenwart langsam oder schnell, und wir denken an Erlebnisse von früher, auch wiederum langsam oder schnell.
Wie wird das Gefühl grundsätzlich, nach Peter, aufgeteilt?
In Angst und Freude.
Die vielen anderen Namensgebungen sind entweder im Angstbereich oder im Freudenbereich einzuordnen.
Wie kann oder muß das Gefühl der Angst bewertet werden?
Wir empfinden Angst als ein negatives Gefühl.
Aber: Zum Schutz des Lebens, zur Findung der Realität und als Warner vor Gefahren ist Angst positiv zu bewerten. Wir lernen nur richtig über die Angst.
Zuviel Angst erzeugt im Körper und in der Seele Verkrampfungen.
Diese gehen im Körper bis hin zu Minderdurchblutungen und Absterben von Geweben und Organen. Somit ist die Wirkungsweise, wenn Angst übertrieben eingesetzt wird, negativ.
Wie ist das Gefühl der Angst demnach richtiger zu bewerten?
Als ein positives Gefühl.
Wenn die Angst richtig gebraucht wird.
Wie kann oder muß das Gefühl der Freude bewertet werden?
Wir empfinden Freude als ein positives Gefühl.

Zum Schutz des Lebens, zur Findung der richtigen, lebensbejahenden Realität und als Warner vor Gefahren ist es, wenn zur Euphorie entartet, eher negativ zu bewerten.

Freude haben wir gerne. Sie erzeugt Hoffnung. Es ist das Gefühl der Liebe, Zuneigung und Sympathie und der vielen lieben Worte mehr. Liebe ist für uns der entscheidendste Fortpflanzungsschutzmechanismus, den wir in uns haben. Oder Artenschutz (Peter).

Große Freude = große Liebe macht blind.

Werden wir durch große Liebe blind, ist die Arterhaltung gewährleistet.

Kann das Gefühl krank werden?

Nein. Eine Gefühlskrankheit gibt es nicht.

Ändert sich die Bewertung im Bewußtsein, ändert sich sofort das Gefühl.

Erhält ein Kranker eine positive Nachricht, entsteht in ihm Hoffnung und Erleichterung. Sofort ändert sich sein Gefühl. Es wird eindeutig positiv. Es wird Freude.

Wie können Gefühle verändert werden?

Ändert das TB durch eine neue Bewertung bewußt oder das UB unbewußt Informationen, ändert sich das Bewertungssystem, ändern sich die Gefühle, das Mittelpunktsdenken, der Gerechtigkeitssinn und die Wahrheit.

Ändern von außen kommende Informationen oder vom Körper zum Gehirn laufende Informationen die Informationen im TB oder UB und diese müssen neu bewerten, hat sich die Bewertung oder die Wertschätzung geändert, somit ändert sich auch sofort das Gefühl und die Wahrheit.

Wo hat das Gefühl seinen Sitz?

In der Seele.

Innerhalb der das Lebewesen umgebenden Aura.

Es ist wie ein Nebel überall vorhanden, weil auch das Bewußtsein überallhin kommen kann.

Das meiste Gefühl aber ist in der Nähe des TB und des UB.

Es macht nur Sinn, wenn der Chef, das TB als Bestimmer oder das UB als ausführende Kraft das meiste Gefühl in unmittelbarer Nähe zur Verfügung hat.

Es macht auch nur einen Sinn, wenn als Bestimmer das TB im Gehirn seinen Sitz hat, also in der Zentrale des Körpers. Sitzt es dort, sollte auch das meiste Gefühl in unmittelbarer Nähe vorhanden sein. Das Gefühl, dieser Nebel, ist somit in Gedankenschnelle durch das Bewerten anhängbar und wir empfinden körperlich etwas später anders.

Für den Ausdruck der Freude fallen uns nur wenige Worte ein. Mit der Freude sind wir ungeübt, obwohl wir ständig Freude haben wollen. Leider wird Freude oft mit Spaß verwechselt.

Für Empfindungen der Angst haben wir viele Worte zur Verfügung. Mit der Angst kennen wir uns aus, darin sind wir geübt, weil uns vieles angst macht und wir dies lange Zeit allein ertragen.

Wer gefragt wird, welche Worte fallen dir zur Freude oder zur Angst ein, kommen meistens spontan folgende Worte. Mir ist es jedenfalls so ergangen, und wie ich von Peter hörte, bin ich nicht nur allein so wortarm.

Freude	**Angst**
Glück, glücklich sein	Trauer
Frohsinn	Wut
lustig sein	Ärger
fröhlich sein	Zorn
Zufriedenheit	sich minderwertig fühlen
Liebe, liebhaben	Mißstimmung
Freudendruck	unlustig sein
Genuß, genießen können	Unzufriedenheit
ehrliche Dankbarkeit	unglücklich sein
Demut	depressiv sein
Achtung	frustriert sein
Hochachtung	genervt sein
"Ich mag etwas" ist die geringste	verstört sein
Freudenform.	Angstdruck verspüren
Mehr fiel mir zur	verklemmt sein
Freude nicht ein.	beklemmend
	freudlos sein
	Hemmungen
	Zukunftsängste
	Verbergungsängste
	Prüfungsängste
	Verlustängste
	Existenzängste
	Beziehungsängste
	Angst vor dem Leben
	Angst vor dem Tod
	Angst vor diesem und jenem
	körperlich wehtuende Ängste
	Ängst vor zu großer Freude
	sichtbare Ängste vor dem
	geistigen Auge sehen
	ein unangenehmes Gefühl
	Selbstzweifel
	ich mag nicht.

"Ich mag nicht" ist die geringste Angstform.
Merke: Alles, was keine Freude ist, ist Angst.
Beispiele für Informationen als mögliche Reize:
Informationen, die auf dem Wege der Sinne oder direkt über die Aura in mein

Bewußtsein oder in mein Gehirn kommen, werden sofort und ohne Zeitverlust mit einem Gefühl behaftet, weil wir gedankenschnell mit dem Bewußtsein bewerten. Ob das immer richtig ist, sei dahingestellt.

Dazu erwähne ich als sehr bedeutsam,
daß unser UB noch schneller bewerten kann als unser TB.
Die drei Ich-Formen brauchen Zeit zur Einigung und Entscheidung.

Informationen über die Aura direkt in unser Bewußtsein oder Gehirn heißen, daß unser Bewußtsein, TB und UB, sich innerhalb der Aura frei bewegen kann, also direkt an der Aura sein kann, aber seinen Hauptsitz im Gehirn hat.

Vorstellungen, Ideen, sichtbare Informationen und Pläne sind auch Informationen als Reize, die im Gegensatz zu ankommenden Informationen zuerst direkt in der Seele, etwas später dann im Gehirn entstehen. Da sie für das TB oder das UB sichtbar geworden sind, hängt sich sofort und ohne Zeitverlust das Gefühl an. Dieses Gefühl wird mit der bewerteten Information in das Gehirn gegeben, und von dort aus kann es sich, wenn keine Mauern errichtet werden, im ganzen Körper ausbreiten. So daß wir dieses Gefühl körperlich nachempfinden können. Denn das Bewußtsein bewertet immer alle ihm zur Verfügung stehenden Informationen und belegt diese ohne Zeitverlust mit einem Gefühl.

Jede Vorstellung in uns ist eine sichtbare Information. Sie ist immer zu sehen für das UB und manchmal auch für das TB. Sie ist also auch ein klares Bild, das wir mit unserem geistigen Auge sehen können. Das geistige Auge ist unser Bewußtsein.

Das Geistige ist immer das Zusammenspiel zwischen dem TB, dem UB und dem Gehirn. Eine Vergeistigung betrifft nur das Bewußtsein, die Seele.

Eine Vorstellung ist auch eine Idee, und eine Idee ist wiederum eine sichtbare Information, also ein Bild, direkt zuerst in der Seele, später im Gehirn entstehend und mit dem geistigen Auge als solches zu erblicken.

Man kann natürlich auch sagen:

Das geistige Auge ist unser TB, wenn wir es bewußt sehen.

Geschieht es unbewußt, ist es unser UB.

Da das Ub immer beteiligt ist, hat es auch Anteil am geistigen Auge des TB.

Das Gehirn allein, ohne Bewußtsein, also ohne Seele, kann nichts sehen!

Da es, wie gesagt eine sichtbare Information ist, ist sie auch für das Gefühl zu sehen, welches sich nach Bewertung sofort anhängt.

Das heißt, wenn eine Information für das Gefühl zu sehen ist, hat das Gefühl, diese Energieform, die Möglichkeit, sich, je nach Bewertung anzuhängen.

Das, was wir körperlich nachempfinden und auch beschreiben können, sind "Seelen-Gefühle", die sich entweder positiv oder negativ äußern.

Wir empfinden körperlich entweder ein freudiges Gefühl = Freude oder ein nicht so freudiges Gefühl, also empfinden wir Ängste.

Ich unterteile ganz einfach: Alles was keine Freude ist, ist Angst.

Der Körper kann nur deshalb diese Gefühle erleben, weil das Bewußtsein es so bestimmt hat und die dafür notwendigen Nerven vorhanden sind.

Bei Managern bleibt das Gefühl im Kopfbereich, also auch in einem Körperteil.

Wenn z.B. das Erw-Ich im Chefsessel sitzt, denkt es eher rational, also ohne große Gefühlsanteile.

Ganz so stimmt es nicht. Ich versuche, es zu beschreiben.

Sitzt das Erw-Ich im Chefsessel, bewertet es selbstverständlich auch. Sofort hängt sich, wie beschrieben, das dementsprechende Gefühl an. Das Erw-Ich will sich aber nicht von diesen Gefühlen beeinflussen lassen; deshalb läßt es nicht zu, daß sich diese Gefühle im Körper ausbreiten können. Somit können sie auch nicht vom Körper zum Gehirn zurückkommen und dieses dann wiederum mit Informationen als Reize beeinflussen.

Somit ist dieser Mechanismus zum Schutz des klaren Denkens da.

Die Seele, das Bewußtsein im Gehirn, will vom Körper einfach nicht beeinflußt werden, deshalb macht es, zum Körper dicht.

Die Gefühle bleiben also im Kopfbereich.

Dies bezeichnen wir als rationales Denken.

Manager, die fast nur rational, ohne große Gefühlsanteile denken "müssen", berichten sehr oft über einen großen Druck im Kopf und Nackenbereich.

Im oberen Nackenbereich deshalb, weil sich dort der nicht benötigte Wille sammelt. Gefühle hängen sich auch an, nur können sie sich nicht im Körper ausbreiten. Deshalb dieser erhöhte Kopfdruck. Nach fünf Jahren brauchen sie eine Pause für eine Therapie.

Dies sind dann Angstmauern, die zuerst ganz bewußt errichtet werden, und später wird diese Aufgabe das UB automatisch machen, so daß der Kopf des Managers bewußt frei ist. Er bekommt dieses Mauernbauen nicht mehr bewußt mit.

Das dieses Verhalten eine Maske ist, möchte ich nur am Rande erwähnen.

Ich hoffe, es ist mir gelungen, Ihnen verständlich zu machen, daß unser Erw-Ich die Dominanz und die Fähigkeit hat, zum Körper dichtzumachen, so daß der Körper die entstandenen Gefühle gar nicht nachempfinden kann.

Deshalb ist ein Mensch, bei dem meistens das Erw-Ich bestimmt, nicht gefühlskalt, sondern diese Erw-Ich-Form läßt das Ausbreiten der Gefühle nicht zu.

Dies ist auch allen anderen Ich-Formen mit Vorliebe möglich, weil sie alles nachspielen können, was das Erw-Ich oder was ein anderer Erwachsener ihnen vormacht. Deshalb spielen Kinder z.B. so gerne "Onkel Doktor".

Wird das Ki-Ich sk, dominiert es und will manchmal nicht durch den Körper leiden. Deshalb macht es zum Körper hin mit der Angst zu, so daß der Mensch das Gefühl zu seinem Körper im Laufe der Jahre verliert.

Gelingt ihm das nicht, nimmt der Mensch ein stoffgebundenes Suchtmittel, um dadurch diese Wirkung zu erzielen. Wirkt dieses Mittel nach einer gewissen Übungszeit wie gewünscht, bleibt derjenige erst einmal dabei. Später, wenn die Wirkung nachläßt, wird zuerst die Dosis erhöht und noch später geht man auf die Suche und experimentiert mit seinem Suchtmittel, um die früher erzielte Wirkung wiederzuerlangen. Da dies in den meisten Fällen nicht erreicht wird, entsteht eine Krankheit, die der Betroffene erst sehr spät einsieht und nach außen zugibt.

Genauso kann es sein, wenn auch noch das Elt-Ich sk wird.
Läßt das Bewußtsein zum Körper Gefühle durch, bezeichne ich es als gefühlsmäßige Ausdrucksform der Seele über das Gehirn und den Körper.
Der wird dann das körperlich so nachempfinden können, wie es die Seele meint.
Denn das Bewußtsein hat im Gehirn seinen Hauptsitz.
Dort müssen die Impulse erst einmal an den übrigen Körper abgegeben werden.
Dazu haben wir körperliche Nervenleiter. Ohne sie könnten keine Gefühle weitergeleitet werden.
Daß wir manchmal körperlich nicht richtig empfinden oder gar nichts empfinden, liegt an der Möglichkeit, auch wieder wie beschrieben, daß wir uns verschiedene Empfindungen körperlicher Art abtrainieren können oder es sind Emotionen. Daß wir Angst-Mauern zum Körper bauen können, ist bekannt. So daß wir die verschiedenen Gefühle erst gar nicht körperlich verspüren.
Also haben wir uns zuerst bewußt Mauern zwischen Bewußtsein und Körper gebaut, und nach einer gewissen Übungszeit geschieht dies unbewußt.
Ich gehe davon aus, daß derjenige, der Angst empfindet, auch die Möglichkeit hat, sich wieder Freude anzugewöhnen, anzutrainieren, er braucht nur noch durch neue Erkenntnisse seine innerlich aufgebauten Angst-Mauern abzubauen.
Bei demjenigen aber, der sich die Angst abtrainiert hat, ist eine Freude erst mal nicht mehr möglich. Er kann nur dann wieder Freude empfinden, wenn er vorher die Angst wieder zuläßt. Die Angst als Gefühl ist in der Seele immer vorhanden.
Also kann die Angst auch wieder zugelassen werden. Bestimmer darüber sind die drei wieder gesunden Ich-Formen. Sind aber zwei Ich-Formen erkrankt, muß diese Krankheit erst einmal zum Stillstand gebracht werden. Das Erw-Ich muß die Regie über alle Beteiligten diktatorisch übernehmen. Genau wie bei einem Genesungsprozeß einer SK. Somit ist derjenige, der sich die Angst abtrainiert hat, als Sk anzusehen. "Er ist sk." Deshalb braucht er auch eine Suchtkrankentherapie!
Das Gefühl können wir uns wie einen Nebel vorstellen, in den Informationen hineinragen. Das Gefüh schließt sich sofort um diese hineinragenden Informationen. Mit welcher Geschwindigkeit sich das abspielt, ist nicht zu messen. Also sage ich: mit Gedankengeschwindigkeit. Somit ist es auch nicht zu messen, wo das Gefühl als Energieform sitzt. Aber daß es sich hauptsächlich im Gehirn befindet oder befinden muß, ist für mich klar.
Wir haben ja schließlich definiert, daß das Gehirn der Sitz der Seele ist.
Da das Gefühl nicht nur ein Bestandteil der Seele ist, sondern immer sofort erreichbar sein muß, wird es folgerichtig auch im Gehirn vorhanden sein.
Selbstverständlich auch einiges innerhalb der Aura, diesem Schutzmantel, der sehr beweglich oder unbeweglich sein kann, damit das Bewußtsein auch dort Gefühl zur Verfügung hat. Es bewegt sich ja frei innerhalb der Aura.
Wenn sich das Gefühl an so eine aufgerichtete, bewertete Information gehängt hat, ist das Gehirn in der Lage, über Nervenbahnen den Befehl an den Körper zu übermitteln: Körper, empfinde mal. Freudig oder nicht-freudig!

Da der Körper sich gegen diese Gefühle schlecht wehren kann, nimmt er sie meistens an. Es sei denn, die Gefühle nehmen eine zu große Dominanz an, dann reagiert der Körper bzw. das Gehirn mit einer Ohnmacht.

Wobei ich bezweifele, daß der Körper - das Gehirn es selbständig macht. Wahrscheinlicher ist es, daß bei zu großen Schmerzen das UB reagiert und sich vom Gehirn löst. Bewußt, also mit dem TB, ist so eine Reaktion der Ohnmacht nicht möglich. Man kann, mit einer dementsprechenden Vorstellung und einer gewissen Übungszeit, zwar einen Trancezustand erreichen, aber keine Ohnmacht.

In früheren Zeiten wurden regelmäßig Frauen in einer gehobenen Gesellschaftsschicht "ohnmächtig", wenn sie sich zu sehr geschämt haben oder einen Ausweg aus einer unangenehmen Situation suchten, ohne viel erklären zu müssen.

Dieses Verhalten haben sie sich bewußt antrainiert und ich bezeichne es als Selbsthypnose.

Ich gehe davon aus, daß unsere ganzen Informationen im Kurzzeitgedächtnis, im Langzeitgedächtnis und an jeder einzelnen Gehirnzelle liegen, und aus diesen Informationen werden einzelne Impulse als Gedanken sichtbar gemacht.

Das sind dann auch unsere Vorstellungen, Pläne oder Ideen, es sind auch unsere sichtbaren Bilder, die vor unserem geistigen Auge entstehen.

Wir können selbstverständlich im Nackenbereich Mauern zwischen Gehirn und Körper errichten.

Es sind Angstmauern, die bewußt vom TB oder unbewußt vom UB errichtet werden. (Auch diese Wiederholungen erlaube ich mir.)

Daß diese "Mauern" existieren, verspüren wir des öfteren sehr genau.

Bei verschiedenen Schädigungen, z.B. wenn eine Suchtkrankheit vorliegt, empfinden wir körperlich anders, als die Impulse bei uns normalerweise abgerufen worden sein müßten, denn wir haben diese und jene Informationen bekommen und empfinden aber körperlich ganz anders. Schuld daran ist die Suchtkrankheit mit ihren Wirkungsweisen. Aber an der SK selbst tragen wir keine Schuld.

Das UB gibt vielfach andere Informationen an den Körper ab als das TB.

Beispiel:

Uns ist Freude widerfahren, unser Gesprächspartner hat uns Freude vermittelt, aber wir verspüren Ängste. Ängste, weil wir meinen, einen Hinterhalt zu entdecken. Also empfinden wir seelsich und körperlich unterschiedlich, weil wir das ankommende Gespräch mißtrauisch deuten. Ich kann aber auch dazu sagen, das Bewußtsein kann krank sein, also wird der Körper nur das empfinden, was unser Bewußtsein an Gefühlen in den Körper hineingibt. Es kann aber auch sein, daß dieses kranke Bewußtsein sich angewöhnt hat, jede ankommende Information in der Luft zu drehen und anders zu bewerten, als sie gedacht war. Also eine falsche Angewohnheit, also eine SK, also wiederum Verständigungsschwierigkeiten.

Wenn das nicht so wäre, könnten wir auch nicht mit Bestimmtheit sagen :

Dieser Mensch ist suchtkrank.

Die Suchtkrankheit hat ihre eigenen Spielregeln.

Der Körper eines Menschen aber auch.
Die Seele eines Lebewesens erst recht. Ständig empfindet sie neu.
Zum Vorteil vieler Menschen, oder wie wir immer sagen, zum Glück vieler Menschen ist die Seele und ihre Funktionsweise kein Geheimnis mehr.
Wenn ich an einen Hund oder an einen Baum denke, richten sich die ganzen Informationen, die ich jemals vom Hund oder vom Baum gespeichert habe, auf, so daß ich an diese Informationen komme und damit meine weiteren Vorstellungen entwickeln kann.
Ich bleibe mal bei dem Beispiel Hund.
Wenn ich jetzt einen Hund sehe, richten sich auch die vorhandenen Informationen von "Hund" auf, denn bei mir entsteht ein Erkennen. Aha, ich erkenne denjenigen, der da vor mir steht, als Hund, weil ich das Gegenstück, die Erfahrungen, habe. Je nachdem, welche Erfahrungen ich mit Hunden gemacht habe, kann ich dem Hund sogar einen Rassennamen geben. Ich kann ihn auch farblich benennen, ich kann ihn auch größenmäßig benennen. Ich kann somit meine Erfahrungen, sprich Vorstellungen einschließlich der Bewertung, also der Informationen, sichtbar machen, und an diese sichtbaren Informationen hängt sich in meinem Gehirn sofort die Energieform "Gefühl" an, die ich dann körperlich, nachdem die Impulse vom Gehirn ausgegangen sind, nachempfinden kann. Aber immer so, wie ich es jetzt mit dem Bewußtsein bewerte. Die Bewertungen und Erfahrungen von früher berücksichtige ich selbstverständlich. Neue Bewertungen haben immer Vorrang und werden hinzugenommen.
Für gestern gibt mir keiner etwas!
Das ist dann die Ausdrucksform des Bewußtseins und des Gefühls, die für uns körperlich spürbar, greifbar und nachvollziehbar ist.
So kann es z.B. sein, daß ich bei einer Vorstellung das Gefühl großer Angst und Magenschmerzen bekomme. Ebenso richten sich sofort, unbewußt gesteuert, meine Gestik und Mimik nach dem Gefühl aus.
Ein weiteres Beispiel:
Wenn ich in meinem bisherigen Leben nur einmal Kontakt mit einem Hund hatte und mich der Hund gebissen hat, dann wird sich, wenn ich jetzt wieder einem Hund begegne, das Gefühl der Angst anhängen, und dies werde ich negativ bewerten, weil ich es als negativ empfinde. Deshalb das Gefühl der Angst.
Angst ist entstanden und mir zittern die Knie oder Angstschweiß bricht bei mir aus. Dieses Gefühl ist deshalb richtig, weil alle meine Informationen über Hunde ja negativ waren, also ängstlich bewertet wurden.
Wenn mich dieser Hund heute nicht beißt, sondern äußerst liebenswürdig ist, werde ich eine positive Information über Hunde in meinem Gehirn speichern.
Je mehr positive Informationen über Hunde dazukommen, desto mehr wird das Gefühl für Hunde bei mir in Zukunft zum Positiven neigen.
Jeder weitere Hund hat es leichter mit mir und ich mit ihm.
Begegne ich ihm nicht mehr so ängstlich, wird er wiederum dies empfinden und sich mir gegenüber vielleicht auch freundlich verhalten.

Trotzdem merke ich mir, daß ich jedem fremden Hund gegenüber erst einmal vorsichtig bin. Ein Hund z.B., je nach Größe und Gefahrenausstrahlung und den negativen Erfahrungen, die ich mit Hunden gemacht habe, macht mir angst.

Wenn ich im Frühling Bäume mit grünen, zarten Blättern sehe, wird sich bei mir, wenn ich positive Erfahrungen mit der blühenden Natur gemacht habe, ein beruhigendes, positives Gefühl einstellen.

Also werde ich dieses Gefühl körperlich empfinden und verspüren können. Bei dem Baum Ruhe und Zufriedenheit und bei dem Hund evtl. Angst, Aufgeregtheit.

Ein anderes Beispiel:

Ich sehe eine Blume. Die Information gelangt in mein Gehirn und meine Seele. Bisher habe ich Blumen nur als etwas Schönes kennengelernt.

Ich habe sie schon öfter geschenkt bekommen oder auch selber verschenkt.

Sie duften schön.

Sie sehen schön aus und bringen Farbe ins Zimmer und in den Garten. Es hängt sich also bei mir ein Gefühl an, das ich als Freude empfinde.

Nun kann es aber auch vorkommen, daß sich im Laufe der Zeit die Informationen und die Bewertungen für Blumen ändern und sich dann auch andere Gefühle anhängen. So kann es z.B. sein, daß ich mehrfach eine Rose geschenkt bekomme und ich mich jedesmal an den Dornen steche. Die nächsten Male gehe ich vorsichtiger mit Rosen um, weil sich die Angst vor Verletzungen eingeschlichen hat. Oder ich bekomme zum Geburtstag Friedhofs-Blumen, die ich nicht mag.

Eine Freundin hat sich sofort von mir getrennt, als ich ihr weiße Rosen schenkte.

Es wird sich dann, wenn ich wieder Blumen bekomme, sofort erst einmal ein gemischtes Gefühl anhängen (Angst, Freude oder beides).

Gefallen mir die Blumen, entsteht aus dem zuvor eher negativen Gefühl ein positives. Dieses eher negative Gefühl werde ich aber nicht direkt als Angst wahrnehmen und trotzdem ist es Angst, weil es keine Freude ist. "Ich mag nicht" ist auch eine Form von Angst.

Aber es hängt sich Angst auch deshalb an, weil sie als Warner vor Gefahren dient, und weil es irgendwann zu einer negativen Bewertung gekommen war.

Ich werde z.B. die Rose vorsichtiger anfassen, um mich nicht wieder zu stechen.

Trotzdem empfinde ich auch Freude über die schöne Rose, als edle Blume.

Denn die Freude, also die frühere Bewertung gesellt sich ja auch immer dazu.

Wenn ich einmal eine Information aufnehme, über die mir noch keine Erfahrungen vorliegen, so schließt sich trotzdem, je nach Bewertung, ein Gefühl an. Dieses kann richtig oder falsch für mich sein. Es wird sich später herausstellen.

Meistens ist es das Gefühl der Angst vor etwas Neuem, aber es hängt noch von vielen weiteren Faktoren ab, wie dieses Gefühl bei etwas Neuem aussieht.

Kinder, die noch nie Schnee gesehen haben, z.B. in südlichen Ländern, empfinden eher Angst, weil sie von ihren Erziehern nicht vorgewarnt wurden. Wobei ich berücksichtige, daß die Erzieher selbst nicht damit gerechnet haben, daß es bei ihnen schneien könnte. Tiere verhalten sich da ganz anders.

Es gibt bestimmte Grundmuster, nach denen eine Information bewertet wird.

Je nachdem, welches Grundmuster der Information am ähnlichsten ist, hängt sich dieses Gefühl an. Es kann sowohl Angst als auch Freude sein.

Bei gemischten unklaren Gefühlen, bei denen uns auch die Informationen nicht richtig bewußt sind, spreche ich von Emotionen.

Das Gefühl hängt sich nicht an die Realität an, sondern an meine Informationen, an das, was ich aus der Realität mache oder für die Realität halte!

So kann eine Scheinwelt für mich Realität sein. Wie bei einem Suchtkranken.

Lange Zeit war es ja bei mir so, wie Sie lesen konnten.

Je nachdem wie mein TB oder mein UB diese Information bewertet haben, wird mein Gefühl sein. Klar, eindeutig und für mich richtig einzuordnen, also erkennbar oder unbestimmt, nicht richtig einzuordnen. Auf alle Fälle wird es entweder Angst oder Freude sein, oder die Gefühle sind ein Gemisch aus beiden, wobei keines oder eines überwiegen kann.

Also taucht immer wieder die Bewertung auf. Ohne eine Bewertung hängt sich kein Gefühl an. Sind die Gedanken und Gefühle klar einzuordnen und zu definieren, sind es eindeutige Gedanken und eindeutige Gefühle, also keine unklaren Emotionen.

Nächstes Beispiel :

Genauso kann ich das mit einem Baum beschreiben. Wenn ich einen Baum sehe, dann richten sich bei mir als Gegenstück die Erfahrungen von "Baum" auf.

Ich komme an die Informationen von dem Baum aus meinem Gedächtnis heran.

Ich sehe sofort, was mit dem Baum los ist.

Steht er in voller Blüte oder hat er nur Blätter oder sind die Blätter abgefallen? Wie groß ist dieser Baum, wieviel Äste hat er, was ist das für ein Baum? Ist es eine Eiche, Linde oder Birke? Das kann ich alles noch erkennen, klar benennen, nachdem ich den Baum mit meinem Sinnesorgan "Auge" gesehen habe und ich diese Informationen irgendwann gelernt habe.

Ich kann es also nur dann so bezeichnen, wenn ich das Wissen darüber habe und dieses Wissen von mir bewertet wurde.

Also kommen Informationen über mein Sinnesorgan "Auge" ins Gehirn und werden dort zu sichtbaren Informationen, zu sehen für meine Seele, mein seelisch-geistiges Auge.

Gleichzeitig richten sich die sichtbaren Informationen des schon Vorhandenen auf, und ich bekomme dafür das Gefühl, es folgt die Impulsabgabe an den Körper und der Körper empfindet so, wie es vom Bewußtsein bewertet wurde oder jetzt neu bewertet wird. Das Neue hat bei mir immer Vorrang.

Eigene Gefühle dazu hat der Körper nicht, aber Empfindungen. Er ist Ausführungsorgan des Bewußtseins unserer Seele und wird nach deren Bewertung empfinden und fühlen.

Erwähnen möchte ich nur, daß ich manchmal den Baum nicht nur sehe, sondern auch rieche und anfassen kann. So wird die Einschätzung, was das für ein Baum ist, noch deutlicher. Wenn all meine Sinne in Ordnung sind, werde ich mit ihnen

Informationen aufnehmen und an die Zentrale Gehirn weiterleiten. Wird es dort deutlicher, ist auch meine Realität besser und ich werde mich viel besser fühlen.

Durch die gespeicherten Informationen kann das Bewußtsein dazu selbständig irgendwelche Bilder abrufen und bewerten, so daß es wieder zu gemischten Gefühlen kommen wird.

Ich kann z.B. im Bett liegen und mir irgendetwas vorstellen, obwohl ich nichts sehe und auch kaum etwas höre. So kann ich den Tag zurückverfolgen oder die Woche oder den Brief, den ich gerade bekommen habe.

Ich kann mir die Person dazu bewußt vorstellen oder alles, was ich so in Erfahrung gebracht habe. Ich kann also aus den vorhandenen Informationen mit dem TB selbständig bewußt Vorstellungen entwickeln und nach einer Bewertung dementsprechend fühlen.

Ich brauche dazu nicht unbedingt neue Impulse von außen, über die Sinnesorgane oder meine Aura.

Dies mach das TB bewußt oder das UB unbewußt. Aber dann, wenn ich träume, bekomme ich diese Arbeit nur undeutlich, etwas verwirrend, im Schlaf, also in meinen Träumen mit.

Das TB sieht der Arbeit des UB schläfrig zu und so werden auch die Gefühle sein.

Ich gehe davon aus, daß das Gefühl nicht getäuscht werden kann. Genauso wenig, wie es krank werden kann. Getäuscht werden kann nur das TB.

Das TB schult wiederum das UB, also wird das UB nicht getäuscht, sondern manchmal nur falsch geschult.

Das Gefühl hängt sich ohne Zeitverlust an eine Information, ob von außen kommend oder durch die Seele im Gehirn entstehend, das spielt keine Rolle.

Hauptsache, diese Information wurde vom Bewußtsein bewertet.

Es hängt sich also immer das richtige Gefühl für die richtige Information an. Ändert sich die Sichtweise, also die Bewertung zu dieser Information, ändern sich das Gefühl und die Wahrheit. So hat jeder Mensch seine eigenen Wahrheiten.

Falsche Informationen, die wir als solche nicht erkennen können (z.B. eine Lüge), werden wir als richtige Information einstufen, und es wird sich selbstverständlich das dafür bewertete Gefühl anhängen.

Wenn ich jetzt aber eine andere Information bekomme, die besagt, daß ich angelogen wurde, dann wird sich für diese Information wiederum das richtige Gefühl anhängen, und ich werde enttäuscht sein, Angst und Ärger entstehen, weil ich angelogen wurde.

Ein neuer Realitätssinn hat sich dafür bei mir ausgeprägt und ich werde nächstes Mal nicht mehr so leichtgläubig sein. Es bedarf dann schon genauerer Informationen, bis ich demjenigen, der mich einmal angelogen hat, wieder Glauben schenke. Somit hat derjenige es in Zukunft schwerer mit mir.

Oder wurde ich von Lebenspartnern mehrfach enttäuscht, haben es die nächsten Partner mit mir nicht leicht!

Beispiel einer Lüge:
Jemand teilt mir eine für mich erfreuliche Tatsache schriftlich mit.
Ich habe keinen Anlaß, daran zu zweifeln, und an diese erfreuliche Information
hängt sich sofort das Gefühl der Freude an, es geht mir gut.
Jemand teilt mir eine für mich erfreuliche Tatsache persönlich mit. Ich höre, was
er sagt, sehe, wie er es sagt, ich glaube ihm, und an diese Information hängt sich
sofort das positive Gefühl der Freude an. Freude entsteht in mir und breitet sich
im ganzen Körper aus. Ich fühle mich wohl.
Trotzdem ist auch ein wenig Unsicherheit in mir.
Also gehe ich bewußt gedanklich auf die Suche und überprüfe. Meine Aura und
meine Sinne haben aufgenommen: Hier stimmt etwas nicht, die Aura des anderen
teilt mir mit, daß er lügt.
Auch hierbei hängt sich sofort ein Gefühl an: Da stimmt etwas nicht (Angst).
So kann ich mir meine Unsicherheit erklären.
Enttäuschung und Ärger entstehen langsam in mir, ich fühle mich schlecht.
Die richtigen eindeutigen Informationen für dieses Gefühl fehlen, es fehlt mir
auch ein eindeutiges Erklärungssystem. So bezeichne ich auch diese Art der Ge-
fühle als Emotionen.
Unklar sind solche Informationen auch deshalb, wenn sie von der Aura über das
UB zum TB kommen und das TB hat mit dem UB, wie vielfach erwähnt,
Verständigungsschwierigkeiten.
In meinem Gehirn werden die beiden Informationen gegeneinander abgewogen,
mit vorhandenen Informationen und Erfahrungen abgestimmt, gegebenenfalls verschaffe ich mir noch weitere Informationen, so daß ich zu einer Entscheidung
kommen kann, denn dieser Widerstreit der Gefühle ist schwer zu ertragen.
Er macht Druck in mir, und bevor ich eine negative Ersatzhandlung begehe, um
mich dadurch zu erleichtern, oder dem anderen vielleicht unrecht tue, versuche
ich, mir die richtigen Informationen zu beschaffen.
Ich frage solange nach, bis ich mir mit meinen Informationen und Gefühlen sicher
bin. Meistens kann ich mich auf meine innere Stimme verlassen, zumal ich jetzt
nicht mehr sk bin und kein Sk-Denken mehrhabe, also auch nicht groß Zweifel.
Treten bei so einer Begegnung in mir Unsicherheiten auf, liegt es am Wahrheits-
gehalt des anderen, weil ich mir vertraue.
Sofort werden sich auch meine Gefühle ändern, denn ich habe die richtige Vorgehensweise gewählt.
*Sich richtige Informationen zu verschaffen, ist eine Originalhandlung, Emotio-
nen zu vertrauen, macht hilflos und dadurch kommen Ersatzhandlungen
zustande.*
Es gibt natürlich auch Störungen. Störungen, die bei der Informationsaufnahme
entstehen können. Ich gehe davon aus, daß unsere Sinne aus einem Aufnahmeorgan bestehen, aus einer Leitung und aus einem Abgaberezeptor, der diese Informationen ins Gehirn gibt. Das Ganze ist wahrscheinlich paarig, da wir ja auch
zwei Augen und zwei Ohren haben.

Die vielen Organrückmelder sind hierbei nicht berücksichtigt.
(Ganz laienhaft ausgedrückt.)
Da kann es natürlich auch Störungen geben.
Ich kann schwerhörig sein oder schlecht sehen.
Erstens können Störungen auftreten an den Aufnahmeorganen, zweitens an den Leitungen (Nerven) und drittens an den Abgabestellen (Synapsen).
Es kann aber auch genauso gut sein, daß es hinter diesen Abgaberezeptoren noch einige Störungen gibt. Daß z.B. die Gehirnzellen, die diese Informationen aufnehmen sollen, vorgeschädigt oder gar nicht mehr vorhanden sind. Vorgeschädigt durch Minderdurchblutung oder verkehrte Versorgung, Vergiftungen oder Verletzungen usw., also entweder die Ärmchen der Nervenzelle oder die Zelle selbst.
Also kommen diese ankommenden Informationen erst gar nicht richtig in unserem Gehirn an, das Bewußtsein liest diese gestörten Informationen richtig, aber sie sind falsch, so daß sich auch gar nicht das richtige Gefühl für diese abgegebenen Informationen anhängen kann.
Das Bewußtsein bewertet diese Informationen - so wie sie ankommen - richtig, aber der Ausführungsteil im Gehirn fehlt eventuell (zerstörte Nervenzellen).
Da muß sich zwangsläufig ein anderes Gefühl anhängen, und zwar passend zu dem, was im Gehirn über das Bewußtsein ankommt, denn nur dort im Bewußtsein, an dieser Stelle hängt sich, nach dessen Bewertung, das Gefühl an.
Das Gefühl hängt sich somit in der Seele an und im Gehirn, über das Gehirn soll es zur Ausführung durch den Körper kommen.
Fehlen die dementsprechenden Gehirnzellen, kann es nicht zur richtigen Ausführung kommen, weil das direkte Ausführungsorgan, der Körper, die dementsprechenden Befehle nicht bekommt. Oder die Nervenbahnen sind an anderer Stelle unterbrochen.
Es kann aber in diesem Fall zu halben, d.h. nicht richtigen Befehlen kommen, so daß der Körper nur zittert, ohne daß er eine wirkliche Handlung begeht.
Dies sind Störungen des Körpers als Verständigungsschwierigkeiten.
So führen Störungen der Sinne oder des Gehirns zur Handlungsunfähigkeit des Körpers und der Seele. Eine Zufriedenheit kann sich nicht einstellen.
Suchtkranke haben das oft genug erlebt.
Ich erlebe sehr häufig, daß ich verkehrt verstanden werde. Warum? fragt Peter.
Weil der andere nicht richtig zugehört hat oder es gab aus anderen Gründen Verständigungsschwierigkeiten.
Er hat erst nur mal den Anfangssatz gehört, und schon hat er Schlüsse daraus gezogen und hat mir gar nicht bis zu Ende zugehört, was ich gesagt habe oder noch sagen wollte. Er hat also in der Luft gedreht, wie ein Sk, und sofort nach seinem Erfahrungsschatz gekramt und hat gesagt: Aha, da kommen die und die Impulse an, die hört er ja, und er deutet das gleich so und so, aber falsch. Er wartet erst gar nicht die weiteren Informationen von mir ab, also reagiert der andere zu schnell und zu unglaubwürdig. Leider ist das eine Zeiterscheinung. Früher

dachten und handelten nur Sk 'um sieben Ecken'. Heute ist es Allgemeingut und heißt Umgangssprache.

Leider habe ich dieses Verhalten mein ganzes Leben lang oft erleben müssen. Selbst bei meinen Lehrern, Erziehern und in der Geschäftswelt.

Also wird sich für die Deutung immer das entsprechende Gefühl anhängen.

Und wenn die Deutung der ankommenden Informationen durch das TB verkehrt ist, also auch ein verkehrter Realitätssinn dahinterstecken kann, dann wird selbstverständlich auch das Gefühl, das sich dafür anhängt und nachher körperlich nachzuempfinden ist, verkehrt sein.

Also ist es schon wichtig, daß wir lernen, richtig zuzuhören und den anderen ernstzunehmen.

Dadurch bekommen wir einen richtigen Realitätssinn.

Aufzupassen, was hat der andere zu sagen und wie sagt er es, mit welchem Unterton sagt er es, lohnt sich immer. Mit welcher Gestik, Mimik, Ausstrahlung und bei welcher Gelegenheit sagt er es, muß uns selbstverständlich auch auffallen.

Wenn wir diese ganzen Impulse, die ja auch Informationen sind, richtig deuten und aufnehmen, dann hängt sich dafür das richtige Gefühl an und dann empfinden wir seelisch und körperlich richtig.

Egal, ob es eine Lüge oder die Wahrheit ist, wir werden es erkennen.

So werden wir auch unser eigener Therapeut.

Dadurch haben es andere mit Sicherheit schwerer, uns erfolgreich anzulügen.

Dadurch können wir auch besser mit uns und anderen umgehen.

Somit haben wir bessere Entscheidungsmöglichkeiten, wie wir darauf reagieren. Der innere Druck entsteht nicht. Eine negative Ersatzhandlung ist unnötig. Das Suchtmittel entfällt.

Wie wichtig dies sein kann, sehen wir an folgendem Beispiel:

Wenn ich jemandem gegenüber eine ironische Bemerkung als Spaß mache und er dies nicht erkennt, weil er meine Art nicht kennt, ist er vielleicht sehr beleidigt und fühlt sich schlecht. Kennt er aber meine Art, so wird er den Spaß, diese ironische Bemerkung, verstehen und sich mit mir gemeinsam darüber freuen.

Die Information ist in beiden Fällen von der Wortwahl her gleich, aber Gestik und Mimik sowie das Verstehen mit dem Gegenüber, geben die entscheidenden Hinweise zu unserer richtigen Bewertung und somit auch für unsere Gefühle.

Wir müssen alle diese Informationen nur richtig erkennen und richtig deuten können.

Damit sollte schon im Kindesalter begonnen werden, also haben Eltern und Erzieher die Aufgabe, diese wissenswerten Informationen zu verinnerlichen und weiterzugeben.

Gibt es also falsche Gefühle? Nein. Ein Gefühl bildet sich nicht von allein, es ist immer da. Es gehört fest zur Seele. Nur wird das Gefühl immer anders aussehen, und zwar je nachdem wie das Bewußtsein die sichtbar gewordenen Informationen bewertet hat. Also hängt es allein von den Informationen und deren Bewertung ab, welches Gefühl sich anhängt.

Wenn ich also mit einem Gefühl nicht einverstanden bin, so muß ich die Informationen und die Bewertung überprüfen, also notfalls auch die Sichtweise ändern. Somit hat sich die Wahrheit geändert. Es sind neue Tatsachen entstanden. Ein neuer Realitätssinn hat sich gebildet. Somit habe ich mich auch neu selbstverwirklicht.

Kann das Gefühl krank werden? - Nein, es kann nur gestört werden.
Wer kann das Gefühl stören?

1.) das Tagesbewußtsein mit seinen 3 Ich-Formen, indem es unvernünftig denkt und falsch bewertet.

2.) das Unterbewußtsein, indem es unvernünftig denkt und falsch bewertet.

3.) falsche Informationen, die ich als solche nicht erkenne, die von außen in das Bewußtsein gelangen und mein Bewußtsein täuschen.

Das Gefühl hängt sich ohne Zeitverlust an eine vorhandene, bewertete, sichtbar gewordene Information an und wir verspüren und empfinden es körperlich durch Impulse, die zuerst von der Seele und etwas später vom Gehirn an den Körper abgehen.

(Das ist die vereinfachte Formel.)

Fälschlicherweise wird dann immer gesagt: ich habe das und das körperliche Gefühl oder ich fühle mich körperlich wohl, ich fühle mich traurig usw..

Ja, so empfinden wir das, aber das Gefühl entsteht in der Seele, im Gehirn und wir empfinden es körperlich nach. So kann der Körper fühlen und empfinden.

Besser wäre also die Aussage: Mein Bewußtsein hat es so bewertet, deshalb habe ich dieses Gefühl.

Wir können heute nachmessen, mit welcher Geschwindigkeit ein Impuls vom Gehirn zum großen Zeh hinuntersaust. Wir können auch nachmessen, mit welcher Geschwindigkeit ein Impuls über Nervenbahnen zum Gehirn zurückläuft, aber wir können heute noch nicht messen, mit welcher Geschwindigkeit sich das Gefühl an eine ankommende oder im Gehirn selbständig nur durch das Bewußtsein entstehende bewertete Information anhängt.

Deshalb sage ich, das Gefühl hängt sich ohne Zeitverlust an eine Information an, die dann als Impuls an den Körper weitergegeben wird, so daß wir es körperlich nachempfinden, nachverspüren können.

Ohne Zeitverlust heißt bei mir mit Gedankengeschwindigkeit.

Selbstverständlich vergeht beim Denken auch Zeit.

Denken Sie mal 10 Minuten. So sind 10 Minuten Zeit vergangen, nur können wir es noch nicht nachmessen, wie schnell die Gedankengeschwindigkeit sein kann.

In Nullzeit kann ich mit meinen Gedanken auf dem Mars sein.

Gedankensprung:

Wir Menschen in der Jetztzeit sind von einer großen Geräuschkulisse umgeben. Dadurch leiden selbstverständlich die Vorstellungskraft und das Insichhineinhorchen und so richtig zu empfinden, wie Informationen abgerufen werden und entstehen.

Der Mensch, der in der Natur, in Ruhe und Frieden lebt, kann sich besser emp-finden und ist gegenüber Geräuschen oder gegenüber einer großen Geräuschku-lisse anfälliger. Er kann viel besser in sich hineinhorchen und sich somit viel bes-ser verstehen. Also hat er weniger Verständigungsschwierigkeiten mit sich selbst. Das heißt, wenn er mehrere Stunden (angenommen, er fährt mal in die Stadt) eine große Geräuschkulisse hatte, dann reicht es ihm wieder für die nächste Zeit, und er empfindet, wenn er wieder nach Hause kommt, diese wohltuende Ruhe als wirklich erholsam, und das kann er nur in seinem ländlichen Zuhause.

Also ist die Natur seine Ruhe, sein Zuhause.

Hingegen der Stadtmensch, der von einer großen Geräuschkulisse ständig umge-ben ist, hat dementsprechend auch eine hohe Schmerzschwelle oder Reizschwel-le gegenüber diesen Geräuschen. Für ihn ist es manchmal schmerzhaft, wenn völ-lige Ruhe um ihn herum ist. Dann muß er das Radio einschalten oder irgendwie sonst Krach machen, damit er wieder diese Reize hat, um sich wohl zu fühlen.

So gehe ich auch davon aus, daß der Stadtmensch weniger Empfindungen kör-perlicher Art hat (wer kommt jetzt zu Besuch oder kommt überhaupt irgendje-mand zu Besuch, bin ich krank oder ist das nur eine vorübergehende Störung usw.), was wir so unter Vorahnungen einstufen würden. Der Stadtmensch hat es schwerer als ein Landmensch, der mit sich noch gut umgehen kann. Der das Ge-fühl für sich selber, körperlicher Art, noch sehr gut beherrscht, der eher von Ah-nungen betroffen ist als irgendein anderer Mensch, weil er auf diese innere Stim-me besser hören kann und seine Schmerzschwelle gegenüber Geräuschen nicht so groß ist.

Seine Empfindungen sind nicht so abgestumpft. Er wird weniger abgelenkt.

Dabei muß trotzdem bedacht werden: Das eine sind Geräusche, die etwas mit den Sinnen, also mit dem Körper, zu tun haben, und das zweite sind Ahnungen, also Informationen, die über die Aura zur übrigen Seele, also zum TB, bewußt oder zum UB unbewußt, gebracht werden. Deshalb können trotzdem manche Stadtmenschen mächtig viele Ahnungen haben, ohne zu wissen, warum.

Das vorher Beschriebene sollte nur darauf aufmerksam machen, daß die Ge-räuschkulisse sehr von Vorahnungen ablenken kann.

Noch ein Beispiel:

Der Mensch, der in der Stadt arbeitet, eine große Geräuschkulisse hat, wird bis an die Grenzen seiner nervlichen Belastbarkeit strapaziert. Er empfindet es als wohltuend, wenn er nach Hause kommt und da ist Ruhe. Er kann sich also nerv-lich erholen. Nachdem er sich ein oder zwei Stunden nervlich erholt hat, ist er wieder in der Lage, ein vernünftiges Gespräch mit Rede und Antwort zu führen, denn dann ist er auch wieder in der Lage, richtig zuzuhören, eine richtige Ent-scheidung zu treffen und eine richtige Antwort zu geben und zu dieser Antwort dann auch zu stehen.

Wenn ein Mensch nach Hause kommt, der acht, zehn, zwölf Stunden eine große Geräuschkulisse mit Jubel, Trubel, Heiterkeit um sich herum hatte, also eine große nervliche Belastung, dann z.B. von seiner Frau empfangen wird mit vielen überschwänglichen Worten, was so am Tag gelaufen ist, was kaputtgegangen ist, was der Mann noch machen muß, was er mitzubringen gehabt hat oder was er vergessen hat, und ihm dann vielleicht noch Vorhaltungen gemacht werden, ist der Mann sicher nicht in der Lage, eine richtige, vernünftige Antwort zu geben, das weiß er selber und ist hilflos. Das müßte auch seine Frau wissen und ihm ein wenig Ruhe gönnen.

Wegen dieses Unverständnisses trinken viele Menschen nach Feierabend zur Erleichterung.

Er gibt eine spontane Antwort, und auf diese Antwort wird er dann wiederum festgenagelt, er bekommt also von außen eine Unzufriedenheit und ist selbst schon mit seiner gegebenen Antwort unzufrieden. Also zwei Unzufriedenheiten zusätzlich zu seiner vorhergehenden nervlichen Belastung. Massive Verständigungsschwierigkeiten, die völlig unnötig sind!

Eine Krankheit zeichnet sich nach einigen Jahren ab.

Frauen werden eher mit Alkohol krank als Männer.

Die Seele wird krank, weil die seelischen Bedürfnisse nicht richtig erfüllt werden. Freude und richtige Anerkennung fehlen.

Harmonie und Geborgenheit gibt es überhaupt nicht mehr.

So darf aber kein Alltag aussehen.

Also braucht ein Mensch mit einer nervlichen Belastung nach einer gewissen Zeit eine Erholungsphase, eine Ruhephase, um dann wieder für seine getroffenen Entscheidungen verantwortlich gemacht werden zu können.

Alle anderen Handlungen wären ungerecht, und die Goldwaage wird auf Dauer falsch geeicht. Der Mensch wird immer trauriger und hilfloser. Körperliche Krankheiten häufen sich, und das Leben wird eher beendet als gedacht.

Ein unzufriedenes Leben gelebt zu haben, ist nur halb gelebt zu haben.

Somit sind zwei Mauern und Barrieren, die uns daran hindern, körperlich richtig zu empfinden, beschrieben worden:

Die allgemeinen Mauern, gebaut mit dem Bewußtsein.

Die Barriere der Aura bei einer zu großen Geräuschkulisse.

Durch Überlastung der Nerven nicht richtig zuhören zu können.

Der Faktor "Angst" richtet diese Mauern auf und hindert uns daran, körperlich richtig zu empfinden.

Also, der Faktor Angst = Bewußtsein mit seiner Bewertung + Angst.

Die Gefühlsskala. (Grafik dazu auf S. 132/133.)

Unsere Gefühlsskala, unsere Stimmungskurve, läßt sich gut mit einem Pendel vergleichen. Das Pendel erhält Anstöße von links oder rechts bzw. schlägt nach links oder rechts aus, in den positiven oder negativen Bereich. Auslöser dafür sind bewertete Eindrücke, die über Sinnesorgane in unser Gehirn gelangen. Ob die Aura nicht doch noch eine andere Möglichkeit hat, als über die Sinne zu kommunizieren, weiß ich nicht. Ich vermute es aber, wie schon beschrieben, daß sich das Bewußtsein innerhalb der Aura frei bewegen kann. Möglich ist es, daß die Aura so Informationen gezielt an das UB oder das TB abgibt. Wenn die Aura ihre Finger ausstreckt, mir sehr schnell viele Eindrücke in mein UB gibt und ich hinterher sage, mein erster Eindruck war richtig, so glaube ich nicht, daß diese Informationen über meine Sinne in mein Gehirn und dann erst in mein Bewußtsein gelangen. Dieser Weg wäre zu lang. Es würde zu lange Zeit dauern. Hingegen laufen andere Eindrücke eindeutig über meine Sinne.

Von diesen Eindrücken, z.B. lauten Geräuschen oder Musik oder einem gesprochenen Wort oder dem, was wir gerade riechen, wird unsere Stimmung mehr oder weniger stark beeinflußt. Diese Informationen laufen über meine Sinne.

Wenn dieses Pendel durch einen Eindruck, der vom Bewußtsein als negativ für mich bewertet wurde, angeschubst wird, so lande ich mit meinem Stimmungsbarometer im negativen Bereich. Wenn dieses Pendel durch einen positiven Eindruck, durch eine Freude angestoßen wird, so lande ich im Freudenbereich.

Das Naturgesetz dieses Pendels besagt mit einfachen Worten: so weit, wie es in den positiven Bereich ausschlägt, schlägt es auch wieder zurück in den negativen Bereich. Nur das TB kann dieses Pendel bewußt anhalten oder im Angst- oder Freudenbereich verweilen lassen. Genauso kann es das UB dazu schulen, daß dies unbewußt abläuft. Wenn ich z.B. ein Gefühl der Freude erlebe, auf der Skala mal mit +6 bezeichnet, so folgt darauf ein Ausschlag in den negativen Bereich, also ein Gefühl der Angst entsteht, auf der Skala bei -6.

Nach Freude folgt Angst und umgekehrt. Beide brauchen einander.

Ein weiteres Phänomen, daß Peter entdeckt hat und bei sehr vielen Patienten überprüfen konnte (z. B. Fremdenlegionäre, Manager oder Betreibsleiter): Trainiere ich mir die Angst ab, ist eine Freude nicht mehr möglich. Erst wenn eine Angst wieder durch den Menschen erlebt wird, kann er auch sich auch wieder freuen. Genauso ist es mit der Liebe. Zuerst muß Angst zu verspüren sein, dann ist man wieder liebesfähig.

Ich persönlich habe aber oft das Gefühl, daß ein kleiner Ausschlag auf der Freudenseite, also eine kleine Freude, ausreicht, um eine große Angst, also einen großen Ausschlag im negativen Bereich zu erleben. Ich merke oft, daß ich ein großes Potential auf der Angstseite habe und daß dann häufig eine Liebe z.B. ausreicht, um mich wieder froh zu machen. Bei mir lag es sicherlich lange Zeit daran, daß meine normale Nullinie weit unter Null angesiedelt war. Dies konnte ich in den letzten Jahren korrigieren, so daß mich jetzt auch andere Fragen beschäftigen. Heute reicht ein klein wenig Liebe aus, um mich froh zu machen.

Die Frage ist also:

1.) Schwingt das Pendel grundsätzlich 1:1, d.h. 5 Schritte in den negativen Bereich und dann 5 Schritte in den positiven Bereich? *Ja* (Naturgesetz).

2.) Schwingt das Pendel auch mal zeitlich verschoben zurück, also z.B. erst auf - 6, dann auf + 3, dann auf - 3 und dann erst auf + 6? Das glaube ich nicht, es wäre gegen die uns bis jetzt bekannten Naturgesetze und Erfahrungen. Trotzdem ist es bei einigen Menschen bewußt möglich. Ich kann es jetzt mit dem

TB so bestimmen, wie Peter sagt. Vielleicht ist es aber doch möglich, so denke ich jetzt, weil wir das Stimmungsbarometer bewußt anhalten oder weiterlaufen lassen können. Außerdem unterliegt das Gefühl oder unsere Bewertung nicht der Schwerkraft, aber den Naturgesetzen. Das TB hat seine eigenen Naturgesetze, denen ich mit meinen Überlegungen auf die Schliche gekommen bin.

Also ist das mit dem Gefühlspendel nur der Versuch, festzustellen, daß nach Freude die Angst wieder zu sehen ist. Aber leider muß ich sagen, hier handelt es sich ja nur um einen Vergleich; jeder Vergleich hinkt, so auch dieser, weil das TB seine eigene Gesetzmäßigkeit hat, nämlich sich dagegen oder dafür zu entscheiden, selbst wenn es jeder normalen Logik widerspricht.

Deshalb verstehen Psychologen und Psychiater den Sk nicht, weil sie diese Gesetzmäßigkeiten nicht berücksichtigen. Sie sagen einfach, Sk denken um sieben Ecken. Und das können sie nicht nachvollziehen.

Deshalb haben auch ehemalige Sk, die diese Gesetzmäßigkeiten beherrschen, in Selbsthilfegruppen so große Erfolge.

Bei Peter, der die Suchtkrankheit studiert hat wie kaum ein anderer, ist die Erfolgsquote 100%, und zwar bei allen Patienten, die ihre Therapie zu Ende gemacht haben. Jeder, der seine Therapie abgebrochen hat, ist wieder rückfällig geworden.

Fehlen bei ihnen vier Wochen Therapie, weil sie meinen, jetzt wüßten sie genug, werden sie wieder rückfällig. Es ist nur eine Frage der Zeit. Haben sie nach Peters Ansicht ihre Therapie zuendegebracht, haben sie nicht die Möglichkeit, wieder rückfällig zu werden.

Diese Aussage ist keinesfalls überheblich, sondern ein Ergebnis des Erfahrungswertes der letzten 20 Jahre.

Selbstverständlich sind demnach das TB, die Goldwaage und das ganze Bewertungssystem in der Lage, das Gefühl solange wie es geht im negativen oder positiven Bereich zu halten.

Ich kann doch bewußt denken und bewerten wie ich will?! Also kann ich auch bewußt bestimmen, ob es mir gut geht oder nicht, denn ich bin bewußt in der Lage, Informationen abzuweisen oder in mich einzulassen.

Somit bin ich heute auch der bewußte Bestimmer über meine Gefühlskurve.

3.) Oder kann das Gefühlspendel nur auf das direkt vorangegangene Gefühl reagieren?

Das Gefühl reagiert nicht, es hängt sich je nach Bewertung an.

Somit reagiert das Gefühlspendel so, wie vom Bewußtsein bewertet wurde.

Bewerten können nur das Ki-Ich, Elt-Ich, Erw-Ich und das UB und danach hängt sich das Gefühl an.

Sobald das Elt-Ich wach geworden ist und sich die Trennwand zum UB verdunkelt hat, bewertet das UB nur so, wie es vom TB dazu geschult wurde.

Zu 1.) *Ergänzung:*

Grundsätzlich schwingt das Gefühlspendel nach beiden Seiten, aber eine der 3 Ich-Formen mit Sitz im Tagesbewußtsein kann dieses Pendel anhalten, im Freuden- oder Angstbereich verweilen lassen.

Die zweite Möglichkeit ist die, daß sich die Gefühlskurve durch eine chronische Krankheit abgesenkt hat. Dann sieht die Rechenaufgabe anders aus.

Durch längeren Gebrauch eines Suchtmittels verschiebt sich die Basis, die 0-Linie der Stimmungskurve, stark in den negativen Bereich.

Wer sich also durch eine Suchtkrankheit seine Stimmungskurve z.B. bis auf - 4 heruntergebracht hat und es trotzdem schafft, sich bis + 6 zu bringen, bedeutet das einen Ausschlag des Pendels ab der Basis - 4 bis zum Höhepunkt + 6, also insgesamt 10 Punkte.

Diesen Ausschlag von 10 Punkten nimmt das Pendel dann auch in der Gegenrichtung vor, wiederum ausgehend von der Basis - 4, so daß im Negativbereich dann theoretisch die 14 erreicht ist, die Skala reicht aber nur bis - 12.

Das bedeutet, er ist in ein "Loch" gefallen und geht zum Arzt.

Der spricht sofort von Depressionen, und schon hat er dem Patienten Antidepressiva verordnet, und der Patient ist gerade dabei, legal auf Tabletten umzusteigen, statt sich um das Seelenheil und um Stillstand der SK zu bemühen.

Zu 2.) *Ergänzung:*

Verschiebungen des Pendelausschlags sind möglich, wenn eine der drei Ich-Formen bewußt in das Pendel eingreift (Ausschlag, Verweildauer).

Zu 3.) *Ergänzung:*

Ein Reagieren des Gefühlspendels auf das direkt vorangegangene Gefühl, ist nach meiner Meinung am wahrscheinlichsten. Eine andere Erklärung lassen die Erfahrungen nicht zu.

Wenn ich davon ausgehe, daß die bewußte Stimmungskurve in eine Skala eingeteilt wird, von 0 bis pos. 12 und von 0 bis neg. 12, dann kann ich sagen: Wenn das Pendel mit den drei Ich-Formen durch eine Freude bis in pos. 6 ausschlägt, muß es, wie oben bereits erwähnt, auch in neg. 6 ausschlagen.

Meistens aber geschieht es unbewußt in der Nacht, so will es das Naturgesetz des TB.

Aber unser Tagesbewußtsein ist in der Lage, die Verweildauer und auch die Stärke des Ausschlages bewußt mit seiner Konzentration zu beeinflussen.

Wenn das Bewußtsein in Ordnung ist, alle Persönlichkeiten in Ausgewogenheit miteinander leben, werden sie das negative Gefühl in der Nacht zulassen. Da tut es dem TB nicht weh.

Und der Mensch steht morgens wieder freudig auf, weil seine Gefühlskurve sich in der Nacht "ausgependelt" hat.

Ist der Mensch sk und hat sich seine Gefühlskurve abgesenkt, muß er sich zuerst anstrengen, um auf die Nullinie zu kommen. Eine weitere große Anstrengung ist dann nötig, um sich Freude zu geben.

Diese kann aber nur festgehalten werden, wenn das Freudenkonto nicht leer ist.
Bei einem Sk ist das Freudenkonto aber immer leer!
Suchtkranke haben es nicht leicht! Therapeuten haben es auch nicht leicht.
Eine SK verstehen zu lernen, wenn sie falsch geschult wurden, ist noch schwer!
Deshalb bemühen wir uns ja auch, für sie Wissenswertes aufzuschreiben, damit
sie als Behandler in Zukunft ihre Patienten besser verstehen und ihnen dadurch
schneller und wirksamer in einer Gesprächstherapie helfen können.

Je nachdem, wie ich die derzeitige Lage beurteile oder ob mir der negative oder
der positive Bereich etwas gibt, kann ich längere Zeit bewußt darin verweilen.
Es gibt viele Menschen, die fühlen sich im negativen Bereich wohl, sie suchen
sich sogar noch Verstärker, aber weil sie wissen, daß sie die Möglichkeit haben,
über diesen negativen Bereich jederzeit der Bestimmer zu sein und sich auch
noch darin ein wenig wohl fühlen, halten sie diesen Bereich fest.
Hauptsache ist es manchmal, daß man sich empfindet und das Gefühl da ist "ich
lebe ja noch und ich habe etwas getan, bin also doch nicht ganz hilflos".
Daß dieses Ersatzhandlungen negativer Art sind und Scheinwelt bedeuten, ist ihnen egal.
Bei Krankheiten sieht es so aus:
Der Suchtkranke macht es sehr oft so, daß er negative Dinge abgibt, seinem Partner irgendetwas Negatives sagt, dann sieht er: Aha, das ist beim Partner angekommen! und er freut sich.
Er freut sich aus zwei Gründen: Erstens ist das Abgesendete angekommen. Zweitens ist die Wirkung sichtbar. "Freude entsteht."
Über solch einen Schachzug bekommt der Suchtkranke Freude.
So freut er sich über andere, durch andere und das heißt Hörigkeit, weil er sich
selbst zwangsläufig vernachlässigt. Er kann sich durch sich selbst nicht die seelischen GB richtig erfüllen. Also benutzt er andere, um doch noch ein wenig zufrieden zu werden.
Es ist aber fraglich, ob er sich durch solch eine Kleinigkeit schon im Freudenbereich seiner Gefühlsskala befindet, da sich bei einem Suchtkranken die Gefühlskurve stark abgesenkt hat. Wenn er suchtkrank geworden ist, muß er also stärke-
re Geschütze auffahren.
Er muß sich noch mehr anstrengen.
So kann er *nie* zum Energiesparer werden, weil er gegen sich kämpft, im Gegenteil, je mehr er sich anstrengt, nehmen seine Enttäuschungen zu, weil er nicht gelernt hat, auch mal loszulassen. Daß er dadurch immer unglaubwürdiger wird,
kann er leider nicht verhindern.
Das Loslassen in einer Partnerschaft oder Freundschaft ist aber unbedingt erforderlich, damit der andere seine Freiheit behält und damit man sich freier mit weniger Energieaufwand um sich selbst kümmern kann.
Der Sk nutzt schamlos alle Dinge aus, die ihn überhaupt noch in den Freuden-
bereich hineinbringen können.

Wenn es sein Suchtmittel nicht mehr schafft, muß er sich immer irgendetwas Neues einfallen lassen, neue Stimulanzien, um sich in den Freudenbereich hineinbringen zu können. Denn das Ziel aller Menschen, auch des Suchtkranken, ist, die Zufriedenheit zu erreichen.

Egal wie, sagt sich der Sk. Daß er dabei auch illegale Wege gehen muß, stört zwar seinen Gerechtigkeitssinn, aber das Zufrieden-werden-wollen ist stärker. Also strengt er sich an oder zieht sich erschöpft in seine Intimsphäre zurück.

Oder er verstärkt das Lügen und Betrügen als feste Bestandteile einer jeden Suchtkrankheit.

Ein Pendel oder die "waagerechte Acht", einmal in Gang gesetzt, schlägt nach beiden Seiten immer gleich aus.

Dieses Pendel, oder wie ich sage unsere Gefühlskurve, ist beim Wachwerden der Seele und beim Erleben und Bewerten der Seele in Gang gesetzt worden.

Das bedeutet, wenn wir uns groß freuen, müssen wir auch groß wieder in den negativen Bereich hinein.

In der Gefühls-Kurve wird das nochmals grafisch beschrieben.

Um es aber ganz deutlich zu beschreiben, müßten Wissenschaftler her, und dann versteht es kein Ungeschulter mehr. Also lassen wir es dabei.

Selbstverständlich muß es noch ausführlicher beschrieben werden, aber dafür fehlt mir der Platz in diesem Buch; so soll es zum Umdenken ein Anfang sein.

Wenn uns diese Tatsachen bewußt sind, haben wir die Möglichkeit, zu lernen, die Basis unserer Stimmungskurve auf der normalen 0-Linie zu halten oder sie wieder dahin anzuheben.

Dazu braucht es nur:

Das Suchtmittel wegzulassen.

Das Freudenkonto aufzufüllen.

Die Goldwaage, das Bewertungssystem muß neu geeicht werden.

Oder alle Persönlichkeiten haben gelernt, miteinander in Harmonie zu leben.

Wenn ich weiß, wer ich bin, wie ich bin, was ich bin, meine Bedürfnisse, Mittel und Möglichkeiten kenne, kann ich mich auch richtig selbstverwirklichen.

Die Stimmungskurve ist schon von einigen Wissenschaftlern in den verschiedensten Grafiken dargestellt und anders als bei mir beschrieben worden.

Deshalb gehe ich auch hier nicht näher darauf ein, ich nutze nur deren erarbeitete Möglichkeiten etwas anders.

Genauso ist über die Transaktionsanalyse wissenschaftlich die Funktionsweise unserer drei "Ich-Formen" beschrieben. Auch da habe ich etwas andere Ansätze.

Leider muß ich sagen, ist der Ansatzpunkt der Wissenschaftler dazu falsch, also kann auch das Ergebnis oder das Arbeiten damit nur ein falsches Ergebnis bringen, weil die Grundlagen der Seele, was sie ist, wie sie arbeitet, wie sie funktioniert, dabei nicht berücksichtigt werden.

Peter hat sich diese Informationen trotzdem ein wenig zunutze gemacht und weiter ausgearbeitet.

Denn er hat andere Grundüberlegungen zur Seele, die mir logischer erscheinen.

Nach diesen Überlegungen die TA (Transaktionsanalyse) angewandt, hilft mit Sicherheit, weil die Grundlagen stimmen.

Es bedarf größter Anstrengungen in Richtung positiven Denkens und Änderung der Lebenssituation, um die Stimmungskurve wieder anzuheben.

Die großen Anstrengungen heißen, ich muß eine Therapie machen, die einer Nacherziehung gleichkommt.

Die Gefühlskurve hebe ich dadurch an, daß ich Freude zurückhalte, und gleichzeitig bedeutet es, daß ich mein Freudenkonto auffülle.

Ich habe mir noch einige Gedanken gemacht zu dem heute viel zitierten "positiven Denken".

Wenn ich z.B. im Urlaub am Strand einen schweren Stein aufheben will, wird das nicht mit einer Hand gelingen. Ich muß schon meinen Willen mobilisieren (und hier sehen wir wieder, daß ich die Bestandteile der Seele nie einzeln sehen kann, sondern daß es immer ein Zusammenspiel aller Teile der Seele ist, und ein richtiges Zusammenspiel zwischen Seele und Körper bedeutet) und mit der Muskelkraft beider Arme und der Haltekraft meiner Hände fest zupacken, um etwas zu bewegen.

So ist es auch im täglichen Leben:

Dinge, die ich halbherzig anfasse oder "nur mal eben" versuche, gehen auch prompt daneben. Erst, wenn ich mit meiner ganzen Willens- und Wissenskraft dahinterstehe und mit aller Kraft entschlossen zupacke, kommt es zum erwünschten Ergebnis oder Erfolg. Bei einem Kampf würde alles verloren gehen.

Am Anfang solcher Handlungen steht positives Denken:

Ich stelle mir vor, wie das Resultat meiner Willensanstrengung auszusehen hat.

Ich entwickele bereits vor meinem geistigen Auge das Bild des Erfolges.

Negativ denken hieße: "Es kann ja auch schiefgehen", oder "das gelingt mir ja sowieso nicht".

Vor meinem geistigen Auge entsteht das Bild des kraftlos durch die Hände rutschenden Felsbrockens, und er wird durchrutschen.

Das hat garantiert zur Folge, daß ich ihn auch nur mit halber Kraft anfasse.

Denn jede Vorstellung in uns hat den Anspruch, sich zu verwirklichen.

Ich selbst habe den Mißerfolg bereits vorprogrammiert.

Übertrage ich solche negativen Denkweisen gar auf mein Vorhaben, etwas für meinen Körper zu tun, finde ich nie einen Anfang! Deshalb muß ich mich immer an einem positiven Ziel orientieren. Dabei sollte ich nicht überlegen, ob ich irgend jemandem zuliebe etwas tue oder ob ich jemandem etwas schuldig bin, sondern ich muß mir zusammenstellen, welches Ziel ich für mich erreichen will und wie ich mein Leben ändern möchte.

Hilft es mir, kann es auch anderen helfen!

Nur das bringt mich zum richtigen Entschluß, den ich dann auch umsetze.

Wer ständig denkt:" Für mich hat das keinen Zweck mehr" oder "Ich halte das doch nicht durch", der wird *genau das* auch erleben.

Ich habe damit eine Art *"Selbsthypnose"* vollzogen, nach der mir wenig Erfolg bevorsteht.
Diese so unscheinbaren, wie nebenbei gedachten Sätze verbergen also schwere Verstöße gegen wirkliches positives Denken.
Ich wiederhole, denken Sie auch immer daran:
Jede Vorstellung in uns hat den Anspruch, sich zu verwirklichen.
Abhilfe hierfür schafft nur eine radikale Umkehr zum positiven Denken ohne WENN und ABER.
Sicher könnte man jetzt einwenden:
"Das ist aber gar nicht so einfach. " Aber: *"Was ist schon einfach im Leben?"*
Oder man wird sagen: "Das wird mir aber nicht gelingen!"
Und genau damit wären zwei neue Beispiele für negatives Denken gegeben. Wer zweifelt, meint es nicht ehrlich.
Wer kritisch betrachtet, kommt auch zu einem Ergebnis, und dieses kann das Leben, die Gefühle und die Wahrheit ändern.
Was die Leistung meines eigenen Körpers betrifft, habe ich selbst das mächtigste Werkzeug in der Hand: Es ist der Entschluß meines Erw-Ichs, sich weder durch eigene Zweifel noch durch andere beirren zu lassen und endlich diktatorisch anzufangen.
Dazu bedarf es aber dringend einer Anleitung.
Doch wer sein Leben positiv ändern will, kann dies nur selber tun.
Er kann zwar von außen Hilfestellung annehmen, aber der Bestimmer über sein eigenes Leben bleibt er selbst. Er muß es bleiben.
Hüten Sie sich davor, nach dem Stillstand Ihrer Suchtkrankheit in eine andere Abhängigkeit zu rutschen:
nämlich die Abhängigkeit zu Ihrer Hilfsperson bzw. zu Ihrem Therapeuten. Er kann Ihnen zeitweilig helfen, und Sie ein Stück des Weges begleiten, aber Sie müssen Ihr Leben dann wieder selbst in die Hand nehmen, sonst können Sie irgendwann keine Entscheidung mehr alleine treffen.
Dann hätten Sie sich auch diese Art der Therapie schenken können oder sie nicht richtig verstanden.
Selbst ist der Mann - die Frau. "Ich habe mein Schicksal in der Hand, das ist somit bewiesen!"
Anschließend auf zwei übersichtlichen Seiten stelle ich Ihnen die angekündigten Gefühlskurven dar.
Sie dienen zum besseren Verstehen und unterscheiden sich in der Form nur dadurch, daß im TB ein Auto die waagerechte Acht mit seinen drei Ich-Formen entlangfährt. Jede Ich-Form darf mal das Lenkrad in die Hand nehmen und das Auto steuern und lenken, also einmal im Chefsessel sitzen.

Die Gefühlskurve im Tagesbewußtsein

So eine Gefühlskurve gibt es auch für das Unterbewußtsein,
nur ohne die drei Ich-Formen.

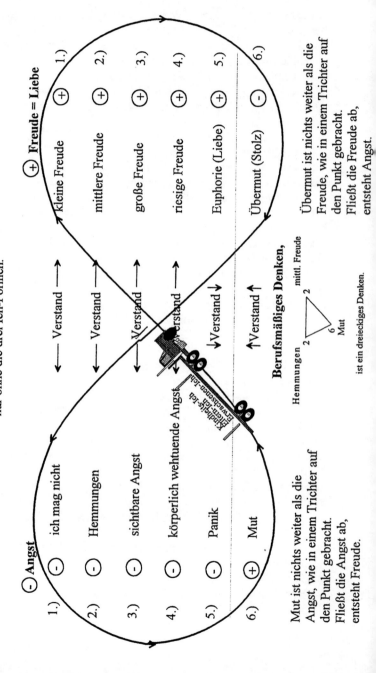

⊖ **Angst**

⊕ **Freude = Liebe**

1.)	⊖	ich mag nicht
2.)	⊖	Hemmungen
3.)	⊖	sichtbare Angst
4.)	⊖	körperlich wehtuende Angst
5.)	⊖	Panik
6.)	⊕	Mut

kleine Freude	⊕	1.)
mittlere Freude	⊕	2.)
große Freude	⊕	3.)
riesige Freude	⊕	4.)
Euphorie (Liebe)	⊕	5.)
Übermut (Stolz)	⊖	6.)

⟵ Verstand ⟶

⟵ Verstand ⟶

⟵ Verstand ⟶

⟵ Verstand ⟶

↓Verstand↓

↑Verstand↑

Kindheits-Ich
Eltern-Ich
Erwachsenen-Ich

Berufsmäßiges Denken,

Hemmungen   mittl. Freude

2 △ 2
Mut 6

ist ein dreieckiges Denken.

Mut ist nichts weiter als die
Angst, wie in einem Trichter auf
den Punkt gebracht.
Fließt die Angst ab,
entsteht Freude.

Übermut ist nichts weiter als die
Freude, wie in einem Trichter auf
den Punkt gebracht.
Fließt die Freude ab,
entsteht Angst.

Die Gefühlskurve im Unterbewußtsein

So eine Gefühlskurve gibt es auch für das Tagesbewußtsein, nur hat das Tagesbewußtsein drei Chefs als Ich-Formen.

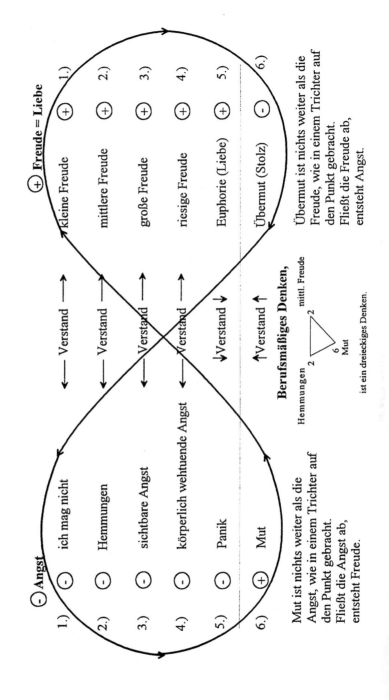

⊖ Angst

		Verstand
1.)	⊖ ich mag nicht	⟷ Verstand ⟷
2.)	⊖ Hemmungen	⟷ Verstand ⟷
3.)	⊖ sichtbare Angst	⟷ Verstand ⟷
4.)	⊖ körperlich wehtuende Angst	⟷ Verstand ⟷
5.)	⊖ Panik	↓ Verstand ↓
6.)	⊕ Mut	↑ Verstand ↑

⊕ Freude = Liebe

⊕ kleine Freude	1.)	
⊕ mittlere Freude	2.)	
⊕ große Freude	3.)	
⊕ riesige Freude	4.)	
⊕ Euphorie (Liebe)	5.)	
⊖ Übermut (Stolz)	6.)	

Mut ist nichts weiter als die Angst, wie in einem Trichter auf den Punkt gebracht. Fließt die Angst ab, entsteht Freude.

Übermut ist nichts weiter als die Freude, wie in einem Trichter auf den Punkt gebracht. Fließt die Freude ab, entsteht Angst.

Berufsmäßiges Denken,

Hemmungen — mittl. Freude

Hemmungen 2 — 2 mittl. Freude
6 Mut

ist ein dreieckiges Denken.

Angst und Freude / Mut und Übermut

Unser Gefühl läßt sich noch einmal unterteilen:
in eine positive Seite (Freude = Liebe, ich habe etwas lieb)
und in eine negative Seite (Angst).

Positiv deshalb, weil wir es so empfinden und so deuten.

Negativ deshalb, weil wir es so empfinden und so deuten.

Daß wir oft falsch empfinden und das Gefühl falsch deuten, habe ich eingangs schon erklärt: Verständigungsschwierigkeiten.

Einen Sonderstatus in dieser Unterteilung haben Mut und Übermut.

Darum habe ich diese beiden Gefühle noch einmal gesondert erwähnt.

Genaueres dazu im folgenden Text.

Was ist die Angst?

Die Angst ist ein positives Gefühl und somit ein Bestandteil der Seele, also wiederum eine Energieform. Von allein macht die Angst nichts.

Was ist die Freude?

Übersteigerte Freude ist ein negatives Gefühl und somit ein Bestandteil der Seele, also auch eine Energieform. Von allein macht die Freude nichts.

Beschäftigen wir uns zuerst mal mit der Angst.

Was ist die Angst?

Die Angst ist nur eine Energieform, die nur vom Tagesbewußtsein und Unterbewußtsein zur Gedankenentwicklung genutzt werden kann.

Was macht die Angst, welche Aufgaben hat sie?

Die Angst hat Schutzfunktionen, z.B. schützt sie unser Leben, warnt uns vor Gefahren, läßt uns Realitäten erkennen und akzeptieren.

Somit ist die Angst als ein positives Gefühl zu bewerten.

Die Angst ist der Gegenspieler der Freude.

Ohne Angst ist eine Freude nicht möglich.

Zuviel Angst produziert, bewirkt:

Verkrampfungen im Körper.

Minderdurchblutung im Körper.

Absterben von Gewebe und Organen oder Nerven im Körper.

Das realistische Denken fällt aus, durch Verkrampfungen im Gehirn und in der Seele, dem Bewußtsein.

Mauern werden mit der Angst gebaut.

Die Folge ist:

Es bleibt also dem UB überlassen, uns unbewußt richtig zu lenken.

Es wird uns aber nur so lenken können, wie es vom TB dazu geschult wurde, denn alle automatisch ablaufenden Reaktionen sind Aufgaben für das UB, und diese erfüllt es selbständig. Wenn es sich nicht zu sehr am Mauernbauen beteiligt, aber auch das unterliegt der Schulung durch das TB.

Ein falsch programmiertes UB und Gehirn bewirkt, daß uns das Unterbewußtsein falsch steuert und lenkt.

Dadurch ergeben sich falsche Denk- und Handlungsweisen, z.B. eine falsche Aussprache, Gestik und Mimik, d.h. wiederum eine Maske.

Wer sehr große Angst verspürt, ist teilweise unfähig, überhaupt noch zu handeln. Er ist wie gelähmt oder blockiert und kommt nicht auf das Einfachste, z.b. auf seinen Namen oder seine eigene Telefonnummer.

So wird das TB massiv vom UB beeinflußt.

Bei jedem Menschen, der einen ausgeprägten Gerechtigkeitssinn hat, verkrampft sich zuerst das Bewußtsein, dann das Gehirn, später der ganze Körper, wenn ihm Unrecht getan wird.

So leidet jeder Sk am meisten unter seinem eigenen Gerechtigkeitssinn.

Wozu ist die Angst noch da?

Die Angst ist der wichtigste Überlebensmechanismus, den wir in uns haben.

Angst ist der Gegenspieler von Freude. Ohne Angst ist eine Freude nicht möglich. Ohne Angst gibt es auch keine Gefühle, die wir körperlich verspüren können. Wer sich die Angst abtrainiert, verliert die Freude (Fremdenlegionäre).

Die Angst ist also nur eine Energieform, die vom Tagesbewußtsein und Unterbewußtsein genutzt wird.

Nochmals:

Die Angst hat bei uns Schutzfunktion, sie schützt z.b. unser Leben, warnt uns vor Gefahren, läßt uns Realitäten erkennen und akzeptieren und ist für uns der wichtigste Überlebensmechanismus, den wir in uns haben.

Sie ist auch als Artenschutz zu bezeichnen, weil wir nur durch Angst Liebe empfinden können.

Es bleibt dem Unterbewußtsein überlassen, uns automatisch richtig zu steuern und zu lenken, d.h. daß wir auf die Angewohnheiten von früher - also antrainierte Dinge - zurückgreifen, da wir mit unserem Tagesbewußtsein in vielen Momenten gar nicht richtig und so schnell reagieren können.

Also muß das UB richtig vom TB geschult werden.

Viele Wiederholungen schulen unser Gedächtnis!

Wenn nicht, gibt es Ärger:

Das hat dann zur Folge, daß wir uns verkehrte Handlungsweisen angewöhnen, z.B. eine verkehrte Sprache, oder Gestik und Mimik, also eine Maske haben, die Maske des Sk.

Dann werden wir so auch immer weiter sprechen und uns verkehrt zeigen, wenn wir zuviel Angst haben. Da wir uns durch diese Angst selbst blockieren.

Oder wir suchen uns immer wieder den gleichen falschen Partner aus!

Also hat auch ein falsch programmiertes Gehirn zur Folge, daß das Unterbewußtsein uns auch falsch steuert und lenkt.

Wenn ich verkehrte Taten begehe, erzeugt das wiederum Angst, und das hat zur Folge, daß eine Unzufriedenheit in mir entsteht und für andere sichtbar wird.

Somit kommt mit Sicherheit auch eine Unzufriedenheit zurück.

Dies steigert wieder unsere eigene Unzufriedenheit, und das "Unzufriedenen-Karussell" dreht sich schneller.

Die Unzufriedenheiten wollen wir ja nicht haben, angenehmer sind uns ja die Freuden. Trotzdem sind diese Unzufriedenheiten auch notwendig, denn Unzufriedenheit heißt wiederum Angst, und Angst ist der wichtigste Gegenspieler von Freude, und Angst schützt unser Leben, weil sie uns vor Gefahren warnt.

Somit können wir uns nur richtig über Angst Freude bereiten.

Das hört sich paradox an, ist es aber nicht.

Wenn wir uns also die Ängste in verschiedenen Bereichen abtrainieren, heißt das, auf der anderen Seite können wir auch keine Freude empfinden.

Nehmen Sie ein Lineal zur Hilfe, legen Sie es auf die Gefühlskurve und Sie werden mich verstehen.

Die Angst fängt sehr oft ganz klein an und hört manchmal irgendwo ganz groß auf. Danach folgt mit Sicherheit irgendwann eine mutige Tat.

Die Angst fängt z.B. da an, wo ich sage: "Ich mag nicht!"

"Ich mag nicht" ist eine Verneinung, eine Ablehnung, ist also keine Freude.

Alles was keine Freude ist, das sage ich einmal so, ist demnach Angst.

Alles was nicht dunkel ist, ist hell. (Die Polaritäten).

Ein Mittelstück der Gefühle gibt es nicht, nur verschiedene Stärken.

Das heißt, wir empfinden manchmal diese Angst gar nicht als Angst, sondern wir fühlen uns nur nicht so wohl, wir freuen uns nur nicht.

Also, wenn ich sage, ich mag nicht, dann ist das *die erste Stufe der Angst.*

Die zweite Stufe, die Steigerung, wäre dann schon, Hemmungen zu haben.

Hemmungen zu haben, heißt einerseits wiederum "ich mag nicht", auf der anderen Seite heißt es aber auch, ich halte Richtlinien als Gesetze ein.

Zum Beispiel solche, die mein Arbeitgeber ins Leben gerufen hat, die Richtlinien des Betriebes. In einem Betrieb oder Firma gibt es eine gewisse Ordnung. Da kann nicht jeder machen, was er will, sondern da wird darauf geachtet, daß jeder pünktlich ist, daß die Pausen eingehalten werden, daß jeder seine Arbeit zu der und der Zeit macht, das vorgegebene Pensum erfüllt usw..

Wenn wir diese Richtlinien einhalten, dann halten wir auch Gesetze ein. Dann haben wir auch genügend Hemmungen, die erforderlich sind, damit alles in geregelten Bahnen verläuft.

Dann halten wir auch die Richtlinien im Straßenverkehr ein.

Diese Hemmungen sind natürlich keine Freuden, also sind diese Hemmungen Ängste, ohne daß wir sie als Ängste verspüren oder mit unserem geistigen Auge sehen können.

Wenn wir die Richtlinien als Gesetze des Betriebes nicht einhalten, dann gibt es Ärger, dann gibt es Abmahnungen, dann gibt es Entlassungen. Wenn wir die Richtlinien einhalten, dann bemühen wir uns darum, daß nichts passiert.

Halten wir die Richtlinien im Straßenverkehr alle richtig ein, vermeiden wir Unfälle und halten z. B. bei einer roten Ampel an.

Wir müssen also genügend Hemmungen haben, ohne sie als Angst zu verspüren.

Jeder Autofahrer, der vor einer roten Ampel anhält, macht es aus seinen Hemmungen heraus. Er hat Angst vor Strafe, ohne daß er diese Angst jedesmal sieht.

Diese Hemmungen haben natürlich auch wiederum ein breites Spektrum.

Sie fangen klein an und gehen bis ganz groß, je nachdem, welche Richtlinien befolgt werden müssen. So hat jedes Umfeld andere Richtlinien.

Diese Erfahrungen sind auch auf die Freizeitgestaltung, auf den Sport und auf das Familienleben zu übertragen.

Halte ich Richtlinien als Gesetze, ohne Angst zu sehen, ein, habe ich richtige Hemmungen.

In jeder Familie muß eine gewisse Ordnung herrschen, eine gewisse Pünktlichkeit und Zuverlässigkeit, also ungeschriebene Gesetze oder Richtlinien:

wann wäscht wer was ab,

wann macht wer was sauber,

wer kauft ein usw..

All diese kleinen Dinge, die so zum täglichen Leben gehören, sind *ungeschriebene Gesetze*. Es sei denn, die Familie schreibt einen Rundumplan auf, dann kann ich auch von geschriebenen Gesetzen in dieser Familie sprechen.

So werden aus ungeschriebenen geschriebene Gesetze.

Das ist dann auch eine private Ordnung oder Richtlinien, die einzuhalten sind.

Wenn sie eingehalten werden, dann ist alles in Ordnung, wenn sie nicht eingehalten werden, gibt es Ärger. Ärger ist keine Freude, also Ängste. *Sichtbare Ängste entstehen.*

Dies ist die weitere Steigerung der Angst.

Um die Angst zu steigern, muß ich die Hemmungen verlassen und sagen:

Hier werden die Ängste für mich selber merkbar, sichtbar, spürbar.

Das heißt, ich habe eine klare Vorstellung: Das ist Angst in mir, was ich jetzt verspüre.

Das sind keine Hemmungen mehr (die ja auch Ängste sind), sondern das ist schon eine für mich sichtbare Angst, ich kann die Angst vor meinem geistigen Auge selber sehen.

Diese Angst ist noch nicht von anderen zu sehen, weil es interne Ängste sind.

Selbstverständlich werde ich dabei kein freundliches Gesicht machen.

Es sei denn, ich bin Schauspieler oder Suchtkranker mit seiner Maske.

Wenn ich ein freundliches Gesicht dabei mache, dann ist das eine Maske!

Wenn ich ein ehrliches, aufrichtiges Gesicht zu meinen Empfindungen mache, dann müßte die Angst auch für andere zu sehen sein. Sie sehen also, wie dicht doch die Ängste beieinander liegen. Also ist es schwer, sie auseinanderzuhalten.

Ich versuche trotzdem, die Ängste "auseinanderzunehmen und wieder zusammenzufügen". Einen Versuch ist es allemal wert.

Leider ist es selten der Fall, daß Menschen ehrlich sind, weil wir uns alle eine Maske, ein zweites Gesicht, angewöhnt haben, um keine Nachteile zu haben.

Somit kaschieren viele Menschen ihre Ängste durch ein Lächeln, durch ein freundliches Gehabe, damit andere bei ihnen die Ängste nicht entdecken.

Jeder Mensch kann die Ängste für sich selber sehen, und bei einem aufrichtigen, ehrlichen Gesicht sind diese auch für andere zu sehen, weil sie körperliche Auswirkungen haben, und trotzdem sind am Anfang nur Ängste für sich selbst zu sehen, also sichtbare Ängste.

Wenn es andere sehen und körperliche Symptome zeigen, sind es schon körperlich wehtuende Ängste.

Das ist gleichzeitig der Übergang von sichtbaren Ängsten zu körperlich wehtuenden Ängsten.

Sie sehen also wiederum, wie dicht diese Unterscheidungen zusammenliegen.

Genauso dicht zusammen wie Geruch und Geschmack, nur da haben wir Möglichkeiten, es auseinanderzuhalten.

Beim Gefühl geht das nicht.

Da müssen wir uns auf rein rationale, logische Überlegungen verlassen.

Sichtbare Ängste haben natürlich auch ein breites Spektrum.

Sie fangen erst klein an, so daß sie nur für sich zu sehen sind. Sie können aber auch groß sein, so daß ich, der sie sieht und empfindet, sagen kann:

Ich habe davor große Angst, weil die Angst für mich groß zu sehen ist.

Das kann sich steigern zu körperlich wehtuenden Ängsten, dann ist die Angst nicht nur für mich zu sehen, sondern die Angst ist körperlich schmerzhaft zu empfinden, zu verspüren, denn sie macht körperliche Symptome, die ich dann auch nicht mehr verbergen kann, also sind sie auch für andere zu sehen.

Sie macht dann z.B. Herzverkrampfungen oder der Magen verkrampft sich oder ich habe einen Kloß im Hals, z.B. bei einer bevorstehenden Rede. Oder meine Knie werden weich oder ich fange an zu zittern, ohne daß ich es bewußt verhindern kann, ich werde blaß und der vielen Symptome mehr.

Die Angst schlägt von der Seele zum Körper durch.

Das sind dann körperlich wehtuende Ängste, die kleine oder große Schmerzen verursachen können, weil diese Ängste aus unrealistischen oder realistischen Vorstellungen heraus entstanden sind.

Sinneseindrücke oder Aussagen und Reaktionen anderer, die meinem Gerechtigkeitssinn widersprechen, können auch dafür verantwortlich sein, genauso wie Verlustängste oder Zukunftsängste.

Überschüssiger Wille kann nicht in den großen "Willenstopf" zurückgegeben werden, er muß aber umgewandelt werden. (Er sucht sich darum Zielorgane aus und macht in Verbindung mit der Angst diese Schmerzsymptome.)

Diese breiten sich gleichmäßig langsam oder schnell im Körper aus und werden von Schwachstellen im Körper als Schmerzen registriert.

Entweder mit Diffusionsgeschwindigkeit oder mit Gedankengeschwindigkeit.

Oder der ganze Körper zittert, weil die Nerven den vielen Impulsen nicht mehr standhalten können. Diese Ängste können aber auch so gewaltig sein, daß sie uns lähmen.

So daß wir uns nicht von der Stelle bewegen können, daß wir starke Herzkrämpfe haben, daß wir plötzliche Durchfälle bekommen, wie z.B. bei der

Prüfungsangst. Genauso ist das Bewußtsein wie gelähmt, es ist blockiert, uns fällt nichts an klaren Gedanken ein. Wir empfinden eher so, als ob wir einen Brummkreisel im Kopf hätten. Ich sage immer, bei mir dreht sich ein Karussell, das ich im Moment nicht anzuhalten vermag.

Prüfungsangst ist eine Angst, die auch für andere sichtbar ist und körperlich und seelisch sehr wehtut.

Sie enthält auch sichtbare Ängste, Hemmungen und "ich mag nicht".

Diese Prüfungsangst macht nicht nur Durchfälle. Auch das Wasserlassen häuft sich. Oder die Haut ist von kaltem Angstschweiß bedeckt.

Es steigert sich so, daß der Betroffene gar nicht mehr von der Toilette herunterkommt, solch eine körperlich wehtuende Angst verspürt er. Hier spreche ich aus eigener schmerzlicher Erfahrung.

Nicht nur, daß ich diese seelischen und körperlichen Symptome hatte, sondern es war bei mir noch ein Mangel an Selbstwertgefühl zu verspüren. Der Minderwertigkeitskomplex schlug bei mir durch, und ich war den Tränen nahe oder sie flossen, ohne daß ich es verhindern konnte.

Am liebsten hätte ich mich in ein Mauseloch verkrochen, so geschämt habe ich mich für diese meine Reaktionen meiner "schwachen" Persönlichkeiten.

Heute, nachdem ich mich besser kennengelernt habe, aktiviere ich in solchen Situationen mein Erw-Ich, und die meisten Symptome verschwinden oder werden weniger. Ein wenig Aufgeregtheit und ein wenig Unsicherheit sind geblieben.

Bei Peter, mit seinen vier Schlaganfällen, den vielen Nervenzusammenbrüchen, den vielen körperlichen, teils überstandenen Krankheiten, teils noch vorhandenen Schäden, funktioniert das nicht mehr.

Der Körper verselbständigt sich und die Seele muß hilflos zusehen.

Peter kann damit leben, er hat es gelernt, lernen müssen.

Auch ich kann damit leben.

Mit der Hilflosigkeit wollte ich nicht mehr leben.

Diese körperlichen Symptome haben natürlich auch eine große Spannbreite.

Wenn ich diese Angst weiter steigere, dann wäre der nächste Schritt die Panik. Ich muß also, wenn ich alle Gefühle, alle Ängste ausleben will, nach diesen körperlich wehtuenden Ängsten in Panik geraten.

Das gestatte ich mir, aber nur in meiner Freizeit.

Bei der Panik ist der Verstand "kaputt", ist der Verstand ausgeschaltet.

So kann ich für mich sagen, meine damaligen Prüfungsängste hatten sich bis zur Panik gesteigert.

Die Panik kann auch klein anfangen und endet unter Umständen in Raserei.

Raserei deshalb, weil man sich überhaupt nicht mehr aushalten kann und die Flucht ergreift. Bei der Panik-Raserei weiß ich nicht mehr, was ich tue.

Der Ausnahmezustand ist perfekt.

Es kann aber auch sein, daß ich wie gelähmt stehenbleibe, daß ich nichts mehr denken und fühlen kann. Dafür sind dann immer riesengroße, wehtuende, panikartige Ängste verantwortlich.

Wenn ich die Panik überwinde, werde ich mutig, und das heißt,
die Ängste, wie in einem Trichter, auf den Punkt gebracht.
Ich gehe zum Arzt oder weiß mir sonstwie zu helfen.

Ängste empfinden wir grundsätzlich als negativ, sie haben aber mit Sicherheit auch, wie ich schon erwähnt habe, ihre positiven Seiten, denn sie schützen unser Leben, warnen uns vor Gefahren.

Mut ist selbstverständlich positiv zu bewerten.
Mut ist eine positive Angelegenheit, denn jede Tat erfordert Mut.
Selbst Übermut enthält Mut.
Auch dazu muß ich die Angst überwinden, um eine mutige Tat zu tun.
Mit "Taten" meine ich Handlungsweisen, Aussprachen, Gestik, Mimik und Körperhaltung.
Ich sage es schon mal an dieser Stelle, daß wir viele Taten aus Übermut tun.
Ich muß nicht unbedingt die ganze Leiter der Angst erleben.
Ich kann natürlich einige Stufen ausklammern und sagen: ich mag nicht aufstehen.
Und dann entschließe ich mich doch zum Aufstehen, d.h. unter Umgehung der Hemmungen, der sichtbaren Ängste und der körperlich wehtuenden Ängste stehe ich einfach auf.
Dieses Aufstehen heißt: Ich bin mutig geworden, habe meine kleinen Ängste überwunden!
Günstig ist es für Sie als Leser, wenn Sie sich eine Kopie der vorne eingefügten Gefühlskurve machen, diese neben das Buch legen und darauf mitverfolgen, was ich beschreibe.

Durch dieses Aufstehen bereite ich mir eine kleine Freude und bin also schon durch diese mutige Tat auf der Freudenseite gelandet, und Freude empfinden wir selbstverständlich für uns positiv, aber - wie die Ängste - kann sie sich ins Gegenteil kehren, indem wir Freude zwar empfinden, aber die Auswirkungen dessen wiederum negativ sind.
Wenn ich mich z.B. an der falschen Stelle freue, z.B. bei der Beerdigung, habe ich sicher nichts zu lachen, denn da verletze ich bestimmt irgendwelche Etikette als geschriebene Gesetze.

Also, Freude richtig angewandt, ist eine positive Empfindung.
Freude, an der falschen Stelle und übertrieben angewandt, schlägt um ins Negative, und schon verspüren wir dann wiederum "ich mag nicht", Hemmungen, sichtbare Ängste bis hin zur Panik.
Eine Freude kann auch euphorischer Übermut sein.
Steigere ich die Freude, wird daraus irgendwann Übermut, wenn ich nicht bremse und mein richtiges Maß der Freude finde.
Wir empfinden Übermut als Freude, aber zufriedene Freude ist etwas anderes.
Auch Freude fängt ganz klein an und kann ganz schematisch gesteigert werden, indem wir einfach sagen, wir empfinden eine kleine Freude, mittlere Freude, große Freude, riesengroße Freude und Euphorie, als größte Steigerung. In der

riesengroßen Freude ist auch die riesengroße Liebe enthalten. Kleinere Liebe ist vorher bei jeder Freude zu finden.

Euphorie ist somit die große Liebe, sie tendiert aber eher in Richtung Übermut als unruhige Freude, also auch als unruhige Liebe.

Liebe macht blind.

Sk lieben diese unruhige Liebe, weil sie zu einer ruhigen Liebe nicht fähig sind.

Ein Suchtmittel, übertrieben eingesetzt, kann nicht ruhig geliebt werden, deshalb ist es auch nicht in diesem Maß richtig zu genießen, sondern es wird konsumiert, also als Mittel zum Zweck eingesetzt.

Somit kann ein Sk nicht richtig ruhig genießend lieben!

Erst wenn die SK zum Stillstand gebracht wurde, kann das Elt-Ich genießen.

Somit ist wieder eine große Liebe möglich.

Ich beschreibe das deshalb so umständlich ausführlich, weil ich davon ausgehe, daß die meisten Menschen hörigkeitskrank sind und das Blindsein brauchen, damit sie sagen können: "Ich bin groß verliebt."

Für Ängste haben wir viel mehr Worte zur Verfügung als für Freude, wie Sie in der Auflistung gesehen haben.

Deshalb steigere ich die Freude auch ganz schematisch, damit eindeutig eine Steigerung der Freude ersichtlich wird und ich so wenig wie möglich, mit Ihnen als Leser, Verständigungsschwierigkeiten haben kann.

Die Euphorie ist wiederum ein Ausnahmezustand, in dem der Verstand teilweise oder ganz aussetzt oder zumindest unrealistisch denkt.

Somit können wir uns also nicht mehr richtig auf den Verstand verlassen.

Die Liebe als Freude fängt auch ganz klein an, so daß ich sagen kann, wenn ich etwas mag, habe ich es lieb. Diese Liebe ist, genauso wie die Angst, bis ganz groß zu steigern. Die große Liebe ist auch gleichzeitig eine riesengroße Freude und bedeutet Euphorie, und Euphorie macht blind.

Der Nachwuchs, die Art, kann dadurch gesichert werden, aber auch viel Leid wird dadurch erzeugt.

Der Alltag zeigt mir, wie groß die Liebe wirklich ist. Wird aus dieser großen Liebe schnellstens eine Freundschaft gemacht, kann diese Liebe ein Leben lang halten. Dann können Menschen in Ruhe gemeinsam alt werden.

Ich kann also so lieben, daß ich in Euphorie gerate. Und Liebe empfinden wir als etwas Positives, also scheint Euphorie auch als etwas Positives. Zum Schutz des Lebens aber ist sie negativ.

So ist die Liebe der wichtigste Fortpflanzungsmechanismus oder Artenschutz, den wir in uns haben (nach Peter). Das betrifft Menschen genauso wie Tiere oder Pflanzen.

Wer die große Liebe empfinden kann, kann selbstverständlich auch in Panik geraten. Aber selbstverständlich ist auch bei einer großen Liebe, der Euphorie, der Verstand nicht mehr klar vorhanden, wie in der Panik auch.

Wer keine Panik empfinden kann, der ist auch nicht in der Lage, Euphorie zu empfinden, sprich die wahre große Liebe.

Wer sich die Angstseite abtrainiert hat, empfindet auf der gleichen Ebene der anderen Seite, der Freudenseite, keine Freude mehr.

Legen Sie ein Lineal auf die Gefühlskurve, von der Angstseite zur Freudenseite, und Sie werden sehen, was ich meine. Ist die Panik verdeckt, ist auch die Euphorie verdeckt.

Ich behaupte einfach, daß es viele Menschen gibt, die angeblich Liebe empfinden, aber eher übermütig sind, als Liebe zu empfinden. Ich behaupte weiter, daß derjenige vielleicht eine riesengroße Freude empfinden kann, aber keine Euphorie oder die große Liebe.

Denn wenn er sich auf der einen Seite, der Angstseite, die Panik abtrainiert hat - er will und kann aus irgendwelchen Gründen, z.B. wenn eine Suchtkrankheit vorliegt, nicht mehr in echte Panik geraten, weil er sich die dementsprechenden Mauern errichtet hat - , dann kann er auch keine echte, große Liebe mehr empfinden, er kann höchstens eine riesengroße Freude, als eine Art der Liebe, noch empfinden oder übermütig werden.

Aber die große Liebe, wie wir es im Volksmund sagen, ist ihm nicht möglich.

Und wenn jemand übermütig wird, dann muß auf der anderen Seite gleich danach erscheinen: *Ich mag nicht mehr.*

Denn die Gefühlskurve ist wie eine waagerechte Acht, also unsere Unendlichkeitsschleife, in der wir von einer Seite zur anderen fahren.

Einen Rückwärtsgang gibt es bei der Gefühlskurve nicht.

Wir können bei einem Gefühl anhalten und verweilen, aber dann geht es weiter zum nächsten Gefühl und zwar so, wie es das Bewußtsein beeinflußt.

Wie das Sprichwort sagt: "Übermut tut selten gut." So geht es auch in der Gefühlskurve weiter. (Ein Fünkchen Wahrheit ist nach meinem Dafürhalten in allen sprichwörtlichen Überlieferungen).

Oder ein weiteres Sprichwort: "Hochmut kommt vor dem Fall." Hochmut ist mit Übermut und Stolz gleichzusetzen.

Nach Übermut folgt ein "ich mag nicht" oder sogar große Angst oder ein schlechtes Gewissen, weil ich die übermütige Tat bereue.

Bei Übermut ist der Verstand sehr aktiv, aber in einer Scheinwelt, also unrealistisch.

Der "Verstand" ist wiedergekehrt, er ist wieder vorhanden. Also, wer verstandesmäßig liebt, der ist eher übermütig, als daß er echte Liebe geben kann.

Somit ist die übermütige Liebe eine stolze Liebe und gleichzeitig Scheinwelt.

Der Verstand ist auch bei einer kleinen Freude, mittleren Freude, großen Freude, riesengroßen Freude da, nur klarer, also vernünftiger und gesünder.

Aber bei der Euphorie, der großen Liebe, kann er teilweise oder ganz aussetzen.

Und Überwindung der Euphorie als Freude bedeutet Übermut.

Merksatz: *Übermut ist nichts weiter als die Freude, wie in einem Trichter auf den Punkt gebracht.*

Das heißt mit anderen Worten Überwindung der Freude.

Und schon ist der Kreislauf wieder geschlossen, weil wir danach im Angstbereich landen.

In Kurzfassung heißt das:

Ängste sind grundsätzlich positiv, wir empfinden sie nur als negativ.
Sie schützen unser Leben!
Freuden sind grundsätzlich negativ, wir empfinden sie nur positiv.
Die Überwindung der Angst heißt Mut.
Die Überwindung der Freude heißt Übermut.

Mit einer mutigen Tat begebe ich mich auf die andere Seite, auf die Freudenseite, und habe die Möglichkeit, dann übermütig zu werden, um wiederum durch Übermut auf der Negativseite, der Angstseite, zu landen.

Ich hoffe, Sie haben mich verstanden, auch wenn ich einmal genaue Bezeichnungen benutze und ein anderes Mal wieder die Umgangssprache.

In der Gefühlskurve stehen sich Angst und Freude dicht gegenüber und sind sehr eng miteinander verknüpft, d.h.aber auch, sie brauchen sich, um zu funktionieren, und bewegen sich wie in einer Unendlichkeitsschleife fort.

Oder anders ausgedrückt, das Bewußtsein bewegt sich in den Gefühlskurven und kann hier und da anhalten, verweilen, genießen oder weiterziehen. Oder es kann einzelne Gefühle längere Zeit immer überspringen. Je nachdem, wie es das TB bewußt oder das UB es unbewußt wollen.

Wenn ich einmal mutig geworden bin, kann ich die erste mutige Tat tun.

So geht der Kreislauf schon los. Und dieser Kreislauf beginnt, sobald das Ki-Ich in der Seele erwacht ist, also im vorgeburtlichen Stadium, und zwar in einer Zeit, wo das Gehirn noch nicht ausgebildet sein kann. Gleich nach der Befruchtung und Beseelung fängt erst die Zellteilung an, aber die Gefühlskurve läuft schon, denn Gedanken in der Seele sind seelische Taten.

Ich wandere auf die andere Seite, auf die Freudenseite, und wieder zurück.

Der Gefühlskreislauf der Seele ist bei der Beseelung mit Gefühl in der Seele in Gang gesetzt worden.

Das Denken im Beruf:

In einem Betrieb sind Hemmungen erwünscht, d.h. die Mitarbeiter müssen die Richtlinien des Betriebes einhalten, dann ist alles in Ordnung.

Es wird aber auch von ihnen erwartet, daß sie mutig sind. Sie müssen die Produkte, die hergestellt werden, ohne sichtbare Ängste an den Mann bringen und Rede und Antwort stehen.

Sie sind also aufgefordert, genügend Hemmungen und genügend Mut zu haben. Das ist die Angstseite.

Auf der Freudenseite wird von jedem Mitarbeiter erwartet, daß er eine mittlere Freude zeigt, aber kein dienstfreundliches Gesicht macht, das als Maske erkannt wird. Er muß schon ehrlich sein. Das Problem ist, daß diese Freundlichkeit erlernbar ist, aber nach Jahren zur Maske werden kann, und dann wird man auffällig.

Es gibt als Beispiel viele Menschen, die jahrelang in ein und derselben Abteilung freundlich sind. Bei ihnen wird mit der Zeit alles zur Routine, so daß sie gar nicht mehr richtig zuhören können, was der Kunde eigentlich sagt. Ihr Lächeln wird zur Maske.

Sie machen Maske, denken an etwas anderes und sind somit unglaubwürdig. Ihre Körpersprache widerspricht ihrer mündlichen Ausdrucksform.

Ihre Unehrlichkeit wird sichtbar. Ihre Unglaubwürdigkeit auch.

Darunter leidet selbstverständlich die ganze Firma, denn vom Verkäufer wird auf den Chef geschlossen. So wie die Angestellten sind, so ist der Chef, so ist der ganze Betrieb.

Günstig ist es für einen Betrieb, der mit Kunden zu tun hat, die Beschäftigten nach einem Rollsystem von einer Abteilung in die nächste einzuarbeiten. Damit wird die Routine unterbrochen und der Arbeitsplatz freundlicher. Aber, wie gesagt, die mittlere Freude ist unbedingt ehrlich erforderlich. Das heißt aber auch, daß auf der Angstseite Hemmungen und Mut zu sehen sein dürfen und auf der Freudenseite mittlere Freude zu sehen sein darf.

Geschieht dieses gefühlsmäßige Denken zu lange, wird es unehrlich, weil es von anderen als Unsicherheit gedeutet wird. Oder es wird gesagt, der oder die will nicht oder kann nicht. *Dann ist der Job in Gefahr!*

Wenn ich dieses Denken jetzt mal durch Linien auf der Gefühlskurve verbinde, entsteht ein Dreieck. *Das heißt, dreieckiges Denken.*

Denn auf der Angstseite sind Nr. 2 und 6 zu sehen und auf der Freudenseite Nr. 2. Das ist kein rundes, harmonisches, ausgeglichenes Denken, das muß unbedingt nach einer gewissen Zeit auffällig werden, wird von anderen entdeckt und es wird als unglaubwürdig eingestuft, ohne daß es sich einer richtig erklären kann. Aber diese Maske wird mit Sicherheit irgendwann entdeckt.

Wer dieses unglaubwürdige Denken, diese Maske, dieses berufliche Denken und Verhalten mit nach Hause nimmt und so weitermacht, der kann keine Harmonie bei sich und anderen herstellen, und Harmonie ist eines unserer wesentlichen Grundbedürfnisse, eines unserer seelisch-geistigen Grundbedürfnisse.

Ohne Harmonie ist ein Sichgeborgenfühlen nicht möglich. Geborgenheit brauchen wir unbedingt für unsere Zufriedenheit. Wenn keine Geborgenheit entstehen kann, ist es auch keine richtige runde Zufriedenheit, weil ein weiteres GB nicht erfüllt wird.

So hat derjenige, der ständig berufsmäßig denkt, einen Fehlbedarf

seiner richtigen Anerkennung,

seiner richtigen Liebe,

seiner richtigen Harmonie,

seiner richtigen Geborgenheit, und

auch seine Selbstverwirklichung macht er völlig falsch.

Das ist nicht nur Hörigkeitsverhalten, sondern eindeutig eine Hörigkeitskrankheit, und das ist eindeutig eine SK.

Deshalb wird dann auch die erbrachte Anerkennung und Liebe angezweifelt.
Wer sich also in seinem Privatleben berufsmäßig verhält - er legt genügend
Hemmungen an den Tag, zeigt niemals sichtbare körperlich wehtuende Ängste
und gerät auch nicht in Panik, sondern zeigt nur eine mutige Tat und auf der an-
deren Seite eine mittlere Freude, zeigt nie eine kleine, große, riesengroße Freude
oder gar Euphorie, sondern legt im Höchstfall Übermut an den Tag - der kann
kein glückliches, harmonisches Privatleben führen.
Der Partner trennt sich von ihm, ohne daß beide so recht wissen warum.
Es wird vielleicht gesagt: wir verstehen uns nicht mehr, wir haben uns auseinan-
dergelebt und der vielen fadenscheinigen Begründungen mehr.
Weitere SK können die Folge sein oder sind schon unbemerkt ausgebrochen.
Wer wieder mal leidet, sind die Kinder.
*Sie bekommen eine "Suchtkrankenerziehung", also haben auch sie gute Chan-
cen, suchtkrank zu werden.*
Es sind eindeutig Erziehungsfehler. Es sind eindeutig Verständigungs-
schwierigkeiten.
Wenn ich jetzt Übermut noch mit einbeziehe, dann ist es ein viereckiges oder
rechteckiges Denken, dann gibt es einen Kasten, und zwar auf der Angstseite 2
und 6 und auf der Freudenseite auch 2 und 6.
So ein Kastendenken ist auch keine runde Sache.
*Es ist eindeutig Suchtkranken-Denken und Verhalten und das ist wiederum eine
SK, die Hörigkeit.*
Dabei ist es unbedingt notwendig, im Privatleben ausgeglichen zu sein, harmo-
nisch zu sein und sich geborgen zu fühlen sowie sich richtig selbst zu
verwirklichen.
Wenn das nicht der Fall ist, dann muß es auf die Dauer zu familiären Spannungen
führen, also entstehen wiederum Ängste, Aggressionen, Streit, und das Familien-
leben ist dermaßen gestört, daß nur von außen sichtbar gemacht werden kann:
Wie geht ihr eigentlich miteinander um?
Sie selbst können sich nicht mehr helfen.
Dieses Hörigkeitsverhalten artet sehr leicht aus und wird eindeutig zur manifesten = chronischen Suchtkrankheit, der Hörigkeit. Ersatzhandlungen sind ständig
die Folge.
Weil dieses Verhalten in vielen Familien auffällt, ohne daß sie es sich erklären
können, laden sie sich z.B. sehr häufig Gäste ein oder gehen häufig aus, fühlen
sich also nicht wohl zu Hause, weil sie auch inzwischen heimatlos geworden
sind. Um sich wohl zu fühlen, brauchen sie andere Menschen, um durch sie, über
sie zu leben, weil sie im Laufe der Zeit verlernt haben, miteinander zu reden, miteinander harmonisch umzugehen, miteinander die ganze Gefühlsskala der Ängste
und Freuden auszuleben und weil sie verlernt haben, sich richtig selbst zu
verwirklichen.
Heimatlose können Kindern kein Zuhause geben!

Das heißt auch, sie haben verlernt, sich so anzunehmen und so zu zeigen, wie sie sind. Sie haben ihre Natürlichkeit verloren und sind krank geworden.

Kranke können keine Kinder zur Gesundheit erziehen!

Das heißt wiederum Spannungen, Ängste, verkehrtes, unrealistisches Denken und dann natürlich auch unrealistische Handlungsweisen, die dann wiederum zu Spannungen und Streit in fast allen Bereichen führen.

Das überträgt sich selbstverständlich, auch auf die Kinder.

Das überträgt sich selbstverständlich auch auf das Berufsleben.

Die Arbeitskraft leidet, das Familienleben leidet, alle leiden.

Dieser Leidensweg heißt Suchtkrankenleidensweg!

Leider schulen Sk durch ihr Verhalten auch ihre gesamte Umwelt.

Kann bei diesem Verhalten unsere Gesellschaft gesund sein?

Wenn solche unharmonischen Lebensweisen über Jahre betrieben werden, kann bei dem einen oder anderen Partner der Gedanke aufkommen, jetzt muß ich mir einen Partner suchen, der mir das gibt, was ich "zu Hause" nicht habe.

Das heißt, ein Fremdgehen ist vorprogrammiert, das heißt aber auch Ausbrechen aus der Familie und oft ein Im-Stich-lassen der Kinder.

Es kann aber genauso sein, daß die Ersatzhandlungen noch gesteigert werden und/oder der Suchtmittelkonsum erst mal erhöht wird.

Leider sind immer die Kinder die Leidtragenden.

Die Erwachsenen haben soviel mit sich selbst zu tun, daß sie ganz schnell verlernen, ihren Kindern richtig zuzuhören. Dadurch verlieren sie auch ihre Glaubwürdigkeit.

Die Verständigungsschwierigkeiten häufen sich, die Ersatzhandlungen auch.

Was soll aus diesen Kindern nur werden? Auch Suchtkranke, nach ihren Vorbildern? Wenn das keine Erziehungsfehler sind, was dann?

Die Kinder verlassen meistens frühzeitig das Zuhause wegen dieser Streitigkeiten, ja wegen der Disharmonie. Wo alles oder vieles unharmonisch zugeht, fühlt man sich nicht wohl. Selbst Kinder nicht, die ihren Eltern vieles verzeihen können, aber nicht die vielen Ungerechtigkeiten.

Dieses sollte alle Verantwortlichen wach werden lassen!

Die Kinder haben nun mal den Anspruch und das Recht, zufrieden zu werden, sich wohl und geborgen zu fühlen und ein Zuhause haben zu dürfen.

Sie begeben sich halt eher und schneller aus dem Elternhaus als andere Kinder, um ihre Zufriedenheit doch noch herzustellen.

Die Massenflucht der Kinder hat vor etwa 40 Jahren angefangen.

Jetzt haben Sie eine einigermaßen vernünftige Erklärung dafür.

Vor etwa 30 Jahren fing die antiautoritäre Erziehung an. "Unsere Kinder sollen es mal besser haben als wir." Was für ein großer Schaden damit angerichtet wurde, kann man nur in einem eigenständigen Buch beschreiben. Nur sollten Sie einmal darüber nachdenken, wie alt die Kinderschänder sind und woher die grenzenlose Gewalt kommt!

Oder wie alt die dazugehörigen Eltern sind.

Selbstverständlich bedeutet das für die Kinder auch Strapazen, frühzeitig in das Leben geworfen, frühzeitig Fehler machen zu müssen, und diese Fehler sind dann auch wiederum vorprogrammiert, denn sie haben zu Hause gelernt, wie man sich streitet, wie man sich aus dem Wege geht, wie man sich isoliert, wie man gute Chancen hat, suchtkrank zu werden. Sie nehmen sich zwar vor, niemals zu werden, wie ihre Eltern und Erzieher, aber da das UB ja und nein streicht, werden sie automatisch so. Vielfach übertreffen sie sogar ihre Erzieher.

Ich versuche, alles sachlich zu beschreiben, aber fragen Sie lieber nicht, wie es z.Z. beim Schreiben in mir aussieht!

Es regt mich auf, gibt mir aber auch den Mut, clean zu bleiben.

Die Kinder haben zu Hause gelernt, wie man sich wehtut.

Entweder werden sie auch sk wie ihre Eltern, oder sie werden Streber, die keinen Menschen wirklich an sich heranlassen. Also werden sie auch sk. Diese beiden Suchtkrankheiten sind deshalb vorprogrammiert, weil sie schon hörig aus dem Elternhaus gehen. Fast immer fängt die Hörigkeit im Alter von 8- bis 10 Jahren an.

Ihre Wertschätzung kann nicht in Ordnung sein, also müssen sie leiden und über dieses Leiden entweder menschenfreundlich oder menschenfeindlich werden. Meistens werden sie lebensfeindlich. Andere Suchtkrankheiten haben schon bei ihnen kräftig angeklopft. Hörigkeitskrank oder -geschädigt sind sie schon.

Manchmal ist es nur noch ein kleiner Schritt bis sie chronisch krank, kriminell oder beides werden.

Sie haben auch das Bedürfnis nach Harmonie, nach Anerkennung, nach Liebe, nach Geborgenheit bisher nicht richtig verwirklichen können. Somit haben sie eindeutig einen großen Fehlbedarf in diesem seelischen Bereich. Deshalb ist eine Sk immer der Versuch, sich selbst zu helfen und doch noch zufrieden zu werden. Sie versuchen, das jetzt mit ihrer neuen, eigenständigen Selbstverwirklichung zu erreichen. Im allergünstigsten Fall gelingt es ihnen. Es kann aber auch sein, daß sie Glück haben, und ein wirklicher Freund steht ihnen zur Seite. Diese beiden könnten es schaffen, nicht chronisch suchtkrank zu werden oder die schon vorhandene Hörigkeit so zu verändern, daß sie alleine von dieser genesen werden. Es werden zufriedene Menschen.

Wenn sie aber durch die Erziehung, durch die Erfahrungen, die sie gemacht haben, nur Streit, Ärger, Ängste, unharmonische Dinge mitbekommen haben, wie wollen diese Kinder sich dann selbst richtig verwirklichen und zufrieden werden? Oder sie haben zu Hause berufsmäßiges, strenges Denken erfahren. Wie wollen sie dann auf sich gestellt zufrieden werden? Wer zeigt ihnen ihre wirklichen Bedürfnisse?

Leider könnte ich damit ganze Bücher füllen, die beschreiben, wie falsch Erziehung sein kann und was aus diesen Kindern wird.

Nachdem ich von Peter so viele aufklärende Sichtweisen erhalten habe, befürchte ich, daß es nur wenige wirklich zufriedene, gesunde Menschen in unserer Gesellschaft gibt.

Damit meine ich nicht nur Deutschland, sondern die ganze zivilisierte Welt.
Selbstverständlich sind das nur ein paar der vielen Gründe, warum Kinder frühzeitig aus einer Familie ausbrechen.

Genausogut kann es sein, daß durch dieses disharmonische Verhalten der Eltern ein Kind unfähig zur Selbständigkeit wird und nicht den Absprung zum Erwachsenwerden, zur Eigenverantwortlichkeit schafft. So wird es weiterhin sk sein, den Eltern gegenüber weiter hörig sein, auch dann noch, wenn sie schon eine eigene Familie gegründet haben. Was aus dieser Familie wird, habe ich gerade vorher versucht darzustellen.

Suchtkranke, wohin ich auch sehe. Das ist der Nachteil meines bewußten Lebens, ich sehe und höre jetzt viel mehr als andere Menschen. Wie blind ich doch vorher war, fällt mir jetzt erst richtig auf.

Vielen bleibt nichts anderes übrig, als sich irgendeiner Droge zu widmen.

Irgendeiner unrealistischen, vorgegaukelten Wirklichkeit, weil sie versuchen, sich zu helfen, um doch noch, wenigstens zeitweise, zufrieden zu werden. Die Hilflosigkeit ist bei ihnen unbeschreiblich groß. Deshalb haben auch viele Kinder im Alter von 10 Jahren schon häufig Selbstmordgedanken.

Sie trauen sich nur nicht darüber zu reden, denn wer würde sie schon verstehen?

Viele Kinder begeben sich aus diesen Gründen auch in eine frühzeitige Partnerschaft. Also haben sie ein gestörtes Verhältnis zu sich selbst, was sie natürlich dann auch auf andere übertragen.

Diese "gestörten, unharmonischen Kinder" zeugen wiederum Kinder, gründen, sehr oft ganz schnell auch eine Familie und geraten dadurch wiederum in Schwierigkeiten = Suchtkrankheiten = Hörigkeiten, die sich schnell ausbreiten.

Der Suchtkrankheitsverlauf, die Hörigkeit, wird nicht unterbrochen sondern weitergeführt.

Wenn ich bedenke, daß dieser Kreislauf schon seit vielen Generationen so geht, ist mir die Hilflosigkeit und die Gewaltbereitschaft in unserer Gesellschaft erklärlich. Krankheiten werden dadurch richtig gezüchtet.

Die Unfähigkeit vieler Therapeuten, die sich auf überholten Erkenntnissen ausruhen, ärgert mich dabei am meisten. Gleich danach kommen die Politiker, die sich für diesen Bereich nicht zuständig erklären. Nach meiner Meinung handeln sie gegen unser Grundgesetz, und das ist strafbar.

Nur keiner scheint in der Lage zu sein, sie zur Rechenschaft heranziehen zu können. Auch dazu habe ich einen Spruch aus dem Volksmund:
"Politiker erzählen viel, aber sagen nichts."

So gibt es also viele Möglichkeiten, durch die eigene Seele krank zu werden.

Das alles kann durch eine Disharmonie, durch Nichtausleben der Gefühle, durch Nichtsichtbarmachen der einzelnen Ängste und der einzelnen Freuden entstehen.

Denke ich einen Gedanken nicht zu Ende, bin ich unzufrieden. Also muß ich den Gedanken zu Ende denken, um zufrieden zu werden. Es geht auch nicht, nicht daran zu denken, weil sich die Gedanken nur schwer abbremsen oder verändern lassen.

Ich muß daran denken, den Gedanken zu Ende denken, nur dann habe ich Ruhe. Und dazu muß ich mir die richtigen Informationen verschaffen.

Das nur mal so als Beispiele, wie so etwas ablaufen kann, krank zu werden. Auch hier klammere ich wieder die vielen körperlichen Krankheiten als Folgeschäden einer Seelenerkrankung aus. Es würde zu weit führen in diesem Buch.

Also ist es unbedingt erforderlich, seine Gefühlsskala, die ja jeder Mensch hat, hoch und runter zu gehen, sich also auszuleben. Lernen, sich zu ertragen. Lernen, richtiger und harmonischer miteinander umzugehen.

Dazu gehört selbstverständlich auch das Richtig-Zuhören-Können. Was hat mein Partner gesagt, und wie ist dieses Gesagte bei mir angekommen, wie deute ich es richtig, und welche Möglichkeiten habe ich, diese Frage oder das, was mir gesagt wurde, zu verarbeiten und wiederzugeben?

Das alles geht nicht so schnell, deshalb muß ich die Spontaneität ein wenig aufgeben und mir Zeit zum Nachdenken nehmen.

Ich muß mich auch davor hüten, das mir Gesagte in der Luft zu drehen und anders zu bewerten, als es der andere gesagt hat. So kann ich es mir zur besseren Überprüfung aufschreiben.

Dazu muß ich auch erst mal gründlich darüber nachdenken. Den Sinn, den Inhalt einer Frage oder Aussage muß ich erkennen können. Sonst nehme ich den anderen nicht ernst, wo ich doch auch ernst genommen werden möchte.

Eine spontane Antwort ist meistens verkehrt.

Selbstverständlich müssen spontane Antworten manchmal gegeben werden. Sie können aber nur richtig gegeben werden durch vorher richtiges Üben, vorher richtig gefaßte Erkenntnisse, ein richtig geschultes UB. Alles andere wäre wiederum unrealistisch.

In vielen Fällen wird so miteinander kommuniziert: Keiner läßt den anderen ausreden, irgendeiner sagt einen Satz, bzw. bevor er ihn noch ganz ausgesprochen hat, weiß der andere schon, was der Partner zu sagen hat, und reagiert darauf, hat seine Antwort schon parat, *das Ganze nennt sich dann Diskussion.*

Da kommt natürlich nur ein Durcheinander heraus, so daß der "Streit" ausufert und zum Schluß keiner mehr weiß, wie es angefangen hat. Selbstverständlich ist diesem Streit, wo der Auslöser nicht mehr festzustellen ist, ein unharmonisches Miteinander-umgehen vorausgegangen.

Ich bezeichne dieses Verhalten als eindeutiges Suchtkrankenverhalten.

Ich sage dazu deshalb Suchtkrankenverhalten, weil daraus leicht eine Suchtkrankheit entstehen kann und weil wir uns selbst stark vernachlässigen.

Dieses kann ich gar nicht oft genug wiederholen, weil es so viele Möglichkeiten gibt, suchtkrank zu werden. Fast alles kann, nach einer gewissen Zeit, bei Über- oder Untertreibungen, Einstieg in diese Krankheit sein.

Um die gröbsten Streitfehler bei sich und anderen vermeiden zu können, bedarf es einer genauen Kenntnis seiner Grundbedürfnisse und der Ahnung davon, diese dann bei dem erwählten Partner (Familie und Heim) erfüllen zu dürfen.

Hinzukommt: Jeder Mensch wird, außer mit seinen Grundbedürfnissen, auch noch mit bestimmten Zu- oder Abneigungen geboren.

Zum einen haben wir körperliche Vorlieben oder Abneigungen, die wir mit unseren Erbinformationen mitbekommen. Hierbei sprechen wir von Erbanlagen.

Aber auch unsere Seele bringt bestimmte Neigungen mit. Dies kann Zuneigung, also Sympathie, oder Abneigung, also Antipathie, sein.

Eine Neigung ist eine Richtung - im positiven oder negativen Bereich.

Auch dort ist das Polaritätsgesetz gültig.

Zuneigung	Abneigung
Sympathie	Antipathie
Freude	Angst

Wir bestehen also: Aus dem Körper mit seinen Erbanlagen. Aus der Seele mit ihren ureigenen Neigungen und den Gefühlen der Angst oder Freude, der diesen Neigungen eine gefühlsmäßige Ausdrucksform verleihen.

Wenn wir von unseren Neigungen sprechen, so können wir diese jeweils einer Richtung zuordnen. Entweder auf die Seite der Freude oder auf die Seite der Angst. Wir sprechen also vom Gefühl und dem Berwertungssystem der Seele.

Auf die Veränderbarkeit unserer Gefühle bzw. unserer speziellen Neigungen gehe ich noch einmal im Kapitel "Liebe" ein.

Die Liebe

Selbstverständlichkeiten, über die sonst keiner offen spricht.

Was ist die Liebe?

Die Liebe ist eines unserer stärksten Gefühle, also ein Bestandteil der Seele.

Da die Liebe aber eine gewisse Sonderstellung unter den Gefühlen hat, habe ich ihr ein eigenes Kapitel gewidmet.

Wo beginnt die Liebe, wann ist es mehr als nur Sympathie?

Liebe beginnt meines Erachtens schon, wenn sich zwei Auren mögen.

Ich werde jetzt allerdings weniger auf die Aura eingehen, da diese Informationen erst im nächsten Kapitel behandelt werden.

Wie steigere ich Liebe über den Körper? Was gehört zur Auslösung körperlicher Liebe ?

1.) Ich mag dich (Aura).

2.) Ich mag dich gern sehen.

3.) Ich mag dich gern hören.

4.) Ich mag dich gern riechen.

5.) Ich mag dich gern anfassen.

6.) Ich mag dich gern schmecken.

7.) Ich kann gut mit dir harmonieren (Geschlechtsverkehr).

8.) Oder es kann eine Harmonie in einer Freundschaft sein.

Wir wollen uns aber in diesem Kapitel zwar mehr mit den seelischen Aufgaben bzw. Auswirkungen der Liebe auf unser Leben, auch natürlich auf den Körper, beschäftigen, aber zuerst einmal will ich versuchen, die Liebe nur auf unsere körperlichen Sinne zu beziehen.

Wenn sich zwei Menschen begegnen, die sich auf Anhieb mögen, dann steckt meistens dahinter, daß sich die Auren der beiden sympathisch sind, Informationen ausgetauscht haben und in uns eine kleine, fast unbemerkte Freude entsteht.

Deshalb sage ich, Liebe beginnt damit, daß sich zwei Auren mögen.

Und dann kann ich sagen: 1. Ich mag dich. Das ist die geringste Form der Liebe.

Dafür ist die Aura verantwortlich, denn die hat als erstes Kontakt gehabt mit der anderen Person, sprich, mit der anderen Aura.

Beispiel: Ich betrete einen Raum, z.B. ein Café, in dem alle Tische besetzt sind, und ich auch keinen Menschen kenne. Ich sehe mich um und suche mir dann einen Tisch, an dem noch Platz ist. Dabei sehe ich mir die Menschen an und entscheide dann, wo ich frage. Ich kann, obwohl ich mit dem Menschen noch kein Wort gesprochen habe, zumindest sagen, ob er mir sympathisch ist (z.B. vom Äußeren) oder nicht. Wenn er mir unsympathisch ist, werde ich mich nicht an diesen Tisch setzen.

Oder: Ich sitze zum Beispiel im Theater, im Foyer, einer Frau gegenüber und ich habe dieses unbestimmte Gefühl, die Frau gegenüber mag ich. Dann hat mir zuerst meine Aura diese Informationen übermittelt. Nun sehe ich genauer hin. Ich schärfe meine Augen, konzentriere sie und sehe mir die Frau erstmal richtig an.

Dann sehe ich: Aha, sie hat ein wohlgeformtes Gesicht, sie hat nette Haare, sie sieht von oben bis unten gut aus. Jedenfalls all das, was ich bisher sehen kann, gefällt mir. Sie ist gut gekleidet usw. Die Hautfarbe gefällt mir, die Farbe der Augen gefällt mir bei näherem Hinsehen, der Mund gefällt mir, die Nase gefällt mir, auch die Ohren stehen nicht zu weit ab, sie gefallen mir. Wie gesagt, das Gesicht ist so geformt, daß es mir gefällt.

Der erste Schritt der großen Liebe ist getan. Und schon kann ich 2. sagen: Ich mag dich gern sehen.

Wenn das so ist, dann versuche ich selbstverständlich noch mehr von dieser Frau zu erfahren, also spreche ich sie an, um mal ihre Stimme zu hören. Und siehe da, sie antwortet mir in einer mir wohltuenden, melodisch klingenden Stimme, für meine Ohren wohltuend, *also kann ich 3. sagen: Ich mag dich gern hören.*

Denn das, was sie sagt, klingt auch noch logisch, ist im Zusammenhang gut, paßt zu meiner Frage, d.h. sie hat auch richtig zugehört und ist bereit, mir offen zu antworten. Also nehme ich an, daß ich ihr auch ein wenig sympathisch bin. Hauptsächlich aber gefällt mir ihre Stimmlage, ist also für meine Ohren gut.

So habe ich also schon drei Punkte, bei denen ich sagen kann, diese Frau ist mir nicht nur sympathisch, sondern ich liebe sie schon dreifach.

Da diese drei Punkte in mir einen gewissen Reiz erzeugt haben, versuche ich, dieser Frau näherzukommen, um sie zu riechen. Jeder Mensch hat ja einen eigenen Geruch, der sicherlich übertönt wird durch die verschiedensten Parfums.

Ich komme der Frau also ein Stückchen näher und rieche sie plötzlich, und das, was ich so im Moment riechen kann, gefällt mir auch.

Den Duft, den sie verströmt, mag ich. Also kann ich 4. sagen: Ich mag dich gern riechen.

Selbstverständlich riecht die Haut anders als die Haare. Selbstverständlich kommen nachher Einzeldüfte noch hinzu, um wirklich sagen zu können, ich mag dich gern riechen, aber dies ist erstmal mein erster Eindruck.

Wenn ich diese 4 Punkte schon mal als gut befunden habe, möchte ich auch wissen, wie faßt sich diese Frau an. Also gebe ich ihr die Hand und verabschiede mich und sage, bis nachher, wir treffen uns an gleicher Stelle wieder.

Sie gibt mir die Hand und siehe da, sie hat eine angenehme Haut und faßt so gut zu, daß ich 5. sagen kann: Ich mag dich gern anfassen.

Wenn ich etwas mutiger bin, kann ich sie natürlich später auch zum Tanzen auffordern und damit noch intensiveren Kontakt aufbauen.

Wenn wir von der ersten Variante ausgehen und es kommt zu einem Wiedersehen nach dem Theater, dann bin ich bis dahin schon so neugierig geworden, daß ich auch wissen möchte, wie sie schmeckt. Also versuche ich als nächstes, sie nach irgendwelchen Anläufen zu küssen.

Sie hat nichts dagegen und wir küssen uns, und siehe da, sie schmeckt auch gut, so daß ich 6. sagen kann: Ich mag dich gern schmecken. Also ist die Liebe schon 6-fach.

Wenn alles normal verläuft, finden wir uns am anderen Morgen zusammen im Bett wieder und ich kann sagen: Ich mag dich nicht nur, sondern ich mag dich auch gern sehen, gern hören, gern riechen, gern anfassen, gern schmecken und ich kann gut mit dir harmonieren. Denn das haben wir in der Nacht ausprobiert.
Und jetzt kann ich sagen: Ich kann gut mit dir im Bett harmonieren.
Ob daraus eine harmonische Freundschaft werden kann, entscheidet sich später.
Natürlich können diese Stufen auch langsamer aufeinander folgen, dies war die Zeitrafferversion.
Also kann ich zum Abschluß sagen, bei dieser Frau hat mich der erste Eindruck nicht getrogen, die Liebe ist siebenfach.
Bald werde ich sie wohl fragen, ob sie meine Frau werden will.
Nach diesen Überlegungen habe ich mir folgendes gedacht:
Diese Liste kann für mich wie für jeden anderen Gültigkeit haben!
Ich kann natürlich auch sagen, sie erhält nach dieser Liste bei *1. "Ich mag dich",* Punkte und für jeden weiteren Listenpunkt auch. Wenn ich das so einteile, daß ich bei jedem Listenpunkt von 1 - 100 Punkte vergeben kann, und die Frau bei jedem Listenpunkt 100 Punkte erhält, ist das die riesengroße Liebe - also die Ausnahme - der Verstand setzt aus, es wird geheiratet, und es werden Kinder gezeugt.
Ich kann auch sagen, dies ist nur für mich gültig, damit ich mich besser orientieren kann.
Das kann bis an unser Lebensende halten, wenn wir vernünftig weiterleben.
Irgendwann, eines Tages hat uns der Alltag eingeholt, und in Einzelpunkten wird die Liebe weniger.
Dafür kann eine dauerhafte Freundschaft entstehen, die ein Leben lang hält.
Weil bei der großen Liebe das realistische Denken aussetzt, sage ich einfach mal, Liebe ist der wichtigste Fortpflanzungsschutzmechanismus (Artenschutz) den wir in uns haben. Ohne diese Euphorie, ohne dieses Aussetzen des realistischen Denkens würden manchmal keine Kinder in die Welt gesetzt werden.
Selbstverständlich kann die Liebe durch den Alltag leiden und etwas weniger werden.
Ist die Liebe groß, hat man auch Geduld und ist zu einer Freundschaft bereit.
Leiden kann die Liebe beispielsweise dadurch, daß der Partner sich geschmacklich verändert hat. Durch zuviel Bildung von Magensäure oder schlechte Zähne, also durch Mundgeruch, so daß ich sagen muß, ich mag dich nicht mehr so gern schmecken und ich kann dich auch nicht mehr so gern riechen.
Die Geschmacks- und Geruchsnerven sitzen ganz dicht zusammen. Wenn ich schmecke, rieche ich meistens gleich mit. Wenn sich der Partner geruchsmäßig geändert hat (er nimmt beispielsweise ein anderes Parfum, das ich überhaupt nicht mag, das meiner Nase nicht guttut), dann gibt das eine wesentliche Einschränkung der Gefühle, aber wenn wir Freunde sind, können wir darüber reden.
Es wird allgemein von einem unangenehmen Menschen gesagt:
"Ich kann ihn nicht riechen".

Dem dreht man den Rücken zu und möchte auch nichts mehr mit ihm zu tun haben.

Das bemerkt der andere und richtet seine Verhaltensweisen danach aus, also beruht es nachher auf Gegenseitigkeit, daß man sich nicht mehr "riechen" kann. Dieses "Sich-nicht-riechen-können" wird meist sehr breit angewandt und zwar so, daß auch das Hören und Sehen mit hineinspielt.

Hier speziell meine ich die Geruchsstoffe.

Es kann natürlich auch sein, daß die Haut meines Partners sich verändert hat.

Sie ist mir plötzlich zu trocken und schuppig, oder mein Partner cremt sich derart ein, daß ich die Haut gar nicht mehr richtig spüren kann, daß das Anfassen mir unangenehm wird.

Dann muß ich sagen, ich mag dich gar nicht mehr so gern anfassen.

Es kann auch sein, daß im Laufe der Zeit eine Disharmonie dadurch entsteht, daß man nicht mehr miteinander sprechen kann. Daß ich meinem Partner nicht mehr richtig zuhören kann, z.b. wenn ich überlastet bin, eine anstrengende Geräuschkulisse den ganzen Tag über gehabt habe, so acht bis zwölf Stunden lang, komme genervt nach Hause, und mein Partner überfällt mich sofort mit irgendwelchen Aufträgen und irgendwelchen Anordnungen, die ich sofort zu erfüllen habe, oder teilt mir mit, was ich versäumt habe, und das alles in einer Lautstärke, die mir in den Ohren wehtut. Dann halte ich mir die Ohren zu, möchte am liebsten weglaufen, weil meine Reizschwelle überschritten wird und ich doch gern zu Hause abschalten, mich erholen möchte. Also muß ich dann auch sagen, ich mag dich nicht mehr hören, ich mag dir nicht mehr zuhören. Daß da viele alltägliche Dinge mit eine Rolle spielen, ist mir klar, aber dieser Punkt der Liebe hat dann auch gelitten.

Außerdem kann sich mein Partner auch noch äußerlich verändern, z.B. trägt mein Partner plötzlich eine andere Frisur, die ich nicht mag, oder kleidet sich in einer Art, gegen die ich eine Abneigung habe. Auch wenn dies nur Modeerscheinungen sind und ich vielleicht nur nicht beweglich genug bin, um mich darauf einzustellen, so muß ich doch sagen:

"Ich mag dich so nicht sehen, ich mag dich nicht mehr so gern sehen."

Mein Partner hat sich z.B. eine Brille angeschafft, hinter der ich die Augen gar nicht mehr erkennen kann, ständig spiegelt sich etwas in den Brillengläsern. Da ich gerade die Augen früher so bewundert habe, mag ich meinen Partner jetzt gar nicht mehr so gern sehen.

So können sich viele Einzelheiten im Aussehen meines Partners verändert haben.

Das beruht selbstverständlich auch auf Gegenseitigkeit.

Zum Beispiel sind im Laufe der Jahre die Falten mehr geworden. Zum Beispiel hat sich auch die Größe verändert oder die Form hat sich verändert, Gewicht wurde zu- oder abgenommen. Das Gesamtaussehen hat sich verändert.

Auch der Gang, Gestik, Mimik, die ganzen Angewohnheiten können sich verändern. Durch den Alltag, durch die Prägung, durch Krankheiten oder Narben, durch das Zusammensein, durch Enttäuschungen, durch Ängste, eventuell durch eine Suchtkrankheit können diese Änderungen eintreten, so daß ich dann sagen muß: "Ich mag dich gar nicht mehr so gern sehen."

Wenn mein Partner früher in jeder Hinsicht 100 Punkte bekommen hat, also 700 Punkte, und ich schaue nach einigen Jahren mal nach, warum liebe ich meinen Partner nicht mehr so sehr wie früher, dann kann ich anhand einer solchen, für mich gültigen Checkliste simpel und einfach sagen:

"Die Liebe hat sich in Einzelpunkten verändert, da haben sich Veränderungen ergeben."

Selbstverständlich können wir über diese Veränderungen sprechen, weil wir Freunde geworden sind. Diese Freundschaft ist dauerhafter, als die anfänglich große Liebe.

Selbstverständlich sind viele dieser Veränderungen nicht gravierend.

Mir geht es bei dieser Erklärung für die Liebe nur darum, daß ich nicht hilflos dastehe und einfach nur dieses unbestimmte Gefühl habe, mein Partner hat sich verändert. Hilflos war ich in meinem Suchtkrankenkreislauf lange genug!

Ich möchte heute das, was ich sehe und erlebe, mir bewußt erklären können.

Ich möchte bewußt leben und sagen können, das und das hat sich verändert, "jetzt verstehe ich es".

Ich möchte bewußt sagen können, 1. warum liebe ich meinen Partner, und 2. möchte ich auch bewußt Veränderungen bemerken, sie einordnen können und somit in der Lage sein, mit meinem Partner darüber zu sprechen. Dadurch können wir tragfähige Kompromisse finden.

Ist aus der Liebe Freundschaft entstanden, kann ich ihn darauf aufmerksam machen: Paß mal auf, schau mal her, du verhältst dich dementsprechend, das ist mir aufgefallen oder: du hast dich verändert. Genauso sagt er es mir.

Du gehst so, wie es mir nicht gefällt. Du sprichst so, wie es mir nicht mehr gefällt.

Falsche Rücksichtnahme zwischen Freunden ist unangebracht.

Falsche Rücksichtnahme in der Liebe ist normal, aber auch unangebracht.

Selbstverständlich kann das auch daran liegen, daß ich empfindlicher geworden bin. Auch kann es daran liegen, daß sich mein Geschmack verändert hat, daß sich meine Bedürfnisse oder meine Vorstellungen geändert haben, so daß der Grund für das "Nicht-mehr-so-mögen" bei mir liegt.

Diese Aufzählung der Punkte der Liebe befähigt mich auf alle Fälle dazu, meinem Partner mitzuteilen, was mir aufgefallen ist, und zwar in Einzelpunkten.

Das wiederum führt uns beide wieder zusammen, wir können wieder miteinander reden, ohne empfindlich zu reagieren, vorausgesetzt, daß wir es beide ehrlich meinen, so ehrlich, wie wir es am Anfang des Kennenlernens gemeint haben.

Jetzt, nach einigen Jahren, müßte diese Aufrichtigkeit und Ehrlichkeit noch vorhanden sein, und an diese Stelle gehört keine große, übertriebene Empfindlichkeit sondern wirklich die Bereitschaft, sich mitzuteilen:

Schau mal, das und das bemerke ich an dir, was mir nicht gefällt.

Dadurch hat der Partner die Gelegenheit, darüber nachzudenken, sich zu überprüfen und das, was mir nicht gefällt, abzuschalten, oder wir beide sind in der Lage, einen Kompromiß zu schließen.

Z.B. bei der Brille, die für meinen Partner entspiegelt wird, die mich vorher aber nervös machte, weil ich geblendet wurde.

Oder der Kompromiß könnte heißen, wenn du deine Brille unbedingt brauchst, laß mich deine schönen Augen sehen und lege die Brille so lange an die Seite. Oder ich schenke dir Kontaktlinsen, wenn du sie verträgst.

Da sich dieses Kapitel mit der Liebe beschäftigt, bin ich bei den bisherigen Überlegungen von einer wirklichen Liebesbeziehung oder -heirat ausgegangen. Natürlich gibt es auch Zweckgemeinschaften, bei denen nur wenig Liebe dabei ist, die schnell verfliegt oder von Anfang an nur vorgeheuchelt war, weil eventuell die Sexualität vorrangig war.

Dann sind die oben beschriebenen Überlegungen natürlich so nicht gültig.

Nun möchte ich aber die Liebe noch einmal als isoliertes Gefühl, also als eine Energieform betrachten.

Die Liebe, das Gefühl der Freude
Sie fängt klein an und kann sich - wie beschrieben - steigern.
Die Liebe bewerten wir grundsätzlich positiv, da sie auf der Freudenseite einzuordnen ist. Allerdings kann die Liebe auch ein sehr gefährliches Gefühl sein.

Auf der einen Seite ist sie in der Lage, "Berge zu versetzen", auf der anderen Seite kann man aber im Zustand größter Liebe in die Euphorie verfallen.

Große Liebe oder Euphorie machen blind und dabei Fehler zu machen, ist normal.

Und wie wir bereits im vorigen Kapitel (Angst und Freude / Mut und Übermut) gesehen haben, kann die Euphorie, obwohl auf die Freudenseite gehörend, auch sehr gefährlich für den Menschen sein. Im Zustand größter Euphorie setzt der klare Verstand aus.

Wir werden dann fast komplett von unserem Unterbewußtsein gesteuert. Ganz nicht, weil wir es ja bewußt erleben, aber dieses Erleben ist gleichzeitig eine Scheinwelt, in die wir nur zu gerne hineingeraten. Verantwortlich sind in dem Fall abwechselnd das Ki-Ich und das Elt-Ich. Das Ki-Ich will spielen, das Elt-Ich will genießen.

Wie wir auch bereits festgestellt haben, kann das Unterbewußtsein aber viele falsche Informationen bekommen und verarbeitet haben, auf die es nun zurückgreift.

Wenn wir also sehr verliebt sind, also euphorisch sind, kann es dazu kommen, daß wir für uns ungesunde Handlungen begehen.

Deshalb sollte aus so einer großen Liebe so schnell wie möglich eine Freundschaft entstehen. Ehrlicher Umgang miteinander hat in der Liebe Vorrang.
Dennoch ist die Liebe als stärkstes positives Gefühl in uns auch in der Lage, wie man so schön sagt, "Berge zu versetzen".

So kann die Liebe zu einem Partner oder Partnerin möglicherweise die vorhandene Liebe zu einem Suchtmittel *vorübergehend* ersetzen.

Allerdings muß dazu die Liebe zu dem Partner stärker und größer sein als die Liebe zum Suchtmittel, und das geht nur vorübergehend.

Weil die Liebe im Alltag nachläßt, wird das Suchtmittel gewinnen.

Und hier genau ist das Problem, denn die meisten Suchtkranken haben zu ihrem Suchtmittel ein noch stärkeres Gefühl der Liebe als zu einem Menschen aufgebaut, weil das Suchtmittel durchgängig ehrlich erscheint, da es hält, was es verspricht.

Die stärksten Gefühle in uns überhaupt sind die Haß-Liebe oder die "Hörigkeit".

Die Haß-Liebe vereint die Liebe und den Haß und somit die beiden stärksten Gefühle der Freuden- und Angstseite.

Die stärkste Form einer Abhängigkeit ist die Hörigkeit, und die Hörigkeit ist eine Krankheit, und diese ist wiederum als SK immer zuerst da.

Selbstverständlich kann die Hörigkeit, wie jede andere SK auch, die Haß-Liebe enthalten.

Da wir der Haß-Liebe kein ebenbürtiges Gefühl entgegensetzen können, müssen wir lernen, durch neue Informationen, die wir mit unserem Tagesbewußtsein immer und immer wiederholen, unser Unterbewußtsein neu zu schulen. Nur so können wir erreichen, daß wir das Gefühl, welches sich an die Information "Suchtmittel" hängt, ändern.

Wenn wir unser Suchtmittel lieben und hassen oder wenn wir einen Menschen lieben und hassen, müssen wir uns ein neues Freund-Feind-Bild schaffen.

Dies können wir ganz praktisch anfangen, indem wir uns eine Liste erstellen und erst mal versuchen, alle Vor- und Nachteile unseres Suchtmittels aufzulisten.

Also eine Art Bestandsaufnahme machen.

Wir werden sehr schnell feststellen, daß wir bei den Vorteilen nicht sehr weit kommen, dafür aber die Liste der Nachteile nicht enden will.

Die Liste der Worte für Liebe ist kurz. Dagegen ist die Liste für den Angstbereich sehr lang. Probieren Sie es aus!

Nun erstellen wir eine zweite Liste, mit Verhaltensweisen und Inhalten unseres bisherigen Lebens und was wir uns dazu gegenteilig von einem neuen, suchtmittelfreien Leben versprechen.

Auch hier werden wir feststellen, daß wir im "alten" Leben fast nur negative Dinge (Un-Dinge) aufzulisten haben, wie z.B. Un-Pünktlichkeit, Un-Zuverlässigkeit bis hin zur Un-Möglichkeit und Un-Glaubwürdigkeit.

Von unserem neuen Leben versprechen wir uns dagegen alle positiven Gegenstücke, also Pünktlichkeit, Zuverlässigkeit, Ehrlichkeit, Glaubwürdigkeit, Gerechtigkeit, Selbstbewußtsein, Eigenverantwortlichkeit, Genauigkeit, schlicht, ein anständiger Mensch zu werden.

Wenn wir uns also ein neues Freund-Feind-Bild geschaffen haben, versuchen wir als nächstes, die Haß-Liebe jetzt positiv, d.h. für unsere Zwecke einzusetzen. Dazu ist es am besten, das Gefühl "zu trennen" und den Haß in Abneigung gegenüber dem Suchtmittel zu verwandeln. Das heißt auch "Nein" zur Suchtkrankheit zu sagen und die Liebe an das Leben zu hängen,

also "Ja" zum Leben zu sagen.

Unterstützend können wir uns dabei immer vor Augen halten, daß wir, wenn wir weiter zu unserem Suchtmittel greifen, unser Leben drastisch verkürzen, d.h. über kurz oder lang werden wir daran sterben, und das früher als geplant!

Sicher kann ich sagen, daß ich sowieso irgendwann sterben muß, aber das Suchtmittel wird unser Leben mit Sicherheit verkürzen.

Ich möchte an dieser Stelle noch mal betonen, daß unser Kopf in unserem Leben eine wesentliche Rolle spielt, d.h. der Sitz unseres Bewußtseins.

Wir können selber so viel in unserem Leben beeinflussen, indem wir uns wirklich eine positive Art zu denken angewöhnen, bis sie irgendwann von allein funktioniert.

Nehmen Sie nichts als feststehend hin, was Ihnen nicht gefällt! Sie haben die Möglichkeit, es zu ändern. Sie sind der Bestimmer über Ihr Leben. Sagen Sie ja zum Leben und hören Sie auf, sich über Nichtigkeiten aufzuregen und sich das Leben unnötig schwer zu machen!

Tun Sie immer das, was Sie für sich als gerecht, richtig, vernünftig und gesund empfinden, was Sie also zufrieden macht!

Um ein neues Leben zu beginnen, müssen wir also unsere Informationen verändern, um das Gefühl "Liebe" positiv für uns zu nutzen.

Wenn wir mit der Liebe als starkem Gefühl auf dem richtigen Weg sind, also dem Weg zum suchtmittelfreien Leben, haben wir kaum eine Möglichkeit, wieder rückfällig zu werden. Selbstverständlich müssen wir auch alle Ursachen für eine SK beseitigen

Wer doch wieder rückfällig wird, ist in sein altes Leben eingetaucht und nimmt sich nicht mehr ernst. Dabei geht er mit Sicherheit unter.

Der erste Schritt ist wie gesagt, seine eigene Hörigkeit zum Stillstand zu bringen, die Hörigkeit zum Suchtmittel zu erkennen und die Informationen so zu verändern, daß man alle seine Suchtkrankheiten zum Stillstand bringen kann.

Wir sollten uns also immer dessen bewußt sein, daß nichts unveränderlich feststeht, sondern daß wir durch bewußte Neuschulung unseres Unterbewußtseins über das Tagesbewußtsein und somit unser Leben jederzeit ändern können.

Das läßt mich auch zu der Aussage kommen, daß wir unsere Gefühle nicht permanent so "wichtig" nehmen und unsere Entscheidungen nicht nur von unseren Gefühlen abhängig machen sollten. Nur wirklich logische Überlegungen als Erklärungssysteme können unser Leben ins Positive verändern.

Wie gesagt, wenn wir bewußt über das Tagesbewußtsein mit dem Erw-Ich unsere Informationen ändern, können wir in jeder Phase des Lebens unser Leben neu

bestimmen. Unsere Gefühle ändern, unsere Wahrheit ändern, unseren Realitätssinn ändern.

Nicht verwechseln sollten wir unser Gefühl mit unserer inneren Stimme.
Sie geht, wie schon beschrieben, vom Unterbewußtsein oder einer beratenden
Ich-Form aus, und auf sie sollten wir wieder öfter zu hören lernen.

Gefühlen aus der Vergangenheit können wir nicht trauen, da sie sich nur an bewertete Informationen anhängen. Da wir unser Bewußtsein in unserer Suchtkrankenkarriere falsch geschult haben, kommt es nun darauf an, neue glaubwürdige
Informationen zu sammeln, damit sich neue, ehrliche Gefühle anhängen, denen
wir dann eines Tages wieder vertrauen können.

Der Wille

Ich versuche einmal, das Thema "Der Wille" aus meiner Sicht zu beschreiben, und zwar so, wie ich es verstanden habe. Peter sagte mir, daß eine Wiederholung in der Goldwaage Gold wert ist. Es könne gar nicht oft genug beschrieben werden.

Was ist der Wille?

Eine Energieform, eine Kraft und der 4. Teil der Seele.

Was macht der Wille?

Nichts von allein.

Er steht dem TB und dem UB als Kraft zum Denken und Handeln auf Abruf zur Verfügung.. Es könnte sonst keine Informationen bewegen. Keine Gedanken und Ausführungen wären möglich.

Wer kann mit dem Willen etwas machen?

Nur das Tages- (TB) oder das Unterbewußtsein (UB).

Wann macht der Wille etwas?

Wenn er vom TB oder UB für die Entwicklung einer Vorstellung, Idee, Plan oder für die Durchführung einer körperlichen Tat angefordert wird.

Wozu kann der Wille eingesetzt werden?

Ausschließlich nur für die Entwicklung von Gedanken, Vorstellungen und Plänen und deren Weiterleitung an körperliche Ausführungsorgane, z. B. das Gehirn. Damit ist der Wirtskörper gemeint, der als "Wirt" den "Gast", die Seele, beherbergt und es ihr ermöglicht, sich über einen Körper zu verwirklichen, und zwar in dieser, unserer realen Welt, die wir kennen.

Was soll mit dem Willen als Kraftpotential bewegt werden?

Informationen als Vorstellungen, Ideen, Pläne, Bilder und der Wirtskörper.

Wann macht das TB etwas mit dem Willen?

Immer dann, wenn es bewußt Gedanken, Vorstellungen oder Pläne entwickelt und diese über den Körper in die Tat umsetzen will. Der Körper ist Ausführungsorgan der Seele. Je stärker die Gedanken, desto mehr Wille wird benötigt.

Wann macht das UB etwas mit dem Willen?

Immer dann, wenn es unbewußt Gedanken, Vorstellungen oder Pläne entwickelt und diese vielleicht über den Körper in die Tat umsetzen will.

Ist unser Vorrat an Willen begrenzt? **Nein.**

Bei einer Suchtkrankheit oder anderen körperlichen Krankheit ja, denn auch der Körper beeinflußt die Seele, oder trennt sich durch eine Ohnmacht teilweise von der Seele.

Wobei ich sagen möchte, daß es beide können, der Körper und die Seele. Jeder kann sich von dem anderen in einer lebensbedrohlichen Situation trennen.

Sonst ist der Wille nicht begrenzt, weil der Wille sich nicht verbraucht, sondern nur umgewandelt wird und neues Willenspotential immer nachfließt.

Wir können uns das Willenspotential wie einen großen Topf vorstellen, der immer bis zum Rand mit Willen gefüllt ist. Wird nun eine bestimmte Menge Willen vom TB oder UB angefordert, so füllt sich der Topf automatisch wieder auf.

Diese Behauptung stützt sich auf einen Lehrsatz von Isaac Newton:
Energie kann weder aus dem Nichts entstehen,
noch vernichtet oder verbraucht werden.
Es finden nur Umwandlungen in andere Energieformen statt.
Unterscheide:
Energie der Lage (potentielle Energie) und Bewegungsenergie (kinetische Energie). Die Summe der beiden Energien ist immer konstant, d.h. nimmt die potentielle Energie ab, so bedingt dies eine Zunahme der kinetischen Energie und umgekehrt.
Die einzige Ausnahme ist, wenn durch eine Vorstellungskraft die Aura dicht gemacht wird, der Mensch sich von der Umwelt völlig abkapselt.
Bei einer Suchtkrankheit kommt dieses Verhalten sehr häufig vor.
Derjenige fühlt sich dann eingeengt, ja er bekommt Beklemmungen und Atemnot.
Merke: *Der Wille ist nichts weiter als ein Energiepotential, das wir zur Verfügung haben und das sich nicht verbraucht.*
In welcher Größenordnung hat ein Mensch den Willen zur Verfügung?
Jeder Mensch hat ein einmaliges, feststehendes Willenspotential bis an sein Lebensende. Jede Seele hat 100%, egal wie groß oder klein sie ist.
a.) Ich gehe davon aus, daß ein Mensch ein gewisses feststehendes Willenspotential mitbekommen hat, so daß ich grundsätzlich sagen kann, und zwar ganz schematisch: Es gibt Menschen mit einem kleinen Willenspotential, einem mittleren Willenspotential und einem großen Willenspotential, wie es jedes Lebewesen, jede Seele zur Verfügung hat und zwar immer zu 100 %.
Es kommt wahrscheinlich bei der Größe der Seele auch darauf an, wie alt die Seele ist, wie sie sich entwickelt hat und wozu sie bestimmt wurde.
Dieses Willenspotential kann das Bewußtsein zu 100% nutzen.
Z.B. Suchtkranke haben immer ein großes Willenspotential, das sie 100%ig gegen sich einsetzen. Sie kämpfen sich durch das Leben. Wer keinen großen Willen hat, wird nicht suchtkrank, weil es ihm viel zu anstrengend ist.
b.) Wie groß der Wille einer Seele wirklich ist, wird oft erst bei Einsetzen des Todes gesehen.
Einige Beispiele dazu:
Ein Mensch ist schon fast körperlich abgestorben, so habe ich es erlebt, aber er lebte gegen jegliche ärztliche Erfahrung weiter. Bei Suchtkranken kommt dieses Phänomen sehr oft vor. Sie können nicht richtig leben und wehren sich gegen das Sterben. Ärzte stehen sehr oft bei ihnen hilflos da und wissen nicht, was da passiert, wie es zusammenhängt, wie so etwas möglich ist.
So verstehen Ärzte wegen ihres anders gearteten Studiums Sk fast überhaupt nicht. Sie haben es nicht gelernt, um sieben Ecken zu denken, und trauen dem Sk auch keinen großen Willen zu, sondern sie sagen, der Sk sei labil. Labilität ist das Gegenteil von Stabilität. Der Sk beweist aber, daß er trotz großer Schmerzen und vieler Nachteile "stabil" an seiner SK festhält. Dies ist nur mit einem großen

Willen möglich. Das können oder wollen Ärzte nicht verstehen. Würden sie es verstehen, müßten sie auch in vielen anderen Bereichen umdenken.

Mit meinen Überlegungen zur Seele ist dieses Phänomen leicht erklärbar.

Wenn ein Sk nicht einen so großen Willen hätte, würde er diese vielen Strapazen, die eine SK mit sich bringt, nicht aushalten. Er würde viel eher aufgeben, statt Jahrzehnte durchzuhalten.

Oder, in früheren Zeiten haben z.B. Mütter so lange ausgeharrt, bis der Sohn aus dem Krieg wieder da war, und erst dann sind sie, nachdem sie Gewißheit hatten, er ist wieder da, doch zufrieden gestorben. Also hatte diese Mutter einen riesengroßen Willen, d.h. ein großes Willenspotential. Genauso wie ein Suchtkranker, der diesen Willen gegen sich richtet und sich damit zerstört.

Aus diesem Potential, aus diesem Willenstopf, den jedes Lebewesen zur Verfügung hat, können nur Energien herausgenommen werden.

c.) Haben wir überschüssige Energien, können sie sich dadurch äußern, daß wir uns hier und da, wenn wir irgendwo anfassen, elektrisieren. Manchmal haben wir selbst das Gefühl, unter Spannung zu stehen. Da ist meistens vorausgegangen, daß wir zuviel Willen abgerufen haben und ihn nicht abgeben konnten. Es gibt natürlich auch noch andere Möglichkeiten, sich "aufzuladen" (z. B. Reibung). Oder überschüssiger Wille ballt sich zuerst im Nackenbereich und sucht sich von da aus Zielorgane oder breitet sich gleichmäßig im Körper aus und verläßt dann unsere für Energien durchlässige Aura.

Kann der Wille für eine erneute Überlegung wieder verwendet werden?

Nein. Es kann keine Energie wieder in den Willenstopf gegeben werden.

Auch freier Wille kann nicht noch mal benutzt werden, weil er inzwischen umgewandelt wurde. Entweder in Wärme oder kinetische Energie, somit ist dieser Wille keine Willensenergie mehr.

Wo bleibt der Wille, der für eine unrealistische Tat freigeworden ist?

Dieser überflüssige Wille ballt sich wahrscheinlich zuerst im Nackenbereich und fließt nach einiger Zeit der Entspannung langsam, aber gleichmäßig in den Körper: Dort verteilt er sich und macht bei Schwachstellen Schmerzen. Danach verläßt er den Körper über die Aura.

Wie und Wodurch füllt sich das Willenspotential wieder auf?

Hat der Mensch seine Aura geöffnet, so ist er auch gleichzeitig entspannt. Kosmische Energien, freies Willenspotential von außen füllt die Willensmenge der Seele selbständig wieder auf. So versorgt sich die Seele mit neuen Kräften selbst. Nicht mehr benötigte umgewandelte Energien verlassen die entspannte, durchlässig gewordene Aura. Dieser Vorgang bedarf meiner Wiederholungen unter einer jeweils anderen Fragestellung.

Füllt sich unser Willenspotential immer selbständig wieder auf?

Nein, immer dann, wenn die Aura dicht ist, es dem Menschen oder Lebewesen schlecht geht, können keine Energien durch die Aura fließen. Nur bei einer durchlässigen Aura und bei geöffneten Energietoren (Chakren) können Energien fließen. Verkrampfungen oder geschlossene Energietore verhindern einen richtigen Energiefluß.

Die Verbindung Seele und Energietore ist sehr umfangreich, weil einerseits auf uraltes Wissen zurückgegriffen werden muß, andererseits durch die neuen Überlegungen von Peter vieles Rätselhafte einfach, aber genau beschrieben werden kann.

Dazu werden die Überlegungen zur Seele, die Sie in diesem Buch lesen können, als Grundlagen dienen.

Aus diesem Potential, aus diesem Willenstopf, den jeder zur Verfügung hat, können wir nur Energien herausnehmen.

Sobald wir ein "Stückchen" Willen für eine Tat herausgenommen haben, füllt sich dieser Topf selbständig wieder auf.

Die herausgenommenen Energien, die wir für eine Tat nicht benötigen, können wir nicht wieder in diesen immer bis zum Rand gefüllten Topf hineingeben, sondern diese Energien haben wir zuviel, und sie ballen sich bei uns schmerzhaft im Nacken. Das heißt, es entstehen Verkrampfungen, Nackenverspannungen, Kopfschmerzen, eventuell. Kreislaufversagen usw.

Derjenige, der immer zuviel Willen abfordert und ihn nicht abgeben kann, leidet somit unter den oben beschriebenen körperlichen Symptomen. Da helfen Kopfschmerztabletten wenig. Eine entspannende heiße Dusche oder positives Denken helfen viel besser.

Der weitere Weg des überschüssigen Willens sieht dann so aus, daß er sich spontan oder nach und nach einen Weg zu Zielorganen des Körpers sucht. Verzeihen Sie mir diese saloppe Beschreibung, aber so war es lange Zeit mein Eindruck!

Der Wille sucht sich dann hauptsächlich vorgeschädigte Zielorgane, z.B. einen vorgeschädigten Magen, ein vorgeschädigtes Herz oder andere Organe, denn die tun weh, weil sie das Überangebot an Energien nicht verkraften können. Deshalb reagieren sie mit Verkrampfungen und Schmerzen.

Das kann genauso gut ein vorgeschädigtes Knie sein, das dann plötzlich weh tut, weil zuviel Spannung da ist, also wieder zuviel Energie bei den vorgeschädigten Stellen in unserem Körper.

Lösen sich diese Verkrampfungen, lösen sich auch die Schmerzen auf, und kein Arzt wird etwas Ernsthaftes feststellen können. Erst viel später werden aus diesen Schwachstellen des Körpers nachweisbare Krankheiten.

Aber die furchtbaren Schmerzen waren da. So werden Menschen mit diesen Symptomen und diesem Ablauf oft als Simulanten angesehen.

Erst nach Jahren, wenn ein direkter Knochen- oder Organschaden diagnostiziert wird, glaubt man dem Menschen.

Das bedeutet für den Betroffenen meistens einen langen Leidensweg. Er hat Schmerzen und kann sie sich nicht richtig erklären, weil viele Menschen, auch Ärzte, noch nicht über diesen "natürlichen Vorgang" und Zusammenhang unserer Seele und Körper aufgeklärt sind.

Diese überschüssigen Energien können sich auch dadurch äußern, daß wir uns hier und da, wenn wir irgendwo anfassen, elektrisieren. Manchmal haben wir sogar selbst das Gefühl, unter Spannung zu stehen. Da ist meistens vorausgegangen, daß wir zuviel Willen produziert haben, also Vorstellungen nicht verwirklichen konnten und ihn nicht abzugeben in der Lage waren.

Wegen dieses inneren Drucks begehen viele Menschen negative Ersatzhandlungen, nur um sich wieder ein wenig besser aushalten zu können. Dabei fallen ihnen die Ersatzhandlungen meistens auf, und sie fühlen sich danach schlecht, aber die Spannung in Seele und Körper hat vorübergehend etwas nachgelassen.

Positives Denken oder ein Lauf um den Häuserblock, also körperliche Anstrengung, hilft besser und ist außerdem dann eine Originalhandlung.

Wie im Volksmund gesagt wird: Da ist jemand "aufgedreht" und "aufgeladen". Er "steht unter Spannung". Jetzt können Sie es sich besser erklären.

Diese Spannungen sind, nach meinem Dafürhalten meistens eine Summe des Willens und der Körpereigenproduktion.

Auch können wir uns über Kunststoffe so aufladen, daß wir uns elektrisieren, wenn wir etwas anfassen. Dies darf aber mit dem Zuviel-Willen und der körpereigenen Spannung nicht verwechselt werden.

Ich gehe davon aus, daß wir Energien haben, die wir erstens körperlich selbst erzeugen können - durch Nahrungsaufnahme und Umwandlung. Zweitens, daß wir Energien haben, die nicht so genau lokalisiert werden können, weil es Seelenenergien sind. Und drittens solche Energien, die über unsere Aura zugeführt werden und die eine Frequenz haben, die wir einfach noch nicht richtig nachmessen können (Chakrenenergien).

Also wieder Seelenenergien oder kosmische Energien.

Der Wille wird "geweckt" und abgerufen, wie der Kraftstoff in einem Autotank, durch das TB bewußt und das UB unbewußt.

Anreiz zu Gedanken sind einerseits unsere Grundbedürfnisse, wobei wiederum andererseits auch Bedürfnisse durch die Erziehung und unsere Umwelt hervorgerufen werden.

Grundbedürfnisse, mit denen jeder Mensch geboren wird, fordern das Bewußtsein auf: "Erfüllt uns, dann sind die Seele und der Körper zufrieden!"

Je stärker ein Bedürfnis ist, desto größer ist auch der Wille, der für eine Tat angefordert und angehängt wird.

Auch die Entwicklung von Gedanken oder Plänen sind Taten. *Das Denken ist eine Tat.*

Unsere Bedürfnisse müssen wir befriedigen, und zwar richtig, sonst werden wir nicht zufrieden. Somit können wir auch nicht auftragsmäßig handeln. Wir müssen bestrebt sein, das Beste aus diesem Leben zu machen.

Die Grundbedürfnisse sind für alle Menschen gleich.

Zu diesen Grundbedürfnissen kommen die individuelle Erziehung und die Informationen aus der Umwelt. Mit dieser Erziehung und den Informationen aus der Umwelt macht das Kleinkind seine ersten Erfahrungen. Durch diese

Erfahrungen bilden sich bei dem Kind schon ein gewisser Realitätssinn und ein Bewertungssystem aus. Leider behält das Kleinkind diese Erfahrungen nicht. Es kann sich später nicht daran erinnern, weil das Ki-Ich noch allein ist und kein Kurzzeitgedächtnis ausgeprägt werden kann. Ein Realitätssinn ist kein Gedächtnis.

Bemerkt sei dazu, daß dies erst richtig geschieht, wenn zwei Ich-Formen wach geworden sind. Also das Ki-Ich und das Elt-Ich. Dann erst ist es dem TB möglich, Informationen und Erfahrungen zu behalten und sie bewußt zu wiederholen oder sich ganz bewußt daran zu erinnern.

Ohne irgendwelche Informationen und ohne irgendeine Erziehung, die wir ausprobieren müssen, können wir auch keine Erfahrungen machen. Nur wenn wir richtige Erfahrungen gemacht haben, kann sich der richtige Realitätssinn ausprägen, und den brauchen wir, genau wie unsere Gedächtnisse, für neue, richtige Taten.

Hierbei können natürlich Fehler auftauchen. Es werden sogar Fehler auftauchen, da wir "Verständigungsschwierigkeiten" nicht nur mit uns selbst, sondern auch mit der Umwelt haben.

Meistens wehren sich die Kinder in irgendeiner Form gegen ihre Erziehung, da sie einen eigenständigen Kreativitätssinn haben. Sie wissen eh alles besser.

Fast kein Kind möchte so werden, wie die Erwachsenen sind. Jeder strebt sein eigenes Erwachsenwerden an. Das ist aber auch ein Vorteil der Menschheit. Es bedeutet Weiterentwicklung und Fortschritt.

Wir können die richtigen Informationen von den Eltern bekommen und machen damit eigene Erfahrungen. Diese können negativ oder positiv sein.

Unsere eigenen Erfahrungen können niemals "verkehrt" sein, sie können nur negativ oder positiv sein.

Jede Erfahrung ist im Grunde positiv für uns, denn sie erweitert unser Informationspotential und läßt uns später besser bewerten, ob wir etwas noch einmal tun sollen oder nicht. Leider empfinden wir diese Erfahrungen als negativ, weil sie wehtun. Leider begreifen wir aber nur richtig über Schmerzen.

Liebeskummer ist eine positive Erfahrung, tut aber sehr weh!

Jede Erfahrung ist es wert, gemacht zu werden.

Nur sagen wir gerade zu den negativen Erfahrungen: Auf diese kann ich gut verzichten. Leider können wir das nicht. Im Gegenteil, wir sind *später* dankbar, diese Erfahrungen gemacht zu haben.

Selbst Leid oder Krankheiten haben für uns einen positiven Erfahrungswert. Auch wenn wir es zu diesem Zeitpunkt noch nicht richtig deuten können.

Was wir damit machen und wofür wir diese Erfahrungen brauchen, stellt sich meist einige Zeit später heraus.

Ich, der Patient F, habe die Erfahrung gemacht, daß mein Leidensweg nicht umsonst war, denn dadurch kann ich heute andere Menschen viel besser verstehen.

Dabei hat mir meine notwendige Therapie sehr geholfen.

Wir können allerdings auch von anderen Menschen, die ihre Erfahrungen schon gemacht haben, Ratschläge annehmen. Dadurch können wir uns viele negative Erfahrungen ersparen. Aber wer macht das schon? Wir Menschen sind so neugierig und experimentierfreudig, daß wir alles selber ausprobieren wollen. Manchmal tun aber diese eigenen negativen Erfahrungen einfach not, um später zu begreifen und um wissend zu werden.

Wie wollen wir ohne negative Erfahrungen weise werden? Lernen können wir ohne große Schmerzen, aber zum Begreifen muß es leider wehtun.

Trotz vielfältiger Warnungen von lebenserfahrenen Menschen macht fast jeder junge Mensch nur seine eigenen Erfahrungen. Erst wenn er genug eigene schlechte Erfahrungen gesammelt hat, wird er lernen und begreifen; somit wird er in Zukunft anders und richtiger handeln.

Außerdem ist es ja oftmals so, daß alles, was die Eltern oder andere Erzieher sagen, grundsätzlich von einem Jugendlichen als fragwürdig abgestempelt oder angezweifelt wird. Wenn diese Jugendlichen später einmal erwachsen sind und eigene Kinder haben, wird sich die gleiche Prozedur wiederholen. Die Kinder sind der Meinung, daß diese Information in die damalige Zeit paßten, heute aber längst überholt sind. Daß sie in einigen Punkten irren, müssen sie leider selbst schmerzlich erfahren.

Ändern können wir das nur, indem wir Erwachsenen wirklich neue Informationen über die Funktion unserer Seele zulassen und diese an unsere Kinder weitergeben. Die Kinder werden dann das Beste für sich daraus machen. Eine richtigere Erziehung ergibt seelisch gesündere Kinder. Dafür lohnt es sich, schon einmal genauer nachzudenken, sich Fragen zu stellen und neue Informationen zuzulassen.

Allerdings können auch untypische, um nicht zu sagen "verkehrte", Erfahrungen zu einem verdrehten Realitätssinn führen, worauf ich später noch genauer eingehen werde.

Einen richtigen und vernünftigen Realitätssinn bekommen wir nur über Schmerzen bzw. über die Angst oder riesengroße Freude, die auch schmerzt.

Große Angst macht inneren Druck und große Freude auch.

Diesen Druck müssen wir erst lernen auszuhalten, aber dazu brauchen wir eine Anleitung, d. h. die Hilfe der Erwachsenen.

Halte ich Druck aus, halte ich Informationen zurück und fülle dadurch mein Freudenkonto auf oder gleiche es aus.

Da unterscheide ich nochmals und nenne erstens seelisch-geistige Schmerzen, z.B. großen Liebeskummer, also Freude und Angst gleichermaßen. Zweitens körperliche Schmerzen.

Wenn man z.B. einem Kind beibringen will, was heiß oder kalt ist. Das können wir besprechen, aber hilfreich sind praktische Erlebnisse.

Da begreift das Kind durch einschneidende Maßnahmen die unterschiedlichsten Heißformen am besten, und zwar wiederum über körperliche und seelische Schmerzen. Große Ängste entstehen, so daß sich der Mensch dies merkt.

Peters Beispiel:

Ich habe noch eine kleine Tochter bekommen, die recht frühzeitig begeistert war von Licht, vor allem vom Feuerzeug. Ich bin noch Raucher, benutze also Feuerzeuge, und diese Feuerzeuge waren hochinteressant für meine kleine, 3-jährige Tochter. Sie versuchte immer, ein Feuerzeug zu fassen. Da ich weiß, wieviel Schaden Kinder mit einem Feuerzeug und mit einer offenen Flamme anrichten können, habe ich sie frühzeitig mit dieser offenen Flamme in Verbindung gebracht, d.h. ich habe sie ihr Fingerchen ganz kurz an die heiße Flamme halten lassen. Unser Kind zuckte sofort mit dem Finger zurück und steckte diesen in die Haare. Das war meine erste Beobachtung, und ich war recht erstaunt darüber, daß dieser Reflex bei ihr vorhanden war. Obwohl ich mir schon dachte, daß solche Informationen schon in den Erbanlagen hinterlegt sind. In den Haaren ist es etwas kühler, und diese Tatsache wird häufig reflexmäßig auch von vielen Menschen genutzt, um sich bei Verbrennungen etwas abzukühlen. Woher der Mensch das weiß, kann er meistens nicht erklären. Meine Tochter reagierte also richtig.

Bei ihrem zweiten Versuch steckte sich meine Tochter den Finger sofort in den Mund. Da war ich wiederum erstaunt, denn ich hatte ihr das auch nicht beigebracht, sondern das hat sie selbständig, wiederum reflexmäßig, also unbewußt gemacht. Sie hatte es auch von keinem anderen gesehen, also muß dieser unbewußte Reflex, diese Information, es ist auch kühl im Mund oder Wasser kühlt, in ihr vorhanden gewesen sein. Sind dies Erbanlagen oder hat das UB meiner Tochter bei mir gelauscht, mit meinem UB kommuniziert, es sich bei mir oder meiner Frau abgeschaut? Dieses Zurückzucken, dieses sich ganz kurz Verbrennen, ohne daß eine Brandblase entstanden ist, hat sie natürlich jetzt vorsichtiger werden lassen. Feuerzeugen, Streichhölzern und offenen Flammen ist sie danach aus dem Wege gegangen. Erst mit etwa acht Jahren durfte sie in meinem Beisein mal eine Kerze anzünden. Dabei zeigte ich ihr auch gleichzeitig, wie eine Kerze richtig an- und ausgemacht wird, so daß kein heißer Wachs sie verbrennt oder auf die Tischdecke kommt. Einiges mehr brachte ich ihr noch im Umgang mit Feuer bei, so daß sie heute keine große Angst mehr davor hat, sondern genügend Hemmungen, damit sie richtig mit Feuer umgehen kann. So kann ich beruhigt Feuerzeuge oder Streichhölzer liegenlassen, weil ich mich jetzt auf sie verlassen kann.

Ein zweites Beispiel:

Ich habe einen heißen Teller aus dem Mikrowellenherd genommen, und sie wollte wiederum anfassen. Das habe ich dann auch gefördert, aber aufgepaßt, daß ihr nichts Ernsthaftes passiert. Sie sich erstens nicht richtig verbrennt, zweitens sie den Teller auch nicht herunterwerfen kann. Sie faßte also kurz an, zuckte wiederum zurück, und ich sagte gleichzeitig: heiß! Also hatte sie die zweite Erfahrung mit etwas Heißem gemacht. Es gibt jetzt für sie noch eine Heißform, die nicht als Flamme sichtbar ist, die aber auch wehtut, und es gibt die offene Flamme.

Ein drittes Beispiel:
Ich führte sie an die Heizung heran, die angestellt war, und habe ihr erzählt: Das ist eine Heizung, die auch heiß sein kann. Als ich ihr sagte: Die Heizung ist auch heiß, ging sie schon vorsichtiger heran und hat mich verstanden. Ich mußte sie also ein Stück dazu überreden, um überhaupt nochmals vorsichtig anzufassen, weil sie ja mit dem Wort "heiß" schon etwas anfangen konnte. Damals war sie fast vier Jahre alt. Alle Experimente machte ich mit ihr, sobald sie dafür Interesse zeigte. Alle Kinder sind unterschiedlich und alle Kinder zeigen in einem unterschiedlichen Alter Interesse an solchen Dingen. Deshalb sind meine Erfahrungen auch nur Hinweise an Eltern: Führt eure Kinder richtig an gefährliche Dinge heran! Achtet auf eure Kinder, denn sie zeigen unterschiedliche Interessen. Sind sie aber erst einmal da, muß es ihnen richtig beigebracht werden.

Ein viertes Beispiel:
Ich bin mit ihr ins Badezimmer gegangen, habe Badewasser einlaufen lassen und sie wollte an den Wasserhahn bzw. in den Wasserstrahl fassen. Auch da habe ich gesagt: Es ist heiß! Sie hat mir aber nicht geglaubt, sondern hat an das heiße Wasser gefaßt und hat sich recht erschrocken, daß Wasser auch heiß sein kann. Gleichzeitig dampfte es noch, und somit hat sie eine erneute Erfahrung gemacht, daß nämlich ein flüssiger Stoff, der dampft, heiß sein kann.
Mich hat es sehr erstaunt, als wir beide einmal in der Küche standen und ich den Gefrierschrank aufmachte und Kältedampf herausströmte und sie sagte: "Heiß".
Dieses Erstaunen trat deshalb bei mir auf, weil ich versäumt hatte, beim Lernprozeß der Heißformen ihr auch zu vermitteln, daß Dampf nicht nur heiß, sondern auch kalt sein kann. Ihre logische Folgerung ließ mich das Versäumte nachholen, und ich erklärte ihr, das ist nicht heiß, das ist ein Kühlschrank, ein Gefrierschrank, der sehr kalt ist, aber genauso weh tut, als würde sie sich am Heißen verbrennen. Das wollte sie mir nicht recht glauben, faßte an und stellte fest: Aha, das ist eiskalt und tut weh.
Also hatte sie wiederum eine neue Erfahrung gemacht: auch eisige Kälte kann dampfen und wehtun. Ich denke mir, so hat sich bei ihr die Realität gegenüber heiß und kalt gut ausgeprägt. Sie hat von mir Informationen bekommen, sprich eine Erziehung, sie hat damit eigene Erfahrungen gemacht - und ich bin mir sicher, die richtigen Erfahrungen - und es hat sich bei ihr der richtige Realitätssinn ausgeprägt, wobei "richtig" subjektiv ist.
Aber ich bin mir sicher, sie richtig angelernt zu haben.
Ende des Zitats.
Die Erfahrungen aus der Erziehung, aus der Umwelt, der Realitätssinn und natürlich die vorhandenen Grundbedürfnisse fließen zusammen zu Informationen. Aus diesem Informationsschatz können wir Vorstellungen entwickeln. Vorstellungen oder Ideen, die für mich wiederum sichtbare Informationen in meinem Bewußtsein und in meinem Gehirn sind. Dieses geschieht aber nicht von allein, sondern

das TB entwickelt diese Ideen bewußt, und das UB entwickelt daraus Vorstellungen unbewußt.

Ein Beispiel dazu:
Wenn ich meine Augen schließe, und ich denke an meine Freundin, dann habe ich ihr Bild klar vor Augen, denn ich habe mit ihr ja schon Erfahrungen gemacht, ich habe sie gesehen, ich habe sie erlebt, und dieses Bild steht dann als für mich sichtbare Information vor meinem geistigen Auge.

Jetzt erst, an dieser Stelle, sobald ich eine kleine Vorstellung habe, hängt sich unmittelbar, ich sage: ohne Zeitverlust, das Gefühl an, auf das ich noch zu sprechen komme. An dieser Stelle, in diesem Moment hängt sich auch ein weiteres Stückchen Wille an, um erstens diese Vorstellung weiterentwickeln zu können und zweitens später irgendwann eine Tat damit auszuführen, nachdem ich den Zeitpunkt und die Intensität bestimmt habe. Eine Tat, die z.B. Gestik, Mimik, Aussprache oder Handlungsweisen sein können.

Wenn ich also eine Vorstellung entwickeln will und irgendwann eine Tat ausführen möchte und dafür den Willen einsetze, so kann ich den Willen als "Antriebskraft" bezeichnen. Denn nur mit dem Willen ist es dem Bewußtsein möglich, zu denken und dies über den Körper umzusetzen. Selbstverständlich hängt sich an diese Vorstellung auch entweder Angst oder Freude an. Je nachdem, wie diese Vorstellung vom Bewußtsein bewertet wurde.

Nachdem die Vorstellung fertig ist, muß ich noch eine Entscheidung treffen.
Diese Entscheidung enthält den Zeitpunkt und die Intensität. Das heißt, ich muß den genauen Zeitpunkt bestimmen, ob und wann ich tätig werden will.

Genauso muß ich mich entscheiden, in welcher Intensität ich diese Tat ausführen will. Intensität heißt Größenordnung, Geschwindigkeit und einiges mehr.

Also wieviel Willenskraft setze ich für die Tat ein, in welcher Geschwindigkeit gehe ich vor? Dies wird vom Körper durch Muskelkraft umgesetzt, weil die dementsprechenden Impulse dazu ergangen sind.

Das bisher genannte Muster, bis zur getroffenen Entscheidung, bezeichne ich auch als "interne Ehrlichkeit".

Zu dieser meiner Beschreibung können Sie sich auch eine Kopie vom "Bauplan des Lebens" machen und diesen neben das Buch legen, um besser - bildlicher - verfolgen zu können, was ich hier beschreibe.

Dieses sind Überlegungen, die ich für mich anstellen kann, die für keinen Menschen sichtbar werden, die ich im Bett, im Sessel, im Auto oder sonstwo haben kann, die mich unruhig und aufgeregt stimmen oder zufrieden und gelassen machen können.

Bei Tieren habe ich schon viele Überraschungen erlebt.
Pferde z.B. merken ganz genau, wenn sie verkauft werden sollen. Sofort reagieren sie mit einer Krankheit.

Ein Pferdezüchter sagte mir, daß seine Pferde meistens eine Entzündung in der linken Hinterhand bekommen.

Tiere erahnen vieles über ihre Aura. Das UB, das bei ihnen dominiert, reagiert meist sofort. Es reagiert sich über den Körper ab oder benutzt den Körper dazu, nicht verkauft zu werden, im eigenen Stall bei seinen Freunden bleiben zu dürfen. Dumm ist das nicht. Es beweist aber auch, daß unser UB in einer anderen Aura lesen kann.

Zurück zu meiner Beschreibung.

Nachdem ich mich also entschieden habe, kann ich nun die geplante Tat ausführen. Diese Tat kann mich zufrieden machen oder unzufrieden machen. Das Problem vieler Menschen ist, wie sie mit ihrer Zufriedenheit umgehen und wie sie mit ihrer Unzufriedenheit umgehen. Die meisten Menschen können nicht mit einer Zufriedenheit umgehen, sie können eher mit einer Unzufriedenheit umgehen.

Freude macht Druck, und dieser Druck sollte ausgehalten werden, damit das Freudenkonto aufgefüllt wird. Wer diesen Druck nicht aushalten kann und regelmäßig seine Freuden anderen sofort mitteilt, hat irgendwann ein leeres Freudenkonto, und dieses haben meisten Sk-Menschen.

Leider wollen Menschen diesen Freudendruck nicht aushalten. Deshalb, so sagt man, läuft das Herz über, und sie erzählen aus lauter Freude viel mehr, als sie meistens wollen.

Eine natürliche Reaktion oder Suchtkrankenverhalten? Ich sage eindeutig Suchtkrankenverhalten, und durch Sk-Verhalten kann im Laufe der Zeit bei Übertreibungen eine manifeste SK entstehen.

Die Erleichterung, erzählt zu haben, schlägt dann um in Ärger auf sich selbst. Wer Freude hat, will Freude teilen, aber auch Freude sofort wieder zurückbekommen. Leider geben uns andere viel zuwenig Freude zurück, weil sie anderer Meinung sind und weil sie meine Freude nicht richtig verstehen können.

Ängste behalten wir zuerst für uns, weil sie keiner haben will.

Große Freude müssen wir auch teilen, sonst schlägt sie um in Trauer.

Bei großer Freude diese auch abzugeben, ist normal, legal und - christlich.

"Liebe deinen Nächsten wie dich selbst!"

Dazu muß ich mich aber vorher selbst liebhaben und mir die richtige Freude gegeben haben. Erkenne ich mich richtig an, kann ich auch andere anerkennen.

Was ist also das richtige Maß?

Wie und wann darf ich Freude teilen, und wann muß ich sie zurückhalten?

Dies und noch mehr ist über dieses Buch erlernbar. Sich ein wenig besser verstehen, kann jeder erlernen.

Andere Menschen wiederum können mit Unzufriedenheiten nicht umgehen.

Auch dies ist erlernbar. Im Gegensatz zur Freude können wir Ängste aber viel länger allein erleben und aushalten.

Ein Beispiel für Suchtkrankenverhalten:

Ein Mensch kann seine Zufriedenheit erlangen, indem er anderen Unzufriedenheiten bereitet oder andere unzufrieden macht. Er sieht, daß diese Unzufriedenheit angekommen ist, und freut sich darüber.

Dies ist eine weit verbreitete Kuriosität und heißt Hörigkeitsverhalten.

Ich bezeichne es als Sich-Freude-Verschaffen auf Kosten anderer oder als Hörigkeitsverhalten, also Suchtkrankenverhalten, und aus diesem wird die manifeste Krankheit "Hörigkeit". Es muß nur einige Male gemacht werden.
Wer sich so verhält, kann sich selbst nicht die richtige Anerkennung und Liebe geben. Deshalb ist dieses Verhalten eine Vernachlässigung seiner seelischen Grundbedürfnisse, und deshalb ist es als Krankheit "Hörigkeit" zu bezeichnen.

Richtiges Verhalten ist:
Bei einer Unzufriedenheit muß ich sofort Stop sagen, im Gegensatz zur Freude, die ich versuche auszuleben.
Im Spinoza-Roman von Kolbenheyer heißt es: "Meide diejenigen, die sich zufriedengeben, ohne mit Gewißheit erfüllt zu sein!"
Eine Unzufriedenheit bezeichne ich einfach mal grundsätzlich als negativ.
Die Unzufriedenheit muß ich mir zuerst einmal richtig ansehen, und zwar nach vier Gesichtspunkten: wie groß ist sie,
wie klein ist sie,
muß ich mich sofort darum kümmern,
oder hat es Zeit bis später?
Wenn ich anhalte und mir die Unzufriedenheit ansehe, wird sie automatisch für mich positiv, weil ich mich um mich kümmere. Wenn ich dann noch die Möglichkeit habe, zurückzuverfolgen, warum ich jetzt unzufrieden geworden bin und wie groß diese Unzufriedenheit überhaupt ist und wo sie herkommt (diese Möglichkeit habe ich nach Aufklärung), dann wird alles noch besser.
Aufklärung ist immer gut. Deshalb schreibe ich ja auch für Sie.
Wenn ich z.B. erkennen kann, daß diese Tat, die ich getan habe, verkehrt war, dann habe ich auch die Möglichkeit, nach vorhergehendem Muster diesen Weg zurückzugehen und zu überprüfen: War die Entscheidung richtig, d.h., habe ich den Zeitpunkt richtig bestimmt und lag ich in der richtigen Intensität? Oder lag es daran, daß ich zuviel Willen, ein verkehrtes Willenspotential, für diese Tat angehängt, d.h. zuviel Kraft angewandt habe?
Oder waren die Ängste, die durch meine Vorstellungen entstanden sind, nicht richtig? Somit wäre die Bewertung ebenfalls falsch.
Oder war schon die Vorstellung verkehrt? Hätte ich für diese Tat eine andere Vorstellung haben müssen?
Wenn die Vorstellung verkehrt war, war selbstverständlich meine Bewertung nach meinem Realitätssinn verkehrt, d.h. auch die vorhergehenden Informationen waren verkehrt. Also habe ich verkehrt gedacht. Oder habe die falschen Informationen für diese Tat zur Verfügung gehabt.
Der Realitätssinn, wenn er nicht richtig war, entspringt ja einer Erfahrung, also könnte ich rückschließend sagen: Ich habe irgendwann verkehrte Informationen bekommen und habe damit verkehrte Erfahrungen gemacht, so daß ich einen verkehrten Realitätssinn bekommen habe.
Oder ich habe richtige Informationen bekommen und sie nur "nicht richtig verstanden". Also mußte ich auch verkehrt denken und handeln.

Oder ich sage: Ich habe richtige Informationen bekommen durch meine Erziehung und Umwelt und habe nur einige "verkehrte Erfahrungen" damit gemacht, so daß sich ein verkehrter Realitätssinn ausgeprägt hat.

Bestimmt spielen auch hier Verständigungsschwierigkeiten eine große Rolle.

Es kann aber auch sein, daß das Bedürfnis zu diesem Zeitpunkt verkehrt war, so daß das Bedürfnis zwar grundsätzlich richtig ist, jedoch zu diesem Zeitpunkt, zu dieser Gelegenheit verkehrt ist. Wenn das Bedürfnis selbst schon verkehrt gewesen ist, kann alles Nachfolgende auch nur falsch laufen. Die Unzufriedenheit ist somit vorprogrammiert.

Wenn ich eine verkehrte Erziehung erhalten habe, können keine guten bzw. positiven Taten dabei herauskommen, die mich zufrieden machen. Oder wenn ich verkehrte Informationen aus der Umwelt bekommen habe, kann alles Nachfolgende auch nicht richtig laufen.

Vielleicht wurde ich, von mir unbemerkt, angelogen?

Wenn ich mit den richtigen Informationen verkehrte Erfahrungen gemacht habe, so daß sich ein verkehrter Realitätssinn bei mir ausgeprägt hat, dann kann ich keine korrekten Handlungen begehen, die mich zufrieden machen. Es muß zwangsläufig bei jeder Planung eine Unzufriedenheit herauskommen, wobei ich mich mit meiner Gefühlskurve im Angstbereich befinde, und das ist nicht erstrebenswert.

Eine Suchtkrankheit, die Ersterkrankung Hörigkeit, ist die Folge.

So habe ich ein Muster, wonach ich mich, meine Denk- und Handlungsweisen überprüfen kann.

Ich kann mir die Unzufriedenheit ansehen und mit einer Erkenntnis abhaken.

Diese Erkenntnis ist gleichzeitig eine gemachte Erfahrung und eine Wahrheit. Ändere ich meine Erkenntnisse, meine Erfahrungen, ändere ich meine Wahrheit und meine Gefühle. So ändern sich auch mein Realitätssinn und meine Informationen, nach denen ich ja wieder neu denke und plane. Ändere ich das alles ins Positive, werde ich zufrieden. Bin ich richtig innerlich zufrieden, bin ich innerlich frei und nicht sk.

Die weiteren Erkenntnisse könnten z.B. so aussehen:

Ich habe erkannt, daß meine Vorstellung verkehrt war. Ich habe erkannt, daß mein Realitätssinn in diesem Bereich verkehrt ist. Oder ich habe erkannt, daß ich zum verkehrten Zeitpunkt die und die Tat getan habe, die zu einem anderen Zeitpunkt realistischer oder richtiger gewesen wäre. Also habe ich für mich mehrere Erkenntnisse bekommen, die mich nächstes Mal besser überlegen lassen.

Diese Erkenntnisse wandern in Speicher meines Gehirns und meines Bewußtseins. Im Bewußtsein werden sie im Kurzzeit- und Langzeitgedächtnis abgelegt. Im Gehirn existieren die gleichen Gedächtnisse.

Nur diese neuen Erkenntnisse sind in der Lage, mein Leben zu verändern.

Diese Erkenntnisse bilden meinen neuen Realitätssinn. Diese Erkenntnisse sind auch dafür verantwortlich, daß Mauern von innen aufgelöst werden können, an die ich sonst nicht herankomme.

172

Das heißt mit anderen Worten: Spannungsfelder und Verkrampfungen lösen sich. Nur diese Erkenntnisse sind in der Lage, mein Leben wirklich zu verändern, denn diese Erkenntnisse sind ja neu gemachte Erfahrungen und aus diesem ganzen Erfahrungsschatz schöpfe ich. Aus diesem Erfahrungsschatz bildet sich mein neuer Realitätssinn aus.

Also rückkoppelnd gesagt:

Die neuen Erfahrungen und die daraus entstandenen Erkenntnisse verändern mein Leben.

Hierzu ein Beispiel:

Was macht z.b. einen guten Chirurgen aus?

1. daß er sich seine eigenen Fehler merkt und nicht wiederholt,
2. daß er sich die Fehler merkt, die andere Kollegen schon vor ihm gemacht haben, und diese auch ausschließt, so daß er eines Tages fehlerfrei arbeiten kann und sozusagen ein guter "Handwerker" wird! (Nach Dr. Thorns.)

Somit fördert jeder Mensch durch neue Erkenntnisse sein Wissen.

Jetzt haben wir auch noch die andere Seite, die Zufriedenheiten.

Mit der Zufriedenheit gehe ich ein Stückchen anders um als mit der Unzufriedenheit.

Bei der Unzufriedenheit halte ich ja sofort an und sage: "Stop" und sehe mir die Unzufriedenheit an. Also ansehen und versuchen, die Fehlerquellen aufzuspüren und zu beseitigen, ist da das richtige Hilfsmittel.

Mit der Zufriedenheit sieht es etwas anders aus. Die lebe ich meistens erst mal aus, denn das will ich ja. Die Zufriedenheit zu erreichen, ist eines meiner wesentlichen Lebensziele.

Richtig genießen kann ich aber nur mit einem gesunden Elt-Ich.

Was für mich Gültigkeit hat, kann auch für Sie gültig sein. Also versuche ich, eine Zufriedenheit auszuleben und zu genießen.

Nach einem gelungenen, zufriedenen Abend schaue ich mir diese Zufriedenheit, nachdem ich sie genießen konnte, noch einmal an: Warum war das heute abend so toll für mich, warum war das so harmonisch? War die ausgeführte Tat so gut, war die Entscheidung, die ich vorher getroffen habe, also der Zeitpunkt und die Intensität richtig, war der angehängte Wille dafür richtig, war die Vorstellung, die ich hatte, richtig?

Dann waren selbstverständlich die Informationen, die ich in meinem Kopf hatte, richtig. Ich habe richtig gedacht, geplant und gehandelt. Dann war selbstverständlich auch mein Realitätssinn richtig. Also waren die gemachten Erfahrungen, die ich aus der Erziehung und Umwelt habe, richtig, also hatte ich auch ein richtiges Bedürfnis.

Dadurch erhalte ich weitere Freuden und ich beabsichtige, diese zu behalten und zu wiederholen.

Ich schaue mir die Zufriedenheit also an, verfolge diesen ganzen Weg nochmal zurück und komme zu der Erkenntnis: So, wie das an dem Abend gelaufen ist, war es o.k., war es für mich richtig. Somit habe ich richtig gedacht und gehandelt.

Den ganzen Komplex der Zufriedenheit, den ganzen Komplex dieser Tat, wie er sich zusammengesetzt und ausgewirkt hat, speichere ich mit Erkenntnissen oder mit einem Merksatz, also einem zusammenfassenden Bild bzw. einem Stichwort, ab und verankere diesen im Gehirn und im Bewußtsein, da ich ja beabsichtige, das gleiche oder etwas Ähnliches nochmal zu machen.

Zusammenfassend kann ich sagen:

Wenn ich nur noch positive Dinge als Erkenntnisse in mein Gehirn lasse, kann es gar nicht ausbleiben, daß ich in Zukunft nur noch positiv denke. Das heißt, irgendwann kehrt in mich Ruhe und Zufriedenheit dauerhaft ein, die ich mir wünschte und nach der ja auch alle anderen Menschen streben.

Die richtige Zufriedenheit zu erreichen, geht nur, wenn man lernt, sich selbst zu verstehen und vor sich selbst glaubwürdig zu sein.

Zum Beispiel ist ein Mensch, der zu 50, 60, 70, 80% seiner Vergangenheit negativ gedacht hat, durch diese neue Verfahrensweise, durch dieses Anhalten und Überprüfen seiner Seele in der Lage, positive Dinge in sein Gehirn einfließen zu lassen, um doch noch zufrieden zu werden.

Also nur noch positive Dinge fließen in unser Gehirn ein, das hat zur Folge, daß die negativen Dinge erst an die Seite verdrängt und später verarbeitet werden, und zwar so verarbeitet, daß sie in tiefer liegende Bereiche unseres Gehirns oder in den Keller des UB gebracht und dort gespeichert werden. Und zwar so tief in unserem UB, daß sie möglicherweise eines Tages bei Gehirnverkalkung oder in unserem späteren Leben mal wieder vom UB zum Vorschein geholt werden können, aber nicht unbedingt müssen. Deshalb besteht auch nicht die Gefahr, im Alter wieder sk zu werden.

Dafür ist ausschließlich unser UB verantwortlich.

So kann ich auch sagen, daß in meinem UB auch eine Art Keller existiert, wo Informationen auf Mikrofilme verkleinert werden und vom UB im hohen Menschenalter wieder hochgeholt und sichtbar gemacht werden können. Ältere Menschen können noch sehr gute Erinnerungen und Geschichten aus ihrer Kindheit erzählen.

Ich denke mir, daß durch die vielen positiven Einflüsse im TB sich die negative Anstauung der Informationen im Laufe der Zeit mit Sicherheit verändert.

Für mich ist es logisch und zur Gewißheit geworden.

Jetzt wende ich mich dem fünften Teil der Seele zu.

Die Aura

Die 7 Sinne + die Aura ergibt 8 Sinne.

Ich bin der festen Überzeugung, daß wir nicht nur fünf Sinne haben, sondern mindestens mit acht Sinnen ausgestattet sind. Die Organrückmelder zum Gehirn lasse ich einmal unberücksichtigt. Genauer widme ich mich jetzt der Aura, so wie ich es in meiner Therapie erfahren habe. Jetzt schon kann ich Ihnen sagen, daß es für mich spannend war, diese Sichtweisen von Peter zu übernehmen. Vieles konnte ich mir dadurch besser erklären, wofür ich früher nur Verständnislosigkeit hatte, und Nichtverstehen macht unzufrieden. Damit wurde es mir auch möglich, früher Angedachtes heute zuende zu denken.

Was ist die Aura?

Eine Energieform und der fünfte Teil der Seele.

Ein Mantel, der "lückenlos" alle Seelenenergien und den Körper einhüllt.

Ein Mantel, der teilweise durchlässig für Energien, aber ganz durchlässig für jede Materie ist.

Aus wievielen Energieformen besteht die Aura einer Seele?

Jede Materie hat eine Mono-Aura, sozusagen nur eine Energieform.

Die Aura der Seele eines Lebewesens besteht aus unzählig vielen Energieformen. Wenn die Aura sichtbar gemacht wird, leuchtet sie in allen Farben des Spektrums. (Kirlianographie)

Was macht die Aura?

Sie umschließt alle Seelenenergieformen lückenlos, damit sie sich nicht verflüchtigen oder sich mit gleichgesinnten Energien vermischen können.

Dies ist eine saloppe Aussage, die bei genauerer Betrachtungsweise so nicht stimmt, denn die Aura läßt nicht mehr benötigte Energien nach außen durch und ist in der Lage, neue kosmische Seelenenergien einzulassen.

Sie ist wie eine poröse Glasscheibe, beidseitig durchschaubar und durchlässig für Energien und Materie.

Die Aura ist selbstverständlich immer in der Lage, Materie zu durchdringen. Genauso kann Materie die Aura durchdringen, z.B. ein Messer. Sie holt für das Bewußtsein des jeweiligen Lebewesens wie durch eine Glasscheibe Informationen heran.

Sie gibt vom Bewußtsein des jeweiligen Lebewesens wie durch eine Glasscheibe alle Informationen an die Umgebung ab, die für das eigene Bewußtsein zur Zeit zu sehen sind, so daß ein anderes UB diese Informationen sehen kann. Somit alle Informationen, die das TB bewußt denkt, oder alle Informationen, womit das UB im Moment unbewußt umgeht. Leider haben diese Fähigkeit nicht alle Menschen. An gespeicherte oder abgelegte Informationen kommt die Aura nicht heran, somit auch kein anderes UB.

Wegen der sichtbaren Informationen können hochsensible Menschen oder Tiere über unsere Aura Informationen bekommen und diese auch deuten.

Ein geschulter Mensch kann diese Gedanken als Komplex erfassen.

Ein Tier oder eine Pflanze dagegen empfängt diese Informationen genau, da sie hauptsächlich von ihrem UB gesteuert werden.

Geht es dem Bewußtsein (TB und UB) relativ gut, ist die Aura durchlässig für kosmische Energien und ist dabei sehr beweglich. Umgewandelte, nicht mehr benötigte Seelenenergien können die Aura verlassen, und neu benötigte Seelenenergien können durch die Aura wieder einfließen. Ohne Auftrag macht die Aura nichts Wesentliches. Ihre Beweglichkeit richtet sich nach dem jeweiligen Befinden des Bewußtseins. Und das Bewußtsein wiederum ist, wenn es einmal einen Körper in Besitz genommen hat, auf die Befindlichkeit des Körpers angewiesen. In Besitz genommen, heißt, es hat sich eingenistet, ist Nutznießer oder "Gast" des Körpers. So daß ich zum Körper auch Wirtskörper sagen kann, weil er einen Gast, die Seele, beherbergt. Diese Symbiose ist genial, aber für mich kein Geheimnis mehr.

Die Aura kann nicht aktiv kommunizieren, da man sie sich wie eine Glasscheibe vorstellen kann, die ja auch nicht aktiv kommunizieren kann, sondern die Informationen durchläßt, also weiterleitet. Kommunizieren in unserem Sinne, also Informationsaustausch, findet zwischen dem einen und dem anderen beteiligten Bewußtsein statt.

Es können auch mehr als zwei Bewußtsein beteiligt sein. Ich kann mir als Beispiel, außer der Glasscheibe z.B. das Telefon oder das Faxgerät vorstellen. Kommunizieren tun die beiden Benutzer, die Geräte geben die Informationen nur weiter.

Aura - Seele - Lebewesen

Alles was lebt und eine Aura hat, bezeichnen wir nicht immer als Lebewesen. Eine "Sonne" z. B. mit ihrer Aura oder den "Mond" mit seiner Aura.

Trotzdem bewegen sie sich und gehören sicherlich zum übergeordneten Leben. Auch wenn wir es noch nicht richtig verstehen können oder wollen.

Jetzt wende ich mich einmal kurz dem Körper mit seinen Sinnen zu.

Welche sieben Sinne können wir körperlich unterscheiden, wo wir doch normalerweise nur von fünf klassischen Sinnen ausgehen?

So spreche ich vom

1.) Sehen, Augen.
2.) Hören, Ohren.
3.) Riechen, Nase, Siebplatte.
4.) Schmecken, Zunge.
5.) Tasten - Feinmotorik (weich und hart, Proportionen und Formen), Haut.
6.) Hautsinn (kalt und warm, trocken und naß, Schmerzrezeptoren), Haut.
7.) Gleichgewichtssinn, Gleichgewichtsorgan.

Ein Sinnesorgan besteht kurz beschrieben aus:
einem oder mehrerer Aufnahmeorgane (z.B. Augen, Ohren usw.),
einer oder mehreren Leitungen (Nerven)

und jeweils einem Abgaberezeptor (Synapsen, Übergang zum anderen Nerv oder zu den Verbrauchern im Körper).
Somit können Störungen auftreten:
am Aufnahmeorgan selber,
an der oder den Leitungen oder
am jeweiligen Abgaberezeptor.
Oder am oder im Verbraucher.
Selbst das Gehirn ist Verbraucher.

Der 8. Sinn, die Aura

Was ist die Aura?
Die Aura ist nichts weiter als ein Energiefeld. Ein aus unzähligen, positiv oder negativ geladenen Energien zusammengesetztes Feld.
Was macht die Aura?
Die Aura umgibt jeden Gegenstand, jeden Körper lückenlos. Ist es eine Seelenaura, hält sie die seelischen Energien zusammen. Ist es eine Monoaura, kann sie eine Seelenaura aufnehmen und in sich lesen lassen.
So können wir z.B. bei Steinen deren Schwingungen über unsere Aura empfangen. Alle unterschiedlichen Steine oder Erze haben ihre eigenen Schwingungen.
Die Aura nimmt als Bestandteil einer Seele eine gewisse Sonderstellung ein.
Sie ist zwar dann ein Bestandteil der Seele, aber auch sogenannte seelenlose, also in unserem Sinne tote Dinge oder Gegenstände, haben eine Aura, eine Monoaura, wie ich schon zu den Steinen erwähnte.
Welche Aufgaben hat die Aura?
Zum einen Schutzfunktion.
Sie umhüllt unseren Körper und die Seele lückenlos und sorgt dafür, daß sich die Energien der Seele nicht verflüchtigen oder mit gleichgesinnten Seelenenergien vermischen.
Andere Aufgaben sind das Heranholen und Abgeben von Informationen.
Da die Aura keine direkte Verbindung zum Gehirn hat, nutzt sie all unsere anderen Sinnesorgane, um die herangeholten Informationen an unser UB oder TB weiterzugeben.
Oder unser Bewußtsein begibt sich direkt an die Aura und empfängt so alle Informationen, die auch für die Aura zu sehen sind. Leider ist uns das nur unbewußt möglich. Ausnahmen, wie ich schon sagte, sind Hellseher.
Deshalb ist die Aura unser wichtigster Informationsbeschaffer, auch wenn wir das im allgemeinen bewußt *nicht richtig* registrieren und darauf hören können.
Wenn es uns gut geht, ist unsere Aura sehr beweglich und kann somit sehr große Entfernungen überwinden, d. h. sie kann ihre Fingerchen bis in ungeahnte Entfernungen ausstrecken und von dort Informationen heranholen.
Sie kann uns vorauseilen und um jede Ecke sehen. Fernfahrer oder andere Autofahrer haben schon oft erlebt, daß sie eine innere Stimme warnt: "Überhole jetzt nicht!" Und siehe da, es lohnt sich, auf die innere Stimme zu hören. Diejenigen,

die auf diese Stimme nicht gehört haben, können meistens nicht mehr darüber reden.

Sie kann aber auch mit anderen Teilen der Seele als Mikroseele auf Reisen gehen. Auch darauf gehe ich noch etwas genauer ein.

Wenn es uns schlecht geht, z.B. wenn wir krank sind, liegt die Aura sehr eng am Körper an und ist hauptsächlich negativ geladen.

Ein Entweichen von nicht mehr benötigten Energien ist in dem Moment nicht mehr möglich. Auch wird es mit dem Nachschub an benötigter Energie knapp.

Der Mensch hat dann das Gefühl, es geht ihm noch schlechter. Oder es geht so weit, daß er Platzangst, Hitzewallungen oder Selbstmordgedanken bekommt.

Bei stoffgebundenen Suchtkranken, aber auch schon bei Hörigkeitskranken kommt es sehr häufig vor, daß sie sich deshalb nicht aushalten können.

Aber auch bei vielen anderen Notsituationen oder körperlichen Krankheiten ist die Aura dicht, und es können keine Energien mehr frei in beide Richtungen fließen. Chakren gehen zu und die Erdverbundenheit ist nicht mehr vorhanden. Aber es kann auch weitergehen, so daß fast alle Energietore geschlossen sind und der Mensch sich sterbenskrank fühlt.

Da helfen keine Pillen oder Pullen, sondern eine Psychotherapie, in der der Patient darüber aufgeklärt wird, daß er der Verursacher für seinen Zustand ist. Die Psychiatercouch muß eingemottet werden. Die moderne Psychotherapie heißt Aufklärung.

Wenn wir uns gut fühlen, ist die Aura äußerst beweglich und ist dann in der Lage, größte Entfernungen zu überwinden. Ein gleichmäßiger Energieaustausch ist dann wieder gewährleistet. Die Aura kann auf allen Energieleitern reisen.

Die Aura ist sehr geschwätzig. Sobald sie Kontakt zu einer anderen Aura hat, tauscht sie sofort Informationen aus.

Sie teilt ohne Vorbehalte unsere ganzen, im Bewußtsein befindlichen sichtbaren Informationen einer anderen Aura mit, und zwar auch solche Informationen, die als kleine Vorstellungen mit einem Stichwort behaftet irgendwo im Gehirn abgelegt wurden, z. B. angedachte Probleme. Diese Informationen kann man sich vorstellen wie einen offen auf dem Schreibtisch liegenden Zettel oder ein offenes Buch.

Unser Glück ist es, daß ein anderes TB diesen Informationsfluß nicht richtig deuten kann. In diesem Fall sind unsere natürlichen Verständigungsschwierigkeiten mit einer anderen Seele und dem eigenen UB von Vorteil.

Ein weiteres Merkmal der Aura ist, daß sie nicht lügen kann. Wer also empfänglich für diese Informationen der Aura ist, kann sofort erkennen, ob sein Gegenüber ihn anlügt oder nicht. Viel mehr ist aber nicht möglich.

Einzelne Menschen können als Komplex erfassen, was der andere denkt.

Der genaue Wortlaut bleibt ihnen jedoch verborgen.

Mir ist es mehrfach passiert, daß ich mich beobachtet fühlte. Drehte ich mich um, sah ich gerade noch, wie ein Mann oder eine Frau schnell wegschauten. Also habe ich mit meinem TB bemerkt, daß ich angesehen wurde. Dies ist mir sicherlich über den Informationsfluß meiner Aura und meines UB gelungen, obwohl ich kein Hellseher bin.

Selbst wenn die komplette Gestik und Mimik mit dem gesprochenen Wort übereinstimmt, können einzelne Menschen an den Informationen der Aura ablesen, ob jemand lügt. Nur, wenn die Person 100%ig von ihrer Aussage überzeugt ist, also selber gar nicht weiß, daß sie lügt, gibt auch die Aura diese Fehlinformation weiter. Somit ist es auch keine Lüge, sondern Scheinwelt und daran beteiligen sich auch die Augen.

Dieses Verhalten haben Suchtkranke. Sie sind von dem überzeugt, was sie sagen. Deshalb gehört dieses Lügen zum festen Merkmal eines Suchtkranken. Gedächtnislücken füllen sie durch einen Ersatz auf. Dieser Ersatz ist eine Erfindung von ihnen, also eine Lüge und Scheinwelt, weil sie durch diese Gedächtnislücken nicht hilflos sein wollen.

Zurück zu allen Sinnen.
Ich gehe davon aus, daß wir 7 + 1, also 8 Sinne haben.
Üblicherweise wird meist nur von fünf Sinnen gesprochen.
Ich sehe das etwas anders, und zwar gehe ich davon aus, daß wir

1.) sehen können, also die Sehnerven haben, die uns dazu befähigen, über die Augen zu sehende Informationen in das Gehirn zu bekommen. Diese Sehnerven sind paarig, haben also zwei Leitungen, die ins Gehirn führen. Zu den Sehnerven gehört jeweils ein Aufnahmeorgan.
Wir bezeichnen das als Augen, selbstverständlich gehört auch jeweils ein Abgaberezeptor hinzu, wie zu allen Nerven, der Übermittlungspunkt, an dem die Informationen vom Nerv an das Gehirn übertragen werden (synaptischer Spalt).
Erwähnenswert ist es sicherlich, daß an all diesen Stellen und an den Verbrauchern auch Störungen auftreten können.

2.) können wir hören, haben also den Gehörsinn.
Der ist etwas komplizierter.
Deshalb sage ich es einmal so, wie ich denke, also sehr simpel.
Wir haben 2 Ohren, also 2 Aufnahmeorgane. Die Schallwellen dringen über das Ohr und Trommelfell in einen sehr komplizierten Mechanismus ein. Dieser leitet das Gehörte als Schallwellen über Knochenleisten und Nerven in unser Gehirn. Da unser Bewußtsein elektrische Impulse verstehen und deuten kann, werden diese Informationen für uns im Bewußtsein sichtbar, also klar vor dem geistigen Auge zu sehen. Sehen ohne Augen? Ist das möglich? Aber ja. Unsere Seele kann das. Ich bezeichne dieses Auge als mein geistiges Auge. Das wird wiederum bewußt vom TB registriert oder unbewußt vom UB aufgenommen und verarbeitet.

3.) haben wir den Riechnerv.
Er ist recht einfach. Er hat viele Nervenendigungen, (ca. 200), die Gerüche durch eine Siebplatte im Rachenraum in Empfang nehmen und diese Informationen über Nerven ins Gehirn leiten.

4.) können wir schmecken.

Die Geschmacksnerven sind in Geschmacksknospen auf der Zunge angeordnet. Vorne auf und an den Rändern der Zunge schmecken wir süß, an den mittleren Seiten sauer und im hinteren Drittel schmecken wir bitter. Geruch und Geschmack liegen dicht beieinander.

5.) können wir tasten.

Hier sage ich einfach, das ist der Tastsinn. Mit diesem Tastsinn können wir weich und hart unterscheiden, Proportionen und Formen erkennen, und zwar über unsere Feinmotorik und deren Nervenendigungen.

6.) haben wir den Hautsinn.

Dieser Hautsinn beinhaltet die ganzen Nervenendungen, die in der Lage sind, kalt und warm zu übermitteln, trocken und naß dem Gehirn zu melden oder Schmerzen in Empfang zu nehmen bzw. als Schmerzen zu deuten und dem Gehirn zu melden, aber auch: Da ist etwas Spitzes, etwas Scharfes, zu Heißes, zu Kaltes.

7.) haben wir den Gleichgewichtssinn.

Ohne diesen Gleichgewichtssinn könnten wir nicht aufrecht gehen, stehen, den Kopf senkrecht halten. Damit unterscheiden wir auch, wo oben oder unten ist. Er dient zur Orientierung. Dieser Sinn ist sehr wichtig, wird aber kaum erwähnt. Ist er gestört, haben wir das Gefühl, wir fallen um oder versinken ins Bodenlose. Es wird uns meistens dabei schwindelig und schlecht.

Selbstverständlich haben wir noch ein paar Sinne mehr, die ich aber nicht näher beschreiben möchte.

Grob gesagt kann ich es einfach mal so benennen: Wir haben die sieben Hauptsinne, die sich aus einem oder mehreren Aufnahmeorganen, einer oder mehreren Leitungen und aus den Endungen, den Abgaberezeptoren, zusammensetzen. Natürlich kann es auch Störungen geben. Sowohl am Aufnahmeorgan als auch an der Leitung und an der Abgabe ins Gehirn oder zu den Verbrauchern.

Selbstverständlich kann es auch Störungen direkt im Gehirn geben. Daß das Gehirn nicht aufnahmefähig ist oder durch Angst blockiert wurde oder durch Gifte von außen enthemmt oder teils zerstört wurde. Gifte, die auf irgendeinem Wege in den Körper eingebracht wurden, so daß sich die Spannung im Gehirn verändert hat und wir es als Enthemmung oder als etwas Falsches empfinden: wir denken anders. *Suchtkrankendenken sage ich dazu.*

Den Beweis dafür erbringt Peter bei der Beschreibung von Suchtkrankheiten.

Oder wir haben uns blockiert durch Verkrampfungen, das heißt wiederum, zuviel Angst produziert. Suchtkranke sind nicht frei, sondern immer irgendwie verkrampft.

Wir können uns auch verkrampfen durch zuviel Freude.

Als ein Beispiel möchte ich die große Liebe erwähnen, die Druck im Kopf und Herzen macht. Auch denken wir dann anders. In den meisten Fällen spüren wir gar nicht, daß da auch noch Angst mitschwingt, das Herz sich verkrampft.

Wir deuten es nur als Freude, weil die Angstschwelle so gering ist. Freudentränen gibt es nicht. Wer aus Freude weint, hat zu viel Druck in sich oder regelrechte Verlustängste, die er nicht als solche deutet.

Auch das kann ich auf die große Liebe beziehen. Lieben wir groß, haben wir auch Verlustängste, ohne daß wir es richtig registrieren. Bei Eifersucht sind die Ängste deutlicher sichtbar.

Wenn reine Freude da ist, werden die Gefäße weit. Wir haben das Gefühl, ein großes Herz zu haben, sind dann schenkfreudig, gebefreudig, wir wollen alle an unserem Glück teilhaben lassen. Keine Ängste oder Mauern sind in Sicht.

Bei Liebeskummer oder bei kurz auftauchenden Ängsten (der Liebste kommt nicht) ist spürbare Angst da, aber auch Freude schwingt mit, weil Hoffnung angehängt wurde (hoffentlich kommt er doch), das bewußte Denken (Tagesbewußtsein) wird teilweise blockiert oder irritiert..

Peter stellt häufig die Frage: wie komme ich in dein Gehirn?

Die Antworten der Patienten sind meistens nicht richtig.

Ich sage es einfach mal so: über die Sinne! Über eines oder mehrere der Sinnesorgane komme auch ich in das Gehirn eines anderen Menschen.

Den wichtigsten Sinn, den wir haben, bezeichne ich als 8. Sinn, die Aura.

Ich gehe davon aus, daß die Aura nichts weiter als ein Energiefeld ist, ein aus verschiedenen Energien zusammengesetztes Feld, das uns lückenlos umschließt. "Nichts weiter" heißt, ausschließlich das und nichts anderes. Die Aura ist schon sichtbar gemacht worden, unter einer besonderen Strahlung, so daß die Aura in allen Farben des Spektrums leuchtete. *(Kirlianografie oder Kirlian-Fotografie).*

Das heißt, jede einzelne Farbe ist ein eigenes Energiefeld, das sich gegenüber anderen absetzt. Diese einzelnen Felder können sowohl positiv als auch negativ geladen sein. Auch die Aura insgesamt kann hauptsächlich negativ oder positiv geladen sein. Wenn es uns gut geht, ist die Aura sehr beweglich, streckt ihre Fingerchen bis in ungeahnte Entfernungen aus und holt Informationen heran oder gibt Informationen ab. Diese schnelle Informationsbeschaffung ist deshalb möglich, weil sich unser Bewußtsein frei innerhalb der Aura bewegen kann. Hauptsächlich macht ein Teil des UB diese Reise mit, damit es immer sofort informiert ist und im Gefahrenfall den Chef, das TB, eher warnen kann, als wir es mit unseren Sinnen bewußt erfassen könnten. So kann es auch den Körper in einer lebensgefährlichen Situation sofort aus der Gefahrenzone bringen.

Mit den Augen kann ich um keine Ecken sehen oder hinter eine Wand. Meine Aura aber kann es.

So eilt sie sehr oft unseren Sinnen, d.h. dem Körper, voraus.

Ich stelle mir vor, daß die Aura, wenn sie sich über weite Strecken fortbewegt, auch das Globalgitter benutzt. Auch da geht das UB mit auf Reisen. Ich deute es als: eine Mikroseele geht auf Reisen oder ein Gedanke geht bewußt oder unbewußt auf Reisen.

Das Globalgitter ist ein Energiegitter, welches die komplette Erde umschließt, vergleichbar mit den Längen- und Breitengraden, die unsere Erde komplett umspannen. Leider wird dieses Energienetz zu wenig beachtet.

Es liegt sehr eng beieinander, in Abständen von 2 Meter mal 2,50 Meter. Die Schnittstellen bzw. Kreuzungsquadrate, im Durchmesser ca. 20 cm, sind für uns zuviel Energie und können Krankheiten hervorrufen, wenn wir lange Zeit darauf sitzen oder schlafen.

Wer die Seele als Energieform anerkennen kann, der kann auch dieses Globalgitter anerkennen. Oder Fernseh- oder Radiowellen.

So können wir mit Menschen, die diese Informationen der Aura verstehen, auch über weite Strecken, Grenzen und Kontinente hinweg Kontakt aufnehmen.

Peter sagt, daß er diese Experimente schon mit einigen seiner Patienten und Angehörigen gemacht hat, und fast jedesmal ist das eingetreten, was er sich vorgestellt hat. Genauso oft geschah es umgekehrt, daß ihn ein Patient heimlich, gedanklich um Hilfe bat und er dieses empfangen konnte, so daß er sich bei dem Patienten gemeldet hat, oder er ist einfach hingefahren.

Darüber hat er mir einige Beispiele genannt, im Umkreis Hannovers, also in der Nähe, aber auch zu einigen fernen Ländern funktionierte es, z.B. Spanien, Italien, Frankreich, Australien und einige mehr. Diese Gedankenübertragung kann nur mit Hilfe der Aura geschehen. *Mikroseelen werden auf Reisen geschickt.*

Wenn es uns schlecht geht, heißt es, die Aura liegt ganz eng am Körper an.

Z.B., wir liegen krank im Bett oder haben eine oder mehrere Operationen über uns ergehen lassen müssen oder sind suchtkrank, sind also ganz eng auf uns konzentriert und engen uns dadurch zusätzlich selbst ein.

Ich kann aber auch einen anderen Zustand anführen, wo es uns schlecht geht, nämlich wenn wir uns in uns selbst zurückziehen, uns von der Umwelt abkapseln. Z.B. indem wir uns Depressionen einreden oder einreden lassen, wir uns also von der Außenwelt völlig abschirmen, wir mit keinem anderen in Kontakt treten wollen, wir in einer großen Gesellschaft allein und traurig sind.

"Wir ziehen uns in unser Schneckenhaus zurück."

Dabei geht es uns natürlich schlecht.

Um dieses Schlechtgehen zu verstärken, wenn wir allein sind, holen wir uns dann alte Bilder hervor, legen alte Platten auf, bedauern unser Leben.

Selbstmitleid kommt auf.

Wir versetzen uns also in längst vergangene Zeiten. Musik, Bilder und Erinnerungen an früher sind mit die größten Verstärker, um eine Trauer und um ein Selbstmitleid noch tiefer wirken zu lassen.

(Genauer beschrieben unter "Warum leiden wir Menschen so gerne".)

Ich bezeichne z.B. die Musik als größte Droge dieser Welt, die wir Menschen kennen, und sie wird vielfach auch noch in solchen Situationen eingesetzt, um uns noch mehr zu schädigen, um uns noch mehr zu verkrampfen, um dieses Selbstmitleid noch mehr ausleben zu können. Die Tränen der Erleichterung

fließen dann irgendwann. Musik verbreitet aber auch sehr viel Freude, deshalb sind wir, je nach Neigung, in einige Musikstücke regelrecht "verliebt".
Hauptsache ist es bei diesen Leiden, daß wir nicht ganz hilflos und untätig sind. Leiden können wir lange Zeit allein. Deshalb leiden wir lieber, statt uns einem Freund anzuvertrauen.
Wir wollen manchmal leiden, deshalb suchen wir die Einsamkeit.
Der innere oder äußere Schmerz ist Anlaß, aber der Anlaß ist uns zu gering, als daß wir darüber reden wollten. Falsche Rücksichtnahme ist Begleiter von Selbstmitleid. Daß der Anlaß zu gering sei, ist meistens eine Ausrede, und das wissen wir auch. Wir wollen ab und zu leiden, damit wir nicht ganz hilflos sind, aber uns selbst einmal wieder bedauern können. Das ist aber die falsche Selbsthilfe.
Oder einige haben es versucht, über sich zu reden, und wurden nicht verstanden, deshalb wählen sie jetzt den Weg der Isolation.
Verständigungsschwierigkeiten!
Die Hauptaufgaben der Aura bestehen meiner Meinung nach darin, Informationen heranzuholen, Informationen abzugeben und Schutzmantel der Seele zu sein.
Informationen heranholen, das macht die Aura so, indem sie einfach mit einer anderen Aura kommuniziert oder irgendeinen Gegenstand abtastet.
Das Abtasten macht sie nicht von allein, sondern sie wird vom UB dazu beauftragt und meistens geht auch ein wenig UB mit, um gleich bewerten zu können.
Deshalb bezeichne ich die Aura als Informationsbeschaffer.
Mit der Informationsübermittlung der Aura lassen sich viele alltägliche von uns als Phänomene oder Zufälle eingestufte Dinge erklären. So passiert es mir manchmal, daß ich zum Telefon gehe, um jemanden, der mir sehr nahe steht, anzurufen. In dem Augenblick klingelt das Telefon und derjenige ist am Apparat. Man sagt dann oft: "Das muß Gedankenübertragung gewesen sein, ich wollte dich auch gerade anrufen."
Tatsächlich ist es eine Gedankenübertragung, der Prozeß läuft nur noch einen Schritt früher ab, als wir denken.
Die andere Person denkt daran, mich anzurufen.
Ich empfange diese Information zwar über meine Aura, ich deute sie aber nicht richtig und denke nun meinerseits, den und den könnte ich mal anrufen. In diesem Moment führt derjenige sein Vorhaben aus, und so klingelt es bei mir.
In dem Moment denke ich, die Ursprungsidee ging von mir aus. Falsch.
Die Idee ging von dem anderen aus und ich habe diese Information nur über meine Aura empfangen und dachte, ich sei selbst auf den Gedanken gekommen.
Somit können wir erkennen, daß die Aura auch in der Lage ist, Informationen über größere Entfernungen heranzuholen.
Mein UB bekommt diese Informationen klar und eindeutig mit. Da das TB aber mit dem UB Verständigungsschwierigkeiten hat, kann das UB diese Informationen dem TB nicht klar und eindeutig geben.

Ein anderes Beispiel:
Wenn ich eine Gaststätte betrete und möchte etwas essen, dann habe ich das unbestimmte Gefühl, hier gibt es gutes Essen, hier fühle ich mich wohl.
Dann gehe ich hinein, setze mich an einen Tisch und schaue mich um.
Nun sehe ich, aha, der Tisch ist gut gedeckt, es stehen sogar Blumen auf dem Tisch, die Speisekarte sieht gut aus, dann höre ich im Hintergrund Musik, die Bedienung ist sehr nett und adrett angezogen, macht einen freundlichen Eindruck, die Beleuchtung stimmt, und dann stelle ich fest, das Essen schmeckt auch, es gibt keine Probleme mit den Getränken, mit der Bezahlung, *dann gehe ich raus und denke mir: Gleich beim Betreten des Lokales hatte ich das richtige Gefühl.* Dieses Gefühl ist in mir entstanden, weil meine Aura mir diese Informationen gleich gegeben hat und mein UB alles in Gedankenschnelle erfaßt hat. Denn meine Aura und mein UB erfassen in Gedankenschnelle alles, was um mich herum passiert, und das UB kann es richtig einordnen, aber nicht richtig dem TB Bescheid sagen. Deshalb sind auch Ahnungen keine Zufälle.
Ist das TB zu stolz oder zu hochnäsig? Nein, es hat nur nicht die Möglichkeit, genauso blitzschnell zu denken wie das UB. Außerdem hat es mit den eigenen Gedanken als Pläne genug zu tun und sagt sich, das andere ist Sache des UB.
Manchmal wäre es sicherlich von Vorteil, die Informationen des UB zu erhalten. Außerdem kann mein UB in die Zukunft sehen und das TB nicht. So weiß das UB, was in diesem Lokal auf mich zukommen wird.
Als ich an der Tür stand, hat meine Aura überallhin ihre Fingerchen ausgestreckt und hat diese sämtlichen Informationen, die ich nachher erst langsam, nach und nach mit meinen ganzen Sinnesorganen, wie Augen und Ohren, bewußt heranholen mußte, sofort in mein Gehirn gebracht und bei mir im TB das Gefühl ausgelöst: Hier kann ich mich wohl fühlen.
Erwähnt sei hier nochmals, daß meine Aura vom Bewußtsein einen Auftrag braucht.
Dieser Auftrag hieß: Schau dich um, ob es mir hier gefällt!
Das heißt, die Aura hat die gesamten Informationen, die vorhanden sind, sofort in mein Gehirn gebracht, da hat sich an diese Informationen das richtig vom UB bewertete Gefühl angehängt, nach meinen vorher gemachten Erfahrungen, wo und wann und unter welchen Bedingungen und unter welchen Umständen fühlte ich mich wohl, was brauche ich, um zufrieden zu werden.
Also die Erfahrungen von früher haben sich mir zuerst unbewußt gezeigt und gegen diese ankommenden Informationen gestellt, so daß mein UB einen Vergleich anstellen konnte.
Eine neue Bewertung vom Bewußtsein findet statt.
Zuerst vom UB, später nach positivem Erleben auch vom TB: Hier gehe ich wieder einmal hin.
Dieser Vergleich ist in dem Fall mit der Gaststätte positiv ausgefallen. Ich habe in meinem Körper, mit meinem Körper Wohlbefinden verspürt, habe mir und

meinem Gefühl vertraut und bin in dieses Lokal gegangen. Somit war mein UB richtig geschult.

Abschließend kann ich sagen, meine Aura hat mir die richtigen Informationen herangeholt, ich habe diese richtigen Informationen in Bruchteilen von Sekunden mit meinem UB richtig gedeutet, habe dem TB vertraut und bin deshalb in dieses Lokal gegangen, und deshalb kann ich jetzt auch beim Hinausgehen sagen: Das waren die richtigen Informationen, ich hatte das richtige Gefühl, ich habe die richtige Entscheidung getroffen und die Tat, die ich ausgeführt habe, war gut. Alles, was ich in der letzten Stunde getan habe, hat in mir Zufriedenheit ausgelöst. Durch mein TB, durch das bewußte Erleben, gebe ich nachträglich meinem UB und meiner Aura recht.

Merke ich mir diese Begebenheit und den Zusammenhang, wächst mein Selbstvertrauen, und ich werde sicherer.

Das heißt wiederum, meine Selbstsicherheit steigt, aber auch meine Eigenverantwortlichkeit und einiges mehr, das dann zu meiner Zufriedenheit beiträgt.

Auch eine neue Erkenntnis habe ich gewonnen:

Ich kann und darf mir wieder vertrauen.

Vertraue ich mir, gebe ich mir die richtige Anerkennung und Liebe, die ich brauche, um mich harmonisch und geborgen zu fühlen.

So kann ich sagen, ich habe mich richtig selbst verwirklicht.

Selbstbewußte Menschen haben es leichter im Leben.

Ich möchte es in meinem neuen Leben leichter haben, deshalb lerne ich Zusammenhänge kennen und meiner inneren Stimme zu vertrauen.

So werde ich mich in Zukunft viel besser und vernünftiger selbst verwirklichen.

Diese Erlebnisse und Erkenntnisse haben für mich nichts Mystisches mehr an sich, sondern entspringen logischen, einfachen Überlegungen. Außerdem kann ich mit diesen Überlegungen Gedanken von früher zu Ende denken. Sie werden sich aufrichten, weil sie noch nicht richtig bearbeitet wurden. Richten sie sich auf, weiß ich mir heute zu helfen, bin somit nicht mehr hilflos sondern selbstsicher.

Ein drittes Beispiel für das Heranholen von Informationen durch die Aura:

Bei Autofahrern geschieht es häufig, daß sie rasant fahren, überholen und plötzlich sagen sie sich: Halt, stop, den Wagen vor mir darf ich jetzt nicht überholen, da kommt mir bestimmt hinter der nächsten Kurve jemand entgegen. Und siehe da, es kommt jemand. Dann sagt sich der Autofahrer: Da hatte ich das richtige Gefühl, da hatte ich die richtige Eingebung oder: Da hat mir mein Schutzengel geholfen. Wer uns diese Eingebung gegeben hat, ist selbstverständlich wieder die Aura, die vorausgeeilt ist und mein UB gewarnt hat. Dieses wiederum hat deutlich mit viel Druck das TB gewarnt. Informationsbeschaffer war aber die Aura und das UB, sein Begleiter. Dem Schutzengel danke ich trotzdem.

So ist das UB in Verbindung mit der Aura und der Angst Warner vor Gefahren! Das UB ist ja der sich viel tausendfach aufteilende Helfer des Chefs, des TB. Von dieser Tatsache gehe ich einfach aus, und solche Beispiele gibt es viele.

Dazu können wir uns gut vorstellen, daß unser UB die Aura dazu benutzt, Informationen heranzuholen.

Wer das mal ganz bewußt macht und dies vielfach übt, erlebt es selbst, daß es nur so, wie beschrieben, funktionieren kann.

Sehr oft handeln wir nach Informationen der Aura, ohne daß es uns bewußt wird. Wir sprechen dann von unserer Intuition oder Eingebungen, weil wir es uns nicht genauer erklären können. Jetzt können Sie als Leser sich einiges besser erklären.

Es leben fast alle Suchtkranken von ihrem Gespür, von ihren Eingebungen, ohne daß sie es sich erklären können. Nur bei ihnen funktioniert es nicht richtig, weil sie mit ihrem kranken Ki-Ich das UB falsch geschult haben.

Mit Peters genauen Aussagen zur Seele kann sich dies in der Bevölkerung ändern und hoffentlich auch bei Therapeuten.

Wir bekommen Informationen von unserer Aura und handeln auch nach diesen Informationen, aber da die meisten Menschen heutzutage nicht mehr in der Lage sind, diese Informationen richtig zu verstehen, entstehen oftmals nicht gerade falsche, aber doch sehr umständliche Reaktionen aufgrund dieser Informationen.

So kann es vorkommen, daß wir eine Information über die Aura empfangen, diese auch im Unterbewußtsein ankommt, verarbeitet wird und an das Tagesbewußtsein weitergegeben wird, wir aber mit unserem Tagesbewußtsein so auf andere Sachen konzentriert sind, daß wir die Übermittlung der Informationen vom UB an das TB. nicht richtig erkennen können, d.h. wir handeln zwar aufgrund dieser Informationen, aber wir handeln meistens falsch.

So stört die Konzentration des TB den "Rohrpostinformationsfluß" des UB.

Diese Verständigungsschwierigkeiten mit unserem eigenen Bewußtsein macht uns das Leben schwer.

Bei diesen vielen Verständigungsschwierigkeiten nicht sk zu werden, ist nicht unser Verdienst, sondern liegt an dem Lebensbuch, welches für jede Seele geschrieben wurde. Daß wir an diesem Lebensbuch mitschreiben können, ist Ihnen sicherlich auch jetzt klar geworden. Je nachdem, wie wir unsere Möglichkeiten nutzen und uns begnügen können, werden wir sk oder nicht.

Wie gut könnte es für uns sein, wenn wir unser UB besser verstehen könnten!

Dann wären auch die Informationen, die unsere Aura sammelt, besser vom TB umzusetzen.

Gleichzeitig sind es aber gerade diese Verständigungsschwierigkeiten, die wir unbedingt benötigen, um nicht durchzudrehen, also verrückt zu werden.

Wenn wir uns vorstellen, daß unsere Aura uns ringsherum einschließt, sammelt sie auch ringsherum Informationen.

Diese Informationsflut wäre für unser TB zuviel.

Es wäre so abgelenkt, daß es keine eigenen Ideen entwickeln könnte.

Es wäre so abgelenkt, daß es sich in diesem Leben nicht weiterentwickeln könnte.

Deshalb hat es auch einen weiteren Schutz, die Konzentration und Kreativität.

Bei dieser Gelegenheit sei erwähnt, daß wir drei weitere Abwehrsysteme für Informationen haben.

Das erste sitzt direkt im UB, und ich beschreibe es folgendermaßen:
Das UB kann Mauern bauen, die mit der Angst errichtet werden.
Das zweite Abwehrsystem wird vom UB mit der Aura errichtet.
Ich bezeichne es als Barriere, mit der wir Informationen abweisen können, damit sie nicht in uns eindringen und unser Bewußtsein schädigen.
Das dritte Abwehrsystem wird vom TB mit dem Mauerbau der Angst errichtet.
Informationen können so vom UB zum TB nicht fließen. Oder vom TB nicht in den gesamten Körper, einschließlich der dazugehörenden Gefühle.
Den vierten Schutz, die Konzentration, erwähnte ich schon.

Ein Beispiel hierzu:
Ein Patient kam morgens zu seiner Therapiestunde in Peters Praxis. In der Straße waren mehrere Parkplätze frei. Normalerweise wendet er *immer* und stellt sich so, daß er nach der Therapiestunde gleich in der richtigen Fahrtrichtung steht. Diesmal stellte er sich auf einen Parkplatz direkt vor die Hofeinfahrt zu Peters Praxis, obwohl auch vorher schon Plätze frei waren.
Nach der Sitzung wollte er nach Hause fahren und stellte fest, daß er den Scheinwerfer hatte brennen lassen und die Batterie leer war. Nur weil er mit seinem Auto so parkte, konnte Peter ihm helfen. Peter mußte von seinem zum anderen PKW die Batterie überbrücken. Da beide Batterien auf der jeweils rechten Fahrzeugseite saßen, konnte Peter neben den anderen Wagen auf den Bürgersteig fahren und ihm helfen. Hätte er irgendwo anders gestanden, wäre eine Überbrückung nicht möglich gewesen, jedenfalls nicht mit den vorhandenen Kabeln.
Zufall? Ich sage nein!
Meine Theorie dazu:
Er hat von seiner Aura und seinem UB die Information bekommen, daß er seinen Scheinwerfer nicht ausstellen wird, weil er sich noch in seinem Suchtkrankenkreislauf befand. Er hatte somit die Information in das Unterbewußtsein bekommen, war aber so mit dem Tagesbewußtsein auf das Autofahren, die Parkplatzsuche und die bevorstehende Therapiestunde konzentriert, daß er die Informationen falsch oder gar nicht verstanden hat und dann dementsprechend nur so geparkt hat, daß eine Überbrückung zur Batterie möglich wird.
D.h. er hat zwar auf die Informationen reagiert, aber doch nicht ganz richtig.
Hätte er die Informationen richtig verstanden, hätte er den Scheinwerfer ausgestellt und sein Auto vorher schon eingeparkt. Wir bezeichnen dieses Verhalten als Unkonzentriertheit, nicht ganz bei der Sache sein, aber zusätzlich als: Ich hatte gleich die richtige Ahnung. Wir sagen: "Was für ein Zufall."
All das ist zwar auch richtig, aber richtiger wäre es, keine Verständigungsschwierigkeiten mit sich selbst zu haben. Weniger würde auch schon reichen, dann würden wir viele Dinge richtiger machen.

Ablenken lassen wir uns im Alltag sehr leicht. Unser TB möchte die Abwechslung haben. Deshalb fällt auch vielen Menschen das Lernen schwer - wegen der manchmal fehlenden Konzentration.

Sicherlich ist diese Theorie für viele Menschen gewagt, aber für mich ist es die Realität.

Der Patient hat mir hinterher bestätigt, daß er lange überlegt hat, wo er parken soll, und aus irgendeinem - ihm nicht erklärlichen - Grund habe er sich dann für jenen Parkplatz entschieden.

Also hatte er Zweifel und von seiner Aura und dem UB die Information erhalten, daß er den Scheinwerfer brennen lassen wird, aber diese Informationen sind nicht richtig vom TB erkannt worden, somit hat er lediglich dafür gesorgt, daß eine Überbrückung der Batterien möglich wurde. Somit ist die Information zwar im UB angekommen, aber die Übermittlung zum TB war wieder einmal fehlerhaft und konnte vom noch suchtkranken Patienten nicht richtig verstanden werden, weil er durch sein TB abgelenkt war.

Das TB, seine zwei Ich-Formen, Ki-Ich und Elt-Ich, waren immer noch krank.

Er hatte außerdem das Radio ziemlich laut angestellt (Geräuschkulisse!). Eine zusätzliche Beeinträchtigung.

Ein nicht-suchtkranker und konzentrierter Mensch macht bei seinem Auto das Licht aus, wenn er aussteigt.

Damit wende ich mich der nächsten Aufgabe der Aura zu.

Außer Informationen zu beschaffen, gibt meine Aura Informationen ab. Wie wir erkannt haben, geben andere Auren ja auch Informationen ab.

Ich gehe davon aus, daß eine Aura nie lügt, nicht lügen kann.

Eine Glasscheibe kann auch nicht lügen!

Es sei denn, es ist eine Milchglasscheibe als Angstmauer, wie die Trennwand zwischen TB und UB. Die kann die Wahrheit verfälschen.

Da die Aura Zugang über die Sinne zum Gehirn hat, wird sie sämtliche Vorstellungen, die irgendwo in meinem Gehirn oder in meinem Bewußtsein sichtbar herumliegen - ob bewußt oder unbewußt -, einer anderen Aura "mitteilen", oder anders ausgedrückt, was für sie zu sehen ist, läßt sie auch eine andere Aura mit deren UB sehen.

Die Aura kommt an sämtliche sichtbaren Informationen im Gehirn und im Bewußtsein (Vorstellungen, Ideen) heran und teilt diese Informationen einer anderen Aura vorbehaltlos mit.

Wer nun mit seiner Aura und seinem UB sehr gut kommunizieren kann, d.h. wer auf seine innere Stimme hört, der ist in der Lage, sofort zu entdecken, wenn er angelogen wird, denn eine Aura lügt meiner Meinung nach nie. Auch das UB lügt nicht, es sei denn, es ist zu Falschaussagen und Handlungen erzogen worden.

Das bedeutet, ich kann lügen, aber meine Aura sagt die Wahrheit.

Ich kann also Maske anlegen, schauspielern, aber meine Aura sagt das Gegenteil.

Es sei denn, ich schlüpfe als Schauspieler in diese Rolle und glaube das, was ich sage. So machen es die meisten Sk, weil sie ihre Gedächtnislücken mit Phantasie auffüllen. So glauben sie das, was sie sagen, als ihre Wahrheit, und deshalb lügen auch ihre Augen nicht. Nur erfahrene Suchtexperten erkennen den Schwindel, weil sie auch ganz genau wissen, daß das Lügen und Betrügen zu jeder SK dazugehört. Angehörige lassen sich nur zu gerne täuschen, weil sie glauben wollen, daß ihr Partner diesmal die Wahrheit sagt.

Wie soll ein Sk aber die Wahrheit sagen, wenn er gar nicht mehr weiß, was die Wahrheit ist?

Es kann sein, daß meine Körperhaltung mit der Mimik und Aussage übereinstimmt, aber meine Aura sagt etwas anderes. Wie ein anderer, der meine Lüge entdeckt, mit dieser Lüge umgeht, richtet sich danach, wie er sie bewertet und welche Entschuldigungen er dafür heranzieht. Sagt er, ich sei sk, nimmt er diese Lügen zwar ernst, aber sie haben kaum ernsthafte Konsequenzen.

Es sei denn, er will mir ehrlich helfen, dann haben meine Lügen die Konsequenz, daß sie irgendwann aufgedeckt werden, und der andere richtet sich nach seiner Wahrheit und nicht nach meiner.

Oder der andere traut sich nicht, mir seine Zweifel zu sagen, oder es ist ein Freund, der die Lüge aufdeckt, oder es ist nicht so bedeutsam, darauf zu reagieren, weil die Person denkt, der interessiert mich nicht wirklich, laß ihn doch lügen! Oder er ist sich nicht sicher, was eigentlich los ist.

Er hat aber Zweifel, die ihn zu mir eine Distanz aufbauen lassen. So entferne ich mich immer mehr von anderen Menschen oder werde durch sie isoliert.

Viele Menschen glauben, daß die Augen nicht lügen können, ich habe es jedoch selbst erlebt, daß, zu einer Lüge passend, die Augen den richtigen Ausdruck hatten. Sk können das bis zur Perfektion, weil sie glauben, was sie denken.

Ich habe bewußt erkannt, derjenige lügt mich an, ich habe es aber nicht an den Augen gesehen, sondern habe mir und meinen Informationen vertraut. Nach einiger Zeit stellte es sich heraus, ich hatte wieder einmal recht. Wer seiner inneren Stimme vertraut, hat meistens recht, weil das UB sich nicht täuschen läßt. Wie gesagt, es beteiligt sich an Falschaussagen, wenn es dazu geschult wurde, aber sonst sagt es die Wahrheit. So ist mein UB eine meiner inneren Stimmen, und zwar die genaueste, ehrlichste, weil es richtig über das TB geschult wurde.

Wir bekommen meistens zu einer Fragestellung durch unsere inneren Stimmen zwei Antworten. Wir sollten lernen zu unterscheiden, welches die richtige Antwort ist. Die eine Stimme kommt vom UB als erste innere Stimme, weil das UB viel schneller reagiert als das TB. Die andere Stimme von einer Ich-Form, die gerade Berater der Ich-Form ist, die momentan im Chefsessel unseres TB sitzt.

Nochmals, bei einem trainierten Schauspieler, ein Sk ist Schauspieler, sieht man es ihm nicht an den Augen an, daß er lügt, weil er in diese Rolle geschlüpft ist. Und trotzdem lügt er. Somit ist das Lügen ein Teil der SK.

Wer uns das sagt, ist wiederum unsere Aura in Verbindung mit dem UB. Sie sagt uns aber auch, diese Rolle spielt er oder sie gut. Aber wenn sie aufgedeckt wird, doch nicht gut genug.

Weil bei einem Menschen eine Suchtkrankheit vorliegt.

Denn in einer Suchtphase kann der Betroffene 100%ig mit den kranken Ich-Formen an seine Aussage glauben, weil er sich mit dem Ki-Ich oder Elt-Ich in einer Scheinwelt befindet, die für ihn seine Realität ist. Genau wie bei einem Berufsschauspieler. Beides ist Scheinwelt.

Drittens sage ich, die Aura ist Schutzmantel.

Erstens waren Informationen heranzuholen.

Zweitens waren Informationen abzugeben.

Was heißt es, Schutzmantel zu sein?

Das ist ein großes, weites Gebiet, aber ich versuche, es dennoch zu beschreiben. Wenn ich davon ausgehe, daß unsere Aura aus den verschiedenen Energien zusammengesetzt ist und uns lückenlos umschließt, *dann ist die Aura erstens in der Lage,* uns vor anderen Energiefeldern, die uns schädigen könnten, die um uns herum sind, zu schützen.

Zweitens ist die Aura in der Lage, die in uns vorhandenen wichtigen Seelenenergien in und an uns zu halten, so daß sie nicht entweichen können, und zwar diese Energien, die wir unbedingt benötigen.

Drittens paßt sie auf, daß sich unsere Seelenenergien nicht mit gleichgesinnten Energien vermischen können.

Nicht mehr benötigte Seelenenergien verlassen unsere Aura, wenn sie flexibel ist.

Ich gehe davon aus, daß wir mit unserer Seele aus Energien bestehen.

Daß diese Energien irgendwo hergekommen sind, aus gleichartigen Energiefeldern, Energieballungen, oder eine höhere Macht hat diese Energien zusammengefügt, so daß eine Seele entstehen konnte.

Aus diesen Energieballungen wurde geschöpft, und ich sage es noch einmal: Mit diesen Energien sind wir beseelt worden, damit ist uns zusätzliches Leben eingehaucht worden.

So daß ich sagen kann, wir bestehen aus zwei Leben.

1. Der Körper lebt!

2. Die Seele lebt!

Somit ist die Seele Leben. Leben gesellt sich zu Leben. Beim Menschen gesellt sich eine lebende Seele zu einem lebenden, heranwachsenden Körper.

Leben kann nur durch Leben entstehen.

Die Aura schützt uns also davor, daß diese vorhandenen Seelenenergien, wie das Gefühl, der Wille, das Unterbewußtsein, das Tagesbewußtsein nicht entweichen können.

Ich gehe weiter davon aus, daß sich bei Einsetzen des körperlichen Todes diese unsere Aura von dem toten, nicht mehr funktionstüchtigen, nicht mehr arbeitenden Körper - bei Einsetzen oder nach Einsetzen des Gehirntodes - immer weiter entfernt, durchlässig wird, oder sich zusammenzieht und die anderen Energien, die uns die ganze Zeit beseelt haben, freigibt oder zusammenhält. Oder es beseelt die gleiche Seele weitere Lebewesen, wird Schutzengel oder hat höhere Aufgaben, die wir uns noch nicht vorstellen können, zu erfüllen.

Meine persönliche These:
Ich bleibe mal dabei, daß die Energien sich aufteilen.
Diese Energien, wie Wille, Unterbewußtsein, Tagesbewußtsein, Gefühl usw. können sich gleichen Energien wieder zugesellen, und selbstverständlich kann sich auch die Energieform "Aura" gleichen Energien wieder zugesellen. Dieser Zustand kann eine begrenzte oder unbegrenzte Zeit anhalten.
Ein wenig Aura umgibt jedoch auch weiterhin den toten Körper, denn, wie schon gesagt, ist jeder Gegenstand von einer Aura umhüllt.
Peter hat da eine feste andere Meinung.
Er geht davon aus, daß, wenn einmal eine Seele erschaffen wurde (von selbst entsteht keine Seele), diese immer weiterlebt, vielfach Lebewesen beseelt und sich später höheren Aufgaben zuwenden darf.
Was wirklich stimmt, wissen wir nicht.
Es sind nur zwei der vielen Möglichkeiten, die ich Ihnen anbiete.
Zwischen der einen oder anderen körperlichen Beseelung darf sich die Seele vielleicht frei bewegen oder sie darf sich im "Himmel" erholen, bis sie wieder einen Körper beseelen darf.
Die Pause so einer Seele schätze ich von 0 bis auf 100 Jahre. Null bedeutet, sie beseelt gleich wieder einen anderen Körper.
Bis zu 100 Jahren bedeutet, sie macht aus irgendeiner Begründung irgendwo Pause.
Wir gehen immer davon aus, daß bei Einsetzen des körperlichen Todes, des Gehirntodes, der Körper entseelt wird. Dieses wird schon in alten Überlieferungen berichtet und ich stimme dieser These ohne Vorbehalte zu.
Also keine Energien = Spannungen sind mehr im EEG zu messen.
Da sich Energie nicht verbraucht, müssen diese Energien noch irgendwo vorhanden sein und sich einfach gleichartigen Energien, Energieballungen zugeordnet haben oder als Seele weiterleben.
Ich gehe in meinen Überlegungen sogar so weit, daß ich sage: Die Informationen, die der Mensch, der gerade gestorben ist, jemals in seinem Leben aufgenommen hat, hängen sich an eine oder mehrere dieser Energien und werden mit in diese vorhandenen Energieballungen transportiert.
Peter widerlegt diese Überlegungen mit einem Satz:
Speichern von Informationen ist aber nur dem TB oder dem UB möglich.
Das wäre für mich eine vernünftige Erklärung für unsere ständig steigende Intelligenz.
Ich bleibe mal bei der Energieballung, obwohl diese Überlegung bei genauerer Betrachtung recht vage ist und Peters Version logischer, somit auch haltbarer ist.
Denn, wie ich schon sagte, wird bei neu entstehendem Leben ja wiederum aus diesen Energieballungen geschöpft, d.h., es fließen nicht nur Energien in ein neues Leben ein, sondern auch Informationen!

Das würde auch die Erklärung dafür sein, daß sich verschiedene Menschen in Tiefenhypnose an vorhergehende Leben erinnern können. Nach Befragen in Hypnose haben sie schon mal gelebt, sagen sie.

Das kann im Jahre 1800, im Jahre 1700, im Jahre 1400 gewesen sein.

Es gibt Menschen, die in Tiefenhypnose ganz klar beschreiben können, wo sie schon mal waren. Oder sie sprechen in Hypnose eine Fremdsprache, die sie gar nicht beherrschen könnten, da sie niemals in diesem Land waren oder sonstige Gelegenheiten hatten, an diese Sprachkenntnisse zu kommen.

Sehr deutlich hat Peter erlebt, wie eine Frau sich in das Jahr 1500 versetzen ließ und in einer einfachen Sprache ihre ganze Lebensgeschichte erzählte. Einschließlich, daß sie Mutter von zwei Kindern wurde, daß sie mit ihrem Mann, der früher als sie starb, im dichten Wald gelebt hat, und vieles mehr.

Ich war sehr beeindruckt.

Es könnte auch eine Erklärung dafür sein, daß wir manchmal empfinden: das kommt mir so bekannt vor, als ob ich das schon mal erlebt oder gesehen hätte (déjà-vu-Erlebnisse, französisch für "schon einmal gesehen").

Es kann aber ebenso sein, daß dieses Erleben von meinem UB kommt, welches ja in die Zukunft sehen kann.

Nochmals, Schutzmantel ist die Aura auch deshalb, weil sie dafür gedacht ist und wir die Energien der Aura mehrfach einsetzen können. Zu unserem Schutz der Seele oder zu unserer Beruhigung oder zur Informationsbeschaffung oder deren Abgabe an eine andere Aura.

Vielleicht können wir damit auch unseren Schutzengel erreichen oder mit Verstorbenen kommunizieren. Dieser Mantel an Energie birgt noch sehr viele Geheimnisse und läßt viele Spekulationen zu.

Nur soviel sei jetzt noch andeutungsweise dazu gesagt:

Die Aura kann uns schwerer oder leichter machen.

Die Aura kann den Körper stabil machen.

Die Aura kann den Körper schmerzunempfindlich machen.

Beispiele: Fakire benutzen die Aura.

Im autogenen Training wird die Aura benutzt.

In Selbsthypnose wird die Aura gebraucht.

Die Aura schützt uns, wenn wir über glühende Kohlen gehen usw.

Auch dies wiederhole ich nochmals:

Selbstverständlich ist es für mich auch, daß unsere Aura durchlässig ist, und zwar ist sie in der Lage, nicht mehr benötigte, für uns schädlich gewordene Energien abzugeben und gesund machende, kosmische Seelenenergien, also die lebenserhaltenden Energien, einfließen zu lassen.

Z.B. über die Aura selbst oder über das Sonnengeflecht oder all unsere anderen Energietore, die wir als Chakren oder Nebenchakren bezeichnen.

Wir sind auch in der Lage, uns durch unsere bewußte Vorstellungskraft in einen tranceartigen Zustand zu versetzen. Jenen tranceartigen Zustand, bezeichnen wir manchmal als "Meditation" oder "autogenes Training", indem wir Wärme und Schwere oder Leichtigkeit in uns einfließen lassen können.

Fast jeder Mensch, der schon einmal autogenes Training gemacht hat, hat erlebt, daß er in der Lage war, bei sich selbst Wärme zu erzeugen, diese Wärme über die Arme, über den Körper einschließlich Kopf, in die Beine bis hin zum großen Zeh fließen zu lassen. Weiterhin hat derjenige sicherlich schon mal erlebt, daß er den Körper schwerer und auch leichter machen kann.

Ich gehe davon aus, daß unsere Aura mit den vielen Energiefeldern dafür verantwortlich ist, uns bei Schwere auf den Boden zu drücken und sich bei Leichtigkeit - wenn wir so leicht werden wollen, wie ein Blatt im Winde - einfach unter unseren Körper schiebt, sich dort zusammenballt und uns anhebt und leichter werden läßt. Selbstverständlich macht die Aura das nicht von allein.

Sie wird entweder vom TB bewußt oder vom UB unbewußt dazu beauftragt.

Dazu sagen wir "Vorstellungskraft".

Von allein ist die Aura nur Schutzmantel der Seele.

Autogenes Training, Beruhigung, Selbsthypnose sind - richtig angewandt - positive Beeinflussungen des Körpers und der Seele.

Falsch angewandt, können wir uns damit schädigen, dann sind es Selbstzerstörungskräfte. Denn wir sind in der Lage, durch unsere Vorstellungskraft "Hitze in uns einfließen zu lassen", und wenn wir mit einer Hand z.B. den Oberschenkel berühren und in die Hand Hitze einfließen lassen, entsteht garantiert auf dem Oberschenkel und der Hand eine Brandblase. Nach meinem Dafürhalten kann es nur die Aura sein, die dort durch Umwandlung von Energien Hitze erzeugt.

Die Vorstellungskraft hat nur das Bewußtsein. Die Vorstellungskraft ist das TB und der Wille oder das UB und der Wille.

Die Aura ist durch unsere Vorstellungskraft in der Lage, sich zu verformen, positiv oder negativ geladen zu sein, beweglich oder unbeweglich zu sein, eng am Körper anzuliegen oder weiter weg zu sein.

Die Aura ist aber auch in der Lage, unser Lebensziel, die Zufriedenheit, mit zu erfüllen, indem es uns Informationen verschafft, damit wir zufrieden werden können. Also können wir bewußt oder unbewußt die Aura beauftragen, Informationen heranzuholen, damit wir zufrieden werden können.

Sie kann uns auch dabei helfen, daß unsere Wünsche in Erfüllung gehen. Sie sieht viel eher, als wir es bewußt erleben: In welchem Geschäft ist dieses Teil zu haben, das ich mir schon lange gewünscht, also vorgestellt habe.

Diese Informationsbeschaffung geht zuerst wiederum an mein UB und dann verschwommen und undeutlich in mein TB, es sei denn, das Rohrpostverfahren wurde angewendet und das TB kann sich so entspannen, diese Informationen zu lesen. Aber stellen Sie sich mal einen Menschen in der Stadt vor, der bei dieser großen Geräuschkulisse entspannt in sich hineinhorchen kann!

Schädigen können wir uns mit der Aura selbstverständlich auch. Wie ich beschrieben habe, liegt die Aura, wenn es uns schlecht geht, ganz eng am Körper an. Wir können sie noch enger an uns heranziehen, so daß wir das Gefühl haben, wir bekommen keine Luft mehr, wir ersticken. Ja, wir sind eingeengt. Eingeengt in einem Mantel, der sich energetisch geschlossen hat. Wir können aus diesem Mantel nicht mehr ausbrechen. Es sei denn, Freude entsteht in uns, dann öffnet sich die Aura sofort, und Energien können wieder fließen.

Fast jeder Mensch, dem es schon mal schlecht ging, hat dieses Eingeengtsein verspürt. Sich allein fühlen, obwohl er sich unter Hunderten von Menschen bewegte. In einer großen Gesellschaft sich plötzlich ganz alleine fühlen, sich isoliert vorkommen, abgekapselt fühlen.

Das können wir mit unserer Aura tun, indem wir die entsprechenden Vorstellungen für diese Abkapselung haben. Denn nicht die anderen, die fröhlich weiterlachen, kapseln uns ab, sondern wir kapseln uns selber ab durch vorher gemachte Vorstellungen, an die wir uns jetzt bewußt gar nicht erinnern können, wir werden einfach von diesen vorher gehabten Vorstellungen, die tief in unserem Unterbewußtsein vorhanden sind, so gelenkt, daß die Aura auf diese Vorstellungen hört.

Genausogut können wir das Abkapseln aber auch bewußt machen.

Gedanken sind dazu notwendig wie:

Hier fühle ich mich nicht wohl,

das ist nicht der richtige Umgang für mich,

das ist nicht mein Niveau usw.

Somit ist dieses Abkapseln zweifach zu erreichen. Einmal mit dem TB bewußt, indem ich etwas abwerte, und einmal mit dem UB unbewußt.

Jede Vorstellung in uns hat den Anspruch, sich zu verwirklichen.

Dieses Naturgesetz erkläre ich später etwas genauer, jetzt nur ein paar Hinweise.

Dieses Naturgesetz besteht nach meinem Dafürhalten daraus, daß sich sofort, ohne Zeitverlust, das Gefühl an eine Vorstellung vom TB oder UB anheftet und natürlich auch ein Stückchen Wille, der als Kraft hilft, diese Vorstellung erst einmal zu entwickeln.

Der Wille hilft als Kraft auch dabei, diese Vorstellungen in die Tat umzusetzen.

Wenn ich vorher gedacht habe, mir vorgestellt habe, mir geht es nicht gut, ich fühle mich nicht wohl oder ich möchte lieber allein sein, dann werde ich mich selbstverständlich in einer großen oder kleinen Gesellschaft isoliert fühlen.

Denn der Auftrag an die Aura ist ergangen:

Nun bilde mal einen Schutzmantel, schütze mich, nun schirme mich mal von den anderen ab!

So entsteht eine lückenlose Barriere um mich herum.

Ich bin aber auch unsicher, weil ich mich einenge und allein bin.

Manchmal will ich das bewußt gar nicht mehr, weil ich jetzt mit meinem Tagesbewußtsein sage: Hier fühle ich mich ganz wohl.

Trotzdem kann es sein, daß ich in eine Abkapselung verfalle, in eine Lethargie. Das liegt dann daran, daß ich mit meinem Tagesbewußtsein und dem Willen wenig Chancen gegenüber dem Unterbewußtsein mit seinen Angewohnheiten habe, denn das UB steuert uns ja zu 80 %, es überrennt also das Tagesbewußtsein, wenn das TB das UB falsch geschult hat und im TB das kranke Ki-Ich dominiert.

Im Ernstfall besinne ich mich auf die Dominanz meines Erw-Ichs, und dann muß das UB die aufgerichteten Barrieren abbauen. Auch das Ki-Ich und das Elt-Ich müssen gehorchen, wenn das Erw-Ich sich auf seine Dominanz besinnt und diktatorisch Anweisungen gibt. Schon fühle ich mich frei und kann mich der Gesellschaft offener widmen. Ich muß nicht mehr das tun, was mein UB will. Ich muß mir also nicht mehr zusehen, wie ich etwas tue, was ich gar nicht will. **Nicht der Wille ist die Antriebskraft alleine, sondern die Kombination aus Vorstellung plus Willen.** Die oberste Instanz als Bestimmer in mir bleibt das TB und darin das Erw-Ich.

Mit diesen Informationen über die Aura habe ich mir noch zusätzlich einige Gedanken gemacht, ob es denn überhaupt noch Zufälle gibt, oder ob wir mit der Aura als Energieform an alle verfügbaren Informationen herankommen können, also auch aus der Zukunft. *Die Antwort lautet: Nein!* *Mit Verständigungsschwierigkeiten sind wir geboren, wir müssen damit leben und mit ihnen werden wir auch sterben.*

Wir haben definiert, daß die Seele ein Energiepotential ist. Sie besteht aus unzähligen Energieformen. Insbesondere die Aura besteht aus unzähligen positiv und negativ geladenen Energiefeldern. In Zusammenarbeit mit den anderen Teilen der Seele und dem Körper mit seinen Sinnesorganen und dem Gehirn bildet sich so ein perfektes "Datenverarbeitungssystem".

Unser Unterbewußtsein z.B. ist unter anderem ein großer Speicher für viele Informationen. So kann man selbst noch an Informationen gelangen, die vor unserem jetzigen körperlichen Leben von der Seele verarbeitet wurden und im UB gespeichert sind.

Wir können mit Hilfe der Hypnose in diesen gut verschlossenen "Sicherheitstrakt" bedingt eindringen.

Denn alle Geheimnisse gibt das UB nicht preis.

Aber nur ein anders TB kann so in mein UB eindringen und einige Daten aus meiner Vergangenheit abrufen, das möchte ich ausdrücklich betonen.

Uns selbst bleibt diese Datenbank, trotz großer Entspannung, verschlossen.

Auch durch Selbsthypnose erfahren wir nicht mehr.

Einige geschulte Menschen können sich in einen Trancezustand versetzen, aber es gelingt ihnen trotzdem nicht, beliebig an ihren eigenen Datenspeicher im UB heranzukommen.

Manche hören Stimmen oder, wie sie sagen, haben sie mit freien Seelen Kontakt oder sogar mit einer Seele ihrer Verwandtschaft.

Betonen möchte ich auch, daß es einige Rückführungen gibt, die mit der Phantasie des TB begangen werden und deren schädigende Eindrücke uns lange begleiten.

Deshalb mein Rat: Lassen Sie nur von verantwortungsbewußten Menschen eine Rückführung in ihre Vergangenheit zu!

Wer die *medizinische Heilhypnose* anbietet, dem können Sie vertrauen, denn er wird es langsam und mit Ihrem Einverständnis machen. Teilweise bekommen Sie diese Rückführungen bewußt mit. Es ist eine Sache des Therapeuten, wie er mit Ihnen umgeht.

Lassen Sie keine Schnellhypnose zu!

Also Vorsicht! Lassen Sie sich nicht von jedem in Hypnose versetzen!

Es gibt nur wenige Menschen, die mit der Hypnose verantwortungsbewußt umgehen.

Sie übermitteln in diesem Zustand manchmal nur Informationen, die sie von einer freien Seele erhalten, oder die Phantasie geht mit ihnen durch. Phantasie hat aber nur das TB.

Ich vermute, daß bei einer Hypnose die Persönlichkeiten im TB gespalten werden, deshalb kann sich der Hypnotisierte nicht an die Geschehnisse während der Hypnose erinnern.

Die Hypnose ist ein großes, spannendes Gebiet und läßt vielen Spekulationen großen Raum. Wie es wirklich funktioniert, weiß heute noch keiner. Aber logische Überlegungen gibt es auch dazu schon.

Hellsehen ist ein eigenes Kapitel. Auch damit sind Bücher zu füllen.

Ebenso haben wir besprochen, daß wir mit Hilfe der Aura sehr schnell Informationen heranholen können, die uns dann für eine Entscheidung bzw. für unser Denken und Handeln sehr nützlich sein können. Voraussetzung dafür ist, daß wir die Informationen auch richtig wahrnehmen. Oftmals gelingt uns dies nur unzureichend, oder wir sind uns dessen gar nicht bewußt. Es tritt eher nur eine Verunsicherung ein, weil wir diese Informationen nicht richtig deuten können.

Dies gelingt nur geschulten Menschen, die auch die Anlage dazu haben.

In diesen Fällen sprechen wir gerne von einer Intuition. Also intuitiv reagiert oder gehandelt zu haben.

Viele Menschen umschreiben solche Situationen vielfach mit:

"Da habe ich aus dem Bauch heraus gehandelt." Falsch!

Im Bauch wird alles andere gemacht, aber nicht gedacht.

Selbst dann nicht, wenn dort gehirnähnliche Nervenzellen nachgewiesen werden. Diese dienen nur dazu, daß unser Gehirn eine Zweigstelle im Körper hat, um vor Ort schneller Informationen sich im Körper ausbreiten zu lassen. Gefühlt oder empfunden wird auch im Bauch, weil der Bauch zum Körper gehört und die Seele den Körper das fühlen lassen kann, was sie selbst fühlt.

Der Körper ist und bleibt Ausführungsorgan der Seele, solange eine Seele den Körper steuern und lenken kann.

Ist die Seele weg oder sind Nervenleiter als Telefonkabel unterbrochen, ist eine Steuerung und Lenkung des Körpers nicht mehr möglich.

Dieses "Aus-dem-Bauch-Handeln" ist demnach natürlich so nicht richtig. Es müßte besser heißen: Ich fühle so oder so im Körper, also handele ich danach.

Die Menschen handeln nach bestimmten Informationen, die ihr Unterbewußtsein von der Aura mitgeteilt bekommen hat oder wie es das TB bestimmt.

Einzig die Übermittlung an das Tagesbewußtsein klappt nicht so recht, weil wir diese Milchglasscheibe zum UB nicht durchdringen können.

Dies löst bei uns nicht nur Unsicherheit aus, sondern manchmal eine richtige Hilflosigkeit, die wir wiederum als inneren seelischen Druck verspüren, der wiederum nach Erleichterung schreit. Auch dieses seelische Leid als Schmerz oder Druck ist nicht zu messen und doch verspüren wir es eindeutig. Genauso eindeutig können wir unterscheiden, ob es körperliche oder seelische Schmerzen sind. Wegen der schlechten Verständigung begehen wir auch so viele negative Ersatzhandlungen. Ersatzhandlungen müssen wir immer begehen, weil wir die Originalhandlungen manchmal nicht erreichen können oder nicht auf sie kommen, also wiederum nicht begehen können.

Selbst ein Kompromiß ist erstmal eine Ersatzhandlung. Wird der Kompromiß umgesetzt, ist es eine Originalhandlung.

Die meisten Menschen haben verlernt, auf ihre innere Stimme zu hören, oder die innere Stimme wird überlagert von vordergründigen Informationen und Eindrükken, die wir mit unseren "klassischen" Sinnesorganen aufnehmen.

Dadurch werden wir abgelenkt bzw. sind so auf eine Sache konzentriert, daß wir die vom UB übermittelten Informationen nicht richtig bewußt wahrnehmen.

Die Seele, das UB, ist also in der Lage, Informationen aus der Vergangenheit zu speichern und immer neue Eindrücke aus der Gegenwart heranzuholen und zu verarbeiten.

Auch Informationen aus der nahen Zukunft beeinflussen uns.

Dafür gibt es viele Beispiele:

Ein Beispiel aus jüngster Zeit.

Ich stand morgens auf mit Kreislaufbeschwerden, Kopfschmerzen und ein wenig Übelkeit, ohne daß ich es mir erklären konnte. Tagsüber zeigte es sich, daß diese Anzeichen, auch mit innerer Unruhe begleitet, sich bestätigten, denn alles an diesem Tag lief schief. Meine Uhr blieb stehen, das Auto ging kaputt. Ich kam zu spät zur Arbeit.

Die Fehlerquellen der Unachtsamkeit zogen sich über den ganzen Tag.

Ich sage, mein UB hat das morgens schon gewußt.

Aber leider konnte ich dieses Wissen mit meinem TB nicht erfassen, sonst hätte ich einige Fehler bestimmt nicht gemacht.

Im Laufe der Jahre habe ich mich an mich gewöhnt, auch wenn ich nicht perfekt bin, habe ich mich lieb.

Bleibt also zu klären, wie weit unsere Seele, unser UB, fähig ist, Informationen aus der Zukunft zu holen. Ich begnüge mich damit, daß es für mich eine Gewißheit ist.

Wenn dies möglich ist, was ich mit Sicherheit glaube, wie weit kann sie dann in die Zukunft sehen und in welchem Umfang?

Ganz genau werden wir es nie beantworten können, aber sicher sein können wir, daß unsere Seele, unser UB, das kann.

So sind Verständigungsschwierigkeiten zwischen TB und UB auch zum Schutz da. Wer will schon wirklich wissen, wie, wann und wo er stirbt?

Ist unser Schicksal eventuell bereits vollständig festgelegt, und können wir somit Zufälle im Leben vollständig ausklammern? *Ich glaube, daß es eine Vorbestimmung gibt, aber es gibt keine Zufälle.*
Dazu sollten wir zuerst einmal versuchen zu klären, was ein Zufall ist:

1.) Eine noch unerklärliche Begebenheit.
2.) Eine unvorhergesehene Begebenheit.
3.) Ein glückliches oder unglückliches Ereignis.
4.) Ein Zusammentreffen scheinbar nicht zusammenhängender Umstände.
5.) Eine Tatsache.

Also müssen wir uns mit diesen Tatsachen auseinandersetzen.

Wenn wir also belegen könnten, daß die Seele Zukunftsinformationen heranholen kann, ließen sich die Punkte 1, 2 und 4 ausklammern, so daß wir auch nicht mehr von Zufällen reden können, sondern von Tatsachen.

Auch dazu habe ich verschiedene Überlegungen angestellt: Kann die Seele nur Informationen bekommen, die den eigenen Wirtskörper betreffen? *Nein.*
Genauso kann ich unruhig sein, wenn einer meiner Lieben einen schlechten Tag hat.

Oder ist schon eine festgelegte Form unseres Körpers in unseren Anlagen hinterlegt? *Ja.*

Dies kann ich mir so erklären: Durch die Tatsache, daß durch eine bestimmte Methode es bereits gelang, bei dem Embryo einer Kaulquappe in dessen Aura ein Bild des ausgereiften Lebewesens (Frosch) sichtbar zu machen.

Oder daß anhand eines Getreidekorns die komplette Ähre sichtbar wurde.

Wenn diese Informationen also vorhanden sind, müßte somit ja auch eine gewisse Entwicklung bei uns Menschen bis zu diesem Punkt vorgegeben sein.

Dem stimme ich zu, sage aber, das betrifft nur den Körper.

Oder kann die Seele auch Informationen aus der Zukunft bekommen, die nicht das eigene Leben betreffen?

Mit Sicherheit ja.

Das UB kann das, und das UB ist eines der wichtigsten Bestandteile der Seele.

Es ist der größte Teil des Bewußtseins.

Es war vor dem TB schon da und beseelte Lebewesen, die kein TB brauchen.

Schon immer waren Menschen fasziniert von "übersinnlichen Phänomenen".

Gerade in Krisenzeiten, wie wir jetzt wieder eine haben (1997), haben Hellseher und Wahrsager Hochkonjunktur. Natürlich sind auch viele Scharlatane am Werk.

Wie lassen sich solche Phänomene und Fähigkeiten erklären?

Wir haben geklärt, daß die Seele aus vielen Energieformen besteht, daß Energien andere Energien bewegen können, daß die Aura Informationen heranholen kann und daß Informationen Reize, Impulse, also Energien sind.

Wir haben auch geklärt, daß unsere Aura nichts von allein macht. Sie braucht unbedingt einen Auftrag vom Bewußtsein.

Für mich ist es sicher, daß hauptsächlich mein UB die Aura beauftragt, weil nur mein UB die herangeholten Informationen richtig lesen und deuten kann. Im TB wird uns unsere Aura gar nicht richtig bewußt, ja wir registrieren sie gar nicht, und doch ist sie vorhanden und hat wichtige Aufgaben zu erfüllen.

In Krisenzeiten sind die Menschen hilflos und wollen diese Hilflosigkeit nicht haben. Deshalb wollen sie alles nutzen, was ihnen helfen könnte, oder sie wollen über ihre Zukunft Bescheid wissen, damit sie ihre vorhandenen Kräfte und die Zeit sinnvoller einsetzen können.

Nun hat jeder Mensch körperlich festgelegte Erbinformationen. Diese liegen in den DNA-Strängen in jedem Zellkern.

Jedes Lebewesen hat diese *Erbinformationen*, also *Energien* als Eiweißkörper.

Diese vielen Erbinformationen sind heute schon zum Teil entschlüsselt worden.

Wobei wir davon ausgehen, es ist "nur der Körper", aber nicht die Seele.

Diese Eiweißkörper können bewegt und gelesen werden. Bewegt durch die eigene Seele oder neuerdings durch Wissenschaftler (das Klonen von Tieren).

Ich bin überzeugt davon, daß unser Unterbewußtsein auch für diese Energien empfänglich ist und die Erbinformationen lesen kann. Also weiß es über den Körper Bescheid. Wie er wird, welche Anlagen er hat, wie stabil die einzelnen Organe sind, wie das Blut zusammengesetzt ist, einfach alles, was den Körper betrifft.

Leider oder Gott sei Dank haben wir mit dem TB davon keine Ahnung.

Hätten wir es, wäre manches einfacher, aber vieles würde auch schwerer werden. Wer will schon wirklich wissen, wie sein Blut aussieht oder wie stabil seine Organe sind?

Warum kann aber nun nicht jeder Mensch "hellsehen"?

Weil das "Hellsehen" einen Fehler der Seelennatur bedeutet.

Vergleichbar ist es für mich mit einem Loch in der Herzscheidewand.

Dieses ist ein Geburtsfehler, ein Anlagefehler oder ein Erbfaktor.

Schließt sich die Milchglasscheibe zum UB nicht richtig, bleibt ein Loch offen, dann ist das TB in der Lage, unmittelbar ein wenig in das UB zu schauen.

Aber rufen Sie sich den Vergleich mit dem Großraumbüro ins Gedächtnis. Bleibt ein kleines Loch offen, kann einer der Chefs (TB) einen kleinen Ausschnitt des Großraumbüros sehen, mehr nicht!

Also sind solche Löcher Geburtsfehler, eine Fehlkonstrukiton der Seele.

Diese Milchglasscheibe hat sich in dem Moment vollständig zu schließen, sobald das Elt-Ich wach wird.

Geschieht das nicht richtig, kann dieser Mensch "Hellseher" werden, muß es aber nicht unbedingt. Viele Menschen bemerken ihre Fähigkeiten durch ein besonderes Ereignis, oder durch eine scheinbar zufällige Begebenheit.

Tritt dieses Ereignis nicht ein, bleibt die Fähigkeit unentdeckt.

Ein weiterer Fehlerpunkt liegt in der Übermittlung dieser Informationen vom Unterbewußtsein zum Tagesbewußtsein. Also wiederum "Verständigungsschwierigkeiten."

Die meisten Menschen sind so konzentriert, daß sie diese Informationen, diese innere Stimme des UB, nicht richtig registrieren oder realisieren können.

Oder bestimmte Intuitionen weichen von anderen Sinneswahrnehmungen ab, so daß wir nur das realisieren, was uns vordergründig erscheint bzw. was wir realisieren wollen. Also, wie es das TB sich ausgedacht hat und es bestimmt.

Wenn wir Menschen wieder etwas mehr Zeit für uns selbst hätten und öfter einmal in uns hineinhorchen würden, könnte wahrscheinlich auch wieder eine größere Sensibilisierung für Informationen als Reize (Energien) dasein, die ständig von außen an uns herangetragen werden. Oder die von innen aus dem UB, aus einer beratenden Ich-Form oder dem eigenen Körper kommen.

Suchtkranke verlieren total das richtige Körpergefühl.

Sie errichten in sich selbst so stabile zusätzliche Mauern, daß sie sich kaum aushalten und ertragen können. Diese Mauern bauen sie mit der Angst erst ganz bewußt, später läuft dieser Vorgang automatisch unbewußt ab. Selbstverständlich reagiert die Aura auch und bildet eine zusätzliche Einengung, die ich als Barriere bezeichne.

Diese Mauern und Barrieren zu lösen oder beweglich zu machen, ist Aufgabe des Behandlers.

Deshalb meine Bitte an alle Behandler:

Lernen Sie die neuen logischen Überlegungen zur Seele, und Sie verstehen Ihre Patienten besser und können ihnen besser, schneller und effektiver helfen!

Was ich zur Aura gesagt habe, ist selbstverständlich auch im Zusammenhang mit allen Sinnen zu sehen, und selbstverständlich ist es im Zusammenhang mit den anderen Energien zu sehen, und zwar mit dem Gefühl, mit den Ängsten oder Freuden, die wir haben; das ist wiederum selbstverständlich auch mit dem Unterbewußtsein in Verbindung zu bringen, genauso wie mit dem Willen, und selbstverständlich muß das Ganze auch abgestimmt werden mit unseren Grundbedürfnissen oder anderen Bedürfnissen körperlicher sowie seelisch-geistiger Natur.

Die anderen Bedürfnisse ergeben sich aus den Neigungen zu oder gegen etwas.

Mit anderen Worten, die Goldwaage muß neu geeicht werden.

Oder anders ausgedrückt, die Seelenenergien müssen lernen, mit dem Körper in Harmonie zu leben.

Ich gebe Ihnen an dieser Stelle noch kurz einige Informationen zur Reizübermittlung im Körper. Wie am Anfang des Kapitels gesagt, haben wir Aufnahmeorgane, eine oder mehrere Leitungen (Nerven) und Abgaberezeptoren. Unser Gehirn ist zwar äußerst leistungsfähig, trotzdem würden wir wahrscheinlich verrückt werden, wenn wir ständig alle Informationen und Reize, die von außen auf uns einstürmen und die wir mit unseren Sinnesorganen wahrnehmen, bewußt von unserem Gehirn so verarbeitet werden müßten.

Es gibt daher in unserem Körper sogenannte Umschaltstellen. Diese liegen hauptsächlich links und rechts der Wirbelsäule, also noch vor dem Rückenmark, welches auch noch mit dem Gehirn in Verbindung steht und zum Gehirn gezählt wird.

Ankommende Reize vom Körper werden hier an diesen Knotenpunkten in *eine* Information umgewandelt, die dann weiter an das Gehirn geleitet wird. Dort werden uns einige dieser Informationen bewußt.

Dabei werden die Reize aber entsprechend ihrer Intensität umgeschaltet, so daß ich z.B. unterscheiden kann, ob ich leichte oder starke Schmerzen verspüre.

In die entgegengesetzte Richtung läuft es genauso ab.

Der Informationsfluß in unserem Körper ist wie eine Waage.

Von oben, dem Gehirn, kommen meistens "Ja"-Informationen, und vom Körper kommt ständig das "Nein".

Das Verhältnis der Impulse entscheidet darüber, ob eine Aktion des Körpers stattfindet oder nicht (einfach ausgedrückt).

Wenn ich z.B. Angst habe und dies auch körperlich verspüre, dann geht vom Gehirn *ein* Impuls ab, der dann an der Umschaltstelle, je nachdem ob ich wenig oder viel Angst habe, in entsprechende Impulse für den Körper umgewandelt wird. Somit habe ich dann nur leichtes Magendrücken, oder mir zittern die Knie, und ich muß mich sogar vielleicht übergeben. Denn dieser eine Impuls kann dominante Informationen enthalten oder weniger dominante. Es kommt also wieder auf die Intensität oder Bewertung an.

So simpel und einfach, wie mir Peter das erklärte, konnte ich es mir vorstellen und logisch nachvollziehen. Ob er nun in allen Punkten das für mich Richtige verdeutlicht hat oder nicht, ist mir egal. Hauptsache, ich habe ein weiteres Erklärungssystem für meinen Körper mit seinen Reaktionen, oder warum ich bestimmte Impulse verspüre und andere wiederum nicht.

Das bewirkte bei mir, daß ich meinen Körper plötzlich mit anderen Augen sah. Ich brachte für ihn und seine Leistungen ein anderes Verständnis auf. Heute habe ich ihn viel lieber als früher, weil ich ihn besser verstehe.

Sie sehen also, es gibt viele Ansatzpunkte, an denen auch Störungen auftreten können, und Sie sehen, daß mit simplen Erklärungen der eigene Körper lieber zu haben ist als vorher. Denn der Mensch will nichts weiter, als verstehen lernen, damit er zufrieden sein kann.

So ist es auch kein Wunder, daß ich als Drogenkranker mich psychisch veränderte.

Durch die Droge werden nach und nach die Übertragungsstellen der Nerven (synaptischer Spalt) vergiftet, oder die Nerven werden zerstört, so daß eine Informationsübertragung gar nicht mehr oder zumindest gestört abläuft. Somit kommen Informationen verfälscht im Gehirn an, ohne daß man sich dessen bewußt wäre. Es kommen auch verfälschte Informationen im Körper an.

Wenn also gesagt wird: "Der hat sich seinen Verstand auch schon versoffen oder verfixt", so ist das keine lapidare Aussage, sondern bitterer Ernst.

Somit ist es auch kein Wunder, daß ich mich wieder geändert habe, nachdem ich die Droge aus meinem Körper verbannte und ich eine logisch erscheinende Therapie als Erklärungssystem annehmen konnte.

Jetzt versuche ich mich genau zu erinnern, um zur Glaubwürdigkeit auch etwas sagen zu können. Da ich von Peter vieles schriftlich vorgearbeitet bekam, fiel mir das Nachvollziehen der einzelnen Themen nicht ganz so schwer.

Glaubwürdigkeit und Moral aus meiner Sicht.
Moral = Ehre = Würde = Niveau

Eines meiner größten Ziele auf meinem neuen Lebensweg ist, wieder glaubwürdig zu werden.

Übersicht:

Wann bin ich glaubwürdig?

Glaubwürdig bin ich vor mir, wenn ich folgende Punkte zu meiner Zufriedenheit, nach meiner Vernunft und nach meiner Wahrheit erfülle:

1.) Meine Ordentlichkeit, wie sie mir sympathisch ist.
So biete ich mich meiner Umwelt an.
2.) Meine Sauberkeit, wie ich mich dabei wohl fühle.
So biete ich mich meiner Umwelt an.
3.) Meine Pünktlichkeit, die zu mir gleichbleibend paßt.
So biete ich mich meiner Umwelt an.
4.) Meine Zuverlässigkeit, die ich versuche in allen Bereichen einzuhalten.
So biete ich mich meiner Umwelt an.
5.) Meine Hilfsbereitschaft, die ich zuerst mir selbst, dann meiner Umwelt anbiete.
6.) Meine Ehrlichkeit, zuerst mir dann anderen gegenüber.
7.) Meine Aufrichtigkeit, sie gehört mir alleine, weil sie auch meine Intimsphäre ist. Das biete ich nicht meiner Umwelt an, weil ich Geheimnisse brauche. Nicht jeder muß alles über mich wissen. Aufrichtigkeit ist die Steigerung von Ehrlichkeit.
Aufrichtig anderen gegenüber zu sein ist Dummheit, und diese Dummheit wird in der großen Liebe begangen oder Alkohol und Drogen lösen meine Zunge. Schweigsam, aber ehrlich, biete ich mich meiner Umwelt heute an.
8.) Meine Harmonie, die Aussage stimmt mit meiner Körperhaltung und Mimik überein. So biete ich mich meiner Umwelt an.
9.) Meine Sicherheit und mein Selbstbewußtsein, die ich mir und anderen ehrlich zeigen kann. So biete ich mich der Umwelt an.
Erfülle ich alle Punkte zu meiner Zufriedenheit, bin ich vor mir selbst glaubwürdig. Glaubwürdig muß ich erst einmal mir gegenüber werden. Habe ich das erreicht, kann ich auch für andere glaubwürdig sein, muß es aber nicht.

Was ist Moral, wann bin ich moralisch?

Moralisch bin ich, wenn ich folgende Punkte oder Voraussetzungen erst einmal zu meiner Zufriedenheit erfülle:

1.) Wenn ich glaubwürdig bin (siehe oben), bin ich auch moralisch.
2.) Moralisch bin ich je nach meiner körperlichen, geistigen und seelischen Reife. Dabei berücksichtige ich das Alter, das Geschlecht und die Gesundheit oder die Krankheit des Menschen.
3.) Wenn ich mich nach Anstand, Recht, Sitte und Manieren des jeweiligen Landes verhalte.

A.) Anstand = Recht = Sitten sind Gebräuche.

B.) Was sind Sitten?

Regeln, Spielregeln, geschriebene und ungeschriebene Gesetze.

C.) Was sind Gebräuche?

Verhaltensweisen, die wiederholt werden nach geschriebenen und ungeschriebenen Gesetzen des jeweiligen Landes. Von Menschen erfunden.

D.) Was heißt sittlich?

Sauber = reinlich = geregelt, diszipliniert, ehrlich, anständig, menschenwürdig und glaubwürdig. Saubere, reinliche, geregelte und disziplinierte Verhaltensweisen nach geschriebenen und ungeschriebenen Gesetzen des jeweiligen Landes.

E.) So kann ich mich in einem Lande sittlich so verhalten, wie es in einem anderen Lande unsittlich und unanständig ist. Wer in seinem Heimatland als anständiger Mensch gilt, ist im Ausland noch lange nicht anständig.

Er muß hinzulernen und sich anpassen, also Kompromisse schließen.

Der Suchtkranke ist deshalb vor sich selbst und anderen nicht glaubwürdig, weil er sich gegen seinen Gerechtigkeitssinn verhält.

Der Streit und der Kampf, der in ihm tobt, wird nach außen getragen, weil er sich nicht aushalten kann. Deshalb ist ein Suchtkranker niemals ein glaubwürdiger, verantwortungsbewußter oder anständiger Mensch. Daß er selbst am meisten darunter leidet, macht sein Leben zum Martyrium! Denn keiner glaubt ihm.

Ein suchtkranker Höriger hat es besonders schwer, weil er nichts Ordentliches vorzuweisen hat. Er weiß nur, daß er sich gegen seinen Gerechtigkeitssinn verhält, viele Ersatzhandlungen begeht und sich seine seelischen Grundbedürfnisse nicht erfüllen kann. Wie soll er das aber anderen erklären? Wer versteht ihn schon? Auch ich hatte anfangs Schwierigkeiten. Erst als ich mich intensiver damit beschäftigt habe, konnte ich meine eigene Hörigkeit erkennen und verstehen.

F.) Verhält sich ein Mensch körperlich und seelisch sittlich = sauber, ist er als ein anständiger Mensch zu bewerten.

Dies richtet sich wiederum nach:

- der Erziehung,
- dem Alter,
- den Landessitten und Gebräuchen,
- dem Erdteil,
- dem sozialen Umfeld und
- dem Geschlecht.

In bezug auf mich kann ich sittlich, anständig, sauber an Körper und in der Seele sein. In bezug auf andere Menschen noch lange nicht. Sie entscheiden für sich, nach ihren Gesichtspunkten und nach ihrer Wahrheit. Aber die Wahrscheinlichkeit, daß ich auch in ihren Augen anständig bin, ist sehr groß.

Ein anständiger Mensch hat auch Würde und ist auch würdig, geachtet zu werden.

Dies bekommen wir nicht geschenkt, sondern es muß ehrlich erarbeitet werden.

Ein paar Sätze von mir zur Glaubwürdigkeit und Moral aus meiner Sicht:

Es begegnet mir ein Mensch, ich lerne ihn kennen und er wirkt auf Anhieb, nachdem ich ein paar Worte mit ihm gewechselt habe, vertrauenswürdig, aufrecht, ordentlich, glaubwürdig, vorbildhaft oder vorbildlich.

Andere Menschen wiederum, die ich kennenlerne, da entsteht Abneigung, da entsteht Angst, da entsteht Vorsicht, Wachsamkeit.

Woran kann das liegen?

Zu diesem Thema habe ich mir verschiedene Gedanken gemacht. Einmal habe ich es schon beschrieben in dem Kapitel *Die Aura / Die 7 Sinne + 1(Aura) = 8,* daß die Aura in der Lage ist, uns Informationen auf einem ganz schnellen Wege sofort ins Gehirn zu bringen, worum sich das UB sofort kümmert.

Um diese geschilderten Eindrücke noch sichtbarer zu machen: Was läuft da ab, worauf habe ich zu achten, wenn mir z.B. ein Mensch begegnet, dem ich auf Anhieb vertraue, der mir auf Anhieb sympathisch ist bzw., nachdem ich mit ihm gesprochen habe oder ihn schon ein paar Tage oder ein paar Stunden kenne.

Woran mache ich das fest, daß er mir gegenüber so vertrauenswürdig ist?

Ist es nur mein Gefühl, oder kann ich es mir auch logisch erklären? Wenn ich mit so einem Menschen zu tun habe, der mir vertrauenswürdig erscheint, dann ist er für mich glaubwürdig. Dann habe ich sicherlich den Eindruck von ihm, daß er *ordentlich ist,* daß er *sauber ist.* Dann habe ich die Erfahrung mit ihm gemacht, daß er *pünktlich ist,* d. h., daß er zur verabredeten Zeit da war.

Ich habe die Erfahrung mit ihm gemacht, daß er *zuverlässig ist* bzw. ich schätze ihn so ein. Ich habe festgestellt, der Mensch *ist ehrlich,* ich konnte seine Ehrlichkeit feststellen. Ich hatte bisher mit ihm keine großen Verständigungsschwierigkeiten.

Dann ist mir aufgefallen, daß dieser Mensch und unser Umgang miteinander sehr *harmonisch ist.*

Harmonisch heißt für mich, wenn seine Aussage mit der Körperhaltung und Mimik übereinstimmt und er einen *ausgeglichenen Eindruck* auf mich macht.

Wenn er diese vorgenannten Dinge bisher erfüllt hat und eine zusätzliche Sicherheit und ein Stückchen Selbstbewußtsein verbreitet, kann ich sagen, dieser Mensch ist für mich glaubwürdig. Ich schätze ihn als glaubwürdig ein. Deshalb werde ich ihm erst einmal vertrauen. Er erfüllte fast alle Punkte der Glaubwürdigkeit und Moral aus meiner Sicht.

Nächste Frage:
Wann bin ich moralisch? Wann ist ein Mensch moralisch?
Ich behaupte einfach, wenn ein Mensch glaubwürdig ist, dann ist er auch als moralisch anzusehen.

Dann erfüllt er auch bestimmt die vorgenannten Punkte der Glaubwürdigkeit.

Er ist ordentlich, sauber, pünktlich, hilfsbereit, zuverlässig, ehrlich, aufrichtig, harmonisch, d.h. auch, daß seine Aussage mit seiner Körperhaltung und Mimik übereinstimmt. Er verbreitet Sicherheit und Selbstbewußtsein.

Also ist er für mich anständig. Es ist ein anständiger Mensch, und ein anständiger Mensch ist niemals unmoralisch, sondern vertrauenswürdig.

Moralisch in unserem deutschen Sinne. Was in unserem Lebensbereich moralisch ist, kann in einem anderen Land, in einem anderen Lebensbereich unmoralisch sein. Deshalb spreche ich auch nur von den örtlichen oder landestypischen Verhältnissen der Erziehung, und zwar hier in Europa, in Deutschland. Was bei uns in Niedersachsen als moralisch angesehen wird, ist in Bayern oder Ostfriesland eventuell unmoralisch. So kann es sich manchmal auch in einem Bundesstaat, der in verschiedene Länder aufgeteilt ist, ändern.

Also sage ich, die Moral ist örtlich und zeitlich begrenzt, somit veränderbar.

Das hängt selbstverständlich auch mit den Grundsätzen der Eltern und der Erzieher zusammen. Das hängt selbstverständlich auch mit den landesweiten Gesetzen und sittlichen Gebräuchen zusammen. Das hängt selbstverständlich auch mit dem Glauben, den Religionen, zusammen.

Ich kann also sagen, wenn mir ein Mensch glaubwürdig erscheint, wenn er für mich glaubwürdig ist, dann ist er für mich moralisch, gleichzeitig aber auch aus meiner Sicht anständig. Denn das Gegenteil von Unmoral ist für mich Anstand.

Moralisch bin ich selbstverständlich je nach meiner körperlichen, geistigen und seelischen Reife.

Ein Kind z.B. hat eine andere Glaubwürdigkeit, eine andere Moral, als ein Jugendlicher, ein Erwachsener oder als ein Greis. Ein erwachsener Mensch hat zum Teil andere moralische Grundsätze, durch gemachte Erfahrungen, als ein Kind. Deshalb gibt es zwischen ihnen manchmal große Verständigungsschwierigkeiten. Das führt wiederum dazu, daß die Erzieher sehr schnell für die Kinder unglaubwürdig werden.

Eine Frau hat vielleicht andere moralische Grundsätze als ein Mann.

Aber: Ein Greis wiederum hat manchmal die Moral eines Kindes oder eines Weisen.

Und weiterhin sage ich, moralisch bin ich, wenn ich mich nach Anstand, Recht und Sitte (Manieren) des jeweiligen Landes verhalte.

Außerdem sollte jeder Mensch seine eigene Moral und seine eigene Wahrheit haben und diese nicht ständig ändern, weil er seine eigenen Empfindungen hat, weil er seine eigenen Vorstellungen entwickelt und er seine eigenen Erfahrungen gemacht hat, die er mit seinem Gerechtigkeitssinn abstimmen muß. Er hat seine eigenen Informationen aus seiner Erziehung, aus seiner Umwelt bekommen, sie gedeutet und somit seinen eigenen Realitätssinn ausgeprägt und sich so Grundsätze geschaffen.

Also hat er auch seine eigene Moral und Wahrheit, zu der er jederzeit stehen sollte.

So wird er nicht nur glaubwürdig vor sich selbst sein, sondern auch vor anderen Menschen. Außerdem ist er ein anständiger Mensch.

Wenn zwei Menschen zueinander passen, dann sind sie sich sicherlich nicht nur äußerlich sympathisch, dann haben sie nicht nur gemeinsame Interessen, sondern sie haben schon ausprobiert und ausgetestet, haben sie auch gleiche oder annähernd gleiche moralische Vorstellungen und eventuell sogar übereinstimmende sittliche Vorstellungen. Harmonieren sie sittlich miteinander, gehen sie wie Freunde miteinander um, könnten sie gemeinsam alt werden.

Das sage ich ergänzend zum Thema Liebe.

Das kann selbstverständlich auch in einem großen Zusammenhang gesehen werden. Denn wenn es so einfach wäre, könnte es ja jeder Mensch ganz schnell erlernen. Aber wir sind etwas komplexer aufgebaut, und das macht es manchmal so schwer. Unsere Seelen sind alle verschieden und haben alle andere Ansprüche und Wünsche an das Leben, obwohl Ansprüche nicht bei anderen einklagbar ist, sondern nur etwas mit uns selbst zu tun haben. Die Wünsche könnten aber erfüllt werden.

Wer am Anfang des Kennenlernens, oder kurz nachdem er geheiratet hat, plötzlich innere Anwandlungen in sich verspürt, die außerhalb der sittlichen Norm liegen, und sie beachtet oder sogar weiterverfolgt, der entfernt sich dabei ein ganzes Stück weit weg von seinem Partner. Es sei denn, der Partner hat Verständnis für diesen Sinnes- oder Neigungswandel.

Um das nicht sichtbar zu machen, werden diese Vorstellungen, diese "Neigungen" dem Partner meistens nicht mitgeteilt, damit keine Disharmonie entsteht. Das ist eindeutig falsche Rücksichtnahme und kein freundschaftliches Verhalten. Aber am Anfang des Kennenlernens, des Verstehens, des Liebens können diese sittlichen Vorstellungen so ziemlich gleich gewesen sein.

Ehrlich zum Partner zu sein, ist trotzdem der richtigere Weg.

Daß wir uns alle im Laufe der Zeit entwickeln, ist klar. Wie wir uns entwickeln, weiß keiner vorher. Verschweige ich diese Entwicklung aber meinem Partner, ist es eindeutig Betrug. Betrug an sich selbst und Betrug an dem Partner als Freund.

Entwickeln dürfen wir uns, aber mit einem Freund darüber reden auch!

Denn wir bekommen ständig neue Informationen und haben ständig neue Vorstellungen und hängen ständig diesen Vorstellungen nach und versuchen, sie zu verwirklichen. Außerdem werden im Laufe der Zeit immer neue Anlagen des Körpers und der Seele, also Neigungen zu oder gegen, sichtbar.

Diese neuen Neigungen auf Dauer zu unterdrücken oder sie dem Partner zu verheimlichen, ist aber nicht möglich. Wir werden auffällig, reden uns eventuell heraus, zögern die Wahrheit hinaus und machen alles nur noch schlimmer. Sagen wir eher Bescheid, ist es mein Partner oder mein Freund, werden wir gemeinsam nach einer befriedigenden Lösung suchen können. So haben wir gute Chancen, Freunde zu bleiben, und wir brauchen uns nicht in Feindschaft zu trennen. Kommen wir alleine nicht auf eine Lösung, können wir uns ja beraten lassen.

Auch hierbei ist das Streben eines jeden Menschen, die Zufriedenheit doch noch zu erreichen.

Also wird er sich seinen Neigungen und Wünschen nicht verschließen können. Das kann selbstverständlich manchmal zur Scheidung, Trennung und zu Abneigungen führen. So kann aus Liebe Abneigung oder sogar Haßliebe entstehen.

Wie gesagt, rede ich eher mit dem Partner, habe ich gute Chancen, uns in Freundschaft zu trennen, weil sich mein Partner nicht betrogen fühlt.

Eine gute Glaubwürdigkeit und eine vernünftige Moral können wir auch als die richtige Hygiene der Seele bezeichnen.

Was ist die Hygiene der Seele?

Ein sauberes Denken. Was heißt sauberes Denken?

Unsere geordnete Ehrlichkeit, Geradlinigkeit und unsere Anständigkeit im Denken.

Denken wir anständig, handeln wir anständig.

Dann sind wir auch lieb zu uns selbst und zu anderen. Dann haben wir auch die richtige Anerkennung für uns und andere.

Dann haben wir eine vernünftige Wertvorstellung, eine ausgewogene Goldwaage, und eine Suchtkrankheit ist nicht in Sicht.

Anständigkeit enthält also immer unsere Glaubwürdigkeit, unsere Ehrlichkeit und unser Denken und Handeln nach eigenen moralischen Grundsätzen, die zum jeweiligen Land und der Erziehung passen.

Die Anständigkeit eines Menschen kann und muß jedoch immer von zwei Seiten beurteilt werden:

1.) von außen, d.h. ein Mensch ist für seine Umgebung glaubwürdig und anständig. Dieses äußerliche Bild muß nicht automatisch auch innerlich von dem Menschen so empfunden werden, denn nur er selbst kann beurteilen, ob seine Gedanken durchgängig glaubwürdig, anständig und moralisch sind. Denn er selbst sollte sich gegenüber aufrichtig sein. So wissen die meisten Menschen über sich Bescheid.

Wobei ich betone, Aufrichtigkeit ist die Steigerung von Ehrlichkeit. Ich kann also ehrlich sein und trotzdem meine Geheimnisse haben dürfen.

Bei einer Aufrichtigkeit habe ich keine Geheimnisse, und vor mir selbst brauche ich auch keine Geheimnisse zu haben. *Mir gegenüber sollte ich immer ehrlich und aufrichtig sein.*

Ich kenne keinen Menschen, der nicht seine geheimsten Gedanken hätte.

Also sind diese Menschen nur ehrlich. Mit nur ehrlich sein, kann ich trotzdem vor mir und anderen ein anständiger Mensch sein.

Geheimnisse brauchen wir für unser Selbstbewußtsein und Selbstwertgefühl.

Denn halte ich Informationen zurück, stärke ich mein Selbstbewußtsein und meine Eigenverantwortlichkeit.

2.) die eigene Beurteilung, d.h. ich empfinde mein Denken und Handeln als anständig. Ich bin vor mir selbst glaubwürdig und ehrlich. Kann mich aufrichtig im Spiegel betrachten. Habe saubere Gedanken und handele nach meinen Vorstellungen richtig. Dadurch verwirkliche ich mich richtig, lebe gesund und vernünftig. Diese eigene Beurteilung muß nicht unbedingt mit der äußeren Beurteilung übereinstimmen, es wäre aber der Idealfall.

Dieses wird aber nur wenigen Menschen zuteil.

Meistens sind dies Menschen, die für andere viel geleistet haben.
Also stimmt wiederum die eigene Beurteilung mit der Meinung anderer überein.
Jetzt wende ich mich einem hierzu passenden Thema zu.

Wie halte ich Enttäuschungen so klein wie möglich?

Antwort: Indem ich realistisch verstehen lerne und mich im Privatleben auf Wünsche beschränke.

In diesem Kapitel versuche ich, zu erklären, wie ich mit dem bisher erläuterten Wissen im täglichen Leben umgehen kann, d.h. wie ich mein Leben bewußt gestalten kann, um Enttäuschungen so gering wie möglich zu halten.
Auch versuche ich, es wieder mal so wiederzugeben, wie ich es verstanden habe.
Voraussetzung für eine Enttäuschung ist, daß ich vorher eine gewisse Erwartung hatte.
Ich erwarte: ist eine Forderung - ein Anspruch, (ist einklagbar, z.B. im Geschäftsleben).
Beispiele dafür:
a.) Ich erwarte von dir, daß wir uns morgen sehen,
du pünktlich bist,
du mich liebst,
du mir Kinder schenkst, usw.
b.) So einer Werbung, die eine Forderung ist, wird kaum jemand nachgeben.
- Die aufgekommene Liebe nimmt wieder ab,
- die Erwartungshaltung, und das Forderungsgebaren sind abstoßend,
- Enttäuschung ist sehr groß, wenn solch einer Werbung/Forderung nicht entsprochen wird.
Ich hoffe: ist eine kleine Erwartung, also auch eine kleine Forderung, die nicht immer einklagbar ist.
a.) Wenn ich hoffe, ist es eine kleine Erwartung. Es ist auch eine kleine Enttäuschung, wenn es sich nicht erfüllt.
b.) Hoffnung macht Mut, und dieser gibt mir Lebenskraft. Hoffnung macht auch erfinderisch und kreativ. Eine neue Lebensgestaltung kann beginnen.
Ich wünsche: ist eine Aufforderung, der nicht unbedingt Folge geleistet werden muß, aber es wäre schön, wenn mir meine Wünsche erfüllt würden.
Es wäre eine Freude für mich. Und: *Freuden verlängern ein Leben.*
a.) *Ich wünsche mir,* daß du lieb zu mir bist oder
du morgen zur Verabredung kommst oder
du diese oder jene Aufgaben für mich erfüllst.
Solchen Wünschen wird meistens entsprochen. Das heißt, sie werden mir erfüllt und ich freue mich darüber. Freue ich mich, freut sich der andere auch. Hoffnung und Lebensfreude entstehen.
b.) Meistens kommt dann auch ein "Danke, daß du die Aufgaben erfüllt hast", d.h. Anerkennung, und das ist die Erfüllung eines Grundbedürfnisses.
Wie halte ich also Enttäuschungen so gering wie möglich?
Als Beispiel nehme ich die Werbung um eine Frau oder um einen Mann.
Als erstes sage ich dazu, ich kann nur ganz groß enttäuscht sein, wenn ich eine bestimmte Erwartung hatte. Wenn in mir die Überzeugung entstanden ist: Ich erwarte, daß sich das oder jenes erfüllt.

Wenn ich erwarte, daß mir z.B. die Werbung um eine Frau gelingt, d.h. ich erwarte, daß die Werbung erfolgreich ist. Dann bin ich maßlos enttäuscht, wenn ich einen "Korb" bekomme, wenn ich eine Absage bekomme, wenn ich einfach stehengelassen werde, und finde dafür keine vernünftige Erklärung.

Solche Erwartungen kann ich nur haben, wenn ich ausschließlich an mich denke. Berücksichtige ich den anderen auch mit seinen Rechten, können bei mir keine Erwartungen, sondern nur Wünsche entstehen.

Habe ich aber eine Erwartung, geht es weiter. Die Enttäuschung entsteht, und zwar durch die große Erwartungshaltung. Denn ich habe z. B. gesagt: Paß mal auf, ich erwarte von dir, daß wir uns morgen sehen, ich erwarte von dir, daß du pünktlich bist und ich erwarte von dir, daß du mich liebst. Viele Erwartungen also auf einmal an dieselbe Person.

Dies kann aber noch weitergehen.

Später erwarte ich von dir, daß du mir Kinder schenkst, und der vielen Dinge mehr. Wer soll solche Klammerungsversuche aushalten?

Wer so viele Erwartungen hat, denkt im Privatleben berufsmäßig, und ein berufsmäßiges Denken ist hier nicht nur fehl am Platz, sondern sogar sträflich, weil derjenige mit Sicherheit "hörigkeitskrank" ist.

Er will um jeden Preis durch und über andere Menschen leben und dabei auch noch zufrieden werden.

Dabei bemerkt er nicht richtig, daß er sich vernachlässigt, denn nur er kann sich die richtige Anerkennung geben, deshalb sollte er sich lieber etwas wünschen.

Gelingt es ihm nicht, über Forderungen zufrieden zu werden, sind die anderen schuld. Das ist die einfachste Form, um von seiner SK abzulenken.

Erwartungshaltungen und Schuldzuweisungen liegen dicht beieinander.

Die Unzufriedenheit ist ihm sicher, weil Enttäuschungen als Vernachlässigungen nicht ausbleiben.

Nicht jedes Mal wird dies so direkt ausgesprochen, sondern die Stimmlage, die Körperhaltung und die Mimik bringen das sehr oft zum Ausdruck.

Beziehe ich es auf mich, dann habe ich es vielleicht nur einmal so gesagt, und alles andere, was ich so als lockeres Gespräch betrachtet habe, hat mein Gegenüber, meine neue Freundin oder der neue Freund, wenn wir von der Zukunft oder wie es weitergehen kann, gesprochen haben, als Erwartung von meiner Seite *aufgefaßt*.

Der andere reagiert selbstverständlich nach seiner Rechtsauffassung. Meistens kommt zu recht eine entschiedene Absage. Also finde ich so keinen geeigneten, liebevollen Partner.

Oder ich muß mein Verhalten in bezug auf die Werbung eines Partners ändern.

Die neue Freundin, der neue Freund haben dann bei sich überprüft: Kann und will ich dieser Erwartung gerecht werden? Mit Sicherheit entsteht ein "Nein".

Sie sagen sich: Wenn er oder sie jetzt schon so viel erwartet, was erwartet der Mensch dann von mir, wenn wir erst mal verheiratet sind? Denn er deutet von

sich aus diese Erwartungshaltung richtig und wird richtig, in seinem Sinne, reagieren. Eine Absage ist sicher. Viele Menschen deuten diese Erwartungshaltung im Privatleben von anderen Menschen als unzutreffend, sie können sie sich nur manchmal nicht richtig erklären. *"Verständigungsschwierigkeiten".*
Sie verstehen nicht, daß hinter solchen Forderungen ein berufliches Denken steht. Sie schützen sich durch "mit dem will ich nichts mehr zu tun haben". Sie schützen sich dadurch, daß sie eine Absage erteilen. Sie schützen sich dadurch, indem sie einfach "nein" sagen. Das war's!

Leider gibt es zu viele Menschen, die nur an sich denken.
Sie schieben vielfach den Beruf vor, vernachlässigen sich und andere dabei.
Also wieder die bekannte eigene Hörigkeit. "Verständigungsschwierigkeiten".
Durch andere, über andere leben wollen und sich selbst dabei vernachlässigen.
Sie können sich das aber nicht selbst richtig erklären. Sie haben es nicht gelernt.
Deshalb denken sie, daß sie ein Recht auf diese Forderungen haben, weil es ja so viele Menschen auch machen.
Eine vielfache Bezeichnung dafür ist: Karriere, Mann oder Frau oder berufsmäßiges Denken.
Diese Menschen sollten so ehrlich sein und sich nicht fest binden oder sogar Kinder haben wollen.
Die Betroffenen, Betrogenen fühlen sich nicht mit ihrer Persönlichkeit ernstgenommen. Bei ihnen ist Abneigung entstanden. Die Liebe schwindet.
Abneigung entseht aus dem Gefühl heraus, da stimmt doch etwas nicht.
Recht haben sie. Könnten sie es richtiger deuten, würden sie es sicherlich dem anderen sagen.
Hört so ein Mensch das öfter, wird er denken, da muß etwas dran sein, und die Chance, daß er sich beraten läßt, erhöht sich. Sonst ist er immer auf der Suche nach einem Schuldigen und seien Hörigkeit hört nicht auf.
Was da nicht stimmt, ist sicher die Ausdrucksweise, die Form, die Haltung, die Mimik gewesen, die ausgedrückt hat:
Ich erwarte von dir, daß du das und das erfüllst.
Dieser Mensch hat gespürt: Diese Erwartung, die der andere hat, wenn ich sie nicht erfülle, gibt eine große Enttäuschung für mich. Er hat aber sicherlich auch gedacht, mein Partner ändert sich noch, mit meiner großen Liebe bekomme ich das schon hin. Spätestens nach dem ersten Kind wird dieser Mensch erkennen, daß er den anderen nicht ändern kann, oder er versucht es nochmal über ein zweites Kind.
Enttäuschung bedeutet Ärger, Enttäuschung bedeutet Niedergeschlagenheit, d.h. es muß dann wieder Trost gespendet werden oder, um den anderen nicht zu enttäuschen, muß man gegen seine eigene Überzeugung, gegen den eigenen Willen und die eigenen Vorstellungen etwas tun, was man durchaus nicht möchte. Und das ist der Anfang vom Ende.

Eine Hörigkeit bei dem Angehörigen entsteht durch die Schulung des SK wiederum wegen der Verständigungsschwierigkeiten.

Also sagt der Mensch auf lange Sicht, der spürt, da wird etwas von mir erwartet, was für mich zu schwer ist: *"Nein, das kann ich nicht erfüllen."* Nur dadurch kann der Angehörige eine Hörigkeit bei sich verhindern.

Denn im Prinzip ist eine Erwartung immer eine Forderung oder ein einklagbarer Anspruch, also berufliches Denken.

Diese Forderungen haben aber nur im Berufsleben eine legale Gültigkeit.

Wenn ich mir etwas kaufe, dann erwartet der Verkäufer, daß ich dafür bezahle.

Wenn ich etwas kaufe und es nicht bezahle, *ist es kein Kauf, sondern Diebstahl. Ich entwende fremdes Eigentum.*

Diesen Satz sollte sich jeder für das Privatleben merken, denn fordere ich etwas im Privatleben, greife ich in die Rechte des anderen ein und fordere oder versuche, fremdes Eigentum, also das Recht des anderen, zu entwenden.

Dagegen sich zu wehren ist ein Muß!

Der Verkäufer hat einen Anspruch darauf, wenn ich etwas mitnehme, daß es auch bezahlt wird, er erwartet das einfach, weil es ein geschriebenes Gesetz ist.

Wenn diese Erwartung nicht erfüllt wird, ist es eine einklagbare Forderung.

Leider muß ich sagen, hat sich diese Erwartungshaltung im Privatleben unter den Menschen ziemlich verbreitet. Sie fordern von anderen oder von sich zuviel.

So entstehen durch Übertreibungen SK, und diese heißen Hörigkeiten.

Viele Menschen drücken sich so aus: Ich erwarte von dir das und das. Ich erwarte von dir, daß du das erfüllst, daß du gehorsam bist, daß du pünktlich nach Hause kommst, daß du deine Arbeit tust und der vielen Dinge mehr. Gerade in einer Ehe oder einer festen Bindung werden solche Erwartungen als verbrieftes Recht angesehen. Es kommt unnötigerweise zum Streit, der irgendwann in einer manifesten Suchtkrankheit beider endet.

Oder das Paar trennt sich im Streit, oder beides passiert und keiner weiß hinterher, wie und wodurch es mal angefangen hat.

Im Anfangsstadium, auf das ich immer wieder zu sprechen komme, sieht es mehr nach gefühlsmäßigen Handlungen aus.

Innerlich verspürt der Mensch, von dem etwas erwartet wird: Das, was von mir erwartet wird, ist eine Forderung, und eine Forderung ist eine einklagbare Sache.

Er überprüft also: Hat der andere das Recht, bei mir etwas zu fordern oder einzuklagen, wenn ich diese Anforderung nicht erfülle?

Oder er macht ihm dieses Unrecht gleich streitig und sagt: Du hast eine Forderung aufgestellt, zu der du gar nicht berechtigt bist. Hättest du dich anders ausgedrückt, z.B. in Form einer Hoffnung, indem du einen Wunsch geäußert hättest, dann hätte ich noch überlegt, ob ich dieser kleinen Forderung oder dem Wunsch entspreche, ob ich diesen nachgebe, aber so brauche ich nicht lange zu überlegen und sage: "Nein". Dies ist eine gesunde Entscheidung. Meine Liebe zu dir hätte mir und dir dabei geholfen, zum Ziel deiner Wünsche zu kommen. Aber falsche

Rücksichtnahme habe ich nicht gelernt. Denn eine Hoffnung zu äußern, ist zwar auch eine Forderung, aber ganz klein.

Wenn ich diese Erwartung nicht erfülle, entsteht zwar auch eine Enttäuschung bei dir und bei mir, aber lieber klein enttäuscht sein, als auf längere Sicht groß unzufrieden werden.

Wenn ich Hoffnung habe, wenn ich eine Hoffnung äußere, dann ist das selbstverständlich auch eine kleine Erwartung bzw. Forderung. Aber wenn sich diese Hoffnung nicht erfüllt, dann werde ich nur klein enttäuscht sein.

Diese kleinen Enttäuschungen sind selbstverständlich auch kleine Ängste, sie gehören dazu, um Freude empfinden zu können. Wer keine Angst empfinden kann, wird auch keine Freude empfinden können.

Es kann nicht alles glatt gehen im Leben, es muß auch schon mal von kleinen Enttäuschungen begleitet werden. Aber Enttäuschungen sind immer auch gemachte negative Erfahrungen, und diese Erfahrungen brauchen wir, um zu lernen, um neue Sichtweisen zu gewinnen und um wieder neu handlungsfähig zu werden. *Wer nichts Neues lernt, degeneriert und entwickelt sich nicht weiter. "Wissen ist Macht".*

Also ist, wenn ich sage: Ich hoffe, daß du das und das erfüllst, daß du pünktlich bist, daß du mich weiterhin so liebst, wie du es mir gesagt hast, der richtige Ausdruck dafür, wie man richtiger miteinander umgehen kann.

Besser ist es immer, Wünsche zu äußern und dem anderen genügend Zeit zum Nachdenken zu geben. Bei Liebenden, bei Verliebten darf es einfach keine Erwartungen geben, sondern die Beziehung sollte von Hoffnung und Wünschen geprägt sein.

Hoffnung und Wünsche im Herzen tragen, ist gut; diese Wünsche zu äußern, ist gut, aber auch damit zu rechnen, daß diese Hoffnungen, diese Wünsche sich nicht in allen Bereichen erfüllen, also immer kleine Enttäuschungen in sich bergen können.

Diese Vorsorge, dieser Selbstschutz sollte bei jedem Menschen vorhanden sein.

So ist es sicherlich auch bei vielen Menschen, aber Liebe macht bekanntlich blind, also begehen wir auch in der Liebe einige Fehler und Unachtsamkeiten.

Unsere Wachsamkeit wird eingeschläfert und unser natürliches Mißtrauen schläft auch, oder wir hören nicht auf diese warnenden inneren Stimmen.

Liebe ist nicht auszureden.

Die falsche Rücksichtnahme setzt sich meistens durch, weil wir dem anderen falsch blind vertrauen, und weil wir uns nicht trauen, dem anderen die kleinen Entdeckungen der Unehrlichkeit zu sagen.

Das ist falsche Rücksichtnahme und sind Verständigungsschwierigkeiten und höriges Verhalten. Daraus kann leicht eine Krankheit werden.

Diese Krankheit heißt immer zuerst "Hörigkeit".

Diese falsche Rücksichtnahme wird dann auch auf die Kinder übertragen.

Diese Kinder geben dann später ihre Erziehung an die Eltern zurück

und werden zu unrecht als "undankbare Kinder" bezeichnet.
Diese kleinen Enttäuschungen können wir verkraften, können wir verschmerzen,
aber nicht auf Dauer. *Auch Kinder nicht!*
Um so größer ist die Freude, wenn sich die Hoffnungen doch noch erfüllen.
Die Freude ist so groß, daß wir sie als guttuend empfinden, daß wir gut damit
umgehen können, sie verleitet uns aber, wenn wir aufpassen, nicht dazu, in die
Euphorie abzugleiten, sondern wir können die Freude genießen.
Wer große Freude festhalten kann, sie genießen kann, ist nicht sk.
Euphorie, das Gegenteil von Panik, ist in den meisten Fällen auch ungesund, weil
der Verstand nicht mehr logisch und klar vorhanden ist und wir uns auf unsere
Angewohnheiten von früher und unsere anerzogenen Dinge einfach verlassen.
Wir müssen das nicht, aber wir tun es aus der Euphorie und dem unklaren Den-
ken heraus. Wenn wir uns in der Vergangenheit verschiedene Dinge antrainiert
haben, die uns bisher immer ins "Aus" geführt oder die uns große Enttäuschungen bereitet haben, werden wir in solchen Momenten, gerade wegen der Euphorie, ganz schnell wieder eine große Enttäuschung erleben, weil die alten Angewohnheiten "ich erwarte" wieder im Kopf sind und wir danach handeln.
Deshalb denke ich, daß Hoffnung gut ist. Hoffnung kann Berge versetzen.
Hoffnung im Herzen zu tragen, heißt auch mutig zu sein, Lebenskraft zu empfinden, Durchsetzungsvermögen zu haben, einen sicheren Eindruck zu vermitteln.
Die eigene Glaubwürdigkeit ist damit sicherlich gewährleistet.
Dies zu erreichen, ist das Bestreben aller Menschen. Uns wird vertraut, und das,
was wir sagen, hat wieder Gewicht.
*Menschen, die sich hoffnungsvoll verhalten, vermitteln in den meisten Fällen ei-
nen glaubwürdigen, moralischen und anständigen Eindruck.*
Eine etwas andere Form ist das Sich-etwas-wünschen.
Obwohl bei "ich hoffe", also der Hoffnung, schon Wünsche dicht dabei sind.
Einige Beispiele dazu:
Ich wünsche mir, ist eine Aufforderung, der nicht unbedingt Folge geleistet wer-
den muß, aber meistens werden uns, wenn es möglich ist, diese Wünsche erfüllt.
Wenn auch nicht immer gleich, dann sicherlich zu einem anderen Zeitpunkt.
"Ich wünsche mir" ist keine Forderung, der Folge geleistet werden muß, die so-
mit auch nicht einklagbar ist.
"Ich wünsche mir" hat keinen Anspruch auf Verwirklichung.
"Ich wünsche mir" ist einfach eine Bitte.
Bitte, erfülle mir meinen Wunsch.
Ich bitte darum, daß du zu mir stehst. Ich bitte darum, daß du zu mir hältst, daß
du mir vertraust, daß du dieses Vertrauen auch in mich setzt, und ich bitte des-
halb darum, weil ich Vertrauen einfach brauche, um wiederum Hoffnung zu
haben.
Ich wünsche mir und ich bitte dich darum, daß du morgen zur Verabredung
kommst, ich wünsche mir, daß du das, was ich mir wünsche, erfüllen kannst.
So kann ich auch sagen, ich bitte darum.

Einer Bitte in dieser Form wird nach Möglichkeit gern entsprochen.

Wenn diese Bitte erfüllt wird, kommt meistens ein "Danke". *Dieser Dank ist wiederum eine Anerkennung,* so daß derjenige, der mir meinen Wunsch erfüllt, zugleich eines seiner Grundbedürfnisse erfüllt bekommt, nämlich das Bedürfnis nach Anerkennung. Er macht sich selbst auch mindestens drei Freuden, nach dem Prinzip des Schenkens.

Anerkennung und Liebe = Freude liegen dicht beieinander.

Leider sehen viele Menschen das heute noch nicht so. Sie denken "Danke und Bitte " seien nur Anstandsformen. Aber ich meine, eine Bitte erfüllt zu bekommen und ein "Danke" zurückzugeben, bedeutet mehr. Höflichkeit, Zuvorkommenheit, Aufmerksamkeit werden uns gedankt. Es entsteht wieder Freude.

Somit bekommen auch wir unsere seelischen Grundbedürfnisse zum Teil erfüllt.

Geschieht dieses "Geben und Nehmen" ehrlich, gehen wir freundschaftlich, liebevoll und menschlich miteinander um. Das ist anständig.

Wieviele Menschen sagen aus der Angewohnheit heraus "guten Morgen", ohne es ehrlich zu meinen.

Ich habe festgestellt: Beteilige ich mich nicht an Oberflächlichkeiten, die schon manchmal sehr weh tun können, werde ich geächtet, und man versucht es mir "heimzuzahlen".

In meiner Therapie habe ich gelernt, so zu sein, wie ich bin.

Deshalb stehe ich heute zu mir, so wie ich bin.

Deshalb bin ich nicht mehr so "pflegeleicht" wie früher.

Ich bin wieder wer und das zeige ich auch. Ich bin vor mir glaubwürdig geworden.

Da andere Menschen genauso ein Gespür wie ich haben, werde ich jetzt wieder, weil ich zu mir stehe, geachtet.

Abschließend kann ich sagen, je kleiner wir unsere Erwartungen halten, indem wir nur hoffen oder bitten bzw. wünschen, desto kleiner sind auch unsere Enttäuschungen. *Somit sind wir für unsere Enttäuschungen mitverantwortlich.*

Diese kleinen Enttäuschungen können wir gut aushalten, und wir brauchen sie sogar, um auf der anderen Seite wieder Freude empfinden zu können.

Um also eine glückliche Beziehung zu führen, die sich auch positiv auf das eigene Leben auswirkt, sollten Sie Ihren Partner nicht in Erwartungen versetzen und sollten Sie sich nicht so verhalten, daß er Ihre Hoffnungen oder Wünsche als Erwartung deuten könnte. Wenn zuviele Erwartungen an den Partner ergehen, könnte es passieren, daß diese Beziehung beendet wird, bevor sie überhaupt richtig angefangen hat.

Oder sie wird nach Jahren des Leidens beendet.

Es kommt ein wenig auf den Menschen selbst an, aber auch auf die Umstände, in denen man lebt. Also die Umweltbedingungen. Wieviel Geduld hat er? Oder wie liebesblind ist er? Der Alltag, das Alltagsleben bringt die Wahrheit immer an den Tag. Leider sehr oft mit vielen Schmerzen für alle Beteiligten.

Deshalb mein Rat an Sie:

Gehen Sie ehrlich mit sich und Ihrem Partner um!

Aber auch mit anderen Menschen ehrlich umzugehen, lohnt sich mit Sicherheit.

Machen Sie sich meinen Wahlspruch zueigen:

Ehrlichkeit und Qualität setzen sich auf die Dauer durch.

Aber nicht nur für das Miteinander ist das Geringhalten von Enttäuschungen sehr wichtig, sondern auch für sich selbst.

Wie schaffe ich es, Aufgaben für mich selber erreichbar und leistbar zu machen, so daß ich sie auch tatsächlich schaffen kann? Diese Überlegungen wären die beste Methode für mich, um Enttäuschungen gar nicht erst aufkommen zu lassen.

Also, indem ich mir gestellte Aufgaben so erfüllbar, so realistisch wie möglich mache, daß ich sie auf jeden Fall bewältigen kann.

Der Plan, die Zielsetzung muß mit der Realität übereinstimmen unter der Berücksichtigung, daß andere Menschen auch Rechte und Grundbedürfnisse haben.

Inwieweit können mir die bisher beschriebenen Erkenntnisse helfen, mein Leben zu ändern, wenn ich suchtkrank geworden bin?

Zuerst muß die Suchtkrankheit zum Stillstand gebracht werden.

Dann befinde ich mich auf dem Wege der Genesung und nicht der Gesundung, denn von einer Krankheit kann man nur genesen, aber niemals davon gesunden.

Das gilt auch für jede Form der SK.

Wie wir gehört haben, spielen Erfahrungen und Erkenntnisse eine sehr wichtige Rolle, um ein Leben ändern zu können, aber auch Umwelteinflüsse und die Erziehung sind wichtige Faktoren, die jedes Leben beeinflussen.

Und genau hier kann ich ansetzen.

Woraus besteht unsere Erziehung?

1.) aus einem ständigen Informationsfluß.

2.) aus drei sich ständig wiederholenden Kommandos:

- dem Antreiber, Kommandos, die uns antreiben,

- dem Bremser, Kommandos, die uns bremsen,

- dem Erlauber, also Kommandos, die uns etwas erlauben.

Sind diese Kommandos in einem ausgewogenen Zustand in unserer Erziehung vorhanden, gelingt die Erziehung mit Sicherheit, weil das Kind die Kommandos als gerecht ansieht, aber auch noch genügend freie Handlungsmöglichkeiten hat, um sich frei und kreativ zu entwickeln.

Diese Kinder zahlen ihren Eltern ihre Erziehung nicht durch Protesthandlungen heim.

Nein, diese Kinder sind den Eltern gegenüber dankbar, und deshalb gehen sie auch liebevoll mit ihnen um und versuchen, das Beste aus ihrem eigenen Leben zu machen.

Protestiert ein Kind gegen seine Erziehung, liegen dem meistens eine oder mehrere Ungerechtigkeiten der Erzieher zu Grunde - Verständigungsschwierigkeiten.

Das Kind fühlt sich nicht richtig verstanden und wehrt sich mit Verweigerung. *Also sollten Eltern darüber nachdenken, ob nicht eine Protesthandlung des Kindes auf einen Erziehungsfehler schließen läßt.* Oder sie sollten darüber nachdenken, wo Verständigungsschwierigkeiten vorlagen. Oder darüber nachdenken, ob sie nicht falsche Rücksicht genommen haben. "Aus lauter Liebe meine ich es ja nur gut mit dir." Wir sind eine Konsumgesellschaft und müssen aufpassen, daß unsere Kinder nicht nur zu Konsumenten werden.

Die falsche Aussage der Eltern spürt das Kind und wehrt sich eines Tages. Unser Lebensziel ist, die Zufriedenheit doch noch zu erreichen. Aber auch die innere Freiheit und Glaubwürdigkeit zu erreichen, ist ein Lebensziel.

Wie aber können wir diese Freiheit und Zufriedenheit erreichen?

Global können wir sagen, indem wir unsere körperlichen und seelisch-geistigen Grundbedürfnisse richtig erfüllen oder erfüllt bekommen.

Wenn ich mir allerdings Gedanken über meine persönliche Zufriedenheit mache, so muß ich zuerst herausfinden, welche meiner Grundbedürfnisse nicht richtig erfüllt wurden, so daß es nicht zu einer Suchterkrankung kommt. Außerdem muß ich herausfinden, welche Bedürfnisse ich noch habe.

Ich muß also unbedingt herausfinden:

- wer ich bin,
- wie ich bin,
- was ich bin,
- welche Bedürfnisse, Mittel und Möglichkeiten ich habe,
- wie ich mich selbst richtig verwirklichen oder wer mir dabei helfen kann.

Kommt es doch zu einer Suchtkrankheit, dann hat der Suchtkranke ein Problem, und das ist seine Suchtkrankheit selbst, das ist er selbst mir seiner Hörigkeit. Später kommen weitere SK als Probleme hinzu.

Wer nicht richtig weiß, was er will, muß zuerst herausfinden, was er nicht mehr will. Erst dann kann er sein Leben ändern.

Außerdem muß er all seine realen Bedürfnisse aufspüren, sonst kann er sie auch nicht anstreben, und es kommt zu keiner Erfüllung.

Ich gehe jetzt einmal davon aus, daß der in diesem Beispiel genannte Suchtkranke schon so weit mit seinen Erkenntnissen ist, daß er sagt: *"Dieses Leben möchte ich nicht mehr so weiterführen."*

Also ist sein vordergründiges Ziel, ein neues, suchtmittelfreies Leben zu führen. Bei einer Hörigkeit aber kann nicht suchtmittelfrei gelebt werden, sondern es kann nur erlernt werden, nicht mehr zu sehr über andere und durch andere zu leben und sich nicht mehr zu stark zu vernachlässigen.

Mit anderen Worten, der Hörige muß herausfinden:

Sich die richtige Anerkennung und Liebe zu geben, die er braucht, dann hat er gute Chancen, sich nicht mehr allzuviel zu vernachlässigen, sondern er kann durch sich Harmonie und Geborgenheit erreichen, und zwar durch eine richtige Selbstverwirklichung.

Was kann er sonst noch tun, um sein bisheriges Leben zu ändern, und wie kann er diese Aufgabe für sich erfüllbar machen, so daß er ihnen gerecht werden kann und es gar nicht erst zu weiteren großen Enttäuschungen kommt?

Nachdem er das Problem erkannt hat, sich dazu bekannt hat, so geht es nicht weiter, und ehrliche Hilfe von außen annehmen kann, ist es nun wichtig für ihn, den richtigen Weg zur Verwirklichung zu finden. Also geht er auf die Suche nach dem Therapeuten, der ihm glaubwürdig erscheint. Somit hat er auch das Gefühl, dieser Therapeut kann mir helfen. Egal, welchen Weg der Therapeut einschlägt, ich vertraue ihm und gehe diesen Weg einfach mal mit.

Wenn er also sein Leben ändern will, so kann er dies parallel auf zwei Arten tun. Zum einen durch veränderte Taten, d.h. daß er auf Dinge verzichtet, von denen er genau weiß, daß sie ihm nicht gut tun. *Er läßt sein Suchtmittel weg oder erlernt den richtigen Umgang damit: Erster Schritt.*

Der zweite wichtige und dem ersten vorangehende Punkt ist die Veränderung seiner Zielsetzung. Das stoffgebundene Suchtmittel nicht mehr zu bekommen, sollte nicht nur sein einziges Ziel sein, sondern die unbedingte Abstinenz, wenn das möglich ist, oder er lernt den richtigen Umgang damit.

So kann zum Beispiel ein "Fresser" nicht auf Nahrung verzichten, er muß den richtigen Umgang mit Nahrungsmitteln erlernen. Er muß ganz neu lernen zu essen. Sein Maß finden, das ihn zufrieden macht.

Dies erreicht er durch neue Informationen, die seine Sichtweise verändern.

Diese neuen Informationen wird er aber nur von außen, von unabhängigen Helfern oder Freunden annehmen. Ein Familienmitglied hat darin wenig Chancen.

Weiterhin müssen diese neuen Informationen für ihn logisch, einfach und nachvollziehbar sein.

Oder der Hörige muß lernen, mit sich richtiger umzugehen als bisher. Durch andere brauchen wir auch Anerkennung und Liebe, aber es kommt auf das richtige Maß an und darauf, daß wir uns nicht vernachlässigen. Nur so können wir uns auch die richtige Anerkennung, Liebe, Harmonie und Geborgenheit geben, die wir brauchen.

Wenn man so will, ist manchmal eine teilweise oder völlige Umerziehung nötig. Das Unterbewußtsein muß neu trainiert, geschult, also umerzogen werden.

Das geschieht aber nur über das TB und im TB durch das nicht suchtkrank gewordene Erw-Ich.

Zu bedenken ist, daß unser etwas vernachlässigtes, nicht richtig geschultes Erw-Ich zuvor freie Hand bekommt. Natürlich ist es am Anfang noch etwas unsicher. Das heißt, es muß leider erst einmal die alten Fehler noch einmal mitmachen, bis es daraus gelernt hat, durch neue, eigene Erkenntnisse die alten Fehler nicht noch einmal zu machen.

So nebenbei möchte ich erwähnen, daß jeder Mensch nach seinem eigenen Erwachsensein auf der Suche ist. Das erklärt sicherlich auch manche Reaktionen des suchenden jungen Menschen. Außerdem sucht jeder Mensch nach seiner Glaubwürdigkeit.

219

Einen sich im Suchtkrankenbereich auskennenden Therapeuten muß sich der Suchtkranke selber suchen!

Dazu sicherlich noch eine Gruppe, in die er mit seiner Persönlichkeit paßt.

Der Therapeut und die Gruppe können nach einer Entgiftung sicherlich behilflich sein. Das meiste muß aber jeder selber für sich tun. Erkenntnisse in die Tat umzusetzen, ist Sache des Patienten.

Nur wenige Suchtkranke brauchen tatsächlich eine stationäre Therapie.

Wobei ich erwähnen möchte, daß die heutigen stationären Therapien in den meisten Fällen nicht helfen, weil sie nach falschen wissenschaftlichen Überlegungen vorgehen müssen! "Müssen" deshalb, weil sonst kein Rentenversicherungsträger bezahlen würde. Diese wiederum haben keine Ahnung von einer SK, können aber bestimmen.

Das ist ein Schildbürgerstreich, der den Menschen viel Leid bringt und die Hoffnung in unser Gesundheitssystem zerstört. Aber mit den Sk kann man es ja machen.

Zurück zum Betroffenen.

So kann ich als Betroffener zuerst damit beginnen, eine Bestandsaufnahme zu machen. Zuerst betrachte ich also mein bisheriges Leben, bezogen auf meine Schwierigkeiten. Hilfreich ist es, alle negativen Punkte aufzulisten, die ich gerne ändern möchte.

(Diese Auflistung habe ich z. B. schon im Kapitel " Die Liebe" beschrieben.)

So daß ich genau weiß, was ich nicht mehr will. Wenn ich "ich" sage, gilt das in dem Zusammenhang für jeden Sk.

Nun überlege ich mir zu jedem Punkt mit Hilfe anderer eine bestmögliche Lösungsmöglichkeit. Da ich dieses Ideal aber manchmal nicht erreichen kann, ist das Ziel ein Kompromiß zwischen dem bisherigen und dem zukünftigen Leben, und zwar ein ehrlicher Kompromiß. Ein Kompromiß ist es deshalb, weil ich einerseits, wie schon gesagt, das idealste Leben nicht erreichen und andererseits auch das frühere Leben nicht komplett abschütteln kann.

Kompromisse müssen wir ein Leben lang machen, weil wir Originalhandlungen nicht immer erreichen können.

Aber ich gebe Ihnen gleichzeitig den Hinweis, haben Sie einen Kompromiß gefunden, der sich verwirklichen läßt und der auch vernünftig ist, dann ist es eine Originalhandlung.

So einfach kann ich mir helfen. Ich brauche nur umzudenken, also die Sichtweise verändern, und schon werde ich positiv fühlen und mich liebhaben. Viele Dinge werden erst einmal vom Therapeuten übernommen, oder alte Dinge werden zum Teil erst einmal weitergeführt. Es wird zuviel in der Vergangenheit gearbeitet, statt sich um das Jetzt, Hier und Heute zu konzentrieren. Denn im Heute liegen die neuesten Erkenntnisse unserer Zeit und diese sollten genutzt werden.

So habe ich kurzfristige Ziele, die ich erreichen kann, und auch Erfolge.

Mittelfristige oder langfristige Ziele werden sich langsam herauskristallisieren.

Denn neue Informationen und Bewertungen führen sofort zu neuen Sicht- und Handlungsweisen, und zwar zu solchen, die mir sympathisch sind. Dadurch schaffe ich mir im jetzigen Leben neue, gültige Wahrheiten.

Das Unterbewußtsein übernimmt aber diese neuen Informationen und Bewertungen des TB nicht sofort, sondern es muß erst einmal neu geschult werden, bis es bestimmte Dinge dann ganz automatisch ausführt. Dazu ist es nötig, daß diese Informationen ehrlich oft wiederholt werden, aber auch mit einer gewissen Dominanz versehen werden. Das Aufschreiben hilft in jedem Falle, besser und schneller verstehen zu lernen. Gibt ein Therapeut etwas Schriftliches oder er diktiert etwas, legt er sich fest und wird glaubwürdiger, weil man über das Feststehende viel besser reden kann.

"Liebes UB, das machst du jetzt."
Der Chef ist und bleibt das TB, und das UB bleibt immer sein Helfer.

Wird der Chef dominant, kann sich das UB nicht dagegen wehren. Der innere Kampf hört auf. Das UB wird auf Dauer mitlernen, anders zu handeln, den Körper anders zu steuern und zu lenken.

Und hier kommen wir wieder auf die Erziehung, die gleich mitkorrigiert wird. Denn ich kann es auch anders sagen, mein Bewußtsein muß umerzogen werden. Bisherige Gegebenheiten müssen geändert werden, weil sie nicht zum gewünschten Erfolg geführt haben.

Dies beginnt z.B. damit, daß die Führungsposition im Tagesbewußtsein neu besetzt wird.

Das Erw-Ich muß in den Chefsessel und Bestimmer werden, auch wenn es am Anfang die gleichen Fehler noch einmal begeht, wie das Ki-Ich, aber es lernt schnell aus diesen Fehlern und wird bestrebt sein, gesunde Originalhandlungen zu begehen.

Das Kindheits-Ich, welches hauptsächlich für das bisherige suchtkranke Leben verantwortlich war, ist auch die Ich-Form, die zuerst krank geworden ist. Schreitet die Krankheit weiter fort über viele Jahre, wird auch das Elt-Ich krank, und die Therapiezeit verdoppelt sich. Das heißt, der Therapieverlauf wird schwerer und länger.

Bei einer ambulanten Therapie, wenn nur das Ki-Ich erkrankt ist, rechnet Peter mit einer Therapiezeit von einem 3/4 Jahr, jede Woche dreimal eine Doppelstunde. Ist auch das Elt-Ich krank geworden, rechnet er mit einer Therapiezeit von etwa 1 1/2 Jahren, auch dreimal je Woche eine Doppelstunde.

Wird auch das Erw-Ich suchtkrank, ist nur eine stationäre Hilfe mit Medikamenten für längere Zeit möglich, bevor eine Therapie beginnen kann.

Leider wird das heute noch nicht berücksichtigt.
Danach kann auch wieder eine ambulante Therapie möglich werden. Diese gelingt leider nur in wenigen Fällen, da erstens Ärzte und Therapeuten diese Art der Therapie noch nicht anerkennen, also eine Zusammenarbeit noch nicht möglich ist. Und zweitens diese Therapieform von Peter noch von keiner Krankenkasse bezahlt wird, da er nur Heilpraktiker ist und seine Therapie beweglich hält.

Suchtkranke haben meistens Schulden! Wer soll also diese Therapie privat finanzieren können? So bleibt es nur einigen wenigen vorbehalten, die es sich leisten können, oder sie sagen: Jetzt habe ich drei erfolglose Therapien hinter mir, viele Therapeuten kennengelernt, wobei mich keiner richtig verstanden hat. Jetzt verschulde ich mich noch mehr, weil ich leben will. Sie nehmen einen weiteren Kredit auf.

Oder sie fragen ihre Eltern, machen "bitte, bitte", nur weil sie leben wollen. Ist das Recht oder Unrecht. Viele stationäre Therapiemaßnahmen könnten durch ambulante Therapien mit den neuesten Erkenntnissen gespart werden.

Leider ist mit den Verantwortlichen nicht zu reden. Politiker, Krankenkassenverbände, Rentenversicherungsträger sind so unkundig und uneinsichtig, daß sie lieber Althergebrachtes, aber Wissenschaftliches, sehr, sehr teuer bezahlen als auf wissende und erfahrene Therapeuten zu hören.

Mir ist wörtlich mehrfach gesagt worden:

Dafür gibt es Gesetze, die das regeln. (Verstaubte Gesetze, PsychKGNs.)

Wir zahlen lieber einhunderttausend Mark für eine anerkannte stationäre Behandlung, als daß wir zehn bis zwanzigtausend Mark für eine nicht anerkannte ambulante, hilfreiche Therapie bezahlen.

Obwohl das Zahlenmaterial im Gegenteil beweist, daß Milliarden DM eingespart werden könnten. Wann werden Verantwortliche endlich wach und sparen nicht mehr am falschen Ende? Warum läßt man sich nicht versuchsweise auf solch eine Therapie ein?

Unwissenheit schützt nicht vor Strafe. Verantwortliche müßten bestraft werden und nicht die, die sich selbst schon nicht verstehen und sich nicht richtig helfen können. Auch nicht die, die in das Mühlrad der "anerkannten Psychotherapie" geraten sind.

Viele dieser Menschen habe ich kennengelernt. Sie sind fast alle im ersten Jahr ihrer Abstinenz stehengeblieben. Sie sind weiterhin innerlich unfrei, und Freiheit ist eines unserer höchsten Ziele. Peter, wie auch ich, möchten nicht Krieg spielen, aber ganz deutlich darauf aufmerksam machen, daß im Gesundheitswesen am falschen Ende gespart wird.

Bis heute zahlt aber wieder die Zeche der Beschränktheit des Beamtenapparats die Allgemeinheit. Das muß aufhören.

Ein Beispiel dafür:

Viele Millionen hat der Verein für Sozialmedizin Hannover e.V. allein in den letzten 20 Jahren mit seiner guten Gruppenarbeit an Therapiekosten eingespart.

90% aller Patienten und Angehörigen (etwa 16.000 Personen) bleiben allein durch die Gruppenarbeit seit Bestehen des Vereins trocken oder nehmen keine unnötigen Medikamente mehr oder leben zufrieden mit den Betroffenen und deren Kindern. Die Angehörigen werden weniger krank, die Kinder der Sk lernen besser in der Schule, und auch bei ihnen sind keine Sk zu erkennen. Eine Sk ist eine Familienkrankheit. Das wird vom Verein seit seiner Gründung am 09.08.1977 berücksichtigt.

Als Dankeschön wird dieser Verein von keiner Seite mehr finanziell unterstützt, sondern muß, für seine Mitgliedschaft im Paritätischen Wohlfahrtsverband, noch Beiträge zahlen.
Diese Äußerung erlaubt sich Peter, als Ehrenvorsitzender und Gründer des Vereins.

Fahren wir fort mit Peters Methode:
Ich setze zuerst einmal das Erwachsenen-Ich, wenn es nicht krank geworden ist, in den "Chefsessel". Dann betrachte ich mir die Wünsche und Ziele meines zukünftigen Lebens.
Die Schulung des Erw- Ich ist das vordringlichste Ziel in seiner Suchttherapie.
Nun spielt wieder das jeweilige Kommando der Erziehung eine wesentliche Rolle, um die Aufgabe für mich leistbar zu machen. Das alte und das neue Wissen gesellen sich zusammen, und ein neues, zufriedenes Leben wird möglich sein.
Denn nicht alles aus meiner Vergangenheit war schlecht oder negativ.
Lassen Sie sich das von keinem Therapeuten einreden!
Sicherlich ist es für einige Ziele richtig zu sagen, ich will dies oder jenes erreichen, also *muß* (Antreiber) ich etwas anderes dafür tun (oder ich muß etwas anderes lassen). *Wenn ich einerseits etwas will, muß ich andererseits etwas dafür tun.*
Da das Unterbewußtsein noch nicht neu trainiert ist, übernimmt es gerne alte, gewohnte Denkungs- und Handlungsweisen. Daher kann es nötig sein, meine neuen Informationen mit dem "Antreiber" zu versehen. Also treibt das Erw-Ich nicht nur die anderen Ich-Formen und den Körper an, sondern auch das UB. Es muß sogar vorübergehend diktatorisch vorgehen, sonst erhält es nicht seine natürliche Dominanz und die anderen Beteiligten würden weiter kämpfen. Die Diktatur ist dem Sk bestens bekannt, da er jahrelang diktatorisch vom Ki-Ich gesteuert wurde.
Aber ich darf natürlich nicht vergessen, daß ich ja meine neuen Ziele auf lange Sicht erreichen will. Es betrifft ja schließlich den Rest meines Lebens, falls ich nicht vorher unvorhergesehen sterbe (Unfall o.ä.). Aber daran denke ich kaum.
Es gibt natürlich für mich kurzfristige Etappenziele, über die ich mich freuen werde, wenn ich sie erreicht habe.
Auch mittelfristige und langfristige Zielsetzungen muß ich mir geben. Wie kann ich also erreichen, was ich mir ausdenke bzw. auf welche Art und Weise kann ich es erreichen und dauerhaft für mich erhalten, so daß es zu keiner großen Enttäuschung bei mir kommt?
So überprüfe ich die Realität und meine Bewertung dazu.
Hierbei geht es nicht nur um die bloße Wortwahl, sondern um den Hintergrund, also die Aussage dieser Worte. Ebenso wie der vorher beschriebene Unterschied zwischen einer Erwartungshaltung an den Partner und einer Hoffnung oder einem Wunsch.
Gemeint ist das Kommando des "Erlaubens".

Wenn ich heute alle Ziele mit dem Kommando "ich muß" versehe, so baut sich in meinem Kopf mein Gewissen auf, welches eine Peitsche in der Hand hält und einen riesigen Druck in mir ausübt. Ist dieser Druck ein Leben lang auszuhalten? Mit Sicherheit "Nein". Ich muß also die Antreiber und Erlauber in der Waage halten. Sonst käme es mit Sicherheit irgendwann wieder zu einem innerlichen Kampf. Und dieser Kampf ist sinnlos, denn ich verschwende unnötig Energie, und ich werde auf jeden Fall verlieren, weil ich diesen Kampf gegen mich selbst führe. Also schaue ich, wie meine Vorhaben leistbar werden bzw. ich meine Ziele erreichen kann, ohne daß ich die Peitsche immer schwinge. Vorübergehende Diktatur ist kein Kampf.

Wichtig = vorrangig ist also auch meine innere Einstellung. Ich kann mir meine Ziele nämlich auch positiver "verpacken" und "verkaufen". Das ausschlaggebende Kommando ist das "Erlauben". Auch ein Diktator kann erlauben oder großzügig sein.

Ich erlaube mir das "Muß", wenn ich das eine will. Ich erlaube mir, frei zu denken und innerlich nach neuen Richtlinien frei zu sein.

Neue positive Erkenntnisse sind das Bedeutsamste, um mein Leben zu verändern. Eines meiner Ziele als ehemals Drogenabhängiger ist es, ein suchtmittelfreies Leben zu führen. Obwohl ich weiß, daß alles zum Suchtmittel werden kann, passe ich auf, daß ich bei diesen Dingen nicht über- oder untertreibe und die Kontrolle verliere.

Wenn ich aber in allen Bereichen mein persönliches Normalmaß finde, lebe ich gut mit diesen Suchtmitteln.

Beispiel:

Meine Erkenntnisse, die ich hatte und diktatorisch verwirklichte: (erst einmal formuliert mit dem Kommando "Antreiber")

- Ich muß meinen Entzug ehrlich machen.
- Ich muß die richtige Zielsetzung haben.
- Ich muß lernen, mich auszuhalten.
- Ich muß lernen, mich zu begnügen, d.h. auch zu verzichten.
- Ich muß dem Erw-Ich im Tagesbewußtsein seine überragende Dominanz einräumen und das Ki-Ich in seinen Befugnissen einschränken.
- Ich muß mir ein Freund-Feind-Bild schaffen.
- Ich muß mir Freuden verschaffen und lernen, damit umzugehen, d.h. ich muß auch Freude abgeben bzw. teilen, um sie aushalten zu können, um selber Freude zu empfangen und sie auch genießen zu können. So behalte ich sie, es wird zu einer bleibenden Freude. Auch muß ich Informationen zurückhalten, damit ich mein Freudenkonto auffülle.
- Wenn ich das eine will, muß ich das andere (loslassen, aufgeben ...).

Betrachten wir diese Erkenntnisse mit dem Kommando "Antreiber" und formulieren wir sie einmal mit dem Kommando "Erlauber":

Ich erlaube mir, meinen Entzug ehrlich zu machen. Ich gönne es mir. Ich erlaube mir, meine Zielsetzung zu ändern. Ich tue dies freiwillig und ohne Zwang, weil ich leben will. So muß ich mir nicht nur etwas erlauben, sondern eine logische Überlegung als Erklärung oder Erklärungssystem haben, dann mache ich es - wie von selbst - gerne.

So muß ich mich verstehen lernen, das erlaube ich mir.

Ich erlaube mir aber auch als Erw-Ich, dem Ki-Ich die Diktatur zu entziehen und das Erw-Ich als Bestimmer einzusetzen.

Noch ein Beispiel:

Ein Kompromiß auf mich bezogen.

Was ist ein Kompromiß?

Zwei Anbieter machen Abstriche und sind mit dem Ergebnis zufrieden.

Auf mich bezogen heißt das:

Da ich aus vier Persönlichkeiten bestehe, müssen sich diese Persönlichkeiten einigen, um in Harmonie leben zu können.

Da es schon schwer ist, daß sich zwei Menschen einigen, wird es bei vier Persönlichkeiten um so schwerer. Deshalb muß eine dieser Persönlichkeiten, die am vernünftigsten ist, Regie führen.

Diese Persönlichkeit kann nur mein Erw-Ich sein, da es alle Voraussetzungen der Dominanz und der logischen Vernunft mitbringt. Bei einer Suchtkrankheit muß das Erw-Ich vorübergehend sogar Diktator sein.

Bei einer Suchtkrankheit war vorher das Ki-Ich Diktator, also ist mir diese Staatsform Diktatur gar nicht so fremd. Ich muß sie nur einer anderen Persönlichkeit in mir im entscheidenden Moment einräumen, es zulassen, es so bestimmen!

1.) Um dem Ki-Ich das Spielen zu verbieten.

2.) Um das UB als Helfer des Chefs neu zu schulen, damit es dem Erw-Ich hilft, alle anstehenden Aufgaben, also auch das Einigen der vier Persönlichkeiten, zu erfüllen.

3.) Aufgetretene Schäden im oder am Körper müssen durch Selbstheilungskräfte repariert werden.

4.) *Auch das El-Ich muß neu geschult werden,* damit es einerseits ein guter Berater des Erw-Ich wird und andererseits Verständnis für die Belange des Ki-Ich hat. Weiterhin sollte das Elt-Ich auch in der Lage sein, elterlich im Chefsessel zu sitzen und elterlich, verstehend, ausgleichend handeln und genießen zu können.

5.) Nachdem das Erw-Ich gesehen hat, daß die andere Persönlichkeit und das UB genügend gelernt haben, um wieder das Beste aus Körper und Seele zu machen, kann es sich zeitweise zurücklehnen und zusehen, wie der Körper richtiger als bisher gesteuert und gelenkt wird. Auch wird es den neu aufkommenden kreativen Ideen der anderen Ich-Formen wohlwollend gegenüberstehen und ihnen mit logischem Erwachsenendasein zur Seite stehen. Das heißt aber auch, es läßt die anderen Persönlichkeiten frei leben, ist aber trotzdem sehr wachsam, um im Ernstfall sofort wieder diktatorisch eingreifen zu können. In der Zwischenzeit herrscht aber die Demokratie.

Das bedeutet auch, nochmals anders auf mich bezogen:
Mir fallen alte Sachen und Handlungsweisen ein, die ich aber nicht mehr verwirklichen muß. Nach einer gewissen Übungszeit läuft dieser Vorgang in Sekundenschnelle in mir automatisch ab.
Auch diese Überlegung ist mir eingefallen bei dem Wörtchen *"muß"*. Also ist "muß" nicht immer negativ zu bewerten.
Manchmal müssen wir etwas tun, um etwas Positives zu erreichen.
So gesehen ist dieses Muß ein Bremser,
                           ein Antreiber,
                           ein Erlauber!
In meinem bisherigen Leben habe ich Freude selten zugelassen, da ich schlecht damit umgehen konnte. Ich konnte Freude nie lange festhalten oder sie genießen.
Wenn ich mir als oberes ein "Muß"-Kommando gebe, so klingt dies so, als ob ich nun mit aller Gewalt Freude suchen müßte. Aber ich kann dies erst langsam wieder lernen. Um dies zu schaffen und auch die Ausdauer zu finden, um dies langfristig zu erfüllen, formuliere ich es so:
Ich erlaube mir wieder Freude, ich lasse wieder Freude zu , halte sie teilweise zurück und werde lernen, damit umzugehen, und erlaube mir, diese Freude mit anderen zu teilen und ich erlaube anderen, an meiner Freude teilzuhaben. So kann ich sie genießen, denn ich werde lernen, sie auszuhalten. Es wird eine dauerhafte Freude sein, denn ich erinnere mich gerne daran und genieße gerne nach.
So werde ich vom Konsumenten zum Genießer, oder bin es schon geworden.
Wie gesagt, es geht hierbei nicht um die reine Wortwahl, sondern um die Aussage, die innere Haltung, das Inhaltliche.
Auch bei der Gegenüberstellung des bisherigen und des zukünftigen Lebens wird der Unterschied deutlich.
Beispiel:
Ich will meine Zeit nicht mehr überwiegend für die Geld- und Suchtmittelbeschaffung vertun, *also muß ich Dinge tun, die mir guttun* und meine neugewonnene Freizeit mit Hobbys ausfüllen, die ich in den letzten Jahren stark vernachlässigt habe.
Das klingt doch sehr nach Zwangsbeschäftigung, und das soll es gewiß nicht sein, denn das wäre ja wie mein bisheriges Leben, nur mit anderen Inhalten.
Nein, ich erlaube mir endlich wieder, meine Zeit für Dinge zu investieren, die mich interessieren und die mir guttun.
Ebenso muß ich mein Leben nicht mehr nach dem Suchtmittel ausrichten, sondern erlaube mir wieder einen freien Kopf und freie Zeiteinteilung meines Tages.
Noch ein Beispiel:
Ich *muß* gesund leben.
Folge: Bei jedem kleinen Fehltritt oder Laster habe ich ein schlechtes Gewissen.
Ich erlaube mir ein gesundes, positives Leben. Ich gönne es mir. Kleine Fehler kann ich mir verzeihen, solange sie mich nicht gefährden. Ich bin nicht über mich enttäuscht.

Trotzdem muß ich an dieser Stelle einfügen, daß ich jeden Fehler, jede falsche Tat genügend groß bedauern und betrauern muß, sonst ändert sich in mir nichts. Dann lebe ich zu frei, zu ungebunden, zu sorglos. Genau wie in meinem Suchtkrankenkreislauf. Das richtige Maß finden, ist meine Aufgabe. Die richtige Einteilung und Vorgehensweise für mich zu finden, ist meine Aufgabe.
Also habe ich viele Aufgaben, die es zu erfüllen gilt.
Hier aber noch ein Beispiel, wo auch der "Antreiber" für mich richtig ist:
Ich werde weniger negative Ersatzhandlungen begehen.
Die Hauptsache ist also, meine Einzelziele für mich erfüllbar zu machen, dementsprechend Prioritäten zu setzen und mit dem richtigen Kommando zu versehen. Ich unterscheide dabei z.B. nach kurz-, mittel- und langfristigen Zielen.
Mein neues Leben, meine Wünsche, können nur dann zur Zufriedenheit führen, wenn ich sie nicht genau wie das bisherige Leben nur als Zwang empfinde.
Das "alte" Leben war bestimmt vom Suchtmittel, ein Teufelskreis; das "neue" Leben dagegen gönne ich mir von ganzem Herzen. "Jetzt lebe ich gerne!"
Meine Ziele könnten ja auch Ihre werden! Oder haben Sie schon Ihre Zufriedenheit erreicht?
Da wir gerade bei der richtigen Formulierung meiner Ziele sind, erwähne ich noch einen weiteren Punkt, der eigentlich in das Kapitel "Unterbewußtsein" gehört. Und zwar geht es um die Eigenart des UB, bei neuen Informationen jede Form von "ja" oder "nein" zu streichen. Also auch Worte wie "keine" o.ä.
Wenn ich also mein Ziel nach einem Leben ohne Drogen richtig formulieren will, so daß die Informationen auch richtig im UB gespeichert werden, so darf ich *nicht* formulieren: "Ich nehme in Zukunft keine Drogen mehr", das Unterbewußtsein speichert in diesem Fall: "Ich nehme in Zukunft mehr Drogen".
Richtig formuliert, könnte ich z.B. sagen:" Ich werde in Zukunft ein drogenfreies Leben führen" oder "Leben wird drogenfrei". Das ist eine klare, eindeutige Anweisung an mein UB, und damit kann es etwas anfangen.
Also vermeiden Sie bitte auch bei der Formulierung Ihrer Ziele bzw. Wünsche jede Form von "ja" oder "nein", sonst erreichen Sie genau das Gegenteil, wie Sie am oberen Beispiel deutlich erkennen können.
Ich habe es ausprobiert, bei mir funktioniert es.
Stop! So möchte ich nicht mehr leben. Ich wünsche mir für die Zukunft ein drogenfreies Leben, dafür gebe ich mir auch klare Anweisungen. Ich gönne mir dieses schönere Leben, und ich werde es auch schaffen. In diesem Wunsch sind alle Punkte berücksichtigt. Streicht das UB im ersten Satz das "nicht", so bleibt: "Ich möchte mehr leben". Dann kommt ein Wunsch (keine Forderung), und schließlich kommt auch noch der Antreiber (ich werde es schaffen), der in diesem Fall aber keinen Druck erzeugt, sondern lediglich mein Selbstbewußtsein bestärkt und mir Hoffnung und Mut gibt, so weiterzumachen.
Versuchen Sie einmal, bewußt darauf zu achten! Sie werden merken, viele Aufgaben, die Sie sich selber stellen, werden Ihnen leichter fallen.

Vorstellungen im Frage- und Antwortspiel.

Was ist eine Information?
Ein Reiz und ein elektrischer Impuls.
Was ist eine Vorstellung?
1.) Ein Zusammenschluß von Einzelinformationen.
2.) Ein Gedanke, eine Idee, ein Bild, ein Plan, Reize des UB, des TB oder von außen über die Sinne kommend.
3.) Es sind sichtbare Informationen.
Für das TB oder für das UB zu sehen. Selbstverständlich auch für das Gefühl zu sehen. Selbstverständlich sieht auch unsere Aura alle bewußten oder unbewußten Vorstellungen.
Der Körper, das Gehirn sieht diese Vorstellungen noch nicht, erst dann, wenn diese elektrischen Impulse in das Gehirn eingegeben oder an dieses übertragen werden.
Wer kann diese Vorstellungen haben?
1.) das TB, und zwar bewußt.
2.) das UB, und zwar unbewußt.
Wer macht etwas mit diesen Vorstellungen?
1.) das TB, und zwar bewußt.
2.) das UB, und zwar unbewußt.
3.) die Aura, indem sie Vorstellungen, ohne sie zu verfälschen, von uns unbemerkt, an eine andere Aura weitergibt.
4.) Der Körper als Ausführungsorgan der Seele, aber erst dann, wenn die Vorstellungen in das Gehirn gegeben worden sind und das Gehirn diese Informationen an den Körper weiterleitet. Dabei sind die Informationen vorher vom Bewußtsein bewertet worden, ein Gefühl hängt sich an und breitet sich auch im Körper aus.

Übersicht für Vorstellungen.

Jede Vorstellung in uns hat den Anspruch, sich zu verwirklichen!
Das ist ein Naturgesetz.
Viele kleine, noch nicht realisierbare Vorstellungen werden im Gehirn abgelegt.
Viele kleine, noch nicht realisierbare Vorstellungen werden aber auch im Kurzzeit- oder Langzeitgedächtnis abgelegt.
Kurzzeitgedächtnis im TB und dem Gehirn.
Langzeitgedächtnis im UB und dem Gehirn.
Diese kleinen Vorstellungen bleiben - mit einem Stichwort behaftet - liegen und haben den Anspruch, sich zu verwirklichen, weil sich ein wenig Gefühl und Willen angehängt haben. Aber auch, weil es der Wunsch des Bewußtseins ist.
Außerdem ist die Selbstverwirklichung (= Vorstellung + Tat = Idee + Ausführung) eines unserer seelischen Grundbedürfnisse.
Die Seele will sich über den Körper in dieser jetzigen Realität verwirklichen.
Nach Peters einleuchtender Theorie unser fünftes seelisches Grundbedürfnis.

Diese kleinen, noch nicht erfüllten Vorstellungen können uns am Denken hindern und belasten, aber auch motivieren, irgendwann dieses Ziel zu erreichen.
Der Auftrag an die Aura ist gegeben, Informationen abzugeben und Informationen heranzuholen, damit die Vorstellung realistisch wird und verwirklicht werden kann.
Dazu einige Skizzen:

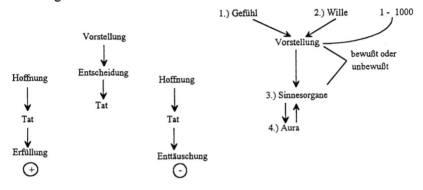

Vorstellungen unserer Seele, unseres Bewußtseins

Peters Aussage dazu:
Jede Vorstellung in uns hat den Anspruch, sich zu verwirklichen (Naturgesetz).
Dieses Naturgesetz konnte bisher noch keiner richtig erklären. Ich habe trotz großer Bemühungen, eine Antwort zu bekommen auf die Frage, was sind Vorstellungen, wo kommen sie her, wie setzen sie sich zusammen, keine Antwort von Studierten erhalten. Deshalb habe ich mir selber Gedanken gemacht, Überlegungen angestellt, die plausibel für mich sind und die ich jetzt einfach mal wiedergeben lasse,
vom Patienten F.
Vorstellungen sind Bilder, die vor dem seelisch-geistigen Auge entstehen.
Es sind aber auch Ideen, sind sichtbare Informationen, die vom TB bewußt und vom UB unbewußt erdacht, erfunden werden. Oder es sind Informationen einer anderen Seele, die über unsere Sinne zum Bewußtsein gelangen, also von ihm wahrgenommen und übernommen werden.
Andere Informationen, die keine Vorstellungen sind, gelangen auch über unsere Sinne in unser Bewußtsein. Aus diesen Informationen sucht sich unser Bewußtsein einiges aus, entwickelt es weiter, bewertet es, dabei hängen sich das dementsprechende Gefühl und der dazugehörende Wille an, um mit diesen neuen Vorstellungen auch Taten ausführen zu können.
Es ist somit immer eine Tat des Bewußtseins, diese Vorstellungen in den Körper zu geben und diesen damit zu steuern und zu lenken. Der Körper kann jetzt in

Aktion treten, Gestik, Mimik und körperliche Handlungen begehen, also die Vorstellungen als Ausführungsorgan in die Tat umsetzen.

Oder es bleiben zuerst einmal Vorstellungen in der Seele. Das heißt, wir können sie selber mit dem Bewußtsein sehen.

Dieses Sehen wird bewertet und mit dem dementsprechenden Gefühl auf den Körper übertragen.

Der Körper reagiert selbst in Ruhe, bei geschlossenen Augen mit Ruhe oder Aufregung. Wir können uns z.B. einen Baum vorstellen. Wir können uns z.B. einen Hund vorstellen. Dazu brauchen wir nur die Augen zu schließen. Das können wir im Bett tun, im Sessel, überall, wo wir die Augen schließen können, ohne Gefahr zu laufen, daß uns etwas passiert.

Sobald vor unserem seelischen Auge ein Bild entstanden ist, ist es eine sichtbare Information. Sobald es eine geistige Information ist, ist das Gehirn daran beteiligt, also können wir es körperlich nachempfinden.

An diese sichtbare Information hängt sich sofort, ohne Zeitverlust, das Gefühl an, nachdem diese Information vom TB oder vom UB bewertet wurde. Je nachdem, wie wir sie bewerten, hängt sich das dementsprechende Gefühl an. Entweder das Gefühl der Angst oder der Freude. Das Gefühl, diese Energieform, die sich wie ein Nebel sofort um eine sichtbare, bewertete Information legt.

Gleichzeitig heftet sich an dieses Bild, an diese Vorstellung, an diese sichtbare Information eine Kraft an. Eine Energieform, die wir als Willen bezeichnen. Denn der Wille ist nichts weiter als eine Energieform, die wir ständig in einer gewissen Größe zur Verfügung haben, und zwar von Mensch zu Mensch unterschiedlich. Der Wille wird zur Vorstellungsentwicklung benötigt, aber auch dazu, Aktionen mit den Vorstellungen zu begehen.

Wenn sich diese Energieform Wille an dieses Bild, das sichtbar im Gehirn, im Bewußtsein entstanden ist, angehängt hat, dann wird dieses Bild weiterentwickelt und hat damit den Anspruch, sich zu verwirklichen. Wir haben keine Möglichkeit, diese Vorstellung, die einmal mit Willen und Gefühl behaftet ist, zu beseitigen. Jede Information wird bearbeitet oder verarbeitet. Später wird sie irgendwo in unseren Gedächtnissen gespeichert, wenn sie nicht mehr gebraucht wird.

Beim Einsetzen des körperlichen Todes nimmt das UB alle Informationen in sein nächstes Dasein mit und schult das wiedererwachende Ki-Ich zuerst, bis es sich nach Erwachen des Elt-Ich wieder zurückzieht und seine Geheimnisse hinter einer Milchglasscheibe vor uns verbirgt.

Eine Vorstellung versucht sich also einfach nur zu verwirklichen.

Wenn z.B. eine Vorstellung unrealistisch ist, wir also längere Zeit uns darum bemüht haben, diese Vorstellung zu verwirklichen, wird sie eines Tages als unrealistisch eingestuft und zu anderen Vorstellungen gegeben, die auch unrealistisch sind. Sie wird durch neue Erkenntnisse abgebaut, aufgearbeitet oder endgültig in den Informationskeller des UB gebracht, nachdem sie wie auf einem Mikrofilm verkleinert wurde. So geht diese Information nicht verloren und kann jederzeit vom UB wieder hochgeholt werden, aber dadurch erhält das UB wieder Freiraum.

Realistische Vorstellungen, die nur zur Zeit nicht realisierbar sind, bleiben als kleine Vorstellungen, mit einem Stichwort behaftet, erst einmal in unserem Gehirn und im Bewußtsein liegen.

Mit einem Stichwort deshalb behaftet, damit neue Informationen gesammelt und hinzugefügt werden können, um diese zur Zeit noch nicht realisierbare Vorstellung eines Tages doch noch verwirklichen zu können. Also, damit sie schneller wiederzufinden ist.

Die Aura, dieser Schutzmantel, diese Hülle, die uns lückenlos umschließt, und das UB erhalten den Auftrag, Informationen heranzuholen, über die Sinne ins Gehirn zu bringen, damit sich diese kleinen, zur Zeit noch nicht realisierbaren Vorstellungen doch noch verwirklichen können.

Das Ganze kann sowohl bewußt als auch unbewußt ablaufen.

Noch einmal zur besseren Übersicht, sehr vereinfacht ausgedrückt:

Sobald wir eine Vorstellung haben, sich Gefühl und Wille angehängt haben, ist diese Vorstellung in der Lage, sich in Verbindung mit der Aura und dem UB als Informationsbeschaffer zu verwirklichen, bewußt oder unbewußt.

Denn ohne unser Bewußtsein können wir keine Gedanken, Ideen oder Bilder haben. Meistens läuft es unbewußt ab, denn die Größenordnung des Unbewußten von ca. 80% unseres Gesamtbewußtseins macht den größten Teil unserer Selbstverwirklichung, also auch bei der Realisierbarkeit der kleinen Vorstellungen aus.

Damit sind an erster Stelle alle automatisch ablaufenden Reaktionen gemeint.

Wie schon erwähnt, hat das UB mit Sicherheit noch ein Sicherheitsprogramm, in das es das TB nicht einweiht.

Wenn genügend Informationen zusammengetragen worden sind über die Aura, über Mikroseelen oder über unsere Sinnesorgane, müssen wir eine erneute Entscheidung treffen, d.h. den Zeitpunkt und die Intensität bestimmen, damit eine Tat ausgeführt werden kann und um die vorher gehabte Vorstellung zu erfüllen.

Wenn wir diese Tat begangen haben, stellen wir fest, sie hat uns zufrieden oder unzufrieden gemacht.

Wenn diese Tat uns unzufrieden gemacht hat, war, wie schon im Kapitel "Wille" beschrieben, irgendetwas vorher verkehrt. Z.B. war die Tat verkehrt oder die Entscheidung war nicht richtig, es zu diesem Zeitpunkt zu tun, oder die Intensität, d.h. die Kraft oder Geschwindigkeit, war nicht richtig eingesetzt, oder ich habe für diese Tat einen zu großen Willen angehängt, zuviel Kraft gebraucht, oder die Informationen waren doch nicht vollständig, die Vorstellung war womöglich sogar unrealistisch, oder sie war realistisch, nur zu dem Zeitpunkt nicht, oder meine Informationen, d.h. auch meine früher gemachten Erfahrungen waren doch nicht richtig. Also wurde der Realitätssinn falsch entwickelt.

Es kann aber auch sein, daß Informationen, die ich aus meiner Erziehung oder der Umwelt erhalten habe, richtig waren und ich nur verkehrte Erfahrungen damit gemacht habe, so daß sich ein verkehrter Realitätsinn bei mir ausgeprägt hat. Somit mußte diese Tat mich unzufrieden machen.

Sie sehen also, es gibt viele Möglichkeiten, sich eine Unzufriedenheit zu erklären.

Der Realitätssinn eines Sk ist immer falsch entwickelt, weil der Sk sich fast ausschließlich in einer Scheinwelt befindet, die für ihn die Realität ist.

Es kann aber auch genauso gut sein, daß mich diese Tat zufrieden gemacht hat, so daß alles Vorangegangene richtig war.

So können wir auch mit Hilfe unserer Erfahrungen, aller uns zur Verfügung stehenden Informationen und mit Hilfe unserer Vorstellungen vorher überprüfen, ob wir in der Lage sind, einen uns erteilten Auftrag zu erfüllen oder nicht.

Dazu sollten wir wieder erst einmal klären:

Was ist ein Auftrag?

Ein Auftrag ist eine Anfrage, die mit ganz bestimmten Rechten und Pflichten verbunden ist. Ich kann einen Auftrag erteilen oder erhalten. Wenn ich einen Auftrag erhalte, so muß ich ganz bestimmte Punkte bedenken, um herauszufinden, ob ich den Auftrag erfüllen kann oder nicht. Wenn ich ihn nicht erfüllen kann, muß ich ihn sofort ablehnen, damit nicht später Enttäuschungen für beide Seiten auftreten. Wenn ich einen Auftrag annehme, werden Erwartungen, Hoffnungen oder Wünsche in mich gesetzt, die ich zu erfüllen habe.

Ich habe zuerst mir gegenüber den Auftrag zu prüfen.

Dabei habe ich 4 Rechte und eine Pflicht zu klären.

Für mein Umfeld sind es die gleichen Punkte, wobei meine Rechte deren Pflichten und meine Pflicht deren Recht ist oder umgekehrt. Wenn ich einen Auftrag erteile, so hat der Empfänger seinerseits 4 Rechte und 1 Pflicht, auf die er die Anfrage prüfen muß, um sie dann anzunehmen oder begründet abzulehnen.

Wenn ich einen Auftrag erteile, so habe ich 4 Pflichten und ein Recht gegenüber dem Empfänger, und zwar habe ich 4 x die Pflicht, dem Angesprochenen sein Recht auf Prüfung zu lassen, und 1 x das Recht, ihn an seine Pflicht zu erinnern.

Somit sind beide Parteien gleichberechtigt.

So einfach kann es sein, die Gleichberechtigung zu erklären.

Erhalte ich einen Auftrag, so prüfe ich:

1.) *Es ist mein Recht,* zu entscheiden, ob meine "Hilfsbereitschaft" meinem Gegenüber zukommt und ob es für mich richtig und vernünftig ist zu helfen. Also hilft es mir auch, wenn ich helfe. Will ich helfen, denke ich weiter.

Der Auftraggeber hat gleichzeitig die Pflicht, mir dieses Recht zu lassen.

2.) *Es ist mein Recht,* über meine "Zeit" nachzudenken, ob sie für den Auftrag ausreicht. Oder ob ich meine Zeit dafür einsetzen möchte.

Will ich helfen und habe ich die Zeit, denke ich weiter.

Der Auftraggeber hat gleichzeitig die Pflicht, mir dieses Recht zu lassen.

3.) *Es ist mein Recht*, über meine "Kraft" nachzudenken, ob sie für diese Aufgabe ausreicht.
Will ich helfen, habe ich die Zeit und reicht meine Kraft, denke ich weiter.
Der Auftraggeber hat die Pflicht, mir dieses Recht zu lassen.
4.) *Es ist mein Recht*, über meine "Fähigkeit" bzw. über mein "Können" nachzudenken, ob sie für diesen Auftrag ausreichen.
Will ich helfen, habe ich die Zeit, habe ich die Kraft und das Können, denke ich weiter.
Der Auftraggeber hat die Pflicht, mir dieses Recht zu lassen.
5.) *Es ist meine Pflicht*, zu prüfen, ob die Ausführung legal = erlaubt ist, d.h. keine geschriebenen oder ungeschriebenen Gesetze verletzt werden.
Will ich helfen, habe ich die Zeit, habe ich die Kraft und das Können und verletze ich keine geschriebenen oder ungeschriebenen Gesetze, sage ich zu dem Auftrag "ja".
Der Auftraggeber hat das Recht, mich an diese meine Pflicht zu erinnern.
Viele Menschen kennen diese Spielregeln nicht, deshalb sagen sie vielfach zu spontan zu einem Auftrag ja und machen sich unzufrieden. Diese Unzufriedenheit können sie nicht richtig erklären, also wird nach einem Schuldigen gesucht.
Erst wenn ich Punkt für Punkt überdacht habe und jeden Punkt erfüllen und mit ja beantworten kann, kann ich den Auftrag annehmen. Das kostet natürlich Zeit und läßt keinen Raum für Spontaneität.
Wenn ein Punkt nicht erfüllt werden kann, brauche ich gar nicht erst weiterzudenken, sondern muß den Auftrag dementsprechend mit der ehrlichen Begründung ablehnen, da sonst kein zufriedenstellendes Ergebnis für mich und den Auftraggeber erzielt werden kann.
Wir sehen also hier auch wieder, daß man die Bestandteile und Gesetzmäßigkeiten der Seele niemals einzeln betrachten kann, sondern daß es sich immer um ein Zusammenspiel aller Teile der Seele und vieler Gesetzmäßigkeiten handelt.
Viele Gesetzmäßigkeiten müssen berücksichtigt werden.
Das kostet wiederum Zeit und läßt keinen Raum für Spontaneität, wenn ich es ehrlich mit mir und anderen meine.
Für eine Entscheidung brauchen wir unser Unterbewußtsein und die darin gespeicherten Informationen. Es kann dadurch eine sichtbare Information im TB entstehen, es hängt sich das dementsprechende Gefühl je nach Bewertung an und natürlich auch eine entsprechende Menge Wille, um zuerst einmal die Vorstellung zu entwickeln und die Entscheidung zu treffen und erst dann, in einem weiteren Schritt, eine Tat auszuführen oder nicht.
Wir brauchen außerdem die Aura, damit sie uns Informationen heranholt, die wir für eine richtige Entscheidungsfindung brauchen.
Verzichtet das TB auf den Informationsschatz des UB, trifft es sehr oft falsche Entscheidungen und begeht falsche Taten, die unzufrieden machen. Da wir in der heutigen Zeit verlernt haben, auf unsere innere Stimme zu hören, begehen wir

viele falsche Taten, die wiederum ein Korrigieren nötig machen, also viel Kraft verschwenden. So könnten wir ständig dabei sein, uns zu entschuldigen.

Und letztendlich kommt unser Tagesbewußtsein gezielt zum Einsatz und trifft bewußt diese oder jene Entscheidung, oder unser UB trifft unbewußt die Entscheidung und gibt sie an das Tagesbewußtsein weiter, welches dann entsprechend reagieren kann. Aber wie schon gesagt, funktioniert das nur, wenn wir auf unsere innere Stimme hören.

Es sei wieder einmal gesagt, daß unser UB, nachdem es sich hinter die Milchglasscheibe zurückgezogen hat, nur richtige Entscheidungen treffen kann, wenn es vom TB richtig dazu geschult wurde.

Eine Ausnahme sei trotzdem noch einmal erwähnt:

Geht es um Leben oder Tod, entscheidet sich das UB blitzschnell für das Weiterleben und ist plötzlich oberste Instanz. Das Sicherheitsprogramm setzt ein.

Später wird dieser Mensch als mutig angesehen. Dabei weiß er manchmal nicht, warum er so mutig war. Er kann es nicht erklären, und andere können es auch nicht.

Sie als Leser können es sich jetzt erklären, genauso wie ich es kann.

Zusammenfassung / Zusammenspiel von Seele und Körper.

Ich benutze der Einfachheit halber Peters Worte und Überlegungen. Dabei spreche ich auch über ihn und einen Teil seines Lebensweges.

Zum Schluß stelle ich mir noch einmal die Frage, warum habe ich mich eigentlich hingesetzt, Überlegungen angestellt, die zu diesem Beitrag in der Goldwaage II geführt haben?

Und ich versuche noch einmal, in kurzen Worten klarzumachen, daß wir, wenn wir unser Leben betrachten, immer daran denken sollten, daß die Seele und der Körper stets zusammenarbeiten, und zwar solange es geht. Zwar hat jeder Bestandteil seine spezifischen Aufgaben, doch vom menschlichen Leben in unserem Sinne können wir nur sprechen, wenn wir Seele und Körper gemeinsam betrachten, weil nur ein beseelter Körper in unserem Sinne ein handlungsfähiges Lebewesen ist.

Warum also habe ich diesen Beitrag geschrieben?

Die Antwort lautet:

Zeit meines Lebens habe ich mich mit den Menschen beschäftigt.

Ich selbst (Peter) stand sehr oft vor ausweglosen Situationen, ich selbst bin sehr oft in die Lage gekommen, seelisch-geistige Schmerzen und körperliche Schmerzen zu empfinden, sie nur nicht richtig deuten zu können. Deshalb wurde ich auch suchtkrank.

Sehr oft habe ich erlebt, daß andere Menschen geweint haben, gelitten haben, verzweifelt waren, und bei mir eine Hilflosigkeit entstanden ist. Diese Hilflosigkeit konnte ich zeitweise kaum ertragen.

Diese Hilflosigkeit, über Jahre hinweg Leid zu sehen und nur sehr begrenzt ohne Hintergrundwissen helfen zu können, hat mich eines Tages dazu bewogen, mich noch mehr, noch intensiver mit den Menschen auseinanderzusetzen. Deshalb machte ich ein "privates Medizinstudium", zu welchem mich mein Freund Helmut überredet und angemeldet hat, und wurde Heilpraktiker und Suchttherapeut.

Eines Tages habe ich angefangen, schriftlich zu unterteilen. Erstens die körperlichen Leiden, zweitens die seelisch-geistigen Leiden.

Je mehr ich im Laufe der Zeit über Krankheiten in Erfahrung bringen konnte, desto mehr bin ich zu der Überzeugung gelangt, daß körperliche Leiden hauptsächlich durch seelisches Ungleichgewicht entstanden sind bzw. entstehen können.

Die verschiedenen Krankheitsbilder, denen ich nachgegangen bin, führten mich immer wieder zu Überlegungen:

Was ist die Seele und

was ist überhaupt das seelische Gleichgewicht?

Und woraus besteht das Ganze?

Wie funktioniert unsere Seele?

Welche Aufgaben haben die einzelnen Teile?

Ich bin dahintergekommen, daß alles aus Materie und Energie besteht.

Also lag es für mich nahe, auch den Menschen als Ganzes zu sehen, das heißt, bestehend aus einem Teil fester Materie und aus einem Teil Energie, die wir nicht sehen, sondern nur messen können.

Diesen Überlegungen bin ich viele Jahre nachgegangen. Ich habe mich ein Stückchen informiert und mich im Jahre 1988 dazu entschlossen, meine bisherigen Erkenntnisse und Überlegungen simpel, einfach, mit einem gehörigen Touch Naivität, selbst für den Laien verständlich, aufzuschreiben. Dieses erste Werk nannte ich "Stop"-Buch und verwandte es nur in meiner Praxis.

Es wurde von mir auch deshalb geschrieben, damit meine Patienten nicht so viel mitschreiben mußten und sich zu Hause in Ruhe mit diesem Thema auseinandersetzen konnten und sich über dieses Buch auch ein bißchen vorinformieren konnten, bevor sie sich entschlossen, eine langfristige Therapie bei mir zu machen.

Was geschrieben steht, darüber kann man reden. So bin ich auch in den Augen meiner Patienten ein wenig glaubwürdiger geworden. Das hat mir wiederum ihr Vertrauen gebracht und wir konnten viel besser über intimsten Gedanken reden.

Vorher bin ich - wie gesagt - Heilpraktiker geworden, habe eine zusätzliche Ausbildung als Suchtkranken-Therapeut und viele weiterbildende Kurse gemacht.

Heute beschäftige ich mich unter anderem in meiner Praxis mit allen Arten von Suchtpatienten, Menschen mit Lebensängsten, angeblich depressiven Menschen, die an einen Punkt gekommen sind, an dem sie über die Gesprächsform Hilfe benötigen und auf ihr Suchtmittel verzichten wollen.

Meistens haben diese Menschen in ihrer Therapie nur die eigene Hörigkeit als Ersterkrankung zu bewältigen, alles andere erledigt sich wie von selbst gleich mit!

Ich biete in meiner Praxis unter anderem Gesprächstherapien an, die je nach Krankheitsbild kurzfristig, mittelfristig oder langfristig sein können. In diesen Therapien kümmere ich mich mit neuen Grundlagen um alle Suchtkrankheiten.

Die Grundlagen für diese Art der Therapie sind gleich.

Das behaupte ich nicht nur, sondern habe mit etwa 14.000 Patienten bestätigt, daß es möglich ist, mit gleichen Grundlagen alle SK erfolgreich zu behandeln.

Einige Ärzte bezeichnen mich oft als "Scharlatan", weil diese Überlegungen nicht in ihr Konzept passen.

Ein Klavier, egal wie es aussieht, ist ein Klavier, aber nicht jeder kann darauf spielen. Aber fast jeder kann es lernen, wenn er nur genügend übt. Genauso ist es mit meiner Therapie.

Ich bin nicht der Erfinder des Klaviers, aber ich kann anderen "ihr Klavier erklären" und wir können gemeinsam üben, wie sie auf ihrem Klavier jedes Lied richtig spielen lernen können.

Jeder Patient wird zu seinem eigenen Seelen-Therapeuten, so daß er in seinem Leben, für seine Seele keinen Therapeuten mehr braucht.

Um eine Gesprächstherapie nicht unendlich werden zu lassen, bitte ich auch meine zukünftigen Patienten, sich mein Buch in Ruhe durchzulesen, erst einmal Überlegungen anzustellen, ob sie sich mit der Materie auseinandersetzen wollen,

236

so daß es für sie einfacher wird, schon vor Beginn einer Therapie entscheiden zu können, bin ich bei dem Heilpraktiker und Suchttherapeuten richtig oder nicht. Bin ich in dieser Lebensschule richtig oder bin ich hier verkehrt? Erweckt diese Therapie Vertrauen oder nicht?

Inzwischen ist aus diesem Buch "Stop" das Buch "Die Goldwaage I" entstanden und "Die Goldwaage II", das Sie gerade lesen, also die verbesserte und mit vielen neuen Erkenntnissen gespickte Version des "Stop"-Buches.

Das heißt mit anderen Worten, wer dieses Buch "Die Goldwaage II" gelesen hat, sich dazu entschließt, eine Therapie zu machen, ist also schon gut vorinformiert, die Therapiezeit kann dadurch entschieden abgekürzt werden, das wiederum ist eine erhebliche finanzielle Einsparung. Auch kann die Therapie genauer und effektiver für den einzelnen Patienten gestaltet werden.

Noch einmal zu meinen Überlegungen in bezug auf den Menschen, dem ich meine Ganzheitsmethode anbiete. Diese Ganzheitsmethode muß für jeden leistbar sein. Die "beste Medizin" ist immer die, die mir hilft und die ich mir erlauben kann.

Deshalb auch erst einmal diese teils sehr vereinfachte Beschreibungsform. Wie ich festgestellt habe, ist sie fast für jeden Menschen im Alter zwischen 12 Jahren und 70 Jahren geeignet.

Wobei das Entscheidende der Logikbereich ist, denn der kann auch noch mit 90 Jahren in Ordnung sein. Also gibt es kaum Altersbegrenzungen.

Der eine will es, der andere lehnt es ab. Der eine kann sich die Seele als Energieform vorstellen, der andere nicht.

Die vielen freien Seelenenergien, die wir nur teilweise mit unseren heutigen Geräten messen können, habe ich mit Namen bedacht und ihre Aufgaben nachgewiesen.

Als Beispiel sei nur mal angeführt: Der Wille ist ein Energiepotential, also in einer gewissen Größenordnung vorhanden.

Das Unterbewußtsein und das Tagesbewußtsein sind Energieformen, genauso wie Angst und Freude, also das Gefühl, Energieformen sind, oder die Aura eine Energieform ist, die aus verschiedenen Energien zusammengesetzt ist.

Ich habe es gewagt, das Tagesbewußtsein, das Unterbewußtsein, das Gefühl, den Willen und die Aura als Energieformen zu bezeichnen, weil ich von einem meiner hervorragendsten Lehrer ein Wort mitbekommen habe, daß heißt *"Mut zur Lücke"*.

Danke, Dr. Thorns!

Mut zur Lücke, denke ich mir, habe ich in dem Moment bewiesen, indem ich mich herangetraut habe, noch nicht wissenschaftlich bewiesene Dinge beim Namen zu nennen. Denn der wissenschaftliche Beweis folgt vielleicht irgendwann nach dem Jahre 2000, aber wir leben heute, wir müssen heute mit unseren Problemen, unseren Ängsten fertig werden, also habe ich zumindest versucht, meine Theorien auch schlüssig zu belegen und sie für jeden logisch nachvollziehbar und erklärbar zu machen.

Ich erinnere dabei an Goethes Ausspruch: "Der Mensch ist nicht geboren, die Probleme der Welt zu lösen, wohl aber zu suchen, wo das Problem angeht, und sich sodann in der Grenze des Begreiflichen zu halten."

Ich bin von dieser neuen Logik nicht nur überzeugt, sondern sie läßt sich in allen Bereichen, wie bei einer Rechenaufgabe, gegenrechnen.

Möglicherweise würde auch dieses Buch nach wissenschaftlichen Gesichtspunkten einer Überprüfung nicht standhalten, aber mir ist es trotzdem gelungen, mit meiner Theorie alle Fragen, die sich mir gestellt haben oder die Patienten mir stellten, schlüssig und logisch zu beantworten, und bisher ist es zumindest auch noch niemandem gelungen, mir das Gegenteil zu beweisen.

Nachdem mein zukünftiger oder jetziger Patient das Buch gelesen oder er sich zumindest einen Überblick verschafft hat und er sich entschließt, den weiteren Weg ein Stückchen mit mir gemeinsam zu gehen, ist es meine Aufgabe, ihm klarzumachen, welche Kräfte er zur Verfügung hat, wo sie sitzen könnten, wie er sie einsetzen kann, und zwar er persönlich.

Ich zeige ihm aber auch die freundliche, menschliche, gefühlsmäßig nahe Seite.

Mit jedem meiner Patienten "duze" ich mich, weil wir über den intimsten Teil unserer Persönlichkeit sprechen, nämlich über die Seele.

Dieses Buch ist selbstverständlich für alle Menschen, die lesen können, lesbar.

Nur, damit zu arbeiten, ein Leben wirklich zu verändern, geht nicht so einfach, sondern muß persönlich besprochen werden, muß persönlich auf jeden einzelnen Menschen zugeschnitten werden, weil das Buch keine Therapie ersetzt.

Ich gehe immer von der Tatsache aus, daß jeder Mensch das Recht hat, individuell behandelt zu werden. Das heißt, er ist ein Einzel-Individuum und ist berechtigt, als solches gesehen und behandelt zu werden.

Der persönliche Zuschnitt ist auch deshalb so bedeutsam, weil sehr oft gesagt wird: Arbeite mal an dir, tue endlich mal was für dich, nimm dich endlich mal ernst, verändere dich! Nimm dir mal ein Buch zur Hand und richte dich danach, oder verschaffe dir neue Informationen und richte dich danach!

So einfach geht das nicht, denn die Frage ist doch: wie mache ich das?

So ist es auch mit diesem Buch, der Goldwaage II. Es ist der Anfang einer Aufklärungsreihe, wobei sie lernen können zu verstehen.

Viele, die mit einem Buch versucht haben, sich zu verändern, ihre Persönlichkeit anders zu gestalten, sind gescheitert, weil viele Erklärungen fehlten, die nicht alle in einem Buch, auf jeden einzelnen zugeschnitten, geschrieben werden können.

Sie haben nicht das in dem Buch gefunden, was man normalerweise erwartet, nämlich die Zufriedenheit.

Sie haben bei einigen Büchern nicht ihren inneren Frieden gefunden.

Durch dieses Buch ist es möglich, weil sie das Gelesene nicht nur verstehen, sondern auch gleich ausprobieren können.

Dazu gehört aber auch ein erfahrener Therapeut, der auf das, was die Seele angeht, immer eine richtige Antwort weiß.

Wie die Persönlichkeitsarbeit wirklich zu geschehen hat, darüber gibt es kaum Anleitungen, es wird einem auch kaum gesagt. Ich hoffe, die Goldwaage II hilft Ihnen als Leser, sich jetzt etwas besser verstehen und erklären zu können.

Denken Sie aber bitte daran, daß vieles in diesem Buch noch erklärungsbedürftig ist. Ungefähr das Zehnfache sage ich in meiner Praxis noch bei jedem Patienten dazu, damit keine Fragen mehr offen bleiben.

Mir hat einmal ein Mann gesagt, dem das auch geraten wurde, ja, nun arbeite mal an dir, schau mal in dich hinein:

"Ich habe schon in mich hineingesehen, aber da war auch nichts los."

So geht es vielen, die versuchen, an sich zu arbeiten, sich neu zu entdecken, daß sie gar nicht wissen, wonach sie suchen sollen und nach welcher Vorlage sie ihr Leben verändern sollen. Ich denke mir, daß dieses vorliegende Buch Möglichkeiten zeigen kann, Anhaltspunkt sein kann, wonach zu suchen ist.

Jetzt können Sie auch viel besser nach einem geeigneten Therapeuten suchen.

Leider muß ich Ihnen sagen, daß sich bisher einige Schulmediziner weigern, meine Überlegungen und Erkenntnisse anzuerkennen.

Trotzdem ist es mein Wunsch, Behandler auszubilden, damit sie ihren Patienten besser als bisher helfen können.

Ich denke mir weiter, daß "Goldwaage II" in einer Form dargestellt wurde, erstens für jeden verständlich, zweitens für jeden Willigen nachvollziehbar, in einer logischen Reihenfolge, die aber auch nicht den Anspruch der Vollständigkeit erhebt.

Die vielen Wiederholungen dienen zur Schulung des UB.

Die Ausführungen in diesem Buch sind auch dazu bestimmt, dem Leser zu ermöglichen, sein Lebensbuch doch noch einmal umzuschreiben, wenn er es will.

Wie gesagt, wer mit seinem Leben zufrieden ist und keine Probleme hat, der kann sich glücklich schätzen und braucht keine weiteren Anleitungen oder Erklärungen.

Das Lebensbuch - davon gehen Wissenschaftler aus - wird in den ersten 6 Lebensjahren geschrieben, weil zu diesem Zeitpunkt das Elt-Ich wach wird und sich Gedächtnisse bilden und es bedarf großer Anstrengungen, um es noch einmal im Erwachsenenalter umschreiben zu können. Auch dazu kann ich noch vieles sagen und erklären. Wenn Sie aber beim Lesen gut aufgepaßt haben, wissen Sie, daß unser UB beim Schreiben des Lebensbuches entscheidend behilflich ist.

Das Lebensbuch umzuschreiben, ist nicht einfach. Für denjenigen, der an seinen persönlichen Tiefpunkt gekommen ist, wird es möglich. Aber auch für denjenigen, der lernwillig ist und etwas Neues hinzunehmen möchte.

Gravierende Dinge müssen passieren, um anzuhalten, neu über sich nachzudenken. Derjenige, der seinen persönlichen Tiefpunkt, egal aus welchen Gründen, erreicht hat und sein Leben ändern möchte, kann diese vorliegende Orientierungshilfe benutzen, und er wird feststellen, wenn er sich erst einmal richtig eingearbeitet hat: Es funktioniert.

Ich habe mal einen Spruch gelesen, der heißt:
"Der Herrscher über den Augenblick ist der Herrscher über das Leben."
Werden auch Sie Herrscher über Ihr Leben.
Für den Menschen, der in keinen großen Schwierigkeiten steckt, ist dieser Satz sicherlich bedeutungslos. Für denjenigen aber, der des öfteren in Schwierigkeiten gerät und irgendwann an einen Punkt kommt und sagt, *es geht so nicht weiter, ich muß etwas ändern, ich möchte mir auch helfen lassen, ich weiß nur nicht wie,* für den wird es entscheidend sein, darüber nachzudenken, *wie werde ich Beherrscher jeder einzelnen Sekunde, das heißt, eines Augenblicks.*
Wenn er sich die Mühe macht, mit Anleitung und Hilfestellung über sich nachzudenken, ist er sicherlich eines Tages in der Lage, jeden seiner Augenblicke bewußt zu erleben, diese Augenblicke richtig zu deuten, sie richtig einzuordnen, neue Erkenntnisse daraus zu gewinnen und dadurch seine weiteren Handlungsweisen und Taten zu verändern. Also sein Leben beherrschen.
Das heißt auch, anders zu denken, bewußter zu leben, zufriedener zu sein.
Meine Überlegungen gehen also dahin, einem Menschen, der um Rat fragt, etwas an die Hand zu geben, wonach er sich neu benennen, einordnen kann, neu überdenken und ein neues, zufriedenes Leben führen kann.
Alles, was der Mensch braucht, ist einen Weg zu finden, um zufrieden zu werden. Innere Ruhe und Ausgeglichenheit zu erlangen, um dadurch die entstandene Zufriedenheit zu halten, zu genießen, zu festigen, zu kräftigen.
Ich, der Patient F, sage:
Alle Themen der Goldwaage I und II haben wir in meiner Therapie besprochen. Dazu möchte ich betonen, daß wir uns zu mehr als 80% um die Seele gekümmert haben.
Jetzt kann ich sagen, ich habe einen Weg gefunden, an mir richtig zu arbeiten.
Jetzt kann ich sagen, ich habe einen Weg gefunden, in mich hineinzuschauen.
Jetzt stehe ich nicht mehr hilflos da.
Jetzt nehme ich mich so an, wie ich bin.
Und jetzt mache ich mich an die Arbeit!
Jetzt verabschiedet sich der ehemalige "Patient F" und wünscht Ihnen, liebe Leser, daß auch Sie Ihren Weg zu Ihrer dauerhaften Zufriedenheit finden.

Patient C kommt zu Wort

Hätte ich diese Informationen der Goldwaage I und II früher gehabt, wäre mir eine Menge Leid erspart geblieben.
Wenn ich zurückblicke, die Kraft habe ich heute dazu, wird mir trotzdem wieder schlecht.
Völlig am Ende, mit unerträglichen seelischen und körperlichen Qualen, erreichte ich mit letzter Kraft Hannover. Ich bin geflohen, wollte nur noch "nicht mehr dasein", wollte die grausamen und ungerechten Dinge dieser Welt hinter mir lassen, gehörte eingesperrt; keine Arbeit, keine Wohnung. Ich wollte aus dem Leben flüchten und fühlte mich durch meine panische Angst lahmgelegt, handlungsunfähig, so daß es mir noch nicht einmal mehr möglich war, mich umzubringen.
Ich konnte nicht leben und auch nicht sterben.
Das einzige, wozu ich noch in der Lage war, war zu weinen, am ganzen Körper zu zittern und einen leisen Hilfeschrei auszusenden und "Nehmt mich bitte in den Arm und habt mich lieb!" zu betteln.
Freunde nahmen sich meiner an. Sie erkannten meine Hilflosigkeit, trösteten mich ein wenig und machten mir Mut. Immer wieder hörte ich von ihnen:
"Du gehörst nicht in die Psychiatrie !"
"Du schaffst es auch so !"
"Hör auf, wegzulaufen; stell dich dem Leben; stell dich deinem Leben; stell dich der Realität!"
Die erste Zwangsmaßnahme, die mir verordnet wurde, war eine Kontaktsperre zu meiner großen Liebe in Köln. Da ich nicht mehr wußte, was ich glauben sollte, stimmte ich diesem Vorschlag erst einmal zu. Diese Maßnahme wurde mir später von meiner großen Liebe zum Vorwurf gemacht. Denn meine Freundin war und ist immer noch der Meinung, ich hätte sie im Stich gelassen. Was ja auch irgendwie stimmt. Daß es für mich die einzige, die letzte Möglichkeit war zu überleben, versteht sie bis heute nicht. Durch die wochenlange Kontaktsperre ist sie dann zur Einsicht gekommen, daß wir letztendlich doch nicht zusammenpassen. Hätte sie wirkliches, ehrliches Interesse an mir gehabt, wäre die Liebe wirklich so groß gewesen oder die Ahnung, daß wir zusammen gehören, dann hätte sie auf meinen Therapeuten gehört oder auch mit meinen Freunden Kontakt aufnehmen können. Keiner dieser Menschen war ihr fremd. Sie hat dieses Angebot nicht wahrgenommen.
Wer so am Ende war, wie ich damals, fragt nicht mehr lange, sondern tut das, was ihm geraten wurde. Siebenmal in der Woche traf ich mich am Anfang mit meinem Therapeuten. Zusätzlich erhielt ich noch von meinem Hausarzt geringe Dosen eines stark wirksamen Medikamentes. Diese sollten meine körperlichen Verkrampfungen etwas abbremsen.
Tiefe Dankbarkeit empfinde ich für zwei Freunde, die die Kraft hatten, sich für mich bei Tag und Nacht Zeit zu nehmen. Ich konnte sie jederzeit anrufen oder besuchen. "Danke, Alexa, danke Knut!"

Nach einigen Monaten traute ich mich wieder zu arbeiten. Die Schmerzen in mir wurden langsam weniger und dadurch auch erträglicher. Ganz langsam begriff ich auch meine Krankheit, die Hörigkeit, in ganzer Konsequenz und, daß ein Genesungsweg möglich sei, es aber noch lange Zeit dauern würde, bis ich dauerhaft stabil sein könnte.

Das Schlimmste, wovor ich Angst hatte, war das Sich-Verselbständigen meiner Ängste und Gedanken. Ich hatte die Kontrolle über mich verloren. Diese Ängste und Gedanken wurden aber regelmäßig von meinem Therapeuten im Gespräch abgebremst. Dabei beruhigten sich meine Gedanken und meine Gefühle.

Langsam begriff ich, daß ich der "Bestimmer" über mich sein kann.

Was meinem Therapeuten von außen möglich war, kann auch mir von innen durch mich selbst möglich sein. Ich übte und probiere mich aus. Es funktionierte.

Zeitweise wurde es ruhig bei mir.

Da ich aber wieder am Leben teilnahm, überschlugen sich bei mir die Ereignisse; ich übertrieb im Berufs- und Privatleben, ohne es zu bemerken. Die Folgen waren wieder Panikzustände. Das richtige Maß für mich zu finden, wird mich sicherlich noch lange Zeit in Anspruch nehmen.

Höriges Verhalten, so hörte ich, ist in unserer Gesellschaft normal. Ich erlebte dieses Verhalten durch mich und hatte jedesmal die dazu gehörenden grausamen Schmerzen. Mein richtiges Maß in allen Dingen zu finden und eine vernünftige, lebensbejahende Zielsetzung zu haben, wird sicherlich eine meiner Lebensaufgaben werden.

Was hat sich in den letzten eineinhalb Jahren bei mir, in mir, um mich herum verändert? - Ich bin zeitlicher Bestimmer meines Leidens geworden.

Wenn ich eine ordentliche Begründung habe, erlaube ich mir das Traurig-sein.

Auch Unruhe und Schmerzen kann ich jetzt besser zulassen und ertragen.

Es tut zwar fast genauso weh wie damals, aber ich stelle Veränderungen fest, die etwas mit "Bestimmen-können" zu tun haben. Ich habe den Eindruck, daß ich heute eher "Bestimmer" über meine Gedanken und Gefühle bin als noch vor einem Jahr. Das jüngste Ereignis (Wiedersehen mit meiner ehemaligen Freundin) hat mir gezeigt, daß ich noch in der Lage bin, Panik zu empfinden, und daß ich diese Panik bewußt begrenzen kann. Es hat mir aber auch gezeigt, daß ich durch bewußtes "Erleben" Klarheit in meinem Leben schaffe. Es treibt nicht mich, sondern ich fange an auszusortieren. Ich kann heute schon bestimmen und erkennen, was für mich richtig, vernünftig und gesund ist. Eine vernünftige Traurigkeit ist gesund.

Eine "Verselbständigung" meiner Gefühle (im Sinne wie vor eineinhalb Jahren) findet jetzt im Moment nicht mehr statt. Ich bin nur tief traurig, weil ich ganz klar erkennen kann, daß meine große Liebe nicht mehr zu mir paßt.

An ihr habe ich festgestellt, daß ich mich verändert habe. Ich bin nicht mehr liebesblind, sondern verstehend und sehend geworden. So habe ich auch gesehen, daß meine Freundin mit einer neuen Liebe, zu einem anderen Mann, besetzt ist.

Mein Kapital, auf das ich zurückgreifen kann, sind viele Informationen als logische Erklärungssysteme, die ich mir mit Peter erarbeiten durfte. Diese wiederum zeigen mir, daß ich die Chance habe, geistig älter zu werden, beweglicher zu werden und zu meinem "Erwachsen-Sein" zu finden.

Mein Kapital ist es auch, ein "Zuhause" zu haben. Eine Wohnung, die zwar noch nicht von der Größe optimal ist, aber in der ich mich schon eingelebt habe. Wenn Unruhe- und Rastlosigkeit in mir ist, kann ich mich in sie zurückziehen, und Ruhe und Frieden kehrt in mich ein.

Auch die Beziehung zu meinen Eltern hat sich in vielfacher Hinsicht geändert und für mich zum Vorteil verbessert. Ich verstehe sie besser und auch sie mich. Ich darf ihnen ihr Eigenleben lassen und erreiche von ihnen immer mehr die Unabhängigkeit.

Auch in meinem Berufsleben hat sich einiges getan. Ich bin als Freiberufler gefragt, kann mich manchmal vor Aufträgen nicht retten. Ich leiste gute Arbeit, so wie mir gesagt wurde, trotz meiner noch öfter auftretenden Unruhe und Nervosität. Den "Kasper" brauche ich im Berufsleben nicht mehr zu spielen, sondern darf mich jetzt so zeigen, wie ich empfinde.

Die falsche Rücksichtnahme habe ich, so weit es ging, auf ein Pflichtmaß reduzieren können. Der Beruf bringt nun einmal Verpflichtungen mit sich. Dankbar bin ich darüber, daß ich neue Freunde finden durfte und alte Freunde, trotz schwerer Zeiten, zu mir gehalten haben.

Einen Freund im Leben zu haben, ist schon viel; ich habe inzwischen aber fünf Freunde, wobei ich mich als meinen Freund mitzähle.

Denn über das Mich-verstehen-lernen-können bin ich mein Freund geworden, gehe sorgsam mit mir um, wie es mir meine menschlichen Richtlinien sagen. Meine Erziehung durfte ich dahingehend korrigieren, daß ich nicht mehr unter dieser leide, sondern diese Informationen als Hilfestellung in meinem neuen Leben anders, vernünftiger und besser für mich nutzen kann.

Somit habe ich das Bestmögliche in den letzten eineinhalb Jahren erreichen können. Der Aufenthalt in einer Psychiatrie ist für mich überflüssig geworden!
Meine Konfliktscheuheit wurde bestimmt durch mein übertriebenes Anlehnungsbedürfnis.

So habe ich versucht, mir über andere Menschen Liebe und Anerkennung zu geben. Ich selbst war nicht in der Lage, mir diese Bedürfnisse zu erfüllen. Daß ich mich dabei immer mehr vernachlässigt und geschädigt habe, ist mir nicht richtig aufgefallen. Selbst nach vielen Jahren, als mein Körper mit Krankheitssymptomen reagierte, erhielt ich ärztlicherseits nicht den Hinweis, meine Seele könne krank sein. Erst durch Peter erhielt ich den Hinweis auf meine eigene Hörigkeit. Da die Hörigkeit "nur" eine Suchtkrankheit ist, kann ich auch etwas dagegen tun. Ich habe die letzten eineinhalb Jahre etwas dagegen getan, deshalb geht es mir heute relativ gut. Daß ich mich immer noch auf dem Weg meiner Genesung befinde, ist mir völlig klar. Diszipliniert gehe ich meinen Weg weiter. Disziplin, so stellte ich fest, ist eine meiner Pflichten.

Pflichten muß ich exakt befolgen oder es drohen Schmerzen. Erst seelische, später körperliche Schmerzen. Erst wird die Seele krank, später reagiert der Körper mit Krankheiten. Krankheiten des Körpers haben fast immer seelische Ursachen. *Rechte sind angenehm, wir haben sie gern.* Zu Pflichten haben wir Abneigungen. Wenn aus Rechten Krankheiten entstehen, weil ich das Angenehme übertrieben habe, wird das Recht zu meiner Pflicht, und ich muß mich sofort genau darum kümmern. Wenn Rechte und Pflichten in mir, an mir oder um mich herum nicht in einer Ausgewogenheit vorhanden sind, entstehen immer Aggressionen und später Krankheiten. Aggressionen sind Unmut, Ärger, Wut, Zorn, negative Emotionen. Diese echten Gefühle üben in mir, an mir einen Druck aus, der ohne irgendeine Ersatzhandlung nicht auszuhalten ist. Sind Aggressionen berechtigt, sind es ehrliche Gefühle und positiv zu bewerten. Sind Aggressionen unberechtigt, sind sie negativ zu bewerten, aber auch echte Gefühle.

Sehr oft hatte ich den Eindruck, ich falle in ein Loch. So bin ich gefallen und dachte, es seien Depressionen. (Gefühle und Eindrücke können täuschen).

Peter sagte mir, diese Depressionen seien falsch eingeordnete Gefühle. Daß ich mit meiner Stimmung in ein tiefes Loch gefallen bin, glaubt mir Peter nicht. Er meint, wenn ich mit meiner Stimmung in ein Loch gefallen wäre, und das auch noch bodenlos, wäre meine Stimmung weg gewesen. Ich hatte sie aber noch. Somit kann sie nicht in ein Loch gefallen sein, sondern es war nur ein gewaltiges Stimmungstief.

Vielfach habe ich diese Wortspiele bei Peter erlebt.

Mir ging es miserabel schlecht. Peter besprach mit mir das Ereignis, und dadurch wurden meine Gedanken abgebremst, ich erhielt eine neue Sichtweise, an die sich wie von selbst andere, bessere, wohltuende Gefühle anhängten. Sofort ging es mir seelisch und auch körperlich besser. Für mich ist dadurch eindeutig bewiesen: Ändere ich Informationen, ändert sich das Gefühl und damit die Wahrheit.

Deshalb kann, auch für mich, das Gefühl nicht krank werden. Es wird nur die Seele krank und darin wieder nur das Bewußtsein.

Nochmals: Eine seelische Krankheit ist nicht gleichbedeutend mit einer Seelenkrankheit.

Bei der Seele werden nur das TB und/oder das UB krank.

Liebe Leser, lassen Sie mich jetzt bitte erst einmal etwas zur Hörigkeit sagen.

Im Laufe des Textes bespreche ich auch Folgeerkrankungen durch Alkohol- oder Drogenmißbrauch.

Außerdem folgt etwas über die Vernunft, so wie es mir in Erinnerung ist.

Weitere Themen werden folgen:

Warum leiden wir Menschen so gerne?

Der Gerechtigkeitssinn!

Was ist die Wahrheit?

Wie lerne ich Doppelworte besser zu verstehen?

Gibt es Zusammenhänge zwischen den verschiedenen Völkern......?

Neigungen zu - Neigungen gegen!
Die sechs Einsichten ausführlich beschrieben und vieles mehr.

Hörigkeiten = Abhängigkeiten = Süchte !
Hörigkeiten begleiten unser Leben - sind für uns Menschen völlig normal.
Suchtkrankenverhalten, Übertreibungen, sich nicht begnügen können oder wollen, sich berauschen, ist uns Menschen angeboren.
Wenn ich das Suchtkrankenverhalten als normal ansehe und mich somit in der Norm = normal verhalte, also etwas normal betreibe, damit aber mein persönliches Normalmaß überschreite oder unterschreite, und das sogar über einen kürzeren oder längeren Zeitraum, habe ich "gute" Chancen, krank davon zu werden. Ein Viel-zu-wenig ist auch eine Übertreibung! Ein Viel-zu-viel-zu-wenig ist eine starke Übertreibung, weil stark untertrieben wurde.

Was ist die eigene Hörigkeit ?
1.) Die Liebe und Anerkennung - übertrieben und falsch eingesetzt, also zuviel durch andere, über andere oder eine Sache gelebt zu haben sowie
2.) sich dabei selbst vernachlässigt oder geschädigt zu haben.
Beides gehört unmittelbar zusammen, sonst ist es keine Krankheit.
Weitere Bezeichnungen für Hörigkeiten
Es ist eine Suchtkrankheit oder zuerst suchtkrankes Verhalten. Wer sich nur Anerkennung und Liebe über andere besorgt, ist krank. Weil er sich zusätzlich vernachlässigt und dies erst sehr spät bemerkt wird. Er vernachlässigt seine Harmonie und Geborgenheit, somit verwirklicht er sich falsch.
"Es schleicht sich langsam ein."
Wer sich nicht selbst seine seelischen Grundbedürfnisse erfüllen kann, ist suchtkrank. Wie ich sage: Er hat seine eigene Hörigkeit.

Merkmale
bei Menschen, die sich hörig verhalten, die suchtkrank sind oder die sonst eine Krankheit haben, die von der Seele ausgelöst wurde. Wir müssen dabei berücksichtigen, daß sich diese kranken Menschen meistens in einem Ausnahmezustand befinden.
Ich fange mit der Hörigkeit an.
"Bei einer Hörigkeit hat jeder Mensch":
1.) einen großen Fehlbedarf seiner richtigen Anerkennung.
2.) einen großen Fehlbedarf seiner richtigen Liebe.
3.) einen riesengroßen Fehlbedarf seiner richtigen Harmonie.
4.) einen riesengroßen Fehlbedarf seiner richtigen Geborgenheit.
5.) Seine Selbstverwirklichung macht er überzogen und völlig falsch.
Somit hat er eindeutig einen großen Fehlbedarf im seelisch-geistigen Bereich.
6.) Die Goldwaage, unsere innerste Feinstwaage, ist nicht mehr richtig geeicht, sie geht falsch, deshalb wird mit ihr falsch abgewogen und bewertet.

7.) Das Bewertungssystem der Seele ist somit falsch, also müssen zwangsläufig falsche Taten begangen werden, also eine falsche Selbstverwirklichung.

8.) Das Mittelpunktsdenken ist weit überzogen und somit auch falsch.

9.) Die Wertschätzung zu allen inneren und äußeren Werten ist stark übertrieben oder untertrieben und somit auch falsch.

10.) Die Beziehungskunde=Kontaktkunde kann nicht richtig verwirklicht werden. Ursache aller Suchtkrankheiten!

11.) Verständigungsschwierigkeiten sind mit Sicherheit überall vorhanden.

12.) Der innere und äußere Druck ist nicht mehr auszuhalten. Erleichterungen über Ersatzhandlungen sind die Folge.

Sie sind auch als Protesthaltungen und als Protesthandlungen anzusehen.

Eine weitere Folgeerscheinung!

13.) Über das Suchtmittel verliert der Betreiber als Anwender die Kontrolle.

14.) Das Freudenkonto ist leer.

15.) Das geistige Alter nimmt ab.

Merke: Sich durch andere oder eine Sache Liebe oder Anerkennung zu verschaffen, und zwar auf ihre Kosten und sich dabei selbst vernachlässigen, heißt Hörigkeit = Krankheit = Suchtkrankheit.

Das heißt gleichzeitig auf Dauer eine kleine oder große, immer vorhandene Unzufriedenheit. Eine Unzufriedenheit ist deshalb die Folge, weil man sich vernachlässigt, aber auch deshalb, weil man sich nur selbst die richtige Liebe und Anerkennung geben kann. Trotz großer und vieler Anstrengungen ist diese Unzufriedenheit nicht zu beseitigen

Verschaffen wir uns Freude auf Kosten anderer, heißt das: Es kostet andere Menschen meistens ein wenig "Ehre, Würde, Ansehen oder Niveau", auch wenn sie es nicht immer bemerken.

Deshalb sollte jeder Mensch lernen, sich seine seelischen Bedürfnisse durch sich selbst zu erfüllen.

Nur wir selbst können uns diese GB als Bedürfnisse richtig erfüllen.

"Liebe deinen Nächsten wie dich selbst" ist ein Bibelwort.

Es besagt aber auch, daß wir uns zuerst selbst liebhaben sollten.

Denn nur wer etwas hat, der kann etwas geben.

So kann ich mich minutenlang - stundenlang - tagelang - wochenlang oder jahrzehntelang krankhaft verhalten. Die Seele und der Körper sind bei diesem krankhaften Verhalten kurzfristig krank. Verhalte ich mich, wenn auch nur zeitweise, wie ein Suchtkranker, habe ich die Möglichkeit, davon chronisch, d.h. dauerhaft krank zu werden. Diese Krankheit ist eine SK, mit der ich auch meine Umwelt schule.

Deshalb ist sie aber auch mit den Grundlagen zu einer SK gut zu therapieren.

Spaß haben, ist oft, sich Freude zu verschaffen auf Kosten anderer.

Dieses ist in unserer Gesellschaft normal. Aus normalem Verhalten kann eine SK werden. Somit ist Spaß zu haben eine landesübliche und allgemeingültige Hörigkeit.

(Hörigkeitsverhalten, später eventuell Krankheit).

Eine nochmalige Erklärung für Spaß haben:

1.) Spaß auf Kosten anderer zu haben, seien es Menschen, Tiere, Pflanzen oder Drogen, ist auch eine übertriebene Sammelleidenschaft.

Peter sagte dazu:

Ich freue mich über andere Menschen, Tiere, Pflanzen, Drogen usw., aber nicht ausschließlich auf ihre Kosten. Ich mache über andere keinen Spaß.

Alles versuche ich ehrlich = ernsthaft zu betrachten und zu behandeln, deshalb ist es auch kein Sk-Verhalten.

Deshalb kann ich auch ernsthaft = ehrlich über Witze lachen.

Leider muß ich an dieser Stelle einsehen, daß es auch ein wenig Spaß, also Freude auf Kosten anderer ist. Es ist aber noch kein suchtkrankes Verhalten.

Alles, was ich schön finde, erfreut mich. So ist Spaß auch ein anderer Ausdruck für Freude.

So ist dieser Spaß aber auch immer Freude durch etwas anderes.

Ich freue mich auf anderer Kosten, auch wenn sie es nicht bemerken.

Ich kann mich aber auch ehrlich über mich freuen, dann ist es kein Spaß, sondern eine ernsthafte, ehrliche Freude, die ich mir verdient habe und die ich mir leisten kann.

2.) Hörigkeit von anderen Menschen, Tieren, Pflanzen, Drogen usw. Ich kann Freude an irgendetwas haben oder durch mich selbst bekommen. Ich kann mir diesen Spaß oder diese Freude mal erlauben. Ich freue mich über andere Menschen, Tiere, Pflanzen usw., übertreibe ich aber diese Freude und vernachlässige ich mich dabei, ist es wiederum Hörigkeit.

Sie sehen also, es liegt so dicht beieinander, daß ich sage, aus einer Normalität kann durch Über- oder Untertreibung eine Krankheit entstehen.

Diese Komponente heißt also wiederum Hörigkeit = Suchtkrankheit.

So gibt es im Freuden- und Angstbereich immer noch Steigerungsmöglichkeiten.

Die Steigerung zu Punkt 2 heißt: Ich begnüge mich nicht mit weniger, sondern ich will immer mehr und mehr, d. h. ich konsumiere, ohne zu genießen.

Das Vernachlässigen der eigenen Person unterliegt auch einer Steigerung und kann nochmals, also immer weiter gesteigert werden bis hin zur Selbstaufgabe.

Ich nehme nicht mehr richtig am Leben teil, sondern vegetiere dahin oder bringe mich sogar um. So sind Flucht- oder Selbstmordgedanken normal.

Hörigkeitskranke sind selbstmordgefährdet, weil sie sich nicht richtig verständlich machen können, weil sie nichts Ordentliches vorzuweisen haben, was auch von Ärzten anerkannt würde. Die Unordnung in ihnen und um sie herum ist so groß, daß sie die Orientierung für sich verlieren.

Sie fühlen sich entwurzelt, heimatlos, haltlos und nicht mehr glaubwürdig.

Ebenso ergeht es leider vielen Angehörigen. Auch sie werden krank. Auch sie haben zuerst nur ihr seelisches Leid zu beklagen. Aber wer hört ihnen schon richtig zu?

Auf Kosten anderer heißt auch noch, eventuell kostet es sie einen Teil ihrer Persönlichkeit, weil diese geschmälert wird, manchmal auch ohne daß der andere es bemerkt. Ein Witz auf Kosten anderer wird oft nicht von demjenigen bemerkt. Manchmal wird es bemerkt, aber es wird wenig dagegen getan.

Weil es nicht richtig gedeutet wird: also wiederum Verständigungsschwierigkeiten.

Wer ist schon so mutig und sagt, mach dich nicht über mich lustig oder sprich meinen Namen richtig aus und verwende keine Kürzel als Spitznamen. Manchmal lohnt es sich auch nicht, etwas zu sagen, weil ich ja auch Witze auf Kosten anderer mache und mich darüber freue, also meinen "Spaß" habe.

Drogen können sich nicht wehren, deshalb werden Drogen auch eingesetzt, um das "Spaßhaben zu können" noch zu steigern. Alle Drogen machen mutig, aber auch leichtsinnig. Alle Drogen sind Grundstimmungsverstärker.

Witze sind fast immer ein Spaß auf Kosten anderer.

Es kostet andere immer ein wenig Ehre, Ansehen, Würde oder Niveau. Ich sage es noch einmal, auch wenn Sie es als unnötige Wiederholung ansehen. Ich halte es aber für sehr entscheidend.

Einen guten Film zu sehen, der mir Freude bereitet, heißt Spaß auf Kosten anderer zu haben, es bedeutet aber auch gleichzeitig Scheinwelt.

Diese Scheinwelt haben wir gerne, ja wir haben sie sogar lieb.

Wenn keine Liebe dabei wäre, würden wir wahrscheinlich auf manche Scheinwelt verzichten und uns der Realität zuwenden.

Viele Menschen sagen, daß die Realität zu trocken, zu nüchtern, zu einfach, zu real oder zu grausam ist. Deshalb flüchten sie auch so gerne in eine Scheinwelt. Also ist das Flüchten-wollen eine allgemeingültige, natürliche und altbekannte Erscheinung in einer der vielen Scheinwelten.

Es liegt an uns selbst, unsere Realität freundlicher zu gestalten oder sie freundlicher zu sehen. Lebe ich bewußt, so erlebe ich auch die Schönheiten dieser Welt. Das bewußte Leben hat den Vorteil, aber oft auch den Nachteil, daß ich alles bewußt erlebe.

Einen Film zu sehen, wo ich ängstlich mitzittere, heißt Angst zu haben auf Kosten anderer und bedeutet auch wiederum Scheinwelt.

Das gleiche kann mit einem Buch geschehen, welches mich erfreut oder traurig machen kann. Oder über die Musik, die mich erfreuen oder traurig machen kann. Oder über die Natur, wenn ich wachsam bin.

Somit ist ein Spaß eine natürliche Freude.

Beim Betrachten von etwas Schönem kostet es den, der betrachtet wird, das "Ansehen". Ich sehe dich an.

Naturkatastrophen machen fast alle Menschen, Tiere und Pflanzen traurig, und doch gehören sie zu unserer Realität. Aber es kommt darauf an, wie ich etwas bewerte. Ich glaube, daß es die Bewertung ist, die darüber bestimmt, ob es Realität oder Scheinwelt für mich ist. Genauso, wie jeder Mensch seine eigene Wahrheit zu ein- und derselben Sache hat.

Manch ein Waldbrand oder Steppenbrand hat auch seine guten Seiten. Sollten aber Menschen zu Schaden kommen, wollen wir diese Art der Traurigkeit nicht haben.

Viele Menschen begehen dann aus lauter Hilflosigkeit *Ersatzhandlungen*, die sie erfreuen oder die sie noch weiter traurig machen, also flüchten sie sich in eine für sie erträgliche Scheinwelt.

Erwähnen möchte ich nur, daß einige Menschen recht schadenfroh sind. Diese Schadenfreude ist auch ein Spaß auf Kosten anderer. Für den einen bittere Realität, für den anderen eine lustige Scheinwelt.

"Wer den Schaden hat, braucht für den Spott nicht zu sorgen."

Bin ich alleine und freue mich zu sehr, schlägt meine Freude um in Trauer, weil ich sie nicht teilen oder weil ich sie eventuell nicht aus- und festhalten kann, weil mein Freudenkonto soviel Freude nicht verträgt. Ist mein Freudenkonto aufgefüllt, habe ich trotzdem bei großer Freude das Gefühl, ich muß diesen Druck ablassen. Einen Freund anrufen oder mich körperlich betätigen.

Kann ich die Freude mit einem Freund teilen, kann ich sie auch genießen, weil ich mit Sicherheit von ihm Freude zurückbekomme. Kann ich keinen Freund erreichen, kann ich die Freude aufschreiben, und schon habe ich sie geteilt. Das gibt mir auch Sicherheiten und wiederum Freude.

Der Vorteil des Aufschreibens ist vielfach.

Ich kann es noch einmal lesen und mich wieder freuen, oder es gibt mir eine gewisse Sicherheit, daß die Einzelheiten des Erlebten nicht verlorengehen.

Das *"Nachfreuen"* ist genauso bedeutsam für uns wie die *"Vorfreude"*, nur erleben wir die Vorfreude intensiver, weil wir sie kennen und daran gewöhnt sind. Die Nachfreude wird zu selten praktiziert und ist leider in unserer Gesellschaft nicht üblich (Kosumgesellschaft).

Das Elt-Ich genießt und schweigt nach außen, läßt aber alle anderen Persönlichkeiten (Erw-Ich, Ki-Ich, Körper) und sogar das UB daran teilhaben. Somit ist das Elt-Ich familienfreundlich eingestellt und teilt gerne.

Das Ki-Ich will die Freuden für sich alleine haben.

Das Erw-Ich denkt und handelt mit wenig Gefühlsanteilen, aber auch für alle Beteiligten.

Deshalb sage ich, nur das Elt-Ich ist in der Lage, richtig zu genießen.

Oder Drogen, die mich in Freude oder Angst und Schrecken versetzen können. Die Droge, die erst Freund und später zum Feind wird.

Freund deshalb, weil die Droge hält, was sie verspricht, und ich sie deshalb lieb habe. Feind deshalb, weil die Droge zerstörerisch wirkt und mich keine richtige Realität mehr sehen läßt, mich nicht mehr aus der Scheinwelt entläßt. So verspürt es jedenfalls jeder Konsument irgendwann.

Dies ist Scheinwelt und leider auch bittere Realität für viele Konsumenten.

Diese Scheinwelt kann wiederum zuerst positiv sein, dann heißt es Freude oder Spaß auf Kosten anderer. In diesem Fall durch die Droge. Diese Scheinwelt kann und wird aber später negativ sein, dann heißt es leiden oder Angst zu haben durch andere, durch die Droge, aber immer mit einem Realitätsverlust als Begleiter.

Leider bemerkt der Konsument die negativen Erscheinungen viel zu spät.

Jeder Suchtkranke ist hörigkeitskrank. Jeder Suchtkranke ist "Spieler", der regelmäßig seine Einsätze bringt. Jeder Suchtkranke ist Verlierer, weil er seine Einsätze fast immer wieder verliert. Das ist mir jetzt überdeutlich klar geworden.

Jeder, der Gewinner werden möchte, muß seine Suchtkrankheiten zum Stillstand bringen und sein Leben ändern und anders gestalten. Seine Scheinwelten minimieren und so wenig wie möglich über andere oder durch andere und eine Sache leben und sich nicht mehr in seinen Bedürfnissen vernachlässigen.

Nur wir selbst können uns auch unsere seelischen Grundbedürfnisse richtig zu unserer Zufriedenheit erfüllen.

Auch das war eine von mir beabsichtigte, unbedingt notwendige Wiederholung.

Jetzt zu einer Aussage, die mir in diesem Zusammenhang zu denken gab, weil ich schon seit langer Zeit an meinem Verstand oder Geist zweifelte.

So wollte ich folgendes, logisch, einfach und für mich nachvollziehbar, von Peter wissen:

Was ist das Geistige, der Geist?

Ich zitiere Peter und eine weitere Erklärung dazu.

Der Geist, das Geistige, ist immer und ausschließlich das Zusammenspiel zwischen Seele und Körper. In diesem speziellen Fall das Zusammenspiel zwischen der Seele, dem TB - bewußt - und dem UB - unbewußt - und dem Gehirn des jeweiligen Lebewesens.

Eine zusätzliche Existenzform ist kaum vorstellbar, so daß ich sage: Das Geistige ist eine Fähigkeit wie die Intelligenz, und Fähigkeiten sind Eigenschaften.

Die Flexibilität zwischen diesen Beteiligten (Bewußtsein und Gehirn) ist die Intelligenz.

Die Gedächtnisse

Wir haben vier bzw. sechs Gedächtnisse.

Wenn ich sage vier Gedächtnisse, meine ich:

- Das TB hat ein Kurzzeitgedächtnis.
- Das UB hat ein Langzeitgedächtnis.
- Das Gehirn hat ein Kurzzeitgedächtnis.
- Das Gehirn hat ein Langzeitgedächtnis.

Teile ich die Gedächtnisse in sechs auf, so muß es dann heißen:

- Das TB als die drei Ich-Formen haben jeweils ein Kurzzeitgedächtnis.
- Das UB hat ein Langzeitgedächtnis.
- Das Gehirn hat ein Kurzzeitgedächtnis.

- Das Gehirn hat ein Langzeitgedächtnis.
Der Körper hat sonst kein Gedächtnis, aber "Baupläne", von denen ständig Kopien hergestellt werden.

Wie kommt es zur eigenen Hörigkeit?

Das TB oder das UB steuern und lenken den Körper über das Gehirn, ungesund oder schädigend, so daß es zu einer dauerhaften, chronischen, seelischen Krankheit, der Suchtkrankheit = Hörigkeit, kommen wird.

Behandele ich die Hörigkeit richtig, werden, wie nebenbei, alle anderen SK gleich mitbehandelt.

Die vielen körperlichen Krankheiten, die durch eine Suchtkrankheit möglich sind, erwähne ich an dieser Stelle nicht. Ich bin aber der Meinung, daß die meisten körperlichen Krankheiten mit der Seele als Katalysator zu tun haben.

Dazu gehören natürlich nicht die Erbkrankheiten.

Die Seele ist aber in den meisten Fällen für körperliche Krankheiten verantwortlich.

Das suchtkranke Verhalten oder die Suchtkrankheit selbst ist immer der Versuch, sich selbst zu helfen!

Da wir bei diesen Versuchen die Übersicht verlieren, was wirklich richtiger und gesünder für uns wäre, schließt sich der Kreislauf des suchtkranken Verhaltens. Eine manifeste Suchtkrankheit hat sich schleichend, von uns unbemerkt, ergeben. Wer sich also kurzfristig hörig, d.h. krank, verhält, weil es ihm ein Bedürfnis ist und er es als normal ansieht, hat über einen bestimmten, für ihn eigenen Zeitraum "gute" Aussichten, dauerhaft krank, d.h. suchtkrank, zu werden.

Somit hat sich eine manifeste Hörigkeit als Suchtkrankheit festgesetzt.

Die Disposition zu dieser Krankheit bricht leider schon im Kindheitsalter oder Jugendalter sehr häufig aus.

Erziehungsfehler und Verständigungsschwierigkeiten sind die Ursache dafür.

Eine Hörigkeit ist erst noch keine manifeste, chronische Krankheit, aber krankhaftes Verhalten. Krankhaftes Verhalten ist eine kurzfristige Krankheit, und kurzfristige Krankheiten können zu chronischen Erkrankungen führen, wenn sie nicht zum Stillstand gebracht werden.

Wenn wir sagen es verselbständigt sich etwas in mir, wer kann sich in mir verselbständigen?

Das Ki-Ich, das Elt-Ich, das Erw-Ich und das UB.

Das Gefühl und der Wille sowie die Aura können sich nicht verselbständigen, sie werden vom Bewußtsein durch das Bewertungssystem, den Gerechtigkeitssinn gesteuert. Ändert sich die Bewertung im Bewußtsein, ändert sich das Gefühl, der Wille, die Aura.

Es ändert sich aber auch die Wahrheit, weil sich die Bewertung geändert hat.

Der Körper wird in Mitleidenschaft gezogen, es treten Krankheiten auf, weil er Ausdrucksform der Seele ist. Er neigt durch Schulung dazu, Suchtmittel stofflicher Art in seinen Nahrungskreislauf einzubauen, so daß ich beim Körper nicht von einer Verselbständigung, sondern von einer Schulung spreche. Die Ich-Form, die bei einer SK gerade im Chefsessel sitzt, kann die anderen Ich-Formen nicht beruhigen. Das UB arbeitet auch verstärkt emotional weiter. Deshalb haben wir manchmal das Gefühl, es verselbständigen sich meine Gefühle. Die einzelnen Ich-Formen lassen sich von ungeübten Menschen nicht so leicht auseinanderhalten, deshalb auch nciht die Gefühle.

Beispiele für positives, krankhaftes Verhalten oder Hörigkeitsverhalten:
Positiv deshalb, weil von der Gesellschaft anerkannt oder sogar honoriert.
1.) *Spitzensportler,* für Ruhm und Ehre geben sie ihr Leben oder kürzen es ab. Krankheiten oder Gebrechen sind ihre Begleiter. Manchmal wird auch vorzeitig ihre Karriere beendet.
2.) *Das extreme Sammeln von irgendetwas* = Sammel/leiden/schaft ist eine Übertreibung und führt nicht nur zur Freude, sondern hinterläßt auch Schäden, weil in anderen Bereichen ein Fehlbedarf entsteht. Sammler, die sich an ihren Sammlungen erfreuen und sich dabei nicht vernachlässigen, sind von leidenschaftlichen Sammlern zu unterscheiden. Sie sind nicht krank.
Zwanghaftes=Abhängigkeits = süchtiges = Hörigkeitsverhalten ist in unserer Gesellschaft vollkommen normal. Es ist zwar gleichzeitig eine Über- oder Untertreibung, somit auch eine kurzfristige Krankheit. Es kann aber sehr leicht zur chronischen Krankheit werden.
Über einen kürzeren oder längeren Zeitraum verhalten wir Menschen uns regelmäßig uns selbst gegenüber vernachlässigend.
Vor allen Dingen immer dann, wenn wir etwas leidenschaftlich gerne betreiben. Z.B. übertriebene Hobbys, irgendeine übertriebene Sportart oder eine Sammelleidenschaft, einen 16-Stunden Tag im Berufsleben oder eine übertriebene Tierliebe, womöglich sich in einer Wohnung einen Privatzoo mit 39 Katzen und zwei Hunden zu halten, ohne die tiergerechte Haltung zu berücksichtigen.
Alle unsere Spitzensportler verhalten sich suchtkrank, weil sie meistens ihre *Sportart* übertreiben. Sie müssen deshalb nicht chronisch krank sein, haben aber große Chancen, es zu werden. Wer an der Spitze unserer Gesellschaft stehen will, muß viel leisten. Aber über die Behandlungsbedürftigkeit entscheidet er selbst.
"Leisten für Ruhm und Ehre, wer gibt da nicht gerne sein Leben oder seine Gesundheit?!"
Wer sich über einen kürzeren oder längeren Zeitraum suchtkrank verhält, hat große Chancen, davon auch tatsächlich krank zu werden, selbst Spitzensportler. Auch ich, der Patient " C ", habe meine Liebe und Anerkennung wie ein Suchtmittel jahrelang übertrieben eingesetzt. Ich habe mich schwerst geschädigt, das wurde mir in meiner Therapie und über ein großes Krankheitsgefühl klar. Eindeutig wurde aber auch klar, daß ich keine Schuld daran getragen habe. Es hat sich bei mir schleichend ergeben, weil ich dachte, daß ich mich wie jeder Liebende verhalte. So wie viele Menschen wollte auch ich nur frei leben. Daß ich durch

mein Verhalten immer unfreier wurde, ist mir erst durch ein, mich fast umbringendes Krankheitsgefühl bewußt geworden. *Die Selbstmordgedanken häuften sich.*
Gott sei es gedankt, erinnerte ich mich an Peter in Hannover.
Heute, wenn ich darüber nachdenke, schleichen sich folgende Gedanken ein: Ich habe mich krankhaft verhalten, weil ich meine Erziehung nicht richtig gedeutet habe. Daraus resultieren mit Sicherheit Protesthaltungen oder eine falsche Selbstverwirklichung meiner körperlichen und seelisch-geistigen Grundbedürfnisse.
Wenn ich den Eindruck habe, durch mein krankhaftes Verhalten an der Schwelle der Krankheit "Sucht" gestanden zu haben, muß ich das Richtige für mich tun. Und erst recht dann, wenn mir eindeutig bewiesen wird, daß ich krank bin.
Die richtige Therapie dafür ist:
- Eine Suchttherapie.
- Meine Erziehung zu korrigieren.
- Welche Informationen haben in meiner Erziehung gefehlt oder waren falsch?
- Meine Selbstverwirklichung muß ich korrigieren, aber dazu muß ich auch lernen, mich neu zu orientieren.
Dazu brauchte ich Hilfe von außen, die ich auch bekam.
Um die Gesundheit für mich zu erreichen, erhielt ich einen Auftrag, den Auftrag, den Peter mir in meiner Therapie mitgegeben hat:
1.) Meine Persönlichkeitsarbeit richtig zu betreiben, zu ordnen und neu zu gestalten.
2.) Die richtige Beziehungskunde = Kontaktkunde zu erlernen.
3.) Mich in meiner Lebensschule richtig zurechtzufinden.
Wenn ich meine Überlegungen festhalte, gehen sie nicht verloren und dienen mir zur besseren Orientierung. Somit werde ich immer weniger orientierungslos sein. Deshalb habe ich mir angewöhnt, erst einmal fast alles aufzuschreiben, was mir bedeutsam erschien. Feststellen konnte ich dabei, daß ich mich besser orientieren und konzentrieren kann. So verliere ich mich nicht in Details und verworrenen Gedankengängen, werde damit auch mein eigener Energiesparer.
Eine Hörigkeit ist immer eine devote = unehrliche Haltung.
Diese Haltung muß nach außen hin nicht immer unbedingt sichtbar sein, aber der hörige Mensch fühlt sich in jedem Falle devot. Er setzt seine Liebe und Anerkennung falsch ein und vernachlässigt sich und seine Bedürfnisse mehr und mehr, bis er sich ganz verloren hat und sich als wertloser und ehrloser Mensch fühlt, der sich weit unter dem eigenen Niveau empfindet und keine gültigen Werte mehr hat. Es darf aber keiner merken, deshalb wird er zum Schauspielern gezwungen.
Die Krankheit bestimmt die eigene Lebensweise und nicht mehr ich selbst.
Der Sk lebt meistens über oder durch andere Menschen. Er hat auch verlernt, durch sich selbst zufrieden zu werden.
Devot heißt unterwürfig, sich selbst zurücknehmen, sich selbst vernachlässigen, und dies alles entgegen der eigenen Überzeugung, also mit Zwang.

Somit ist eine devote Haltung: unehrlich und zwanghaft sein Haupt zu beugen. Da das gesteigerte Bedürfnis eines Hörigen/Suchtkranken nach Liebe und Anerkennung nicht in dem *von ihm geforderten Maß* erfüllt wird, muß er sich zwangsläufig selbst zurücknehmen und vernachlässigen. Er nimmt eine devote Haltung ein, um sich zumindest doch noch ein klein wenig wohl zu fühlen. Das heißt, er macht sich selbst zum Verlierer, so daß der andere Mensch oder ein Suchtmittel in jedem Falle der Gewinner ist. Er selbst sieht das in seinem Suchtkrankenverhalten nicht so. Er sieht auch nicht, daß er sich in einer/seiner Scheinwelt befindet und sich sein Suchtkrankenkarussell immer schneller dreht.

Er selbst fühlt sich in dieser devoten Haltung schon lange nicht mehr wohl. Er muß sie aber einnehmen, um in seiner gesteigerten Suche nach Liebe und Anerkennung, die er nicht zu bekommen meint, nicht ganz hilflos dazustehen. Bekommt er Anerkennung und Liebe, wertet er sie ab oder weist sie sogar zurück, weil sein Freudenkonto leer ist. Bekannte Schauspieler werden wegen großer Ehrbezeugungen, die ihnen entgegengebracht werden, sofort wieder rückfällig, weil das Freudenkonto leer ist und sie den entstehenden Druck nicht aushalten können. Also müssen sie Ersatzhandlungen begehen, sich weh tun, um sich ein wenig zu erleichtern. Suchtkranke sind die einsamsten Menschen dieser Welt. Wenn jemand meint, er könne in einer bestimmten Situation nichts tun, fühlt er sich hilflos und unzufrieden. Um nicht in dieser Hilflosigkeit zu verweilen, tut er oft Dinge, die ihm nicht gefallen, aber er hat wenigstens das Gefühl, überhaupt irgendetwas getan zu haben.

Bei dem einseitigen, übermäßigen Bestreben, Liebe und Anerkennung zu bekommen, bleibt die unbedingt benötigte Harmonie und Geborgenheit auf der Strecke. Er fühlt sich ehrlos und heimatlos.

Wenn ich die falsche Anerkennung bekomme, ist die Liebe, die mir entgegengebracht wird, sicherlich auch nicht richtig, weil das Wertschätzungssystem, die "Goldwaage", falsch geeicht ist.

Was entsteht dadurch? Unzufriedenheit!

"Ich bin unzufrieden, weil all meine seelisch-geistigen Grundbedürfnisse nicht in einem ausgewogenem Maß erfüllt werden." Daß ich das nur selbst richtig kann, muß erlernt werden.

Im Leben eines Menschen liegen "Interesse" und Hörigkeit dicht beieinander.

Die Lebenserwartung sinkt bei hörigem Verhalten.

Die Lebensqualität nimmt ab, weil Kräfte vergeudet werden.

Selbstmordgedanken schleichen sich ein.

Eine Protesthaltung ist die Folge.

Durch eine Protesthaltung oder Protesthandlung ändert sich:

Die Wertschätzung, die Moral = Ehre oder das Niveau.

Es ändert sich auch die Wahrheit, weil sich die Gefühle, nach Bewertung, ändern.

Somit entsteht eine Scheinwelt, die der Kranke als seine Wirklichkeit, als seine Realität betrachtet und erlebt. Diese Realität verteidigt er mit allen Mitteln, denn er fühlt sich im Recht. "Ändern sich die anderen, dann ändere ich mich auch."
Wie heißen die Werte, die für uns Menschen die größte Bedeutung haben?
Die ideelen Werte.
Die Wahrheit besteht immer aus einer Tatsache und einer Sichtweise.
Ändere ich an der Wahrheit die Sichtweise, ändert sich:
Die Wahrheit,
die Wertschätzung,
der Wert,
die Bedeutung,
die Auswirkungen,
die Vorstellungen,
die Planungen,
die Entscheidungen,
die Taten,
die Erkenntnisse,
die Gefühle.
Ändere ich die Sichtweise bei mir, ändern sich die Gefühle. Ändere ich in meiner Therapie meine Sichtweisen, ändern sich mit Sicherheit meine Gefühle und mein Leben. Es ändert sich die Sehnsucht nach richtiger, ehrlicher Liebe.
Es ändert oder verwandelt sich die eigene Hörigkeit in ein richiges Interesse am Leben.
Ein normales Leben kann beginnen.
Das Anlehnungsbedürfnis ändert sich, er wird innerlich stärker.
Diesem Anlehnungsbedürfnis wird nicht mehr so wie früher um jeden Preis nachgegeben, man wird nicht mehr erpreßbar.
Sehnsucht nach Liebe ,
     ist ein
Verlangen nach Liebe,
     ist ein
Fehlbedarf an Liebe,
     ist ein
Mangel an Befriedigung der seelischen Grundbedürfnisse
und führt bei längerem Ausbleiben zu Störungen.
Störungen der Seele und des Körpers führen zu
Krankheiten der Seele und des Körpers. Somit werden aus Störungen von Körper und Seele, wenn sie länger anhalten, Krankheiten.
Krank vor lauter Sehnsucht
     nach Liebe,
     nach Anerkennung,
     nach Geborgenheit,
     nach Harmonie und

richtiger Selbstverwirklichung.

Alle Grundbedürfnisse, körperlicher oder seelischer Art gehören zu den Selbstverständlichkeiten des Lebens. Wir werden mit ihnen geboren und müssen sie wie unter einem Zwang regelmäßig in kürzeren oder längeren Abständen wiederholen. Leider wird bei der Erziehung zu wenig auf diese Selbstverständlichkeiten, die jeder kennen müßte, eingegangen. Die Eltern verlassen sich auf die Lehrer, die Lehrer verlassen sich auf die Eltern.

Die Sehnsucht nach Liebe oder Anerkennung ist somit völlig normal, nichts Besonderes und schon gar keine Krankheit.

Eine falsche Selbstverwirklichung über einen längeren Zeitraum macht Seele und Körper krank.

Diese Krankheit heißt Hörigkeit, und Hörigkeit ist eine Suchtkrankheit.

Diese Aussage kann gar nicht oft genug erwähnt werden!

Fünf Fragen und Antworten zur Hörigkeit:

Was ist Hörigkeit?

Es ist eine Suchtkrankheit.

Wodurch entsteht Hörigkeit?

Durch alle Ursachen der Suchtkrankheit (Verständnisschwierigkeiten, sich nicht aushalten können).

Wie wirkt sich Hörigkeit aus?

Die Seele und der Körper werden soweit geschädigt, bis der Betroffene frühzeitig stirbt. Oder die Umwelt, die Menschen werden soweit geschädigt, bis sie loslassen. Der volkswirtschaftliche Schaden ist vielfach enorm.

Wie stoppe ich Hörigkeit?

Genauso wie eine Suchtkrankheit durch das Erw-Ich zum Stillstand gebracht werden kann, ist es mit einer Hörigkeit möglich.

Wie verhindere ich Hörigkeit?

Durch ein bewußtes Leben, das verstehend geführt wird; mit der richtigen Beziehungskunde in meiner Lebensschule, die schon im Kindesalter anfängt.

Ein Mensch, der einer Hörigkeit nachgeht, also suchtkrank ist, hat Fehlbedarf in seelisch-geistigen Grundbedürfnissen. Ihm fehlen mit Sicherheit die richtige:

Anerkennung,

Liebe,

Harmonie und

Geborgenheit.

Er verwirklicht sich mit Sicherheit falsch.

Dieser Mensch ist durch den Fehlbedarf an richtiger Liebe und Anerkennung krank geworden, dadurch ist er unharmonisch und versucht, dies über ein gesteigertes Suchtkrankenverhalten auszugleichen. Leider macht er das um jeden Preis. Dazu müssen nicht immer Alkohol, Drogen, Medikamente eingesetzt werden. Es ist eine Spielsucht, ein Spaß, d.h. Freude bereiten auf Kosten anderer. Es ist auch eine Beziehungssuchtkrankheit. Dieser Mensch kann nicht ohne Hilfe von außen erwachsen und zufrieden werden.

Die eigene Hörigkeit ist keine manifeste Krankheit. Eine kurzfristige Krankheit, für Stunden oder Tage, ist auch eine Krankheit, aber kann auch leicht zur chronischen Krankheit werden.
Der positive Ausgangspunkt für Hörigkeit heißt Interesse.
Ich habe etwas gern, ich habe etwas lieb, es interessiert mich. Ich setze mich dafür ein, ohne mich oder meine Familie zu vernachlässigen. Wer sein Interesse, seine Liebe zu irgendetwas nach seinem persönlichen Normalmaß übertreibt und sich dabei vernachlässigt, verhält sich" hörig", somit auch suchtkrank.
Er bezeichnet es meistens als Interesse. Oder er gibt zu, offene Fragen zu haben, aber keiner hilft ihm dabei, sie zuende zu denken.

Der Hörige fragt sich:
Warum kann ich in meinem Leben so wenig genießen?
Warum kann ich mich nicht begnügen; hier, da und dort?
Warum habe ich das Gefühl oder den Eindruck, das Leben rauscht an mir vorbei, ohne daß ich richtig daran teilnehme?
Wie kann ich mein Leben zum Positiven ändern?
Wie kann ich mich ändern?
Wie kann ich meine Umwelt ändern?
Wann muß ich etwas ändern?
Warum muß ich eigentlich etwas ändern?
Warum ändern sich nicht die anderen?
Von wem bekomme ich das Wissen darüber, was ich zu ändern habe?
Die Antworten dazu findet der Leser, in "Goldwaage I und II".
Die Lektüre wird durch persönliche Beratung und Therapie ergänzt.
Eine Suchtkrankheit verstehen zu lernen, sie zum Stillstand zu bringen, sie therapieren zu können, ist nicht schwer, nur komplex und langwierig.
Diejenigen, die heute für diese Krankheit bezahlen müssen, gehen genauso von falschen Voraussetzungen aus, wie viele Angehörige.

Fehlkonstruktion Mensch ! ? Positive Betrachtungsweisen:
Unser TB kann nicht alle Informationen des UB lesen. Wenn ich mir vorstelle, die vielen schweren Erlebnisse meiner Vergangenheit noch einmal zu erleben, stehe ich vor einer schweren Entscheidung.
Es erheben sich die Fragen:
Wie habe ich die Belastungen meiner Vergangenheit schaffen können?
Wie habe ich das zeitlich alles schaffen können?
Wie habe ich das kräftemäßig alles geschafft?
Wie hat mein Körper diese enormen Belastungen verkraften können?
Wie und wodurch habe ich diese Torturen oder Eskapaden überlebt?
Unter der Last dieser Gedanken sich die Frage zu stellen, das alles nochmal machen zu wollen oder zu müssen, fällt die Antwort sicherlich leicht. NEIN !

Deshalb bin ich froh, daß ich diese Fehlkonstruktion Mensch bin, der nicht in die Zukunft sehen kann, welche Erlebnisse und Belastungen noch auf mich warten.
Deshalb bin ich froh, mein geschriebenes Lebensbuch nicht zu kennen.
Deshalb bin ich froh, mich im letzten Jahr bemüht zu haben, mein Lebensbuch ein wenig umzuschreiben, um doch noch zufrieden zu werden.
Deshalb bin ich froh, meine Suchtkrankheit zum Stillstand gebracht zu haben.
Bei der Betrachtungsweise der Einzelteile in meiner Therapie stelle ich überrascht fest, daß alles miteinander unzertrennbar verbunden ist und in einer Ausgewogenheit vorhanden sein muß, um zufrieden zu werden.
Diese Feststellung machte bisher jeder Patient zu irgendeinem Zeitpunkt.

Habe ich eine richtige Anspruchshaltung, denke ich richtig und vernünftig.
Eine Anspruchshaltung ist:
Ein Anspruch oder eine Forderung.
Ansprüche sind einklagbar.
Ein Anspruch an mich selbst ist bei mir einklagbar.
Die Anspruchshaltung ist auch ein Bewertungssystem.
Sie ist auch eine Orientierungshilfe für eine gesunde Zielsetzung.
Sie ist auch eine Haltung des Anspruchs, auf das ich ein Recht habe.
Diese Rechte kann ich aber nur bei mir einklagen und nicht bei anderen.
Eine Anspruchshaltung im Geschäftsleben kann ich bei anderen einklagen.

Wofür brauche ich ein richtiges Bewertungssystem?
Um mir Grundsätze zu schaffen.
Um einen Wert meiner Goldwaage, meines Lebens, feststellen zu können.
Um Anhaltspunkte zu haben, damit ich nicht orientierungslos bin.
Um eine eventuell vorliegende Hörigkeit oder Suchtkrankheit zum Stillstand zu bringen.
Um mit Seele und Körper zufrieden zu sein.
Um doch noch das Beste aus meinem Leben zu machen.
Um am Ende meines Lebens bewerten zu können:
"Dieses Leben hat sich gelohnt."

Was ist Hörigkeit?
Begriffsdefinitionen aus dem Lexikon zur Hörigkeit:
(Quelle: Großes Handlexikon in Farbe; Lexikon-Institut Bertelsmann)
Hörigkeit:
1. die innere Abhängigkeit eines Menschen vom Willen eines anderen, die ein freies Handeln nicht mehr zuläßt, usw.
Umgangssprachlich ist diese Aussage richtig; sachlich und umfangreich betrachtet, ist es unvollständig bzw. falsch. Falsch deshalb, weil der Wille in uns von

allein nichts macht. Es wird auch der Eindruck erweckt, daß eine Abhängigkeit gleich Krankheit sei.

(Quelle: Roche Lexikon Medizin; Urban & Schwarzenberg)
Hörigkeit:
2. bis zur Selbstaufgabe übersteigertes menschliches Abhängigkeitsverhältnis; z.B. als sexuelle Hörigkeit gegenüber dem Geschlechtspartner (Bondage).
Sachlich ist dies sicherlich auch richtig, bringt man aber Abhängigkeit mit Sucht oder Hörigkeit als normales, alltägliches Verhalten in Verbindung, ist es falsch.

Es darf nur eine eindeutige Sprache für kranke oder gesunde Menschen geben, damit sie sich auch wirklich verstehen und selbst helfen können. Ein Lexikon sollte sich verständlich - verstehend und nach den neuesten Erkenntnissen ausdrücken. Bei mir haben diese falschen Informationen zur Verlängerung meiner Suchtkrankheit beigetragen, weil ich dachte, daß ich nicht dazu gehöre, aber ich gehörte dazu. *Ich habe es nur nicht gewußt!*
Deshalb konnte ich auch nicht das Richtige für mich erreichen. Somit konnte ich auch keine richtige Auskunft über mich geben. Deshalb hat mich auch kein Freund oder meine Familie richtig verstanden.
Somit hatte ich eindeutig Verständigungsschwierigkeiten:
Als höriger Mensch habe ich mich eindeutig vernachlässigt.
Was ist für mich heute vernünftiger geworden?
Wie vernachlässige ich mich jetzt nicht mehr?
Wie über- oder untertreibe ich jetzt nicht mehr?
Welche Gesetzmäßigkeiten kann ich jetzt dafür anwenden?
Was bezeichne ich jetzt als Vernunft?
Wie kann ich im Alltag oder Beruf jetzt vernünftig sein, ohne daß ich andere schädige?
Welche Wahrheiten prägen jetzt mein Leben?

Die Vernunft
Alles was für mich richtig, vernünftig und gesund ist, bestimmen mein Mittelpunktsdenken, mein Gerechtigkeitssinn, mein Bewertungssystem und mein Wertschätzungssystem, also meine neu geeichte "Goldwaage".
Vernunft hat auch immer mit einem Vorteil für mich zu tun. Wenn es für mich gesund und von Vorteil ist, kann es auch für andere ein Vorteil sein. Es löst bei mir und bei ihnen meistens Freude aus.
Was ist meine Vernunft, was ist für mich vernünftig ?
Was für mich richtig und gesund ist, ist auch vernünftig.
Was für mich eine richtige Denkungsweise ist, ist auch vernünftig.
Was für mich eine richtige Handlungsweise ist, ist auch vernünftig.
Was für mich gerecht ist, ist auch für mich vernünftig.

Was für mich von Vorteil ist, ist für mich vernünftig und *kann* für andere von Vorteil oder auch vernünftig sein, muß es aber nicht.

Die eigene Vernunft hat immer mit den eigenen Vorteilen zu tun, muß aber nicht für andere von Vorteil oder vernünftig sein.

Manchmal ist es ein Vorteil, nicht ganz die Wahrheit zu sagen. Will ich einen Freund schützen oder vor Schaden bewahren, muß ich bereit sein, die Unwahrheit zu sagen. Es ist eine Pflicht, aber auch mein Recht, für ihn zu lügen. Betrachte ich mich als meinen Freund, muß ich auch für mich manchmal lügen. (Notlügen, die Wahrheit verschweigen, sind auch Lügen).

Die Vernunft hat wenig oder gar nichts mit der Ehrlichkeit nach außen oder mit der äußeren Wahrheit zu tun. Sondern nur damit, was für einen Menschen richtig und gesund erscheint.

Mein Gerechtigkeitssinn bestimmt darüber, was für mich richtig, gesund und vernünftig ist. Vernunft ist somit die eigene Gerechtigkeit und das ausgewogene eigene Mittelpunktsdenken.

Hörigkeitsdenken ist falsches Mittelpunktsdenken.

Das Streben aller Menschen nach Vorteilen ist uns ein Grundbedürfnis, denn wir wollen nichts weiter als zufrieden werden. Um dies geregelt erreichen zu können, sind in den Erbanlagen des Körpers und der Seele Grundbedürfnisse fest verankert.

Jeder Mensch sollte sie kennen. Fast jeder Mensch kennt sie auch, kann sie aber meistens nicht richtig aufzählen oder benennen, wenn er danach gefragt wird.

Wie will ein Mensch richtig nach seiner Bedürfnisbefriedigung leben, wenn er diese Bedürfnisse nicht kennt?

Die Grundbedürfnisse gehören zu den Selbstverständlichkeiten des Lebens, die wir beherrschen müssen, wenn wir zufrieden werden wollen. Ich möchte endlich zufrieden werden, deshalb habe ich mich ausführlich mit den dementsprechenden Informationen vertraut gemacht.

Wovon bin ich, der Patient "C", abhängig? Was löst bei mir Zwang aus?

Meine Bedürfnisse!

Das Gegenteil von Abhängigkeit ist bekanntlich Unabhängigkeit.

Unabhängig bin ich aber keinesfalls. Meine seelischen und körperlichen Grundbedürfnisse muß ich regelmäßig erfüllen, sonst werde ich krank.

Zwang verspüre ich sofort dann, wenn ich keine Luft mehr bekomme. Es entsteht Luftnot, Atemnot, Sauerstoffmangel und Todesangst. Luftnot kann viele Ursachen haben.

Hält diese Luftnot an, entsteht eine Krankheit. Halte ich die Luft bewußt lange an, entsteht Luft- oder Atemnot. Keiner spricht dann von einer Krankheit, obwohl eine "zwanghafte Not" dem zugrundeliegt. Es ist nur eine kurzfristige Schädigung, wegen Sauerstoffmangel und der dadurch entstehenden Unterversorgung. Tieftaucher ohne Atemgerät schädigen sich mit Sicherheit, und ihr Tod kommt eher als vorbestimmt. Dieses Verhalten kann auch als Hörigkeit bezeichnet werden, und Hörigkeit ist eine Suchtkrankheit.

Zusammenfassend brachte ich, "der Hörige", folgende MERKMALE mit.
Zusammenfassend kann ich zu meiner Krankheit sagen, daß es keine andere Be-
zeichnung als die Bezeichnung "Suchtkrankheit" dafür gibt.
Ich hatte unerträgliche seelische und körperliche Schmerzen. Mein Körper zitter-
te, flatterte, hatte sich nach meinem Eindruck verselbständigt, so daß ich ihn
nicht mehr beruhigen konnte. Eindeutig hatte ich, schon seit langer Zeit,
Verständigungsschwierigkeiten.
Meinen inneren und äußeren Druck, den ich verspürte, konnte ich nicht mehr
aushalten. Ersatzhandlungen negativer Art mußte ich begehen, damit ein wenig
Erleichterung eintrat. So hatte ich wenigstens das Gefühl, mich wieder ertragen
zu können. Es wurde mir leichter ums Herz, und schon stürzte ich mich in eine
neue Liebesbeziehung.
Mein Suchtmittel, das ich bis zum Exzeß eingesetzt habe, war der Versuch, über
andere Menschen, durch andere Menschen zu leben. Ich wollte von ihnen Liebe
und Anerkennung haben. Diese Anerkennung und Liebe, wenn sie zurückkam,
konnte ich leider nicht aushalten und ertragen, deshalb wehrte ich sie ab. - *Welch
ein schizophrenes Verhalten!*
Aushalten konnte ich das Zurückkommende deshalb nicht, weil mein Freudenkonto schon seit meiner Kindheit völlig leer war. Ich habe es nicht gewußt, und
meine Eltern haben es auch nicht erkannt. Sie dachten, ich sei aus der Art geschlagen, und bezeichneten mich als "undankbar."
Dabei konnte ich nichts dafür. Sie haben es nicht verstanden, ich habe es nicht
verstanden. Somit herrschten in unserer Familie Verständigungsschwierigkeiten.
Ich hoffe, daß heute meinen Liebsten beim Lesen einiges klar wird.
Heute ist mir ganz klar, daß ich das mir lieb Entgegengebrachte wie mit einem
Spiegel zurückspiegelte und dies mit Verständnislosigkeit betrachtet wurde.
Daß dieses Verhalten die meisten Menschen nicht verstehen, ist mir heute klar.
Sie fühlten sich von mir geblendet, hintergangen, betrogen oder sie betrachteten
mich als undankbar, was ich wirklich nicht beabsichtigt habe. Heute könnte ich
ihnen erklären, daß mein Freudenkonto leer war, mein geistiges Alter durch mein
Suchtkranksein immer jünger geworden ist, aber heute ist es zu spät dafür, und
leider gibt es immer noch so viele nicht verstehen wollende Menschen. Dankbar
bin ich dafür, daß mich meine Freunde jetzt wieder richtig verstehen. Die Hoffnung habe ich, daß mich meine Eltern, nachdem sie über mich gelesen haben, ein
wenig besser verstehen.
Im Moment habe ich noch den Eindruck, daß sie meinen Weg mißbilligen, meine
Argumente für nicht richtig halten, mich als Außenseiter betrachten und mich als
mißratenen Sohn ansehen, der nichts weiter als träumen kann und ihnen immer
noch auf der Tasche liegt. Solange sie meinen, nur ein Professor kann mir helfen,
solange werden sie mich Dünkel behaftet ansehen, aber trotzdem hoffentlich
lieben.

Daß ich nicht in ihre Traditionen und Wertvorstellungen passe, tut mir weh. Aber sie leben ihr Leben, was ich heute verstehe, und ich lebe mein Leben.

Ich habe nach meinem Gerechtigkeitssinn ein starkes Bedürfnis, eigenständig erwachsen zu werden. Danke, daß mir meine Freunde dabei helfen.

Das richtige Ausgefülltsein, so daß mein geistiges Alter mit meinem biologischem Alter übereinstimmt, bedarf sicherlich noch einiger Übungszeit. Mein Therapeut schätzt diese Zeit auf drei bis fünf Jahre. Daß ich in den letzten Jahren meiner SK immer geistig jünger geworden bin, ist mir nicht aufgefallen. Eindeutig war nur für mich, daß ich für andere immer häufiger den Kasper oder Clown spielen mußte, wobei sie mich nicht mehr ernst nahmen. Auch das tat mir weh.

Meine wahren Gefühle verbarg ich hinter dieser Sk-Maske.

Wem konnte ich vertrauen?

Wer versteht mich noch?

Wer hat Verständnis für mich?

Wer ist noch mein Freund?

Wie schaffe ich meine Arbeit?

Geahnt habe ich meine Kindlichkeit, und Kinderarbeit ist verboten.

Wie gestalte ich meine Freizeit?

Wo ist mein Zuhause, meine Heimat?

Wem sollte ich diese Fragen stellen, ohne als dumm oder verblödet dazustehen? So drehte sich mein Suchtkrankenkarussell immer schneller. Bis mir schließlich nichts anderes übrig blieb, als mich an eine Frau zu hängen, die ich dachte vereinnahmen zu können, aber die mich auch tröstete. Dieses Spiel wiederholte sich mehrmals, bis ich meinte, die Liebe meines Lebens getroffen zu haben.

Somit heißt mein nicht stoffgebundenes Suchtmittel: Das übertriebene Bedürfnis nach Liebe und Anerkennung, mir über andere Menschen zu erfüllen. Daß ich mich dabei immer mehr vernachlässigte, wurde mir nicht bewußt.

Daß ich das geahnt habe und mich dafür schämte, möchte ich nur erwähnen.

In meiner Therapie wurde es mir sehr schmerzlich klar.

Im Moment bin ich noch ein Suchender, der nach jeder zufrieden machenden Möglichkeit greift. Jeder in ehrlicher Absicht gereichte Strohhalm ist mir recht.

Als ich mich vor einigen Monaten von einer lieben Bekannten trennte, sagte sie mir ehrlich, ohne mir wehtun zu wollen, ich sei für eine engere Beziehung noch nicht reif. Ich solle mich erst einmal richtig um mich selbst kümmern.

Ich sollte herausfinden, wer ich bin, wie ich bin, was ich bin und welche Bedürfnisse ich wirklich habe. Mehr als zehnmal haben wir uns getroffen und über alles Mögliche geredet. Sie hatte den Eindruck, daß ich jedesmal ein anderer Mensch war. Ein sicheres Zeichen für mich, wie tief verwurzelt meine Unsicherheit gegenüber der Liebe und Anerkennung noch ist und wieviele Masken ich wirklich hatte.

Lange Zeit fühlte ich mich innerlich und auch äußerlich verwahrlost, was ich zu kaschieren versuchte. Auch ein Suchender nach ehrlicher Hilfe bin ich noch.

Meine Krankheit habe ich heute weitgehend zum Stillstand gebracht. Daß ich mich auch heute noch manchmal in einer Scheinwelt befinde, wird mir schneller als früher bewußt. Aus dieser gedanklichen Scheinwelt muß ich nicht mehr nach außen reagieren und Dinge tun, die ich dann später wieder schmerzlich bereue. Hintertürchen, so wie ich von Peter weiß, werden sich mein ganzes Leben öffnen. Es ist meine Aufgabe, diese frühzeitig zu entdecken und kompromißlos zuzuschlagen. Mein Lügen und Mich-betrügen erübrigt sich, weil ich ehrlich mit mir umgehe und meine neue Logik kompromißlos anwende.

Gedanken an früher kommen mir immer wieder, weil ich meine Vergangenheit noch nicht richtig verarbeitet habe und weil ich mir auch nicht vorstellen kann, ohne Vergangenheit zu leben. Ich werde meine Vergangenheit akzeptieren und lieben lernen. So habe ich mich selbst wieder ein wenig lieber und erkenne meine Vergangenheit als nützliche Erfahrungen an.

Ohne weitere Merkmale als Einsichten aufzuzählen, kann ich sagen: alle Merkmale eines Suchtkranken treffen auf mich zu, obwohl ich keine stoffgebundene Suchtkrankheit habe.

Zuerst dachte ich, das sei seltsam. Heute, nachdem mir alles logisch klar geworden ist, weiß ich, daß ich nur als sk zu bezeichnen war.

Inzwischen glaube ich, daß die Hörigkeit, so wie sie Peter definiert, die am meisten verbreitete Suchtkrankheit unserer Welt ist.

Warum leiden wir Menschen gerne?

Warum nehmen wir oft bewußt Leiden in Kauf?
Weil wir nicht länger hilflos sein wollen. Hilflosigkeit ist große Unzufriedenheit. Wenn wir hilflos = unzufrieden sind, versuchen wir uns Erleichterung zu verschaffen, indem wir irgendetwas tun. Wir haben dann das Gefühl, nicht mehr ganz so hilflos zu sein. Diese Handlungen, die wir dann begehen, nehmen uns zwar das Gefühl der Hilflosigkeit, beseitigen aber nicht die Ursache für die Unzufriedenheit, durch die eine Hilflosigkeit entstanden ist. Beim Versuch, die Unzufriedenheit zu beseitigen, begehen wir oftmals bewußt Handlungen, die uns leiden lassen, oder unser Leiden noch verstärken. Aber lieber leiden wir, als daß wir hilflos einer Sache gegenüberstehen. Als Beispiel: Wenn wir uns in einer depressiven Phase als Stimmungstief befinden, weil wir zu wenig Liebe oder Anerkennung bekommen (z.B. in einer Beziehungskrise oder weil wir Dank nicht annehmen können), dann sind wir unzufrieden und fühlen uns hilflos. Um die Hilflosigkeit zu beseitigen, tun wir Dinge, die uns sympathisch sind, die wir kennen. So legen wir z.B. Musik auf oder suchen Fotos heraus, die uns an den Partner oder an fühere schöne Zeiten erinnern. Dadurch bekommen wir zwar nicht die fehlende Liebe und Anerkennung, wir begehen also nur Ersatzhandlungen. Diese verstärken unser Leiden, unsere depressive Phase, aber zumindest haben wir etwas getan, und das gibt uns das Gefühl, nicht mehr ganz so hilflos zu sein. Wir baden uns in Selbstmitleid.

Eine weitere bewußte Inkaufnahme von Leid beobachten wir sehr oft, wenn sich eine Beziehung auflöst und einer der beiden Partner kommt nicht darüber hinweg. Bewußt gehen wir an Orte, z.B. Lokale o.ä., von denen wir genau wissen, daß wir den Menschen dort sehen, vielleicht sogar noch mit einem neuen Partner. Wir wissen vorher schon, daß uns diese Begegnung noch weiter in das Leiden zieht, aber es ist immer noch besser, als zu Hause in seinem Zimmer zu sitzen und das Gefühl zu haben, hilflos zu sein, weil wir nichts getan haben.
Das Leiden ist etwas weniger geworden oder hat sich dahingehend verändert, daß wir zwar erschöpft, aber nicht mehr ganz so hilflos sind. Dabei ist das Selbstmitleid größer geworden, aber das kennen wir. Also fühlen wir uns, trotz Trauer, ein wenig wohler.
Angst ist ein Gefühl, und Gefühle haben wir gern. Sie lassen uns gefühlsmäßig leben. Wer Freude nicht erreichen kann, begnügt sich mit der Angst.

Das Leidenwollen ist ein falsches Streben nach Zufriedenheit.

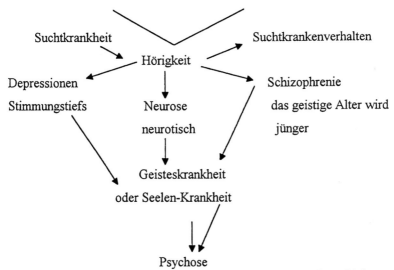

Suchtkrankheit

Hörigkeit

Suchtkrankenverhalten

Depressionen

Stimmungstiefs

Neurose

neurotisch

Schizophrenie

das geistige Alter wird

jünger

Geisteskrankheit

oder Seelen-Krankheit

Psychose

Wer Suchtmittel konsumiert oder immer nur eine Ich-Form (Ki-Ich) bestimmen läßt, verhält sich schizophren und diktatorisch.

Menschen die mit einem Partner zusammenleben, schulen diesen Partner als Angehörigen ebenfalls bis er krank ist. So verhält sich der Angehörige auch suchtkrank, ist suchtkrank, kann diese Krankheit aber keinem Behandler oder Freund richtig verständlich machen. Sein Leidensweg, also der des Angehörigen, ist unbeschreiblich schwer und einsam.

Diese Verhaltensweisen des Suchtkranken schädigen somit die Angehörigen, den gesamten Freundeskreis, sowie alle Kollegen am Arbeitsplatz. Ebenso den eigenen Körper, die Nerven, und es entsteht eine Nervenschädigung. Wird diese Verhaltensweise von Sk längere Zeit beibehalten, heißt es Neurose oder Suchtkrankheit. (Angeborene Neurosen werden hierbei außer acht gelassen.)

Suchtkrankenverhalten = neurotisches Verhalten führt zur Suchtkrankheit = Neurose oder zur sogenannten Psychose. (Nerven und Seele sind krank.)

Ein Suchtkranker in seiner Depressionsphase = tiefes Stimmungstief: Er ist auch ein Mensch, der sich nicht richtig liebhat. Er hat im Moment nichts, was ihn richtig zufrieden macht, weil er auch nich in sich selbst zuhause ist.

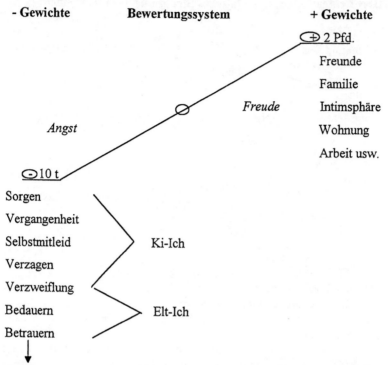

- Gewichte   Bewertungssystem   + Gewichte

⊕ 2 Pfd.

Freunde

Familie

Freude   Intimsphäre

Angst   Wohnung

Arbeit usw.

⊖10 t

Sorgen

Vergangenheit

Selbstmitleid   Ki-Ich

Verzagen

Verzweiflung

Bedauern   Elt-Ich

Betrauern

Tablette oder ein anderes Suchtmittel muß her (stofflich oder nicht-stofflich).
Nur eine Tablette oder ein anderes Suchtmittel hilft mir jetzt noch, denkt er. Also
nach Hause gehen, eine Tablette oder ein anderes Suchtmittel, das ich als Tablette konsumieren kann, einnehmen!
Die Bettdecke über den Kopf ziehen, abschalten, schlafen!!

So kann auch eine Suchtkrankheit entstehen, die zur

Hörigkeit wird. Somit ist Hörigkeit eine Krankheit.

Vorstellungen des Leidens

*Warum verwirklichen sich negative Vorstellungen eher oder schneller als posi-
tive Vorstellungen?*
Weil wir Menschen von der Umwelt und Erziehung falsche Informationen erhalten haben. Mit ihnen haben wir geübt. Wir haben damit falsche Erfahrungen gemacht. (Die Kindersprache und die kindliche Moral haben sich festgesetzt.)
Ein falscher Realitätssinn hat sich ausgeprägt, der sich immer zuerst meldet.

Somit haben wir falsche Informationen für neue Vorstellungen zur Verfügung. Falsche Taten und falsche Denkweisen werden wir somit weiterhin begehen. Dadurch verwirklichen wir uns falsch, und das hat Folgen.

Folge: I   Verständigungsschwierigkeiten werden größer.

II   Sich mit dem inneren Druck nicht aushalten und ertragen können, wird größer.

III   Negative Ersatzhandlungen müssen zur Erleichterung häufiger begangen werden.

IV   Das stoffgebundene Suchtmittel selbst kommt hinzu und wird zur weiteren SK.

Eine weitere Möglichkeit zur Entstehung einer Krankheit sind Erziehungsfehler. Beispiele: negativ: "Der Esel nennt sich immer zuerst."

negativ: "Eigenlob stinkt."   Erziehungsfehler

Richtiger würde es sein, wenn wir richtige Informationen bekommen würden, diese richtig deuten und erkennen könnten, dann hätten wir eine gute Chance, richtiger zu handeln.

Richtiger wäre es z. B. in der Ich-Form zu sprechen, wenn ich mich selbst meine. Positiv ist auch: "Nimm dich nicht so wichtig, sondern ernst = ehrlich!"

Wer sich ernstnimmt, geht ehrlich mit sich um und spricht sich selbst in der Ich-Form an, wenn er sich meint. Sich selbst loben als Eigenlob, ist unbedingt notwendig, weil nur ich selbst mir die richtige Anerkennung und Liebe geben kann. Wichtig heißt: Es ist vorrangig, hat Priorität und es eilt, also die Zeit ist auch dabei und die meisten Dinge in unserem Leben sind nicht wichtig.

Wer sich wichtig nimmt, sieht nur sich, beobachtet andere kaum oder nimmt keine Rücksicht auf sie.

Ernst oder ernsthaft etwas machen heißt, ehrlich etwas machen.

Jetzt mache ich einen Sprung zu den Grundbedürfnissen, damit Sie, lieber Leser, noch besser erkennen können, warum wir gar keine andere Möglichkeit haben als das Leidenwollen dem Nichtstun vorzuziehen.

Erkenntnisse:

Grundbedürfnisse haben wir:

1.) körperliche (acht),

2.) seelische (fünf).

Erfüllen wir unsere 13 Grundbedürfnisse richtig, werden wir zufrieden und eventuell andere auch. Wer die richtigen Informationen über seine Grundbedürfnisse nicht hat, kann seine Grundbedürfnisse nicht richtig erfüllen. Er wird ein unzufriedener und leidender Mensch werden. Krankheiten sind die Folge.

Unsere körperlichen Grundbedürfnisse bekommen wir meistens erfüllt. Die seelischen Grundbedürfnisse werden hauptsächlich dadurch erfüllt, indem sie gegeben werden. Alle Menschen beteiligen sich am Abgeben der seelischen Grundbedürfnisse. Wir müssen nur aufpassen, ob und wann das Richtige für uns dabei ist. Bekomme ich durch andere zu wenig, muß ich mir selbst etwas mehr geben.

Ich kann mir die richtige Anerkennung geben.

Ich kann mir die richtige Liebe geben.

Ich kann mir die richtige Harmonie geben.

Ich kann mir die richtige Geborgenheit geben.

Ich kann mich richtig selbstverwirklichen.

Erfülle ich mir diese seelischen Grundbedürfnisse falsch, werde ich unzufrieden.

Beachte ich mich nicht zuerst, habe ich mich nicht zuerst lieb, kann ich auch nicht richtig Anerkennung und Liebe geben. Somit bekomme ich auch eine nicht richtige Liebe und Anerkennung zurück. Habe dadurch einen Fehlbedarf an Harmonie und Geborgenheit. Hält dieser Fehlbedarf längere Zeit an, werde ich krank, und diese Krankheit heißt immer *"Suchtkrankheit"*.

Ohne daß wir es beabsichtigen, werden wir so schleichend suchtkrank.

Ist unsere Seele falsch geschult, beherrscht sie dieses Prinzip des Gebens nicht richtig, bekommen wir zuwenig zurück, so sind wir hilflos und unzufrieden. Hilflosigkeit haben wir nicht gerne, deshalb begehen wir irgendeine Ersatzhandlung, nur um das Gefühl zu haben, nicht mehr ganz so hilflos zu sein.

Wer keine oder nur wenige Originalhandlungen begeht,...

hat einen Fehlbedarf an Originalhandlungen,

hat einen Fehlbedarf der seelischen Grundbedürfnisse.

Schneller und einfacher ist es für uns, ängstlich, verzagt oder traurig zu sein.

Weil wir Traurigkeit sehr leicht erzeugen können, ist es regelmäßig unser Hilfsmittel, das eine scheinbare Erleichterung bringt.

Verstärker für die Traurigkeit gibt es für uns sehr viele: Wir brauchen nur an die negativen Dinge oder verpaßte Gelegenheiten in unserer Vergangenheit zu denken, und schon sind wir noch trauriger. Erinnerungsstücke in Form von Bildern, Platten, Briefen o.ä. haben wir meistens auch als Verstärker der Traurigkeit in erreichbarer Nähe.

Leiden zu wollen oder zu können, wird uns somit recht einfach gemacht.

Es ist recht einfach durch:

die falsche Erziehung.

die falsche Deutung, wie ich meine seelischen Grundbedürfnisse richtig erfüllt bekomme.

unsere Vergangenheit, die wir immer als Erinnerung dabeihaben.

Erinnerungsstücke als Verstärker, die wir meistens in erreichbarer Nähe haben.

den Wunsch sich Leid zuzufügen, nur um das Gefühl zu haben zu leben.

ein immanentes Bedürfnis und den Wunsch, uns für das vermeintlich kleinere Übel zu entscheiden. Dies ist ein anerzogenes Hilfsmittel.

Nachdem mir das klar geworden ist, stelle ich mir die Frage:

"Kann ich etwas damit anfangen?"

Ja, weil ich jetzt die Zusammenhänge besser verstehe.

Verstehe ich, kann ich Verständnis oder kein Verständnis haben.

Verstehe ich und habe Verständnis, kann ich es positiv oder negativ bewerten.

Wer sich aus der Hilflosigkeit heraus selbst Leid zufügt, verhält sich hörig.

Er fügt sich ja nicht nur Leid zu, sondern gibt sich auch falsche Liebe und Anerkennung und vernachlässigt sich selbst deshalb.

Durch höriges Verhalten ergeben sich zwangsläufig Realitätsverschiebungen.

Die Wahrheit verschiebt sich.

Die Tatsachen bleiben zu dieser Wahrheit gleich.

Die Sichtweise verändert sich.

Das Wertschätzungssystem gerät durcheinander.

Fast alle Werte, als Grundsätze, verschieben sich unbemerkt.

Verschieben sich die Werte in mir, habe ich neue Tatsachen geschaffen.

Die seelischen und körperlichen Schäden vermehren sich, es kommt zu Verlusten!

- Verlust der Ehre = Würde = Niveau,
- Verlust von Anstand, Recht und Sitte,
- Verlust der Wertschätzung,
- Verlust der gültigen Werte,
- Verlust der Zufriedenheit,
- Verlust der richtigen Anerkennung,
- Verlust der richtigen Liebe,
- Verlust der richtigen Harmonie,
- Verlust der richtigen Geborgenheit,
- Verlust der richtigen Selbstverwirklichung,
- Verlust des geistigen Alters,
- Verlust des Freudenkontos, es ist leer und kann nicht richtig aufgefüllt werden.
- Verlust der Belastbarkeit,
- Verlust der Gesundheit,
- Verlust der geistigen und körperlichen Hygiene.

Die innere und äußere Verwahrlosung schreitet unaufhaltsam fort.

Seelische Veränderungen ziehen körperliche Veränderungen nach sich.

Diese Liste ist nur der Anfang davon, wie und wo sich ein Mensch schädigt und verändert. Weil er es aus scheinbar unüberwindlichen inneren Zwängen tut, ist das Leiden normal.

Diese Verluste muß ein Mensch leider erst erleiden, damit er endlich sagen kann: Jetzt ist Schluß.

Jetzt ändere ich mein Leben.

Jetzt lasse ich mir richtig helfen.

Darüber aber kann kein anderer Mensch entscheiden oder bestimmen.

Nur jeder für sich selbst.

Ich habe mich entschieden.

Ich habe mich für das Leben und einen neuen Lernprozeß entschieden.

Ich habe mich dazu entschieden, mir von außen helfen zu lassen, weil alle meine Selbstversuche gescheitert sind.

Ich habe mich für das Ja-zu-mir-sagen entschieden.

Ich habe mich für mich und Weniger-leiden-wollen entschieden.

Woran liegt es, wenn ich zufrieden werden kann und will, aber trotzdem weiter leide?

Weil ich unbemerkt sk geworden bin.

Am Bewertungssystem, es ist noch nicht ganz richtig geeicht.

Weshalb stimmt das Bewertungssystem nicht?

Weil das Mittelpunktsdenken noch falsch ist.

Weshalb ist das Mittelpunktsdenken falsch?

Weil der Gerechtigkeitssinn falsch geschult worden ist.

Wer oder was schult den Gerechtigkeitssinn?

Informationen von außen und innen; TB, UB, Aura, Körper und Umwelt!

Wo kommen diese Informationen her? Genauer beschrieben:

1. aus der Umwelt,

2. aus dem Körper,

3. aus dem Unterbewußtsein,

4. aus dem Tagesbewußtsein mit seinen drei Ich-Formen,

5. über die Aura.

Wer macht etwas mit diesen Informationen?

1. Das Tagesbewußtsein bewußt = Ki-Ich, Elt-Ich und Erw-Ich.

2. Das Unterbewußtsein unbewußt.

3. Der Körper.

Das UB hat keinen Gerechtigkeitssinn, aber es hilft dem TB, Informationen zu sammeln. Dadurch hilft das UB, den Gerechtigkeitssinn des TB zu schulen.

Fazit bei einer Krankheit der Suchtkrankheit oder Hörigkeit:

Der Gerechtigkeitssinn wurde vom Tagesbewußtsein (Ki-Ich) falsch geschult.

Das UB, die Aura, der Körper und die Umwelt haben sich leider daran beteiligt.

Das Ki-Ich (mit Sicherheit).

Das Elt-Ich (mit Sicherheit) oder das Erw-Ich eventuell, wenn es in den Chefsessel durfte.

Da das Erw-Ich vom Ki-Ich meistens unterdrückt wird, beteiligt es sich auch nur eventuell an der falschen Schulung.

Dieses Denken und Verhalten bedeutet:

Suchtkrankenverhalten,

= Suchtkrankheit,

= die eigene Hörigkeit,

= sich somit immer vernachlässigend.

Das Tagesbewußtsein schult somit das Bewertungssystem falsch,

das Mittelpunktsdenken falsch,

den Gerechtigkeitssinn falsch.

Merksatz:
Wenn in mir das Leiden-wollen wieder auftaucht, muß ich als erstes "Stop"
sagen, anhalten und mich orientieren. Gleichzeitig sage ich: das kenne ich
schon, das hatte ich schon, das muß ich mir nicht noch einmal antun.

Verwirkliche ich diesen Merksatz für mich richtig, hat es Folgen.
Dadurch verhindere ich mich oder andere schädigende Ersatzhandlungen.
Wenn ich mich richtig orientiere, mir die Zeit zum Nachdenken nehme, komme
ich meistens auf die richtigen Zielsetzungen und Originalhandlungen, die mich
dann nach Erfüllung richtig zufrieden machen.
Mein Suchtkrankendenken ist überflüssig geworden.
Mein Suchtkrankenverhalten ist überflüssig geworden.
Meine Suchtmittel sind überflüssig geworden.
Meine Suchtkrankheit auch.
Eine Hörigkeit erübrigt sich, weil ich richtig, mich nicht mehr vernachlässigend
mit mir umgehe.
Trotzdem versuche ich immer wieder daran zu denken, wie schwach und angreif-
bar ein Mensch in dieser Umwelt oder in dieser Gesellschaft ist.
Leichtsinnigkeit im Umgang mit mir und anderen werde ich minimieren.
Mir ist bewußt, daß ich in meinem neuen Leben genauso gefährdet von einer SK
bin, wie bereits langjährig abstinent lebende Menschen. Deshalb werde ich nicht
leichtsinnig, sondern erinnere mich immer an meine Sicherheiten.

Der Gerechtigkeitssinn

Mein Gerechtigkeitssinn ist kein Sinnesorgan, sondern das Abwägen nach meinen Neigungen zu oder gegen (Meine "Goldwaage").

Der Gerechtigkeitssinn wird in mir, im TB, UB und dem Körper abgewogen.

Kann etwas für mich gebraucht werden, ist es für mich richtig und gesund.

Zum Abwägen nach Gerechtigkeit habe ich auch noch andere Worte zur Verfügung.

Gerecht = richtig = gut = ausgewogen = ausgeglichen = harmonisch.

Das Tagesbewußtsein = das Ki-Ich + Elt-Ich + Erw-Ich hat die Gerechtigkeit zur Verfügung und schult danach mein UB und den Körper. Der Körper hat auch eine Gerechtigkeit zur Verfügung, aber sie ist nicht als Sinnesorgan zu verstehen, sondern als Bestreben ausgewogen zu sein.

Die Ich-Formen versuchen, ausgewogen, kreativ, experimentierfreudig, unternehmungslustig, ausgleichend, verstehend und rational denkend zu sein. Der Körper versucht, ständig im Gleichklang und in Ausgewogenheit zu leben. Nur weil die Seele es so will, verhält sich erst einmal der Körper gerechter als das Tagesbewußtsein. Um richtig handlungsfähig zu sein, braucht die Seele einen ausgewogenen Körper.

Der Körper ist nicht unternehmungslustig sondern von sich aus faul, er macht nur das Nötigste. Läßt die Seele mit ihrem Lebenswillen nach, degeneriert der Körper und stirbt ab, eher als gedacht.

Das Unterbewußtsein als nicht kritikfähige Instanz bezeichne ich nicht als Persönlichkeit. Es hat keinen wirksamen Gerechtigkeitssinn. Nur soweit, wie es vom TB geschult wurde. Somit hat es von sich aus auch kein Mittelpunktsdenken, kein Bewertungssystem und kein Wertschätzungssystem. Deshalb legt das UB von sich aus keine Protesthaltung an den Tag. Wenn das UB den Körper zu einer Protesthaltung bringt, dann nur deshalb, weil es vom Tagesbewußtsein dafür geschult wurde.

Das UB hilft dem TB den Körper zu steuern und zu lenken.

Das UB ist u.a. nicht kritikfähig, weil das TB Informationen aus dem UB nicht richtig lesen kann und als "arroganter Chef" selten auf das UB hört.

Es folgen zum besseren Verstehen einige Fragen und Antworten.

Wieviele gültige Bewertungssysteme haben wir im Tagesbewußtsein? Drei.

Wieviele gültige Mittelpunktsdenken haben wir im Tagesbewußtsein? Drei.

Wieviele gültige Gerechtigkeitssinne haben wir im Tagesbewußtsein? Drei.

Wieviele gültige Wertschätzungssysteme haben wir im Tagesbewußtsein? Drei.

Wieviel Protesthaltungsmöglichkeiten hat das TB zur Verfügung?

Unendlich viele, weil es gegen alles sein kann.

Wieviel Wahrheiten habe ich?

Unendlich viele. Ändert sich in mir die Sichtweise, ändert sich die Wahrheit.

Wie sieht es beim Körper aus?

Hat der Körper ein Mittelpunktsdenken? Ja.

Gerechtigkeitssinn in unserem Sinne? Nein.
Ein Bewertungssystem? Ja.
Ein Wertschätzungssystem oder eine Wahrheit? Ja.
Das Nein beim Gerechtigkeitssinn deshalb, weil er immer versucht, ausgewogen zu existieren, solange er eine Seele hat.
Kann der Körper eine Protesthaltung von sich aus haben?
Ja, weil er nicht alles verträgt, was wir ihm anbieten.
Er läßt Ballaststoffe ungenutzt den Körper passieren.
Er reagiert mit Allergien auf Erreger oder Schadstoffe.

Beachten Sie bitte diese Skizze zur Wahrheit.

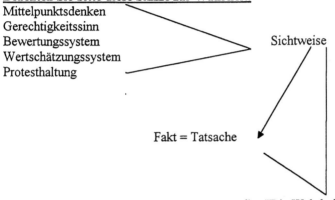

Mittelpunktsdenken
Gerechtigkeitssinn
Bewertungssystem   Sichtweise
Wertschätzungssystem
Protesthaltung

Fakt = Tatsache

ergibt: "Die Wahrheit"

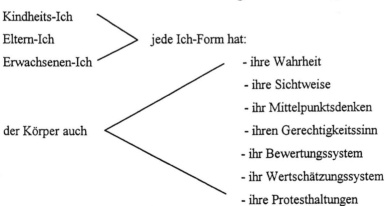

Kindheits-Ich
Eltern-Ich   jede Ich-Form hat:
Erwachsenen-Ich
                              - ihre Wahrheit
                              - ihre Sichtweise
                              - ihr Mittelpunktsdenken
der Körper auch   - ihren Gerechtigkeitssinn
                              - ihr Bewertungssystem
                              - ihr Wertschätzungssystem
                              - ihre Protesthaltungen

Jede Ich-Form und auch der Körper können eine Protesthaltung haben.
Bei jeder Suchtkrankheit verschiebt sich die Sichtweise, der Gerechtigkeitssinn und somit auch die Wahrheit bei der Seele und dem Körper.

Merke:
Eine Suchtkrankheit ist eine eingeredete Krankheit. Jede Krankheit, die ich mir einreden kann, kann ich mir auch wieder ausreden.
So ist es möglich, sich Gesundheit einzureden. Richtige Informationen führen zur richtigen Zufriedenheit.
Eine Hörigkeit ist eine eingeredete Krankheit. Eine Hörigkeit heißt, falsch mit der Liebe oder Anerkennung umzugehen und sich selbst zu vernachlässigen.
Eine Ich-Form dominiert (Ki-Ich) und redet den anderen Ich-Formen ein, es sei rechtens.
Eine Suchtkrankheit ist immer der Versuch, sich selbst zu helfen.
Ein Mann bringt ein Beispiel für Gerechtigkeit, Protesthaltung und die Wahrheit.
Ich habe zwei Frauen kennengelernt.
Wer in und an mir durfte zwischen den beiden Frauen wählen?
1. Die drei Ich-Formen.
2. der Körper.
Bei genauerer Betrachtungsweise stimmt diese Aussage nur dann, wenn alle ausgewogen und in Harmonie gelebt haben.
War mein Ki-Ich dominant, hatten die anderen kein Mitspracherecht, dann war die Entscheidung falsch.
War mein Elt-Ich dominant, hatten die anderen kein Mitspracherecht, war die Entscheidung falsch.
War mein Erw-Ich dominant, hatten die anderen kein Mitspracherecht, war die Entscheidung falsch.
War der Körper dominant und hatten die Ich-Formen wenig Mitspracherecht (körperliche Triebe), war die Entscheidung falsch.
Nur wenn alle vier Persönlichkeiten nacheinander, ausgewogen, gleichberechtigt ja gesagt haben, war die Entscheidung richtig.
Nur wenn die Seele und Körper sich einig sind, hat eine dauerhafte, harmonische Verbindung Aussicht auf Erfolg. Werden in mir, an mir nicht alle Persönlichkeiten gleichermaßen richtig bedacht, protestiert mit Sicherheit die benachteiligte Persönlichkeit. Sie zeigt eine Protesthaltung. Protestiert eine Ich-Form oder der Körper, weil die Sichtweise dieser Persönlichkeiten nicht berücksichtigt wurden, ist die Zufriedenheit oder das Glück dieser zwei Menschen in Gefahr.
Geht aus dieser Verbindung Nachwuchs hervor, ist dieser ebenfalls in Gefahr.
In Gefahr krank zu werden, sich krankhaft zu verhalten, hörig zu werden, suchtkrank zu werden.
Ich hoffe, Sie erkennen auch dieses Beispiel als Muster zur Entstehung einer Krankheit an.
Protesthaltungen können alle Persönlichkeiten haben.
Probieren sie sich aus und verstehen sie sich, ist alles in Ordnung. Verstehen sie sich nicht, gibt es Streit oder es kommt zum Kampf. Probieren sich die drei Ich-Formen mit dem Körper aus und verstehen sie sich mit dem Körper, ist alles in Ordnung. Verstehen sie sich nicht, kommt es zum Streit oder zum Kampf.

Probieren sie sich mit ihrem Körper durch Gestik, Mimik oder Handlungen bei anderen Menschen aus und sie verstehen sich, ist alles in Ordnung.

Verstehen sie sich nicht, kommt es zum Streit oder zum Kampf. Verstehen sie sich mit diesen Menschen nicht, haben sie Verständigungsschwierigkeiten. Verstehen sie sich mit dem Körper nicht, haben sie Verständigungsschwierigkeiten.

Verstehen sich die drei Ich-Formen nicht, kommt es zu Protesthaltungen oder sogar zu Protesthandlungen, also zum Streit durch Verständigungsschwierigkeiten. Verstehen sie sich mit dem Körper nicht, kommt es zu Protesthaltungen oder zu Protesthandlungen, also zum Streit. Verstehen sie ihre Seele und ihren Körper nicht und auch andere Menschen nicht, kommt es zu Protesthaltungen oder sogar zu Protesthandlungen, also zum Streit zwischen allen Beteiligten.

Beispiel:
Wenn die drei Ich-Formen gegen den Körper protestieren, reagiert er mit:
Fieber, Allergien, Durchfall, Erbrechen,
Schmerzen, Rötungen, Schwellungen
oder mit Störungen der Sinnesorgane.
So können aus einem Protest eine oder mehrere Krankheiten entstehen.
Protestiert oder rebelliert die Seele, egal aus welchen Gründen, reagiert immer der Körper mit Krankheiten. Diese können kurzfristig oder chronisch sein.
Es reagiert das Unterbewußtsein, als Helfer des Chefs. Erscheinungsbilder zeigen sich, sind zu erkennen oder zu verspüren. Egal wie ich es bezeichne, für alle beteiligten Ich-Formen und den Körper zeigen sich negative Erscheinungsbilder oder werden als Krankheiten empfunden.
Es sind zu "sehen": Allergien als körperliche oder seelische = Aversionen
= Antipathie
= Abneigung.

Es sind auch Störungen der Sinne,
Störungen des Gleichgewichts,
Störungen der Konzentration,
Schmerzen, Seelenschmerzen = Weltschmerz = Depressionen
und körperliche Krankheiten.

Vererbung der Angewohnheiten
Lange Zeit war ich davon überzeugt, daß Angewohnheiten vererbt werden.
Durch viele Beispiele meinte ich es belegen zu können. Jetzt, heute hat sich meine Meinung geändert.
Z.B.: In den ersten zwei Jahren hat mir meine Tochter beim Schlafen nicht zusehen können. Trotzdem hatte sie, als sie ein Jahr alt war, meine Schlafhaltung.
Heute weiß ich, daß ihr Tages- und Unterbewußtsein über die Aura mir beim Schlafen zugesehen haben. Somit hat sie sich meine Schlafhaltung nur abgesehen.
Heute bin ich davon überzeugt, daß unser Ki-Ich recht früh, schon vorgeburtlich Informationen sammelt und das UB ihm dabei hilft. Das UB ist noch gegenüber

dem TB leicht geöffnet. Da das Ki-Ich noch keine zweite Ich-Form an seiner Seite hat, kann es auch keine Geheimnisse weitererzählen.

Das Ki-Ich ist schon in der embryonalen Phase wach. Das Elt-Ich, das Erw-Ich werden erst später wach. Wann genau, weiß ich nicht, aber meine Vermutung ist: lange nach unserer Geburt.

Hilflos, schwach und auch schizophren (mit gespaltenen Persönlichkeiten) werden wir geboren.

Unsere Persönlichkeiten sind aufgespalten, noch nicht alle wach. Können sich zwei Ich-Formen nicht miteinander unterhalten, spreche ich von Schizophrenie, der gespaltenen Persönlichkeit.

In unserer vorgeburtlichen oder nachgeburtlichen Phase, die bis zum 6. Lebensjahr für das Ki-Ich dauern kann, können sich die Ich-Formen nicht miteinander unterhalten. Leicht kann jeder Mensch das für sich selbst nachprüfen.

Stellen Sie sich einmal ihre frühesten Kindheits-Erlebnisse vor! Kindheitserlebnisse, die Sie alleine erlebt haben, wobei Sie sich sicher sind, daß kein Erwachsener Ihnen so etwas eingeredet haben könnte. Reichen die Erinnerungen bis zum 3. Lebensjahr, ist das Elt-Ich im 3. Lebensjahr wach und flexibel geworden. In den nächsten Jahren muß es zwar noch weiter geschult werden, aber es kann sich ab diesem Zeitpunkt mit der schon aktiven Ki-Ich Form unterhalten. Das UB schließt die Barriere zu TB, es macht sich nicht mehr einsichtig. Reichen die Erinnerungen bis zum 4. Lebensjahr, ist das Elt-Ich im 4. Lebensjahr wach und flexibel geworden. Das Elt-Ich wird in der Regel zwischen dem 3. und 6. Lebensjahr wach. Das Erw-Ich im Alter von 6 - 8 Jahren oder noch später.

Somit können sich alle drei Ich-Formen ab dieser Zeit unterhalten.

Sie probieren sich selbst aus.

Sie probieren den Körper aus.

Sie probieren sich untereinander aus.

Sie probieren sich mit anderen Menschen aus.

Sie probieren sich mit Tieren, Pflanzen, Materialien, Kultur und Wissen aus.

Sie probieren ihre ganze Phantasie und Kreativität aus.

Sie probieren aus, wie weit sie ohne Strafe gehen können, also ihre Grenzen.

Sie probieren alles aus, was in ihren Möglichkeiten liegt.

Dabei versucht das Ki-Ich die Dominanz, als zuerst wach gewordene Ich-Form, nicht abzugeben. Deshalb haben wir sehr große Schwierigkeiten, richtig erwachsen zu werden.

Ab dem 12. Lebensjahr sollte das Elt-Ich so weit geschult sein, daß es dominant, aber mit anderen Ich-Formen verstehend sich durchsetzen kann. Es sollte elterlich handeln. Wenn es nötig wird, sollte das Elt-Ich bereit sein Chef zu werden.

Das Erw-Ich sollte ab dem 18. Lebensjahr dominant genug sein und die Möglichkeit haben sich erwachsen und dominant durchzusetzen. Es sollte für rationales Denken und Handeln immer bereit sein.

In vielen esoterischen Büchern steht: "Ich soll mich mit dem Kind in mir aussöhnen und vertragen!"

Also muß es einen Streit gegeben haben! Streit zwischen Ki-Ich und Elt-Ich oder Streit zwischen dem Ki-Ich, Körper und Erw-Ich.

Streit heißt auch, zerstritten sein, sich nicht einig sein.

Vorher muß es zu Verständigungsschwierigkeiten gekommen sein, die einen Druck erzeugt haben, der ohne Ersatzhandlungen nicht auszuhalten wäre.

Streit heißt auch, sich nicht verstehen, sich nicht einigen können, etwas nicht begreifen können oder wollen. Streit kann auch Krieg heißen.

Das Ki-Ich streitet gerne um die Vorherrschaft oder wegen Kleinigkeiten.

Die Natur hat es so gewollt, daß es zuerst wach wird. Warum fügt es sich nicht leichter den anderen Ich-Formen? Weil es die Kindheitszeit so lange wie möglich ausdehnen möchte. Weil es weiterhin über Körper und Seele bestimmen möchte. Weil es sich von den Ich-Formen am wenigsten begnügen kann.

In meiner jetzigen Lebensschule habe ich dies und vieles mehr verstehen gelernt.

Möchte ich als Mensch zufrieden leben, muß ich mich richtig kennenlernen und den richtigen Umgang mit mir erlernen. Lebe ich mit anderen Menschen zusammen, muß ich lernen mit ihnen zu leben. Somit muß ich sie und mich verstehen lernen. Ich muß lernen, ihre Reaktionen richtig deuten zu können, damit es keine großen Verständigungsschwierigkeiten gibt, dann ist es auch für mich gerecht.

Verstehen muß ich ihre Art und Weise, aber auch ihre Gestik und Mimik.

Verstehen muß ich, wie sie sich verhalten,

> wie sie sprechen,
>
> was sie sagen,
>
> wie sie etwas sagen,
>
> warum, zu welchem Zweck oder Zeitpunkt sie etwas sagen.

Um andere Menschen richtig zu verstehen, muß ich mir über sie richtige Gedanken machen. Gedanken auch darüber, wie ich sie richtig einschätzen oder bewerten kann.

Ist der andere hilflos?

Ist der andere selbst in Panik?

Ist der andere falsch informiert?

Ist der andere in seine Angewohnheiten so verstrickt, daß er schon gar nicht mehr anders kann?

Ist der andere so alt oder so jung, daß er es nicht mehr kann oder noch nicht kann?

Ist der andere neidisch, rachsüchtig, hinterhältig, kriegerisch oder gemein?

Ist der andere Erzieher, Lehrer, Chef oder sonst ein Vorgesetzter?

Ist der andere ein lieber, netter Mensch?

Ist der andere ein glaubwürdiger oder unglaubwürdiger Mensch?

Ist der andere gerecht oder ungerecht?

Diese und andere Gedanken könnten mir als Entschuldigung dienen, für ihr gerechtes, ungerechtes, rücksichtnehmendes oder rücksichtsloses Verhalten. Das könnten alles Entschuldigungen dafür sein, warum sich ein Mensch so gerecht oder ungerecht anderen Menschen gegenüber verhält.

Wenn ich andere Menschen besser verstehe, verstehe ich mich selbst besser. Dann lebe ich ruhiger und zufriedener. So wurde ich mein eigener Energiesparer.

Diese aufwendige, umsichtige Denkungsweise ist eine viele Kräfte sparende Denk- und Handlungsweise, auch wenn sie mehr Zeit kostet.

So erreiche ich meine innere Freiheit.

Kämpferische Denk- und Handlungsweisen sind immer Kräftevergeudung.

Übertreibungen und Untertreibungen sind in unserer Gesellschaft leider normal. Dadurch wird aber auch leider unser Gerechtigkeitssinn falsch geschult.

Fazit:

Der Gerechtigkeitssinn ist unser Bewertungssystem, unser Wertschätzungssystem, unsere "Goldwaage" und unser Gewissen.

Zuneigungen und Abneigungen der Seele und des Körpers werden berücksichtigt. So kann ich ein ruhiges oder schlechtes Gewissen haben. Je nachdem, wie ich etwas bewerte, schlägt mein Gewissen, wie ein Pendel, nach einer Seite aus.

Meistens sind wir, bei genauer Betrachtungsweise, in unseren Bewertungen schwankend. Ist das TB zufrieden und ausgeglichen, ist auch unser Gewissen beruhigt und zufrieden. Schule ich mit dem TB, den drei Ich-Formen, meinen Gerechtigkeitssinn richtig, gerecht und vernünftig,

wird mein Gewissen gesund - ruhig sein.

Somit ist, von der Bedeutung her, der Gerechtigkeitssinn mehr als nur ein Sinn. Er ist die entscheidende Bewertung für unsere gesunde Zufriedenheit oder für unsere ungesunde Unzufriedenheit.

Unsere Gesellschaft hat einen verschobenen Gerechtigkeitssinn.

So erlebe ich es nach einer logischen, vernünftigen Aufklärung jetzt täglich.

Liebe Leser, beurteilen Sie selbst weiter, wie Sie den Gerechtigkeitssinn nach den neuesten Informationen noch bezeichnen und besser anwenden können!

Bei mir ist es die "Goldwaage", eine Feinstwaage.

Was ist die Wahrheit?

Die Wahrheit besteht immer aus einer Tatsache und aus mindestens einer Sichtweise.
Die Wahrheit kann immer nur "mit Bezug auf" bewertet werden.

Was ist die Wahrheit aus meiner Sicht?
- Eine Tatsache, ein Fakt.
- Was für mich richtig und gesund ist.
- Was für mich von Vorteil ist.
- Was für mich gerecht ist.
- Um hinter meine richtige Wahrheit zu kommen, muß ich...
meine Sichtweise,
meine Denkungsweisen,
meine Handlungsweisen,
meinen Erfahrungsschatz,
meine Erkenntnisse
eventuell verändern oder zumindest überprüfen und neu ausrichten.
- Meine Wahrheit hat immer mit meinem Bewertungssystem zu tun.
Andere Namen für Sichtweisen oder was sind Sichtweisen?
Eine Ansicht,
eine Meinung,
ein Standpunkt,
ein Mittelpunktsdenken,
ein Gerechtigkeitssinn,
ein Bewertungssystem,
ein Wertschätzungssystem.
Ändert sich die Sichtweise, ändert sich die Wahrheit, ändern sich die Gefühle.
Ändern sich die Gefühle, hat sich die Wahrheit geändert, hat sich mit Sicherheit
die Sichtweise geändert und eine neue Tatsache ist entstanden.
Was gehört dazu, was brauche ich, um sorgsam mit mir umgehen zu können?
Viel Wissen!
Es folgt eine zentrale Fragestellung.:
Das Wissen worüber ist eine zentrale Fragestellung?
1.) Über die Seele, über ihre Bestandteile und ihre Grundbedürfnisse.
2.) Über den Körper, über seine Art, seine Funktionsweise und seine Grundbedürfnisse.
3.) Über meine Umwelt,
über meine Lebensschule,
über die Beziehungskunde
und über geschriebene und ungeschriebene Gesetze, wie zum Beispiel
die Gleichberechtigung,
die Freundschaft,

das Prinzip des Schenkens,
Begriffe wie Demut und devot (Devotion),
Diktatur und Demokratie.
4.) Über meine Goldwaage, über mein gesamtes Wertschätzungssystem.

Selbstdiagnose oder welche Fragen ich mir noch gestellt habe?
Ab wann stelle ich fest, daß ich
abhängigkeitskrank bin,
Suchtkrankenverhalten habe,
gefährdet bin,
suchtkrank bin ?
Viele Antworten dazu habe ich in meiner Therapie erhalten:
- Wenn das Suchtmittel seine positive Wirkung nicht mehr bringt.
(Stoffgebunden oder nicht-stoffgebunden.)
- Wenn ich mich neu orientieren muß.
- Wenn mein Freudenkonto leer ist.
- Wenn ich mein Denken verändern muß.
- Wenn ich mein Verhalten ändern muß.
- Wenn ich meine Zeiteinteilung ändern muß.
- Wenn ich mein Handlungssystem ändern muß.
- Wenn ich meine Dosis erhöhen muß.
- Wenn sich meine Gedächtnislücken häufen.
- Wenn plötzlich alle Werte der Liebe keine Gültigkeit mehr haben.
- Wenn in mir der Gedanke entsteht: 1.) "So geht es nicht weiter!"
                                        2.) "Ich schaffe es nicht allein!"
                                        3.) "Jetzt laß ich mir helfen."
**Zwischen 'so geht es nicht weiter' und 'jetzt laß ich mir helfen' vergehen
Jahre oder Jahrzehnte.**
"Selbsterkenntnis ist auch bei mir der erste Schritt zur Besserung!"
Ich gehe wahrheitsgetreu, ehrlich, aufrichtig und ernsthaft mit mir um, wenn ich
daraus meine Konsequenzen ziehe. Konsequent muß ich die ersten Schritte tun:
- Ich muß mich richtig neu orientieren lernen.
- Ich muß als allererstes herausfinden, was ich nicht mehr will.
- Ich muß herausfinden:
Wer bin ich?
Wie bin ich?
Was bin ich?
Woraus bestehe ich?
Welche Möglichkeiten habe ich?
Welche Wünsche und Bedürfnisse habe ich?
Wie kann ich mich selbst richtiger als früher verwirklichen?
Wie werde ich wirklich zufrieden?
Wie kann ich richtiges Interesse an meinem Leben haben?

Wie heißt der Auftrag, mit dem ich geboren wurde, den ich erfüllen muß?
"Das Beste aus meinem Leben zu machen!"
Wenn ich mir über all diese Punkte, und einige mehr, richtiges, zufriedenstellendes Wissen angeeignet habe, werde ich zufrieden.
Wo und von wem bekomme ich dieses Wissen?
Aus Goldwaage I und II oder richtig auf mich zugeschnitten in einer Therapie.

Eine meiner jetzigen Wahrheiten, die sich durch Sichtveränderung bei mir ergeben haben. Ich stellte mir eine Frage und konnte sie mir beantworten.
Was ist Streß ?
Streß = innerer Druck ist überhöhter Druck ...
      für den Körper,
      für die Seele oder
      für beide.
Streß für Körper und Seele, sagte mir ein Mediziner, sind drei Operationen in zwei Tagen. Damit hat er sicherlich recht.
Konstitution ist die angeborene Beschaffenheit.
Kondition ist die erworbene Beschaffenheit.
So bin ich mit etwas Streß geboren worden! Habe mir im Laufe meines Lebens viel Streß gemacht. Streß ist für mich nicht nur etwas Schlechtes oder Negatives. Lerne ich mit Druck richtig umzugehen, lerne ich gleichzeitig den Streß zu kontrollieren. Streß kann ich erhöhen oder niedrig halten. So kann ich auch großen Streß als großen Druck von außen niedrig halten.
Jeder Versuch, als richtige Anstrengung, lohnt sich.

Wie lerne ich, Doppelworte inhaltlich besser zu verstehen?

Dazu einige Beispiele:

Drehe ich Doppelworte nach Bedeutungstrennung um, erkenne ich meistens den Sinn, die Bedeutung dessen, den Inhalt und habe meistens die richtige Antwort.

1. Beispiele für Doppelworte:
- Lebensschule,
    Schule des Lebens.
- Beziehungskunde = Kontaktkunde,
    Die Kunde über oder kundig sein in Beziehungen und Kontakten.
- Fußball,
    ein Ball für den Fuß, es wird mit dem Fuß Ball gespielt.
- Verständigungsschwierigkeiten,
    Schwierigkeiten des Verstehens, etwas zu verstehen oder sich zu
    verständigen.
- Aufnahmestörungen,
    Störungen bei der Aufnahme.
- Annahmestörungen,
    Störungen bei der Annahme.

2. Beispiel für Dreifachworte:
- Handballspieler,
    ist ein Spieler, der mit der Hand Ball spielt.

Diese Beispiele könnten noch weitergeführt werden, aber ich hoffe Sie haben verstanden, was ich meine.

Sozio-kulturelle Einflüsse, Neigungen zu - Neigungen gegen

Gibt es Zusammenhänge zwischen verschiedenen Völkern, ihrer Abstammung und Suchtkrankheiten?

Meine Überlegungen und Thesen, nach meinen Kenntnissen:
Was hat die Kontinentenverschiebung in bezug auf Rauschmittel mit Suchtkrankheiten zu tun?

Eskimos könnten von Asiaten, Hunnen oder den Majas abstammen. Bei Asiaten, Hunnen oder Majas wurden Menschen aus dem Stamm, aus der Glaubensgemeinschaft immer dann zu Aussätzigen erklärt, wenn sie Gesetze der Gemeinschaft verletzt hatten. Diese Völkergruppen waren anfällig gegenüber Alkohol oder nicht-geläufigen Drogen der Medizinmänner.

Wurden aus Glaubensgründen oder medizinischen Zwecken diese Menschen kürzere oder längere Zeit damit behandelt, zeigten sie alle Merkmale eines Suchtkranken, der sich nicht mehr begnügen konnte oder wollte. Sie wollten mehr und öfter von diesen Drogen haben. Diese Menschen wurden straffällig und wurden der Gemeinschaft verwiesen. Sie galten als ausgestoßen.

Z.B. die Anfälligkeit gegenüber Alkohol wurde von den verantwortlichen hohen Priestern alter Kulturen erkannt und mit in den Katalog der Verbote aufgenommen. Alleine die Verstöße dagegen hatten weitreichende Konsequenzen, die teilweise noch in der heutigen Zeit gültig sind.

Für mich ist es vorstellbar, daß vor langer Zeit die einzelnen Kontinente zusammengehörten und ein Festland gebildet haben, den Urkontinent. Im Laufe der Evolution der Erde spalteten sich durch Abkühlung der Erde einige Landmassen ab. Neue Erdteile waren entstanden, die auch heute, zwar recht langsam, aber immer noch auseinanderdriften. Manche Erdteile 1-2 Meter pro Jahrhundert.

1. Das Ausgestoßensein durch Suchtkrankenverhalten und
2. das Auseinanderdriften der Landmassen läßt vermuten, daß Eskimos mit Asiaten oder Uraltvölkern, z.B. den Majas, verwandt sein könnten.

Die enorme Anfälligkeit der Eskimos gegenüber Alkohol ist heute noch nachweislich vorhanden. Zu dieser These habe ich viel gelesen und mich lange Zeit damit beschäftigt.

Einmal hauptsächlich in bezug auf Alkoholiker betrachtet (- für einen guten Freund).

Warum bin ich Alkoholiker geworden und was hindert(e) mich daran, trocken zu bleiben? Welcher Kranke hat sich nicht schon öfters diese Fragen gestellt?
Ursachen und Wesen der Alkoholkrankheit - Suchtkrankheit überhaupt unter dem Gesichtspunkt sozio-kultureller Einflüsse - beschreibe ich unter a, b, c, d.
Weiterhin eine Schranke, teils angeboren, teils erworben.
Diese Schranke kann zum besseren Verstehen auch Barriere oder Mauer heißen.
Nicht-stoffliche Enzymschranken, Enzymbarrieren oder Enzymmauern, (Eigennamen), so bezeichne ich diese Schranken einmal, die uns daran hindern, etwas im Übermaß zu tun. Sie sind auch als Angstfaktor zu bezeichnen.

Der Angstfaktor besteht aus Bewußtsein und dem Gefühl der Angst. So können das Ki-Ich, Elt-Ich, Erw-Ich als unser TB und unser UB mit der Angst Mauern bauen. Diese Mauern können auf das Gehirn übertragen werden, und es richten sich Mauern in der Seele und im Gehirn als Schranken auf. Diese sollen uns daran hindern, etwas im Übermaß zu tun. Diese Schranken im Gehirn können durch ein regelmäßiges Übertreiben, also ein Vielzuviel, so geschädigt werden, daß sie sich nicht mehr aufrichten lassen. Ich kann auch, bildlich gesprochen, von einer Amputation dieser Schranken sprechen. So eine Schranke haben wir mit Sicherheit, auch wenn sie sich bis heute noch nicht eindeutig nachweisen läßt oder nach ihrer Entdeckung anders bezeichnet wird.

Jeder Suchtkranke oder derjenige, der schon einmal ein enthemmendes Medikament genommen hat, erlebte sicherlich dieses Wegfallen der Hemmungen. Diese Enthemmung oder das Errichten dieser Schranke ist als Angstfaktor von mir bezeichnet worden. Also das Fallenlassen dieser Schranken oder das Errichten derselben durch die Angst ist der Angstfaktor.

Freude senkt diese Schranken, oder sie sind jedenfalls für uns nicht mehr zu sehen. Der Angstfaktor ist also dafür verantwortlich, daß sich die Enzymschranke aufrichtet, die Freude senkt die Schranke.

Z.B. Ob wir nicht mehr leben können oder wollen,

ob wir zu viel trinken,

ob wir zuviel essen,

ob wir zuviel kotzen,

ob wir zuviel spielen,

ob wir zuviel rauchen,

ob wir zuviel Medikamente nehmen,

ob wir zuviel Drogen nehmen,

ob wir zuviel nach Anerkennung, Liebe oder Freiheit streben,

ob wir zuviel der Sexualität nachgehen,

ob wir etwas zuviel im Übermaß tun.

Dies gilt auch für alles, was wir zu wenig tun, oder zu wenig zu uns nehmen, es wäre eine negative Übertreibung.

Ich habe große Angst, es reicht nicht.

Ich habe große Angst, ich komme damit nicht aus.

Oder ich habe große Angst, nicht genug zu bekommen, usw..

Eine innere Stimme warnt uns manchmal "mach es nicht!" Diese Stimme kann das UB oder eine der Ich-Formen sein. Aber ist die Hilflosigkeit so groß, daß wir keinen Ausweg mehr finden, sind wir nicht mehr lebensfähig. Vor allen Dingen, wenn wir, trotz größter Anstrengungen, uns nicht verständlich machen konnten. Uns verläßt der Mut. Wir können dann nur noch sagen: "Verzeih mir, aber mehr konnte ich nicht geben."

Kriegsveteranen könnten da mitreden. Doch wer traut sich schon über diese grausamen, ehrlichen Gedanken in der Öffentlichkeit zu reden? Peter tut es.

Wer darf schon zugeben, gerne getötet zu haben, ohne dafür bestraft zu werden?

Diese Gedanken gehören zu den Tabus. Darüber spricht keiner, und wenn doch, dann verschwinden sie in den Aktenordnern der Psychiater. Oder sie bleiben ein Beichtgeheimnis.

Bitte verzeihen Sie mir die offenen Gedanken, aber sie haben direkt etwas mit dem Suchtkrankendenken oder mit dem normalen Denken zu tun. Diese Gedanken sind vorhanden, und ich erlaube es mir, sie einmal ganz ehrlich anzusprechen.

Wer hat nicht schon mal jemanden "in Gedanken umgebracht" und sich dann für diese Gedanken geschämt?

Haben Sie sich schon einmal für Ihre Träume geschämt?

Wo fängt die Krankheit - Sucht an? Was ist noch normal? Wer kann uns glaubhaft versichern, daß all unsere Gedanken und Handlungen der Norm entsprechen? Wer bestimmt oder darf darüber bestimmen, was für mich normal ist, was ich "denke". Ich glaube, nur ich darf das.

Ich versuche einmal, Ihnen anhand eines "normalen" Denkens zu zeigen, wie daraus eine SK entstehen kann. Ich träume oder denke etwas Unanständiges von Menschen. Ich schäme mich dieser Gedanken und versuche, das über gute Taten wiedergutzumachen. Ich werde dadurch als hilfsbereit angesehen, bekomme die dafür gedachte Liebe und Anerkennung. Keiner weiß aber, warum ich so hilfsbereit bin. Daß ich mich bei dieser Hilfsbereitschaft, immer für andere da zu sein, vernachlässige, ist selbstverständlich. Oder ich richte mir vernünftige Pausen ein, dann bezeichne ich es als Hobby. Erst nach meinem Tode wird entschieden, ob es eine maßlose Übertreibung oder ein Hobby war.

Liebe oder Anerkennung hauptsächlich über andere zu bekommen und sich dabei zu vernachlässigen, ist höriges Verhalten, und höriges Verhalten ist der Anfang einer Suchtkrankheit, die Hörigkeit heißt.

Wann fängt sie an? Wann bricht sie aus? Ab wann ist sie behandlungsbedürftig? Wenn wir weiterhin unnötige Tabus erzeugen, werden wir nie ehrlicher, und unsere Kinder zweifeln zu recht an den Erwachsenen.

Der Grundgedanke ist gut. Aber wo gehört diese Ehrlichkeit hin?

Liebe Eltern: in die Familie. Auch Politiker oder andere Verantwortliche können Eltern sein.

Da sollte zumindest offen miteinander gesprochen werden.

Wem dürfen wir sonst unsere ehrlichen "bösen" Gedanken sagen, ohne dafür bestraft zu werden? Ehrlicher, offener kommen wir der Erforschung einer SK schneller näher.

Viele Tabus müssen fallen! Nur Menschlichkeit kann uns noch retten.

Helfen Sie, liebe Leser, bitte mit, damit zumindest im zwischenmenschlichen Bereich einige Tabus fallen! Dazu gehören auch Freundeskreise.

Nicht nur trockene Alkoholiker schämen sich ihrer Gedanken: *"Jetzt möchte ich mal wieder trinken!"*

Dabei sind diese Gedanken völlig normal, aber wir können ihnen mit vielen Sicherheiten begegnen. Wir müssen nur lernen, das zu akzeptieren und zu verstehen. Es würden dann noch viel mehr Menschen über ihre Gedanken reden und sie brauchten keinen Psychiater mehr aufzusuchen, um sich von ihm überprüfen zu lassen.

Liebende, werdet Freunde so schnell es geht: Sprecht offen miteinander! Lernt einander zu vertrauen und geduldig zu sein!

Aus sich liebenden Menschen sollte so schnell wie möglich eine Freundschaft entstehen. Vertrauendes, offenes, verstehendes, hilfsbereites Miteinander, ohne daß irgendwie aufgerechnet wird, ist eine echte Freundschaft, aber auch Liebe.

Viele Kranke klagen mir ihr Leid. "Tröste dich", sage ich ihnen, "wir werden als anlagebedingte Suchtkranke geboren! *Es ist beweisbar geworden, deshalb trägst du auch keine Schuld daran.*"

Auch Peter, als trockener Alkoholiker, habe sich zu diesem großen Problem seine ehrlichen Gedanken gemacht. Ich hoffe, Sie verstehen ihn und seine Überlegungen jetzt besser, nachdem er sie Ihnen, in Zusammenarbeit mit einigen Patienten, mitgeteilt hat.

Ich wage es zu behaupten, daß der Vietnamkrieg deshalb so lange dauern mußte, weil die armen Menschen mit einer kaputten Enzymschranke sich erst verheizen lassen mußten. Ist so ein Gedanke bei freier Denkungsweise schändlich? **Nein.** Sie hätten sich in einer normalen Gesellschaftsordnung nicht mehr zurechtgefunden. Einige sind mit Sicherheit durch diese psychologischen Maschen geschlüpft. *Rambo I, II, III, ist nicht nur eine Karikatur:*

Mit den Menschen, die durch diese Maschen schlüpften, haben wir schon Schreckliches erlebt.

Manchmal bedurfte es nur eines kleinen Anlasses, und schon ging derjenige nach Hause, holte sein gehortetes Waffenarsenal und schoß wild um sich. Er tötete, ohne Angst oder ein schlechtes Gewissen zu haben.

Solche Veröffentlichungen berühren zwar, aber wer kümmert sich um die Leidtragenden? Auch der, bei dem diese Tötungsschranke nicht mehr funktioniert, ist Leidtragender.

Wer bringt dieses grausame Geschehen mit einer Suchtkrankheit in Verbindung? Viele Beispiele aus dem Alltag könnte ich aufzählen, die belegen, daß wir solche Schranken im Gehirn haben und daß diese durch Suchtkrankheiten zerstört werden.

Ich habe sie nun mal Enzymschranke genannt, weil mir kein besserer Vergleich dazu eingefallen ist.

Auf 4 Wegen kann die Enzymschranke beseitigt oder beschädigt werden:

1.) Durch Legalisieren. (Es ist erlaubt, z. B. legale Suchtmittel.)

2.) Durch Vergiftungen.

3.) Durch Minderdurchblutungen (Absterben von Geweben und Organen oder Enzymen) oder

4.) durch Traumata (Verletzungen).

Nehmen wir einmal an, die Enzymschranke habe auch etwas mit Angewohnheiten zu tun, dann müssen wir die verschiedenen Völker und deren Angewohnheiten einmal ansatzweise betrachten.

So behaupte ich:

a) Es gibt, oder es gab die Abstinenz-Kulturen: (die mit einer 1/4 großen Enzymschranke geboren wurden).

Weise Menschen haben frühzeitig erkannt, daß ihre Menschengruppe anfällig gegenüber Giften ist. Deshalb haben sie wahrscheinlich dies als Verbot in ihre Religion oder Glauben aufgenommen. In anderen Ländern sah es sicherlich ähnlich aus. An eine Enzymschranke hat man dabei sicherlich nicht gedacht.

Z.B. die Moslems, der Islam, ganz Amerika und zwar die frühen Indianer, die Sieben-Tage-Adventisten sowie die Mormonen.

b) Ambivalenz-Kulturen: (die mit einer 1/2 großen Enzymschranke geboren wurden). Das sind veränderten Umständen angepaßte Kulturen, einmal ist es erlaubt, und einmal ist es verboten. Z.B. alle Nordländer, Finnen, Schweden, Norweger, Dänen, Eskimos sowie Amerikaner (der Neuzeit).

c) Permissiv-Kulturen sind angepaßte Kulturen: (die mit einer 100%igen Enzymschranke geboren wurden). Das sind eingefügte Leute, z.B. Südländer, welche es hassen, betrunken zu sein. Oder die Bayern, die den alkohol in ihre Nahrungskette eingebaut haben.

d) Und es gibt die Toleranz-Kulturen: (die mit einer 3/4 große Enzymschranke geboren wurden). Das sind wir: Alkohol-Genuß in jeder Form ist erlaubt oder sogar erwünscht. Das Trinken, auch ausschweifend, wird bei Männern und Frauen fast gleichermaßen toleriert. Bei solch einem gesellschaftlichen Verhalten hält keine Schranke. Vor allen Dingen nicht bei Frauen, die ja bekanntlich weniger Gifte verarbeiten oder abweisen können als Männer.

Alles was zuviel ist, erhält ein Übergewicht und wird zu dieser Seite tendieren. Die vielen Sprüche, die das belegen, lasse ich aus verschiedenen Überlegungen weg. Damit wäre sicherlich ein eigenständiges Buch zu füllen.

Reinrassige Völker gibt es auf unserem schönen Planeten kaum noch.

Zur Zeit findet die größte Völkerwanderung in der Geschichte der Menschheit statt. *Sie heißt Urlaub* und ist weit verbreitet.

Gene der verschiedenen Völker vermischen sich, weil sich Menschen nun mal verlieben können und Liebe wiederum "blind" macht.

Der vielleicht daraus entstandene Nachwuchs trägt die Erbmasse weiter.

Ich persönlich begrüße es, daß sich die Liebe auf der ganzen Welt ausbreitet.

Wenn sich alle Völker lieben und verstehen würden, könnten wir auf Haß, Neid und Kriege verzichten.

Mit Krankheiten und anderen Problemen haben wir genug zu tun.

Es gibt noch so viele andere Probleme, um die wir uns noch kümmern müßten.

Die 6 Einsichten bei Hörigkeiten oder anderen SK

Gültig für alle Suchtkranken, aber am Beispiel eines Alkoholikers beschrieben. Im gesamten Suchtkrankenbereich fehlen mir die eindeutigen deutschen Worte. Menschen sind dafür verantwortlich, daß die richtige Bedeutung vieler Worte verdreht wurde. Wer findet sich bei diesen Verdrehtheiten noch zurecht?

Um mich bei Ihnen doch noch ein wenig verständlich zu machen, bemühe ich mich, die deutsche Sprache so zu gebrauchen, wie sie mir geläufig ist. Dazu ziehe ich häufig Vergleiche mit Alkoholikern heran.

Ein Suchtkranker beschreibt und erkennt:

Ich bin unheilbar krank (suchtkrank), aber ich kann von meiner Krankheit genesen! (Wiederherstellen der Arbeitskraft.)

Eine Heilung im Suchtkrankenbereich gibt es nicht. Diese Krankheit ist schleichend und zuerst unsichtbar, aber bis an unser Lebensende vorhanden. Sie wird bei falschem, sich längere Zeit vernachlässigendem Verhalten wieder ausbrechen.

Um die Suchtkrankheit zum Stillstand bringen zu können, bedarf es:

sechs ehrlicher Einsichten.

Wer sie alle bejahen kann oder mit "stimmt" unterschreibt, befindet sich auf dem Wege der Genesung.

1.) So geht es nicht weiter.

2.) Ich schaffe es nicht allein.

3.) Ich lasse mir helfen.

Nach genügend vielen und großen negativen Erfahrungen mit seinen Suchtmitteln sind diese Einsichten mit Sicherheit vorhanden.

4.) Ich bin Alkoholiker, Abhängigkeitskranker, Suchtkranker oder Höriger oder Spieler als Verlierer, Alkoholkranker, Alkoholsüchtiger, Trinker oder Säufer.

Vergleich: Der Führerschein Klasse zwei schließt drei, vier und fünf mit ein.

Ein Säufer schließt den Trinker mit ein.

Ein Trinker ist derjenige, der trinkt und sein verträgliches Maß einhält. Ein Säufer ist derjenige, der sein verträgliches Maß weit überschreitet.

Die Krankheit und das Suchtmittel selbst müssen anerkannt werden.

So muß auch anerkannt werden, daß aus normalem, hörigem Verhalten die Krankheit Hörigkeit entstehen kann.

5.) Ich glaube*, daß ich keinen Alkohol mehr trinken kann, wenn ich zufrieden leben will. Deshalb passe ich auf, daß kein Alkohol, egal in welcher Form, und keine abhängig machenden Mittel, die unnötig sind, in meinen Körper gelangen.

Dieses muß sich der Alkoholiker sagen, will er zufrieden leben.

Ein Höriger muß auch erst einmal glauben, nicht richtig mit der Liebe und Anerkennung umgegangen zu sein, und sich dabei vernachlässigt zu haben.

Ein Höriger lebt hauptsächlich durch oder über andere und vernachlässigt sich dabei.

Ein Spieler muß anerkennen, daß er zum Verlierer geworden ist.

* Nach Aufklärung kann ich erst sagen: "Ich weiß".

Wenn ich jetzt schon wüßte, bräuchte ich keine Therapie mehr.

Wer sowieso alles besser weiß oder sagt, ich gehöre nicht dazu, braucht keine Hilfe und wird auch keine wirkliche Hilfe annehmen. Er begibt sich in keine Therapie und wird an seiner Krankheit sterben. Er hat das Recht dazu!

6.) Ich muß mein Verhalten in fast allen Bereichen ändern, mein Leben anders gestalten, wenn ich zufrieden, trocken und ohne schmerzende Hörigkeiten leben will. *Eine Spielsuchtkrankheit ist auch eine "Hörigkeit."*

Jede SK umfaßt eine Hörigkeit, wenn die Liebe und Anerkennung zum Suchtmittel vorhanden ist, findet auch eine Vernachlässigung statt. Daß sich jeder, der sk ist, vernachlässigt, wiederhole ich nur noch einmal, um zu verdeutlichen, daß es sich auf jede Art der SK bezieht.

Aus Liebe kann leicht Haßliebe werden, wie es viele Sk schon erlebt haben. Wer sich krankhaft hörig verhält, ist ehrlos, würdelos und heimatlos. Er ist auch wie ein Nichtseßhafter anzusehen.

Sein geistiges Alter wird immer jünger. Was vielen Menschen auffällt, sie es aber nicht richtig deuten, denn manchmal reagiert der Sk auch vernünftig. Diese Kraftanstrengung kann er nur nicht lange durchhalten. Betritt der Sk seine Intimsphäre, fällt er wie ein nasser Sack zusammen.

Hat auch der Hörige die sechs Einsichten bejaht, muß er sein Leben ändern.

Dem Hörigen fällt es meistens schwerer als allen anderen Sk, sein Leben zu ändern, weil er meint, daß die Hörigkeit nur auf die Sexualität oder Sklaverei zu beziehen ist. So meint er, nichts Ordentliches vorweisen zu können. Daß dem nicht so ist, soll dieses Buch zeigen.

Genauso ergeht es den Angehörigen, deshalb sprechen sie nicht darüber und beteiligen sich am Verniedlichen. Daß sie damit das Leiden aller, auch der Kinder, verlängern und das vielleicht sogar über Jahrzehnte, wird ihnen nicht bewußt.

Die Informationen über "Sucht", "Abhängigkeiten", "Hörigkeiten" sind bisher falsch verbreitet worden.

Was auch immer der Grund war, es muß sich ändern.

Ab jetzt muß auch der Hörige lernen, mit der Liebe und Anerkennung richtig umzugehen und sich dabei nicht zu sehr zu vernachlässigen. Kleine Vernachlässigungen schaden nicht groß. Denn zum einen können wir nicht alles im Leben erreichen, und zum anderen müssen wir ein Leben lang Kompromisse machen.

Der Suchtkranke verhält sich menschenunwürdig, ehrlos und ohne Würde. Er lebt in einem ständigen Krieg mit sich und anderen Menschen.

Eine Sache hat in meinem Körper nur Platz:

Sprit oder Ehre. Oder anders ausgedrückt: SK oder Gesundheit.

Richtig die Liebe eingesetzt = richtige Ehre, Würde = Menschenwürde.

Bringt der Suchtkranke, nach Erlangen der sechs Einsichten, seine Suchtkrankheiten zum Stillstand, kann er sich sagen: "Ab jetzt bin ich Gewinner!" - "Es geht mit mir bergauf!" "Durch kleine Schritte und neues Wissen erreiche ich wirkliche Zufriedenheit!"

Die Zufriedenheit fängt klein an und wird größer, dann heißt es:
Die innere Ruhe und den inneren Frieden mit mir selbst gefunden und mit anderen geschlossen zu haben.
Die Goldwaage ist wieder richtig ausgewogen, neu geeicht worden.
Der Gerechtigkeitssinn funktioniert wieder, wie neu geeicht.
Die Dauer der Genesungszeit, mit einer richtigen Therapie beträgt bei jeder SK etwa drei bis fünf Jahre.
In dieser Genesungszeit steigt das geistige Alter wieder an, bis es das biologische Alter des Menschen erreicht hat. Dann fühlt er sich ausgefüllt, und der Körper hat sich so weit wie möglich regeneriert.
Ohne Therapie und ohne richtige Informationen hat ein Sk oder ein "Höriger" keine wirkliche Chance, ein abstinentes oder ausgeglichenes, neues Leben zu führen.
Der Freß- oder Magersüchtige, der auch nur wie ein Höriger anzusehen ist, muß lernen, sein Normalmaß zu finden. Es wird ihm, mit den richtigen Informationen, nicht schwerer fallen als jedem anderen Sk.
Die Selbstmordrate wird dadurch drastisch sinken!
Eine richtige dauerhafte Zufriedenheit wird sich einstellen.
Der Auftrag, "das Beste aus seinem Leben zu machen", kann erfüllt werden.
Ändert er nichts an seinem Leben, bleibt alles beim alten, gewohnten Verhalten.
Er wird ein unzufriedener, mit sich und der Welt hadernder Mensch bleiben.
Nachdem die sechs Einsichten mit einem ehrlichen "stimmt" unterschrieben worden sind, ist es möglich, sein Lebensbuch auch im Erwachsenenalter noch einmal umzuschreiben.
Ich hoffe, an diesem Beispiel der sechs Einsichten deutlich gemacht zu haben, daß jede Suchtkrankheit zum Stillstand gebracht werden muß, daß ein ehrliches Erkennen und meistens ein Handeln nötig sein werden.
Alle bei meinen Aufzählungen nicht erwähnten SK dürfen Sie ergänzen, aber denken Sie bitte daran, daß wir uns nur 13 SK aneignen können.
Deshalb ist ein Lexikon, wo viele Namen von SK erscheinen, nicht falsch.
Alle sind sie aber in die 13 SK einzuordnen.
Etwas ändern kann ich nur dann an mir, wenn ich neue Informationen zulasse.
Es sei von mir noch einmal ausdrücklich erwähnt:
Jeder, der sk ist, und sein Suchtmittel liebt oder geliebt hat, ist mit Sicherheit hörig, und Hörigkeit ist eine Krankheit, auch wenn sie nur kurzfristig auftritt.

Wieviele Suchtkrankheiten hat mindestens jeder Mensch, der suchtkrank geworden ist?

Er hat mindestens drei Suchtkrankheiten!

1.) Die Suchtmittelkrankheit selbst
Das Mittel zum Zweck, welches seine erhoffte Wirkung tut. Es kann stofflich oder nicht-stofflich sein. Ohne ein Suchtmittel kann keine Suchtkrankheit entstehen. All das, was wir wie unter einem Zwang wiederholen, ist als krankmachendes Suchtmittel zu betrachten.

2.) Die Beziehungssuchtkrankheit
Durch Kontakt oder von der falschen Selbstverwirklichung krank geworden. Ohne den Kontakt, die Beziehung zum Suchtmittel oder deren Verwirklichung kann keine Suchtkrankheit entstehen. Eine Beziehung zu haben, ist ein Kontakt oder eine Vorstellung + Tat oder unsere Selbstverwirklichung.

3.) Die Liebe zu dem Suchtmittel
Die übertriebene, falsch angewendete Liebe zum Suchtmittel ist immer als höriges Verhalten zu bezeichnen. Wo Liebe ist, ist Anerkennung nicht weit. Wer ein Suchtmittel übertrieben einsetzt, vernachlässigt sich mit Sicherheit. Somit ist die Hörigkeit perfekt.

In den meisten Fällen ist die Liebe zum Suchtmittel vorhanden. In wenigen Fällen, so hörte ich, kann allein die Liebe zur Wirkungsweise des Suchtmittels vorhanden sein und das Suchtmittel selbst abgelehnt werden. Die Wirkungsweise hat aber immer mit dem Suchtmittel selbst zu tun.

Ganz wenige Menschen werden dazu gezwungen, suchtkrank zu werden.
Als Beispiel erwähne ich die notwendigen Medikamentenverordnungen bei körperlichen oder seelischen Erkrankungen.
Also ist bei diesen Menschen zuerst keine Liebe zum Suchtmittel vorhanden. Später, wenn sie sich daran gewöhnt haben, lieben sie das Suchtmittel wegen seiner positiven Wirkungsweise, in irgendeiner anderen Form. Manchmal bedarf es einer gewissen Zeit der Gewöhnung, bis wir etwas liebhaben können.

Verursacherprinzip oder Verursachersystem

Wieviele Suchtkrankheiten kann sich ein suchtkranker Mensch erwerben oder aneignen?
Insgesamt gibt es nur 13 Suchtkrankheiten, die sich ein Mensch einreden oder erwerben kann. Wenn eines oder mehrere unserer 13 Grundbedürfnisse nicht richtig erfüllt werden, können daraus drei oder mehrere Suchtkrankheiten entstehen.
Alle weiteren Namensgebungen für Suchtkrankheiten sind in die 13 Grundbedürfnisse einzuordnen. Somit ist es grundsätzlich nur möglich, 13 SK zu bekommen.
Ich kann deshalb als Ursache dafür anführen: Weil wir unsere GB erfüllen müssen und durch die vielen natürlichen Verständigungsschwierigkeiten, die hinzukommen, werden Krankheiten sehr wahrscheinlich. Außerdem liegt es in unseren Anlagen, sich nicht mit weniger zu begnügen, wenn wir doch mehr haben könnten.

Somit ist der Anfang einer SK, als Geburtsstunde, uns in die Wiege gelegt worden. *Erübrigt sich nicht damit die Schuldfrage?*
Habe ich eine Suchtkrankheit, bin ich unfrei. Was macht mich unfrei?
Verständigungsschwierigkeiten und die SK selbst!

Wie erreiche ich meine innere und äußere Zufriedenheit?
- Meine Suchtkrankheiten muß ich zum Stillstand bringen.
- Die Befreiung von Ängsten ist nicht möglich, aber die schädigenden, übertriebenen Ängste weniger werden lassen, ist möglich. Es ist sogar zwingend erforderlich, mit sich in Harmonie zu leben.
- Verständigungsschwierigkeiten beseitigen oder weniger werden lassen.
- Das Freudenkonto auffüllen.
- Das geistige Alter dem biologischen Alter anzugleichen.
- Die Beseitigung *sämtlicher Schuldgefühle* durch Verstehen lernen.
- Ohne krankmachende Suchtmittel zu leben, ist nicht möglich, aber richtig mit ihnen leben zu lernen, das richtige Maß zu finden oder mit ihnen den richtigen Umgang und Gebrauch zu erlernen, ist möglich.
- Die richtige Beziehungskunde zu mir selbst und zu meiner Umwelt zu erlernen, ist zwingend erforderlich.
- Die innere und äußere Unruhe muß sich in Verstehen und Gelassenheit umwandeln.
- Sich eine innere Heimat und ein inneres Zuhause zu geben, ist notwendig.
- Sein eigener Freund zu werden, ist eine Bedingung.
- Das "Ja" zu sich sagen können, ist ein Muß.
- Richtlinien dieser Welt, geschriebene und ungeschriebene Gesetze, müssen wir beachten, bedenken und nach den Richtlinien der Vernunft einhalten.
Ein vollständiges, richtiges Erklärungssystem macht Schuldgefühle überflüssig.
Viele Erklärungssysteme werden Sie in der Goldwaage II selbst entdecken können. Bei genauer Betrachtung schließen sich immer wieder Kreise, bis sich ein großer geschlossener Kreis ergeben hat. Dadurch kehrt auch bei Ihnen Ruhe und Frieden ein. Das Suchtkrankenverhalten wird mit Sicherheit weniger und die SK kommt zum Stillstand.

Wodurch haben wir Schuldgefühle?
Durch Verständigungsschwierigkeiten.
Das UB schult das Ki-Ich eventuell schon in der vorgeburtlichen Phase oder in der Zeit nach der Geburt falsch.
Das TB versteht sich untereinander (drei Ich-Formen) manchmal nicht richtig.
Das TB versteht das UB nicht richtig.
Das TB versteht den Körper nicht richtig.
Das TB versteht und deutet viele Informationen aus der Umwelt und der Erziehung falsch.

Richtlinien, geschriebene und ungeschriebene Gesetze, von Menschen erdacht, sind vielfach widersprüchlich oder sogar falsch. Für die Seele sehr oft nicht leistbar und deshalb falsch und falsch zu verstehen.

Wann fangen die Verständigungsschwierigkeiten an?
Sobald eine Seele den Körper beseelt.

Wann beseelt die Seele einen Körper?
Vorstellbar ist, sobald neues Leben entsteht, d.h. sofort nach der Befruchtung oder der ersten Zellteilung. Viele Frauen wissen gleich nach der Empfängnis, daß sie schwanger sind. Sie können die zweite Seele verspüren, die in sie Einzug gehalten hat.

Wie lange schult das UB das Ki-Ich?
Bis zu dem Zeitpunkt, an dem das Elt-Ich langsam wach wird, also in der Zeitspanne zwischen dem dritten und sechsten Lebensjahr. In dem Moment, wenn das Elt-Ich wach wird, errichtet das UB eine Mauer, eine Barriere zum TB, damit das TB nicht direkt in das UB sehen kann. Diese Mauer ist eine Angsttrennwand. Bei "Wunderkindern" ist diese Mauer oder Angst-Barriere in den ersten Jahren großlöchriger. Viele Informationen kann das TB, mit dem Ki-Ich und Elt-Ich, auf diesem Wege übernehmen.

Diese Ich-Formen bei Wunderkindern haben einen besseren Zugriff auf das Archiv im UB und somit auch bessere Informationen aus früheren Leben, z.B. das Rechnen- oder Lesenkönnen, liegen zum Greifen nahe. Es fällt ihnen später leichter. Ist diese Mauer nicht so durchsichtig, müssen wir büffeln.

Welche Richtlinien hat das UB mitbekommen, um Aufgaben hier auf Erden erfüllen zu können?
1.) Das Beste aus der Existenz in dem jeweiligen Wirtskörper zu machen.
2.) Dem TB, dem Chef der Seele, in allen Belangen behilflich zu sein und selbständig alle automatisch ablaufenden Geschehnisse zu erfüllen.
3.) Versuchen, mit dem jeweiligen Körper so lange wie möglich zu leben.
4.) Oberster Warner vor Gefahren zu sein.
5.) Die fünf seelisch-geistigen Grundbedürfnisse als Richtlinien.
Leider erzeugt das UB durch Verständigungsschwierigkeiten Schuldgefühle.
Das TB versteht das UB nicht richtig, weil 1.) das UB sich wie eine Milchglasscheibe darstellt und 2.) das Ki-Ich noch allein ist, nichts weitererzählen kann und auch noch keine Informationen in das Kurzzeitgedächtnis geben kann. Die richtige Speicherkapazität ist erst mit dem Wachwerden des Elt-Ich möglich.
In einem bewußt geführten Leben und mit den richtigen Erklärungssystemen sind weniger Schuldgefühle vorhanden.
Das UB bringt eine eigene Realität mit.
Erkenntnisse sind = Erfahrungen und = der Realitätssinn.
Dieses wird dem Ki-Ich gezeigt.
Mit dieser Realität, nach dieser Realität wird das Ki-Ich vom UB vorgeburtlich und in den weiteren drei bis sechs Jahren geschult.

Kommt das Elt-Ich ab dem dritten bis sechsten Jahr hinzu, schulen diese beiden Ich-Formen das UB, weil sie als TB dominanter - bestimmender als das UB sind. Das Erw-Ich wird im Alter von sechs bis acht Jahren wach. Es sollte bis zum 18. Lebensjahr fertig geschult sein. Der Mensch sollte bis dahin erwachsen werden.

Leider ist das nicht immer der Fall, da das Ki-Ich die Dominanz als zuerst wach gewordene Ich-Form nicht abgeben möchte. So gibt es viele Menschen, die niemals eine ehrliche Chance hatten, erwachsen zu werden.

Bei solch einer verdrehten Dominanz ist eine SK nicht weit:

Passen Sie, liebe Leser auf, daß Sie erwachsen werden! Passen Sie auf, daß Ihr Ki-Ich spielen darf, daß aber bei wichtigen Entscheidungen ihr Erw-Ich bestimmt.

Die Zufriedenheit, Ihre Zufriedenheit halten Sie in Ihren Händen!

Sicherheiten für ein abstinentes Leben!

Ich habe einen Freund, der sieben Jahre clean ist.

Er sagte mir, warum er immer wieder rückfällig geworden sei.

Er dachte, es hilft mir, meine Krankheit besser verstehen zu lernen, oder es hilft mir, sie zu überwinden. Vielleicht hilft es ja auch dem Leser.

Teilweise gebe ich es wieder, damit auch Sie mich ein wenig besser verstehen.

Daß ich krank sein könnte, habe ich damals weit von mir gewiesen. Daß ich von außen Hilfe brauchte, auch.

Denn mit dem Leben, das ich führte, war ich ja manchmal zufrieden. Ich dachte, es sei normal, so wie ich mein Leben führte.

Daß mir meine Eltern und Geschwister den Konsum nicht gönnten, habe ich vorausgesetzt, vermutet, aber nicht verstanden.

Wer weiß schon, wie Angehörige wirklich denken?

Wer weiß schon richtig, wie ein Suchtkranker denkt?

Wer weiß schon wie ein Mensch zu denken hat?

Ich wußte nicht, was ich richtig denken sollte. Ich ließ mich treiben. Mal hierhin, mal dorthin. War doch sowieso alles egal. Wen interessierte es schon? Am wenigsten wahrscheinlich mich. Heute weiß ich, daß ich damit gegen alles protestiert habe.

"Dieses Leben war besser als gar keines."

Stoff gab es reichlich, nur nicht für mich, denn ich mußte ihn mir besorgen.

Zum Besorgen fehlte mir aber einiges. Geld, Beziehungen, Zeit und die Gelegenheit.

Ich gebe ja zu, daß ich mit der richtigen Dosierung meine Schwierigkeiten hatte.

Es ist auch schwer für einen Anfänger, der in den ersten sechs Jahren seiner Drogenkarriere steht. Nur auf sich gestellt zu sein, ist schwer. Richtige Lehrmeister zum richtigen Gebrauch gibt es nicht. Man muß sich alles abschauen. Es wurde mir mal gezeigt, und das war es. Fast alles brachte ich mir selber bei, oder ich fragte mich durch. Was alles dabei schiefgehen kann, mag ich nicht aufzählen. Jeder soll seine eigenen bitteren Erfahrungen machen.

Außerdem bin ich heute gegen Drogen und kein Lehrmeister im Gebrauch von Drogen!

Für mich waren die ganze Stadt und das Umland meine Stammkneipe. Nachdem ich genügend Kontakte hatte und es sich rumsprach, daß ich Stoff brauchte, hatte ich auch genügend Anbieter. Dealer gab es genug, nur hatte ich nicht immer genug Geld, also versuchte ich meistens, mit Alkohol meinen bewußtseinserweiternden Zustand zu erreichen oder einfach nur mit ihm zu flüchten.

Daß ich mich im Alter von sieben Jahren schon hörig verhalten könnte, hätte ich nie ohne klare Beweise geglaubt. Daß ich zuerst hörigkeitskrank war, auch nicht.

Ich dachte, ich bin ein Kind, und Kinder verhalten sich nun mal protestierend, so neugierig, alles auszuprobieren und dabei noch experimentierfreudig zu sein.

Daß meine Brüder anders waren, habe ich mir so erklärt, daß sie ja andere Interessen haben als ich. Mit dieser Weisheit gab ich mich zufrieden.

Eindeutig verwirklichte ich mich falsch, vernachlässigte mich und alles der Krankheit wegen!

Ich habe es nur nicht gewußt. Ich hätte es auch abgestritten, wäre es einem eingefallen, mir das zu unterstellen. Selbst wenn mir einer gesagt hätte, mach so weiter und du landest in der Gosse, weil du krank bist, hätte ich nur gelacht.

"Ich doch nicht", außerdem wäre er sofort mein Feind geworden, der nicht will, daß es mir gut geht. Da ich aus gutem Hause stammte, hatte ich immer noch genügend Freunde und bei diesen hatte ich Kredit.

Alles machte ich falsch:

Ich bettelte nach Anerkennung und Liebe, warum weiß ich nicht, denn ich bekam genug, nur wies ich sie zurück, weil ich damit nichts anfangen konnte; ich wurde eher aggressiv, und das mußten wieder mal alle aushalten. Meine Mutter verwöhnte mich. Auch damit konnte ich nichts anfangen, so daß sie so langsam an ihrem Verstand zweifelte. Sk können das gut, anderen ein schlechtes Gewissen zu bereiten. Danken konnte ich es ihr schon gar nicht, weil ich ihr Besorgtsein anders gedeutet habe.

Ich vernachlässigte mich, die Schule und alle meine früheren Interessen.

Ich hatte nur im Kopf: wie erreiche ich es, an Stoff zu kommen?

Wie verhalte ich mich, damit ich nicht auffalle?

Wie beseitige ich mein Leergut oder meine Spritzen, ohne aufzufallen?

Wurde ich gelobt, wies ich dieses zurück, weil mein Freudenkonto leer war. Mit Freude konnte ich nichts anfangen, im Gegenteil Freude machte bei mir Druck. Als ob ich nicht schon genug Druck gehabt hätte. So mußte ich mich wieder anstrengen, diesen Druck über irgendeine Handlung wieder loszuwerden.

Wie Sie sehen, sind es ganz normale Dinge, also Kleinigkeiten, die ich falsch gemacht habe, die mich immer wieder konsumieren ließen.

Diese Liste ist unendlich weiterzuführen.

Erst als ich mehr über die Suchtkrankheit in Erfahrung gebracht hatte, konnte ich richtig verstehen lernen. Ich wurde auch freier, über mich ein wenig mehr zu erzählen. Deshalb bezeichne ich all das, was jetzt folgt auch als:

meine Sicherheiten nicht wieder rückfällig zu werden.

Ich hatte gelernt, wenn vom Alkohol die Rede war, brauchte ich nur alle meine Drogen als Bezeichnungen einzusetzen, und schon stimmten die Aussagen meines Therapeuten wieder. Es paßte plötzlich alles auf mich.

Daß er mir unterstellte, ich würde lügen und betrügen, hat mich am meisten getroffen. Dabei dachte ich, daß ich noch nie soviel Vertrauen und Offenheit einem Menschen gegenüber hatte. Nachdem wir es besprochen hatten, mußte ich zu dieser langen Beweisliste leider sagen, mein Therapeut hat wieder einmal recht. Ab diesem Zeitpunkt wurde ich mir und ihm gegenüber aufrichtig. Es gab zwischen uns keine Tabus mehr, zumal er mir sagte, daß das Lügen und Betrügen zu jeder SK dazugehört. Die gleichen Worte hatte auch mein langjähriger Freund schon benutzt.

Durch diese vielen Bekenntnisse haben mir mein ehemals drogenkranker Freund und mein Therapeut sehr geholfen, so daß ich in Zukunft ihnen gegenüber aufrichtiger und ehrlicher sein konnte.
Deshalb konnte ich jetzt auch meine Therapie besser verstehen.

Sicherheiten für ein abstinentes Leben:
Alle Sicherheiten für den Betroffenen und Angehörigen sind auch Eigenschaften und Merkmale, die bei fast allen Menschen zu finden sind, die sich in einem Ausnahmezustand befinden.
Somit ist jeder Ausnahmezustand eine kurzfristige Krankheit.
Das Lügen und das Betrügen gehört zu jeder Suchtkrankheit.
Somit bin ich auch sk, ich werde es nicht mehr leugnen.
Wer nicht lügt und nicht betrügt ist nicht sk, auch wenn er behauptet, daß das auf ihn nicht zutrifft.
Entweder stimmt das eine oder das andere.
Bei mir, dem Patienten "C", stimmt es, daß ich sk bin. Ich habe aufgehört, mir und anderen etwas vorzumachen, das gilt ganz besonders für Peter, der mich bei jedem noch so kleinen Schwindeln ertappt.
Dieses Aufgeben war auch gleichzeitig das Loslassen von meiner Krankheit.
Mir ist auch ganz klar, daß ich noch viele Jahre üben muß, bis ich mit meiner eigenen "Hörigkeit" zufrieden leben kann.
Ich werde eines Tages mein Hörigkeitsverhalten minimieren können!
Weil ich ernsthaft dabei bin, mich kennenzulernen.
Das Wissen darum bezeichne ich als einige meiner Sicherheiten.

Ein paar Regeln oder Richtlinien für Alkoholiker und sonstige Suchtkranke!
Wer sie einhält, hat gute Chancen, nicht rückfällig zu werden.
- Ehrlicher und aufrichtiger Umgang mit mir selbst ist eine Bedingung.
- Wenn ich das nicht kann, nützen mir auch keine anderen Sicherheiten etwas.
- Warum sollte ich mir dann überhaupt darüber Gedanken machen oder sogar dieses Buch lesen? Es wäre für mich reine Zeitverschwendung.
- Wer sich noch für sein Suchtmittel entschieden hat, den interessiert nichts außer sein Drogenkonsum oder ein anderes krankmachendes Suchtmittel.
(Umsteigemittel gibt es genug.)
Warum brauche ich, der abstinent Lebende, Sicherheiten?
Weil ich ein SK-Problem habe und ich auch anderen helfen möchte.
- Wenn ich etwas ändern will, muß ich einiges neues Wissen als richtig anerkennen.
- Eine neue Logik habe ich kennengelernt.
- Ich erkenne an, daß ich mit meinen Suchtmitteln nicht richtig umgehen konnte.
Sie bestimmten über mich und nicht mehr ich über sie!
- Ich nehme ehrliche Hilfe an.
- Ich brauche zuhause eine suchtmittelfreie Zone.

- Sogenannte trinkende Freunde, Saufkumpane oder Dealer werde ich meiden.
- Regelmäßige Besuche einer Abstinenzgruppe sind für mich erforderlich.
- Mindestens einmal wöchentlich ist solange eine Bedingung, solange ich die Gruppe brauche, und brauchen werde ich die Gruppe mehrere Jahre.
- Ein Leben ohne krankmachende Suchtmittel muß ich trainieren.
- Ich biete keinem Alkohol oder Drogen an.
- Ich werde im Privatleben nicht mit Alkohol oder Drogen in Berührung kommen. Versuchen brauche ich es nicht, denn alle meine Versuche sind gescheitert.
- Ich muß mir neue, positive Ziele suchen.

Wenn ich nicht weiß, was ich will, muß ich erst einmal herausfinden, was ich durchaus nicht mehr will!

Habe ich das herausgefunden, kristallisiert sich ein neues Ziel heraus.
- Ich muß mir eine neue Lebensgestaltung in fast allen Bereichen erarbeiten.
- Ich muß mich ernstnehmen, aber nicht mehr wichtig. Nehme ich mich ehrlich, übertreibe ich nicht. Damit entfällt auch eine Vernachlässigung meiner Person. Was ist schon so wichtig, daß ich mich dafür vernachlässige?
- Ich muß mich selbst kontrollieren, indem ich mich an der Realität orientiere.
- Ein gesundes Mißtrauen bei mir bietet mir ruhige Sicherheiten.
- Hilflosigkeiten verwirren mich nur.
- Ich bekenne mich ehrlich in meinem jetzigen Leben im Freundes- und Bekanntenkreis auch zu meiner Vergangenheit.
- Ich rede ehrlich mit Freunden, die mich verstehen, über meine Schwierigkeiten.
- Menschen, die ehrliches Interesse an mir haben, sich entweder für sich selbst oder einen Bekannten erkundigen möchten, gebe ich auch ehrlich Auskunft, werde aber trotzdem kein Weltverbesserer. Suchen sie für sich Hilfe, kenne ich jemanden, der ihnen helfen kann.

Ich zwinge aber anderen nicht mein Wissen auf.

- Ich freue mich über jeden nüchternen, zufriedenstellenden Tag.
Ein abstinenter Tag ist ein wertvoller Tag. So schaffe ich mir ein nüchternes Leben als mein neues Kapital.
- Für Notsituationen sollte ich mir Telefonnummern bereitstellen, damit ich mir in Notsituationen zu helfen weiß.
- Diese Nummern sollte ich ständig bei mir tragen.
- Diese Nummern auswendig zu lernen nützt wenig, denn wenn ich mich in einer Ausnahmesituation befinde, befinde ich mich in einer Notsituation, in der mir nichts Vernünftiges einfällt, auch keine Telefonnummer mehr.
- Also brauche ich noch andere Sicherheiten, die ich mir aus den mir zur Auswahl vorliegenden aussuchen werde.
- Wenn ich genügend geübt habe, fällt mir ein, daß ich Freunde habe, und ich versuche, mich mit diesen in Verbindung zu setzen.
- Dazu gehe ich nicht aus dem Haus, denn unterwegs könnte ich es mir anders überlegen und doch noch in der Kneipe oder bei einem Dealer landen.

- Wenn es mir gut geht, sollte ich diese Telefonnummern häufiger wählen, damit es mir nicht so schwer fällt, sie im Ernstfall zu gebrauchen, und damit sie mir geläufig sind, wenn es einmal wirklich sein muß.
Lieber einmal zuviel angerufen, als einmal zu wenig.
- Wer schon getrunken hat oder sich für die Droge entschieden hat, braucht nicht mehr anzurufen!
So kann ich den richtigen Umgang mit mir und anderen als Sicherheiten erlernen!
- Die Freizeitgestaltung muß ich ohne ein krankmachendes Suchtmittel üben.
Warum nicht mit Freunden üben?
- Ich muß unbedingt mit Menschen viele Male, sogar über Jahre hinweg, üben, die nicht mit abhängigmachenden Suchtmitteln ihre Freizeit verbringen.
- Auch das Urlaubmachen muß ich neu erlernen. Dementsprechend sollten auch die Urlaubsorte gewählt werden.
- Ich muß langsam, aber sicher an der Vergangenheitsbewältigung arbeiten.
Dazu muß ich mir Erklärungssysteme schaffen, um richtig die Vergangenheit verarbeiten zu können.
- Die alten Fehler von früher möchte ich nicht noch einmal machen.
- Der Abbau von Schuld- und Schamgefühlen ergibt sich durch klares Erkennen und Anerkennen der eigenen Persönlichkeit. Und das, was ich neu an mir erkenne, muß ich erst einmal so annehmen, mich an das Neue gewöhnen, bis ich es liebhaben kann.
- Ich gewöhne mich auch daran, daß ich an meiner Krankheit keine Schuld trage.
"So bin ich." "So war ich." "So werde ich jetzt, so will ich jetzt leben."
"So finde ich mich in meiner jetzigen Realität zurecht."
- Ich werde mich so annehmen, wie ich bin.
- Nachdem ich mich richtig kennengelernt habe, wie, wer und was ich bin, fällt es mir sicherlich nicht mehr schwer.
- Ich vertraue der Erfahrung anderer, abstinent Lebender und lasse sie ihnen.
- Ich mache mir ihre Erfahrungen zueigen und mache neue Erfahrungen in meinem neuen Leben.
- Ich verzichte auf die schnelle Befriedigung meiner Wünsche, so wie es früher immer sein mußte. Heute lasse ich mir Zeit und überlege richtig.
"Gut Ding braucht Zeit."
- Ich versuche Kummer und Schmerzen besser auszuhalten als früher, weil es sich lohnt.
- So schlimm, wie es mal war, kann es nicht wieder werden, wenn ich richtig auf mich aufpasse.
Ich selbst war derjenige, der sich die größten Schmerzen zugefügt hat.
Ein anderer kann mir gar nicht so weh tun, wie ich mir weh getan habe.
Wer suchtkrank ist, hat viele Schmerzen und einen großen Willen.
- Ich werde geduldiger mit mir und anderen umgehen.
- Ich nehme viele unüberlegte Spontaneitäten aus mir heraus.

- Ich bemühe mich ernsthaft um neue Freunde und einen neuen Bekanntenkreis, der ähnlich ehrlich denkt und handelt, wie ich.
- Ich kaufe vorübergehend nicht da ein, wo mir Gefahr droht wieder rückfällig zu werden.
- Ich gehe nicht in Kneipen, um zu saufen, sondern nur um meinen Durst zu stillen.
- Ich gehe hauptsächlich in ein Lokal, um zu essen, oder wegen einer Geselligkeit, zu der ich eingeladen wurde oder zu der ich einlade.

Weitere Sicherheiten für ein abstinentes Leben.

Hierbei geht es wieder mal nicht nur um Alkohol, sondern Alkoholiker werden wir als Vergleiche zu anderen Suchtkrankheiten betrachten.

Für den Alkoholiker oder die Alkoholkrankheit gibt es viele Worte.

Für andere Suchtkrankheiten und deren Beschreibung "auf Deutsch" kenne ich wenige Worte, die verständlich oder aussagekräftig sind. Ich lasse mich nicht auf ein verfälschtes Deutsch oder eine künstliche "Drogensprache" ein.

Ich möchte aber, daß die meisten Leser mich verstehen!

Wie mache ich das, da wir doch alle ein anderes Leseverständnis haben?

Ich bemühe mich. Hoffentlich haben Sie wenigstens ein wenig Verständnis für mich. Deshalb gestatten Sie mir bitte meine Wortwahlen und meine Vergleiche!

Ich kann Sie nur bitten mitzuhelfen, allgemeingültige Worte zu finden, damit wir in Zukunft, wenn wir von irgendeiner Suchtkrankheit oder von Suchtkrankenverhalten sprechen, nicht aneinander vorbeireden.

Fachleute als Wissenschaftler sind hierbei gefragt, damit irgendwann ein Fachbuch entsteht, mit dessen Hilfe Helfer noch besser helfen können.

Die Verständigungsschwierigkeiten werden dadurch weniger.

Ich zitiere Peter so, wie ich ihn verstanden habe:

Peter sagt über sich: Sprechen habe ich wieder gelernt, aber beim Schreiben hapert es noch. Aber ich habe so viele logische Überlegungen in mir und habe durch meine vielen Krankheiten eine andere Sichtweise bekommen, wodurch ich viele Fehler in unserer Gesellschaft entdeckt habe, so daß in mir alles danach drängt, auch Ihnen dieses Wissen zu geben. Ich bin heute 21 Jahre trockener Alkoholiker und müßte wissen, wovon ich spreche. Außerdem war ich 17 lange Jahre ehrenamtlich tätig.

- Ich habe mir ein neues Freund-Feind-Bild zu meinem Suchtmittel geschaffen. Früher war der Alk. mein Freund. Heute bin ich mein Freund und freue mich, wenn ich mich morgens im Spiegel begrüßen darf. Bei mir ist es zum Ritual geworden und trotzdem ist es immer noch die erste Freude, die ich mir morgens bereite.

- Früher habe ich gegen mich gekämpft, heute gehe ich sorgsam mit mir um und passe auf, daß der Alkohol auf Distanz bleibt. Ich ignoriere ihn auch, aber nur soweit, daß ich trotzdem noch genügend aufpassen kann, damit wir uns nicht zu nahe kommen.

- Feinde läßt man nicht an sich heran, und der Alkohol ist für mich zum Feind geworden, den ich auf Distanz halte.
Lasse ich ihn in Ruhe, läßt er mich auch in Ruhe.
So haben wir seit 21 Jahren ein Abkommen geschlossen. Mit Ehrlichkeit geht das. Ich bin ehrlich geworden.
- Heute erlaube ich jedem das Trinken, obwohl niemand meine Erlaubnis dazu braucht. Dieser Satz hilft nur mir! Nur weil ich den Alkohol nicht kontrollieren konnte, braucht meinetwegen keiner darauf zu verzichten. Ich habe nie gelernt, den Alkohol genießen zu können.
Früher habe ich den Alkohol überschätzt, wie man das als Verliebter so tut. Er hatte eine zu große Bedeutung für mich. Ich habe ihn zu groß aufgewertet, und mich dabei abgewertet.
Außerdem wollte ich eine Zeitlang daran gar nichts ändern.
Wenn ich ehrlich bin, fühlte ich mich, nachdem ich getrunken hatte, stark.
Somit muß ich zugeben, daß mich der Alkohol in eine Scheinwelt versetzt hat, in der ich mich stark fühlte und ich mir einiges zutraute, was ich meistens in Arbeit umsetzte.
Also hatte mich der Alkohol aufgewertet.
In einer Scheinwelt als Traumwelt zu leben, ist sehr oft schön, aber das Erwachen sehr bitter.
Die Zusammenhänge waren mir nur nicht richtig bewußt geworden.
Dazu muß ich sagen, daß mir alle diese Erkenntnisse erst im Laufe der letzten 21 Jahre gekommen sind.
Der Alkohol war mein Freund und ich mein Feind! Das habe ich heute erkannt.
Früher dachte ich, es war genau umgekehrt, deshalb habe ich ihn ja auch so verteidigt. Ich habe wirklich geglaubt, ohne ihn nicht leben zu können.
Das habe ich heute zu meinem Vorteil geändert.
Daß ich etwas ändern mußte, wurde mir spätestens nach meinen dritten alkoholaustrocknungsbedingten Schlaganfall klar. Dieses menschenunwürdige Leben mußte aufhören.
Wie sollte ich mein früheres Leben sonst anders deuten? Ohne eine vernünftige Aufklärung ging es nicht. Ohne Hilfe von außen wäre ich schon lange tot.
Dieses menschenunwürdige Leben kann von mir nur als Feindschaft, Knechtschaft, Leibeigenschaft, eigene Hörigkeit oder als Krieg bezeichnet werden.
Ich habe mich bekämpft, und es fiel mir noch nicht einmal richtig auf.
Die letzten fünf Saufjahre waren ein täglicher Kampf. Das fiel mir auf, weil ich in dieser Zeit ehrlich nach Hilfe suchte, die es aber noch zu wenig gab.
Daß ich auch gegen meine Familie gekämpft habe, habe ich zwar geahnt, aber nicht gewußt. Beim Einkaufen wurde zuerst der Einkaufswagen mit Bier und Schnaps gefüllt, obwohl meine Kinder dabei waren.
Ich habe alle meine sonstigen Bedürfnisse soweit vernachlässigt, daß ich davon suchtkrank geworden bin. Das ist mir heute klar.

Wenn ich etwas vernachlässige, muß ich es erst kennen. Heute ist es mir bekannt.

Aber keiner hat mir damals etwas von Grundbedürfnissen, die jeder Mensch hat, gesagt, obwohl ich auch zur Grundschule gegangen bin.

Auch das gibt mir zu denken.

Durch das Kämpfen habe ich gleichzeitig meine sonstigen Interessen vernachlässigt und somit gegen alles eine Protesthaltung eingenommen.

Um meinen Kampf einmal mit meinem Suchtmittel zu beschreiben; es sah meistens so aus, daß ich zusah, immer genügend Alkohol in Reserve zu haben.

Auch das gibt mir heute zu denken.

Früher habe ich eine *Protesthaltung* gegenüber dem *Leben* gehabt.

Heute habe ich eine Protesthaltung, nur wenn es sein muß.

Heute bin ich für mich gegen den Alkohol und gegen krankmachende Mittel.

Heute versuche ich, mit Anerkennung und Liebe ausgewogen zu leben.

Heute lebe ich aus Überzeugung abstinent.

Heute bezeichne ich mich deshalb auch als "Antialkoholiker".

Heute durch meine Therapie habe ich mich aufgewertet und den Alkohol sowie andere krankmachende Rauschmittel abgewertet.

Heute ist mir ein bewußt geführtes Leben lieber.

Es hat Vor- und Nachteile, wie alles im Leben.

Heute habe ich den krankmachenden Mitteln die Bedeutung gegeben, die sie verdienen.

Bleibt mir vom Halse und auf Distanz, darauf passe ich schon auf!

Sollte ich Medikamente doch einmal in einem Notfall gebrauchen müssen, überlasse ich die Entscheidung dem Arzt.

Gelernt habe ich im Laufe der Zeit, daß ich zuerst hörig war, weil ich zu sehr auf andere gehört habe und meistens um ihre Liebe und Anerkennung bemüht war. Mir ist auch klar, daß ich meine Bedürfnisse nicht selbst befriedigen konnte und sie mir, durch die damaligen Umstände, auch nicht richtig befriedigt wurden. Daß ich mich in fast allen Bereichen vernachlässigt habe und vernachlässigt wurde, ist mit Sicherheit daraus zu schließen.

Die Umstände habe ich nicht so gemacht, sondern ich wurde dahinein geboren.

Soweit die Bekenntnisse von Peter.

Weiter aus den Erfahrungen des Patienten C.

Heute erkenne auch ich an, daß meine Ersterkrankung meine eigene Hörigkeit war.

So kann ich gut mit dem Alkohol, den Drogen und den krankmachenden Mitteln leben, weil ich sie auf Distanz halte und so kontrolliert mit ihnen umgehen kann.

Dadurch daß ich das kann, hat sich mein ganzes "Kräfteverhältnis" geändert.

Ich bin wieder wer und werde schon zu meinem Erwachsensein finden, auch wenn es noch eine Zeit dauern wird. (Wie Peter sagt: 3 bis 5 Jahre.)

Ich habe ja Freunde, auf die ich höre, und die werden mich rechtzeitig bremsen, weil ich mich ihnen regelmäßig "zur Kontrolle" zeige.

Die mich krankmachenden Mittel halte ich auf Distanz und passe auf, daß sie nicht doch in irgendeiner Form in meinen Körper gelangen, und sei es versteckt in Lebensmitteln. Mache ich das richtig, werde ich seelisch und körperlich kräftiger.

Bei dem Hörigen ist es schon ein Problem, weil er lernen muß, mit Anerkennung und Liebe richtig umzugehen, und er aufpassen muß, daß er sich nicht vernachlässigt oder sich plötzlich zu wichtig nimmt. Das heißt, er muß in allen Belangen sein richtiges Maß finden, sonst kann er nie in Harmonie und Geborgenheit leben und nie richtig zufrieden werden.

Etwas auf Distanz halten, ist eine Anstrengung, aber kein Kampf.
Zu Anstrengungen in meinem neuen Leben bin ich bereit.

Faul war ich noch nie, aber ehe ich in Gang komme dauert es schon eine Weile. Auch war ich für jede Ablenkung dankbar, die Hauptsache war, es machte Spaß.

Wer kämpft, verliert immer etwas. "Ich hätte fast mein Leben verloren."

Wer zum Kampf aufruft, fordert andere zu Übertreibungen auf und Übertreibungen führen zu Schmerzen und Krankheiten. Politiker, Gewerkschaften und alle Großveranstalter solten sich das gut merken.

Für mich selbst und das übrige Leben bin ich offen, kritikfähig, überprüfend und es neu einschätzend geworden. Auch ist mir etwas Besonderes aufgefallen.

Mir ist an mir aufgefallen, daß ich mir eine zu lange Zeit nichts mehr wert war.
Hauptsache immer nur die anderen.......

Diese falsche Hilfsbereitschaft habe ich bei mir abgestellt.

Diese Erkenntnisse habe ich gewinnen dürfen und mir damit weitere Sicherheiten für mein neues Leben geschaffen.

Jetzt eine Besonderheit für mich:

Daß ein Höriger an seiner Krankheit sterben könnte, hätte ich früher nie geglaubt. Heute weiß ich es.

Damit meine ich nicht die vielen Selbstmordgedanken, die ich hatte, nein, damit meine ich mein unheimliches Krankheitsgefühl, wobei ich dachte, "ich sterbe".

Dreimal, in Peters Praxis, war es fast soweit.

Einmal war mein bester Freund Knut dabei und mußte dieses Drama miterleben. Peter sagte mir jedesmal hinterher, daß er bei mir die medizinische Heilhypnose angewandt hätte. Er habe direkt mit meinem UB gesprochen, und mein UB mußte genau das tun, was er mit seinem TB meinem UB sagte: Er gab meinem UB klare, eindeutige Kommandos, ohne ja oder nein. Er sagte zu meinem UB "du wirst", und schon mußte es das tun. Davon hatte ich vorher nichts Gutes gehört, diesmal bin ich ihm dankbar, weil er meine Gedanken so abbremste, daß ich wieder zu mir fand.

Einmal bei so einem Anfall hatte ich einen Herzstillstand von etwa 2 Minuten, wie mir Peter später erzählte. Ich dachte, jetzt ist es soweit.

Mein Leben flog in aller Eile an mir vorüber. Alles war nur noch hell und schön.
Tage später war dieses Sich-Verselbständigen weg.
Wer so etwas erlebt hat, wie ich es erleben mußte, weiß, daß schon allein eine
Hörigkeit tödlich enden kann.
Heute habe ich zu Peter ein gutes Vertrauen. Trotzdem bleibe ich ein kritischer
Betrachter. Alles, was mir von ihm gesagt wird, muß für mich logisch sein. Er
weiß es nicht, aber er wird ständig von mir überprüft. Ich kann es nicht lassen,
alles, was mich betrifft, zu prüfen.
Für mich selbst und das übrige Leben bin ich offen, kritikfähig, überprüfend und
es neu einschätzend geworden. Es kostet mich weniger Kraft, als wenn ich, wie
früher, mißtrauisch wäre. Somit bin ich mein eigener Energiesparer geworden.
Diese und einige unerwähnte Erkenntnisse habe ich während meiner Therapie gewonnen und mir dadurch Sicherheiten in mein Leben eingebaut. Bei so vielen Sicherheiten wird die eine oder andere halten.
Es sind mir aber auch dabei immer wieder neue Fragen und Antworten eingefallen, die ich Ihnen jetzt ganz kurz anbieten möchte.
"Ein Suchtkranker ist immer auch ein höriger Mensch!"
Diese Aussage hat mich fasziniert. Das läßt für mich den Schluß zu, daß die "Hörigkeit" immer die Ersterkrankung bei jeder SK ist und später andere Krankheiten
hinzukommen. Peter hat mir diese Überlegungen bestätigt. Dieses sei eines seiner
vielen Erkenntnisse aus der Forschungsarbeit der letzten 21 Jahre.

Können hörige Menschen abstinent leben?

Nein, sie können nur lernen, nicht mehr hörig zu sein. Sie können lernen, sich die
Anerkennung und die Liebe richtiger als bisher selbst zu geben und von außen
Ankommendes nicht mehr so hoch zu bewerten.
Die Selbstvernachlässigung muß in ein besseres und richtigeres Selbstbeachten
umgewandelt werden, dann werden auch sie in Harmonie und Geborgenheit le-
ben können. Die Zufriedenheit kommt dann wie von selbst durch eine bessere
Selbstverwirklichung.
Weitere Sicherheit könnte Wissen über Suchtkrankheiten sein!
Kurzfassung über Suchtkrankheiten:
Was ist eine Suchtkrankheit, was ist eine Hörigkeit?
Eine Krankheit durch Sucht.
Eine Abhängigkeits-Erkrankung.
Eine Zwangskrankheit.
Eine 24-Stunden-Krankheit.
Eine SK, die nur durch einen Genesungsweg zum Stillstand gebracht werden
kann.
Eine SK, bei der es keine Heilung gibt.
SK, mit denen ich jetzt gut leben kann, nachdem ich sie alle zum Stillstand ge-
bracht habe und alle Sicherheiten von mir eingehalten wurden. Das ist dann auch
der richtige Schutz vor einer erneuten SK.

Eine SK, die sorgfältig beachtet werden muß.

Eine SK, die nicht unter- oder überschätzt werden sollte.

Eine SK, die auch richtig bewertet werden muß.

Eine meistens von sich selbst eingeredete Krankheit, die wieder mit Hilfe Außenstehender ausgeredet werden kann.

Eine Krankheit, deren Anlagen dazu wir in uns tragen.

Der Versuch, sich selbst zu helfen. So wollte ich mir nur helfen.

Das Betreiben von Über- oder Untertreibungen über einen kürzeren oder längeren Zeitraum und davon krank geworden zu sein.

Eine SK, bei der ich falsch mit mir umgegangen bin und mich dabei völlig vernachlässigt habe, ohne daß es mir richtig bewußt geworden ist.

Eine SK, bei der ich nicht in der Lage war, meine unbedingt notwendigen Grundbedürfnisse richtig zu befriedigen.

Vorhandene Verständigungsschwierigkeiten wurden nicht richtig beseitigt oder minimiert.

Der eigene innere Druck konnte nicht mehr ausgehalten werden.

Negative Ersatzhandlungen mußten begangen werden.

Eine Suchtkrankheit ist immer der falsche, lebensfeindliche Umgang mit sich.

Er ist aber auch der falsche Umgang mit anderen.

Alles kann Suchtmittel sein, weil wir alles über- oder untertreiben können, so kann auch alles Einstiegsdroge sein.

Wir können von allem krank werden. Alle berauschenden Suchtmittel sind Dämpfungsmittel. Sie dämpfen immer ein bestimmtes Gefühl. In größeren Höhen haben sie eine andere Wirkungsweise als im Flachland.

Weitere Sicherheiten:

- Utensilien, die mich an meine SK erinnern, notfalls beseitigen. Dazu gehören Gläser, Krüge, Tassen, Spritzen und Medikamente, die nicht mehr benötigt werden.

- Zur Not muß ich auch bereit sein umzuziehen, wenn ich in meiner alten Wohnung keine Chance habe, abstinent zu leben.

- Zur Not muß der Partner oder die Arbeitsstelle gewechselt werden.

- Eine vernünftige Aufklärung oder sogar eine Therapie muß gemacht werden.

- Engste Mitarbeiter oder Freunde über die eigene Krankheit informieren, damit sie gegebenenfalls helfen können oder damit sie mir keine Stoffe anbieten, die mir gefährlich werden könnten.

- Sich selbst besser einschätzen zu lernen, damit ich frühzeitig erkennen kann, ob ich mich in Gefahr befinde.

- Ich muß mir eine neue Disziplin erarbeiten. Dazu gehört auch, daß ich mir einen neuen Zeitplan und eine neue Ordnung schaffe.

- Neue Richtlinien und Gesetzmäßigkeiten müssen erarbeitet werden.

Dabei geht es u. a. um die Themen:

Das Prinzip des Schenkens.

Rechte und Pflichten.

Die Gleichberechtigung.
Die Glaubwürdigkeit und die Moral aus meiner Sicht.
- Ärzten, Heilpraktikern und anderen Behandlern gegenüber ehrlich sein.
- Bei bevorstehenden Narkosen besonders ehrlich sein. Sonst besteht Lebensgefahr! Aufrichtigkeit kann in diesem Fall ihr Leben retten. Bitte haben Sie keinen falschen Stolz oder eine falsche Scham!
- Bei Einnahme von Medikamenten sich notfalls beim Apotheker erkundigen.
- Mit Schuldzuweisungen vorsichtiger zu sein.
- Eine SK ist eine schuldlose Erkrankung.
- Manchmal hilft es auch, ein Tagebuch zu schreiben.
- Es kann einmal sein, daß kein Freund zu erreichen ist, so kann sich das Aufschreiben des Problems als recht hilfreich erweisen.
- Durch glaubwürdiges Vorleben wieder vertrauenswürdig werden.
- Lieber die Wahrheit sagen, als wieder mit einer Lüge leben zu müssen.
- Hilfsbereitschaft zeigen, aber sich nicht aufdrängen.
- Sich einen gesunden Egoismus erarbeiten.
- Kritikfähig werden. Über Kritik nachdenken; meistens ist etwas Wahres daran.
- Kompromißfähig werden, denn es müssen viele Kompromisse im Leben gemacht werden.
- Die Arbeit an sich selbst nicht vernachlässigen. Alle seine Sicherheiten einhalten, ist Arbeit an sich oder mit sich oder Persönlichkeitsarbeit.
- In den ersten Jahren Euphorie und Panik meiden.
- Über die Nüchternheit die Zufriedenheit erlangen und damit auch zufrieden sein.
- Sich richtig begnügen lernen. *Weniger ist manchmal mehr!*
- Ich möchte nie wieder so wie damals leben, deshalb halte ich Teile meiner grausamen Zeit bei mir wach.
- Ich ändere mein Leben, langsam, aber doch stetig.
- Wenn ich nicht weiß, was ich will, muß ich zuerst herausfinden, was ich nicht mehr will. Dadurch ergibt sich wie von selbst ein neues Ziel.
- Ich will *nie wieder* so wie früher sein, denn so wie ich es heute nach meiner Aufklärung empfinde, muß ich ein schlimmer, maskenhafter Mensch gewesen sein. Heute darf ich ehrlich zu mir sein und diese Empfindungen auch zulassen.
Da ich abstinenter Sk bin, neige ich zu Übertreibungen.
Nie wieder, ist über meine Zeit hinaus, aber ich benenne dies auch bei meinen weiteren Beschreibungen, weil es mir sympathisch ist. Wenn ich bedenke, daß meine Seele weiterlebt und wieder Lebewesen beseelen wird, ist diese Übertreibung doch keine Übertreibung, denn ich möchte auch in meinem späteren Leben anständig durchs Leben gehen dürfen. Wer kann schon wissen, ob nicht doch Informationen wieder benutzt werden und zur neuen Lebensgestaltung vom UB wieder gebraucht werden, womit es wieder das Ki-Ich neu schult?
- Nie wieder möchte ich in meiner Gosse liegen.
- Nie wieder diese Qualen aushalten müssen.

- Nie wieder von einem Suchtmittel oder von einem Menschen restlos abhängig sein, so daß ich mir meinen Tod wünsche.
- Nie wieder so schmutzig, dreckig, unsauber sein und auch nicht mehr so denken zu müssen. Meine jetzige Hygiene am Körper und in der Seele gefällt mir besser.
- Daß sich diese "Hintertürchen" von Zeit zu Zeit wieder öffnen werden, mich wieder zu diesem alten Leben verführen wollen, ist mir klar, aber ich habe gelernt, sobald ich welche entdecke, sie kompromißlos zuzuschlagen.
- Daß ich in meinem Suchtkrankenkreislauf ab und zu penetrant gestunken habe, wurde mir heute schon mehrmals erzählt. Jetzt schäme ich mich dafür.
(Gifte und Geruchsstoffe werden z.t. über die Haut nach außen transportiert).
- Ich möchte auch nie wieder, so wie damals, ohne Schamgefühl leben.
- Nie wieder so rücksichtslos mit Menschen umgehen. (Freunde fallen lassen.)
- Ich möchte auch nie wieder so rücksichtslos mit Lebewesen umgehen.
Achtung hatte ich vor nichts und niemandem. Ich war meistens nur mit mir beschäftigt, um in Ruhe konsumieren zu können.
Heute bin ich für alle diese Sicherheiten dankbar.
Heute macht es mich zufrieden, das Gefühl zu haben, das Richtige zu tun und auch in den letzten Jahren richtiger gehandelt zu haben.
Heute bin ich auch dankbar für jede Sicherheit, die ich einhalten kann.
Heute bin ich dankbar dafür, Menschen gefunden zu haben, die mich verstehen und so annehmen wie ich bin.

Regeln und Richtlinien für hörige Menschen in einer Kurzfassung
1.) Lassen Sie sich unverbindlich beraten.
   Der weiteste Weg fängt mit den ersten Schritten an.
2.) Suchen Sie sich einen verstehenden, sich auskennenden Therapeuten oder schriftliche Vorinformationen. Lesen Sie die Goldwaage I + II.
   Gut informiert sein, hilft heilen.
3.) Lernen Sie sich kennen und akzeptieren.
   Ihr Leiden ist in der Seele zu suchen. Lassen Sie sich nichts anderes einreden.
4.) Lernen Sie Ihre Seele kennen und Sie finden einen annehmbaren Weg aus der Hörigkeit.
5.) Lernen Sie Ihren Körper kennen. Sofort können Sie ihn besser verstehen.
   Ist die Seele gesund, geht es dem Körper gut.
6.) Lernen Sie die Umwelt besser verstehen, verstehen Sie sich besser in der Umwelt.
   Sage mir, mit wem du umgehst und ich sage dir, wer du bist.
7.) Lernen Sie geschriebene und ungeschriebene Gesetze vieler Länder, und Sie verstehen Zusammenhänge besser.
8.) Lernen Sie viele naturgegebene Gesetzmäßigkeiten, und Sie können sich in dieser schönen Welt besser verstehen und zurechtfinden.
   Mauern und Ketten fallen durch Verstehen.

9.) Lernen Sie verstehen, daß für alles, was mit Ihnen geschieht, die Verantwortung bei Ihnen zu suchen ist. Sie sind der Bestimmer über Ihr Denken und Handeln und auch darüber, was sie von außen zulassen.

Verstehen Sie diese Regeln, ersparen Sie sich und Ihren Angehörigen viel Leid.

Günstigere und erreichbarere Zielsetzungen werden Ihnen möglich sein.

Ist in Ihnen Hoffnung entstanden?

Sind Sie ein verstehender und wißbegieriger Mensch, dann lesen Sie bitte weiter.

Lieber Mensch, du bist etwas Besonderes, aber nichts Besseres.

Nimm dich nicht so wichtig, sondern nimm dich ernst.

Ernsthaft mit sich umgehen, heißt ehrlich mit sich umgehen.

Wenn ich etwas ernsthaft betreibe, kann ich es nicht belächeln oder lächerlich machen. Es sei denn, ich lächele ehrlich, dann ist es ernsthaft, weil es genauso gemeint war. Somit ist ein ehrliches Lächeln ein ernsthaftes Lächeln.

Wenn ich ernsthaft bin, bin ich auch glaubwürdig.

Alles können wir verkomplizieren, aber wir können auch alles einfach betrachten und übersichtlich gestalten.

Ich hoffe, dieses Buch ist so einfach und übersichtlich geschrieben, daß Sie sich nicht nur darin zurechtfinden, sondern daß Sie sich damit eine neue, vielleicht lebensnotwendige Sichtweise erarbeiten können, denn dann haben Sie eine neue Wahrheit.

Jeder Hörige als Suchtkranker denkt und handelt kompliziert. Er denkt um sieben Ecken herum und gibt sich als Schauspieler oder Clown.

Verliert er seine Maske oder bröckelt sie, braucht er Hilfe. Diese kann ihm leider nur gegeben werden, wenn er sie auch zuläßt und annimmt.

Angehörige, die ja von ihrem Partner lernen "mußten", denken und handeln leider sehr oft genauso umständlich und kompliziert, weil auch sie sich nicht mehr richtig zurechtfinden. Alles wird ihnen zu schwer, weil sie sich allein gelassen fühlen. *Deshalb könnten gerade Ihnen diese wichtigen Informationen helfen.*

Wenn diese Bücher I und II der "Goldwaage" als Lebenshilfe und Ergänzung der wissenswerten Selbstverständlichkeiten betrachtet werden, haben sie ihren Zweck erfüllt. Betrachten Sie die darin enthaltenen Regeln, Erfahrungen und Anmerkungen als Hilfestellungen, die Sie jederzeit anwenden dürfen.

Für Sie noch einmal eine kurze Zusammenfassung wissenswerter Informationen.

Was ist eine Suchtkrankheit, was ist eine Hörigkeit?

Eine Krankheit der Sucht, aus der Sucht oder Abhängigkeit entstanden.

Eine schuldlose Zwangskrankheit.

Eine Abhängigkeitserkrankung.

Eine eingeredete Krankheit.

Eine Krankheit, die nur zum Stillstand gebracht werden kann.

Eine Familienkrankheit, weil alle Angehörigen sehr viel darunter leiden.

Eine 24-Stunden-Krankheit, die vor keinem Sonn- oder Feiertag haltmacht.

Eine Pandemie! Sie ist nicht örtlich oder zeitlich begrenzt. Sie überschreitet jede Grenze.

Eine Krankheit, die jeder verstehen kann, der sich dafür interessiert.

Eine Krankheit, bei der es Hilfe gibt.

Eine Krankheit, vor der wir unsere Kinder schützen müssen!

Eine Krankheit, die wir beim Entstehen verhindern müssen!

Der Versuch, sich selbst zu helfen.

Das Scheitern der ständigen Versuche, sich selbst zu helfen.

Über- oder Untertreibungen über einen kürzeren oder längeren Zeitraum machen jeden Menschen krank.

Warum wehren sich heute noch so viele Menschen gegen diese einfachen Überlegungen, bei denen viel Leid verhindert werden kann oder viele Menschenleben gerettet werden könnten?

Aus normalem Verhalten wurde eine Krankheit. Sie hat sich deshalb schleichend und unbemerkt ergeben, weil wir uns zu wenig ernstnahmen und nicht darauf geachtet haben, unser wirklicher Freund zu werden.

Was die Allgemeinheit macht, muß nicht richtig und gesund sein. Es muß auch nicht die gerechte Wahrheit sein, nach der gesucht wird. Jeder sollte seine eigene Wahrheit finden, dann verhält er sich auch gerecht.

Vermeidbare Fehler der Angehörigen von Suchtkranken!

- Machen Sie keine Vorschläge mehr, wie er oder sie dies oder das tun soll. Sie entmündigen damit nur den Patienten.

- Machen Sie keine Vorwürfe mehr! Sie verstärken nur noch die Schuldgefühle, unter denen der Patient so schon genug leidet.

- Sprechen Sie von sich selbst, wenn Sie sich meinen und nicht von: *man, wir* oder *uns*. Zeigen Sie Selbstbewußtsein, auch wenn es noch nicht richtig vorhanden ist. Es wird sich durch dieses Verhalten von selbst ergeben.

Wer von wir, man und uns spricht, hat Angst. Er will nicht allein sein, zu zweit lebt es sich leichter. Mit dieser umgangssprachlichen Aussage kann ich viel leichter in einen dunklen Keller gehen, weil ich nicht mehr allein bin.

- Hören Sie auf, sich an der Vertuschung dieser Krankheit zu beteiligen, aber lassen Sie dem Sk das Recht, zuerst selbst über seine Krankheit zu sprechen.

- Lügen Sie nicht mehr für den Patienten.

- Nehmen Sie dem Sk keine Verantwortung mehr ab, wenn sie ihm gehört.

- Lassen Sie sich nicht noch mehr Verantwortung aufbürden.

- Zeigen Sie ganz deutlich, daß Sie an der Grenze Ihrer Belastbarkeit sind.

- Beseitigen Sie von ihm keine Reserven oder Leergut. Es sind seine Pflichten.

- Spionieren Sie nicht mehr hinter ihm her. Sie vergeuden nur Ihre Kräfte.

- Erledigen Sie für den Patienten keine Wege, die er selbst erledigen müßte.

- Nehmen Sie seine Suchtkranken-Alibis nicht mehr ernst.

- Vermeiden Sie fruchtlose Diskussionen. Manchmal ist er nicht aufnahmefähig.

- Verweigern Sie intime Beziehungen, solange er sich für das Suchtmittel entschieden hat. Eine Dreiecksbeziehung kann nicht in Ihrem Sinne sein.
- Fordern Sie keine Versprechungen von ihm, solange er sk ist. Er wird sie nicht einhalten können, weil die Krankheit stärker ist.
- Vermeiden Sie, von Geld zu reden, das er sinnlos ausgibt. Er weiß es selbst, und Sie verstärken dadurch nur seine Schuldgefühle. Dadurch wird er nur besser im Lügen, denn er muß sich immer wieder etwas Neues einfallen lassen. Sein Leiden und Ihr großer Kummer oder Ihre Hilflosigkeit wird dadurch nur verlängert.
- Sprechen Sie keine leeren Drohungen aus, die Sie nicht einhalten können. Sie werden nur noch unglaubwürdiger, wozu Sie schon gemacht wurden. Sagen Sie nur das, was Sie leisten können.
- Einem Sk das Konsumieren zu verbieten, ist aussichtslos. Die Krankheit ist stärker als die Liebe zu Ihnen.
- Trinken Sie nicht mit, damit er weniger zu trinken hat.
- Bestehen Sie darauf, daß er sich beraten läßt und Hilfe von außen zuläßt.
- Machen Sie Druck. Sie können einem Sk nur zur Seite stehen, aber nicht wirklich helfen, so daß er seinen Suchtkrankenkreislauf verlassen kann.
- Erhöhen Sie mit allen Mitteln seinen Druck.
- Sehen Sie zu, daß die negativen Erfahrungen im Umgang mit seinem Suchtmittel so schnell wie möglich zunehmen.
- Sind Sie nur sein Gesprächspartner, bei dem er sich ein wenig erleichtern kann, verlängern Sie sein Leiden.
- Helfen Sie dadurch, daß Sie diese Richtlinien, trotz der eigenen Angst, etwas falsch zu machen, einhalten.
- Helfen Sie dadurch, indem Sie sich auch beraten lassen.
- Suchen Sie für sich Hilfe. Angehörige brauchen richtige Informationen, damit sie richtig helfen können.
- Hilft alles nicht, will oder kann Ihr Partner nicht, müssen Sie sich entscheiden, auch Sie haben das Recht, frei zu leben. Sprechen Sie aber vorher unbedingt mit einem Amtsarzt oder einem Therapiezentrum
- Sie müssen entscheiden, mit ihm oder ohne ihn zu leben.
- *Lassen Sie sich nicht länger hilflos, demütigend und unglaubwürdig machen!*
Angehörige können somit auch etwas tun. Mithelfen, sich richtig zu verhalten!
Geben Sie die Verantwortung an den Patienten zurück, und Ihre Hilflosigkeit wird weniger.
Richtig helfen bei einer SK können nur Außenstehende, die nicht zu Angehörigen gemacht werden können.

Peter sagt dazu:
Viele Menschen beklagen sich bei mir:
- Warum hat mir das mein früherer Therapeut nicht gesagt?

- Warum wurde mir das nicht in meinen drei vorangegangenen Therapien erklärt?
- Warum genehmigte mir meine Krankenkasse nur 20 bis 30 Stunden bei solch einer komplexen und tödlichen Krankheit?
- Warum wird deine Therapie nicht bezahlt?
Antwort: Weil ich als Heilpraktiker und Suchttherapeut frei arbeiten möchte, erfülle ich nicht die niedersächsischen Gesetze des Psych-KGs. Aber auch, weil es Ärzten verboten ist, mit HP. zusammenzuarbeiten.
Bei der Eröffnung einer Beratungsstelle, die den Richtlinien entspricht, müßte ich einstellen: einen Arzt, einen Psychologen, einen Sozialarbeiter und eine Schreibkraft. Da mir dazu die Mittel fehlen und ich frei arbeiten und meine Therapie weiterentwickeln möchte, werde ich nicht anerkannt.
Ein anderer Patient ist empört und fragt jetzt zusätzlich den Leser:
- Warum haben die Ärzte mir meine Alkoholkrankheit verschwiegen? Sie haben doch auf Grund meiner Leberwerte von manchmal bis zu 1250 Ggt. erkennen müssen, daß bei mir etwas nicht stimmt, daß ich eventuell sogar alkoholkrank sein könnte.
- Warum empfiehlt mir ein Arzt im Krankenhaus bei wiederholt hohen Leberwerten, ich solle nur wenig Bier trinken und den Schnaps ganz weglassen?
- Müßte ein Arzt nicht wissen, daß sogar schon bei einem Verdacht auf eine Alkoholkrankheit der Konsum von jeglichem Alkohol untersagt werden sollte?
Peters Antworten auf diese Art der Fragen lauten meistens:
Wenn die Behandler schon falsch ausgebildet werden und sie vergessen, sich weiterzubilden, werden sie auch falsch behandeln.
Oder wenn die Kassen, die für diese Krankheit zahlen müßten, sich nicht die Mühe machen, sich etwas genauer zu informieren, werden sie weiterhin für falsche Therapiestundenzahlen oder für falsche Therapien bezahlen. Rentenversicherungsträger als hauptsächliche Kostenträger von Suchttherapien sollten umdenken lernen.
Viel anders kann ich es mir und meinen Patienten manchmal nicht erklären, warum auch heute noch, wo wir doch alle sparen müssen, so viele falsche Entscheidungen überall getroffen werden. Der Leidtragende ist immer der ahnungslos gehaltene Patient. Er wird von einem falschen Behandler zum nächsten falschen Behandelnden geschickt, aus lauter Hilflosigkeit.
Ich, Peter, mußte das fünf lange Jahre in meiner 17 Jahre lang dauernden Suchtkrankenkarriere erleben. Somit ist mir dieser Kreislauf nur zu gut bekannt.
Darüber, über die vielen Fragen, die mir gestellt werden, und darüber, wie ich antworte, habe ich ansatzweise ein wenig berichtet. Normalerweise müßte über die vielen Unzulänglichkeiten ein eigenes dickes Buch geschrieben werden. Aber erstens liest es keiner und zweitens verstecken sich doch immer wieder die Verantwortlichen hinter Gesetzen, Referenten, Pressesprechern, Vorzimmerdamen und veralteten Vorschriften.
Aber glauben Sie nicht, daß sich auf Dauer die Patienten für dumm verkaufen lassen. Auch ich, der Patient "C", werde so langsam wach.

Patientin D kommt zu Wort

Hätte ich diese Informationen früher gehabt, wäre mir eine Menge Leid erspart geblieben!
Auch das mußte ich am Ende meiner Therapie sagen.

Mein Bericht, meine Selbstdarstellung

So sehe ich meine Therapie heute, nach 12 monatiger, ambulanter Betreuung.
Zu Peter bin ich - wie ich zunächst dachte - wegen meines Freundes gekommen. Er ist drogensüchtig - war aus dem Ausland zu mir gekommen, weil wir gemeinsam eine Lösung finden wollten. In Peter hatte ich den Therapeuten für ihn gewählt. Aber es kam alles ganz anders, denn er machte mir schnell deutlich, daß ich die eigentliche Patientin für ihn war. Bei den Sitzungen mit meinem Freund war ich stets dabei. Ich sollte dolmetschen, weil mein Freund nur englisch sprach. Schon bald stellte sich heraus, daß ich nicht nur ausschließlich dabeisein sollte, sondern von Peter zur Mitarbeit aufgerufen wurde. Ich erkannte durch seine Hilfe, daß mein Freund nicht für sich selbst mit den Drogen aufhören wollte, sondern - wenn überhaupt - nur für mich. Während ich mehr und mehr die Informationen von Peter für mich selbst aufsaugte, begann mein Freund, gegen mich zu arbeiten. Er machte einfach nicht mit. Der Prozeß des Erkennens, daß ich nicht weiter mit ihm ein gemeinsames Leben aufbauen konnte, war sicher der schmerzhafteste meines bisherigen Lebens, denn er bedeutete, daß ich mich ernsthaft selbst erkennen mußte. Und das hieß, daß ich mich mit meiner eigenen Sucht, die sich Hörigkeit nennt, auseinandersetzen mußte. Die Droge bei der eigenen Hörigkeit ist die Liebe und Anerkennung. Hörig sein bedeutet "Liebe und Anerkennung falsch einsetzen und sich selbst vernachlässigen". Durch andere und über andere zu leben. Dies war also meine erste Lektion.
Bisher hatte ich immer die sogenannten "Spiegel" meinen Partnern vorgehalten und versucht, mich in ihrem Spiegelbild wiederzufinden. Der direkte Blick in meinen eigenen Spiegel tat weh, denn was ich dort sah, kannte ich nicht, und vor allem mochte ich es nicht. Nachdem die Therapie für meinen Freund aufgrund seiner Verweigerung gescheitert war, weil er sich nicht auf sie einließ und unsere Trennung vollzogen war, mußte ich lernen, mich allein zu orientieren. Peter brachte mir bei, meine Seele, ihre Bestandteile und Funktionsweisen zu verstehen. Als ich erkannte, endlich begriffen und akzeptiert hatte, daß ich selbst "drogensüchtig" war, fühlte ich mich bereits ein wenig besser. Ich lernte meine Hörigkeit zu erkennen und einzuschätzen. Ich begriff, daß ich mich seit langem in einem Suchtkrankenkreislauf befand. Und wie ein stofflich Süchtiger nach seiner ständigen Stoffration strebt, suchte ich meine Droge - die Liebe und Anerkennung - durch andere Menschen. Der Schaden, der durch unkontrolliert "zu mir genommene Rationen", durch die permanent falsche Dosis bereits entstanden war, hatte mich bereits zu einem echten "Junkie" der Hörigkeit gemacht. Ich lernte meine Hilflosigkeit zu erkennen und mich langsam durch besseres Verstehen zu orientieren. Je länger die Therapie andauerte, desto besser konnte ich mich

selbst ertragen und aushalten. Ich lernte den Unterschied zwischen "Verstehen" und "Verständnis haben". So konnte ich die Suchtkrankheit meines Freundes zwar weiterhin verstehen, erkannte aber, daß ich kein Verständnis mehr für sein Verhalten aufbringen konnte.

Der Knoten platzte schließlich, als ich in den Diskussionen über Kindheits-Ich, Eltern-Ich und Erwachsenen-Ich begriff, daß mein Kindheits-Ich erkrankt und mein Erwachsenen-Ich völlig "verschüttet" war. Ich lernte, dem "Kind" die gefährlichen Spiele zu verbieten, und setzte immer konsequenter das Erwachsenen-Ich in den "Chefsessel". So wurde ich zu einer veränderten Persönlichkeit. Es überraschte mich sehr, daß ich nicht nur mein eigenes Denken und Verhalten für mich selbst erkennbar änderte, sondern daß sich dies auch nach außen für meine Umwelt manifestierte. Menschen, die nicht die geringste Ahnung hatten, welchen Prozeß ich durchmachte, traten mir ganz anders entgegen. Sie spürten unbewußt die Veränderung an und in mir durch die neugewonnene Kraft des Erwachsenen-Ichs. Der Knackpunkt dabei war: daß ich meine lang erprobte kindliche Protesthaltung und Protesthandlungen aufgeben mußte. Dagegen habe ich mich in der Therapie am längsten und heftigsten gesträubt. Aber schließlich akzeptierte ich die Notwendigkeit dazu, und auf dem bisher unbekannten Boden, den ich dadurch betrat, fühlte ich mich immer wohler. Meine Goldwaage schien nach und nach ins Gleichgewicht zu kommen. Mehr und mehr lernte ich, bei mir selbst zu sein, damit zufrieden zu sein und mich wirklich zu erkennen und vor allem anzuerkennen. Ich lernte mein Liebespotential auf mich selbst zu richten. Zu erkennen, was ich für mich will, und dieses Wollen auch umzusetzen.

Jeder Trinker, der "trocken" lebt, bleibt Alkoholiker. Genauso lebe ich in dem Bewußtsein, daß ich immer eine "Hörige" sein werde. Aber ich lebe heute - wenn man das so sagen kann - auch "trocken".

Als ich meine Therapie abgeschlossen hatte, wußte ich, die Arbeit an mir selbst hört damit nicht auf. Meine größte Frage war: Was wird sein, wenn ich mich neu verliebe? Gerät dann die Goldwaage wieder aus dem Gleichgewicht, verfalle ich dann sofort meiner Droge Liebe und gebe mich total auf? Ist es vielleicht besser für mich, genau wie ein trockener Alkoholiker, der vom Alkohol fern sein muß, einer Liebesbeziehung fernzubleiben?

Peter sagte mir damals auf all diese Fragen, daß ich immer gefährdet bleiben würde, in alte Verhaltensweisen zurückzufallen; aber mit meinem neuen Bewußtsein würde ich alles viel schneller durchschauen und nie wieder so hilflos und orientierungslos sein wie zuvor.

Was meinen damaligen Freund betrifft, kann ich nur sagen, ich bin dankbar für das Leid, das ich durch ihn erlebt habe. Durch die größte freiwillige krankhafte Abhängigkeit meines Lebens bin ich heute zu einer freien, unabhängigen Seele geworden. Die Leere, die er zunächst hinterlassen hat, habe ich durch mich selbst ausgefüllt. Ich bin heute als Mensch nicht vollkommen, wenn gerade niemand an meiner Seite ist. Ich kann mich ertragen, und mit meinen Ängsten konfrontiere ich mich heute direkt, denn sie helfen mir, die wirklich wichtigen Aufgaben im

Leben zu lösen, und tippen mich sozusagen mit der Nase auf die Dinge, die ich bewältigen muß, um meine Seele weiterzuentwickeln.

Ich kann sogar wieder Liebe empfinden und annehmen. Aber Peter hat recht behalten: Heute bleibe ich während dieses Prozesses bei mir selbst. Mein eigenes Wohlergehen ist mir wichtig, ich bin mir mittlerweile etwas wert, so daß ich genau auf mich achtgebe. Und wenn ich in alte Verhaltensweisen abzudriften drohe, sozusagen aus dem Ruder laufe und mich hilflos fühle, weiß ich schnell, wie ich mich wieder orientieren kann. Ich kenne heute die Formeln, die Energie der richtigen Gedanken, und gegen deren Wirkung kann ich mich - selbst wenn ich wollte - nicht mehr wehren.

Spiegelbild

Peter hat mir den Spiegel vorgehalten, so daß ich mich darin selbst erkennen konnte. In Wirklichkeit war es gar kein Spiegel, sondern eine Fotografie.

Mein Spiegelbild war mir vertraut und spiegelte mich seitenverkehrt wieder.

Peters Bild als Fotografie zeigte mir mich selbst, so wie mich andere Menschen auch sehen. Diese Sichtweise war mir nicht vertraut.

An diese Sichtweise mußte ich mich erst gewöhnen.

Jeder Mensch hat zwei Gesichtshälften. Die "liebliche" Gesichtshälfte halten wir meistens mehr nach vorne, so daß wir den Kopf etwas schief halten, ohne daß es uns selbst auffällt. Über die freundliche Seite brauchen wir wenig zu sagen, da unsere freundliche Seite fast jeder gerne hat. Es ist unsere kontaktfreudige Seite.

Die rechte Hälfte ist meistens die konzentriertere Seite. Die halten wir etwas zurück, damit sie mehr im Hintergrund bleiben und beobachten kann. Mit dieser Seite sind wir konzentriert und mißtrauisch, weil wir uns vor Gefahren schützen wollen. Es soll nur nicht auffallen. *Es ist auch ein wichtiger Teil der Maske eines Suchtkranken.*

Oder es ist die Maske eines Menschen, der etwas zu verbergen hat. Kleine Geheimnisse hat jeder Mensch, die braucht er auch für seine Selbstsicherheit.

Oder es wird im Berufsleben erwartet, mißtrauisch und wachsam zu sein, dann halten wir die rechte Gesichtshälfte auch etwas zurück.

Bei mir ist es Peter gelungen, die unterschiedlichen Hälften zu entkrampfen, so daß ich keine Scheu mehr habe, einem anderen Menschen gerade in die Augen zu sehen. Heute ist es eher den anderen unangenehm, wenn ich sie direkt anschaue. Es ist für sie neu, daß jemand so frei ist, sich zu zeigen.

Jetzt kann ich als Erwachsener mit beiden Gesichtshälften aufpassen, damit mir keine Gefahr droht. Es hat für mich auch den Vorteil: Ich zeige mich ehrlich, auch nach außen, und bin dadurch vertrauenswürdiger. Heute ist mein Innerstes auch manchmal außen zu sehen, weil ich meine Masken aufgegeben habe.

Im Privatleben mache ich überhaupt keine Maske mehr. Meine Gesichtshälften haben sich entspannt, angepaßt.

Wie bei einem Ehepaar, das 50 Jahre verheiratet ist. Diese Menschen haben sich auch im Aussehen so angeglichen, daß sie wie Geschwister aussehen können.

Bei mir dauerte es nur zwei Jahre, und schon falle ich durch meine Ausgeglichenheit, Offenheit und Direktheit auf.

Aber nicht nur im Gesicht bin ich entkrampft, sondern es betrifft den ganzen Körper. Dazu brauchte ich nur ehrlicher zu werden, mich so wie ich bin zuzulassen und so frei zu leben, wie ich empfinde. Es gefällt besonders all meinem Gerechtigkeitssinnen, daß ich meine Masken fallen gelassen habe. Harmonie ist entstanden.

Ich weiß jetzt, wer ich bin. Ich weiß jetzt, wie ich bin. Ich kenne meine Bedürfnisse und verwirkliche mich richtig nach meinen Möglichkeiten. Somit bin ich zufrieden, weil Hilflosigkeiten durch mich nicht mehr entstehen. Unsicherheiten werden bleiben, aber sie sind nur gut für mich, damit ich richtig auf mich achte und nicht mehr so leichtsinnig sein kann.

Erkenntnisse einer Patientin, bei der in erster Linie das Ki-Ich erkrankt war

Bei der genaueren Betrachtung meiner SK, der Hörigkeit, konnten wir herausfinden, daß in erster Linie das Ki-Ich erkrankt ist. Das Elt-Ich hat dem Ki-Ich dabei über einen längeren Zeitraum geholfen. Dabei ist es auch mittelschwer krank geworden. Deshalb beträgt meine Therapiezeit etwa ein dreiviertel Jahr. Darum brauchte ich auch eine Nachschulung, eine Nacherziehung im Erwachsenenalter. In meiner Therapie wurde deshalb in erster Linie das Elt-Ich und das Erw-Ich angesprochen und geschult, um die alten Defizite auszugleichen. Wenn ich mich in meiner Therapie für diese Art der Nachschulung sperre, geschieht dies, indem immer die Protesthaltung des Ki-Ichs dominant erkennbar wird.

Diese Art der Protesthaltung nehme ich dann ein, wenn bestimmte 'Knöpfe' gedrückt werden, d.h. Peters Informationen gegensätzlich zu dem Gerechtigkeitssinn meines erkrankten Ki-Ich laufen.

Peters Therapie ist dann, mir 'den Spiegel' vorzuhalten: Er spricht ganz gezielt das Erw-Ich, aber auch das Elt-Ich an, um mir meine eigene Protesthaltung ganz deutlich zu machen.

Gelingt es mir, meine Protesthaltung zu erkennen, betrachte ich sie als überflüssig, und gebe die Protesthaltung sofort auf. Es können dann keine Protesthandlungen mehr entstehen. Somit habe ich die Wahrheit in mir und an mir geändert. Dadurch lebe ich ein neues, ehrliches Leben.

Um die Schulung der Ich-Formen besser zu verstehen, muß ich wissen, daß das Ki-Ich vorgeburtlich und in den ersten Lebensjahren vom UB geschult wird. Die Kindheit selber dauert dabei in der Regel bis zum 18. Lebensjahr. Die Schulung des Elt-Ich beginnt in den ersten drei bis sechs Lebensjahren. In diesem Zeitraum wird das Elt-Ich 'wach' und maßgeblich ausgebildet bzw. geprägt.

Gedächtnisse entstehen, und zwar im Ki-Ich, Elt-Ich und Gehirn.

Deshalb können wir nach den ersten Lebensjahren Erlebtes behalten, uns an die Kindheit erinnern, aber nur bis zu dem Zeitpunkt, an dem das Elt-Ich erwacht.

Die Schulung des Erw-Ichs schließt sich in den Lebensjahren sieben bis neun an. Es ist bei jedem Menschen, bei jeder Seele anders. Alle Ich-Formen sollten das gesamte Leben hindurch aktiv sein, sobald sie wach geworden sind, und es bilden sich ihre Persönlichkeiten heraus.

Gibt das Ki-Ich die Dominanz nicht ab, können sich auch die anderen Ich-Formen nicht richtig ausbilden. Es kommt zum Kampf. Ein Kampf in der Seele, der sich auf den Körper ausbreitet und diesen in Mitleidenschaft zieht, d.h. er wird krank. Um diese Krankheiten kümmern wir uns dann. Wir gehen zum Arzt oder Heilpraktiker wegen dieser körperlichen Beschwerden.

Um einzelne, falsche Dominanzen zu vermeiden, die dann die Vorherrschaft haben würden, gilt es, die Ich-Formen auszuwiegen und in Harmonie zu bringen.

Um das Beste aus seinem Leben machen zu können, müssen wir mit allen unseren Persönlichkeiten und dem UB in Harmonie leben. Dazu müssen wir all unsere Möglichkeiten nutzen. Ist eine SK bei einer dieser Persönlichkeiten entstanden, müssen sofort Gegenmaßnahmen ergriffen werden.

Eingeredete Suchtkrankheiten der einzelnen Persönlichkeiten müssen sofort wieder ausgeredet werden. Jede SK ist zuerst eine vom Ki-Ich eingeredete Krankheit. Ist eine SK entstanden, bedarf es einer Nachschulung oder Nacherziehung. Ist über das Ki-Ich hinaus auch das Elt-Ich erkrankt, dauert dieser Nachschulungsprozeß länger. Die Therapiezeit verdoppelt sich meistens. Ist das Erw-Ich auch erkrankt, sagte mir Peter, könne er in seiner Praxis für diese Patienten nichts erreichen, da sie eine stationäre, medikamentöse Therapie brauchten.

Nachschulen kann ich mich selbst am besten, wenn ich meine Protesthaltung selbst erkennen lerne und mir so 'selbst den Spiegel vorhalten' kann.

Peters Rat, den ich sofort auf mich bezog:
Eine Protesthaltung wird meistens eingenommen, wenn eine Schwachstelle berührt wird, Hilflosigkeit entsteht, und wer will schon hilflos sein?

Nachdem ich meine Protesthaltung aufgegeben habe, hatte ich sofort das Gefühl, richtig reagiert zu haben, also etwas getan zu haben, also mir selbst geholfen zu haben. Somit war ich nicht mehr hilflos und auch nicht mehr so leicht angreifbar. Dadurch wurde auch das Gefühl überflüssig, daß ich mich angegriffen fühlte.

Eine Protesthaltung, und eine Protesthandlung ist auch ein Sich-wehren. Meistens besteht aber gar kein Grund sich zu wehren, weil man gar nicht angegriffen wurde, sondern nur Verständigungsschwierigkeiten dahintersteckten.

Somit waren es vielleicht nur andere Sichtweisen, die jeder haben darf.

Statt - wie gewohnt - gleich nach dem Gerechtigkeitssinn meines kranken Ki-Ich zu handeln, sollte ich die aufkommenden Reaktionen zurückhalten und die Dinge sich erst einmal entwickeln lassen. Die Spontaneität rausnehmen, nachdenken und dem Erw-Ich die Dominanz des Reagierens überlassen.

Betrachte ich meine Schwachstellen genauer, kann ich sie zu Stärken umwandeln. Gebe ich meine Schwachstellen nach innen und außen zu, werden daraus meistens Stärken. Die ruhige, ausgewogene Analyse der Situation unter

Betrachtung allen Wissens und unter der Beachtung aller drei Ich-Formen befähigt mich dann zu einer Originalhandlung. So gehe ich auch ordentlich mit mir um. Die Protesthaltung und Protesthandlung als 'Ersatzhandlung', um mich nicht ganz so hilflos zu fühlen, ist damit überflüssig geworden. Ich habe zudem keine unnötige Kraft verwendet und werde zum 'Energiesparer'.

Wegen meiner großen Protesthaltung hat meine Therapie auch etwas länger gedauert, aber auch dadurch, daß wir viel Zeit mit meinem Sk-Freund verbracht haben.

Wer oder was ist meine innere Stimme?

Das Ki-Ich, das Elt-Ich, das Erw-Ich, das UB und der Körper. All diese leisen oder lauten Stimmen sind als Warner vor Gefahren zu betrachten. Wir müssen nur lernen, öfter auf diese Stimmen zu hören. Am leisesten ist die Stimme des noch nicht richtig geschulten Erw-Ichs. Diese Stimme auszubilden, so daß sie dominieren kann, ist die vordringlichste Aufgabe.

Meistens haben diese leisen Stimmen recht und wir sagen hinterher:
Hätte ich bloß auf meine innere Stimme gehört.

Übergangslos einige Hinweise von mir zur Phantasie:

Wir Menschen haben Phantasie.

Jede Ich-Form hat Phantasie.

Das Ki-Ich hat die meiste Phantasie und Kreativität.

Das UB hat keine Phantasie.

Der Körper hat auch keine Phantasie, er versucht nur immer, in Gleichgewicht und Ausgewogenheit zu leben.

Phantasie kann auch der enge Zusammenschluß der drei Persönlichkeiten im Tagesbewußtsein sein. Die Informationen werden ausgetauscht, und die Ich-Formen hoffen, daß sich durch die löchrige Barriere zum Unterbewußtsein weitere Informationen dazugesellen und sie damit neu gestalten können.

Aber ich betone, daß jede Ich-Form eine eigene Phantasie hat. Sie haben auch eine eigenständige Kreativität, also Gestaltungsfreudigkeit.

Dem Ki-Ich schreibe ich zu, daß es am meisten kreativ ist. Somit liegen Phantasie und Kreativität dicht beieinander.

Was ist ein Trance-Zustand?

Ein Trance-Zustand ist ein Unterbewußtseinszustand, in welchem das UB von einem anderen TB befragt werden kann. Das TB = die Ich-Formen, sind im Trance-Zustand wenig beteiligt oder sogar ganz ausgeschaltet, sie können nicht eingreifen. Es kommt aber auf den Zustand an, wie tief der Trance-Zustand geht.

In Stufe I und II ist eine Unterhaltung mit dem Patienten noch möglich, aber er hat in diesem Zustand schon die Kontrolle über den Körper verloren.

Es liegt am Behandler, ob sich der Patient an das Gespräch erinnern kann oder nicht. Lautet das Kommando, "du wirst dich an nichts mehr erinnern", weiß der Patient auch nichts mehr, was in so einer Sitzung passiert ist.

Lautet das Kommando anders, wird der Patient sich an alles erinnern.
Auch in einem Notfall erinnert sich der Patient:
Eine lebensbedrohliche Gefahr löst eine Hypnose auf.
Oder aber wenn einer nicht *"vergewaltigt"* werden will, dann wird auch der Trance-Zustand aufgelöst. Gewisse Grundsätze können nicht "hypnotisiert" werden.
Wie das möglich ist, weiß ich noch nicht ganz genau, aber es muß mit unseren Neigungen zu oder gegen der Seele und unserem Gerechtigkeitssinnen zu tun haben.
Neigen wir nicht dazu, weil unser Bewertungssystem dagegen ist, werden wir wach. Empfinden und bewerten wir es als ungerecht, werden wir wach.

Alle drei Ich-Formen haben die Vernunft.
Die Vernunft ist die eigene, richtige Gerechtigkeit und die eigene, richtige Wahrheit.
Das UB hat keine Vernunft, weil ihm die Unvernunft fehlt und weil es nicht kritikfähig ist. Es muß immer "Ja" zu eindeutigen Informationen sagen, die vom TB, vom Körper oder von außen, von einem anderen TB, an das UB herangetragen werden.
Deshalb ist das UB ein "Ja- Sager".
Es streicht aber bei ankommenden Kommandos das Ja und das Nein. Deshalb müssen auch Kommandos an das UB eindeutig sein, sonst ändert sich nichts.
Deshalb muß ich auch "Ich" sagen, wenn ich mich meine. Dann führt das UB alle klaren Angaben aus, oder es legt diese Informationen solange an die Seite, bis die Zeit der Verwirklichung gekommen ist.
Der Körper, der das Bestreben hat, immer ausgewogen zu leben, hat er deshalb Vernunft? Ist der Körper deshalb vernünftig?
Im gewissen Sinne ja, weil er das Bedürfnis hat, in Ausgewogenheitzu leben.
Was der Körper nicht vertragen kann, wird von ihm schnellstens wieder nach außen befördert oder er reagiert mit sichtbaren Krankheiten (Hautveränderungen, Ausschlag, Allergie, Entzündungen).
Er hat kaum Möglichkeiten, sich richtig im TB zu melden. Erst höherschwellige Anforderungen registrieren wir bewußt.
Es muß erst eine gewisse Schmerzschwelle überschritten werden.
Bei Drogenabhängigen wird es eindeutig. Sie geben dem Körper Schmerzbetäuber von außen, so daß der Körper die Produktion von Schmerzbetäubern als Endorphine einstellt.
Peter sagte mir: Ein Drogenabhängiger bekommt bei seinem Entzug den Umbau seiner Knochen mit. Dies ist auch eine Erklärung dafür, warum Drogenabhängige nach Absetzen der Droge so große Gliederschmerzen haben. Nach Absetzen der Droge dauert es drei bis sechs Tage, bis die Endorphinproduktion wieder richtig angelaufen ist.
Fazit: Eine Suchtkrankheit ist entstanden:

Verständigungsschwierigkeiten zwischen Körper und TB.
Verständigungsschwierigkeiten zwischen dem TB und dem UB.
Keine richtige, aber doch ein wenig Vernunft des Körpers. Er kann sich nicht gegen die Seele wehren. Er will nur in Ausgewogenheit leben.
Keine Phantasie des Körpers und auch keine Kreativität.
Das Ki-Ich hat die meiste Kreativität.
Das UB ist ein "Ja"-Sager.

Einige Gedanken
zu dem Charakter und zu den Suchtkrankheiten
Was "ist" der Charakter?
Die Summe der persönlichen Eigenschaften eines Menschen.
Der eigene Charakter ist das disziplinierte Einhalten seiner Grundsätze nach den Richtlinien der eigenen Glaubwürdigkeit und der eigenen Moral.
Aus diesen Antworten ergeben sich weitere Fragen und Antworten.
Was sind Eigenschaften?
Das, was dem Menschen eigen ist, sind Gewohnheiten und Fähigkeiten. Gewohnheiten, die dem Menschen eigen sind, können angeboren oder erworben sein. Sind sie erworben, sind es auch Angewohnheiten.
Was sind Gewohnheiten oder Angewohnheiten?
Immer wiederkehrende Denk- und Handlungsweisen, die zu Grundsätzen werden können.
Das, was wir uns angewöhnt haben.
Wer bestimmt über die Gewohnheiten oder Angewohnheiten eines Menschen?
Die ererbten Anlagen körperlicher oder seelischer Natur. Diese Anlagen werden bezeichnet mit Neigungen zu als Zuneigungen, oder Neigungen gegen als Abneigungen. Diese Neigungen zu oder gegen rechne ich den Gerechtigkeitssinnen und den körperlichen oder seelischen Grundbedürfnissen zu, weil sie auch unsere Bewertungssysteme sind.
Die Erziehung durch das Elternhaus und die Umwelt.
Der Mensch selbst mit seiner Phantasie, seinem TB, UB und dem Körper.
Eigenschaften stehen sich gegenüber bestimmt durch das Polaritätsgesetz.
Wie kann der Charakter eines Menschen sein?
Wie können Gewohnheiten eines Menschen sein?
Wie können Angewohnheiten eines Menschen sein?
So vielschichtig, wir wir uns nur denken können.
Positiv oder negativ,
gut oder böse,
richtig oder falsch,
gesund oder ungesund,
vorteilhaft oder unvorteilhaft,
sauber oder unsauber.
Schnell oder langsam ist auch eine Gewohnheit (angeboren),

fleißig oder faul ist auch eine Gewohnheit (angeboren),
gerecht oder ungerecht,
freundlich oder unfreundlich,
anständig oder unanständig,
lebensbejahend oder lebensverneinend,
wahrhaftig oder lügnerisch,
genügsam oder maßlos,
zuverlässig oder unzuverlässig,
pünktlich oder unpünktlich,
ehrlich oder unehrlich,
aufrichtig oder unaufrichtig,
duldsam oder aggressiv,
tolerant oder intolerant,
freundschaftlich oder feindlich,
treu oder untreu,
liebevoll oder lieblos,
menschlich oder unmenschlich,
demütig oder aufsässig,
hart oder weich,
fest oder lose,
beweglich oder unbeweglich,
stabil oder labil.

Diese Aufzählung einiger Charaktereigenschaften ist sicherlich noch sehr ergänzungsbedürftig, als anregende Überlegung aber ausreichend.

Übertreibung

Der Volksmund mit seiner Wertschätzung behauptet, daß einige Übertreibungen anstößig sind, andere Übertreibungen wiederum nicht. Einige Menschen mit ihren Übertreibungen erscheinen widerlich und unangenehm, andere Menschen mit ihren Übertreibungen wiederum nicht.

Es ist angenehm, Spitzensportlern bei ihren Übertreibungen zuzusehen.

Manchmal aber auch nicht, wenn sie sich zu sehr verausgaben.

Es macht vielen Menschen Spaß und hat eine gewisse Spannung, die wir komischerweise mögen. Es regt aber auch einige Menschen zum Nachdenken an.

Wir behaupten, wenn ein Mensch übertreibt und Erfolg hat, es ein guter Charakterzug sei.

Bei dem Menschen, der keinen Erfolg hat, behaupten wir, daß es ein schlechter Charakterzug sei.

Von einigen unbedeutsamen Menschen wird behauptet, es sei bei ihnen ein schlechter Charakterzug, wenn sie zuviel trinken, und bei anderen Menschen, die eine bedeutende Rolle spielen, ist es keiner, sondern es ist sogar bewundernswert (Prominente).

Es sei ein schlechter Charakterzug, wenn bestimmte Menschen zuviel rauchen, bei anderen Menschen wiederum ist es keiner.

Bei einigen Schauspielern gehört es zu ihrer Rolle, wenn sie zuviel rauchen und saufen, und dies wird von vielen Menschen nachgemacht, weil sie ihre eigene Identität entweder noch nicht gefunden oder sie verloren haben.

Oder wer Drogen nimmt, wird nachgeahmt und bei anderen erscheint es wiederum als negativ, oder wer falsch mit der Liebe umgeht, hörig ist, gilt als charakterschwach oder wer wenig arbeitet, wo andere doch so fleißig sind.

Faul sein ist bei uns ein schlechter Charakterzug, es sei denn, jemand ist reich und erlaubt sich die Faulheit. Dann ist es in Ordnung.

Den Reichen interessiert aber auch nicht die Wertschätzung anderer.

Ein recht unterschiedliches Bewertungssystem in der Bevölkerung oder der jeweiligen Länder befähigt uns dazu, unterschiedlich zu urteilen, zu beurteilen oder zu verurteilen, meistens ungehört. So gibt es viele gerechte und ungerechte Wahrheiten.

Wer hört einem anderen schon richtig zu?

Dabei fallen mir als Beispiel Fernsehdiskussionen ein, wo jeder jedem ins Wort fällt.

Ein schlechteres Vorleben für Disziplin gibt es kaum.

Oft hört keiner dem anderen richtig zu, und keiner läßt den anderen aussprechen.

Zurück zum eigentlichen Thema.

Es wird in der Bevölkerung behauptet, Eigenschaften oder bestimmte Krankheiten seien schlechte Charakterzüge.

Dazu gehören mit Sicherheit alle klassischen Suchtkrankheiten.

Bei diesem Thema stelle ich mir die Fragen:

Warum werden Drogenabhängige aufgewertet, indem viel Geld für sie ausgegeben wird und für Alkoholiker, die ja eindeutig in der Überzahl sind, wenig ausgegeben wird? Sind Alkoholiker weniger wert?

Warum werden die vielen anderen Suchtkrankheiten so wenig bedacht?

Keiner will sie haben, aber sie sind vorhanden, also müssen wir lernen, gerecht und richtig mit ihnen umzugehen.

Ist die Hilflosigkeit bei den Verantwortlichen so groß?

Verschließen sie nur die Augen vor der Realität?

Oder sind sie so dumm? Verzeihung, ich konnte zu keinem anderen Schluß kommen.

Beurteilen Sie bitte selbst:

Wie kann aber eine Krankheit eine schlechte Eigenschaft sein, zumal die Anlagen dazu als Erbgut in uns vorhanden sind?

Mir leuchtet das nicht ganz ein, es ist unlogisch.

Wie kann eine Allergie eine schlechte Eigenschaft sein?

Für mich ist es eine Krankheit.

Wie kann eine Blinddarmentzündung eine schlechte Eigenschaft sein?

Da hat sich das Krankheitsbild und dessen Akzeptanz schnell durchgesetzt.

Wie kann eine Hörigkeit als Krankheit eine schlechte Eigenschaft sein?

Hierbei hat es sich noch nicht durchgesetzt, *daß es eine Krankheit ist, die unbedingt behandlungsbedürftig sein müßte.*
Diese Krankheit, so weiß ich heute, muß schon im Vorfeld, also im Kindesalter, als vorbeugende Maßnahme behandelt werden. Unsere Kinder, aber auch wir Erwachsenen haben ein Recht auf schlüssige und richtige Informationen, die hilfreich sind, Krankheiten zu verhindern.
Bitte helfen Sie mit, unsere Kinder zu schützen.
Wie kann eine körperliche oder seelische Erkrankung eine schlechte Eigenschaft sein? Wie kann eine Krankheit ein schlechter Charakter sein?
Wie kann eine Hörigkeit, als Krankheit definiert, ein Makel, schuldhaftes Verhalten oder ein schlechter Charakter sein? Wer nicht selbstverschuldet krank wird, darf nicht zu einer Randgruppe gezählt oder zu einem Aussätzigen gemacht werden.
Betonen möchte ich, daß es Zeit wird, über dieses Thema öffentlich ehrlich zu reden. Deshalb bin ich auch froh, ein wenig zu diesem Buch beitragen zu können. Vielleicht werden dadurch einige Menschen wach. Leider ist mit einem Buch keine Therapie zu verbreiten.
Zeit darüber nachzudenken, welche Informationen richtig und hilfreich sind, hatten wir, jetzt ist es Zeit zum Handeln, weil die richtigen Informationen jetzt vorhanden sind.
Die Hörigkeitskrankheit ist so weit verbreitet, daß nicht nur alle bekannten Suchtkrankheiten dazugehören, sondern auch hinter den meisten körperlichen Erkrankungen die Hörigkeit als Ersterkrankung zu nennen ist.
Deshalb möchte ich zu einigen bedeutsamen neuen Definitionen etwas sagen.

Was ist Sucht? Was ist Abhängigkeit?

Es folgen kurze Fragen und Antworten zum besseren Verstehen.
Über angeblich feststehende Begriffe neu nachzudenken, lohnt sich mit Sicherheit dann, wenn man den Verdacht hat, "da stimmt etwas nicht".
Auch ich hatte den Verdacht bei den Begriffen Sucht und Abhängigkeit als Krankheit ganz besonders.
Sucht oder Abhängigkeit kann nicht gleich Krankheit sein. Abhängigkeit kann nicht gleich Krankheit sein.
Das Gegenteil von Abhängigkeit ist Unabhängigkeit, und unabhängig sind wir Menschen keinesfalls. Z.B. sind wir davon abhängig, unsere GB zu unserer Zufriedenheit erfüllen zu müssen.
Sucht kann nicht "Makel oder Ausgestoßen-sein" bedeuten.
Was für Abhängigkeit gültig ist, ist auch für "Sucht" gültig.
Zwanghaft erfüllen wir unsere GB täglich wie selbstverständlich.
Wir empfinden es als so selbstverständlich, daß wir nicht darüber reden.
Bricht eine Hungersnot aus, werden Hilfsprogramme gestartet.

Ist aber eine seelische Hungersnot, z. B. eine Suchtkrankheit ausgebrochen, wird nach Schuldigen gesucht, oder es werden beide Augen fest geschlossen und Medikamente verschrieben. So groß ist die Hilflosigkeit.

Wo sind da die helfen könnenden Hilfsorganisationen oder Verantwortlichen?

Wo sind da die Fachleute?

Suchtrankheit kann nicht "Makel oder Ausgestoßen-sein" bedeuten.

Warum werden dann Sk zu Randgruppen erklärt? Warum werden sie getrennt? Warum werden sie verschieden behandelt? Warum wird eine so große Not bagatellisiert? Hat die Menschheit Angst, ihr Gesicht zu verlieren? Sucht und Abhängigkeit darf und kann kein Verbrechen sein.

Suchkrankheit kann erst recht kein Verbrechen sein.

Warum werden sie dann teils wie Aussätzige behandelt? Selbst die, die ihre Krankheit zum Stillstand gebracht haben, schweigen aus lauter Angst.

Beispiele gibt es genug dafür.

Bei einer vorliegenden Suchtkrankheit darf sich keiner schuldig fühlen, es darf ihm keine Schuld eingeredet werden oder sogar schuldig gesprochen werden, und schon gar nicht bei einer unverschuldeten Krankheit, die wir als eigene Hörigkeit oder als Suchtkrankheit bezeichnen.

Viele Sk, Angehörige und abstinent Lebende fühlen sich leider schuldig, nicht verstanden, wie Ausgestoßene, Geächtete und unmündige Menschen, die es nicht wert sind zu leben. Die vielen Selbstmorde oder Selbstmordgedanken kommen dann wie von selbst.

Peter sagt hierzu:

In den letzten 20 Jahren habe ich erlebt, daß jedesmal, wenn ich mich zu meiner Sk und meinem abstinenten Leben bekannte, sich das Verhalten der anderen sofort veränderte. Oben sind schon einige Veränderungen aufgezählt worden.

Diese Liste ist unendlich zu ergänzen.

Aber auch positive Erlebnisse möchte ich nicht verschweigen. Als ich bei einigen Menschen zugab, trockener Alkoholiker zu sein, erhielt ich Bewunderung, es bis heute geschafft zu haben, und ich wurde mit interessierten Fragen überhäuft. Manche fragten für sich selbst, oder es wurden Fragen gestellt, die einen Angehörigen betrafen, der das Problem noch hat. Seltsam war nur jedesmal, daß meine Umgebung ihr Trinken einschränkte und daß ich den Eindruck hatte, ich verderbe ihnen die gute Stimmung. Aber ich hatte auch den Eindruck, das Interesse und der Wissensdurst waren groß.

Das sollte jeder Mensch wissen.

Sucht ist etwas zwanghaft sich Wiederholendes, auch ohne daß ich jederzeit den Zwang verspüre.

Also etwas Normales, nicht etwas Krankes oder Krankhaftes, weil wir wie unter einem Zwang unsere Grundbedürfnisse erfüllen müssen.

Sucht = Abhängigkeit = Hörigkeitsverhalten ist normal.

Sucht ist Zwang, z.B. die Grundbedürfnisse erfüllen zu müssen.

Suchtkrankenverhalten, Abhängigkeitsverhalten, zwanghaftes Verhalten und sich hörig zu verhalten, kennt jeder Mensch. Er muß sich nun mal am Leben erhalten. Das Anlehnungsbedürfnis muß erfüllt werden. Dem Gerechtigkeitssinn muß genüge getan werden, oder wir werden unzufrieden. Der Mensch muß seine Zufriedenheit anstreben. Das Beste aus seinem Leben zu machen, ist uns ein Bedürfnis, eine Pflicht und eine Aufgabe.

Ursachen einer Hörigkeit, die auch nur eine Suchtkrankheit ist
Grundlagen als Ursachen einer jeden Suchtkrankheit.
13 Grundbedürfnisse haben wir Menschen, die erfüllt werden müssen. Acht körperliche Grundbedürfnisse, die für alle Menschen gleich sind. Sie dienen nur dazu, daß wir überleben.
Fünf seelisch-geistige Grundbedürfnisse, die dazu da sind, damit wir zufrieden werden können.
Die Seele verwirklicht sich über den jeweiligen Körper.
Die für alle Menschen gleichermaßen geltenden Grundbedürfnisse bieten die Möglichkeit, bei Übertreibungen oder Untertreibungen über einen bestimmten menscheneigenen Zeitraum davon krank zu werden.
So kann der eine Mensch nur Monate sich sk verhalten und wird krank. Ein anderer verhält sich jahrzehntelang sk und wird erst dann krank. So sind wir Menschen alle unterschiedlich. Jeder Mensch ist anders.
Jedes Suchtmittel ist anders.
Der Gebrauch ist anders.
Die Verträglichkeit und Wirkung sind anders.
Jeder Mensch hat aber die gleichen GB.
Auch hängt es von der Eigenart des Grundbedürfnisses selbst ab. So hängt es auch davon ab, welche jeweiligen Umstände und Möglichkeiten, dem Menschen zur Verfügung stehen. Wir werden in eine Welt hineingeboren, in der wir uns zurechtfinden müssen.
Eine SK verstehen zu lernen, ist nicht schwer, nur die Komplexität, was alles berücksichtigt werden muß, macht es manchmal schwierig, sich von der eigenen SK zu trennen und ein neues Leben anzufangen.
Rechnen wir acht und fünf GB zusammen, so ergibt das 13 GB.
13 Suchtkrankheiten kann sich jeder Mensch somit "nur" erwerben.
Bei 13 Grundbedürfnissen gibt es nur 13 mögliche Suchtkrankheiten.
Natürlich können wir jeder SK nach ihrer Eigenart und nach dem, was konsumiert oder falsch gemacht wurde, einen Eigennamen geben.
So kommt eine lange Liste von Suchtkrankheiten zustande, die aber bei näherer Betrachtungsweise alle in die 13 GB einzuordnen sind.
Ursachen und Folgeerscheinungen jeder Suchtkrankheit, also auch die der Hörigkeit, stehen in einem unzertrennbaren Zusammenhang. Damit ist auch der theoretische Kreis über Ursachen und Wesen der Suchtkrankheiten geschlossen.
Gleichzeitig bietet sich die richtige Therapie wie von selbst an.
Wer etwas anderes behauptet, hat nicht richtig nachgedacht.

Die Ursachen für SK haben Gültigkeit bei allen Suchtkrankheiten:
1. Verständigungsschwierigkeiten mit sich selbst oder mit anderen Menschen oder beides.
2. Sich damit nicht richtig aushalten zu können, weil der innere Druck zu groß wird und dadurch hilflos zu sein.
Der innere Druck wird riesengroß und nicht mehr aushaltbar, so daß man sich nicht mehr ertragen kann.
Daraus erfolgen zwangsläufig Handlungen:
3. Die Folgen sind negative Ersatzhandlungen, die begangen werden "müssen", um den inneren Druck zu mindern und damit man sich wieder besser aushalten und ertragen kann.
4. Eine weitere Folge ist oder kann das Suchtmittel selbst sein, wenn es konsumiert oder ausgeübt wird. Es kann stofflicher oder nicht stofflicher Natur sein. Bei einer Hörigkeit ist es immer nicht-stofflich.
Die richtige Therapie dafür ist, Verständigungsschwierigkeiten beseitigen.
Der innere Druck wird dann sofort geringer. Der Patient kann sich wieder gut aushalten. Negative Ersatzhandlungen müssen nicht mehr begangen werden. Das krankmachende Suchtmittel wird überflüssig. Er darf sich wieder richtig liebhaben. Er darf sich wieder im Spiegel begegnen. Die Chance, sein eigener Freund zu werden, wächst. Die Chance, ehrliche Freunde zu gewinnen, wächst auch. Die Chance, sein Freudenkonto wieder aufzufüllen, wird zur Gewißheit. Die angestrebte Zufriedenheit ist plötzlich da.

Welche Zwänge, Süchte oder Abhängigkeiten gibt es?
Süchte sind Abhängigkeiten, aber auch Zwänge.
Da wir hier von GB sprechen, "müssen" sie auch erfüllt werden.
Wie können sie unterschieden oder unterteilt werden?
Die stoffgebundenen Süchte, Zwänge oder Abhängigkeiten.
Sie sind auch gleichzeitig unsere körperlichen Grundbedürfnisse, und derer haben wir nur acht.
Die nicht stoffgebundenen Süchte, Zwänge oder Abhängigkeiten.
Sie sind gleichzeitig unsere seelisch-geistigen Grundbedürfnisse, und derer haben wir nur fünf.
Nicht stoffgebunden heißt in diesem Fall, es sind Energien der Seele. Energien der Seele, damit meine ich den feinstofflichen Bereich.
Die Seele, als eine Energieform , hat selbstverständlich ihre eigenen GB.
Somit gibt es die Zwänge, Süchte oder Abhängigkeiten in diesem Leben, seine GB zu erfüllen, um zu überleben und um zufrieden zu werden.

Welche Suchtkrankheiten gibt es ?
Wie können sie unterschieden und unterteilt werden?
Wir unterteilen sie in:
Die stoffgebundenen Suchtkrankheiten,

und derer gibt es nur acht.
Die nicht stoffgebundenen Suchtkrankheiten,
und derer gibt es nur fünf.
Die angeborenen Suchtkrankheiten.
Die erworbenen Suchtkrankheiten.
Die legalen Suchtkrankheiten (erlaubt).
Die illegalen Suchtkrankheiten (verboten).
Es gibt 13 Suchtkrankheiten, und zwar
die körperlichen Suchtkrankheiten und
die seelisch-geistigen Suchtkrankheiten.

Was heißt suchtkrank zu sein?
Wer ist suchtkrank?

Wer das zwanghafte Wiederholen über einen kürzeren oder längeren, menschen-eigenen Zeitraum über- oder untertrieben hat und davon krank geworden ist, ist "suchtkrank". Er konnte sich nicht richtig selbst verwirklichen, aufgrund der vielen Verständigungsschwierigkeiten.

Er weiß es zuerst selbst, will es sich aber nicht eingestehen. Wird er darauf angesprochen, streitet er es entschieden ab.

Wer also das Erfüllen seiner Grundbedürfnisse, ob körperlich oder seelisch, in einem ungesundem Maß über- oder untertreibt, wird mit Sicherheit davon krank. Es ist nur eine Zeitfrage.

Als wir über die SK ausführlich sprachen, fiel mir ein, daß ich ja nicht allein auf dieser Welt lebe. Also wollte ich wissen, wer oder was mich noch zwingt oder zwingen kann. Sie können sich sicherlich denken, daß ich nicht ganz unbedarft bin. Denn ich bin zur Schule gegangen, habe Abitur gemacht und stand bis vor kurzem als Frau in einer gehobenen Stellung im Berufsleben. Außerdem habe ich bis heute gelebt.

Aber ich wollte von Peter wissen, wie er darüber denkt oder welche Hinweise er mir noch geben kann. Neue Sichtweisen, habe ich festgestellt, schaden nicht, aber ergeben eine neue Wahrheit, und neue Wahrheiten brauche ich.

In diesem Zusammenhang
muß über Manipulationen nachgedacht werden.

Was ist eine Manipulation?
Es sind eingreifende Veränderungen.
Informationen als Reize verändern unser Leben.
Sie sind sowohl positiv als auch negativ vom TB oder UB zu bewerten, und je nachdem wie wir bewerten, werden wir beeinflußt und fühlen uns dementsprechend.
Ist sich hörig zu verhalten, eine Gewohnheit, eine Angewohnheit, eine Eigenschaft oder eine Manipulation?
Ja, sowohl als auch.

Eindeutig ist es immer erst einmal eine Gewohnheit, weil angeboren.
Daraus kann eine Angewohnheit werden.
Angewohnheiten sind immer erworben.
Eindeutig ist es eine Eigenschaft.
Eindeutig ist es eine Manipulation.
Eine Manipulation ist eine Anregung, eine Beeinflussung, die mich zu einer Reaktion auffordert.
Manipuliert werden wir durch unsere Grundbedürfnisse, unser Elternhaus, durch die Umwelt und durch uns selbst mit unserer Phantasie, Kreativität und unseren Mitteln und Möglichkeiten, die wir durch das Leben und unsere Förderer erhalten. Immer dann, wenn ich versuche, mit falscher, übertriebener Liebe und falscher, übertriebener Anerkennung andere zu manipulieren, damit sie mir Liebe und Anerkennung geben, und ich mich dabei vernachlässige, ist Hörigkeit eine Manipulation. Diese Manipulation ist auch ein falsches Spiel, das ich mit mir und anderen treibe. Diese Manipulation ist auch ein Sk-Verhalten und eine kurzfristige Krankheit, aus der dauerhafte Krankheiten entstehen.
Wer kann mich manipulieren?
- Mein TB, also meine drei Ich-Formen.
- Mein UB, der Helfer des "Chefs" mit all seinen Möglichkeiten.
- Mein Körper mit seinen vielen Möglichkeiten, z.B. Krankheiten oder GB.
- Meine Umwelt mit ihren vielen Möglichkeiten.
- Meine Gefühle der Angst oder der Freude.
- Mein Wille, wenn er mir zu stark oder zu schwach erscheint, weil ich ihn falsch eingesetzt habe.
- Meine Aura, wenn sie zu eng oder zu weit um mich herum ist.
- Mein Gerechtigkeitssinn.
- Mein Bewertungssystem.
- Mein Anlehnungsbedürfnis.
- Meine Hilflosigkeit.
- Meine vielen Unsicherheiten.
- Andere Menschen mit ihren Möglichkeiten.
Damit endet erst einmal diese Liste.
Wie Sie erkennen können, ist jeder einzelne Punkt ergänzungsbedürftig. So erkennen Sie auch, daß es noch viel mehr Möglichkeiten gibt, wer oder was mich manipulieren kann. Aber ich hoffe, Sie verstehen mich auch so.
Wieder ein neuer Gedanke, der aber im Zusammenhang mit SK unbedingt besprochen werden muß.
Daß ich mich kurz fasse, dafür haben Sie sicherlich Verständnis.

Entstehung einer Hörigkeit als Suchtkrankheit!
Verständigungsschwierigkeiten führen zu Störungen in der Seele, dem Gemüt.
Nach einer gewissen, menscheneigenen Zeitspanne gibt es Störungen im Körper.
Verhält sich die Seele weiterhin gestört, wird sie krank.

Diese Krankheit ergreift auch den Körper, weil er nicht richtig beachtet wurde. Vernachlässigungen rächen sich immer, weil eine Untertreibung auch ein Viel-zu-viel zu wenig ist. Störungen oder die Nichterfüllung unserer Grundbedürfnisse machen immer irgendwann krank.

Alles, was wir übertreiben oder untertreiben, kann zu Krankheiten führen.

Diese Krankheit heißt immer erst einmal Suchtkrankheit.

Später erhält sie einen zusätzlichen Eigennamen. Dieser Eigenname kann Hörigkeit heißen. Wenn Liebe und Anerkennung falsch eingebracht wurden und der Mensch sich vernachlässigt hat, muß es sogar Hörigkeit heißen.

Merksatz:

Eine Suchtkrankheit ist nur mit Verstehen, Ehrlichkeit, Disziplin, Eindeutigkeit, Klarheit, Exaktheit und Genauigkeit zum Stillstand zu bringen!

Wer abstinent oder richtig kontrolliert lebt, wird sofort wieder rückfällig, wenn er wieder anfängt, in seine alten Verhaltensweise zu verfallen. So wird aus Gesundheit durch Vernachlässigung wieder Krankheit.

Das "Rückfällig-Werden" wird uns durch die Lebensbedingungen und unseren Anlagen leicht gemacht. So leicht, daß wir es vielfach erst dann richtig bemerken, wenn wir rückfällig geworden sind.

Ist der Verdacht einer Hörigkeit oder Suchtkrankheit entstanden, sollte eine richtige Kontrolle und Bestandsaufnahme gemacht werden.

Eine Bestandsaufnahme ist auch eine Diagnose und eine Orientierung.

So können Sie sich eine Diagnose selbst stellen oder sie kann von außen gestellt werden. Ist die Diagnose richtig, ergibt sich fast von selbst die richtige Therapie.

Wenn Sie sich schon mehrmals folgende Fragen gestellt haben, sollten sie sich beraten oder behandeln lassen. Dann brauchen Sie Hilfe von außen.

Angehörige können nur Beistand leisten und den Sk nicht ganz im Stich lassen, aber bitte soweit loslassen, daß der Patient dazu gezwungen wird, sich um sich selbst richtiger als bisher zu kümmern:

So kann es nicht weitergehen.

Ich schaffe *richtige* Änderungen nicht alleine.

Ich möchte mir oder meinen Angehörigen richtig helfen lassen.

Wenn Sie schon diese Fragen mit "Ja" beantworten, brauchen Sie Hilfe.

Seien Sie ehrlich sich selbst gegenüber bei Ihrer Bestandsaufnahme!

Ihre Bestandsaufnahme geht erst einmal nur Sie etwas an, deshalb dürfte es Ihnen, nach so vielen Qualen, nicht schwerfallen, sich gegenüber ehrlich zu sein.

Wenn es mir gelungen ist, warum sollte es dann Ihnen nicht auch gelingen.

Ich möchte Ihnen Hoffnung machen. Fangen Sie an, es lohnt sich.

Ich tu mal so, als ob ich Sie frage, aber fragen Sie sich ruhig auch selbst weiter: Ich gebe Ihnen nur zwischendurch Antworten.

Haben Sie viele offene Fragen?

Kann Sie Ihnen keiner beantworten?

Verstehen Sie sich nicht richtig?

Verstehen Sie Ihre Umwelt nicht richtig?
Verstehen Sie vieles nicht richtig?
Verstehen Sie manchmal die Welt nicht mehr?
Verspüren Sie Druck in sich, den Sie sich nicht erklären können?
Fühlen Sie sich nicht richtig verstanden?
Dann haben Sie mit Sicherheit Verständigungsschwierigkeiten.
Es geht weiter, denn Sie haben ja viele offene Fragen, vermute ich mal.
Fühlen Sie sich des öfteren hilflos, einsam und im Stich gelassen?
Entsteht in Ihnen ein Druck, den Sie trotz Erklärung schlecht aushalten können?
Haben Sie zu lange anhaltende Stimmungstiefs?
Ist in Ihnen eine permanente Unzufriedenheit?
Können Sie Freude schlecht aushalten?
Bescheinigte Ihnen schon einmal ein Arzt Depressionen?
Hatten Sie den Eindruck, Sie seien schizophren?
Häuften sich bei Ihnen die Gedanken: einfach nur weglaufen oder flüchten?
Sind Sie schon mal geflohen und haben Ihren Urlaub oder eine Geschäftsreise deshalb vorgeschoben?
Fehlen Ihnen die Worte, etwas sich oder anderen richtig erklären zu können?
Geben Ihnen Ihre Späße schon lange keine Zufriedenheit mehr?
Haben Sie den Eindruck, überhaupt nicht lebensfähig zu sein?
Können Sie mit sich nichts Richtiges anfangen?
Haben Sie das Interesse an Ihren Hobbys verloren?
Haben Sie den Eindruck, nicht allein leben zu können?
Drehen sich Ihre Gedanken häufig im Kreise?
Leiden Sie am meisten unter Ungerechtigkeiten?
Oder haben Sie den Eindruck, daß Sie durch sich selbst am meisten leiden?
Können Sie sich nicht mehr zur Zufriedenheit helfen?
Begehen Sie Handlungen, die Sie gar nicht machen wollen, aber tun müssen?
Sehen Sie sich bei diesen Handlungen zu, ohne sie zu verhindern?
Haben Sie das Gefühl, Sie sind nur noch "Maske"?
Haben Sie das Gefühl, ohne Maske sind Sie nichts wert?
Dann reift bei Ihnen mit Sicherheit eine Suchtkrankheit heran oder
sie hat sich schon so weit festgesetzt, daß Sie unbedingt Hilfe brauchen.
Es sind aber auch mit Sicherheit ursächliche Verständigungsschwierigkeiten.
Lassen Sie sich beraten. Sie brauchen kompetente Hilfe!
Ihre Seele ist krank, also suchen Sie sich Menschen, die etwas von der Seele und von Suchtkrankheiten verstehen.
Ihre körperlichen Beschwerden haben sich nach der seelischen Erkrankung ergeben. Also lassen Sie sie nicht nur körperlich behandeln und lassen Sie sich nicht nur mit Medikamenten abspeisen! Jede spezielle Erkrankung braucht eine spezielle Behandlung, und diese kann nicht vom grünen Tisch aus geschehen!
Begehen Sie immer wieder sich selbst schädigende Ersatzhandlungen?
Begehen Sie immer wieder andere Menschen schädigende Handlungen?

Dann könnten das zwangsläufige Folgen einer Suchtkrankheit sein.
Ertappen Sie sich bei vielen Übertreibungen, auch wenn sie gesellschaftsfähig sind, Hauptsache sie machen Spaß und lenken von sich selbst ab?
Ertappen Sie sich bei vielen Untertreibungen?
Setzen Sie für diese Über- oder Untertreibungen Mittel ein, von denen Sie genau wissen, daß sie Sie erst zufrieden und später unzufrieden machen?
Benutzen Sie diese Mittel trotz Schmerzen, wegen einer erhofften positiven Wirkung?
Verändern Sie den Einsatz dieser Mittel und werden Sie nach einer gewissen Zeit trotzdem wieder unzufrieden?
Verändern Sie die Zeit, an denen Sie diese Mittel einsetzen, und werden Sie trotzdem nach einer gewissen Zeit wieder unzufrieden?
Dann sollten Sie ernsthafter als bisher über eine vorliegende Suchtkrankheit nachdenken und sich dringendst beraten und behandeln lassen.
Für den ersten Schritt auf den Weg der Genesung ist es nie zu spät!
Der weiteste Weg fängt mit dem ersten Schritt an. Machen Sie kleine Schritte.
Haben Sie den Verdacht, Sie denken eher mehr *kindlich?*
Ist Ihr Verhalten im Erwachsenenalter manchmal *kindisch?*
Wenn Sie erwachsen sind und sich kindlich verhalten, sind Sie kindisch.
Daß Sie geistig immer jünger werden, erhärtet sich. Die Diskrepanz zwischen biologischem und geistigem Alter wird immer größer, wenn Sie nicht den richtigen Weg für sich finden.
Wurde Ihnen als Erwachsener schon mal gesagt: Benimm dich doch bitte ernsthafter oder wie ein Erwachsener?
Machen Sie sich zum Spaßvogel, obwohl Ihnen dazu gar nicht der Sinn steht?
Erzählen Sie pausenlos Witze, die Ihnen schon lange keine Freude mehr machen, einfach nur aus dem Gefühl heraus, es werde von Ihnen erwartet?
Bei diesem Verhalten liegt der Verdacht sehr nahe, daß Sie nicht nur suchtkrank sind, sondern daß Sie auch durch Über- oder Untertreibungen Ihr geistiges Alter verwirkt haben.
Ihr Ki-Ich ist mit Sicherheit von diesen Manipulationen krank geworden.
Eine Hörigkeit, eine Suchtkrankheit haben Sie mit Sicherheit.
Ich betone es noch einmal, diese Krankheit heißt Suchtkrankheit und ist zum Stillstand zu bringen. Jeder, der sie hat, kann mit den richtigen Informationen in jedem Alter davon genesen.
Es ist schon ein wenig Mühe und Persönlichkeitsarbeit, sich den Stoff der Goldwaage zueigen zu machen. *Die innere Freiheit bekommt man nicht geschenkt.*
Verlieren Sie nicht den Mut, haben Sie mit sich Geduld! Ich weiß, wie schwer es für mich war, deshalb kann ich Sie verstehen.
Auch ich darf den folgenden Satz sagen, denn auf mich trifft er zu:
Hätte ich diese Informationen der Goldwaage I. und II. früher gehabt, wäre mir eine Menge Leid erspart geblieben.
Nach meiner Meinung gehören diese Informationen in jede Erziehung!

Brief einer Patientin

Es ist mir ein Bedürfnis, zum folgenden Thema etwas zu sagen, zumal ich hierbei von meinen eigenen, reichlichen Erfahrungen spreche.

Über die Anbieter/das falsche Anbieten von Esoterik:

Es wird in Seminaren und Kursen von den Anbietern eine Haltung an den Tag gelegt, die heißt: Ich habe die Weisheit, kenne alle Informationen und gebe dir jetzt einen kleinen Teil davon ab, damit mußt du zufrieden sein, mir blind vertrauen und mir glücklich folgen.

Diese Aussage spricht für sich und bedarf keiner weiteren Erläuterung.

Die Erklärungen für Zusammenhänge hinter den oftmals richtigen Informationen fehlen.

Die Anbieter begnügen sich und sagen: Hauptsache, es wirkt!

Das Erfolgserlebnis macht die meisten Teilnehmer auch tatsächlich blind. Sie sind von der Wirkungsweise so überzeugt, daß Sie nur wenige Fragen stellen.

Wir können uns vieles einbilden und vorstellen, manchmal genau das, was der Therapeut von uns will, oder es wird sogar noch besser.

Der Phantasie sind keine Grenzen gesetzt.

Spirituelle Anbieter haben immer dann großen Erfolg, wenn die Hilflosigkeit in der Bevölkerung groß ist. Und mehr als 50 Jahre nach unserem letzten Weltkrieg ist die Hilflosigkeit in der Bevölkerung wieder groß, weil unterschwellig schon wieder ein Krieg tobt: Jeder gegen jeden. Das gegenseitige Verstehen fällt immer schwerer.

Unsere kranke Gesellschaft macht es möglich, daß so viele Menschen hilflos sind und Hilfe von außen brauchen. Oder jeder versucht es für sich alleine, sich selbst zu helfen und scheitert. Somit wird die Hilflosigkeit noch größer.

Die richtige Hilfe für eine Seelen-Krankheit zu finden, ist in der heutigen Zeit Glücksache, denn wer kennt sich schon einigermaßen richtig in der Seele aus? Psychologen und Psychiater bestimmt nicht, denn sie können noch nicht einmal ansatzweise erklären, was die Seele ist und wie sie in den Einzelteilen funktioniert. Mit diesen anerlernten, teils falschen Vorgehensweisen trauen sie sich zu, Patienten zu behandeln und mit dem Kostenträger horrende Preise abzurechnen. Sie schämen sich noch nicht einmal dabei.

Mein Lehrer sagte mir, daß die Psychologie 1000 Jahre hinter der übrigen Wissenschaft hinterherhinke. Aber das muß ja nicht so bleiben. Diese großen Defizite zu überbrücken, ist jetzt wahrscheinlich möglich geworden.

Lassen Sie uns zusammenrücken und die vorhandenen Informationen gemeinsam überprüfen, verbessern und noch genauer ordnen!

Die Seelenbehandler behaupten aber, ohne das Material zu überprüfen: Was ein Praktiker entdeckt hat, sei falsch. Es könne nicht funktionieren, weil es gegen alle Lehren in der Psychologie sei. "Freud würde sich im Grabe umdrehen", wurde mir gesagt. Soll er doch, wir leben im fortschrittlichen 20. Jahrhundert.

Ist das Stolz, Hochmut oder Dummheit, das die Behandler nicht zuhören läßt?

Verstehen-lernen ist das entscheidende Wort in der Suchtkranken-Therapie.

Verstehen-lernen muß auch der Studierte, sonst darf er nicht weiter behandeln. Im Verein für Sozialmedizin Hannover e.V. und in Petzers Praxis wurde es seit 20 Jahren mit einer Erfolgsquote von 90% ausprobiert. Wer das abstreitet oder es nicht für wahr hält, ist in meinen Augen dumm. Von meinem Opa habe ich gehört, daß das Problem der Hilflosigkeit jedesmal in der Bevölkerung groß ist, wenn ein Krieg bevorstand und wenn die Arbeitslosigkeit groß ist. Es öffnet dem spirituellen Denken Tür und Tor. Leider nehmen die schwarzen Schafe überall überhand. Da wir uns jetzt in einer Zeit befinden, die ich als unterschwellige Vorkampfzeit bezeichne, treffen die Worte meines Großvaters wieder einmal zu.

Alles haben wir im Moment:
Die Arbeitslosigkeit ist groß.
Ein Krieg wird zur Zeit auch geführt, nur ist er nicht offen ausgebrochen, weil er meistens unterschwellig ausgetragen wird.
Beispiele für solche Kriege:
a.) Krieg: Die Verständigungsschwierigkeiten waren noch nie so groß wie jetzt in der Bevölkerung, und sie werden immer größer.
Das macht Angst.
b.) Krieg: Der Konkurrenzkampf auf allen Ebenen wurde noch nie so rücksichtslos geführt wie jetzt. Daß es weniger werden könnte, ist nicht abzusehen.
Das macht Angst.
c.) Krieg: Politiker, Gewerkschaften, Lehrer und weitere Verantwortliche rufen zum Kampf auf und scheuen sich nicht, sogar Kleinkinder mitzunehmen oder Kinder vor ihren Karren zu spannen. Sie behaupten sogar, sie kämpfen für Frieden.
Das macht Angst.
d.) Krieg: Der Kampf gegen Aids wird mit allen Mitteln geführt. Dabei würde eine starke, richtige Koordination effektiver sein.
Das macht Angst.
e.) Krieg: Kampf gegen die Drogen. Er wird auf höchster Ebene verlogen geführt. So verlogen, daß jeder einzelne Mensch die Falschheit durchschauen kann. Ernsthaft fragen sich viele Menschen, warum ein Programm nach dem anderen scheitert. Was nützt es den vielen Toten, daß ein Verantwortlicher zum wiederholten Male zugibt? Auch dieses Programm ist gescheitert. Das geht schon jahrzehntelang so und kostet uns sehr viel Geld. Menschen, die etwas davon verstehen, werden auf ein totes Gleis geschoben oder werden belächelt.
Ich weiß, wovon ich spreche.
Die Angst wird immer größer.
f.) Krieg: Kampf gegen die Suchtkrankheiten. Dieser Kampf wird genauso unehrlich mit Augenwischerei geführt wie manche vorher beschriebenen Kämpfe. Solange unser Staat daran verdient, wird sich nichts Entscheidendes ändern.

Richtige Informationen, die wirklich helfen könnten, werden abgewürgt, oder es wird sich an Schreibfehlern festgehalten. Es paßt nicht in die politische Richtung. *Das löste bei mir eine riesengroße Angst aus.*
Um uns herum ist Elend und Not. Millionen von Menschen sterben, aber es scheint die Verantwortlichen wenig zu kümmern. Hauptsache, es werden die Gesetze und Paragraphen eingehalten. Es wird laut geschrieen, aber oft nicht das Richtige getan. Ich kenne keinen Verantwortlichen, der sich dafür schämt.
Die Gewaltbereitschaft wird bei uns immer größer. Dem muß mit allen Mitteln Einhalt geboten werden. Überall wird zum Kampf aufgerufen, obwohl gerade wir wissen müßten, wer kämpft, verliert. Mit Kampf können wir keine friedlichen Lösungen finden, sondern nur mit Anstrengungen. Wer eine Suchtkrankheit bekämpft, wird Verlierer werden. Dies kann ich gar nicht oft genug wiederholen!

An dieser Stelle meldet sich Peter zu Wort:
Das bisher Gesagte kann ich nur deutlich unterstreichen. Ich spreche aus eigener leidvoller Erfahrung. 17 Jahre habe ich gegen und mit dem Alkohol "gekämpft". Hätte ich nicht losgelassen und mich für ein neues Leben entschieden, wäre ich schon seit 20 Jahren tot. Warum bin ich bloß wach geworden, wenn ich trotz erhöhter Anstrengung Verantwortliche doch nicht wecken kann?
Soweit mein Behandler Peter, der auch offen Hilflosigkeiten zugibt.
Wer kann besser zum Kampf etwas sagen als derjenige, der jahrelang direkt an vorderster Front gekämpft hat?
Jetzt wieder zu meinen vielen Esoterik-Erlebnissen.
Erlaubt es sich jemand wie ich, einem Esoterik-Anbieter unangenehme Fragen zu stellen, entsteht bei mir der Eindruck:
Die Anbieter selbst sind unfähig, die Zusammenhänge zu erklären. Um richtige Erklärungen abzugeben, fehlen ihnen wahrscheinlich die richtigen Informationen für Zusammenhänge, oder die richtigen Kenntnisse sind nur teilweise vorhanden.
Weitergegeben wird sehr wenig, und das riecht auch noch stark nach eigener Hilflosigkeit, die sie damit auch weitergeben.
Oder sie haben an Grundlagen gar kein Interesse.
Oder sie sind selbst nur einmal blinde Schüler gewesen.
Oder sie wollen nur Geld verdienen.

Es gibt sicherlich auch gute und glaubwürdige Anbieter, aber ich habe sie nicht kennengelernt. Außerdem spreche ich hier nur über meine Gedanken und Erlebnisse.
Um dieses Manko, nicht viel zu wissen, zu überdecken und zu vertuschen, wird der Kunde/Abnehmer der Informationen "unmündig erzogen".
Ihm wird das Gefühl vermittelt, so wenig zu wissen, daß er den Einweisungen seines "Lehrers" kritiklos folgen soll und es auch leider meistens tut. Viele Menschen machen aus lauter Hilflosigkeit fast alles.
Deshalb haben Sekten auch so einen großen Zulauf.

Fragen, die ein Erklärungssystem fordern, werden einfach unterdrückt, oder es wird ausweichend geantwortet.

So entsteht der Eindruck, der Lehrer sei ein Guru.

Wie macht es nun im Vergleich Peter? Wie habe ich es bei ihm in seiner Lebensschule erlebt?

Peter sagte mir:

"Ich habe Informationen, die deine Probleme lösen können, die dir eine neue Sicht- und Lebensweise ermöglichen könnten. Damit du lernst, dich in deiner Lebensschule zurechtzufinden, gebe ich dir die richtigen Erklärungssysteme.

Alles, was ich dir sage, muß für dich logisch sein. Es muß wie bei einer Rechenaufgabe gegenrechenbar sein.

Wir überprüfen es ständig gemeinsam.

Ist es für dich logisch, wirst du nach einer gewissen Übungszeit deine innere Freiheit und Geborgenheit finden, nach der du schon lange suchtest. Jede deiner Fragen wird beantwortet werden, oder wir suchen gemeinsam nach Lösungsmöglichkeiten, nach einer logischen Antwort, die uns beide zufrieden macht.

Das ist Qualität behaupte ich, und Qualität setzt sich auf Dauer durch.

Eine neue Realität wird sich dir eröffnen, aber du bleibst der Bestimmer, ob du davon Gebrauch machen möchtest oder nicht. Die Verantwortung bleibt bei dir.

So gehört auch der Erfolg dir.

Du wirst in deinem Leben keinen Therapeuten mehr für deine Seele brauchen.

Da spreche ich aus langjähriger Erfahrung, denn viele ehemalige Patienten melden sich nach 8-10 Jahren bei mir und sagen fast einhellig, daß meine Therapie eine Langzeitwirkung habe. Also wirken diese Informationen erst richtig nach einer gewissen Übungszeit."

Ich habe mir ein Bild über diese Therapie machen dürfen, und deshalb wage ich folgende Aussage:

Mit seinen Erklärungssystemen kann der Esoterik die Spitze oder die Mystik genommen werden, gleichzeitig sind sie Bindeglied zu Ärzten oder anderen Behandlern.

Peter verdeutscht so, daß ich auch meinen Arzt jetzt besser verstehe. Übrigens ist er davon überzeugt, daß wir gut gebildete Ärzte brauchen, die ganzheitlich denken.

Selbst Diagnosen von früher kann ich mir heute erklären. Bei ihm wird alles vereinfacht, so daß jeder ihn verstehen kann. Es ist so einfach, daß ich es als zweite Sprache bezeichne, aus der ich meine dritte Umgangssprache entwickeln kann.

Medizinische Begriffe versucht er zu verdeutschen, so daß ich erkennen kann, worum es eigentlich geht. Peter erklärte mir, daß sich hinter einem lateinischen Begriff nichts Mystisches verbirgt, sondern sie besagen in einer Kurzform vieles. In Deutsch müßte man viele Sätze bilden, um dieses oder jenes lateinische Wort zu erklären. Im Operationssaal kommt es aber manchmal auf Sekunden an.

Deshalb sollte die medizinische Sprache dort angewendet werden, wo sie hinge-hört. In der Arztpraxis sollte so gesprochen werden, daß der Patient zumindest das meiste versteht. Sonst kommt er sich dümmer vor, als er ist.

Ich versuche anhand eines Beispiels etwas deutlich zu machen:
Wenn sich der *Angler* mit dem *Skatspieler* unterhält und dazu benutzt jeder seine Fachsprache, werden sie sich mit Sicherheit nicht verstehen, sondern aneinander vorbeireden. Somit haben sie Verständigungsschwierigkeiten.

Also muß ein Kompromiß gefunden werden, damit sie der Patient den Behandler versteht. Der studierte Arzt geht vielfach diesen Kompromiß nicht ein. Es ist schwer, aber leistbar. Man muß sich nur Mühe geben.

Diesen Vergleich und noch viele mehr durfte ich in meiner Therapie erfahren. So sprachen wir vielfach in Vergleichen. In der Therapie bei Peter wird mir als 'Abnehmer' somit ein völlig anderer Eindruck vermittelt. Bevor ich lerne, die rich-tigen Informationen für mich umzusetzen, wird mir im ersten Schritt das Erklä-rungssystem verständlich und für mich logisch geliefert, so daß ich heute weiß, was dieses oder jenes bedeutet.

Begriffsdefinitionen mußten wir am Anfang klären, damit wir so wenig Verstän-digungsschwierigkeiten wie möglich haben.

Das meiste wurde schriftlich gemacht, d.h. ich durfte mein Lebensbuch neu schreiben. Entweder schrieb ich selbst, oder Peter gab mir eine Vorlage, die wir genauestens besprachen. Peter diktierte mir etwas und legte sich damit fest. Da-durch wuchs mein Vertrauen zu ihm, weil er in meinen Augen glaubwürdiger wurde. Er erklärte das so: Was einmal geschrieben steht, darüber können wir ge-nau reden und Verständigungsschwierigkeiten werden so minimiert.

Auch muß ich sagen, daß ich keinen geistigen Striptease über meine Vergangen-heit machen mußte, sondern wir kümmerten uns meistens um das Jetzt, Hier und Heute, wobei Peter am meisten sprach, mir damit vieles erklärte und es mir klarer und verständlicher wurde. An diese Art hatte ich mich schnell gewöhnt, weil sie mir logisch erschien. Er begründete es so: Hast du neue Informationen, kannst du neu denken. Deine Vergangenheit kennst du, und wenn es Zeit ist, werden sich diese Informationen zu den neuen Informationen dazugesellen, und du bekommst eine neue Wahrheit, weil sich deine Sichtweise ändert. So wirst Du auch offene Fragen aus der Vergangenheit beantworten können.

Ich lernte so viele Zusammenhänge besser zu verstehen. Meine Hilflosigkeit war weg.

Peter muß sich nicht verstecken oder etwas vertuschen, nur weil er Heilpraktiker und Suchttherapeut ist, vielleicht ist das gerade sein Vorzug, denn dadurch be-komme ich auch Antworten auf alle meine Fragen, ich werde nicht unmündig er-zogen. Er nimmt sich die Zeit, mir solange etwas zu erklären, bis ich es verstan-den habe. Peter ist nicht der 'über allem schwebende, weise Lehrmeister', er macht sich für mich transparent. *So daß ich die Möglichkeit habe, sein Wissen zu übernehmen.*

Er ist im wahrsten Sinne Praktiker, der seine Berufung lebt.

Daß er dabei auch seine Schwächen zeigt, deute ich als seine Stärken. Und einen starken, sich auskennenden Therapeuten brauche ich. Seine Erklärungssysteme sind die Basis für alle weiteren Informationen. Gelingt es mir, in meiner Lebensschule zu richtigen Vorstellungen und zu richtigen Taten zu gelangen, lassen sich im weiteren Schritt die Phänomene der Esoterik für mich jetzt fast vollständig erklären und zum großen Teil sogar eindeutig widerlegen.

Die Anbieter esoterischer Kurse, an denen ich teilnahm, gaben mir zwar Orientierungshilfen, sie verstärkten aber meine eigene Hilflosigkeit.

Peter gibt mir nicht nur die richtigen Orientierungshilfen, er lehrt mich darüber hinaus in meiner Lebensschule meine Hilflosigkeit immer geringer werden zu lassen, so daß sich erträgliche Unsicherheiten noch manchmal zeigen, mit denen ich dann gut leben kann. Meine frühere innere Unzufriedenheit ist vollkommen weg.

Es bedarf nur einer gewissen Übungszeit. Diese Zeit nehme ich mir jetzt für mich, weil mir schon die ersten kleinen Erfolge gezeigt haben, daß ich auf dem richtigen Weg bin. Hoffnung ist seit langer Zeit wieder in mir, daß ich doch noch lerne zu verstehen und zufrieden werden kann. Jetzt kommt es auf meine Disziplin, meine Geduld und auf mein regelmäßiges Üben an.

Sollte ich wieder unzufrieden werden, suche ich zuerst bei mir, ob ich etwas falsch gemacht habe, später überprüfe ich andere und auch meine Lehrmeister. Da ich eine sehr kritische Betrachterin bin, muß sich Peter in jeder Stunde meine kritische Überprüfung gefallen lassen. Bisher ist ihm und mir dies sehr gut bekommen.

Danke, daß ich diesen Brief schreiben durfte.

In der Hoffnung, Ihnen einige richtige Hinweise gegeben zu haben, verbleibe ich und empfehle Ihnen, langsam weiterzulesen.

Einige Thesen zu Gegenteilen oder Polaritäten
In bezug auf meine Grundbedürfnisse.

Was sagen wir nicht einfach nur mal so in unserer Umgangssprache!
An dieser oberflächlichen, ungenauen, dreideutigen, sich hinter dem Gesagten verstecken könnenden Sprache habe ich mich jahrelang beteiligt, ohne mir Gedanken darüber zu machen, daß ich mich damit vielleicht noch unglaubwürdiger oder unmöglicher mache.

Meine Glaubwürdigkeit zu erreichen, war schon immer mein Ziel. Wie sollte ich aber das Ziel mit meiner jetzigen Umgangssprache erreichen?

Ich wollte durch mich selbst, wegen mir selbst anerkannt und geliebt werden. Wie sollte das bei den vielen Selbstzweifeln möglich sein?

Es genauso zu machen wie die anderen, dafür habe ich mich genügend angestrengt und gekämpft, aber geholfen hat es nichts, zufriedener bin ich nicht geworden. Im Gegenteil, ich habe mit ihnen die Unzufriedenheit geteilt, trotzdem wurde es nicht leichter für mich. Im Gegenteil, ich dachte, ich halte das nicht mehr aus.

Mein Gerechtigkeitssinn streikte, das wußte ich ganz genau, aber was sollte ich dagegen tun? Auf die entsprechenden Fragen kannte ich nur unbefriedigende Antworten von vielen Behandlern, deren Aufzählung ich mir spare.

Daß es nur an Kleinigkeiten liegen könnte, die ich falsch mache, das wäre mir nie eingefallen. Es erschien mir zu einfach.

So lernte ich bei Peter wirkliche Kleinigkeiten als Selbstverständlichkeiten kennen, beachten, richtig wertschätzen, einhalten und lieben. Nie hätte ich geglaubt, daß mein wirkliches Leben von der richtigen Erfüllung dieser Kleinigkeiten abhängt. Gesucht habe ich immer nach etwas Großem, was ich ändern müßte, aber viel Großes gab es in meinem Leben nicht und was es gab, daran konnte ich wenig ändern, weil andere es für mich schon gemacht hatten und ich nur daran teilzunehmen hatte. Damit meine ich hauptsächlich das Berufsleben und die geschriebenen Gesetze.

Nach meinen ersten kleinen Erfolgen mit diesen Kleinigkeiten machte es mir sogar Freude und Hoffnung. Heute bezeichne ich diese Kleinigkeiten auch als Polaritäten, worauf ich Einfluß habe.

Ich durfte die Bedeutung dessen einmal anders erlernen, wobei wir die Umgangssprache mit einbezogen. Also was man so dahersagt. Auch dies untersuchten wir nach Vor- und Nachteilen.

Befriedige ich meine GB richtig, bin ich satt, zufrieden, in mir selbst zuhause und dann heißt es, in bezug auf einige Worte, was man so sagen kann:

Ich habe	*Ich bin*
Durst =	- satt - zufrieden,
oder Hunger =	- satt - zufrieden,
oder Hunger auf Liebe =	- satt - zufrieden,
oder Durst auf das Leben =	- satt - zufrieden,
oder Durst auf Spaß =	- satt - zufrieden,

oder Hunger auf das Leben =   - satt - zufrieden,
oder Hunger auf Spaß =   - satt - zufrieden.

Oder Hunger auf Anerkennung = - satt durch Anerkennung = Zufriedenheit.

Oder Hunger auf Geborgenheit = - satt durch Geborgenheit = Zufriedenheit.

Oder Hunger auf Harmonie =   - satt durch Harmonie = richtige Zufriedenheit.

Oder Hunger auf richtige Selbstverwirklichung = - satt durch richtige Selbstverwirklichung = richtige Zufriedenheit

Nochmals, befriedige ich meine GB richtig, finde ich meine innere Ruhe, meine Heimat, mein inneres Zuhause, Frieden und Gelassenheit.

Dadurch fühle ich mich wirklich frei und kann mich frei entfalten.

Wer weiß, was aus mir geworden wäre, hätte ich als Kind schon das Gefühl dieser inneren Freiheit kennengelernt! Wahrscheinlich hätte ich mir viele Umwege sparen können, wenn sie wollen.

Heute lebe ich endlich nach unserem Grundgesetz richtig. Dies wünsche ich nicht nur allen Menschen, sondern im besonderen unseren Kindern und den Verantwortlichen, die dieses ermöglichen können.

Ein Düsenflugzeug weniger, und schon sind Mittel frei, um das oben Dargestellte bei vielen Menschen zu verwirklichen.

Wenn ich diese Freiheit in Deutschland erreichen kann, warum dann nicht auf der restlichen Welt? So ist in mir der Gedanke herangereift, es in einem anderen Land auszuprobieren. Mein erstes Ziel ist Spanien, Mallorca. Nachdem ich jetzt mehrere Monate hier bin und mich hier zu Hause fühle, spiele ich mit dem Gedanken, hier einige Zeit meine Freiheit auszuprobieren. Ist doch egal, wo ich zufrieden bin und mich zu Hause fühle.

Ich werde schon auf mich aufpassen. Zur Not gibt es ja noch Peter.

Er hatte mir versprochen; diese Therapie hat einen Vorteil, ich erlebe alles bewußt. Er sagte aber auch, daß diese Therapie zwei Nachteile hat. Der erste ist, ich erlebe alles bewußt, und der zweite Nachteil ist der, daß ich keinen Therapeuten mehr für meine Seele brauchen werde.

Mit diesen "Nachteilen" kann ich leben.

Ich bekomme so die Ahnung, er hat in allen Punkten recht.

Erlebt habe ich:

Durst auf viel Anerkennung und Liebe zu haben, war immer mein Ziel, wofür ich auch fast alles getan habe. Daß ich mich dabei vernachlässigen könne, fiel mir nicht auf, denn ich kümmerte mich ja rührend um mein Meerschweinchen.

Erledigt hat sich für mich als Hörige:

Zuviel Durst auf Alkohol und satt durch Alkohol, deshalb Unzufriedenheit.

Heute kann ich den Alkohol genießen und bin zufrieden.

Heute kann ich meinen Durst auf Erlebnisse richtig stillen und die Erlebnisse genießen. Ich hoffe, daß ich durch diese neue Vorgehensweise auch in Zukunft meine innere Zufriedenheit erhalten werde.

Da ich heute gut mit mir und anderen umgehen kann, bin ich ruhig und zufrieden.

Kann ich mich jetzt damit begnügen? **"Ja."**

Will ich mehr? **"Nein!"**
Mit Sicherheit werde ich wieder Hunger auf neue Erlebnisse haben. Es ist nur eine Frage der Zeit. Dieser Hunger muß gestillt werden.
Nur werde ich bedenken, daß ich Suchtkranke bin und mit beiden Beinen auf der Erde bleiben muß, sonst ist meine Zufriedenheit wieder in Gefahr. Also schütze ich mich vor Übertreibungen. So muß nicht nur der Hunger nach dem Leben, sondern alle meine Bedürfnisse immer wieder gestillt werden, auch mein jetzt wiederkehrendes Anlehnungsbedürfnis. Ich lasse es zu und genieße es.
Wie ich eingangs schon erwähnte, benutzte ich auch wieder die Umgangssprache, aber etwas anders als früher. Heute weiß ich, daß das Erfüllen meiner GB Zwang, Abhängigkeit und Sucht bedeutet, weil ich dies immer in meinem Leben werde tun müssen. Damit kann ich jetzt in Ruhe leben, weil ich auch weiß, daß ich der Bestimmer darüber bin, wie ich vorgehe, oder ob ich übertreibe oder nicht. Ich lasse mich nicht mehr von diesen Zwängen dazu verleiten, groß und schädigend zu über- oder untertreiben.
Auch lasse ich mich von diesen Zwängen nicht mehr dazu verleiten, das anzustreben, was ich mir nicht erlauben kann. Ich habe gelernt, mich zu begnügen.
Das richtige Erfüllen meiner GB macht heute mein Leben aus.
Meine jetzige Kreativität, wieder schreiben zu können, führe ich auf den immer wiederkehrenden Hunger zurück, etwas Neues zu tun. Ich möchte in meinem neuen Leben nicht nur mir gegenüber ehrlich sein, sondern es so vielen Menschen wie möglich zeigen. Zeigen möchte ich ihnen, so wie ich jetzt bin, so wie ich mich entwickelt habe, und ich möchte mich so zeigen, so daß sie die Möglichkeit haben, an meiner Zufriedenheit teilzunehmen.
Ich hoffe, es ist Ihnen als Leser jetzt deutlich geworden, daß sich die Stunden bei Peter für mich gelohnt haben.

Die vier Schalter für meine Zufriedenheit

Während meiner Therapiezeit bot mir Peter dieses Thema an. Dieser Hinweis hat mir schon mehrfach geholfen. Ich mußte es erst nur verstehen und dann damit leben zu lernen.

Diese Schalter haben sogar schon für denjenigen Gültigkeit, der noch nicht suchtkrank ist aber Suchtkrankenverhalten zeigt. Suchtkrankenverhalten haben alle Menschen.

Durch Verständigungsschwierigkeiten mit mir selbst oder anderen komme ich immer wieder in Situationen, wo ich spüre, daß der innere Druck zunimmt und so unerträglich scheint, daß ich zu negativen Ersatzhandlungen neige. Negative Ersatzhandlungen hatte ich bisher genug, davon brauche ich keine mehr.

Ärgerlich ist dies besonders im Hinblick darauf, daß die Therapie mir bereits viele wertvolle Informationen und Erklärungssysteme geliefert hat, die dies verhindern sollten. Wahrscheinlich habe ich noch nicht ehrlich genug damit geübt.

Peter gibt mir nun eine neue Hilfe zur besseren Orientierung, damit ich mir noch besser in Notsituationen helfen kann. Die Ehrlichkeit zu mir selbst, vom TB zum UB, ist das Zauberwort.

Es sind für mich einerseits neue Informationen, die meine Hilflosigkeit geringer werden lassen, wenn ich diese Hinweise ehrlich meine. Andererseits habe ich dies in ähnlicher Form schon öfter gehört und halbherzig angewandt. Wahrscheinlich brauchen wir Menschen vielfache Wiederholungen, bis wir begreifen. Selbst Unsicherheiten verschwinden dadurch ganz, und ich bin mit mir zufrieden.

Um den inneren Druck umwandeln zu können, spricht Peter von einem Schalter-System. Vier wesentliche Hilfen bietet er mir an, um die Verständigungsschwierigkeiten mit mir in mir aufzulösen oder weniger werden zu lassen. Festgestellt habe ich, daß es sogar bei allen Verständigungsschwierigkeiten hilft. Somit kann ich mich jederzeit beruhigen.

Schalter I:

Wenn ich spüre, wie der Druck in mir steigt und an mir nagt, soll ich mich selbst ganz direkt in der Ich-Form ansprechen und dabei gezielt das Erw-Ich.

Damit gebe ich meinem Erw-Ich die Möglichkeit, eine dominante Rolle anzunehmen, wie sie ihm zusteht.

Die beiden anderen Ich-Formen müssen sich unterordnen, da das Erw-Ich in der Seele die größte Dominanz erreichen kann. Ich kann mich durch diese kurze Besinnung und neue Dominanz-Gebung auf mich selbst besser konzentrieren und sofort beruhigen. Ich bemerke, wie sich in mir sofort etwas verändert. Ich habe den Eindruck, der mich stark beeinflussende Gefühlsanteil wird weniger und meine Gedanken klären sich. Dadurch klären sich auch meine Gefühle.

Die Erklärung dafür ist:

Sitzt das Erw-Ich im Chefsessel, denkt es eher rational und klarer.

Es hat auch die Möglichkeit des besseren Vorteilsdenkens.

Was ist für mich in dieser Situation das Beste usw..

Kurzfassung von Schalter I :
Den Chef der Seele, das Erw-Ich, in den Chefsessel lassen.

Schalter II:
Um in bestimmten Situationen und bei Ereignissen falsche Taten und Vorstellun-
gen zu vermeiden, sollte zunächst das eigene Bewertungssystem zurückgestellt
werden, d.h. ich muß etwas zunächst einmal nur akzeptieren, anerkennen, d.h.
wiederum, die Existenz dessen akzeptieren (es ist da), ohne gleich zu bewerten.
Zum Bewerten oder zur Wertschätzung kann ich mir Zeit lassen. Somit habe ich
die Möglichkeit, ein und dieselbe Tatsache zweimal akzeptieren zu können.
Dadurch erweitern sich meine Möglichkeiten, mir selbst noch besser zu helfen.
Kurzfassung von Schalter II :
Ich kann mir Zeit lassen, um mir erst einmal eine wertfreie Meinung zu bilden.

Schalter III:
Habe ich zunächst eine Tatsache erst einmal ohne Bewertung akzeptiert, kann ich
im nächsten Schritt mich selbst in bezug auf diese Tatsache oder Vorstellung bewerten. Somit entsteht eine bessere Verständigung mit mir selbst. Wenn ich mir
genügend Zeit zum Abwägen lasse, erweitern sich meine Möglichkeiten der richtigen Meinungsbildung und der darauffolgenden Handlungen.
Ich bin somit fähig geworden, noch bessere "Originalhandlungen" zu begehen.
Betätige ich diese Schalter richtig, kann ich mir selbst die richtige Anerkennung
geben. Ein wenig Liebe für mich ist auch dabei, wenn ich die Lösung sympa-
thisch finde. Anerkennung und Liebe liegen dicht beieinander. Somit kann ich
Zufriedenheit mit mir und meinen Handlungen herstellen. Ein kleiner Kreis der
Zufriedenheit hat sich geschlossen.
Der Kreislauf des Suchtkrankenverhaltens wird durch mich selbst weniger oder
sogar unterbrochen.
*Meine Suchtkrankheit, die Hörigkeit, wird nicht wieder zu einer manifesten
Krankheit.*
Es bleibt beim Suchtkrankenverhalten, mit dem ich zu leben lernen muß. Gedan-
ken an die SK sind normal und werden immer wiederkommen.
Wenige Unsicherheiten sind nicht von Schaden, im Gegenteil, sie lassen mich
eher anhalten, so daß ich zum besseren Nachdenken komme.
Kurzfassung von Schalter III :
Originalhandlungen werden wahrscheinlicher, durch eine bessere Selbstverwirk-
lichung und Verständigung mit mir selbst.
Eigenschaften und Erkenntnisse einer Suchtkranken auf ihrem Genesungsweg.
Gedankenaustausch mit Gleichgesinnten an einem Gruppenabend. Bewußt erlebt
man diese Gedanken und Gefühle, so als ob man sich zusieht.
Versucht sich die SK wieder einzuschleichen, sind sofort erneut Gedanken da:
Unnütze Schuldgefühle versuchen sich einzuschleichen. Die innere Trostlosigkeit
will sich wieder ausbreiten.

Der Minderwertigkeitskomplex will wieder an die Oberfläche.
Mit dem Willen geht es nicht, womit dann?
Der innere Chef weiß Rat. Einige Sicherheiten werden einem einfallen.
Die viele Ängste versuchen sich auszubreiten. Der Leichtsinn will wieder Oberhand gewinnen. In diesem Zustand fühle ich mich jedesmal inkompetent. Meine Kontaktschwierigkeiten sind wieder da. Ich möchte mich zurückziehen, aber meine Sicherheiten werden gewinnen. Fluchtgedanken schleichen sich sofort wieder ein. Sich nicht aushalten können, ist sofort wieder da.
Der innere Druck wird immer größer. Lieber still in eine Ecke setzen und abwarten, bis der Anfall weniger wird.
Die Selbstüberschätzung ist enorm. Weil alles so übertrieben erscheint, beginnt so langsam das Erw-Ich zu lächeln, weil es die vier Schalter und andere Sicherheiten kennt und einsetzt.
Der Zusammenbruch, innerlich und äußerlich, bahnt sich scheinbar wieder an. Die übertriebene Anspruchshaltung ist wieder in mir.
Da kann mir der *vierte Schalter* helfen, daß ich zurückfinde zu klaren, eindeutigen Kommandos, damit mein liebes UB etwas damit anfangen kann.
Die Hilfe, die mir in dieser Zeit die drei anderen Schalter und meine Sicherheiten gaben, sind nicht zu unterschätzen. Es sind kleine Schritte auf dem Weg der Genesung. Gleichzeitig verlasse ich meinen Ausnahmezustand, diese Scheinwelt. Nachdem ich das wieder einmal überstanden habe, spreche ich mit einem Freund darüber und veröffentliche so meine in mir entstandenen Gedanken und Pläne. Das ist dann eine weitere Sicherheit für mich, weil die Pläne oder eventuelle Rückfallgedanken veröffentlicht wurden und die Taten nicht mehr getan werden müssen.
Peter sagt, alle fünf Jahre muß jeder Sk mit solch einer Dramatik rechnen.

Schalter IV:
Das UB hat einen Sicherheitsschalter. Es streicht JA und NEIN!
Beispiel:

Das TB denkt in Notsituationen (bewußt).	Das UB streicht das NEIN (unbewußt).
Nicht nachdenken.	~~Nicht~~ nachdenken.
Nicht über den Tod nachdenken.	~~Nicht~~ über den Tod nachdenken.
Keine Tablette nehmen.	~~Keine~~ Tablette nehmen.

Bei diesen Gedanken bin ich ein Selbstmörder, ein Flüchtender mit Fluchtgedanken und ein Mensch, der nicht ehrlich mit sich umgeht. Ich hatte es nur nicht gewußt. Jetzt weiß ich es und gebe meinem UB klare, eindeutige Anweisungen. Es ist auch gleichzeitig eine weitere Sicherheit. Wenn ich diesen Mechanismus kenne und praktiziere, erst recht.
Sollten dem UB wieder klare Anweisungen fehlen, geht es wieder los. Die SK kann wieder ausbrechen, weil: klare eindeutige Anweisungen fehlen. Dann bin

ich wieder ein Selbstmörder, weil ich meine Gedanken nicht verlangsamen kann und mir auch keine Sicherheiten einfallen. Gedanken sind nicht anzuhalten.
Gelernt habe ich aber, daß ich meine Gedanken umlenken kann. Ich brauche nur zu bestimmen, daß mein Erw-Ich im Chefsessel sitzt. Sofort müssen alle anderen Persönlichkeiten und auch das UB das tun, was der Chef mit Befehlsgewalt sagt. *Jeder sollte lernen, welche Macht er tatsächlich hat. Auch sollte er lernen, diese Macht für ein zufriedenstellendes Leben einzusetzen.*
Wenn mein UB so wie beschrieben arbeitet, habe ich in meinem Leben bisher viele falsche Kommandos gegeben, mein UB falsch geschult, und ich brauche mich nicht zu wundern, daß so viele Wünsche nicht in Erfüllung gegangen sind.
Peter sagte mir von sich ein Beispiel:
Er wollte "nie" so werden wie seine Mutter, die mit 59 Jahren am Suff elendig verreckt ist. Er wäre mit Sicherheit mit 31 Jahren krepiert, weil er sie weit übertroffen hatte. Zum Glück konnte er eine Therapie bekommen und annehmen. Leider sind die meisten Kinder über viele solcher lebensrettende Gesetzmäßigkeiten nicht aufgeklärt.
Aufklärung tut not.
Wenn ich mein UB für mich als Sicherung, Absicherung oder als Sicherheitsschalter nutzen möchte, muß ich lernen, mich, mir selbst gegenüber, richtiger und eindeutiger anzusprechen. Also klare eindeutige Kommandos zu geben, ohne die Worte Ja und Nein. Dann habe ich gute Chancen, Originalhandlungen zu begehen, weil das UB neu und besser geschult wurde.
Ja und Nein gehören einfach in unsere Umgangssprache.
Sie sind nicht mehr wegzudenken. Aber seien wir doch mal ehrlich, wer nimmt diese Worte immer ernst?
Aber wenn einer riesengroße Angst hat, da kommt es schon auf das richtige Kommando an. Oder wenn einer sk ist und nicht mehr so weitermachen kann wie bisher, da kommt es schon auf klare eindeutige Kommandos an, die er sich selber gibt. Nur muß er diese hilfreichen Kommandos kennen.
Das TB in mir als das Ki-Ich, Elt-Ich, Erw-Ich, sollte:
Richtig nachdenken, bevor es Anweisungen an das UB oder den Körper gibt.
Richtig über das Leben nachdenken.
Richtige, gesunde und vernünftige Gedanken haben.
Richtig über Gesetzmäßigkeiten nachdenken.
Richtiger als bisher die vorhandenen Informationen nutzen und besser abwägen.
Richtiger als bisher die eigene Goldwaage wieder eichen.
Richtiger als bisher sein Freudenkonto auffüllen.
Dann bin ich mit dem TB ein Suchender, der seinen richtigen Lebensweg finden wird und sich richtig selbstverwirklicht.
Dann gehe ich auch ernsthaft und ehrlich und gesund mit mir um, weil sich neue Wahrheiten in mir ausgebreitet haben.
Die Verständigungsschwierigkeiten werden weniger.
Der leichte Druck in mir ist gut auszuhalten.

Ich kann mich wieder liebhaben und ertragen.

Dann kann ich auch sagen: Ich lebe vernünftig, richtig, gerecht und gesund.

Wenn ich in Not bin, befinde ich mich in einem Ausnahmezustand, deshalb lernte ich eine Kurzformel, die mich langsam, aber sicher beruhigt, so daß ich danach noch genauer auf das Vier-Schalter-System zurückgreifen kann.

Sicherheiten kann man nie genug haben.

Beispiele als Sicherheiten, für richtige Gedanken im Moment der Not.

Diese Kurzformeln "muß" ich mir sagen, damit es mir sofort ein wenig besser geht:

Das kenne ich doch!

Das kommt mir bekannt vor.

So etwas habe ich doch schon einmal erlebt.

Darunter habe ich doch einmal gelitten, das tue ich mir nicht mehr an.

Erst einmal Ruhe bewahren.

Die Spontaneität herausnehmen, Ruhe bewahren.

So kümmere ich mich richtig und hilfreich um wieder auftauchende Probleme.

So kümmere ich mich richtig und hilfreich um meine Gedanken.

So ordne ich mich im Bewußtsein richtig, zwar langsam, aber dennoch.

So kann es mir helfen, mich zu beruhigen und wieder zufrieden zu werden.

So erhalte ich das Gefühl, das Richtige für mich getan zu haben.

Danach wird sich ein neues, richtiges Ziel zeigen.

So benutze ich die vier Schalter und die Kurzformeln für meine Zufriedenheit lebensbejahend.

Wenn ich richtig gehandelt habe, schleicht sich ein Lächeln bei mir ein.

Wenn ich auch Ihnen doch solch ein Lächeln über die vier Schalter schenken dürfte!

Die Sauerstoffmangelerkrankungen und der Geschwindigkeitsrausch

Es ist ein Rausch, ausgelöst durch die Geschwindigkeit, dadurch bekommt das Gehirn zu wenig Sauerstoff und es reagiert mit einem Euphoriezustand. Fast jeder Autofahrer hatte schon einmal einen Geschwindigkeitsrausch. Einen Rausch, durch Geschwindigkeiten ausgelöst! Einen Rausch durch Sauerstoffmangel im Gehirn, welches in solch einem Zustand vermehrt Endorphine (u. a. auch Schmerzblocker, Glückshormone oder Überlebenshormone genannt) ausschüttet. Fast jeder Autofahrer hat sich schon einmal in der Geschwindigkeit vertan. Er war zu schnell, obwohl er dachte, angepaßt zu fahren. Er hat sich erschrocken, weil er z.B. an einer Autobahnausfahrt zu schnell war.

Oder er dachte, er fährt Tempo 30, und seine Tachonadel zeigte 50 km/h an.

Die Sinne werden getäuscht, aber das Gehirn selbst schützt sich durch Endorphine.

Auf Volksfesten sind Fahrgeschäfte (Karussells) sehr beliebt, weil sie durch ihre Geschwindigkeit berauschen. Jugendliche sind dafür besonders anfällig, weil es Spaß macht. Dieser Rausch macht erst Angst und wird erst später nach Gewöhnung zum Spaß. Das Herz schlägt schneller, der Blutdruck steigt, die Haut wird blaß und feucht.

Manch einer sagt: Einmal und nie wieder, ein anderer stellt sich gleich wieder an, je nach Neigung der Seele und deren Gerechtigkeitssinnen. Ist aber eine Ich-Form krank, wird trotz Abneigung weiter übertrieben.

Auch gibt es Menschen, die üben so lange, bis es ihnen Spaß macht. Nach einer gewissen Zeit hat man sich an diesen "Nervenkitzel" gewöhnt, es macht sogar Spaß. Es wird sogar freiwillig wiederholt. Manche sind sogar so anfällig, daß sie nicht genug davon bekommen können. (Erhöhte Endorphin - Morphiatausschüttung.)

Daß sie sich krankhaft verhalten könnten, weisen sie strikt von sich, ja sie lachen sogar darüber. "Es macht doch Spaß. Gönn mir doch diesen Spaß!"

Für diesen Spaß sind sie bereit, Schulden zu machen, zu betteln oder das dafür benötigte Geld sonstwie zu besorgen. Wiederum ist mindestens eine Ich-Form krank.

"Karneval ist nichts anderes als ein großer Spaß."

Da will einer ihm diesen Spaß verderben, und schon hat sich ein Feindbild entwickelt. Der Mahner ist der Feind, das Suchtmittel ist der Freund, und auf den Freund läßt man nichts kommen.

Da ist man sogar erfinderisch, Ausreden werden gebraucht:

Es macht mir doch Spaß!

Es ist jetzt mein Hobby!

Es ist mein ein und alles!

Dafür gebe ich alles her!

Dafür mache ich alles!
Dafür mache ich auch Schulden oder gehe ins Leihhaus.
Darauf lasse ich nichts kommen!
Wer mich damit nicht versteht, meint es nicht gut mit mir.
Mit Spaßverderbern will man nichts zu tun haben.
Der gönnt mir das nicht.
Der hat keinen Humor oder er kann keinen Spaß verstehen.

Zurück zum Karussell:
Reicht ihnen dieses Karussell-Berauschen nicht, versuchen sie es durch andere Drogen zu steigern oder zu verändern, und zwar solange zu verändern, bis sie ihre Dosis oder Mischung zum Berauschen gefunden haben, die es mit ihnen sympathisch meint. Also nichts weiter, als die Suche nach einer erhöhten Wirkung durch Konsum. Da ist man doch kreativ-erfinderisch. Da werden alle Gesetze außer Kraft gesetzt. Die Angst vor Strafe rückt in den Hintergrund.
Sollte die Mischung mal nicht funktionieren, d.h. es wird einem davon schlecht, hat man schnell einen Schuldigen gefunden. Nur man selbst ist es nicht, es ist immer irgendetwas anderes. Die vielen Ausreden schenke ich mir.

Was ist ein Geschwindigkeitsrausch?
Ein Rausch durch die Geschwindigkeit (mehr ist es nicht). Wie er zustande kommt, interessiert kaum jemanden, Hauptsache, man hat seinen Spaß!

Weshalb entsteht durch eine Geschwindigkeit ein Rausch?
Weil Geschwindigkeit einen O^2 - Mangel im Gehirn hervorruft, und O^2 - Mangel im Gehirn macht euphorisch durch erhöhte Endorphinausschüttung. "Sauerstoffmangelerscheinung", die bei weiteren Übertreibungen zur Krankheit, der SK führt.

In großen Höhen erleiden Menschen durch O^2-Mangel eine Euphorie und sind dadurch in großer Gefahr, leichtsinnig zu werden, sie riskieren zuviel. In den Bergen bedeutet es meistens Verletzungen, Absturz oder den sicheren Tod. Skiläufer unterschätzen diese Höhenluft, sie werden leichtsinnig. Auch unterschätzen sie die Wirkungsweise des zusätzlichen Alkohols. Auch die Sonne ist viel intensiver als im Flachland.

Wem diese Euphorie nicht reicht, der trinkt wie gesagt noch Alkohol und ist meistens dadurch dem Krankenhaus noch näher. Ein Beinbruch als Urlaubsandenken, warum nicht?

Wegen der großen Höhe und wegen dem O^2-Mangel kauen die Bergvölker in den Anden Kokablätter, damit sie in diesen großen Höhen überleben können.

Drogen sind Dämpfungsmittel.
In großen Höhen dämpfen sie die Freude auf ein Überlebensmaß an Angst. Gefahren können wieder richtig eingeschätzt werden. Verletzungen und Abstürze werden somit vermieden. Ein Überleben ist gesichert.
Im Flachland dämpfen Drogen das jeweils überwiegende Grundgefühl. Meistens ist es die Angst.
Deshalb heißen Drogen auch Neigungsverstärker.

Das an der Oberfläche liegende Gefühl wird verstärkt und die Grundstimmung gedämpft. Wenn die Grundstimmung Angst heißt, kommt Freude zum Vorschein. Bei jedem Sk ist die Grundstimmung die Angst.

Bei jedem Sk ist die Gefühlskurve weit unter der normalen Null-Linie angesiedelt. Wissenschaftler behaupten, daß wir so eine Nullinie haben. Es ist eine ganze Skala, die von plus 12 bis minus 12 reicht.

Diese Nullinie wird durch ständige Enttäuschungen und leerem Freudenkonto abgesenkt und in den Minusbereich gebracht. Will der Mensch sich freuen, muß er erst durch Anstrengungen diesen Minusbereich überwinden, um sich dann erst freuen zu können. Wie Sie erkennen können, ein mühsamer Weg. Und diesen Weg muß jeder Sk täglich zurücklegen. Was für eine Energieverschwendung! Dazu braucht man einen großen Willen. Will man sich aber freuen, geht es nach einiger Zeit des Mißbrauchs nur noch mit Verstärkern von außen. Und schon ist der Teufelskreislauf entstanden. Verstärker können als Beispiel außer Alkohol und Drogen auch Medikamente sein.

Wem das nicht reicht, der sucht sich ein Hobby, bei dem Sauerstoffmangel auftritt. Segelfliegen, Fallschirmspringen, Bungeespringen, Leistungssport und Ähnliches. Oder durch dies entsteht nach einer gewissen Zeit eine zusätzliche SK.

Also wird im Flachland durch Drogen die Angst gedämpft und die Freude gesteigert. Deshalb ist die Droge auch der Freund, der das hält, was er verspricht.

Er verspricht, ich lasse dich schneller enthemmt oder sogar euphorisch sein.

Nehme dir die Ängste und die böse Realität; wenigstens für ein paar Stunden, lasse dich für kurze Zeit vergessen.

Deshalb sind Drogen so beliebt. Was man liebt, das verteidigt man. Versuchen Sie nie, Ihrem Partner seine Liebe auszureden!

Was macht eine Geschwindigkeit bei mir, in mir, was löst sie in mir aus?

Darüber wäre ein ganzes Buch zu schreiben, aber ich beschränke mich auf das Wesentliche.

Erst wird Angst, Schweben und unangenehme Gefühle ausgelöst, die durch Endorphine beseitigt werden. Später, wenn man sich daran gewöhnt hat, entsteht zuerst Euphorie, bis die Dosis nicht mehr reicht.

Es kommt später auf die erhöhte Dosis und die Tagesform an.

Was macht die Angst in uns?

Hilflosigkeit und Panik; in großen Höhen wird die Angst durch O^2 - Mangel gedämpft.

Verkrampfungen des Körpers und der Seele.

Minderdurchblutungen des Körpers.

Ein unangenehmes Gefühl, das wir nicht haben wollen.

Was machen Verkrampfungen und Minderdurchblutungen?

Einen Sauerstoffmangel, und der löst Fehlverhalten und Absterben von Geweben und sogar ganzen Organen aus und verursacht weitere Schäden.

Ängste, die wir nicht gerne haben.

Oder es steigert sich zur Hilflosigkeit und Panik.

Was löst Sauerstoffmangel bei mir aus?
Euphorie und vieles mehr im Gefühlsbereich.
Bei Sk schlägt die Gefühlsskala Purzelbaum!
Weil wir große Freude als Euphorie anstreben, gibt es so viele Sauerstoff-
mangelkrankheiten.
Um nur noch einmal einige zu benennen, die alle zu den SK gehören, es ist nur
eine Frage der Zeit:
Das zuviele Rauchen.
Das Saufen, und das auch noch in verräucherten Kneipen.
Das Schnüffeln, Einatmen von Klebestoffen.
Mutproben, bei denen Verspannungen bis Verkrampfungen auftreten.
Autorennen, da passiert das gleiche.
Bergsteigen, da passiert zuerst das gleiche, Berufsbergsteiger ausgenommen.
Marathonlauf, der immer weit über das normale Leistungsvermögen hinausgeht.
Ein Ausnahmezustand durch Über- oder Untertreibungen für den Körper ist ir-
gendwann die Regel.
Beim Joggen geht leicht die Übersicht verloren, was noch zumutbar ist oder was
das Normalmaß weit überschreitet. Bei allen Leistungssportarten.
Und weitere "Späße", die Sauerstoffmangel hervorrufen.
Wer etwas ausprobiert und Gefallen daran findet, wird es wiederholen oder sogar
Freude daran finden, so daß er es übertreibt, und zwar so weit übertreibt, daß er
davon krank wird, ohne es anfangs zu bemerken.
Wer es ausprobiert, und es gefällt ihm auf Anhieb nicht, so wird ihm gesagt:
Du mußt nur fleißig üben, bis es auch dir gefällt. *Bis auch er krank ist.*
Die meisten Menschen üben leider. Nur wenige begnügen sich damit, daß ihnen
einmal richtig schlecht geworden ist. Dieses "übe fleißig" wird deshalb gesagt,
damit man nicht allein ist und weil man dem anderen die Quälerei gönnt.
Man ist ja "Gönner und hilfsbereit". So zeigt man den anderen, wie es geht,
krank zu werden.
Warum sollen es andere leichter haben?
Wer will schon alleine sk sein, sollen es die anderen doch ruhig auch werden.
In der Gemeinschaft macht es doch noch mehr "Spaß".
Nur wer maßlos übertreibt und die "Anstandsregeln" stark verletzt, wird heutzu-
tage erst dann aus der Gemeinschaft ausgestoßen, oder er bekommt nur die rote
Karte. Schließlich muß man doch zusammenhalten.
So ein "Ausrutscher" kann doch jedem passieren.
Manches ist uns Menschen eigen, weil angeboren:
Sich nicht begnügen zu können.
Sich berauschen zu wollen.
Der Realität, für Stunden, zu entfliehen.
Kein Ende zu finden, wie Kinder beim Spielen.

Also streben wir die Euphorie an. Durch Selbstexperimente oder durch Hören-Sagen erfahren wir, was wir noch tun können, um einen Rauschzustand noch zu steigern, was wir dann wie selbstverständlich ausprobieren.

Sollte das bei erwachsenen Menschen vorkommen oder die sich nicht begnügen können, liegt der Verdacht sehr nahe, daß sie sk sind oder an der Schwelle stehen, es zu werden.

Freunde und Mitmenschen, werdet sensibler!
Traut euch eher als bisher, etwas zu sagen oder zu fragen!
Die Antwort lautet oft: "Jetzt übertreibst du aber, ist das nötig?"
Lassen Sie sich durch eine burschikose Zurückweisung nicht abschrecken!

Denken Sie daran, daß der Übertreiber sich in einem Ausnahmezustand befinden könnte! Üben Sie bitte keine falsche Rücksichtnahme! Gerade dann, wenn Sie sich schon lange kennen. Gehen Sie mit Ehrlichkeit voraus und sagen Sie nicht, der andere muß zuerst kommen. Dies wäre eine falsche Freundlichkeit, die nur besagt, daß Sie zuviel Angst haben. Aber, denken Sie einmal in Ruhe darüber nach, was ist notwendiger? Richtig helfen, oder sich abschrecken lassen und zurückziehen.

Euphorie ist nichts weiter als überzogene Freude, also ein Rauschzustand.
Euphorie in der Intimsphäre, da ist sie richtig. Da ist sie angebracht.
Ich habe Sk gesehen, die waren so "glücklich", daß sie noch nicht einmal ansprechbar waren, aber sie lächelten selig.

Warum löst Sauerstoffmangel bei einem Menschen Euphorie aus und bei einem anderen Menschen nicht?
Wir Menschen haben alle unterschiedliche Anlagen, außerdem ist es nur eine Zeitfrage, dann wird jeder suchtkrank, und zwar alle, die über- oder untertreiben. Jeder, der suchtkrank wird, stellt es zuerst bei sich selbst fest, er will es sich aber nicht eingestehen.

Mit Freunden hat er etwas später schon darüber gesprochen, aber diese Schande, nicht verstanden worden zu sein und daß über ihn gelacht wurde, dies will er sich die nächsten Jahre nicht mehr antun. "Lachen kann er über sich alleine."
Die Antworten, die er bekam, kannte er:"Aber du doch nicht. Jeder andere, aber doch nicht du."
Also hört man auf, über sich zu sprechen. Man möchte sich die Enttäuschungen ersparen. Das eigene Leid, welches man zu tragen hat, reicht auch so schon.

Warum ist diese Art der Euphorie einer Seele sympathisch und eine andere Seele gerät in Panik?
Wir Menschen sind alle unterschiedlich und haben verschiedene "Neigungen zu oder Neigungen gegen" in der Seele.
Sie kommen nur nicht alle zutage. Oder sie können aus den verschiedensten Gründen nicht gefördert werden. Der Schöpfer hat es so eingerichtet, daß die eine Seele mutiger als die andere ist.

Karussell + Alkohol macht noch mehr Euphorie! Fast alles ist zu steigern, bis hin zum Tode.

Der Sk ist ein rücksichtsloser Mensch. Er ist bereit, alle Tabus zu brechen, Hauptsache, es steigert den eigenen Spaß und das Gefühl, das sich daran hängt.

Es gibt Menschen, denen wird es beim Karussellfahren so schlecht, daß sie es so in der Form, mit der Geschwindigkeit, nicht wiederholen. Sie sind beim ersten Mal kuriert. Es reicht für ein ganzes Leben.

In Zukunft verzichten sie ganz oder fahren mit einem Karussell, das sich erheblich langsamer dreht. Weil sie nicht wollen, daß es ihnen wieder schlecht geht und jetzt sind sie einfach nur Gönner, die den anderen das Übertreiben gönnen.

Es gibt Menschen, denen es beim ersten Alkoholkonsum so schlecht geht, daß sie in Zukunft entweder ganz auf Alkohol verzichten oder wirklich nur ganz geringe Mengen in großen Abständen trinken. Sie wollen genießen, aber nicht, daß es ihnen dabei schlecht geht. Außerdem wollen sie nicht, daß ihre Realität durch irgendein berauschendes Mittel gestört wird. Ihr Gerechtigkeitssinn und ihr schon stabil gewordenes Erw-Ich lassen sie in der Realität bleiben. Sie neigen eben dazu.

Der Rausch mit seinen negativen Begleiterscheinungen hat ihnen beim ersten Mal eindrücklich und nachhaltig gereicht.

Andere Menschen üben so lange, bis ihnen nicht mehr schlecht wird. Sie sind anders, sie wollen den Reiz des Übertreibens, es gibt ihnen etwas. Sie neigen dazu.

Es gibt Kinder, die beim Rauchen erwischt werden, die vom Vater oder Opa zu einer Roßkur gezwungen werden. Sie müssen anschließend eine dicke Zigarre rauchen und zwar so lange, bis ihnen richtig schlecht ist, in der Hoffnung, das müßte ihnen eine Lehre fürs Leben sein.

Den meisten Kindern reicht dieses Erlebnis ein Leben lang. Sie verzichten ganz aufs Rauchen oder werden Gelegenheitsraucher.

Nur in ganz wenigen Fällen hilft es nicht mehr, weil die Kinder zu spät beim Rauchen erwischt wurden. Sie haben schon zu lange heimlich geraucht und sich an das Rauchen schon so gewöhnt, daß sie sich eher über die Zigarre freuen. Also wirkt bei ihnen diese komische Erziehungsmethode nicht mehr.

Durch Sauerstoffmangel können wir krank werden. Diese Krankheit heißt dann eindeutig Suchtkrankheit oder Sauerstoffmangelerkrankung.

Bei ganz genauer Betrachtungsweise würden wir auch da zuerst eine Hörigkeit diagnostizieren.

So kann ein Kind von 10 Jahren schon sk sein. Peter sagte mir, daß er schon mit 14 Jahren Alkoholiker war. Heute tue es ihm leid, daß er damals schon zum Dieb geworden sei. Freibier, Biersuppe, Dunkelbier und die Gelegenheit, alles paßte.

Zu seiner Konfirmation (noch keine 14 Jahre alt) trank er 10 Gläser Bier und einige Schnäpse, ohne daß ihm davon schlecht geworden wäre.

Daß er zu dieser Zeit schon regelmäßig rauchte, hätte ich fast vergessen. Das Zimmer und das Bett hatten schon lange vorher aufgehört, sich zu drehen. Somit war er schon körperlich sk, ohne es zu wissen. Er war eher stolz, so viel vertragen zu können, deshalb hatte er auch keine großen Schwierigkeiten bei viel älteren Jugendlichen, Anerkennung zu finden. Hätte er sich damit begnügen können, wäre alles in Ordnung gewesen. Aber der Zug war abgefahren, und er saß mittendrin, ohne es zu ahnen. Der Verdacht sk zu sein war da, aber seine Vertrauenspersonen haben über ihn gelacht, und er hat es als schlimmen Vertrauensbruch betrachtet.

Einem Menschen durfte er ein paar Tage vor dessen Herzoperation verzeihen.

"Danke, mein Freund, daß ich das nach über 30 Jahren noch erleben durfte."

Aus der Narkose, nach der Operation, ist sein Freund nicht wieder aufgewacht.

Weiterhin sagte mir Peter, daß das Verarbeiten der Vergangenheit wahrscheinlich in seinem Leben nicht so verarbeitet werden könnte, wie er sich das vorstellt. Erstens wird die Zeit nicht reichen, weil er nicht lange genug lebt, und zweitens befürchtet er, daß ihm einige Menschen nicht vergeben können.

"Ich entschuldige mich hiermit bei euch allen, denen ich weh getan habe."

Etwas sehr traurig bin ich aus dieser Stunde nach Hause gegangen.

Was liegt alles in meiner Schiffstruhe, wenn ich den Deckel mit meiner richtigen Ehrlichkeit öffne! Es war ein Berg, den ich dachte nicht bewältigen zu können, also befolgte ich Peters Rat, den Deckel erst einmal zuzumachen und mich daraufzusetzen, was ich dann auch tat, und schon ging es mir besser.

Auslöser sk zu werden kann wieder unsere Neigung, Spaß zu haben und sich nicht begnügen zu können, sein.

Wie schon beschrieben, ändert sich unser Alter, somit ändern sich auch die Späße. Ändern sich unsere Möglichkeiten, ändern sich die Späße und die eigene Wahrheit.

"Ach ist das schön, Spaß zu haben!"

Ist jemand davon krank geworden, vergeht ihm der Spaß. Dann schreit er nach Hilfe. Manchmal hört ihn keiner, weil er verlernt hatte, richtig zu schreien. Wenn er selbst nicht weiß, was mit ihm los ist, was soll er sagen, wie soll er schreien? Selbst ein Selbstmordversuch ist ein Schrei, ein Schrei nach "Hilf mir".

Ein Schrei nach: Bitte laß mich nicht mit meiner Not alleine oder bitte erkläre mir meine Not! Bitte nimm mich an, bitte nimm mich ernst! Bitte versteh mich!

Aber welcher Erwachsene kommt schon darauf, daß dieses Kind schon weiß, daß es sk ist, es findet nur nicht die richtigen Worte dafür. Manchmal hört es keiner, weil man verlernt hat, richtig zuzuhören, oder weil man den anderen nicht ernstnimmt. *Verständigungsschwierigkeiten.*

Bei anderen kann die Situation wieder anders sein.

"Hilf mir bitte, aber auf meine Späße möchte ich nicht verzichten!"

Solch ein Hilferuf ist meistens unehrlich. Also müssen wir auch noch lernen, zwischen ehrlichen und unehrlichen Hilferufen zu unterscheiden.

Ein Hilferuf sollte immer ernstgenommen werden, denn das Kind ist dazu nicht in der Lage, dem Erwachsenen richtig zu erklären, wie ehrlich und wie dringend dieser Hilferuf ist. Wir Erwachsenen müssen das lernen.

So kann sich jeder selber ausmalen, wieviel Krankheiten durch Sauerstoffmangel und der vorher schon vorhandenen Hörigkeit entstehen können.

Bei mir waren es die Ängste meiner eigenen Hörigkeit, die mich hilflos und ratlos machten. Sie lösten bei mir Verkrampfungen aus, so daß mein Körper nicht mehr mitmachte und ich immer öfter krank wurde. Wobei ich nicht geglaubt hätte, daß die Ursache dafür in der Seele mit ihren Verständigungsschwierigkeiten zu suchen ist.

Diese Verkrampfungen und körperlichen Krankheiten behandelten die Ärzte, meine Hörigkeit haben sie übersehen.

Ich frage mich heute noch, wie ist so etwas in dieser Zeit möglich? Sind Fachleute wirklich so blind oder unwissend, daß sie die einfachsten Zusammenhänge nicht logisch erkennen können? Oder sind auch sie nur durch andere "Fachleute" falsch aufgeklärt worden und haben ihren Lehrern blind geglaubt, wie viele Menschen ihren (Esoterik-)Lehrern? Wenn dem so ist, sind sie dann nicht genauso arm dran?

Ersatzhandlungen sind
Handlungen als Ersatz für Originalhandlungen

Ich wage eine kurze Beschreibung meines Suchtkrankenkreislaufes:
Zuerst waren in mir die Verständigungsschwierigkeiten da.
Später folgten die "Hilflosigkeiten", weil ich mich mit dem Druck, der in mir erzeugt wurde, nicht mehr ertragen konnte.
Meine Aggressionen gegen mich und die Umwelt häuften sich.
Schlechte Kompromisse als Ersatzhandlungen mußte ich zu häufig eingehen.
Je weiter meine Krankheit fortschritt, desto mehr häuften sich die faulen Kompromisse, die ich eingehen mußte. Das ganze Leben, das ich führte, war gegen meine Gerechtigkeit, aber die Liebe, mein Pflichtgefühl und meine Ziele waren stärker. Auch habe ich ernsthaft geglaubt, daß es mit der Liebe möglich sein müßte, mir und meinem Freund zu helfen. Ich habe ihm jedes Versprechen geglaubt und jedesmal wieder neue Hoffnung geschöpft.
Ersatzhandlungen machen wir deshalb, weil wir das Original oder die Originalhandlung nicht immer bekommen oder machen können.
So hörte ich es später von Peter.
"Ersatzhandlungen sind Handlungen als Ersatz für das Original."
Diesen Satz habe ich mir eingeprägt.
Was ist das Original für den oben aufgeführten Hergang?
Sich verstehen, nur wenige Verständigungsschwierigkeiten mit sich und anderen haben.
Den Spaß auf eine normale Freude zu reduzieren. Sich etwas mehr über sich selbst freuen.
Sich begnügen lernen.
Weniger ist oft mehr.
Somit erübrigen sich Aggressionen sowie innerer Druck, und Originalhandlungen werden wahrscheinlicher. Sich vernachlässigen, wird überflüssig.
Die Leichtgläubigkeit bei mir hört auf.
Leider mußte ich mir von Peter sagen lassen:
Wer sich nicht beraten läßt oder sonst nichts gegen seine Grunderkrankung, die eigene Hörigkeit, unternimmt, wird weiter leiden und nicht mehr aus der Arztpraxis herauskommen, weil die körperlichen Beschwerden zunehmen.
Wer nicht den Mut und Lebenswillen hat etwas gegen seine Grunderkrankung, die eigene Hörigkeit, zu tun, wird weiter leiden.
Auch diesen Satz habe ich mir gemerkt, damit, falls ich einmal gefragt werde, ich richtig Auskunft geben kann.
Der Patient ist auch Wähler. Viele Patienten könnten erreichen, daß sich um ihre Ersterkrankung gekümmert wird, wenn sie Politiker und Verantwortliche unter Druck setzen.
Sie können auch erreichen, daß wir zu mündigen Bürgern mit Mitspracherecht werden.

Die Geheimsprache der Ärzte (da gebe ich Herrn Hackethal recht) muß so verdeutscht werden, daß ein Deutschsprachiger weiß, was der Arzt ihm sagt und warum er ihm dieses oder jenes empfiehlt. Sonst sind wir ein Volk von Kranken, und die falsch ausgebildeten Behandler helfen mit, daß es so bleibt oder noch schlimmer wird. Nicht nur die Krankheiten nehmen zu, sondern auch die Kriminalitätsrate steigt. Leider mußte ich auch das noch persönlich erfahren.
"Ich lasse mir mein Mitspracherecht nicht wieder nehmen!"
Dieser Satz sollte für jeden mündigen Bürger Gültigkeit haben.
Wird die ursächliche Krankheit nicht gestoppt, geht alles weiter. Die Sk hat ihre eigene Gesetzmäßigkeit. Diese Gesetzmäßigkeit wird in diesem Buch ausführlich beschrieben, so daß jeder Mensch den Ablauf verstehen kann.
Ist es nicht seltsam, daß ich festgestellt habe, daß "jeder Sk" die gleichen Merkmale mitbringt, egal welche SK er hat? Ist es nicht seltsam, daß "jeder Sk" zuerst die Krankheit Hörigkeit hat, bevor eine andere SK dazukommt? Wer das verstanden hat, kann auch verhindern, daß aus Suchtkrankenverhalten eine SK wird.
Nach Jahren des Leidens sieht die beschriebene Situation anders aus.
Die Verständigungsschwierigkeiten häufen sich noch mehr.
Sich nicht aushalten können wegen des großen inneren Drucks und der Hilflosigkeiten, wird so unerträglich, daß man jede Menschenwürde verloren hat und sich nur noch als Dreck empfindet!
Die Aggressionen nehmen in jeder Richtung zu. Man tut sich selber absichtlich weh und weiß das ganz genau, aber es ist einem egal, weil man das Gefühl bekommt, aus der Hilflosigkeit heraus zu sein, Hauptsache, man hat etwas getan. Die eigenen körperlichen Schmerzen tun nicht so weh wie die seelischen Schmerzen der Hilflosigkeit. Im Gegenteil, es wird sich wieder um die Betroffenen gekümmert und das bedeutet für sie Anerkennung. Schon haben sie das erreicht, was sie wollten.
Daß es nicht die richtige Anerkennung ist, ist inzwischen völlig egal.
Es geht sogar so weit, daß man absichtlich sich verstümmelt oder eine tödliche Krankheit erfindet.
Die Kriminalitätsrate steigt unaufhörlich weiter, weil z.B. die Stoffmenge immer teurer wird, da sich die benötigte Menge erhöht hat. Außerdem ist man inzwischen überall vertrauensunwürdig geworden. Nirgendwo hat man noch Kredit. Also muß, wenn jemand stoffabhängig ist, geklaut werden, oder manche gehen auf den Strich. Ist doch egal, woher das Geld kommt. Ihre Ehre oder Würde haben sie schon längst abgegeben.
Deshalb wird auch jeder Spiegel gemieden.
Ersatzhandlungen häufen sich, bis man nur noch Ersatzhandlungen begehen muß, weil man ja irgendwie weiterleben muß.

Was heißt Selbstmitleid?

Ich tue mir selber leid. Mehr heißt es nicht!

Ich füge mir selber Leid zu. Ist auch eindeutig, aber ergänzend zum Sk möchte ich nochmals sagen, daß einer sich bewußt selber Leid zufügt, um das Gefühl zu haben, daß er noch lebt.

Warum füge ich mir mein Leid selber zu?

Weil es mir gut tut.

Warum tut es mir gut?

Reize und Kräfte sind in mir, die ich nicht abgeben kann, deshalb richte ich diese Kräfte gegen mich und habe den Eindruck, etwas getan zu haben, somit bin ich nicht ausschließlich hilflos.

Wer will schon ständig hilflos sein? Also wird man auf Dauer erfinderisch.

Wie soll ich etwas ändern, fragt er sich, alles was ich bisher unternommen habe, ist schiefgelaufen oder es kam als Bumerang zurück.

Von meiner Droge konnte ich aber auch nicht lassen. Somit hat das Ki-Ich immer noch die Oberhand, und die Dominanz in mir verändert sich nicht.

Dieser Kreislauf muß unterbrochen werden, das Karussell muß angehalten werden. Dieses geht nur mit Druck von außen. Wird dieser Druck so groß, daß man ihn nicht mehr ertragen kann, schreit der Sk nach ehrlicher Hilfe von außen.

Er muß zu seinem Glück gewaltsam überredet werden.

Zwischen der Einsicht, so geht es nicht weiter, und der Einsicht, jetzt lasse ich mir helfen, vergehen manchmal Jahrzehnte.

Es kommt darauf an, wieviel gute Freunde man hat.

Meistens sind es die guten Freunde, die einem das Leiden verlängern.

Er fragt sich viele Male am Tag: Wer kann mir sagen, was ich machen muß, um endlich zu meinem Erwachsensein zu kommen, so wie ich mir das vorstelle? Dabei sind es gar keine klaren Vorstellungen, nein, es ist einfach nur der Wunsch, nicht so erwachsen zu werden, wie ihm die Erwachsenen das Erwachsenen-Sein, vorleben.

Hilflosigkeit fordert förmlich die Aggressionen heraus, sie sind sofort da.

Aggressionen sind Kräfte, die gegen ein Ziel gerichtet werden müssen, damit sie sich selbst verbrauchen. Also richten sich diese Kräfte gegen alles.

Daß selbst ich so einen Menschen nicht lieb haben kann, werden Sie sicher verstehen.

Als ich Peter fand, sagte er nur:

Also muß etwas getan werden. Ich helfe dir, dabei Ordnung zu schaffen.

Die erste Möglichkeit ist, diese Kräfte gegen andere zu richten. "Falsch!"

Die zweite Möglichkeit ist, sie gegen mich selbst zu richten. "Falsch!"

Die dritte Möglichkeit ist, sie in eine Suchtkrankheit zu investieren. "Falsch!"

Die Lösung ist, sie gar nicht erst im Übermaß zu erzeugen, sondern zu lernen, wie ich richtiger mit meinen "gewaltigen" Kräften dosiert leben kann.

Bei der ersten Möglichkeit kommt mit Sicherheit keine Anerkennung zurück.

Bei der zweiten Möglichkeit entsteht keine Anerkennung durch mich selbst.

Bei der dritten Möglichkeit entsteht nur vorübergehende Anerkennung, die Krankheit aber schreitet voran und wird wiederum Hilflosigkeit bedeuten, somit beginnt dein Kreislauf von vorne.

Daß dieses Karussell sich immer schneller dreht, habe ich erlebt.

Nur von außen ist mir die Möglichkeit gegeben worden, von diesem Karussell abzuspringen und es mir von außen zu betrachten und es sich langsamer drehen zu lassen. Das war meine Chance, von meiner Krankheit zu genesen.

Dieses Kapitel hat mich besonders interessiert. Einmal, weil ich starke Raucherin bin, und zum anderen, weil mich mein Beruf doch sehr viel erleben läßt, was ich jetzt viel besser deuten kann.

Das entscheidendste Erlebnis, die wichtigste Erkenntnis in meiner Therapiezeit bei Peter war:

Hätte ich diese Informationen früher gehabt, wäre mir eine Menge Leid erspart geblieben!

Diese Erkenntnis hat jeder Patient in seiner Therapie zu irgendeinem Zeitpunkt gehabt, sagte mir Peter. Das kann kein Zufall sein!

Es war mir ein Bedürfnis, daß ich darauf bestanden habe, diesen einen Satz so groß und so fett zu schreiben, weil es für mich das Bedeutsamste ist, was ich in den letzten 25 Jahren erlebt habe.

Beispiele für Verständigungsschwierigkeiten
und devotes Verhalten, wie ich es erlebt habe

Liebe deinen Nächsten wie dich selbst! - Jeder Suchtkranke liebt sich nicht - er ist sich gegenüber nur *falsch hilfsbereit.* Verständigungsschwierigkeiten.

Denn jede Suchtkrankheit ist der Versuch, sich selbst zu helfen.

Wer sich nicht richtig lieb hat, kann auch keine richtige Liebe geben. Verständigungsschwierigkeiten und falsche Hilfsbereitschaft.

Wer sich nicht selbst richtig anerkennt, zu sich selber ja sagen kann, sagt mit Sicherheit anderen gegenüber falsch ja.

Verständigungsschwierigkeiten und falsche Hilfsbereitschaft.

Eine Hinterlist ist immer im Spiel, also wiederum falsche Hilfsbereitschaft und Verständigungsschwierigkeiten.

Denn derjenige, der so falsch zum anderen ja sagt, will nur die Anerkennung und Liebe der anderen haben, weil er sich selbst diese nicht richtig geben kann. Verständigungsschwierigkeiten.

Dies ist eindeutig devotes, also unterwürfiges, unehrliches Verhalten und eine falsche Hilfsbereitschaft sowie eindeutige Nichterfüllung seiner GB und wieder Verständigungsschwierigkeiten.

Es ist eindeutig Hörigkeitsverhalten, das immer Verständigungsschwierigkeiten enthält.

Hält es längere Zeit an, führt es eindeutig zur Krankheit Hörigkeit.

Dies macht die schon vorhandenen Unzufriedenheiten noch größer und auch die *Verständigungsschwierigkeiten größer.*

Selbstdarstellung der Patientin M
Einige Fragen, Antworten und Kommentare

Am 22.8.1996, also vor einigen Monaten, war ich an dem Punkt angelangt, mir endlich helfen zu lassen. Zwischen dem, mir helfen zu lassen und "da stimmt bei mir etwas nicht", vergingen Jahrzehnte. Den Verdacht, daß um mich herum Ungerechtigkeiten passierten, hatte ich schon mit vier Jahren. Ich konnte es nur nicht verstehen und begründen.

Was war vorangegangen?

Vor allem viele Jahre, in denen ich mich und meine Umwelt nicht richtig verstanden habe, in denen ich mich auf einer ständigen Jagd nach Liebe und Anerkennung befand und mich selbst dabei vernachlässigte.

Heute weiß ich, daß ich suchtkrank war - eine Suchtkrankheit mit dem Namen

"Hörigkeit".

Damals hatte ich diese Informationen noch nicht, ich ahnte zwar, daß mit mir "irgend etwas" nicht stimmte, aber was das genau sei, wußte ich nicht.

Also unternahm ich zahlreiche Versuche, mir selbst zu helfen, endlich glücklich und zufrieden zu werden. Diese Versuche sind allesamt fehlgeschlagen, denn ich wurde immer unzufriedener trotz erhöhter Anstrengungen.

Meine Verständigungsschwierigkeiten, so denke ich, begannen mit Sicherheit schon richtig im Alter von 12 bis 14 Jahren, wenn nicht sogar eher.

In dieser Zeit begann ich eine lange Reihe von Versuchen.

Ich hatte begonnen, mich zu wehren. Gegen wen oder was, wußte ich nicht so genau. Viele dieser Einzelheiten der Versuche fallen mir im Moment nicht ein, außerdem sind sie nicht erwähnenswert. Erwähnenswertes schildere ich noch.

Ich soff zum ersten Mal Alkohol. Als Trinken konnte ich diesen Umgang mit dem Alkohol nicht bezeichnen. In erster Linie soff ich, um bei einer bestimmten Gruppe von Menschen Anerkennung zu heischen.

Meine Eltern reagierten panisch!

Wie ich heute weiß, fühlten sie sich der Situation nicht gewachsen und waren ganz einfach hilflos. Daß ich diejenige war, die sie hilflos machte, hätte ich entschieden abgestritten. Im Gegenteil, ich hätte ihnen sogar noch Vorhaltungen gemacht oder ihnen die Schuld für meine Unzufriedenheit gegeben.

Aber diese Hilflosigkeiten und Ungerechtigkeiten behielt ich hauptsächlich für mich. Ich hatte dieses Leiden verspürt, durfte es aber nicht weitergeben. Das war mir komischerweise klar. Daß ich es später doch weitergab, ist nur durch das Fortschreiten meiner SK zu erklären.

Ich bedanke mich an dieser Stelle herzlichst bei meinen Eltern, daß sie mit mir nicht gestritten haben und ich dadurch auch keine große Schuld ihnen gegenüber aufbauen mußte. Was hätte ich ihnen auch sagen sollen, ich habe mich ja noch nicht einmal selbst verstanden? Ich danke auch meiner Schwester, die immer versuchte, mich zu verstehen, und immer zu mir gehalten hat. Sie ist auch heute noch meine Freundin.

Für mich hieß es aber trotzdem, Liebesentzug meiner Eltern und strenge Überwachung. Auf der einen Seite empfand ich Schuldgefühle, auf der anderen Seite fühlte ich mich unverstanden und ungerecht behandelt. Was war nun richtig? Ich hatte diese Gefühle, stehe heute noch dazu, weil ich sie und die dazugehörenden Zusammenhänge mir heute besser erklären kann. Doch nach einer gewissen Zeit entspannte sich die Situation.

Das Verhältnis zu meinen Eltern normalisierte sich. Ich versuchte, bei ihnen nicht mehr auffällig zu werden. Sie vertrauten mir wieder, weil ich erstens keine großen Exzesse mehr zeigte und zweitens, weil ich als Schauspielerin und Clown immer besser wurde.

Darum bitte ich euch um Verzeihung, aber ich konnte nicht anders.

Bis zu meinem Abitur hatte ich immer jemanden, der mir sagte, was ich zu tun hatte. Ich war eine sehr gute Schülerin, auch meinen Abschluß machte ich mit Auszeichnung. Danach fiel ich erst einmal in ein Loch, so empfand ich es wenigstens. Was sollte ich jetzt mit mir anfangen? Wie soll es weitergehen?

Für jemanden, der seine richtigen Bedürfnisse nicht kennt (und auch keine Ahnung davon hat, daß es gerade diese sind, die mich zu vielen Dingen zwingen), ist dies eine schreckliche Situation.

Ich ging nach Münster, um zu studieren, und war vier Wochen später wieder zu Hause. Ich hielt es in Münster nicht aus, ich hielt mich nicht aus, ich hielt das Leben nicht aus. Mein Anlehnungsbedürfnis war stärker, also lehnte ich mich wieder bei meinen Eltern an. Vergaß meine "Scham" und merkte gar nicht, daß ich mich unter meiner "Würde" befand. Es war mir zu diesem Zeitpunkt nicht bewußt, daß ich mein normales Niveau und mein geistiges Alter verlassen hatte.

Ich begann ein Praktikum in einer Redaktion in Braunschweig. Dort fühlte ich mich wohl. Wenn ich auch sonst nicht viel über mich wußte, so hatte ich schon von klein auf den Wunsch gehabt, Journalistin zu werden.

Als das Praktikum beendet war, ging ich nach Hamburg, um zu studieren. Dort hielt ich es zwei Jahre aus, bis ich wieder nach Hannover zurückkehrte. Zufrieden war ich in Hamburg auch nicht gewesen, also startete ich in Hannover einen neuen Versuch.

Viele meiner Versuche hatten etwas mit Männern zu tun. Auf der Suche nach dem "Glück" ging ich immer wieder neue Beziehungen ein, weil ich mich durch sie bestätigt fühlen wollte. Früher oder später stellte ich aber immer wieder fest, daß ich nicht glücklicher wurde, sondern immer trauriger und unzufriedener. Ich langweilte mich, oder ich war mir selbst im Weg. Also ließ ich mich auf weitere Affären ein, um mein Leben doch noch ein wenig spannender zu gestalten. Letztendlich wieder mit dem Hintergedanken, endlich noch zufrieden zu werden. "Es muß doch irgendwie möglich sein!"
Ich ging dabei über Leichen: Ich log und betrog, wo ich konnte.
Meinen jeweiligen Freund betrog ich mit seinem besten Freund. Das Nachdenken über moralische Werte hatte ich schon lange aufgegeben, so wie ich dabei war, mich aufzugeben. Bei dem Betrügen kam ich mir schlecht vor. Ich kannte Freunde, die verhielten sich genauso. Warum sollte ich schlechter sein als sie? Ich wollte zu ihnen gehören, genauso sein wie sie.
Manchmal betrog ich sogar meinen jeweiligen Freund mit meinem Ex-Freund.
Ich machte andere unglücklich und mich selbst auch, denn so wollte ich eigentlich mit anderen Menschen nicht umgehen. Meine innere Gerechtigkeit rebellierte. Aber was sollte ich machen? Warum ich es doch tat, weiß ich heute. Ich war hilflos und wollte diese Hilflosigkeit nicht haben, deshalb mußten laufend neue Ersatzhandlungen zur Erleichterung her.
Was mich dazu noch trieb, ist mir heute ganz klar, ich bin schlicht und einfach suchtkrank geworden. In meiner Hilflosigkeit sah ich mich einfach nach neuen Versuchen um. Erfinderisch war ich immer schon. Es fielen mir immer neue Lügen ein.
So kam ich auch auf die Bulimie, weil ich dachte, damit täte ich nur mir alleine weh.
Ich war es leid, immer anderen wehzutun und dieses zu müssen. Außerdem wollte ich nicht "so erwachsen werden wie die Erwachsenen, die ich kannte". Ungefähr sechs Jahre lang frönte ich dem Fressen und Kotzen. Erst nur einmal in der Woche, später mehrmals am Tag. Hinzu kamen Übertreibungen mit Alkohol und lange Nächte in Kneipen und Discos. Ich war inzwischen maßlos geworden. Mit dem Saufen als Katalysator versuchte ich wiederum, mein Leben spannend zu gestalten. "Es enthemmte so schön." Dieser Freund Alkohol hielt das, was er versprach. Er enthemmte mich, nahm mir meine Ängste, machte mich vorübergehend frei und ungebunden. Ich wußte sonst nicht viel mit mir anzufangen, außer diesem Lodderleben.
Mein Studium vernachlässigte ich zugunsten meiner Sauftouren.
Dann lernte ich einen Mann kennen, wieder einen Freund meines damaligen Freundes, mit dem ich zusammenzog. Nicht aus Liebe, es ergab sich einfach so. Ich ließ mich in diese Beziehung hineintreiben, ohne selbst aktiv zu werden. So dachte ich jedenfalls. Daß dem nicht so war, erkenne ich heute, denn ich war so aktiv, daß ich einiges an mir und meinem Leben änderte.

Mein neuer Freund lehnte alle meine Freunde und Bekannten ab, auch sonst wollte er mich nur für sich allein haben. Ich wehrte mich nicht dagegen und begab mich dadurch in eine zwangsläufige Isolation. Ich verstand nicht, was er von mir wollte, also ließ ich ihn mich führen wie eine Blinde. Immerhin, ich trank kaum noch Alkohol, machte mein Vordiplom und gewöhnte mir sogar das Rauchen ab. Das Ganze ging etwa zwei Jahre gut.

Dann begann ich ein Praktikum beim Fernsehen. Dort wurde ich nun plötzlich wieder als Einzelperson gesehen, und nicht nur in Verbindung mit meinem Freund, wie es vorher gewesen war. Das gefiel mir so gut, daß ich innerhalb von zwei Wochen aus der gemeinsamen Wohnung auszog und mich wieder ins Nachtleben stürzte. Ich wollte die ganze Anerkennung und Bestätigung nachholen, die ich meiner Ansicht nach in den vergangenen zwei Jahren verpaßt hatte. Ich begann wieder zu saufen, zu rauchen und Jagd auf Männern zu machen. Ich kann mich nicht erinnern, daß ich mich für irgendetwas anderes in dieser Zeit interessiert habe. So verwirklichte ich mich falsch, falscher geht es nicht mehr.

Durch Zufall lernte ich dann meinen jetzigen Partner kennen.

Ich ließ zum ersten Mal in meinem Leben meine innere Stimme zu, die mir sagte, das ist der richtige Weg, das ist der richtige Mensch. *Er kann mir helfen.* Wie, das wußte ich nicht. Bei ihm war ich zum ersten Mal in meinem Leben kompromißbereit. Es sollte kein überschwengliches Glück sein, nicht auf Wolken schweben, nein, es war einfach anders und sollte auch anders sein. Ich gab mich hin und paßte trotzdem auf mich auf. Eine ganz neue Erfahrung für mich.

Ich glaube, ich liebte ihn vom ersten Augenblick an, obwohl ich nicht wußte, was das war. Er flößte mir Vertrauen ein, Halt und eine Menge Sicherheit. Er sah gut aus, war mir für ein Abenteuer zu schade. Wie ich schon sagte, er war etwas Besonderes für mich. Bei ihm hatte ich das Gefühl, mich anlehnen zu dürfen, ohne daß er von mir dafür eine Gegenleistung erwartete.

Bei ihm hatte ich das Gefühl, er meint mich!

Wie soll das gehen? Ich kannte ihn doch kaum. Wie kam er dazu, mir zu vertrauen?? Er machte mich auf sich neugierig. Ich wollte mehr von ihm wissen, wollte einfach viel mit ihm reden oder einfach nur in seiner Nähe sein.

Ich habe mich schnell in ihn verliebt, obwohl ich mir das lange Zeit nicht eingestehen wollte. Ich hatte nämlich auch Angst vor ihm. Zum einen hatte er eine Eigenschaft, die ich bisher noch nicht kannte und die mich verunsicherte:

Er war zu sich und anderen ehrlich. Er meinte alles so, wie er es sagte.

Mehrfach habe ich ihn daraufhin überprüft. Er konnte mir alles glaubwürdig erklären, wie er etwas gemeint hatte.

Zum anderen war er nicht in mich verliebt - sagte er mir. Heute weiß ich, daß es von ihm Selbstschutz war, weil er sich über seine neuen Gefühle nicht im klaren war. Er war doch verliebt, aber da konnte er sich gegenüber nicht ehrlich sein, weil seine Unsicherheiten so groß waren und er es selbst nicht richtig einschätzen konnte, was mit ihm los war. So etwas wie mit mir war ihm vorher auch noch nicht passiert. Was er genau wußte, war, daß seine Gefühle ihn nicht hilflos machten. Sie machten ihn nur unsicher, und mit Unsicherheiten hatte er inzwischen schon einige Erfahrungen gesammelt. Seltsam war nur, warum er mich nicht einem seiner besten Freunde, dem Peter, vorstellte.

Vielleicht wollte er nicht, daß Peter ihm auch dieses Mal sagen könnte: "Das ist nicht die richtige Frau für dich!" Vielleicht hatte er unbewußt Angst davor?

Da ich unser Verhältnis auch nicht richtig einschätzen konnte, ging es mir sehr schlecht. War es mit meinem Selbstbewußtsein schon bis dahin nicht weit her, ging es jetzt erst recht in den Keller.

Das Saufen machte mir keinen Spaß mehr, aber ich hielt verzweifelt daran fest.

Daß ich inzwischen in den Alkohol verliebt war, ist mir nicht aufgefallen.

Mein Freund trank auch, also wollte ich mithalten. Da, wo er hingeht, wollte ich auch hingehen. Auch wollte ich ihm gegenüber nicht als Schwächling gelten.

Ich hatte Glück, wir hatten Glück - schließlich fanden wir beide doch zusammen. Einige Zeit war ich sehr glücklich. Doch irgendwann meldete sich die Unzufriedenheit wieder. Das war vor etwa viereinhalb Monaten im Urlaub 1996.

Ich fühlte mich von meinem Partner unverstanden und vernachlässigt, also begann ich, mit seinem Freund zu flirten (das konnte ich ja sehr gut - hatte ich früher genügend geübt). Das Ganze geriet völlig außer Kontrolle. Fast hätte ich den Mann, von dem ich doch wußte, daß er der Richtige für mich ist, verloren. Ich war verzweifelt. Und damit war der Punkt erreicht, von dem ich eingangs gesprochen habe:

Ich wollte mir endlich ehrlich helfen lassen, jetzt war ich so weit.

Ich hatte erkannt, daß ich es mit meinen Versuchen nicht schaffen würde, zufrieden zu werden. Es mußte Hilfe von außen her!

Über meinen Partner hatte ich Peter doch noch kennengelernt und wußte schon ein wenig von seinem Therapiekonzept. Am 22.8.96 hatte ich mein Aufnahmegespräch bei ihm.

Das war auch der Tag, als ich ehrlich Hilfe annehmen konnte. Peter war mir sympathisch, ich vertraute ihm. Eine wesentliche Voraussetzung für eine Therapie, wie er mir später sagte. Ein wenig sympathisch waren wir uns schon vorher gewesen, diese Hürde hatten wir also bereits genommen. Nach dem Gespräch beschloß ich, bei Peter eine Therapie zu beginnen. Angst hatte ich nur, daß meine Eltern es zu früh erfahren würden. Ich wollte erst einmal selbst bei mir sortieren. Angst auch deshalb, weil ich nicht wußte, wie sie reagieren würden, wenn sie erfuhren, daß ich suchtkrank bin.

Der Grund, diese Therapie zu machen, war folgender:

Peter hatte mir versprochen, ich könnte bei ihm lernen, mir selbst die richtige Liebe und Anerkennung zu geben, mich richtig verwirklichen und in mir selbst harmonisch, geborgen sein und innerlich frei werden.

Das wollte ich doch schon immer!

Und was für mich sehr wichtig war - er wollte keinen anderen Menschen aus mir machen. Da ich ihn kannte, wußte ich, daß er seine Versprechen halten kann.

Wie ich wußte, hatte er bei meinem Freund und bei vielen anderen seine Versprechen immer eingelöst.

Heute, nach Monaten der Therapie, habe ich bereits eine Menge über mich gelernt. Ich verstehe jetzt mein Verhalten in der Vergangenheit viel besser und kann es mir selbst richtiger erklären. Ich kann sogar jetzt schon viele meiner damals nur angedachten Gedanken alleine zuende denken. Viele Gedanken aus der Vergangenheit werden sich noch bei mir melden, denn sie wollen verarbeitet werden. Und ich werde lernen, wie das geht, deshalb habe ich auch vor den nur angedachten Problemen keine Angst mehr. Sie dürfen sich aufrichten; je schneller sie sich melden, desto schneller habe ich bei mir Ordnung.

Ich habe verstanden, daß ich an der Suchtkrankheit "Hörigkeit" erkrankt bin.

Daß ich mir Liebe und Anerkennung immer auf Kosten anderer verschaffte und mich selbst dabei vernachlässigt habe.

Heute lerne ich, mir die richtige Liebe und Anerkennung selbst zu geben.

Das fängt bei den Selbstverständlichkeiten des Lebens an, also meist Kleinigkeiten. Ich schaffe mir jetzt eine Ordnung, in der ich mich wohl fühle und die auch mein Partner gut findet.

Ich setze mir realistische Ziele und bemühe mich ernsthaft, sie zu erreichen. Dem Alkohol erlaube ich nicht mehr, über mein Denken und Handeln zu bestimmen. Statt negative Ersatzhandlungen zu begehen, bemühe ich mich jetzt - nach Möglichkeit - um Originalhandlungen. Ich lerne, mit meinem Partner freundschaftlich, menschlich und ehrlich umzugehen, und es geschieht auch umgekehrt. So lernen wir beide einen besseren Umgang miteinander.

Mein Partner hat seine falsche Rücksichtnahme mir gegenüber aufgegeben. Er hat deshalb falsche Rücksichtnahme geübt, weil er mich liebt, weil er mein Angehöriger ist und weil er mich nicht verlieren wollte. Dabei war das gerade der Grund, weshalb er mich fast verloren hätte, nämlich die falsche Rücksichtnahme. Am Anfang, als er mich noch nicht so liebte und wertschätzte, mochte ich gerade diese, auch manchmal wehtuende Ehrlichkeit an ihm so sehr. Nachdem wir nochmals ausführlich darüber gesprochen haben, gehen wir jetzt beide ehrlich miteinander um.

Diesen Fehler der falschen Rücksichtnahme versuchen wir nicht noch einmal zu machen. Machen wir es doch, so hoffe ich, daß wir darüber sprechen.

So bin ich auf dem besten Weg, mich selbst richtig zu verwirklichen. Nicht immer klappt es, noch heute muß ich viel üben. Doch je mehr ich über mich und andere lerne, je mehr ich mich in meiner Lebensschule mit dem einzigen Fach, der Beziehungskunde, auskenne, um so zufriedener werde ich. Danke, daß ich zu meiner Wahrheit finden durfte! Danke, daß mir meine Freunde dabei geholfen haben.

Einige weitere meiner Erkenntnisse während meiner Therapie.

Ansatzweise lasse ich Sie ein wenig an meiner Therapie teilnehmen. Auch möchte ich noch sagen, daß es beim Lesen meiner Aufzeichnungen sehr große Sprünge gibt. Aber auch, wenn es ein wenig durcheinander erscheint, es gehört alles unzertrennbar zusammen. Deshalb ist auch die Reihenfolge, wie ich meinen Therapieverlauf und meine Erkenntnisse schildere, unwichtig.

Eine für mich herausragende Erkenntnis stelle ich an den Anfang:
Wir haben Doppelstunden vereinbart, d.h. zweimal eine Dreiviertel-Stunde. Mir ist diese Zeit immer viel kürzer vorgekommen. Manchmal war ich sogar richtig enttäuscht, daß unsere Zeit schon wieder um war.
Jetzt zu meinen Fragen und Antworten, die ich erhielt.
Das meiste habe ich in meiner Therapie schriftlich fixiert. Damit ich es nachlesen kann, damit mein Therapeut sich festlegt, damit ich mich festlege und damit so wenig wie möglich Verständigungsschwierigkeiten bei uns auftauchen. Damit auch ich später, nach Jahren, meinen Therapieverlauf nachlesen kann. Damit ich mich meinen Eltern besser erklären kann.
Peter sagte mir, daß andere Patienten in diesem Buch auch zu Wort kommen, die ähnliches wie ich berichten werden, aber aus ihrer Sicht. So entstehen wieder neue Wahrheiten.
Wiederholungen sind gerade bei diesem, sich so ineinander verzahnenden Thema unbedingt notwendig.
Wie entsteht eine Suchtkrankheit / Wie kann eine Suchtkrankheit entstehen?
Durch Verständigungsschwierigkeiten.
Wenn ich über einen kürzeren oder längeren Zeitraum etwas über- oder untertreibe, habe ich gute "Chancen", davon krank zu werden. Ich habe übertrieben und bin davon krank geworden.
Was ist die eigene Hörigkeit?
Liebe und Anerkennung übertrieben und falsch eingesetzt und damit zuviel durch andere, über andere gelebt zu haben.
Sich selbst zu vernachlässigen, auch ohne daß es einem selbst auffällt.
Durch andere, über andere oder etwas anderes zu leben, hat zur Folge, daß man sich vernachlässigt und hörigkeitskrank wird. Wenn ich etwas über einen längeren Zeitraum untertreibe, so ist das auch eine Übertreibung.
Ein "Vielzuviel-zuwenig" ist immer ein Vielzuviel "zu wenig".
Und ein Vielzuviel "zu wenig" ist immer eine Übertreibung.
Dieses Verhalten ist eindeutig Suchtkrankenverhalten, woraus sehr schnell eine SK entstehen kann.
Mein biologisches Alter ist 27 Jahre. Mein seelisch-geistiges Alter lag am 3.9.96, 14 Tage nach Therapiebeginn, bei 8 - 10 Jahren, sagte mir schonungslos mein Therapeut Peter. Inzwischen bin ich schon in wenigen Monaten bei einem Alter von 14 - 16 Jahren, so wie mir Peter bestätigte. Es ist eine Freude für mich, mit der ich jetzt gut umgehen kann, aber es zeigt mir auch: Wer sich ernst nimmt und ehrlich mit sich umgeht, macht Fortschritte.
Was ist eine Beziehungskunde?
Kundig sein in Beziehungen.

Was ist eine Beziehung noch?
Ein Kontakt, bei dem man sich auskennen lernen kann.
Womit kann ich einen Kontakt herstellen?
Mit der Seele, dem TB, bewußt oder dem UB unbewußt oder mit der Aura. Mit dem Körper und allen seinen Sinnen. Selbstverständlich kann ich, um einen Kontakt herzustellen, auch Gegenstände einsetzen.
Ich wollte den Unterschied zwischen Diktatur und Demokratie in bezug auf die SK wissen. Warum ist es für mich entscheidend, daß ich vorübergehend mit dem Erw-Ich diktatorisch meinem Ki-Ich das Spielen verbieten muß?
Diktatur ist:
Es bestimmt einer. Das bietet den Vorteil, daß Anordnungen sofort befolgt und ausgeführt werden müssen. Diktatur für einen abstinent lebenden Menschen ist unbedingt erforderlich, damit er sofort, kompromißlos, ein offenes Hintertürchen bei sich zuschlagen kann, sobald er es erkennt. Hintertürchen werden sich immer wieder öffnen, weil wir eine Vergangenheit haben und diese sich ab und zu zeigt. Außerdem sind wir experimentierfreudig und wollen manchmal ausprobieren, wie weit wir gehen können.
Demokratie ist:
Es haben viele Mitspracherecht, die sich erst einmal einigen müssen, indem sie Abstriche machen und mit dem Ergebnis zufrieden sind (Kompromiß).
Ein Kompromiß ist eine Ersatzhandlung, aber auch eine Originalhandlung. Ersatzhandlungen müssen wir immer wieder begehen, weil wir das Original nicht immer bekommen können. Kommt der gefundene Kompromiß zur Ausführung, ist es eine Originalhandlung. In bezug auf die Anbieter, die ja Abstriche machen bei einem Kompromiß, ist es eine Ersatzhandlung.
Diese umständliche Denk- und Handlungsweise ist sicherlich gerechter und auch notwendig, aber sie ist gerade am Anfang einer Therapie auch zeitraubender.
Später, nach einer gewissen Übungszeit, werde ich von allein schneller.
Das wurde mir jedenfalls von Peter versprochen, ich müsse nur fleißig üben.
Zitat von Peter:
"Anhand von vielen Beispielen könnte ich aufzählen, daß diese Langsamkeit der Demokratie schon viele tausend Menschen das Leben gekostet hat.
Selbstverständlich bei einer Diktatur auch, wenn nicht noch schlimmer.
Ein Beispiel möchte ich doch erwähnen, z.B. daß bei Kriegen Staaten hilflos zugesehen haben und es sehr lange dauerte, bis für alle Seiten annehmbare Lösungen gefunden wurden, damit sie eingreifen und den Krieg beenden konnten."

Ein abstinent Lebender muß sich, gerade bei Hintertürchen, sehr schnell entscheiden. Deshalb ist es erforderlich, daß er in solchen Fällen kompromißlos und diktatorisch mit sich umgeht.
Höriges Verhalten ist für uns Menschen völlig normal. Suchtkranken-Verhalten ist für uns Menschen normal, denn wir müssen mal über- und untertreiben.

Daraus wäre zu folgern: "Wenn dieses Verhalten normal ist, und ich durch diese Umstände des Lebens davon krank werde, trage ich keine Schuld daran!"
In unseren Erbanlagen und in unserer Erziehung sind diese Richtlinien fest verankert. Wir bezeichnen sie als Grundbedürfnisse. Grundbedürfnisse der Seele und des Körpers. Es wäre langweilig, hätten wir alle eine gleiche Seele und einen gleichen Körper. Aber es ist nicht langweilig, daß alle Menschen die gleichen GB haben, die sie nach ihrer Eigenart erfüllen müssen.
Die Vielfältigkeit macht unser Leben spannend.
Bei dieser Denkungsweise ist die Verhältnismäßigkeit gewahrt, es gleicht sich aus. Jeder Mensch darf frei denken.
Die Kunst, genießen zu können, liegt aber im Sich-begnügen-Lernen.
Manchmal ist weniger mehr. Wie kann ich Freude zurückhalten, so daß sich mein Freudenkonto auffüllt?
Indem ich freudige Informationen, als Reize, zurückhalte und nicht gleich teile.
Würde ich sie gleich weitererzählen, wie früher, wäre ich die Freude los und müßte wieder etwas leisten, damit ich Anerkennung als Freude zurückbekomme, weil ich Freude und Anerkennung unbedingt brauche. Geht dieses Spiel immer so weiter: Ich leiste viel, bekomme Anerkennung zurück, weise diese zurück oder werte sie sogar ab, indem ich sage: "Es war doch nicht der Rede wert", gehe ich zum Schluß leer aus. Mein Freudenkonto wird immer leerer, bis ich Freude gar nicht mehr ertragen kann, weil sie mir soviel Druck bereitet und ich zur Erleichterung wieder Ersatzhandlungen begehen muß. Somit ist mein Freudenkonto wieder leer, wie bei jedem Sk.
Habe ich dieses Verhalten, bin ich suchtkrank, und diese Krankheit heißt immer zuerst: die eigene Hörigkeit.

Was sind Informationen noch?
Reize.
Vorstellungen, Ideen, Bilder, Pläne und alles, was von außen auf mich einströmt, auch Bewertungen oder Wertschätzungen über Buchstaben, Zahlen und über Symbole.
Obwohl Buchstaben und Zahlen auch Symbole sind, erwähne ich sie gesondert.
Ich hatte eine glückliche Kindheit. Was ist bei mir schiefgelaufen?
Ich konnte meine GB nicht richtig befriedigen.
Mit Verständigungsschwierigkeiten wurde ich geboren.
Diese häuften sich im späteren Leben und wurden noch größer.
Im Alter von vier Jahren fingen sie erst richtig von mir bemerkt an, als zum Kindheits-Ich das Eltern-Ich hinzukam. Das Elt-Ich wurde langsam wach und meine Kurzzeitgedächtnisse entstanden. Diese sind im Tagesbewußtsein und im Gehirn fest verankert, weil unsere Seele eine Symbiose mit dem Gehirn (Körper) eingeht.
Informationen, die von außen und innen kamen, habe ich so gedeutet und ausgewertet, daß sie auf die Dauer für mich nicht gut waren, stellte ich heute mit 27

Jahren fest. Ein Druck ist in mir entstanden, den ich immer nur mit irgendwelchen Ersatzhandlungen weniger werden lassen konnte. Richtig geholfen hat es nie. Dies ist mir damals nicht richtig bewußt geworden, weil ich dachte, nur ich könne mir richtig helfen. Recht hatte ich, nur wußte ich nicht, wie es geht. Kurzfristig hat die Erleichterung ja auch geklappt. Es sollte mir ja gut gehen. Zufriedenstellende Originalhandlungen, also wie ich zufrieden werde, fielen mir selten ein. Außerdem habe ich mir in dem Alter noch keine Gedanken über Originalhandlungen gemacht. Ich wollte nur leben, am Leben teilnehmen, genauso wie meine Freunde. Die Umwelteinflüsse waren so stark, daß ich mich mehr an ihnen orientierte, statt mich um mich selbst und um meine richtigen Bedürfnisse zu kümmern. Richtige Hinweise dazu sind entweder nicht gekommen oder ich habe nicht richtig hingehört oder die Hinweise falsch bewertet.

Ich wollte aus meinem Leben etwas Besonderes machen. Richtig betrachtet habe ich das ja auch: Ich bin suchtkrank geworden. Da ich aber heute weiß, daß die meisten Menschen hörigkeitskrank sind, ist es auch wieder nichts Besonderes.

Ich habe auch nicht gewußt, wie es besser gehen sollte, denn hauptsächlich haben mir die Erwachsenen Vorgaben gemacht. Sie sagten mir, das sei richtig und das sei falsch für mich. Wie sollte ich da freie Entscheidungsmöglichkeiten haben? Außerdem wußte ich noch viel zu wenig vom Leben und dessen Spielregeln. Also vertraute ich meinen Eltern, meiner lieben Schwester und meinen Erziehern und lebte so ihr Leben und nicht das meine. Meine Exzesse betrachtete ich nicht als Leben, sondern als notwendiges Übel oder Freuden, die ich mir zeitweise gönnen mußte.

So beteiligte ich mich an der Jagd nach Anerkennung und Liebe. Im Bereich Harmonie und Geborgenheit entstand ein großer Fehlbedarf, weil ich mich falsch verwirklichte. So fühlte ich mich nie richtig zu Hause. Es wurde mir nur nicht richtig bewußt. Aber ein ungutes Gefühl hatte ich trotzdem sehr oft. Ich konnte es mir nur nicht richtig erklären. Später erst, durch Peter, erhielt ich die richtigen Erklärungen. Danke dafür.

Mein Verhalten war höriges Verhalten, woraus im Laufe der Zeit durch einige Beschleuniger eine Krankheit, die Hörigkeit, entstanden ist. Peter bezeichnete die Beschleuniger bei mir als Liebe und den Alkohol, mit dem ich es übertrieben habe. Die echte ehrliche Liebe zu einem Mann erlaube ich mir heute.

Solch eine intensive, verstehende, sich zurücknehmende, mich mit Seele und Körper berauschende Liebe habe ich vorher nie kennengelernt.

"Hoffentlich geht das gut!" Diese Unsicherheiten sind zeitweise in mir. Sie machen mich aber nicht mehr hilflos. Sollten meine Unsicherheiten einmal größer werden, spreche ich mit meinem Partner, und schon vermindern sie sich. Außerdem ist bei einer großen Liebe eine gewisse Unsicherheit gesund. Sie läßt mich überprüfen, ob ich noch auf dem richtigen Weg bin.

Das letzte Wochenende habe ich mir zugesehen, wie ich wieder sinnlos meine Kräfte verteilt habe. (Besuch, Unordnung, lange geschlafen, ausgegangen und viel zu spät ins Bett gekommen.) Dies bedauere und betrauere ich sehr.

Erkenntnis: Noch einmal passiert mir dieses in der gehabten Form nicht wieder.
Womit kann ich eine Protesthaltung einnehmen?
Mit dem Ki-Ich,
mit dem Elt-Ich,
mit dem Erw-Ich,
mit dem Unterbewußtsein (UB) und
mit dem Körper.
Die Ich-Formen und das UB sind das Gesamtbewußtsein der Seele.
Eine Haltung heißt, dafür oder dagegen zu sein (Bewertung).
Eine Haltung ist eine Tat, und aus Taten werden Tatsachen.
Eine Tat als Gestik und Mimik heißt : Pantomime. Ein gesprochenes Wort ist auch eine Tat. Ein geschriebener Brief ist auch eine Tat.
Ein Gedanke oder ein Plan ist auch eine Tat.
Ein Protest ist auch eine Tat.
In der Goldwaage I und II sind viele wissenswerte Informationen, so daß ich sagen kann, so läuft alles im Leben in mir, an mir, um mich herum ab. Jeder Mensch funktioniert und verhält sich in irgendeiner Form nach diesen Prinzipien. Das Tagesbewußtsein (TB) schult das Unterbewußtsein und den Körper. Das Unterbewußtsein schult das Ki-Ich schon in der vorgeburtlichen Phase, aber nur solange, bis das Elt-Ich langsam erwacht, dann errichtet es eine Angstbarriere, die mit einer Milchglasscheibe zu vergleichen ist, so daß ein direkter Einblick in das UB vom TB aus nicht möglich sein wird. Ausnahmen gibt es sicherlich womit die Barriere aufgehoben oder löchrig gemacht werden kann:
Geburtsfehler der Seele,
Medikamente,
lebensbedrohliche Situationen,
ein anderes Tagesbewußtsein, also von außen durch Hypnose erzeugt.
Ich wollte noch etwas mehr über die drei Ich-Formen erfahren.
Also fragte ich und erhielt wieder Antworten.
Wie sind sie zusammengesetzt?
Die drei Ich-Formen sind das Tagesbewußtsein.
 Sie können sowohl gut als auch böse sein.
Die drei Ich-Formen haben alle Eigenschaften, die wir uns vorstellen.
Sie können auch alles spielen.
Das Ki-Ich kann z.B. das Elt-Ich spielen, das Erw-Ich spielen oder es spielt alles nach, was ihm vorgemacht wird. Bei einer Hörigkeit spielt das Ki-Ich immer das Erw-Ich nach, damit der heranwachsende Mensch nicht auffällt. Es ist eine Maske und bedeutet auch Scheinwelt.
Aber selbst in Hypnose ist es dem UB nicht möglich, eine ihm nicht bekannte Sprache zu sprechen oder wie ein exzellenter Tenor zu singen.
Wie bestimmt das TB in meiner Seele? Wie bestimmt das TB über mein Verhalten? Wie bestimmen die drei Ich-Formen?
Als "Chef". Wer im Chefsessel sitzt, bestimmt.

Sie bestimmen nach den vorhandenen Informationen, nach der Bewertung der Gerechtigkeitssinne, nach der Wertschätzung und der jeweiligen Dominanz der Ich-Formen.

Nach den Richtlinien der Grundbedürfnisse.

Nach den Richtlinien der anderen Bedürfnisse als Wünsche.

Oder was der Seele und dem Körper gut tut (Sex).

Sie geben Anordnungen.

Sie schicken Gedanken als Mikroseelen auf Reisen.

Sie hängen Willen an und bestimmen durch Bewertung über unsere Gefühle.

Was verstehen wir unter Emotionen?

Unklare Gedanken und unklare Gefühle.

Sind Gedanken und Gefühle klar und eindeutig, können wir die Gedanken und Gefühle eindeutig benennen und bewerten. Dann sind es klare, eindeutige Gedanken und Gefühle. Die Emotionen können aus einem Streit der drei Ich-Formen kommen, aber meistens aus dem Unterbewußtsein. Es kann aber auch ein Streit mit dem UB und dem Körper sein, den wir nicht klar erkennen können. (Unbemerkte Krankheiten, Nervenunterbrechungen oder Hormone.)

Streit der Seele, dem UB und dem Körper.

Meine Erkenntnisse über Erziehungsfehler

In der Schule wird lediglich biologische Aufklärung betrieben. Die richtige Beziehungskunde in unserer Erziehung fehlt. Selbst dieses einfache Wort ist mir von keiner Seite richtig erklärt worden. Ich mußte mir die verschiedensten Aufklärungen selbst beibringen, durch z.T. schmerzliche Erfahrungen. Daß wir nur über Schmerzen richtig lernen, ist mir jetzt auch bekannt. Aber so viele seelische Schmerzen und Enttäuschungen hätten es doch nicht zu sein brauchen. Wer hätte mir dies früher erklären können?

Sind das also Erziehungsfehler oder Aufklärungsfehler?

Die Dominanz der drei Ich-Formen, unser TB

Das Ki-Ich ist dominant und hat das Bestreben, diese Dominanz der zuerst wach gewordenen Ich-Form nicht wieder abzugeben. Es räumt von allein nicht den Chefsessel.

Das Elt-Ich ist dominanter als das Ki-Ich. Es muß aber erst einmal lernen, sich durchzusetzen, nachdem es wach geworden ist. Es ist die einzige Ich-Form, die richtig genießen kann.

Das Erw-Ich ist dominanter als das Ki-Ich oder das Elt-Ich.

Es ist unsere dominanteste Persönlichkeit, die wir in uns haben. Es ist noch dominanter als unser Körper. Dieser Gedanke oder diese Aussage muß zu Ende gedacht werden, dann stimmt es.

Wenn das Erw-Ich nicht richtig von den Erwachsenen angesprochen und nicht richtig geschult wird, gibt das Ki-Ich die Vorherrschaft und Befehlsgewalt nicht ab.

Eltern und Erzieher mit einer starken Seele haben die Pflicht, den kleinen Menschen mit seiner noch schwachen Seele richtig zu helfen und dieses Menschlein zum eigenständigen Erwachsenwerden zu führen. Machen oder können sie es aus irgendwelchen Gründen nicht, ist es ein Erziehungsfehler.

Eltern, macht nicht den großen Fehler und überfordert eure Kinder! Haltet sie auch nicht für so dumm, daß sie wenig verstehen! Und macht sie nicht "kleiner" als sie sind!

Macht den Kindern nicht unnötig Angst, indem ihr ihnen sagt: "Werde so wie ich oder wie ein anderer Erwachsener."

Aus Peters Erfahrungsschatz:
Viele Menschen sagten mir in meiner Praxis, daß gerade solche Aussagen die Kinder dazu gebracht haben, alles zu tun, "um nicht erwachsen zu werden", oder sie haben durch "Protesthandlungen" sich so gegen die Erzieher gewehrt und durch diese Proteste den Eltern ihre Erziehung zurückgegeben.
"Lassen Sie bitte Ihre Kinder zu ihrem 'Erwachsensein' finden und helfen Sie dabei richtig mit."

Mädchen
wurden magersüchtig, und manche brachten sich später doch um, weil sie meinten, keiner versteht sie richtig. Oder sie wurden frühzeitig hörigkeitskrank und beschäftigten Behandler, die ihnen sehr oft auch nicht helfen konnten, weil sie erst gar nicht diese bedeutsame Krankheit erkannten oder diese Krankheit in ihrer ganzen Bedeutung nicht kannten. Ein Sk paßt nun mal nicht in eine Psychologieschublade.

Diese Mädchen gelten, auch heute noch, als Simulanten oder als hoffnungslose "Fälle". Ihre Magersucht wird oberflächlich behandelt, aber nicht die dafür verantwortliche Grundkrankheit, die eigene Hörigkeit.

Jungen
hörten nicht auf, "Streiche" zu machen.

Streiche sind Protesthandlungen oder Ersatzhandlungen, damit man sich wieder ein wenig aushalten kann.

So ist eine Mutprobe auch ein Streich.

So ist es "nur" ein Streich, einen Zigarettenautomaten aus der Wand zu reißen.

So ist es "nur" ein Streich, Häuserwände oder U-Bahnen zu beschmieren. Manchmal sind es auch nur Künstler, die sich "austoben" wollen.

So ist es ein Streich, Feuer zu legen. Was kann nicht alles angezündet werden?

Da gibt es so vieles, was unter Jugendlichen als Streich zählt. Telefonzellen, Mülleimer, Autos demolieren und vieles mehr, also fremdes Eigentum.

So ist es ein Streich, zu klauen.

Was kann nicht alles als "Streich" geklaut werden?

Fahrräder, Mopeds, Autos, Handtaschen, Kaufhauswaren, einfach alles, was nicht niet- und nagelfest ist. Ein Ausspruch, der heute nicht mehr stimmt. Gibt es neue Sicherungen, wird auch gleich eine Gegenlösung gefunden. Oder wir brauchen nur fernzusehen, und schon sind neue Streiche und Lösungen geboren. *So werden aus erst kleinen Streichen später krankmachende, böse und zerstörende Streiche.*
Aber wer erkennt das schon, daß diese kriminellen Streiche erst klein anfingen? Als sie klein anfingen, waren es höriges Verhalten und Protesthandlungen. Später wurde daraus eine manifeste Hörigkeit. Durch andere, über andere oder eien Sache zu leben und sich dabei seelisch zu vernachlässigen. Auch das hat etwas mit dem Zurückgeben der Erzeihung zu tun.
Diese Beispiele sollten Hinweise zum Nachdenken für Verantwortliche sein. Hinweise auch auf:
Hilflosigkeiten, nicht auszuhaltender, innerer Druck,
Verständigungsschwierigkeiten und
mit Sicherheit Erziehungsfehler.
Denken Sie auch diese Gedanken zuende, und Sie werden auf erstaunliche Lösungsmöglichkeiten kommen! Jede positive Erkenntnis ist hilfreich. Lassen Sie sich dabei von den authentischen Patientenberichten in der "Goldwaage" helfen.

Legen Sie großen Wert darauf, daß die Anlagen des Kindes richtig gedeutet, und diese Anlagen mit allen Kräften, die Sie haben, gefördert werden!
Negative Anlagen müssen durch Gegenmaßnahmen umgelenkt werden, dann wird daraus eine positive Anlage. Es entsteht eien neue Wahrheit.
Peter sagte mir, er mache in seiner Therapie nichts anderes. Er sieht die Kräfte des Patienten, mit denen dieser sich früher fast zerstört hätte, zeigt sie ihm, und so können sie im Laufe der Zeit umgedreht und für die eigene positive Lebensweise eingesetzt werden. Eine neue Wahrheit ist entstanden. So kann man damit sein eigener Freund werden. Die eigenen Kräfte richtig einzusetzen, heißt auch sein eigener Energiesparer zu werden.
Erzeuge ich nicht so viele Kräfte, brauche ich sie auch nicht auszugeben.
Das Ki-Ich und das Elt-Ich sind in den ersten Jahren immer dominanter als das Erw-Ich, weil es noch nicht richtig wach ist. Wenn sie sich zusammentun, Ki-Ich und Elt-Ich, und sie geben dem Erw-Ich keine Gelegenheit, sich richtig zu entwickeln, entsteht mit Sicherheit eine Hörigkeit. Das Erw-Ich erhält nicht seine wirkliche Dominanz, zu der es fähig wäre. Es wird bewußt klein gehalten.
Diese Nacherziehung ist nur von außen, von gefühlsmäßig nicht groß beteiligten Menschen, zu leisten.
Bei mir fingen im Alter von 12 bis 14 Jahren die Protesthaltungen und Protesthandlungen gegen meine Erziehung an. Ich war gegen geschriebene und ungeschriebene Gesetze. Ich war einfach gegen jegliche Ordnung. Dazu gehörte auch meine Erziehung und das, was meine Erzieher mir sagten. Natürlich versuchte ich, durch Ausreden und meine Maske nicht aufzufallen.

Ich hoffe nur, daß ich das in meiern Therapie jetzt Neu-Erlernte mir gut aufge-
schrieben und gemerkt habe. Kleine Erfolge sind schon zu verzeichnen, denn ich
habe den Eindruck, ich habe mich verändert, und meiner Umwelt fällt es insofern
auf, weil ich bemerke, sie nimmt mich ernster. Es wird mir zugehört, wenn ich etwas sage. Somit bin ich glaubwürdiger geworden. Hoffnung entsteht, daß Peter
recht hat und ich mich auf dem richtigen Weg befinde, um richtig zu mir selbst zu
finden.
Das Ki-Ich ist vorgeburtlich schon wach. Es bestimmt bis zum dritten oder sechsten Lebensjahr. Ab dem dritten bis sechsten Lebensjahr kommt das Elt-Ich hinzu, es wird so langsam wach. Ab dem achten bis zwölften Lebensjahr wird das
Erw-Ich langsam wach. Wird es nicht geschult, ist es nur anwesend und prote-
stiert manchmal mit einer leisen Stimme durch seinen Gerechtigkeitssinn.
Sie können sicherlich erahnen, wie schwer es so ein Ki-Ich hat.
Sie können sicherlich erahnen, wie schwer Sie es als Kind hatten.
Das Ki-Ich ist auf verstehende Erwachsene angewiesen!
Zur Weihnachtszeit wird immer viel für arme Menschen gespendet.
Liebe Leser, lassen Sie Ihr Kind nicht an seelischer Verarmung leiden. Schenken
Sie Ihrem Kind das Gefühl, daß Sie es verstehen! Lassen Sie nicht zu, daß Ihr
Kind durch "Zufall" seinen Weg findet! Wer kennt sein Kind besser als die eige-
nen Eltern?! Wer hat bessern Zugang zu ihnen als die Eltern?
Hören Sie auf mit falscher Rücksichtnahme aus falschverstandener Kinderliebe!
Ich kenne wenige Eltern, die es nicht gut mit Ihrem Kind meinen.
Schenken Sie Ihrem Kind ein offenes Ohr, dann werden Sie verstehen lernen,
weil Ihr Kind Ihnen die richtige Therapie sagt! Sie werden dafür unwahrschein-
lich reich durch das Kind beschenkt. Denn aus Ihrem Kind wird ein verstehender
Erwachsener, der zu seinem Erwachsensein gefunden hat. Und so wird er dann
wiederum seine Kinder erziehen. Denken Sie auch diesen Gedanken zuende!
Es gibt für mich Hoffnung, jetzt auf dem richtigen Weg zu sein. Es gibt Hoff-
nung, von jetzt an das Richtige zu tun.
Für einen neuen Anfang ist es nie zu spät. Ich habe neu angefangen!
Meine Bulimie-Phase war ein Protest, ein Streich und ein *Experiment,* mir selbst
zu helfen. Protest und Streich deshalb, weil ich nicht erwachsen werden wollte.
Ich experimentierte mit mir insofern, daß ich nur soviel gegessen habe, daß ich
nicht verhungerte. Gekotzt habe ich, weil ich nicht groß und stark werden wollte.
Aber auch wegen der erleichternden, wärmenden Wikrung.
So wie ich viele Experimente gemacht habe, weil ich mich nicht richtig verstanden habe, weil ich dem Druck nicht standhalten konnte, weil ich Ersatzhandlungen begehen mußte, um mir selbst ein wenig zu helfen. Ich wollte nichts weiter,
als zufrieden werden. Hilferufe habe ich viele ausgesandt, aber wer hat mich
schon richtig verstanden? Meine Schwester und gleichzeitige Freundin gab sich
sehr viel Mühe.
Ich mußte erst zu einem einfachen Menschen ohne Doktortitel kommen, damit
ich verstanden wurde und ich im Erwachsenenalter die Chance bekam, mich

verstehen zu lernen. Jetzt habe ich die Chance, zu meinem Erwachsensein zu finden und ich werde diese Chance richtig nutzen.

Mein "Experiment" in meinem letzten Urlaub, auf das ich nicht näher eingehen möchte, war ein weiterer Versuch, mir zu helfen, weil ich mich nicht verstanden habe. Dieser Spaß, dieser Streich, den ich mir selbst spielte, dieses Experiment, hat mich zu Peter gebracht. Ich danke dir, meinem lieben Partner, auch auf diesem Wege, daß du mir dabei geholfen hast, meinen richtigen Weg zu finden. *Die Einfachheit, eine Suchtkrankheit verstehen zu können, ist die Schwierigkeit.* Sie ist nicht kompliziert, wie ich festgestellt habe, nur komplex. Mein dominantes Ki-Ich wollte keine Verantwortung an das Elt-Ich und später an das Erw-Ich abgeben. Insofern ist es verkehrt, zu denken, daß ich keine Verantwortung übernehmen wollte. Ich übernahm Verantwortung, aber leider falsch. Oft muß ich meine Gedanken einfach nur umdrehen, um zu der richtigen Erkenntnis zu kommen. Also den Inhalt und die Bedeutung dessen verstehen lernen.

An dieser Stelle wird es für mich wichtig, einmal zu erwähnen, daß Peter nur versucht hat, mir viele dieser Worte der Umgangssprache begreiflich zu machen, die für mich relevant sind oder die für unsere weiteren Gespräche bedeutsam sind, damit wir uns besser verstehen und nicht aneinander vorbeireden. Somit versuchte er nur, Verständigungsschwierigkeiten im Vorfeld zu beseitigen. *Was ist wichtig?* Was heißt es, wenn ich sage, es ist wichtig? Priorität, es hat Vorrang, es eilt, es ist dringend oder die Zeit drängt. *Warum ist eine Suchtkrankheit eine eingeredete Krankheit?* Weil es immer der Versuch ist, sich selbst zu helfen, sich also einzureden, es hilft. Deshalb kann ich sie mir auch wieder ausreden, wenn ich feststelle, mit weniger Energieaufwand und klaren Überlegungen hilft es besser. Eine Erwartungshaltung ist einklagbar und hat nur Gültigkeit im Berufsleben. Ich klage jetzt bei mir ein, daß ich noch mehr wissen möchte. Ich kann das deshalb einklagen, weil meine Therapie hauptsächlich eine geschäftliche Vereinbarung ist. *Ich möchte auf diesem Wege noch zufriedener werden.* Ich kann es auch deshalb bei mir jetzt einklagen, weil ich z.Zt. mein Erw-Ich dominieren lasse, und es darf, auch vorübergehend, meinem Ki-Ich diktatorisch das Spielen verbieten. Das ist vorübergehend ein Berufsdenken in mir, weil ich bei mir fordere, einklage und diktatorisch mit dem Erw-Ich bestimme, was getan werden muß. Die gesamten seelisch-geistigen Bedürfnisse sind nicht einklagbar im Privatleben, aber unbedingt richtig zu erfüllen, wenn ich zufrieden werden möchte.

Wenn ich mich mit der Vorfreude und dem Übergeben eines Geschenkes begnüge, handele ich richtig, weil es ein Wunsch von mir ist, den ich mir erfülle.

Damit mache ich mir vier Freuden, für die ich selbst verantwortlich bin. Ich muß es nur so sehen können und dafür auch die Verantwortung übernehmen. Dieses Wissen bezeichne ich auch als die Korrektur eines meiner Erziehungsfehler: Wenn für mich etwas richtig ist, wenn es mir gut geht, kann ich auch viel besser anderen helfen. Somit bin ich wieder mal zufrieden, daß ich mir dieses Wissen aneignen durfte. Diese kleinen Zufriedenheiten machen jetzt mein Leben aus.

Ich fasse noch einmal für mich die Ursachen aller Suchtkrankheiten zusammen.

1. Verständigungsschwierigkeiten.
2. Der Druck, sich nicht aushalten zu können.
3. Ersatzhandlungen begehen zu müssen, die dann zu SK führen.
4. Irgendwann kommt das mir sympathische Suchtmittel ins Spiel meines Lebens.

Suchtmittel kann alles sein, weil ich alles übertreiben oder falsch benutzen kann.

Eine Suchtkrankheit ist immer zu 99% der Versuch, sich selbst zu helfen.

Ich wollte mir nur helfen, weil ich ja nur zufrieden werden wollte. Deshalb bemühte ich mich auch, Liebe und Anerkennung von außen zu bekommen. Daß ich sie, wenn ich sie bekam, zurückwies oder abwertete (Vernachlässigung und leeres Freudenkonto), erwähne ich nur.

Ich wußte nicht, wie ich mir selber richtig Anerkennung und Liebe geben sollte. Die Selbstverständlichkeiten, die ich für mich tat, nämlich die Erfüllung der körperlichen GB, betrachtete ich nicht als meine Anerkennung oder sogar als meine Liebe zu mir. Ich hatte es nie gelernt. Mich als Person oder weiblichen Menschen anzuerkennen, davon war ich weit entfernt. Geschweige denn, daß ich diese Person in ihrer Gesamtheit auch noch liebhaben sollte. Da ich dachte, mir das selber nicht geben zu können, mußte ich über andere und durch andere versuchen, doch noch ein wenig zufrieden zu werden. Daß ich mich bei dieser Denk- und Handlungsweise immer mehr vernachlässigte, ist doch selbstverständlich. Dafür strengte ich mich auch manchmal über meine Kräfte hinaus an.

Daß ich mich weit unter meinem Niveau verhalten habe, wird mir erst heute klar. Heute weiß ich auch, wie ich mir die richtige Anerkennung und Liebe geben kann. Indem ich mich so annehme, wie ich bin und meine Bedürfnisse richtig erfülle.

Dieses Verhalten ist eindeutig Hörigkeits- oder Krankheitsverhalten, aber normal und noch nicht behandlungsbedürftig.

Also noch keine manifeste Krankheit, die sofort behandelt werden müßte, doch derjenige, der oben erwähnte Symptome hat, sollte sich auf alle Fälle beraten lassen und so schnell wie möglich sein Leben ändern, so wie ich es tat.

Ich sage noch einmal:

Dieses Verhalten ist in vielen Bereichen ein normales Verhalten, wir müssen es nur verstehen lernen, um besser die Grenze herauszufinden, ob und wann behandelt oder nur beraten werden muß.

Aus Hörigkeitsverhalten kann eine Krankheit werden, muß aber nicht.

Bei einer Hörigkeit vernachlässigt man sich auch immer selbst.

Bei jedem faulen Kompromiß vernachlässigt man sich mit Sicherheit immer. Im Berufsleben werden wir dazu gezwungen, uns zu vernachlässigen. Eine Hörigkeit ist immer ein fauler Kompromiß. Ersatzhandlungen müssen wir im Leben immer dann begehen, wenn wir uns die Originalhandlungen nicht leisten können. Was wir nicht verhindern können, sind für uns und andere negative Ersatzhandlungen. Bei diesen Handlungen vernachlässigen wir uns auch, aber ein wenig können wir schon vertragen, ohne gleich krank zu werden.

Das ganze Leben ist ein Spiel. Wir müssen immer unsere Einsätze bringen.
Was ist ein Spieler?
Jemand, der mit Einsätzen spielt, um zu gewinnen.
Wie ist ein Spiel, was gehört dazu?
Unterhaltsam, spannend, langweilig oder sogar schmerzhaft.
Der Einsatz muß eingesetzt werden.
Es hat auch Spielregeln.
Jemand kann Gewinner werden und andere verlieren.
Im Sport wird meistens solange gespielt, bis ein Gewinner feststeht.
Es kann Spaß sein oder eine Kampfsportart.
So kann das Leben ein Spaß sein, ein Kampfsport oder ehrliche Lebensfreude.
Von jemandem, der spielt, kann man erwarten, daß er das Spiel beherrscht. Oder er ist Anfänger, er erlernt gerade dieses Spiel. Hat er gute Lehrmeister, wird er mit Sicherheit ein Könner, der das Leben oder seine Mitspieler nicht zu fürchten braucht. Dann wird er Anerkennung, Freude und Dankbarkeit empfinden.
Lassen Sie mich diese Gedanken ein wenig weiterdenken!
Wenn er es nicht beherrscht, ist er entweder Anfänger oder ein sich suchtkrank verhaltender Kranker. Wenn er Suchtkranker ist, dann ist er als *"Verlierer"* zu bezeichnen. Wenn er ein Mensch ist, der zu ständigen negativen faulen Kompromissen gezwungen wird, ist er ebenfalls als Verlierer zu bezeichnen, und so fühlt er sich auch. Seine Seele wird mit Sicherheit krank.
Wer versteht diesen Menschen? Wer hat für ihn Verständnis?
Bei diesem Verhalten entstehen immer Verluste an Körper und Seele. Es ist gut, daß wir einen reparaturfähigen Körper haben! Die Seele müssen wir reparieren lassen.
Wenn ich mich betrinke, bin ich an diesem Tag als Suchtkranke und als Verliererin zu bezeichnen, weil ich bewußt oder unbewußt die Kontrolle über den Alkohol verloren habe. Ist der "Kater" weg, bin ich wieder arbeitsfähig. Es ist eine kurzfristige Krankheit gewesen, aber sie ist noch nicht chronisch geworden.
Erlangen Sie Genuß durch die Kontrolle über den Alkohol, sind Sie Gewinner.

Wieder ein Gedankensprung:
Diese Gedankensprünge ergeben sich auch daraus, daß ich Ihnen als Leser so authentisch wie möglich meinen Therapieverlauf mit den einzelnen Themen schildern möchte. Durch Urlaub und Krankheiten beiderseits habe ich meinen Therapeuten manchmal drei Wochen nicht gesehen. Aber in der Zwischenzeit tauchten bei mir wieder neue Fragen auf. Wir haben zum Ablauf unserer Therapiestunden vereinbart, daß wir zwar einen roten Faden verfolgen, aber meine Fragen oder tägliche Ereignisse Vorrang haben. Deshalb verzeihen Sie mir bitte meine "Sprunghaftigkeit" in meiner Wiedergabe. Da wir fast alles schriftlich festhielten, gingen mir keine Informationen verloren. Beim Nachlesen dieser Aufzeichnungen tauchten immer wieder neue Fragen auf.
Ich hoffe, auch bei Ihnen als interessierter Leser.

Etwas zur Seele und Abhängigkeit.
Die einmalige Seele kann elektrische Impulse als Informationen in ein Gehirn geben, diesen dazugehörenden Körper dadurch steuern und lenken und vom Körper zurückkommende Informationen als elektrische Impulse meistens richtig lesen. Werden sie nicht richtig gelesen, ergeben sich Fehlreaktionen. Richtig lesen kann nur das UB.
Damit sind wieder die angeborenen Verständigungsschwierigkeiten erklärt.
Was ist Abhängigkeit?
Es ist eine Sucht, ein Zwang, und eine Sucht ist etwas sich zwanghaft Wiederholendes (WHO). Auch ohne daß ich diesen Zwang immer verspüre, ergänzt Peter. (Atmen, essen, trinken, erfüllen aller GB.)
Somit werden wir süchtig, abhängig geboren, weil wir die 13 Grundbedürfnisse erfüllen müssen! Somit ist die 'Sucht' oder die 'Abhängigkeit' 'normal' und keine Krankheit.
Die falschen Informationen über Sucht und Abhängigkeit sind leider weit verbreitet.
Nur um zu leben, müssen alle Menschen ihre Grundbedürfnisse körperlicher Art erfüllen oder erfüllt bekommen (Kleinkinder, Kinder, Kranke).
Um zufrieden zu werden, müssen alle Menschen alle Grundbedürfnisse, auch die seelischen, zu ihrer Zufriedenheit erfüllen. Das ist Abhängigkeit, das ist Sucht!
Am heutigen Tag (23.10.96) befinde ich mich auf dem Wege meiner Genesung.
Ich erfülle meine GB und meine anderen Bedürfnisse schon viel besser als vorher.
Für meine Umwelt, so habe ich festgestellt, bin ich plötzlich nicht mehr so umgänglich. Ich sage jetzt nicht immer gleich "JA", sondern ich überlege erst einmal. Ich habe die Spontaneität vorübergehend in vielen Bereichen aufgegeben. Meistens kann ich schon richtig "Ja" zu mir sagen. Das bedeutet auch, daß ich zu anderen öfter als bisher "Nein" sage. Damit gebe ich mich erst einmal zufrieden.

Wenn ich "Ja" zu mir sagen kann, gebe ich mir die richtige Anerkennung, die ich brauche, und habe mich gleichzeitig so lieb, wie ich es brauche und damit gebe ich mich auch wieder zufrieden. Große Übertreibungen brauche ich nicht mehr. Somit ist es doch gar nicht so schwer, sich seine seelischen GB zur eigenen Zufriedenheit zu erfüllen.

Ich erhole mich sichtbar von meiner Krankheit.

Vollkommene Gesundheit heißt, makellos sein.

Makellos ist aber kein Mensch, somit ist auch kein Mensch völlig gesund.

Gelernt habe ich, daß ich jede Rechnung, die stimmt, gegenrechnen kann. Wenn das eine stimmt, muß die Gegenrechnung auch stimmen. Mit dieser Logik, die ja nicht neu ist, komme ich gut zurecht. Nach dieser Logik ist auch meine gesamte Therapie aufgebaut, alles muß für mich logisch, berechenbar und gegenrechenbar sein. Wenn das eine so ist, muß das andere auch so sein, dann erst ist es richtig logisch.

Deshalb kann ich nur von meiner Krankheit genesen, aber niemals gesunden.

Das Streben nach Gesundheit ist somit eine falsche Anstrengung. So werden wir falsch von allen Seiten informiert. Ich verstehe das, was Peter sagt, es ist für mich logisch, und es schließen sich immer neue Kreise, wie bei einem großen Puzzle. Alles paßt plötzlich gut zueinander, so daß es ein großes, liebenswertes Bild ergibt.

Meine Erholungszeit = Genesungszeit bei meiner Suchtkrankheit, der Hörigkeit, beträgt drei bis fünf Jahre, je nachdem, wie ich mich anstrenge und ernstnehme, sagte mir Peter. Ich muß also lange diszipliniert üben, damit mein Erw-Ich seine richtige Dominanz erhält, mein geistiges Alter mit meinem biologischen Alter wieder übereinstimmt und ich endlich sagen kann:

Jetzt habe ich meine innere Zufriedenheit, Ruhe und den inneren Frieden gefunden. Jetzt bin ich in mir richtig zu Hause und habe eine Heimat gefunden.

Mein Freudenkonto hat sich richtig aufgefüllt.

Dann kann ich auch sagen, ich bin, so wie ich es wollte, erwachsen geworden.

Diese Zeiten gelten auch für alle anderen SK. Nicht nur der Körper muß sich erholen, auch die Seele braucht diese Erholungszeit.

Der Körper hat sich dann, soweit es ging, regeneriert. Mein geistiges Alter ist mit dem biologischen Alter identisch geworden.

Sollte der Körper irreparable Schäden davon getragen haben, lassen sich diese nicht nur durch sich selbst wieder in Ordnung bringen. Das Gehirn macht da eine kleine Ausnahme, wobei ich vermute, daß, wenn Gehirnzellen abgestorben sind, andere Zellen deren Aufgaben zum Teil übernehmen. Aber es gibt noch eine andere Möglichkeit, die in Betracht gezogen werden muß. Sagen wir der Einfachheit halber mal, die Zelle ist abgestorben, so stimmt das manchmal nicht ganz, denn es sind wahrscheinlich nur die Ärmchen der Gehirnzelle abgestorben und diese können wieder nachwachsen, so daß nach einer gewissen Zeit diese Gehirnzelle wieder ihre Aufgabe übernehmen kann, für die sie bestimmt ist. So vermute ich auch, daß, wenn eine Gehirnzelle durch langsame Vergiftung abstirbt, sie noch genügend Zeit hat, ihre gespeicherten Informationen in die Umgebung wahllos abzugeben und es eine lange Zeit dauert, bis diese Informationen wieder sortiert sind und mir für das tägliche Leben wieder zur Verfügung stehen.

Peter sagte, bei ihm habe diese Regenerationszeit mindestens acht Jahre gedauert, und sie hält bei einer vernünftigen Lebensweise immer noch an.

Bei seinem zweiten Schlaganfall (totale Amnesie=Gedächtnisverlust) müßten ganze Gehirnzentren abgestorben sein. Die meisten Informationen sind wiedergekommen; bei anderen Bereichen, da kann er sich noch soviel Mühe geben, gelingt es nicht. Er nannte ein Beispiel: Er habe drei Jahre intensiv versucht, Englisch wieder zu lernen, es sei ihm nicht gelungen. Zwei Sätze hat er an einem Tage mindestens 100 mal wiederholt, so daß er sie auswendig konnte. Am anderen Tag konnte er sich an nichts mehr erinnern. Es war wie neu. Nach drei Jahren der Quälerei hat er es aufgegeben und sich damit begnügt und abgefunden, daß es so ist. Will er heute etwas wissen, fragt er. Es macht ihm auch nicht viel aus zu fragen, weil er auch seine Schäden realistisch sieht. Schwachstellen zuzugeben sind jetzt seine Stärken geworden. Manchmal wird er für sein Nachfragen oder für seine Merkschwierigkeiten als dumm angesehen, aber er kann damit in Ruhe und Zufriedenheit leben. Er weiß ja, woher es kommt. Alle weiteren Schäden und die daraus resultierenden Schwierigkeiten würden ein erneutes Buch füllen. Als Beispiel ist es sicherlich ausreichend.

Peter hat mir seine Geschichte aus zwei Gründen erzählt:
Erstens: Es lohnt sich zu üben, also sich wiederholt anzustrengen und zweitens: Auch bei schwersten Schäden ist der Körper in der Lage, sich, soweit es geht zu regenerieren, damit man zufrieden mit ihm weiterleben kann. Den Rest überläßt man Behandlern.

Somit lohnt sich auch jede Anstrengung für mich, doch noch zufrieden zu werden. Denn die Zufriedenheit und die Glaubwürdigkeit strebe ich nach wie vor an, auch wenn es mir meine Krankenkasse im Moment zusätzlich schwer macht, weil sie nur einen Teil bezahlt hat.

Verstanden habe ich:
Richtiges Interesse an sich selbst zu haben, ist, die seelischen und körperlichen Grundbedürfnisse richtig zu erfüllen. Wenn ich mich damit begnüge, fühle ich mich harmonisch und geborgen, somit habe ich mich richtig selbst verwirklicht.

Dann ist mir auch meine innere Freiheit sicher. Ich komme mir ausgefüllt vor. Kann ich mir diese Freiheit bei mir zu Hause geben, werde ich sie mir auch auf der ganzen Welt geben können.

Denn ich strebte ja auch an, in mir zu Hause zu sein, was mir gelungen ist.

Falsche Rücksichtnahme versuche ich nicht mehr auszuüben.

Falsche Rücksichtnahme bezieht sich auf:
alle meine Freunde und Bekannte, sowie auf mich selbst,
höriges Verhalten,
Suchtkrankenverhalten,
falsches und unehrliches Verhalten.

Die Gründe für früheres, falsches Sich-Zurücknehmen sind unwichtig.
Es sei denn, ich stehe im Berufsleben. Dann ist es auch heute noch meine Pflicht,
mich vielfach falsch zurückzunehmen, denn:
"Der Kunde ist König."
Oder: "Der Chef hat meistens recht, denn er ist der Bestimmer."
Alle Grundbedürfnisse, die körperlichen sowie die seelischen, gehören zu den
Selbstverständlichkeiten des Lebens.
Wir werden mit ihnen geboren und müssen sie wie unter einem "Zwang" regel-
mäßig in kürzeren oder längeren Abständen wiederholen. Die Sehnsucht nach
Liebe und Anerkennung ist somit völlig normal. Sie ist somit nichts Besonderes
und schon gar keine Krankheit.
Ist der Fehlbedarf nach Anerkennung und Liebe groß, ist das Bedürfnis der Erfüllung groß. Bekomme ich nicht die Anerkennung und Liebe, die ich brauche, entsteht mit Sicherheit bei mir eine Krankheit. So versuche ich heute, Krankheiten
bei mir zu verhindern.
Aber wer kann schon richtig erkennen, was ich wirklich brauche? Früher wußte
ich es doch selbst nicht, also konnte ich auch nicht darum bitten. Auch ist es mir
nicht mitgegeben worden, mich richtig zu begnügen. Das gesunde Maß für mich
muß ich jetzt selbst mit meinem Erw-Ich herausfinden.
Warum hat mich kein Erwachsener vor Hörigkeit und Suchtkrankheit gewarnt?
Ist es ein weiterer Erziehungsfehler?
Mit Sicherheit sind es Verständigungsschwierigkeiten.
Es wird sich jeder Mensch bei diesem heutigen Vorleben immer falsch
verwirklichen.
Es kann keine Harmonie entstehen, und ohne eine Harmonie ist eine Geborgen-
heit nicht möglich.
Der logische Schluß ist:
Fehlte mir die Harmonie, fehlte mir die Geborgenheit, und ich habe mich falsch
verwirklicht, also vernachlässigt. Wesentliche seelische Grundbedürfnisse fehlen
mir. Eine Zufriedenheit konnte deshalb bei mir nicht erreicht werden.
Ich hatte ein starkes Bedürfnis, mich anzulehnen. Das starke Anlehnungsbedürfnis schlug bei mir um in krankhaftes Selbstmitleid und auf die Jagd nach
Männern.
Ich tat mir selber leid. Keiner hatte mich richtig lieb. So waren meine Gefühle,
aber wem sollte ich sie erzählen, ohne mich lächerlich zu machen? Inneres Leid
hatte ich genug, ich wollte mir kein zusätzliches schaffen.

Erklärungssystem:
Wie und woran erkenne ich, ob jemand suchtkrank geworden ist oder Sucht-
krankenverhalten hat?
Dies kann ich als ehemalige Patientin, Peter kann es, und Sie können es anschließend versuchen, nachdem Sie dieses Buch gelesen und verstanden haben. Lesen
sie auch "Goldwaage I", es lohnt sich.

Ich versuche mal als Laie, eine Diagnose zu stellen.
Dazu brauche ich nur ein paar Fragen zu stellen und ehrliche Antworten.
Beispiel:
Ich stelle mir selbst, einem Freund oder Bekannten verschiedene Fragen und versuche darüber herauszufinden, was für ein Problem derjenige hat:
1. Die Frage: "Hast du genügend Anerkennung und Liebe bekommen?"
Diese Frage muß gestellt und ehrlich beantwortet werden.
2. Ist der Logiksektor nur gestört oder funktioniert er nicht mehr, muß ich zuerst herausfinden.
Ist er nur gestört, ist eine Therapie möglich. Ist der Logiksektor kaputt, muß medikamentös durch einen Arzt behandelt werden.
3. Welche Katalysatoren hast du eingesetzt?
Hast du etwas übertrieben, um Anerkennung oder Liebe zu bekommen?
Wie sieht es mit Alkohol, Medikamenten, Drogen, übertriebener Arbeit usw. aus?
4. Hat sich dein Mittelpunktsdenken verschoben, hast du verlernt, zu dir ja zu sagen? Hast du dich vernachlässigt? Ist eien langanhaltende Unzufriedenheit in dir?
5. Bist du Spieler, bist du Gewinner? Bist du Verlierer, bist du Suchtkranker.
Mit wenigen Fragen und deren Antworten kann somit erkannt werden, ob jemand an der Krankheit "Sucht", der eigenen Hörigkeit, leidet oder nicht. Oder ob er an der Schwelle steht, krank zu werden.
Was ich bei einem Freund herausgefunden habe, behalte ich für mich.
Nur soviel: Ich war erstaunt wie gut es funktionierte.
Peter hat es überprüft und ist ebenfalls mit dem Ergebnis zufrieden. Natürlich gab er mir noch viele Hinweise, was ich noch berücksichtigen muß, um sagen zu können: Ich weiß, was du haben könntest, aber ich kenne da jemanden, der kann es besser. Auf alle Fälle, lasse dich beraten, wenn du die Fragen auch mit ja beantwortet hast!

Jetzt mache ich wieder einen Sprung.
Was ist Liebe?
Ein Gefühl der Freude und eine Energieform der Seele.
(Liebe fängt bei "ich mag etwas" an und ist bis zur riesengroßen, einmaligen Liebe zu steigern.)
Es ist aber auch der wichtigste Fortpflanzungsschutzmechanismus und Artenschutz, den wir in uns haben.
Warum ist Liebe ein Artenschutz?
Weil Liebe blind macht und sich falsche Rücksichtnahme ergibt.
Wenn jeder wüßte, was einmal aus dieser Liebe wird, würden bestimmt weniger Kinder gezeugt werden und unsere Art, das Menschsein, würde aussterben. Auch gingen uns viele Freuden in der Intimsphäre verloren, und Freude wollen wir haben.

Durch ehrliches Geben und Nehmen, sowie Zurückhalten freudiger Informationen, fülle ich mein Freudenkonto auf.
Sage ich Ja zu mir, fülle ich mein Freudenkonto auf.
Halte ich immer ein wenig Freue zurück, fülle ich mein Freudenkonto auf.

Erziehungsfehler und meine Erkenntnisse dazu:
Viele habe ich schon erwähnt, aber es geht weiter.
In der Erziehung ist es verpönt und wird uns manchmal untersagt, uns selbst zu loben. Dabei bietet es viele Vorteile, sich zu loben:
Ich habe mich lieb, fülle mein Freudenkonto auf.
Ich nehme mich ernst, fülle mein Freudenkonto auf.
Ich gehe richtig mit mir um, fülle mein Freudenkonto auf.
Ich lebe mit mir in Harmonie, fülle mein Freudenkonto auf.
Ich fühle mich in mir geborgen, fülle mein Freudenkonto auf.
Ich halte Informationen der Freude zurück. Damit kann ich am schnellsten mein Freudenkonto auffüllen.
So verwirkliche ich mich richtig und habe die besten Aussichten, zufrieden zu werden und korrigiere gleichzeitig einen weiteren Erziehungsfehler.
Das als weitere Beispiel ergänzt, heißt *richtige Persönlichkeitsarbeit.*
So bereite ich mir viele richtige Freuden.
So schaffe ich mir jetzt für meine Zukunft eine richtige Vergangenheit und außerdem korrigiere ich damit wieder einen Teil meiner Erziehung, weil ich durch das Beschreiben aus meiner Therapie neue richtige Erkenntnisse gewinne.
Die Kunst, etwas genießen zu können, liegt im Sich-richtig-begnügen-Können.
Somit werde ich zufrieden, weil ich auch freudige Informationen zurückhalte und damit mein Freudenkonto auffülle.
Ich kann ein kleines, leeres Freudenkonto haben, ich kann ein großes, leeres Freudenkonto haben.
Ob ich nun ein kleines oder großes, leeres Freudenkonto habe, ist mir egal.
Ich werde üben, damit mein Freudenkonto größer wird und ich Freude sammeln und festhalten kann, damit ich zu gegebener Zeit Freude als Kraft auch anderen geben kann. Und wenn Freude kommt, sie nicht mehr so einen großen Druck in mir macht, daß ich negative Ersatzhandlungen begehen muß. So lerne ich, mich besser auszuhalten, mich wohl zu fühlen, in mir zu Hause zu sein und mich zu begnügen.
Mit diesem Verhalten schaffe ich mir auch ehrliche Freunde.
Wenn ich das Vorhergehende richtig verstehe, habe ich wenig Verständigungsschwierigkeiten mit mir, halte mich deshalb besser aus und kann anderen erklären, was ich da gerade mache und warum ich es mache. Die Hilflsigkeit ist weg.
Mit meinen Erklärungen können mich andere verstehen oder auch nicht - es ist ihr Problem. Wenn sie mich nicht verstehen, können sie ja so lange nachfragen, bis sie mich verstehen. Liegt ihnen etwas an mir, werden sie fragen. Liegt ihnen wenig an mir, begnügen sie sich mit meinen einfachen Antworten.

Wollen sie für sich selbst lernen, fragen sie viel.

Ich konnte Erklärungen abgeben, war somit nicht hilflos, und wenn ich nicht hilflos bin, bin ich auch glaubwürdig. Daß ein wenig Unsicherheit in mir bleibt, macht mich menschlich. Sollten immer noch Zweifel in mir sein, auch da weiß ich mir zusätzlich zu helfen. Ich prüfe nochmals nach einigen erlernten und schon beschriebenen Gesetzmäßigkeiten. Damit sind dann auch meine Unsicherheiten weg.

Ich kenne jemanden, der ihnen alle weiteren Fragen beantworten wird. Egal was sie zum Suchtkrankenkreislauf und dessen Gesetzmäßigkeiten fragen, sie werden mit Sicherheit eine zufriedenstellende Erklärung bekommen.

Die Glaubwürdigkeit vor mir selbst, vor anderen und der Welt zu erlangen, ist und war immer schon mein Lebensziel.

Die Zufriedenheit zu erreichen, ist das Ziel aller Menschen. Somit ist es auch ein menschliches Ziel von mir, wenn ich danach strebe, zufrieden zu werden.

Verstehen und die Zeit, oder die Ordnung und die Glaubwürdigkeit.

Verstehe ich in einer kurzen Zeit, habe ich Ordnung innerhalb kurzer Zeit und werde als intelligent angesehen. Verstehe ich erst nach einer längeren Zeit, lasse mir für die Antwort zuviel Zeit oder komme auf gar keine Antwort, fühle ich mich ziellos und hilflos, bin ich auch noch unordentlich, werde ich als dümmlich und als unglaubwürdig angesehen.

Bei mir fangen dann fast alle Worte mit "un" an:

Unzufriedenheit,

Unausgeglichenheit,

Unglaubwürdigkeit,

Unzuverlässigkeit,

Unpünktlichkeit,

Unehrlichkeit, bis hin zur

Unmöglichkeit.

Ein Erfolgserlebnis der letzten Tage:

In einem Gespräch mit einem Freund habe ich drei Erkenntnisse und mehrere Freuden gehabt:

Ich habe schneller erkannt, was der andere von mir wollte.

Freude entstand in mir.

Ich bin ehrlich mit meinem Freund umgegangen.

Freude entstand in mir.

Ich war selbstbewußter und wurde dadurch sicherer.

Freude war in mir.

Somit habe ich mir mindestens drei Freuden verschafft, über dieses eine Gespräch.

Das ist heute meine neue Wahrheit, weil ich bewußter lebe und selbst Kleinigkeiten richtig registriere und in bezug auf etwas bewerte.

Nur weil ich richtig aufgepaßt habe und mich auch dabei richtig beobachtete, erhielt und bemerkte ich die Freuden. Wenn ich etwas rechtzeitig und für mich richtig erkenne, habe ich mich vorübergehend durch meine Bewertung festgelegt. Freude entsteht in mir.

Wenn ich mich damit richtig begnüge, halte ich die Freude fest, fülle somit mein Freudenkonto weiter auf und keiner sieht es, wie und warum ich plötzlich zufrieden bin. Ich muß es auch keinem erklären. Freude entsteht in mir.

Wenn mir das bewußt wird, löst es wiederum Freude aus und wenn ich diese vielen Freuden gut aushalten kann, kann ich auch diese Freuden genießen und nach Bedarf anderen ehrlich wieder zurückgeben. Das bedeutet auch, daß mein Elt-Ich von seiner Krankheit genesen ist. Das macht mich vor mir und anderen glaubwürdig, und ich gelte wieder als glaubwürdiger Mensch, weil ich doch ein wenig Zufriedenheit abgebe. Mit ehrlichen, natürlichen, freundlichen Menschen spricht jeder gerne.

Jetzt habe ich das Gefühl, gerecht in diesem Gespräch mit meinem Freund und mir umgegangen zu sein. Eine weitere Freude entsteht in mir.

Somit bin ich in der Lage, mir selbst die richtige Anerkennung und Liebe geben zu können, indem ich z.B. bei einem Gespräch ganz bewußt gut aufpasse, mich bewußt gut orientiere und mir Freuden verschaffe. Dies führt bei mir zu Harmonie und Geborgenheit. Somit habe ich mich wieder einmal bewußt richtig selbstverwirklicht. Also liegt es an mir selbst, zufrieden zu werden.

Denn Freude heißt Liebe, und Liebe brauche ich. Wo Liebe ist, ist Anerkennung nicht weit.

Wenn ich schneller und besser erkennen kann, kann ich mich auch besser orientieren. Somit bin ich nicht mehr orientierungslos und auch nicht mehr ziellos. Somit bin ich zielstrebiger. Somit bin ich zufrieden. *Was will ich mehr?*

Dadurch kann ich mich besser verwirklichen. Deshalb kann ich mich auch besser aushalten und negative Ersatzhandlungen werden weniger.

Nun brauche ich auch keine mich aus der Wirklichkeit reißende Suchtmittel.

Eine positive Ersatzhandlung ist ein ehrlicher Kompromiß, und Kompromisse müssen wir im Leben immer wieder einmal eingehen. Ein ehrlich ausgehandelter Kompromiß ist auch eine "Originalhandlung", und Originalhandlungen strebe ich an.

Jedesmal, wenn ich mich in meiner Vergangenheit falsch getröstet habe, war es eine negative Ersatzhandlung. Unzufriedenheit war die Folge. Diese Ersatzhandlungen habe ich begehen müssen, um mich ein wenig besser aushalten und ertragen zu können. Ich mußte ja weiterleben. Außerdem wollte ich das Gefühl haben, daß ich lebe. Ich wollte um jeden Preis zufrieden werden.

Erst betrachtete ich das Leben als Spaß. Später wurden meine Späße größer, und wieder später wurde für mich daraus schmerzlicher Ernst.

Heute passe ich auf, daß die negativen Ersatzhandlungen weniger werden. Die positiven Ersatzhandlungen, die mir Freude bereiten, sind dann auch meistens Originalhandlungen oder Kompromisse, die für mich gut sind.

Wieder entsteht eine Freude in mir, wenn es mir bewußt wird.

Gebe ich mir eine andere Ordnung, die mich zufrieden macht, habe ich eine andere Zielsetzung und begehe Originalhandlungen.

Freude entsteht in mir.

Wenn ich mich damit begnüge, bin ich zufrieden, was will ich mehr?

Freude entsteht in mir.

Diese Ordnung muß nicht gleichzeitig andere zufrieden machen.

Kleinigkeiten bestimmen hauptsächlich unser Privatleben und bestimmen auch sehr oft darüber, ob eine Zufriedenheit entsteht oder nicht.

Wenn mein Partner mir sagt, und zwar begründet, warum er diese oder jene Kleinigkeit gern so oder so hätte und ich verstehe ihn, fühle ich mich besser dabei, weil ich nicht mehr hilflos bin, er ehrlich war, sich freundschaftlich verhalten hat und ich die Möglichkeiten habe: Zu verstehen, Verständnis dafür zu haben, oder kein Verständnis dafür zu haben.

Somit habe ich drei Möglichkeiten, mir zu helfen und bin nicht hilflos.

Freude entsteht in mir.

Ein Beispiel:

Mein Partner hat für mich gedacht.

Günstiger ist es immer, wenn wir uns mit unserem Denken richtig verständigen und dies versuchen auf einen Nenner zu bringen. So können nur wenige Verständigungsschwierigkeiten oder wenig Druck entstehen.

Ersatzhandlungen, die uns wehtun würden, müssen nicht begangen werden.

Somit hat er auch viel von Peter und auch schon von mir gelernt.

Gedanken zu Merkmale und Suchtkrankenverhalten:

Wer die Merkmale eines Suchtkranken hat, verhält sich wie ein Suchtkranker. Er zeigt Suchtkrankenverhalten, er lebt ein Suchtkrankenverhalten, muß aber noch lange nicht suchtkrank sein.

Wenn er dieses Verhalten längere Zeit, manchmal über Jahrzehnte, beibehält, hat er große Chancen, davon krank zu werden.

Ein wenig hängt es auch von seinen Möglichkeiten und der Umwelt ab. Oder auch vom Geschlecht, Frauen werden, biologisch bedingt, schneller sk. Trägt mich meine Umwelt so wie ich bin, brauche ich keine Behandlung. Trägt mich die Umwelt nicht mehr, muß ich mich beraten lassen oder notfalls in eine Behandlung begeben.

Über eine Suchtkrankheit, wenn sie jemand hat, bestimmt jeder für sich allein.

Ich hatte Glück, gute Freunde zu haben, die verhinderten, daß ich noch schwerer krank wurde. Durch sie ist mein Leidensweg beendet worden. Meinen herzlichen Dank an sie.

Wer sich schon lange wie ein Suchtkranker verhält, hat auch selbst schon lange den Verdacht, suchtkrank zu sein. Er gesteht es sich nicht ein und schon gar nicht anderen Menschen. Wer suchtkrank geworden ist, weiß es also, kann es nur nicht zugeben. Er will nicht auffallen, deshalb weist er alle Hinweise zurück.

"Ich doch nicht." Hören diese Hinweise nicht auf, sucht er sich andere "Freunde". Wenn sich bei ihm diese Gedanken einschleichen, hat die Krankheit angeklopft. Es ist bestimmt schon zur Krankheit - Sucht mit dem Namen Hörigkeit gekommen.

Lassen Sie sich beraten!

Es ist keine Schande, krank zu sein aber es ist eine Schande, nichts richtiges dagegen zu tun.

Er verhält sich verrückt oder schizophren, unaufrichtig und unehrlich, so empfindet er.

Diese Gedanken hatte ich sehr oft, konnte nur mit keinem Menschen darüber reden, selbst mit meiner geliebten Schwester nicht, mit der ich fast jedes Geheimnis teile.

Wer will schon verrückt sein?

Wer glaubt mir, daß ich diese Gedanken habe?

Hilfe, wer kann mir diese Gedanken erklären? *Peter kann es.*

Mein Rückfall in alte Verhaltensweisen

Ich habe das Lob über mein neues Vorleben, das ich von allen Seiten erhalten habe, als Ruhekissen und Sofa benutzt. Meine Therapie habe ich aus fadenscheinigen Gründen abgebrochen.

Ich bin durchgängig nicht ehrlich, gerecht und sorgsam mit mir umgegangen.

Ich bin "eingeschlafen", weil ich dachte, genug gelernt zu haben, so daß es jetzt von allein wirkte. Daß dem nicht so ist, war ein bitteres Erwachen für mich, sage ich schon einmal vorab.

Ich habe mir meine negativen Ersatzhandlungen, die ich gedankenlos wieder begangen habe, zu schnell verziehen und das Trauern vergessen.

Ich habe mir wieder Hintertürchen offengehalten, um mich selbst nicht beim Wort nehmen zu müssen. Das Ki-Ich durfte wieder spielen.

Oberflächlich und ungenau bin ich wieder nach meiner alten Ordnung vorgegangen und habe somit einen Stillstand erlebt und einen Rückschritt gemacht.

Ich habe wieder andere vorgeschoben, um mein Verhalten zu rechtfertigen.

Außerdem habe ich meine Diplomarbeit als Entschuldigung verschoben und unnütz auf ein Jahr ausgedehnt.

Ich habe den Alkohol erneut als meinen "Geliebten" und Katalysator meiner vorwärtstreibenden und immer wieder ausbrechenkönnenden Suchtkrankheit benutzt, und zwar so, als hätte ich nichts gelernt.

Ich konnte mich mal wieder nicht begnügen. Ich habe die Krankheit wieder unterschätzt.

Alte, bekannte Gedanken waren wieder da.

Warum soll ich mich mit weniger begnügen, wenn ich doch mehr haben kann?

Mehr Lustigsein, mehr Fröhlichsein, mehr Spaß haben, viel schneller vergessen können, mich mehr freuen können, also wieder mal mehr, mehr, mehr!

Warum soll gerade für mich weniger dasein als für andere?

Diesen Rückfall in alte Verhaltensweisen bedauere ich heute sehr.
Er hat mir gezeigt, wie schwierig das Leben ist und wie einfach doch das leichte Lotterleben sein kann. Ganz leicht ist man da wieder drin. Es hat mir gezeigt, wie schnell ich rückfällig werden kann. Diese Gefahr lauert überall im Leben. Zufrieden macht dieses Verhalten jedenfalls nicht, das habe ich jetzt wieder und vorher jahrelang schmerzlich ausprobieren müssen.
Auch diese schreckliche Einsamkeit, Hilflosigkeit und Traurigkeit möchte ich in meinem neuen Leben nicht noch einmal so auskosten müssen.
Ich nahm meine Therapie wieder auf.
Ergebnis, nachdem ich mich mit Peter "gestritten" hatte:
Als Peter mich auf oben Genanntes aufmerksam machte und ich seine Sichtweise verstehen konnte, war ich enttäuscht und wütend über mich selbst. Daß mir das wieder passieren mußte, verstehe ich noch nicht ganz. Ich hatte mich überschätzt. Es kann doch nicht so leicht sein, alles Gelernte so schnell wieder zu vergessen? Bei mir war es leicht. Deshalb muß ich mir mehr Sicherheiten aneignen und solange mit ihnen üben, bis sie mir wirklichen Schutz als Sicherheiten gewähren. Ich muß so lange üben, bis mein UB begriffen hat, daß ich jetzt, hier und heute ein neues Leben führe.
Den Rest des Tages empfand ich ein Gefühl der Trauer und des Bedauerns.
Trotzdem:
Peter hat mich vor einer noch größeren Enttäuschung bewahrt, die garantiert gekommen wäre.
Erkenntnis:
Ich muß mir richtigere Ziele setzen und diese auch zielstrebig verfolgen.
Ich muß mit dem Erw-Ich in der nächsten Zeit diktatorisch mit mir umgehen. Das Ki-Ich hat Sendepause. Diktatorisch mit mir umzugehen, ist mir ein Leben lang bekannt, denn bisher hat mein Ki-Ich über die anderen Persönlichkeiten und das UB diktatorisch bestimmt.
Diktatorisch benutze ich jetzt während meiner Genesungszeit (3 bis 5 Jahre) mein Erw-Ich, das dem Ki-Ich eine Zeitlang das Spielen verbietet. Dadurch wird mein Erw-Ich stärker, mein UB genauer geschult, und eine Diktatur wird auf Dauer überflüssig. In meiner abgeschlossenen Intimsphäre mit meinem Partner darf es spielen, denn alle Ich-Formen sollen bei mir irgendwann in Harmonie leben dürfen. Den Zeitpunkt dafür bestimmt neuerdings mein Erw-Ich.
Ich werde dem Alkohol nicht mehr erlauben, mein Denken und Handeln gravierend zu verändern. Ich werde den Alkohol wieder genießen und auch Pausen einlegen.
Ich muß mir heute eine richtige Vergangenheit für die Zukunft schaffen.
Wenn es möglich ist, mit meinem jetzigen Partner!
Ordentliches Umgehen mit mir habe ich am letzten Wochenende wieder geübt.
Freude war in mir.
Ich habe mir nicht erlaubt, Alkoholisches zu trinken. Es hat mir sehr gut getan.
Freude war in mir.

Auch habe ich festgestellt, daß ich den Alkohol gar nicht vermißt habe.
Freude war in mir.
Ein harmonisches Wochenende mit meinem Partner hat es mir gedankt.
Freude war in mir.
Wir konnten uns beide mit dem Erlebten begnügen und waren sehr glücklich dar-
über. Freude war in mir.
Ich muß die Freude, die in mir ist, erkennen, schätzen und liebhaben, dann kann
ich auch diese Freude festhalten und genießen. Ich kann sie aber auch mit einem
lieben Menschen teilen, dann kann ich diese Freuden besser genießen und fest-
halten, weil sie dann in mir keinen Überdruck erzeugen und von ihm wieder
Freude zu mir zurückkommt

**Wie sehe ich heute mein Verhalten, das zur Aufnahme der Therapie geführt
hat?**
Ich erlaube mir heute, die vergangenen Situationen, nachdem ich mich sehr dafür
geschämt und es sehr bedauert habe, mir zu verzeihen, weil es im Suchtkranken-
kreislauf geschehen ist. Es war meistens nur der Versuch, mir selbst zu helfen.
Heute versuche ich, mich vor maßlosen Über- oder Untertreibungen zu schützen,
indem ich auf mich richtiger aufpasse, die Spontaneität herausnehme und mir die
richtige Anerkennung gebe und mich richtiger als bisher liebhabe. Mein lieber
Partner hilft mir dabei.
Heute suche ich mir neue, vernünftigere Ziele. Ich lasse mir Zeit bei der Suche.
Ich suche in Ruhe und lasse die Hektik weg.
Wie heißen die Zweifel und Ängste, die ich jetzt vor meiner Diplomarbeit habe?
Notwendige Unsicherheiten, die mich meine Realität erkennen lassen, so daß ich
sie akzeptieren lerne. Ich erkenne ihr notwendiges Existieren an.
Wie heißen die Ängste und Nöte, die ich früher hatte?
Lähmende und mich fast immer zu falschen Ersatzhandlungen verleitende
Hilflosigkeiten.
Meine Unsicherheiten heute sind notwendig, weil sie mich stoppen und anhalten
lassen, so daß ich die Möglichkeit habe, zu sichten, abzuwägen, gegenüberzu-
stellen, zu vergleichen, zu überprüfen und mir notfalls neue Informationen zu verschaffen, damit ich zu einem realistischen positiven Ergebnis komme.
Lasse ich Hilflosigkeiten wieder bei mir zu, begebe ich mich wieder sofort in eine Scheinwelt, werde dadurch realitätsfremd, es verschieben sich sofort wieder
meine neuen Werte und die für mein neues Leben wichtige Wahrheit. Ich komme
dadurch zu falschen Erkenntnissen und verwirkliche mich somit dann auch wieder falsch.
Eine falsche Selbstverwirklichung hatte ich lange genug.
Heute möchte ich der ganzen Welt zeigen, wer ich wirklich bin, wie ich wirklich
bin, was ich kann und was in mir steckt, weil ich heute weiß, wer ich bin, wie ich
bin und was ich bin.

Daß ich damit wieder übertreibe, ist mir bewußt, weil ich die Freude für mich zulasse. Diese Übertreibung erlaube ich mir. Aber es sind meine ehrlichen Gedanken, aus der Freude heraus entstanden, sie richten keinen Schaden an, denn ich weiß, daß ich es nicht sofort verwirklichen werde. Somit befinde ich mich in meiner Realität. Wachträume aus der Freude heraus sind gut. Ich halte die Freude fest und fülle wieder mein Freudenkonto auf.

Um mich richtig selbst zu verwirklichen, brauche ich selbstverständlich auch Hilfe von außen, weil meine Möglichkeiten begrenzt sind. Ich nehme sie jetzt wieder dankbar an.

Ist das TB immer handlungsfähig?

Nein, weil Alkohol, Medikamente und Drogen unser bewußtes Handeln verändern oder blockieren können. Dies kann mit oder ohne unsere Zustimmung (äußerliche Gewalt) geschehen. Bei Krankheiten ist das TB auch manchmal falsch handlungsfähig. Außerdem brauchen wir unbedingt Schlaf, dabei ist das TB auch handlungsunfähig, vor allen Dingen in der Tiefschlafphase, wo alle drei Ich-Formen schlafen. Wir müssen einfach dem UB vertrauen, richtig zu handeln, z.B. uns bei Feueralarm zu wecken oder morgens den Wecker hören zu lassen.

Jede Vorstellung in uns hat den Anspruch, sich zu verwirklichen.

Der Anspruch wird bei der dominanten Seele und dem Körper geltend gemacht. Was ist das Geistige?

Immer und ausschließlich die Flexibilität zwischen dem TB, dem UB und dem Gehirn.

Akzeptieren

Akzeptieren heißt nichts weiter, als die Existenz dessen anzuerkennen oder einfacher gesagt, es ist da, es ist vorhanden. Anschließend habe ich Zeit und kann in Ruhe, nach Berücksichtigung aller Sichtweisen, bewerten.

Nur im Volksmund heißt akzeptieren: ja, ich stimme zu.

Ich lasse mir Zeit zum Bewerten und Abwägen, ob es nicht vorteilhafter wäre, anders zu entscheiden. So nehme ich bei mir die Spontaneität heraus.

Gleichzeitig beteilige ich mich nicht an der Umgangssprache, die besagt: Wenn ich etwas akzeptiere, stimme ich zu. Diese schnellen Handlungen möchte ich heute nicht mehr haben. Somit muß ich bei einer Tatsache, die ich als vorhanden anerkannt habe, der ich zustimme, dreimal akzeptieren.

1. Die Existenz dessen anerkennen und
2. bewerten oder wertschätzen nach den Gesichtspunkten positiv oder negativ.

Bei einer positiven oder negativen Bewertung oder Wertschätzung akzeptiere ich also immer zweimal. So habe ich auch die Möglichkeit, dreimal zu bewerten.

Einmal erkenne ich die Existenz dessen an (1. Bewertung-Umgangssprache).

Das zweite Mal, wertschätze ich, bis ich zum (2. Bewertung-Umgangssprache) dritten Mal der Bewertung gekommen bin (3. Bewertung, feste Rechengröße).

Sage ich zu einer Tatsache ja, habe ich zweimal akzeptiert. Sage ich zu einer Tatsache nein, habe ich auch zweimal akzeptiert. Erstens, die Existenz dessen anerkannt und zweitens akzeptiere ich die Bewertung.

Umgangssprachlich heißt akzeptieren, ich stimme dem zu, ich halte es für gut. Da der abstinent Lebende die Spontaneität aus sich herausnehmen muß, bleibt ihm nichts anderes übrig, als sich genauestens um die Bedeutung der Worte zu kümmern, damit er Eingreifmöglichkeiten findet, nicht wieder rückfällig zu werden. Auch wenn sich manches wie Haarspalterei anhört. Es ist lebensnotwendig, sich Sicherheiten zu verschaffen. Das Richtige nach allen Seiten abwägen, ist eine Sicherheit.

Wie heißen die Anweisungen, die das UB dem Körper gibt?
Elektrische Impulse als Mikroseelen. "Mikroseelen" sind mikroskopisch kleine Seelen mit unterschiedlichen Zusammensetzungen. Es sind auch Gedanken oder Selbstheilungskräfte.

Wie heißen die Selbstheilungskräfte?
Mikroseelen. Es sind auch Gedankenkräfte.

Wer kann Mikroseelen aussenden?
Das TB bewußt oder das UB unbewußt.

Nach welchen Richtlinien bewertet der Körper?
Nach Verträglichkeit oder Unverträglichkeit. Er möchte immer in Ausgewogenheit leben.

Wie können Informationen aus dem Körper aussehen?
1. Elektrische Impulse über die Nerven.
2. Hormone als "Briefe" (Botenstoffe), die von der "Vorzimmerdame" (Hypophyse) in elektrische Impulse umgewandelt und an das Gehirn weitergeleitet werden.

Warum kann das Gefühl nicht krank werden?
Weil es nichts von allein macht. Ändert sich die Wahrheit durch eine neue Bewertung im Bewußtsein, ändern sich sofort die Gefühle.

Wer bestimmt über das Gefühl?
Bewertete Informationen.

Wer kann Informationen bewerten?
Das TB, das UB, der Körper.

Kann der Körper Gefühle erzeugen?
Nein, er kann nur empfinden und die Empfindungen als Bewertung dem Gehirn anbieten. Das Gefühl gehört zur Seele, und diese kann sich gefühlsmäßig über den Körper ausdrücken.

Bewerten wird das TB bewußt und das UB unbewußt. Beide bewerten sie nach dem Gerechtigkeitssinn, der Vernunft und dem Realitätssinn, also welche Erfahrungen schon einmal gemacht wurden oder ob es von Vorteil ist.

Woher kommt meine Faulheit?

Vom Körper mit Sicherheit, oder die Seele ist erschöpft, oder die Faulheit ist angeboren.

Der Körper ist von sich aus faul.

Solange ich den Körper als Persönlichkeit dominieren lasse, wird mich meine Trägheit und Faulheit begleiten. Strapaziere ich die Seele zu sehr oder bin ich krank, erschöpft sich die Seele und ist kraftlos.

Wer kann den Körper aktivieren?

Das eigene TB, das eigene UB oder ein anderes Bewußtsein. Drogen und Rauschmittel. Auch ein starker Fehlbedarf kann den Körper aktivieren. Daß Menschen Menschen quälen, und ihren Körper dadurch aktivieren können, sei nur am Rande erwähnt.

Der Bauplan des Lebens
Gültig für alle Menschen

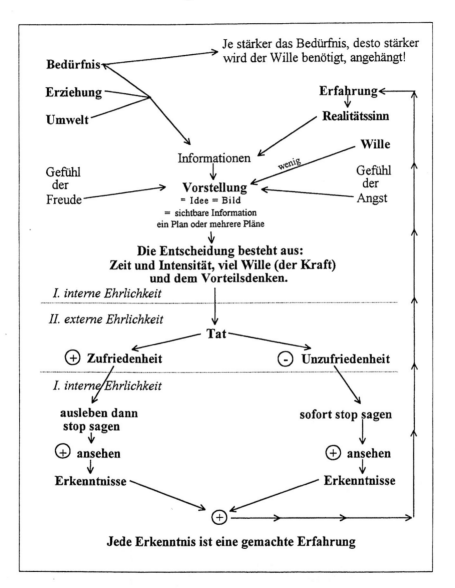

Je stärker das Bedürfnis, desto stärker wird der Wille benötigt, angehängt!

Bedürfnis

Erziehung

Umwelt

Erfahrung

Realitätssinn

Informationen

Wille

Gefühl der Freude

Gefühl der Angst

wenig

Vorstellung
= Idee = Bild
= sichtbare Information
ein Plan oder mehrere Pläne

Die Entscheidung besteht aus:
Zeit und Intensität, viel Wille (der Kraft)
und dem Vorteilsdenken.

I. interne Ehrlichkeit

II. externe Ehrlichkeit

Tat

⊕ **Zufriedenheit**

⊖ Unzufriedenheit

I. interne Ehrlichkeit

ausleben dann
stop sagen

sofort stop sagen

⊕ **ansehen**

⊕ ansehen

Erkenntnisse

Erkenntnisse

⊕

Jede Erkenntnis ist eine gemachte Erfahrung

Der Bauplan des Lebens - wie ich es verstanden habe

Am Anfang steht das Bedürfnis. Meistens meldet sich nicht nur eines der 13 Grundbedürfnisse, sondern eine Kombination mehrerer Bedürfnisse. Hinzu kommen Informationen aus der Erziehung und der Umwelt. Diese Informationen können vom Tagesbewußtsein (TB) oder vom Unterbewußtsein (UB) unter Hinzunahme des Willens = der Kraft (je stärker das Bedürfnis, desto mehr Wille wird benötigt) zu einer Vorstellung, einer Idee, einem Bild oder einem Plan entwickelt werden.

Es kann sich hierbei sowohl das Gefühl der Freude als auch das Gefühl der Angst anhängen, d.h. es wird durch die Bewertung des Bewußtseins angehängt.
Selbständig macht das Gefühl nichts.

Dann folgt die Entscheidung: Sie enthält, zu welchem Zeitpunkt und mit welcher Intensität der Plan durchgeführt wird. Dazu ist manchmal eine große Menge Wille und auch das Vorteilsdenken in bezug auf die Bedürfnisbefriedigung nötig. Es muß für alle Persönlichkeiten gerecht sein.

Mit der Ausführung des Plans, der Tat, verlasse ich die Ebene der internen Ehrlichkeit. Für meine Umwelt ist nicht nur die Tat sichtbar, sondern auch , ob sie mich zufrieden oder unzufrieden macht.

Macht sie mich zufrieden, lebe ich die Zufriedenheit aus (wieder auf der internen Ebene), dann sage ich "stop" und sehe mir rückblickend noch einmal an, wie ich gehandelt habe, wie ich zu der Entscheidung für die Tat kam, zu welchem Zeitpunkt und mit welcher Intensität ich die Tat ausgeführt habe, wie sich der Plan entwickelt hat und welche(s) Bedürfnis(se) ihm zugrunde lag(en).

Daraus ziehe ich dann eine Erkenntnis, die gleichzeitig eine gemachte Erfahrung, aber auch mein Realitätssinn ist. Schließlich möchte ich die Tat, die mich zufrieden gemacht hat, möglichst bald wiederholen, deshalb muß ich wissen, wie ich vorgegangen bin. Ist die Realität gerecht, werde ich sie freudig wiederholen.

Allerdings kann mich eine Tat auch unzufrieden machen.
Dann muß ich sofort "stop" sagen, anhalten und sofort wird alles positiv.
Und ich verfolge den Weg wieder zurück.

Die Unzufriedenheit muß ich mir nach vier Gesichtspunkten ansehen:
Wie groß war die Unzufriedenheit?
Wie klein war die Unzufriedenheit?
Muß ich mich sofort darum kümmern?
Oder hat das Zeit bis später?
Hier liegt der Unterschied zu einer Tat, die mich zufrieden gemacht hat.

Danach gehe ich den Weg der Entscheidung, Wahl des Zeitpunkts, Wahl der Intensität, der Entstehung des Plans, welche Informationen haben dazu geführt und auch: Welche Bedürfnisse lagen dem zugrunde? zurück und finde dadurch heraus, wo der Fehler gelegen hat.
Habe ich die Tat falsch gemacht?
Habe ich die falsche Entscheidung getroffen?

Habe ich den Zeitpunkt oder die Intensität für die Tat falsch gewählt?
War schon die Vorstellung falsch?
Oder war das Bedürfnis falsch?
Oder war das Bedürfnis richtig, aber der Zeitpunkt falsch?
Aus der Ansicht dieser Schritte ziehe ich wiederum Erkenntnisse, und diese Erkenntnisse sind meine gemachten Erfahrungen, und diese Erfahrungen sind mein Realitätssinn. Also ist es positiv anzuhalten, zu überprüfen und zu bewerten, wenn ich mir die Zeit nehme, zurückzuverfolgen, woran es gelegen hat, daß ich zufrieden oder unzufrieden geworden bin.
Wie ich schon sagte, ist jede Erkenntnis eine Erfahrung, und jede Erfahrung prägt und erweitert meinen Realitätssinn. Dies sind wiederum neue Informationen, die ich zur Verfügung habe, um in Zukunft neue Pläne, Vorstellungen oder Ideen zu entwickeln.
Eine Tat, die mich unzufrieden gemacht hat, versuche ich nicht zu wiederholen. Deshalb muß ich wissen, wie ich vorgegangen bin und wo der Fehler lag.
Eine Tat, die mich zufrieden gemacht hat, möchte ich selbstverständlich wiederholen, deshalb lohnt es sich auf jeden Fall, den Weg von der Zufriedenheit bis zur Bestätigung, daß es eines meiner Bedürfnisse war, zurückzuverfolgen.

Welchen Nutzen hat es für uns Menschen, sich vorzustellen, unsere Seele hat schon mal andere Lebewesen beseelt?
Die Achtung vor anderen Lebewesen wächst.
Die Ahnung, in einem anderen Körper weiterzuleben, wird zur Gewißheit.
Der Tod verliert seine Schrecken. Er ist nicht endgültig.
Was kann sich in mir verselbständigen?
Das Ki-Ich, das Elt-Ich, das Erw-Ich (TB), das UB und der Körper.
Unser Bewußtsein drückt sich über den Körper aus.
Medikamente, Gifte oder sonstige Unverträglichkeiten für den Körper lassen ihn selbständig protestieren und reagieren. Die meisten selbständigen Reaktionen des Körpers sind als Protest und als Protesthaltung anzusehen. Die anderen Reaktionen heißen Leben-erhalten und ständig Kopien von Bauplänen der Zellen anzufertigen.
Die Ich-Form, die gerade im Chefsessel sitzt, kann die anderen Ich-Formen nicht beruhigen, wenn sie sich streiten und diese anderer Meinung sind.
Das UB arbeitet erst einmal verstärkt weiter wie bisher, und zwar so lange, bis es neue Anweisungen vom TB oder vom Körper bekommt. Selbstverständlich kann die Umwelt bei einer Gefahr das UB dazu verleiten, spontan zu reagieren, mit dem Körper eine schnelle Bewegung zu machen, um ihn aus der Gefahrenzone zu bringen.

Welche Ausdrucksformen hat das Ki-Ich?
Mit dem Gefühl über den Körper, oder es sendet Mikroseelen als Gedanken aus.

Diese Möglichkeiten haben selbstverständlich auch die anderen Ich-Formen oder das UB. Es sollte aber auch als ein Beispiel dafür dienen, welche Möglichkeiten das TB hat, sich zu verständigen.
Sendet das UB Mikroseelen aus, bemerken wir es nicht bewußt.

Gedankensprung, wobei ich glaube, daß meine Ehrlichkeit auch anderen Menschen hilft, sich besser zu verstehen:
Warum war meine Abtreibung damals richtig und vernünftig?
Weil die Umstände nicht richtig waren.
Weil ich geahnt hatte, krank zu sein.
Weil der Zeitpunkt der Schwangerschaft falsch war.
Weil ich dachte, keinen geeigneten Partner an meiner Seite zu haben.
Die Verantwortung für dieses Kind konnte ich allein nicht tragen.
Die Rechte des Kindes, die es nun mal hat, konnte ich ihm somit nicht geben.
All meine Pflichten ihm gegenüber konnte ich nicht erfüllen.
Mit dieser Begründung kann ich mir auch heute mein mir damals fehlendes schlechtes Gewissen erklären, denn ich hatte keins. Nur eine innere Stimme, die Stimme meines Erw-Ichs mit seinem Gerechtigkeitssinn sagte mir, daß es so richtiger wäre. Die Stimme habe ich damals gehört, aber heute erst kann ich mir den Zusammenhang erklären und somit einen Gedanken zu Ende denken. Es hat mich zwar ein wenig beunruhigt, aber keiner konnte es mir so richtig erklären, so daß ich es verstanden hätte. Ich war überzeugt, richtig gehandelt zu haben, konnte es nur mir und Außenstehenden nicht richtig begründen und erklären. Heute bin ich froh, mich auf mein "Gefühl" verlassen zu haben. Auch hatte ich Hochachtung vor dem neuen Leben. Ich befürchtete, es könnte nicht gesund zur Welt kommen. So wurde doch noch aus einer zwanghaften Notsituation eine richtige Handlung, mit der ich heute zufrieden leben kann. Ich kann auch sagen, ich habe unbewußt richtig und vernünftig für alle Beteiligten gehandelt.

Gedankensprung.
Als ich zu Peter kam, war ich geistig acht bis zehn Jahre alt. Vier Monate später ist mein geistiges Alter schon auf 13 bis 14 Jahre einzuschätzen. Meine Gedanken, Gefühle und Taten beweisen es. Somit haben sich meine Anstrengungen bis jetzt schon gelohnt. Meine Anstrengungen sollen auch dazu führen, daß mein geistiges Alter eines Tages mit meinem biologischen Alter wieder übereinstimmt. Dann komme ich mir auch bestimmt, wie von Peter versprochen, ausgefüllt vor. Die richtige Zufriedenheit ist jetzt schon in mich eingekehrt. Es kann nur noch besser werden.

Gedankensprung.
Was kann das Ki-Ich alles spielen?
Alles, was es sich vorstellen kann. Bei einer SK kann es sogar über Jahre hinaus glaubhaft den Erwachsenen spielen, bis die Maske bröckelt, weil die Kräfte dafür

nicht mehr ausreichen und weil sich das Wertesystem immer mehr zum Negativen verschiebt. Bis es mir egal ist, ob ich auffalle oder nicht.

Also kann das Ki-Ich nicht nur den Erwachsenen im Berufsleben, sondern auch Vater, Mutter, Onkel, Tante und den Onkel Doktor spielen. Wenn das Ki-Ich dieses alles spielen kann, können die anderen Ich-Formen sicher auch dieses alles spielen.

Ein Unterschied ist festzustellen:

Das Elt-Ich und das Erw-Ich sind langsamer, weil sie genauer abwägen.

Sie reagieren nicht so spontan. Somit fehlt es ihnen an Spontaneität und Kreativität, die hauptsächlich dem Ki-Ich eigen sind.

Das Elt-Ich handelt spielerisch leicht, ausgleichend, verstehend und schneller verzeihend. Es schlägt sich sehr gerne auf die Seite des Ki-Ichs. Es hält gerne zu ihm. Wahrscheinlich wegen der elterlichen Fürsorge. Es ist die einzige Ich-Form, die richtig genießen kann.

Das Erw-Ich kann spielerisch leicht handeln, aber es wird eher langsamer, rationaler und nicht so sehr gefühlsmäßig handeln.

Erklärungssystem für frühere und kommende Verhaltensweisen (Kurzform).

Richtiges Bedürfnis - falsche Realität:

Ich hatte irgendein Bedürfnis.

Dies habe ich nicht richtig verstanden.

Ich verspürte einen Druck, den ich nicht aushalten konnte oder wollte.

Ich mußte irgendeine Ersatzhandlung begehen, um mich ein wenig zu erleichtern.

Der Druck wurde weniger oder war vorübergehend weg.

Dieses Verhalten ist eindeutig Suchtkrankenverhalten oder schon SK. Ich habe es nur nicht gewußt.

Jeder Suchtkranke befindet sich in seiner Scheinwelt, und diese ist für ihn Realität. Daß es eine falsche Realität ist, spürt er schon lange, aber entweder kann es ihm keiner richtig erklären, oder er läßt noch keine Erklärungen zu.

So erging es auch mir, ich dachte: Ich doch nicht. Daß ich Probleme habe, weiß ich, aber die hat auch jeder Mensch, den ich kenne. Daß ich krank sein könnte, wies ich weit von mir.

Ich als Sk müßte ja dann mein Leben ändern, und dazu war ich noch nicht bereit.

Heute weiß ich mir zu helfen, indem ich verstehe und das Richtige dagegen tue.

Bei mir mußte erst der richtige Zeitpunkt da sein.

Der Gegenstand oder die Person für die Ersatzhandlungen war völlig gleichgültig. Es hat keine Bedeutung, weil es mir ja nur um meine Erleichterung ging.

Hilflosigkeit ist nicht zu ertragen.

Unsicherheiten sind auszuhalten und schreien nicht unbedingt nach einer Handlung, die dann getan werden muß.

Mein Anlehnungsbedürfnis ist ein Zusammenschluß von Wünschen nach: Anerkennung, Liebe, Geborgenheit und Harmonie, aber auch körperlicher Wärme, gesättigt zu sein, nicht mehr durstig sein, sich richtig selbst zu verwirklichen. So kann ich mich bei mir selbst oder bei anderen anlehnen, um dieses Bedürfnis als Wunsch zu erfüllen.

Gedankensprung.

Nachtrag zum Bauplan des Lebens
Meine Erkenntnisse, die mir noch eingefallen sind.
Nur Erkenntnisse lösen Angstmauern von innen auf, die wir uns selbst errichtet haben.
Mauern errichten können wir nur mit der Angst.
Mauern errichten können nur das TB und das UB mit dem Gefühl der Angst.
Errichten wir bewußt Mauern, sind immer zwei Ich-Formen daran beteiligt, weil die Ich-Formen das TB sind. Eine Ich-Form sitzt im chefsessel und eine Ich-Form ist Berater.
Nur Erkenntnisse beseitigen Sperren, die wir zum Körper aufgebaut haben.
D.h. mit anderen Worten, Erkenntnisse lassen uns körperlich so empfinden, wie wir auch denken. Ohne richtige neue lebensbejahende Erkenntnisse ist eine neue Lebensweise mit neuen Gefühlen nicht möglich.
Ohne neue, richtige Erkenntnisse sind wir nicht in der Lage, unser Lebensbuch so umzuschreiben, daß wir zufrieden werden.
Ohne richtige, neue, positive Erkenntnisse sind wir auch nicht in der Lage, unser Leben zu ändern und richtiger zu gestalten.
Was hat mir in meiner Therapie geholfen, zu dem guten Ist-Zustand zu kommen?
Richtig bewußt zugehört zu haben, bewußt richtig gelernen zu haben und dadurch die Verständigungsschwierigkeiten geringer werden zu lassen. Der mir bekannte Druck wurde immer weniger. Originalhandlungen häuften sich. Vor Übertreibungen und vor meinem Suchtmittel konnte ich mich schützen.
Welche Einzelinformation hat mir sehr geholfen?
Hilflosigkeiten von Unsicherheiten unterscheiden zu lernen. Hilflosigkeiten entlarven, verstehen und dadurch zu Unsicherheiten zu machen, mit denen ich gut leben kann.
In der Hoffnung, Ihnen, liebe Leser, doch ausführlich genug über mich Auskunft gegeben zu haben, *verschaffe ich mir wieder eine Freude.* Danke!

Jede Suchtkrankheit ist auch eine Eigenschaft
Eigenschaften und Erkenntnisse einer Suchtkranken
auf ihrem Genesungsweg.
Jede Ich-Form hat Eigenschaften. Also hat unser TB Eigenschaften.
Das UB hat Eigenschaften.
Der Körper hat Eigenschaften.
Wir Menschen haben alle Eigenschaften in uns, die es gibt.
Sie erzeugen Schuldgefühle und Trostlosigkeit, aber auch Hoffnung.

Mit dem Willen können wir nichts tun, sondern nur mit einem neuen Lernprozeß, der verstanden, neu bewertet und gelebt werden muß. In uns kann nur das TB oder das UB etwas mit dem Willen, der Kraft tun. Diese Kraft ist nur zur Gedankenentwicklung und zum Ausführen von Taten da.

Der Wille macht nichts von allein.

Viele Ängste entstehen, durch eine bewußte oder unbewußte Bewertung, vor fast vor allen Dingen.

Der Leichtsinn bei einer SK wird größer, die Inkompetenz auch.

Die Kontaktschwierigkeiten häufen sich.

Die innere und äußere Vereinsamung beginnt.

Fluchtgedanken entstehen andauernd.

Es wird gedankliche oder tatsächliche Flucht begangen. Geholfen hat es bisher noch nie, weil wir uns überall, egal wo wir auch hingehen, selbst mitnehmen. Wir können nicht vor uns flüchten.

Die Überschätzung in allem ist nicht mehr zu übertreffen.

Der völlige Zusammenbruch, innerlich und äußerlich, rückt immer näher.

Die übertriebene Anspruchshaltung gegenüber anderen ist sehr groß. Oder der Sk wird phlegmatisch.

Der Minderwertigkeitskomplex ist allgegenwärtig und sehr ausgeprägt.

Die innere Freiheit ist mir, einem Menschen, der den Suchtkrankenkreislauf verlassen hat, wieder etwas wert geworden.

Ich habe verschiedene Worte für meine neue Freiheit gewählt, die sich ergänzen lassen, aber die meine innere Freiheit ausmachen. Diese Worte sind:

Sie ist mir heilig geworden.

Sie ist mir bedeutsam geworden.

Sie ist auch meine neue Schranke geworden, die mich daran hindert, etwas im Übermaß zu tun.

Ich habe eine Ahnung von dieser Freiheit bekommen, denn ich fühle schon so. Jetzt muß ich es nur täglich leben lernen.

Bei mir, einem nüchtern lebenden Menschen, sind alle meine Persönlichkeiten frei: das TB und der Körper.

Sogar das UB freut sich über die neue Harmonie. Es steuert und lenkt mich freudiger unbewußt, aber wie ich glaube, viel besser als früher.

Wenn ich mich oder einen anderen als meinen Freund bezeichne und er freundschaftlich mit mir umgeht, so gilt das für den "Ist"-Zustand oder den jeweiligen Moment.

Ich kann nur sagen, bis jetzt ist es mein Freund.

Freundschaft ist kein Versprechen für die Ewigkeit. Ich mache aber alles, damit die Freundschaft mit mir selbst und zu meinem Freund noch sehr lange hält.

Da ich verstanden habe, was freundschaftlicher Umgang mit mir selbst ist, versuche ich, auch mit anderen freundschaftlich umzugehen.

Es ist gar nicht so leicht.

Freundschaftlicher Umgang mit mir enthält:
Ich kann mir sorgsam die richtige Anerkennung geben.
Ich kann mir sorgsam die richtige Liebe geben.
Ich kann mit mir in Harmonie leben.
Ich kann mich in mir ausgefüllt und geborgen fühlen.
Ich kann mich richtig selbstverwirklichen.
Ich kann mir Fehler, nachdem ich sie genügend bedauert habe, verzeihen.
Ich muß auch manchmal ohne richtigen Grund traurig sein dürfen.
Ich gehe sorgsam, verantwortungsbewußt, selbstsicher, ehrlich, glaubwürdig und moralisch mit mir um. So daß ich "später" sagen kann, ich habe mich, nach Stillstand meiner Suchtkrankheiten, als anständiger Mensch verhalten. Doch das kann nicht nur ich entscheiden. Andere sehen es sicherlich anders.
Ich beachte alle mir bekannten Gesetzmäßigkeiten.
Die geschriebenen und ungeschriebenen Gesetze.
Um nur einige für mich jetzt feststehende Gesetzmäßigkeiten zu nennen:
Glaubwürdigkeit und Moral aus meiner Sicht.
Das Prinzip des Schenkens.
Die Gleichberechtigung.
Freundschaft und deren Gesetzmäßigkeiten.
Und noch viele geschriebene Gesetze, die etwas mit der Persönlichkeit eines Menschen und dem Leben zu tun haben.
Gönnen Sie sich den Luxus, altes und verstaubtes durch neues Wissen zu ergänzen!
Sie sehen, viele Ihnen schon bekannte Informationen tauchen unter einer neuen Überschrift immer wieder auf. Alles ist unzertrennbar miteinander verbunden.
Vielleicht verstehen Sie jetzt schon die vielen Wiederholungen.
Ich erfülle auch jetzt schon, auf dem Wege meiner Genesung, meinen Auftrag:
Das Beste aus meinem Leben zu machen.
So durfte ich meine große Liebe kennenlernen und versuche jetzt daraus, so schnell wie möglich, auch noch eine dauerhafte Freundschaft zu machen. Durch die Mithilfe meines Partners wird es uns sicherlich gelingen.
Da mein Partner die gleichen Richtlinien wie ich erlernen durfte, wird es uns nach einigen Anfangsschwierigkeiten sicherlich nicht nur gelingen, sondern wir werden endlich unsere verdiente innere Ruhe, Freiheit und Zufriedenheit finden.
Wir haben fast die gleichen Ziele, aber ein unterschiedliches Wissen in vielen Bereichen, deshalb können wir uns gut ergänzen:
Wir wollen zufrieden werden.
Wir wollen gemeinsam in Würde alt werden.
Wir wollen unsere Kräfte sinnvoll einsetzen.
Wir wollen auf uns aufpassen.
Wir wollen uns gleichgesinnte Freunde suchen.
Wir wollen in Harmonie leben dürfen.
Wir wollen ohne Suchtkrankheiten ein neues Leben führen.

Der Hörigkeitskranke ist der letzte, der seinen Rückfall bemerkt.
Ich befinde mich, seit ich bei Peter bin, auf dem Wege meiner Genesung.
Leider hat die Hörigkeitskrankheit eine negative Begleiterscheinung. Zuerst erlebe ich alles viel bewußter und ehrlicher als früher. Viel, viel genauer als bei einem Fresser muß ich lernen, *richtig* meine seelischen GB zu dosieren, und versuchen, die vielen Rückschläge richtig zu deuten, damit ich daraus meine richtigen Erkenntnisse ziehen kann, um die alten Fehler nicht noch mal machen zu müssen. Ich muß lernen, für eine gewisse Zeit mit meiner Gefühlskurve keine großen Ausschläge nach oben zu haben, damit ich nicht in den Keller der Angst muß.
Fehler, oder wie ich jetzt sage: Schwachstellen sind zwar später immer wieder in meinen Gedanken, aber ich muß sie nicht mehr in die Tat umsetzen.
So habe ich es als genesene Hörigkeitskranke viel schwerer als ein stoffgebundener Suchtkranker, denn ich muß all meine 4 Persönlichkeiten richtig koordinieren, ihnen die richtige Anerkennung und Liebe geben, die richtige Harmonie sowie Geborgenheit vermitteln. So sind meine Gefühle und Überlegungen heute.
Daß Empfindungen und Gefühle täuschen können, erklärte mir Peter so:
Jeder Sk hat mindestens drei Suchtkrankheiten.
Jeder Sk hat auch die Hörigkeit als Ersterkrankung,
also muß jeder stoffgebundene Suchtkranke auch seine Hörigkeit zum Stillstand bringen, sonst bleibt er im ersten Jahr seiner Genesung stehen und bleibt ein unzufriedener Mensch. Ein Rückfall in die eigene, alte Suchtkrankheit, die mühsam zum Stillstand gebracht wurde, ist sehr wahrscheinlich.
Es dauert sehr lange, bis mein UB das begriffen hat, welcher neue Weg, "der Genesungsweg", ab sofort gegangen werden muß, wenn ich zufrieden bleiben will.
So kann mich das UB rückfällig werden lassen, wenn ich es mit dem Erw-Ich nicht dominant schule, aber auch mein noch nicht gehorsames Ki-Ich kann zum Rückfall beitragen, denn es versucht immer wieder, die Vorherrschaft im TB zu bekommen. Deshalb ist die SK mein ganzes Leben lang immer latent in mir vorhanden.
Spielerisch etwas machen, hat die Seele gerne!
Das Elt-Ich ist die Ich-Form, die richtig genießen kann!
Das Elt-Ich ist aber auch die Ich-Form, die am schnellsten zu beeinflussen ist.

Der Hörigkeitskranke ist der letzte, der seine Fortschritte, aber auch seine Rückfälle bemerkt. Deshalb braucht er aufmerksame, ehrliche, sich auskennende Freunde. Der Alkoholiker ist der erste, der seinen Rückfall bemerkt, *denn sein Rückfall fängt bei seiner Planung an.*
Ich als Hörigkeitskranke habe meinen letzten Rückfall als letzte bemerkt.
Hätte mein verliebter Partner nicht so lange falsche Rücksichtnahme geübt, hätte ich meinen Rückfall um sechs Wochen abkürzen können. Ehrliche Freunde zu werden, ohne falsche Rücksichtnahme, haben wir nachgeholt und arbeiten ständig daran, nachdem wir beide mit Peter gesprochen haben.

Zwei Fragen, die mir noch spontan einfallen,
weil ich mich gerade in meiner Diplomarbeit mit Kindern und Jugendlichen auseinandersetze.

Die Antworten von Peter dazu möchte ich Ihnen nicht vorenthalten.

Warum hat die Angst Priorität in der Gefühlskurve?

Weil ohne Angst eine Freude nicht möglich ist. Trainiere ich mir die Angst ab, kann ich keine richtige Freude mehr empfinden (Fremdenlegionäre). Das ist auch die Hauptbegründung.

Weil wir Angst viel länger *allein* aushalten können.

Die Angst kann ich mir abtrainieren

a.) im Krankheitsfall (keine Angst vor dem Tod),

b.) aus Glaubensgründen,

c.) berufsmäßig (Manager, Fremdenlegionär).

Warum will das Ki-Ich nicht seine Dominanz abgeben?

Weil es die zuerst wachgewordene Ich-Form ist.

Es war zuerst wach da.

Weil es nach dem Erw-Ich die dominanteste Form ist.

Es wurde zuerst vom UB geschult und durfte den Körper allein steuern.

Es will die Vorherrschaft nicht abgeben, weil es den Körper mindestens 3 - 6 Jahre ohne das Elt-Ich und ohne das Erw-Ich, mit Hilfe des UB, gesteuert und gelenkt hat. Es meint, sich mit dem Körper und der Welt auszukennen (Überschätzung).

Etwas später kommen die Geschlechtshormone hinzu und erschüttern das Ki-Ich nochmals in seinen Grundfesten, aber auch alle anderen Teile der Seele. Das Ki-Ich will trotzdem nicht loslassen und spielerisch geschlechtlich verkehren. Die Geburt war die erste Erschütterung. Dies hat das Ki-Ich überstehen müssen. Bei der Einschulung war es das zweite Mal. Da half schon das Elt-Ich mit.

Die Wirkung der Geschlechtshormone die dritte einschneidende Veränderung. Meistens übersteht jeder Mensch diese Erschütterungen nicht ganz schadlos.

Und schon wieder hat sich ein kleiner Kreis des Verstehens bei mir geschlossen, denn diese Erschütterungen bergen die Gefahr, sie, wenn sie auftreten, nicht zu verstehen. Somit ist auch eine SK nicht weit.

Ein Etappenziel ist erreicht.

Danke, daß Sie mir bis hierhin aufmerksam gefolgt sind!

Viel Freude beim Weiterlesen!

Patient O kommt wieder zu Wort

Bereits in "Goldwaage I" habe ich ausführlich über meine 10 SK berichtet.
Hätte ich diese Informationen, der Goldwaage I und II früher gehabt, wäre auch mir eine Menge Leid erspart geblieben.
In den letzten drei Jahren war ich froh, mit meiner Therapie nicht ganz aufgehört zu haben. Den Kontakt zu Peter habe ich mir in Einzelgesprächen noch einmal die Woche gegönnt. Bis auf meine Urlaubszeit war ich auch noch regelmäßiger Teilnehmer einer kleinen Gruppe von ehemaligen Patienten. Diese abstinent lebenden Menschen treffen sich mehrmals im Monat zum Gedankenaustausch und als Sicherheit für ihr abstinentes Leben. Spannend ist diese Gruppe deshalb für mich, weil fast alle Menschen mit den verschiedensten Suchtkrankheiten vertreten sind und wir uns untereinander blendend verstehen. Wir machen somit nicht den Fehler, die verschiedenen Suchtkrankheiten zu trennen, sondern wir bilden in der Gesellschaft eine sich verstehende Gemeinschaft.
In den letzten drei Jahren hat sich bei mir viel ereignet.
Eine meiner Freuden möchte ich vorwegnehmen. Trotz aller Hürden und Steine, die mir durch das Leben in den Weg gelegt wurden, bin ich mit all meinen 10 Suchtkrankheiten nicht rückfällig geworden. Von einigen Suchtkrankheiten lebe ich abstinent. Mit einigen Suchtmitteln, die mich früher krank gemacht haben, lernte ich den richtigen Umgang, die richige Dosierung. Somit befinde ich mich weiterhin mit kleinen Schritten auf meinem Weg der Genesung und der Stabilität.
Ich möchte heute mein Bewußtsein nicht mehr erweitern, denn das hatte ich in meiner Drogenzeit reichlich, und darüber hatte ich die Kontrolle verloren. Heute möchte ich mein Bewußtsein aufklaren, aufhellen, alles in mir, an mir und um mich herum in Ordnung bringen und so, in meinem Sinne, geistige und körperliche Hygiene betreiben.
Das Schweben-Wollen, der Realität entfliehen, überlasse ich jetzt anderen.
Meine Erdverbundenheit bekommt mir besser.
Durch das Kennenlernen der Reiki-Energie (Energien, die wir haben und über die Handflächen anderen zur Verfügung stellen können) durch meinen Reikimeister Walter bin ich in der Lage, mir zusätzliche, wohltuende, kosmische Energie zuzuführen, indem sie mir aus der Umwelt zur Verfügung gestellt wird. Mein Reikimeister hatte mich dazu fähig gemacht, indem er mich für diese Energien geöffnet hat. Die Harmonie, die bei mir durch Zuführen dieser Energie entsteht, ist eine positive Ergänzung zu meiner bisherigen Lebensschule bei Peter.
Meine Lebensschule findet heute überall dort statt, wo ich mich gerade befinde.
Weitere Freuden, Höhen und Tiefen sowie manch eine Niederlage, aus der ich mit meinen neuen Erkenntnissen als Gewinner hervorgegangen bin, werde ich jetzt schildern. Grob gesagt sind es folgende Erlebnisse:
Ich lebe heute noch abstinent oder erlernte den richtigen Umgang mit mir.
Habe einige Schulden meiner Vergangenheit begleichen dürfen.
Kurzer Jahresrückblick 1996.
Habe mich von meiner alten Wohnung getrennt.

Habe eine neue Wohnung beziehen dürfen.

Habe mir eine neue Heimat, ein neues Zuhause in mir selbst schaffen dürfen.

Durfte zum ersten Male im Alter von 46 Jahren ehrliche Herzensliebe zulassen, und dieses auch so empfinden.

Einige Wahrheiten von meinen Eltern.

Schuldenberatung

Durch meine Suchtkrankenkarriere hatte ich seit 1987 viele Schulden, die mich dazu zwangen, geschäftsuntüchtig zu werden. Da ich fast alle Unterlagen über meine Schulden nicht mehr besaß, wußte ich auch gar nicht mehr, wem ich wieviel Geld schuldete. Es war für mich sehr schwierig, dies ausfindig zu machen. Spießrutenlaufen ist einfacher, glaube ich.

Die Angst bei jedem Briefkastenöffnen und das Gefühl dabei zu haben, ein Mensch dritter Klasse zu sein, war grauenhaft. Das Gefühl, ein Mensch zu sein, der mit vielen Makeln behaftet ist, begleitete mich lange Zeit. Geholfen haben mir die Informationen von Peter, der mir sagte: ich sei nur suchtkrank und gegen eine Suchtkrankheit kann man etwas tun. Dafür ist es nie zu spät. Er hatte recht! *Hoffentlich darf ich mit meinem Vorleben auch einigen Menschen Mut machen.* Inkassofirmen machten bei mir Psychoterror. Gerichtsvollzieher waren verständnisvoller. Ich wandte mich 1993 an die Schuldnerberatung der Stadt Hannover. Ich hatte Glück, denn ich geriet an eine Frau, deren erster Klient ich war verriet sie mir irgendwann später. Sie setzte sich für mich richtig, menschlich und auch fachlich gut ein. Dort bekam ich die richtige Hilfe. Bei ihr hatte ich das Gefühl, verstanden zu werden. Mit einem kurzen Lebenslauf stellte ich mich bei ihr vor. Ich verschwieg nicht meine Suchtkrankheiten und auch nicht, daß ich mich immer noch in einer Therapie befinde.

An dieser Stelle spreche ich auf diesem Wege dieser Frau F. meinen recht herzlichen Dank aus, daß sie mir dabei geholfen hat, mein finanzielles Leben zu ordnen. Heute freue ich mich darüber, wieder glaubwürdig geworden zu sein und mit Freuden in den Briefkasten sehen zu dürfen, ohne diese gräßlichen Ängste.

Es war für mich ersichtlich, daß es für meine Sachbearbeiterin eine Freude war, mir beim Sichten meiner chaotischen Unterlagen zu helfen. Auch hatte sie Freude daran, sich mit meinen Gläubigern auseinanderzusetzen. So durfte sie sich beweisen, und mir hat es geholfen.

Sie sagte: "So eine interessante Aufgabe hat man nicht alle Tage." - "So einen Menschen, mit so einem chaotischen Vorleben, gibt es nicht oft."

Es dauerte drei Jahre, bis ich meine Riesenschulden durch Vergleiche bezahlt hatte. Das Geld dafür bekam ich hauptsächlich durch meine lieben Eltern, denen ich inzwischen glaubhaft vorgelebt hatte.

Auch ihnen spreche ich meinen herzlichen Dank aus, denn ohne sie wäre ich bestimmt schon in irgendeiner Gosse, in einem fremden Land, verreckt.

Für mich war es ein Gefühl der grenzenlosen Erleichterung, endlich schuldenfrei zu sein. Mir kamen sehr oft die Tränen, daß ich dieses zufriedenmachende Leben noch erleben durfte. Ich glaube es beurteilen zu können, wie sich ein Mensch nach dieser Befreiung fühlt, der vorher jahrzehntelang unter so einem sehr großen Druck gestanden hat. Diese jetzige Freiheit ist ein weiterer Mosaikstein auf dem Wege meiner Genesung.

Ein Gespräch mit meiner Mutter in meiner neuen Wohnung machte mir deutlich, was ich schon lange Zeit geahnt hatte. Sie sagte mir, daß sie mich schon vor langer Zeit aufgegeben habe und sie sich dachte, aus dem wird nie etwas Vernünftiges. Heute hat sie diese Meinung vor der ganzen Familie revidiert. Auch mein Vater ist inzwischen stolz auf mich. Er hilft mir heute mit Freuden gerne, so wie er kann. Hoffentlich bleiben mir meine Eltern noch sehr lange erhalten, damit ich ihnen noch sehr viele Freuden geben kann. Es machte mich glücklich und zufrieden, es überlebt zu haben, aber auch ein wenig traurig, daß ich meine Familie früher so enttäuscht habe. Es war mir nie richtig bewußt geworden, welches Leid sie durch mich ertragen haben, weil ich ja immer nur an mich und meine Vorteile gedacht hatte.

Trotz meiner Trauer über meine Vergangenheit überwiegt heute Freude in mir.

Ich bin wieder wer.

Ich bin wieder da.

Mit mir ist wieder richtig zu rechnen.

Ich bin wieder glaubwürdig und strebe die Anständigkeit an.

Ich bin wieder ein Mensch.

Ich verhalte mich wieder menschlich.

Somit habe ich meiner ganzen Familie bewiesen, daß ich kein hoffnungsloser Fall bin zu dem ich jahrelang, auch von Therapeuten, abgestempelt wurde.

Ich durfte allen das Gegenteil beweisen.

Meinen Chefs, die auch an mich glaubten und mir vertrauten, sage ich auf diesem Wege nochmals meinen recht herzlichen Dank. Danke für Ihre Geduld mit mir und danke, daß Sie das Wagnis eingegangen sind, mir trotz meines chaotischen Vorlebens eine echte Chance gegeben haben, in das geregelte Berufsleben zurückzukehren!

Dank meines großen Lebenswillens darf ich wieder genießen oder zum ersten Mal in meinem Leben richtig bewußt an den Höhen = Freuden und Tiefen = Schmerzen teilnehmen. Gelernt habe ich, daß ein bewußt geführtes Leben nicht nur Vorteile hat.

Jetzt zum weiteren Gespräch mit meiner Mutter, nachdem sie meine neue Wohnung gesehen hat. Eine Therapiezeit von sechs Jahren liegt jetzt hinter mir, und einige Zeit liegt sicherlich noch vor mir. Sicherheiten kann man nie genug haben.

Als Sprachrohr meiner gesamten Familie erwähnte meine Mutter besonders:

Sie sei so glücklich über meine neue Wohnung,

über meine geschmacklich gute Einrichtung,

über den herrlichen Ausblick,

über die ruhige Lage,

über die netten Vermieter, die mir spontan eine ihrer Wohnungen gaben,

über mein neues Leben,
über meine Tatkraft, die sie mir nicht zugetraut hätte,
über meine jetzige Zuverlässigkeit usw.
Sie war so begeistert, daß es mich schon wieder beschämte. Wie Sie erkennen
können, war meine Mutter keinesfalls sprachlos! Das bringt sicherlich das lang-
jährige Berufsleben so mit sich.
Ich habe zwei verheiratete Brüder, eine Nichte und einen Neffen. Alle stimmten
sie meiner Mutter zu und bewunderten, daß aus mir wieder etwas geworden ist.
Sie sparten nicht an Lob. Diese vielen Lobe waren gut für mich, ich konnte sie
auch gut aushalten. Dank meiner doch sehr langen Lernzeit.
Meine neue Ordnung und Sauberkeit möchte ich gesondert erwähnen, denn das
waren sie von mir gar nicht gewohnt.
Drei Stunden war meine Großfamilie bei mir. Keiner hat sich gelangweilt. Alle
waren des Lobes voll für meine Leistungen und für meinen neuen Weg. Ich hielt
dieser Freude stand. Ich hatte ja inzwischen langsam mein Freudenkonto aufgefüllt, außerdem dachte ich mir, daß ich mir diese Freude verdient hätte.
Nach sechs Jahren endlich habe ich der Familie die Früchte meiner Arbeit zeigen
dürfen, es machte mich zufrieden. Mit dieser Zufriedenheit begnügte ich mich
erst einmal.

*Jahresrückblick oder meine Erkenntnisse in 1996, so bezeichne ich einmal das
weitere Geschehen, das ich Ihnen in einer Kurzfassung jetzt anbiete.*
Ich fragte mich gerade in diesem Jahr, warum es mir so gut geht.
Ich habe die richtige Beziehungskunde in meiner neuen Lebensschule erlernt.
Ich habe das Richtige in meiner Liebesbeziehung getan.
Ich hatte den Mut, ohne krankmachende Suchtmittel richtig am Leben teilzuneh-
men und Dinge zu tun, die mir früher nur mit irgendeiner Droge möglich
waren.
Ich durfte zum ersten Mal in meinem Leben wahre Liebe zulassen und sie mit al-
len nur denkbaren Höhen und Tiefen erleben und sogar genießen.
Das richtig Genießen-Können liegt im sich richtig Begnügen-Können.
Ich habe mich richtig begnügt und jedesmal im richtigen Moment stop gesagt.
Ein Zuviel kann ich mir nicht mehr erlauben, es wäre mein sicherer Tod.
Ich habe im richtigen Moment von meiner Partnerin losgelassen.
Daß es mir nicht leicht fiel und ich 40 Tage heftig gelitten habe, möchte ich
bei dieser Aufzählung nur erwähnen.
Diese verflossene Liebe, die mir auf die Dauer nicht gut getan hätte, durfte ich
mit Peter besprechen und somit auch richtig bearbeiten. Das Verarbeiten wird si-
cherlich noch einige Zeit in Anspruch nehmen.
Ich habe es nachgeholt, mir in meiner neuen Wohnung eine echte Intimsphäre zu
schaffen, auch fühle ich mich jetzt in ihr zu Hause. Es ist für mich mehr als nur
ein Zuhause geworden, es ist ein Ort, wo ich mich frei und geborgen fühle.
Es ist ein unbeschreiblich schönes Gefühl.

Freunden kann ich jederzeit meine Wohnung zeigen, ohne mich zu schämen. Sogar Weihnachten habe ich mit Freunden erleben dürfen und kein Heimweh verspürt. Keine Trauer wie früher kam auf, weil ich mich geborgen fühlte.

Für 1997 habe ich mir jetzt schon eine entscheidende Sicherheit eingebaut: Bei Peter habe ich noch das ganze Jahr, einmal die Woche, gebucht.

Sicherheiten kann ich nicht genug haben.

Ich kann ihm grenzenlos vertrauen, weil er mir dabei geholfen hat, wieder ein freier Mensch zu werden. Eine erneute Suchtkrankheit oder Abhängigkeit von ihm kann nicht entstehen, da er aufpaßt, daß ich nicht sein Angehöriger werde. Trotzdem glaube ich ihm nicht gleich alles. Kritisch überprüfe ich die mir entgegengebrachten Sichtweisen, so wie er es mir geraten hat. Sind sie mir logisch, probiere ich sie aus. Bisher kann ich nach sechsjähriger Therapiezeit sagen, er hatte in allem recht. Wer kann das schon von einem Menschen behaupten!

Er kann das sicherlich deshalb leisten, weil er sich von mir nichts vormachen läßt, und ich war früher ein sehr guter Schauspieler, nur bei ihm habe ich keine Chance, was auch mein Glück ist. Seine Wahrheiten sind manchmal sehr schmerzlich und unbequem.

Mein Arbeitsplatz scheint sicher, solange ich gute Arbeit leiste. Meine Chefs, die meine Entwicklung kennen, sind mit mir zufrieden.

Meine Planungen für 1997 sind realistisch und realitätsnah.

Urlaub, Freizeitgestaltung, Erholung.

Die Absicherung bei Krankheit oder Unglücksfällen habe ich bedacht.

Meine Konten sind ausgeglichen.

Meine Gesundheit war noch nie so gut wie jetzt.

Vor gefährlichen Krankheiten (Aids) weiß ich mich zu schützen.

Um Vater zu werden, bin ich zu alt.

Mein Leben werde ich jetzt so genießen, ohne mich von meinem Nachholbedürfnis treiben zu lassen.

Angst vor der Zukunft und dem Tod habe ich nicht mehr.

Angst vor meiner Vergangenheit habe ich auch nicht mehr.

Meine Möglichkeiten, zufrieden zu werden, sind mir bekannt, und ich beabsichtige, ohne rücksichtslos zu sein, diese auch für mich zu nutzen.

Ein paar Sätze zu meiner alten Wohnung darf ich anfügen.

Das menschenunwürdige Verhalten meines Hauswirtes, aber auch die Unzumutbarkeiten habe ich abstinent überstanden. Peter spielte häufig Feuerwehr!

Zu meiner alten Wohnung:

Sie mietete ich im Dämmerlicht an und wurde sogleich vom Vermieter unter Druck gesetzt. Er habe 60 Nachmieter und ich müsse mich sofort entscheiden. Da ich dringendst eine eigene Wohnung suchte, sagte ich sofort zu. Die vielen Fragen nach Arbeitsverhältnis, Einkommen, Geschwistern, Freunden und Eltern erspare ich Ihnen. Als er aber hörte, daß meine Eltern selbständig seien und für mich bürgen würden, bekam ich die Wohnung sofort.

Im Hellen betrachtet, war die Wohnung eine Katastrophe; ganz zu schweigen von der Höhe der Miete und dem gestaffelten Mietvertrag, aus dem ich erst nach fünf Jahren wieder herauskam. Die Mängel der Wohnung aufzuzählen, würde Stunden dauern, deshalb begnüge ich mit einigen Angaben:
Daß vollständig renoviert werden mußte, ist klar.
Der Fußboden in der Küche war durchgefault.
Daß ich etwa 300 Tauben mitgemietet hatte, wurde mir beim Einzug bewußt.
Miete zahlten sie nicht, aber sauer waren sie, wenn ich ihren Dreck nicht wegmachte oder sie sogar verscheuchte.
Aus Scham lud ich keine Freunde und auch nicht meine Eltern ein.
Feuchte, stinkende Wände sind keinem zuzumuten!
Aus Scham begann ich wieder zu lügen und zu betrügen.
Als sich mein Therapeut nach einem Jahr des Vertröstens bei mir ankündigte, schuftete ich drei Tage und versprühte Unmengen von Düften. Er hatte selbstverständlich den Braten gerochen und versprach mir, mit Rat und Tat zu helfen; was er dann auch tat. Heute ist seine Schwiegermutter meine Vermieterin.
Mein Hauswirt hatte mich schikaniert, wo er nur konnte. Als ich Nachmieter hatte und diese durch das Haus führen mußte, ob diese Nachmieter den anderen Hausbewohnern auch "recht" seien, verschlug es mir doch die Sprache. Als Suchtkranker habe ich weit unter meinem Niveau gelebt, aber daß ein angeblich "normaler" Mensch zu etwas Derartigem fähig sein könnte, hätte ich niemals für möglich gehalten. Einen Nachtrag möchte ich doch noch loswerden. Der Hauswirt versprach mir, daß ich aus dem Mietvertrag herauskäme, sobald ich einen für ihn geeigneten Nachmieter hätte. Ich hatte Nachmieter gefunden, sie waren auch allen anderen Hausmitbewohnern recht: Ich kam aber trotzdem nicht aus dem fünf Jahre dauernden Vertrag heraus. So bürge ich heute noch mit meiner Mietsicherheit für Schäden, die meine Nachmieter anrichten könnten.
Damit beende ich schnellstens das unrühmliche Kapitel!
Gute Gedanken haben mir über die schwere Zeit geholfen.
Ich habe schon so viel geleistet, also werde ich auch das leisten.
"Wenn du denkst, es geht nicht mehr, kommt von irgendwo ein Lichtlein her."
Der Glaube an Gott oder eine höhere Macht sagt mir: "Für irgendetwas wird dieses Leiden gut sein." Umsonst werde ich die mir mitgegebene Kraft nicht haben. Ich muß nur lernen, richtig mit ihr umzugehen. Ich werde lernen.
Mein Lebensbuch ist vorgeschrieben!
Ich kann im Erwachsenenalter mein Lebensbuch noch einmal umschreiben. Dazu habe ich mein TB mit den drei Ich-Formen, die wiederum Phantasie und Kreativität haben. Bin ich träge, nutze ich mein mir mitgegebenes TB nicht richtig, vertue mein Leben und arbeite nicht richtig an meinem Auftrag, das Beste aus meinen Leben zu machen. Mache ich das Beste aus meinem Leben, so wie mir die Möglichkeiten gegeben werden, erreiche ich nicht nur die Zufriedenheit, sondern habe

vernünftigerweise mitgeholfen, meine Seele weiterzuentwickeln. So ist es möglich, die Vorgaben für mein Leben zu verbessern und mein Lebensbuch umzuschreiben!

Wenn ich mich gut aushalten kann, brauche ich nicht rückfällig zu werden, kann eine Partnerin nehmen, verspüre in mir keinen Druck, der mich zu Ersatzhandlungen verführen könnte, und zwar solchen, die für mich schädlich sind und die dann meinen frühzeitigen Tod bedeuten würden. Verständigungsschwierigkeiten habe ich heute nur noch wenig, weil ich jetzt mich, das Leben und andere Menschen besser verstehen und lieben gelernt habe.

Fazit:

Wenn ich etwas richtig verstanden und getan habe, sind es Originalhandlungen, und mein Anlehnungsbedürfnis ist auch befriedigt worden. Was ist mein Anlehnungsbedürfnis? Warum mußte ich diesem Zwang bisher immer falsch, für mich zum Schaden, nachgeben?

Die Seele, so auch meine Seele, sucht nach Nähe, Wärme, Anerkennung, Liebe, Harmonie, Geborgenheit, Verstehen und, wie sie sich selbst verwirklichen kann. Daß dieser Drang hauptsächlich mein seelisches Bedürfnis ist, ist mir heute klar. Es ist somit ein Zusammenschluß von Bedürfnissen, deren Verwirklichung und meiner Phantasie und Kreativität.

Wärme und Nähe hat nicht nur die Seele gerne, sondern auch der Körper.

Wie gut ist es für uns, wenn uns ein geliebter Mensch in den Arm nimmt, einfach nur festhält oder ein wenig streichelt.

Somit ist das Anlehnungsbedürfnis kein Grundbedürfnis, aber ein Bedürfnis, das wir gerne haben und das uns zufrieden macht. Wie gerne lehne ich mich an!

Liebesbeziehung, 1996

Schilderung meiner einmaligen Liebesbeziehung von 1996, wobei ich zum ersten Mal seit 46 Jahren meine Herzensliebe offen und ehrlich zulassen konnte.

Früher waren es Liebeleien oder Zweckgemeinschaften ohne große Herzensbeteiligung. Ich war dazu einfach nicht fähig. Meine Suchtkrankheiten waren stärker. Dann änderte sich mein Leben.

Seelische und körperliche Liebe zu einer 20jährigen Frau verschafften mir ein unbeschreibliches Gefühl. Ich war nicht mehr allein, ich fühlte mich geborgen und wußte nicht, was mit mir geschah. Lange Zeit konnte ich ehrlich und überzeugend aus ganzem Herzen die mir entgegengebrachte Liebe erwidern und habe das mir Entgegengebrachte dankbar annehmen können.

Meine Freundin kommt aus Rußland. Es erwies sich als große Hürde, daß sie auch noch suchtkrank war, wie ich später mit Erschrecken feststellte.

Lange Zeit der Entbehrungen lagen hinter mir, und außerdem machte mich die Liebe blind. So blind, daß ich viele Zeichen zwar gesehen habe, aber sie ignorierte. Ich wollte mir diese lebensnotwendige Liebe gönnen, wenigstens einmal im Leben. Damit habe ich mir auch eine wohltuende Vergangenheit geschaffen.

Sie hatte die deutsche Staatsangehörigkeit und viele Probleme. Ich half, wo ich nur konnte. Daß ich mich dabei völlig vernachlässigte, ignorierte ich soweit, bis ich nicht mehr weiter wußte. Mein Therapeut Peter sagte: "Jetzt ist es genug, sonst wirst du rückfällig und verlierst alles, was du dir in den letzten Jahren erarbeitet hast." Leider mußte ich ihm recht geben. Meine große Liebe brachte mich wissentlich in Lebensgefahr:

Sie trank Alkohol in meiner Gegenwart, weil sie meinte, ihre russische Mentalität müsse dieses haben.

Sie traf sich wieder mit ihrem Ex-Mann und trank mit ihm.

Als wir im Urlaub waren, ging sie eine Nacht weg, kam angetrunken wieder.

Ihr fast drei Jahre altes Kind vernachlässigte sie.

Auch von ihren Großeltern ließ sie sich nichts sagen.

Daß sie auch suchtkrank ist, ist mir bewußt, aber ich kann ihr nicht helfen, und so, wie sie sagte, braucht sie auch keine Hilfe.

Und das passiert mir alles im Jahre 1996! Ist es eine Prüfung? Wofür war das alles wieder notwendig? Für die 122 Tage mit ihr bin ich trotzdem sehr dankbar. Wahrscheinlich ist es auch ein Preis, den ich für meine vielen Suchtkrankheiten zu zahlen habe. Mein Leben geht mit Sicherheit weiter.

Einige meiner Erkenntnisse, was mir am meisten geholfen hat:

- Daß mich meine Eltern nicht in Stich gelassen haben.
- Daß meine Eltern losgelassen haben, so daß ich gezwungen war, mich um meine Suchtkrankheiten zu kümmern. (Sie hatten mich aufgegeben.)
- Daß ich die richtige Therapie für meine Suchtkrankheiten gefunden habe.
- Daß ich genügsam und dankbar werden durfte.
- Daß ich erkennen durfte "Ich bin sk, brauche Hilfe und lasse Hilfe zu."

Am 6.3.1997 wurde ich mitten in der Nacht wach, weil mir Erkenntnisse kamen, die ich in den letzten Monaten schon gelebt habe. Ich mußte sie gleich aufschreiben. Diese Erkenntnisse möchte ich Ihnen auch nicht vorenthalten.

1.) Der Jahreszeit entsprechend, habe ich gelernt, daß sich mein Körper umstellt. Also muß ich, als schwerstgeschädigter Sk, dem Körper einige Dinge zuführen, die er sich aus der Nahrung nicht in ausreichendem Maße holen kann. Berater dabei war wieder einmal Peter. Und siehe da, ich fühlte mich sofort wohler, kräftiger und arbeitsfähiger. Einige bedeutsame Vitamine, Magnesium, roter Ginseng, eine noch ausgewogenere Ernährung, genügend Schlaf, und schon überstehe ich den Herbst und das Frühjahr besser.

2.) Jetzt ist es auch mein Wissen, daß ich zu meinem biologischen Alter den Schädigungsgrad in Jahren dazurechnen muß. Das ist eine weitere, für mich logische Erklärung dafür, warum ich mich zeitweise wie ein alter Mann fühle.

Mit diesem Wissen, daß ich bei mir 10 - 15 Jahre hinzurechnen muß, geht es mir gut. Damit kann ich jetzt zufrieden leben. Ich hoffe nur, daß meine Chefs trotzdem auch weiterhin mit mir zufrieden sind.

3.) Wenn ich weiterhin ein abstinentes Leben gegenüber meinen mich krankmachenden Suchtmitteln führe, kann ich gut und gerne noch 30 oder 40 Jahre leben. Dieses bewußte Leben, das jetzt mein neuer Lebensinhalt ist, habe ich nicht vor aufzugeben. Also stehen meine Chancen gut.

4.) Klar und deutlich ist mir auch geworden, daß ich ja Energiesparer geworden bin. Es hat lange gedauert, bis diese Informationen mein "Wissen" geworden sind. Bei mir dauert fast alles etwas länger als bei anderen Menschen, aber das stört mich nicht, denn die Freude über mein neues Leben läßt ein Beneiden anderer nicht zu. Ich habe genügend mit mir selbst zu tun. Auch das ist eine Freude für mich.

5.) Peter wollte ich es erst nicht glauben, daß bei einem schwerstgeschädigten Sk alle fünf bis sechs Jahre sich in Körper oder Seele oder beidem ein Zustand eintritt, der lebensbedrohlich sein kann.

Heute, nachdem ich das letzte Jahr am Rande des Selbstmordes war, glaube ich ihm nicht nur, sondern es ist für mich bittere Realität geworden. Somit ist es jetzt mein Wissen, und auch dagegen werde ich mir Sicherheiten einbauen. Die werden eventuell so aussehen, daß wenn Schmerzen bei mir auftauchen, sei es körperlich oder seelisch, ich mich eher als bisher um Lösungsmöglichkeiten bemühe. *Falscher Stolz kann mich mein Leben kosten!*

6.) Den Hinweis von Peter nehme ich ernst, daß die Schwierigkeiten, in die ich geraten kann, immer anders aussehen, so daß ich mich an dem "letzten Mal" nicht orientieren kann. Deshalb muß ich weiterhin ein bewußtes, wachsames Leben führen, damit mir der Symptomkomplex, der für mich eine Gefahr bedeuten könnte, eher als bisher auffällt. Da ich mich jetzt liebhabe, fällt mir dies auch nicht schwer.

7.) Jetzt habe ich auch begriffen, daß ich als Suchtkranker ein Denken und eine Sprache hatte, die nur mit "Um-sieben Ecken-Denken" richtig zu bezeichnen ist, also Suchtkrankendenken. In meiner Therapie habe ich die "zweite Sprache" erlernt. Das Vereinfachen, das Versimpeln, Lateinisches im Deutschen zu verstehen. Dadurch wurde mir vieles klar und eindeutig, so daß ich es annehmen konnte. Auch haben mir einfache Vergleiche sehr geholfen.

Heute ist mir ganz bewußt geworden, daß ich daraus meine neue Umgangssprache entwickelt habe und diese wie selbstverständlich spreche. Somit habe ich, außer Fremdsprachen, noch drei weitere Sprachen zur Verfügung, die mir sicherlich helfen, auch weiterhin verstehend und ordentlich durch das Leben zu kommen.

Ich bin froh, daß ich diese Erkenntnisse noch weitergeben darf.

Daß ich unter Peters Patienten kein Einzelfall bin, habe ich in den vergangenen acht Jahren, die ich ihn kenne, gelernt, denn ich durfte auch an sehr vielen Gruppenabenden und Einzelgesprächen mit ihm teilnehmen.

Lassen Sie mich zum Abschluß noch eine bedeutsame Begebenheit schildern.

Nach Jahren traf ich Klaus, einen ehemaligen Patienten von Peter, wieder, der seine Therapie als erfolgreich schilderte.

Er ist auch ein abstinent lebender Suchtkranker, der seine Suchtkrankheiten zum Stillstand gebracht hat. Darunter auch seine Ersterkrankung, die Hörigkeit.

Ich stellte ihm die Frage: Warum bist du nicht wieder rückfällig geworden?

Seine spontanen Antworten verblüfften mich so sehr, daß ich sie Ihnen nicht vorenthalten möchte.

- Weil ich leben will.

- Weil ich in diesem Leben nicht mehr heimatlos und ohne ein Zuhause zu haben sein möchte. Ich bin jetzt in mir zu Hause. Deshalb kann ich auch gleichviel wohin auf dieser Welt gehen, ohne das Gefühl der Heimatlosigkeit zu haben. Bin ich in mir zu Hause, ist das auch meine Heimat.

- Weil ich mein jetziges Leben, abstinent von meinen früheren Suchtmitteln, lieben und schätzen gelernt habe.

- Weil ich wieder glaubwürdig geworden bin.

- Weil ich die richtige Aufklärung über mich bekommen habe. Wissen ist Macht, und diese Macht ist meine Sicherheit.

- Weil ich verstehen gelernt habe.

- Weil ich nur noch wenige Ersatzhandlungen begehen muß (Kompromisse).

- Weil ich mir gefährlich werdenden Suchtmitteln aus dem Wege gehe.

- Weil ich noch viele Wünsche im Leben habe, die ich mir jetzt erfüllen kann.

- Weil ich die Haßliebe in mir erkannt und ausgeräumt habe und ich jetzt Dinge liebhaben kann, die mir früher egal waren. Der Haß ist aus mir heraus, dafür ist um so mehr Liebe in mir, die ich gerne weitergeben möchte.

- Weil die Blindheit für das Leben von mir abgefallen ist.

- Weil ich mit vielen Gesetzmäßigkeiten anders umgehe. Ich verstehe sie besser.

- Weil ich jetzt Gewinner geworden bin und dies nicht wieder hergebe.

- Weil ich denke, der Natur ein Schnippchen geschlagen zu haben, denn ich habe noch einmal mein Lebensbuch umschreiben dürfen.

- Weil ich viele Sicherheiten habe, die ich auch einhalte.

- Weil ich anders logisch denken gelernt habe. Dadurch erkenne ich Gefahren viel eher.

- Weil ich Menschen gesehen habe, die es nicht geschafft haben und krepiert sind.

- Weil es Zeit ist, anderen Menschen ordentlich vorzuleben, Wissen weiterzugeben und ihnen zu helfen, wenn sie es wollen, auch erwachsen zu werden.

- Um mitzuhelfen, Forschern und Wissenschaftlern die richtige Richtung zu zeigen, wie sie eine Suchtkrankheit in ihren wirklichen Grundzügen verstehen können. *Das sind wir unseren nachfolgenden Generationen schuldig.*

- *Um Politikern zu sagen, haltet an, geht einen anderen Weg!* Leider konnte ich in dieser Richtung bisher nichts bewirken.

- Um überhaupt der Öffentlichkeit zu zeigen, daß es sich lohnt, ein bewußtes Leben zu führen. Auch da bin ich bisher nur abgewiesen worden.

- Um Mißgönnern oder Neidern zu zeigen, daß es mich doch noch gibt. *Totgesagte leben meistens länger.*

- Weil mir meine Selbstheilungskräfte gefallen und sehr gut tun. So komme ich besser über die Jahreszeiten.

- Weil ich meine neue Ordnung und Sauberkeit liebgewonnen habe.

- Weil ich heute alle meine Grundbedürfnisse und sonstigen Bedürfnisse zu meiner Zufriedenheit erfüllen kann.
- Damit ich es in meinem nächsten Leben einfacher habe. Denn ich glaube an eine Wiedergeburt und an ein Leben danach.

Das sind erst einmal meine spontanen Antworten, aber ich kann noch viele Vorteile aufzählen, warum ich bisher nicht rückfällig geworden bin. Denn gelernt habe ich in meiner Therapie viel. Heute lebe ich sie.

Diesen Freund konnte ich gut verstehen, war aber trotzdem sehr erstaunt darüber, daß er so vieles spontan aufzählen konnte.
Von Peter hörte ich, daß dies kein Einzelfall ist, sondern viele, die ihn anrufen und er sie befragt, so ähnlich antworten.
Das heißt für mich: Ich muß noch einiges lernen, bis ich es auch so leben kann.
Einige Fragen, die mir, dem Patienten O, nach dieser Begegnung einfielen.
Es sind aber auch Fragen, die mir schon während meines Therapieverlaufes gekommen sind.
- Was ist los in unserer hochtechnisierten Welt?
- Warum begreifen die Menschen, die über eine hochqualifizierte Ausbildung verfügen, nicht, richtig zu denken und zu handeln in bezug auf Krankheiten, die aus der Hörigkeit entstehen?
- Warum wehren sich immer noch Menschen gegen Suchtkrankheiten? Sie existieren.
- Warum wehren sich immer noch Menschen gegen unsere Seele? Sie ist da.
- Warum haben Suchtkrankheiten immer noch den Makel der Anstößigkeit, so daß man als Mensch dritter Klasse behandelt wird? Sobald ich sage, daß ich trockener Alkoholiker und Suchtkranker war, der 10 Suchtkrankheiten zum Stillstand gebracht hat, ändert sich das Verhalten meiner Gesprächspartner.
Mir ist inzwischen klar geworden, daß Ärzte und Psychologen in ihrer Ausbildung in dieser Hinsicht falsch geschult werden. Sie erlernten auch eine falschverstandene Distanz und lassen eine gewisse Nähe nicht zu. Deshalb haben sie auch kein richtiges Verständnis für diese Krankheit.
Ich kann verstehen, daß sie Schwierigkeiten mit dem "Um-sieben-Ecken-Denken" eines Suchtkranken haben. Aber ich habe kein Verständnis dafür, daß viele eine Hochnäsigkeit an den Tag legen und auf mich den Eindruck machen, daß sie es nicht nötig hätten hinzuzulernen.
Somit kann das Verständnis für die Krankheit "Sucht" und dessen katastrophale Auswirkungen auf Seele und Körper der Betroffenen, der Angehörigen, der Kommunen, Länder und schließlich der ganzen Welt nicht dasein.
- Warum machen sie vor diesen Auswirkungen als Folgeschäden die Augen zu?
- Was ist mit den Forschern los? Sind sie blind?
- Ist diese Krankheit mit solch einem großen volkswirtschaftlichen Schaden so uninteressant, oder ist daran nicht viel zu verdienen?

Oder ist daran mehr zu verdienen, wenn es weiterhin so große Rückfallquoten gibt? Ich glaube, das trifft eher zu.

Es wird hochkompliziert in alle Richtungen geforscht. Doch bei einer der bedeutsamsten Krankheit, die ihren Ursprung in der Seele hat, wehren sie sich gegen neue fortschrittliche, hilfreiche Grundüberlegungen, Theorien, die sich praktisch bewährt haben, wie diese Krankheit entsteht. Es ist seit langem bekannt.

Sucht ist normal, Abhängigkeit ist normal.

- Warum will das kaum einer der angeblichen Fachleute für Seelenkrankheiten begreifen?

Wie funktioniert meine Seele, woraus besteht sie? Darüber geben sie keine Auskunft. Was hat das in dem Zusammenhang mit dem Körper auf sich?

Auch diese Verbindung sollte klarer werden, damit hohe Kosten an der richtigen Stelle eingespart werden können.

Wie funktioniert das Zusammenspiel zwischen Körper und Seele wirklich?

Wie schützen wir uns und die nachfolgenden Generationen?

Das alles ist schon lange Zeit kein Geheimnis mehr.

Das Neu-Verstehen der Seele kann jeder erlernen.

Warum werden solche logischen, hilfreichen Überlegungen von der immer neugierigen Presse oder dem Fernsehen nicht entsprechend gewürdigt?

Warum sagen Verlage, daß es ihnen "zu heiß" oder zu gewagt sei?

Ich frage mich weiter, ob ich es noch erleben darf, daß Politiker sehend werden.

Denn den volkswirtschaftlichen Schaden trägt die Allgemeinheit.

Ich frage mich, wann sie endlich aus dem Geschäft der Suchtkrankheit aussteigen wollen und ein wenig mehr Menschlichkeit praktiziert wird.

Tatsache ist, daß Suchtkranke selbst die Anonymen Alkoholiker gegründet haben.

Bill und Bob waren die ersten in diesem Jahrhundert, die sich daran machten, diese unheimliche Krankheit zu ergründen, weil Ärzte dem Phänomen hilflos gegenüberstanden. Sie kamen auf die richtige Idee und schlossen sich zusammen. So halfen sie sich selbst gegenseitig durch ihren Erfahrungsaustausch. Antrieb waren ihre Schmerzen an Körper und Seele, die sie während ihrer Saufzeit und während ihrer Abstinenz erlebten.

Gerade die Hilflosigkeit der Ärzte spornte sie an, etwas für sich zu tun.

Dann kam, nach meinen Informationen, Prof. Jellinek, der sich um die Suchtkrankheit kümmerte und sie sichtete und unterteilte. Dieser ungarische Tscheche machte sich sehr viele Verdienste bei der Behandlung Suchtkranker.

Aber das war vor über 50 Jahren und ist längst überholt.

Auch die neuen Überlegungen zur Suchtkrankheit müssen immer wieder der Zeit angepaßt werden.

Die Zeit hat sich geändert, die Fortschritte haben sich geändert, die Erziehung hat sich geändert, die Menschen haben sich verändert. Sie haben heute ganz andere Ansprüche an das Leben als damals.

Und dann tauchte für mich Peter Pakert als trockener Alkoholiker auf und, so wie er mir sagte, gab er keine Ruhe in seinem Forschungsdrang. Seine 20jährige Forschungsarbeit über die Ergründung und Funktionsweise unserer Seele paßt nach meiner Meinung in unsere heutige Zeit. Mit diesen Überlegungen können die Suchtkrankheiten zum Stillstand gebracht werden, und dadurch erhalten auch diese Menschen die ihnen zustehende innere Freiheit.

Ich, der Patient O, sowie viele meiner Freunde durften erleben, wie rücksichtslos der Apparat des Suchtkrankengeschäfts über Leben und Tod entscheidet.

Das muß aufhören.

Ich wünsche mir von ganzem Herzen, daß dieser Krieg aufhört, daß die Verantwortlichen bereit sind, Neues hinzunehmen.

Es darf in Zukunft keine negativen Kompromisse in der Suchtkrankenbehandlung mehr geben, sondern ehrliche, anständige Hilfe. Darauf hat der Kranke ein Recht. Dieses Recht wird ihm von Seiten der Rentenversicherungsträger und der Politiker streitig gemacht, weil sie über den Therapieverlauf bestimmen.

Das bedeutet, die Behandler müssen wieder auf die Schulbank.

Das bedeutet auch, daß alle Verantwortlichen neu hinzulernen müssen.

Wir haben eine Seele, die schon im Vorfeld der Erziehung therapiert werden muß, und die Therapie von Peter, der hauptsächlich die Seele berücksichtigt, hat schon vielen tausend Patienten geholfen, ein wirklich neues, freies, menschenwürdiges Leben zu führen.

Falls der Autor dieses Buches dies öffentlich macht, legt er sich mit einer Lobby an, die weltweit mächtig ist. So wie er mir sagt, ist ihm das bewußt.

Aber auch dem Verlag, der so mutig ist, dieses brisante Thema aufzugreifen und zu publizieren, sollte es bewußt sein.

Früher hätte solch ein revolutionäres Wissen die Kirche fast ausgelöscht. Heute brauchen wir die Unterstützung der Kirche.

Zu Peters erstem Buch "Die Goldwaage I", welches er dem Papst schickte, hat der Papst Peter Gottes treuen Schutz und Beistand gewünscht. Umseitig füge ich als Beweis sein Schreiben bei.

In der Hoffnung, einige Leser nachdenklich gemacht zu haben, verbleibe ich als *Ihr Patient 'O'. Übrigens heiße ich Horst Grummt.*

Sehr geehrter Herr Pakert,

gern bestätige ich Ihnen den Empfang Ihres werten Schreibens vom 04.01.1996.

Zugleich darf ich Ihnen freundlich mitteilen, daß der Heilige Vater für dieses Zeichen der Wertschätzung und Verbundenheit sowie für die guten Wünsche und die aufmerksame Buchgabe aufrichtig dankt.

Von Herzen erbittet Seine Heiligkeit Ihnen und allen, die Ihnen nahestehen, für den weiteren Lebensweg Gottes treuen Schutz und Beistand.

Mit besten Wünschen und freundlichen Grüßen

(Mons. L. Sandri, Assessor)

Herrn
Klaus-Peter Pakert
Tulpenstr. 15
D-30169 Hannover

Eine noch neue Patientin kommt zu Wort

Auch bei mir, der noch ziemlich neuen Patientin von Peter, sind zwei Ich-Formen erkrankt. Das Ki-Ich und das Elt-Ich. Also stehe ich am Anfang eines langen Lernprozesses. Nach zwei erfolglosen Therapien werde ich ständig rückfällig. Meine Hoffnung ist jetzt Peter.

Ich bin gestern wieder rückfällig geworden und Peter sagte mir kurz, genau und eindringlich warum.

1) Weil mein Freudenkonto vollkommen leer ist. Genaueres dazu folgt später.

2) Weil es mir zu gut ging. Und diesen Druck, der durch Freude in mir entstanden ist, konnte und wollte ich nicht aushalten.

3) Deshalb war das Trinken eine für mich vorübergehend erleichternde Ersatzhandlung.

4) Gleichzeitig waren alle meine anderen drei Suchtkrankheiten wieder da, einschließlich des Suchtmittels. (Hörigkeit, die Liebe zum Suchtmittel und die Beziehung.)

5) Die Hauptursache waren aber meine Verständigungsschwierigkeiten. Ich habe vieles nicht richtig verstanden, was mit mir passierte, ich habe meine Gefühle nicht verstanden und nicht richtig gedeutet. Ich habe auch nicht verstanden, daß ich diese freudigen Gefühle aushalten muß, um mein Freudenkonto wieder aufzufüllen. Also muß ich lernen, freudige Informationen zurückzuhalten und sie nicht gleich zu teilen, das heißt an andere weiterzugeben.
Ich habe mich nicht verstanden.

6) Weil ich mal wieder nicht lieb und ehrlich mit mir umgegangen bin. Ich bin nicht wie ein Freund, sondern wie ein Feind mit mir umgegangen.

7) Weil ich mich für meine schönen Gefühle, die ich nicht verstanden habe, bestrafen wollte. Das heißt, ich wollte mir wehtun. Damit ich das Gefühl habe, ich lebe, damit ich das Gefühl habe, etwas getan zu haben, um nicht ganz hilflos zu sein (Ersatzhandlung). Denn die Freude, mit der ich nicht umgehen konnte, hat mich sowohl blockiert, als auch hilflos gemacht. So muß bei mir die Hilflosigkeit umgewandelt werden in Unsicherheiten. An diese kann ich mich gewöhnen, weil sie mich in irgendeiner Form immer begleiten werden.

Da ich das oben Erwähnte und vieles mehr nicht richtig verstanden habe, nicht richtig einzuordnen wußte, mußte ich wieder zur Erleichterung trinken.
Außerdem war mir nicht bewußt, daß ich nur "Trinkpausen" eingelegt hatte, denn vor dem Alkohol habe ich noch nicht richtig kapituliert.
Erst wenn ich demgegenüber aufgegeben habe, wird mir ein richtiger Genesungsweg möglich sein. Diesen Feind darf ich, egal in welcher Form, nicht mehr in meinen Körper gelangen lassen.
Somit muß ich lernen, mein Freund zu werden und den Feind Alkohol auf Distanz zu halten.

Suchtkranke werden am Anfang ihrer ambulanten Therapie häufig nochmals rückfällig.

Peter beruhigte mich wegen meines Rückfalls. Er sagte:
"Du allein entscheidest dich irgendwann für immer gegen den Alkohol."
Alkoholiker werden bis zu viermal und mehr bei einer ambulanten Therapie rückfällig, weil jeder zu einem anderen Zeitpunkt und aus anderen Gründen seine Therapie anfängt. Jeder muß erst für sich genügend negative Erfahrungen mit seinem Suchtmittel gemacht haben und in seiner persönlichen Gosse liegen.
Drogenabhängige werden bis zu sechsmal rückfällig.
Freß- oder Magersüchtige noch häufiger. Bei Hörigkeitskranken dauert es sehr lange, bis sie ihre Normalität, ihr normales Maß erlernt haben.
Weil sie alle Zeit und Informationen brauchen, um vor ihrer Droge zu kapitulieren. Dazu gehört ein ordentlicher Abschied, den die meisten Patienten erst noch feiern müssen. Erst dann können sie sagen: So, das war es. Jetzt fange ich ein neues Leben an. Zu den ersten drei Einsichten kann ich jetzt ehrlich ja sagen:
1.) So geht es nicht weiter.
2.) Ich schaffe es nicht allein.
3.) Ich lasse mir helfen.
Hast du dich richtig verabschiedet, wirst du nicht mehr rückfällig.
Freß- und Magersüchtige müssen erst im Laufe der Zeit ihr richtiges Maß im Essen finden. Entgleisungen, Übertreibungen sind im ersten Halbjahr als normal anzusehen. Die Waage als ihr ständiger Begleiter ist ein falscher Begleiter.
Die Hauptsache ist, man hat seinen richtigen Therapeuten gefunden, wobei man die Hoffnung haben kann: Mit dem schaffe ich es, dem vertraue ich.
Genauere und ausführlichere Informationen dazu werde ich noch in meiner weiteren Therapie bekommen, sagte mir Peter.
Er ging aber heute schon auf mein leeres Freudenkonto ein.

Eine Kurzfassung zum Thema Freudenkonto
Mein Freudenkonto ist leer.
Wie fülle ich es wieder richtig auf?
1.) Indem ich freudige Informationen zurückhalte.
2.) Indem ich große Freude als Informationen zurückhalte.
3.) Falls der Druck in mir zu groß wird, schreibe ich diese Informationen auf oder bespreche ein Tonband, wenn ich keinen geeigneten Partner habe, der mich versteht, so daß ich sicher bin, daß mir diese Informationen nicht verlorengehen.
4.) Ich kann diese Informationen, die mir Druck bereiten, mit einem liebenden, verstehenden Partner oder Freund teilen, denn ich bekomme mit Sicherheit auch von ihm ein wenig Freude zurück.
5.) Indem ich aber auch ängstliche Informationen zurückhalte. Schlicht gesagt, ich muß lernen mich auszuhalten, so zu ertragen, wie ich bin. "Ja" zu mir und meinen Gefühlen sagen lernen.

Geteiltes Leid ist halbes Leid, sagen wir, das funktioniert genauso bei der Freude. Teile ich Freude wieder zu früh, bleibt zu wenig für mich.

Halte ich Informationen zurück oder teile sie mir selbst schriftlich mit, fülle ich mein Freudenkonto auf, stärke mein Selbstbewußtsein, gehe vernünftig, richtig und gesund mit mir um.

Dadurch erhalte ich auch eine neue Wertschätzung. Später eine neue Bewertung. Dadurch ändern sich aber auch meine Gefühle. Dadurch schule ich auch mein Unterbewußtsein neu. Dadurch empfindet mein Körper neu.

Dieses kann aber nur mein Erw-Ich in meinem TB richtig erreichen.
Mein Ki-Ich würde weiter spielen. Mein Elt-Ich lernt das Genießen neu.

Mein Ki-Ich und mein Elt-Ich sind suchtkrank geworden, und das schon seit etwa 40 Jahren. Mein zuerst wachgewordenes Ki-Ich wollte einfach die Vorherrschaft nicht abgeben. Deshalb hat es das verstehende und falsch hilfsbereite Elt-Ich auf seine Seite gezogen, bis dieses auch krank geworden ist.

Jetzt müssen sich beide gefallen lassen, daß mein Erw-Ich diktatorisch Regie führt und ihnen sagt: "Da geht es lang" oder: "Jetzt dürft ihr spielen oder genießen".

Ein Vergleich der Seele, dem Bewußtsein, mit einem Schiff

Dieser Vergleich fiel mir ein, und ich möchte Ihnen diesen simplen Einfall nicht vorenthalten.

Ich stelle mir einmal vor, das Schiff ist der menschliche Körper: der Chef des Schiffes, das Erw-Ich, ist der Kapitän.

Bei der Seele ist das Tagesbewußtsein der Kapitän, bei mir jetzt das Erw-Ich.

Die Mannschaft ist das UB oder das Ausführungsorgan, also der Helfer des Chefs. Hat die Mannschaft viel mit der ständigen Instandhaltung des Schiffes zu tun, ist sie ausreichend beschäftigt und kann sich um neue Dinge nicht kümmern. Auf das UB umgelegt, heißt es, das UB kümmert sich so sehr um den Körper, daß es dem TB nicht richtig helfen kann, es versorgt das TB nicht richtig mit Informationen und kann auch nicht richtig seine eigenen Speicher sortieren. Auch das neue Lernprogramm macht dem UB zu schaffen. Es bleibt vieles liegen, das uns wiederum Druck und Kopfzerbrechen bereitet. Somit leidet auch der Körper.

Der Kapitän, das Tagesbewußtsein, das Erw-Ich hat seine SK zum Stillstand gebracht, er denkt neu, kreativ und an die neue, realistische Zukunft. Er diszipliniert die anderen Ich-Formen, die Mannschaft, das UB und den Körper neu.

Er gibt ihnen neue Aufträge zur Verbesserung und Verschönerung des Schiffes, so daß die Mannschaft, das UB, jetzt

1.) mit den alten Schäden zu tun hat,

2.) mit den neu auftauchenden Schäden beschäftigt ist,

3.) mit den neuen Anweisungen für die Zukunft beschäftigt ist (Pläne, Wünsche),

4.) bei sich neu aufräumen muß. Denn viele Verhaltensweisen aus der Suchtkrankheit sind jetzt überflüssig geworden.

Wäre die Kapazität des UB nicht so groß (ca. 80%), könnte es die vielfältigen Aufgaben gar nicht zur Zufriedenheit aller beteiligten Persönlichkeiten erledigen. Mit Harmonie und Hoffnung aller Beteiligten ist vieles möglich, auch das neue Leben leben zu lernen.

Eine Zeitlang geht das gut.

Nach fünf bis sechs Jahren ist aber doch noch soviel Altes liegengeblieben, der Körper hat sich soweit regeneriert, wie es ging, die Mannschaft kann sich aber nicht um alle Dinge gleichzeitig kümmern und vernachlässigt daher einige der notwendigen Reparaturarbeiten am Schiff oder in den eigenen Speichern, zunächst unbemerkt vom Kapitän, dem TB.

Die ungereinigten Ecken fangen an zu schimmeln und wollen gereinigt werden.

Sobald aber ein zusätzliches Leck auftaucht, also eine Krankheit des Körpers entsteht oder ein großes seelisches Problem auftaucht oder wie beim Schiff ein Maschinenschaden entsteht, oder es reißen die vernachlässigten Segel, wird der Kapitän, das TB, das Erw-Ich gezwungen, sich wieder genauer mit dem Schiff, dem Körper oder der Mannschaft, dem UB, zu befassen.

Der Schimmel, alte Giftstoffe, die im Körper gehalten wurden, lösen sich zusätzlich, und das UB, die Mannschaft, ist wieder mal überfordert. Eine Grenze zum Rückfall oder ein lebensbedrohlicher Zustand für Körper oder Schiff kann entstehen.

Dieses Phänomen erleben hauptsächlich die schwerstgeschädigten Sk wie ein altes, verrottetes Schiff, das überholt auf neue Fahrt gegangen ist. Nach fünf bis sechs Jahren muß es wieder ins Trockendock; der Sk ins Bett oder in ein Krankenhaus. Hilfe von außen ist wieder notwendig geworden.

Der Kapitän besinnt sich auf das dominante Erwachsenen-Ich und kümmert sich selbst um alle auftauchenden Schäden, bis er sich sicher ist, daß die Mannschaft, das UB und das Schiff, der Körper, wieder in Ordnung sind.

Der Mensch geht zum Arzt oder löst das seelische Problem bewußt, indem er sich neue Informationen verschafft oder alte neu aktiviert. Danach ist der Chef, der Kapitän, wieder zufrieden, weil er das Richtige getan hat, und widmet sich wieder der neuen Lebensqualität, der neuen Freude am Leben, aber auch dem richtigen Genießen des Lebens.

Das Elt-Ich darf wieder genießen. Das Ki-Ich darf in der Intimsphäre wieder spielen. Der Chef darf auch wieder mittel- und langfristig denken und planen. So darf der Kapitän sich wieder ganz den Witterungsbedingungen widmen, oder einem schönen Buch, nachdem er das Trockendock verlassen hat. Also nachdem er von seiner neu aufgetauchten Krankheit genesen ist.

Er darf sich jetzt wieder um neue Ladung, also neue Belastungen, bemühen, telefoniert, plant und macht schriftliche Verträge. Oder der Chef gestaltet die Freizeit neu, weil der Körper neue Bewegungen braucht. Oder die Ernährung wird umgestellt.

Tauchen wieder Krankheiten oder große Probleme auf, beginnt alles von vorne.

Der oberste Chef im TB, das Erw-Ich oder beim Schiff der Kapitän kümmerte sich wieder persönlich, also bewußt richtig um alles selbst, genauso wie vorher beschrieben.

Soweit der einfache Vergleich der Seele mit einem Schiff.

Es würde ein eigener Roman werden, wenn ich so ausführlich, mit ähnlichen Beispielen belegt, über den Willen, das Gefühl und die Aura berichtet hätte. Aber es wäre ohne weiteres möglich.

Jetzt meldet sich Peter wieder zu Wort. Er kann das Folgende besser aus seiner Sicht sagen als ich, und zwar so, wie wir es zuerst in meiner Therapie besprochen haben, damit ich mich besser orientieren kann: wo bin ich, wo stehe ich?

Peter:

Meine Theorie zu Suchtkrankheiten,
die sich über 20 Jahren bewährt hat

Alle Suchtkranken bringen die gleichen Merkmale in irgendeiner Form mit.

Deshalb funktioniert auch ein und dieselbe Therapie mit den Grundlagen der Seele und dem richtigen Verstehen bei jeder seelischen Erkrankung.

Ich bin nicht der Erfinder der Seele. Genausowenig wie der Gitarrenspieler der Erfinder der Gitarre ist.

Ich habe nur eine neue hilfreiche Theorie zur Funktionsweise der Seele kreiert.

Dies sind wiederum meine Grundlagen für eine Therapie bei fast allen seelischen Erkrankungen, wozu auch alle Suchtkrankheiten zählen. Somit habe ich eine neue funktionstüchtige Wahrheit zur Seele gefunden! Mit dieser Wahrheit läßt sich das meiste im Leben erklären. Zusammenhänge werden plötzlich erkennbar, und das Verstehen dafür wird zur Selbstverständlichkeit. Verstehe ich, kann ich vernünftiger, ehrlicher denken und handeln, weil kein Druck in mir entsteht.

Alle Menschen werden suchtstrukturiert, süchtig, abhängig geboren.

Suchtkrankenverhalten ist in unserer Gesellschaft normal.

Sich mal berauschen zu wollen, der Realität vorübergehend zu entfliehen oder einfach nur in einer geselligen Runde mit Alkohol oder Drogen fröhlich sein zu wollen, ist uns ein Bedürfnis, aber kein Grundbedürfnis. Dieses Sk.-Verhalten kann mit dem falschen Maß leicht zur Krankheit werden. Diese Krankheit heißt immer zuerst einmal "Hörigkeit".

Bei jeder SK ist immer die Hörigkeit die Ersterkrankung.

Bei jeder SK ist immer zuerst das Kindheits-Ich erkrankt.

Ursachen jeder SK sind:

a. Verständigungsschwierigkeiten, die zu einem

b. Druck führen, den man nicht aushalten kann.

Deshalb folgen zwangsläufig:

c. Ersatzhandlungen. Manchmal ausgesprochen negativer Art, die man wiederum nicht aushalten kann, weil man sich schämt, also Angst hat.

d. Das Suchtmittel, ob stoffgebunden oder nicht stoffgebunden, kommt irgendwann als vermeintlicher Helfer und Freund hinzu.

e. Die Liebe zum Suchtmittel entsteht!

f. Der Kontakt, die Beziehung zum Suchtmittel wird trainiert.

Die Seele sehe ich in fünf Teilen mit jeweils besonderen Aufgaben.

So funktioniert unsere Seele:

Ausführlich hat es der Patient F beschrieben.

- Wie schon gesagt, ist bei jeder Suchtkrankheit das Ki-Ich zuerst erkrankt.

- Somit muß das Erw-Ich neu geschult werden.

- Somit muß das Elt-Ich neu geschult werden.

- Somit muß das Ki-Ich neu geschult werden.

- Somit muß auch das UB neu geschult werden.

- Somit muß auch der Körper neu geschult werden.

Selbstzerstörungskräfte müssen in Selbstheilungskräfte umgewandelt werden. Neue Verhaltensweisen muß der Körper erlernen, wenn ich zufrieden werden möchte.

Gedanken zur Therapie:

- Jeder sollte lernen, die eigenen Kräfte für sich einzusetzen.

- Zu 80 Prozent kümmere ich mich in der Therapie um die Seele. Denn die Ursache ist in der Psyche zu suchen.

- Jeder Suchtkranke muß lernen im Jetzt, Hier und Heute zu leben. Lebe ich bewußt, wird mir der geplante Rückfall bewußt und ist zu verhindern.

- Die Anamnese, die Vorgeschichte, wird ebenfalls berücksichtigt, aber das Heute mit sich und der Umwelt leben zu lernen, ist das Entscheidende.

- Ich aktiviere durch das richtige Besprechen der Seele die Selbstheilungskräfte. So entsteht eine neue gesunde Ordnung!

- Viele Krankheiten verschwinden dadurch. Seele und Körper regenerieren sich.

- Der Körper regeneriert sich in drei bis fünf Jahren, so gut er kann.

Die Seele fängt sofort mit der Regenerierung an. Der Genesungsweg beginnt mit dem Umdenken und die eigene Glaubwürdigkeit ist wiederhergestellt.

- Medikamente müssen kaum gegeben werden, weil durch ein bewußtes Leben auch die Ernährung und vieles andere umgestellt wird.

- Die Lebensqualität steigt.

- Einem Genießen des Lebens steht nichts mehr im Wege.

Ich öffne durch diese Gespräche mindestens vier Chakren, so daß nicht nur wieder eine Erdverbundenheit entsteht, sondern auch eine Harmonie des Körpers bewirkt wird. Energien können wieder fließen. (Die Chakren-Lehre ist ein sehr altes indisches Wissen.)

Nachdem Peter seine entscheidenden Erkenntnisse schilderte und ich sie auch verstanden habe, stelle ich, als noch neue Patientin, eine mir auf der Seele brennende Frage.

Auch dazu gab mir Peter eine mich erst einmal zufriedenstellende Antwort.

Was ist ein geschäftsmäßiges Denken?

- Das Denken wegen eines Geschäfts.
- Ein Vorteilsdenken.
- Ein Gewinndenken.
- Es ist immer ein dreieckiges Denken.

Im Angstbereich nach meiner erstellten Gefühlskurve zwei und sechs, also Hemmungen und Mut. Im Freudenbereich zwei, also mittlere Freude oder anders ausgedrückt, man macht ein glaubwürdiges freundliches Gesicht und hat Mut genug, um z. B. die Produkte der Firma zu verkaufen.

- Es ist somit
ein unrundes Denken,
ein dreieckiges oder manchmal rechteckiges Denken,
ein ziemlich einseitiges Denken,
ein manchmal rücksichtsloses Denken,
ein auch wiederum manchmal unmenschliches Denken,
ein aber meistens legales Denken,
ein manchmal illegales Denken,
ein Hörigkeitsdenken,
ein krankmachendes Denken,
ein suchtkrank-machendes Denken,
ein falsches Vorteilsdenken.

Bei manchen Menschen ein 24-Stunden-Denken, so daß sie dieses Denken auch im Privatleben haben. Dieses Denken wiederum macht dann auch vor keinem Sonn- oder Feiertag halt.

Wer dieses Denken über Jahre täglich so betreibt, wird mit Sicherheit davon krank, und diese Krankheit heißt Hörigkeit und Hörigkeit ist immer eine Suchtkrankheit.

Große Geschäfte oder Kaufhäuser haben das erkannt und deshalb bei sich ein "Rollsystem" eingeführt, damit ihre Beschäftigten glaubwürdig vor den Kunden bleiben und nicht ihre Maske verlieren, denn sonst ist ihre Glaubwürdigkeit in Gefahr. Aber auch wegen der Begründung, den Betrieb von allen Seiten kennenzulernen. Dann haben sie einen besseren Überblick und die Chance, daß sie nach Beendigung der Arbeitszeit ihre Freizeit besser genießen können.

In der Freizeit muß ein privates Denken den größten Raum einnehmen.

Also ein rundes, harmonisches Denken. Ein berufsmäßiges Denken hat in der Freizeit nichts zu suchen. Nur wer seine Gefühle in seiner Freizeit richtig ausleben kann, wird das Geschäftsdenken über viele Jahre hin gut und glaubwürdig leben können.

Dadurch vermindern sich Krankheiten, also Fehlzeiten, und die Menschen gehen mit Freude zur Arbeit. Wer Arbeit und Freizeit gut trennen kann, der wird ein ruhiger, freundlicher, gesunder, ausgeglichener, zufriedener Mensch.

Zu meinem Rückfall sagte Peter noch etwas, das mir zu denken gab:
Wenn Alkohol wieder in meinen Körper gelangt!
Eine bekannte Reaktion läuft bei jedem abstinent lebenden Menschen gleichermaßen ab, wenn wieder Alkohol in den Körper gelangt.

Gelangt der Alkohol unbewußt in meinen Körper, passiert gar nichts Schreckliches, weil der Chef in mir, die oberste Instanz im TB, das Erw-Ich, nein zum Alkohol sagt. Darauf reagiere ich nicht mit noch mehr Trinken.

Außerdem haben wir ständig ein wenig Alkohol im Körper.

Deshalb ist auch die Leber in der Lage, ADH - Alkoholdehydrogenase zu bilden, um den Alkohol abzubauen. Gelangt Alkohol in meinen Körper, so wird die größtmögliche Menge an ADH gebildet, die jemals innerhalb von 24 Stunden produziert wurde, damit der Mensch nicht stirbt. Denn die Leber kann nicht denken und ist vom Bewußtsein früher vielleicht öfter angeschmiert worden, so daß ein lebensbedrohlicher Zustand oder ein Kater entstanden ist.

Diese große Menge ADH wird entweder durch Alkohol oder im Laufe der Zeit von anderen Enzymen abgebaut oder es geht einfach zugrunde und stirbt ab. Der Chef in meiner Seele sagt nicht nur nein, sondern auch:

Das kenne ich schon.

Das hatte ich schon.

Das muß ich mir nicht noch einmal antun.

Gelangt der Alkohol bewußt in meinen Körper, und ich esse oder trinke beruhigt weiter, wenn ich den Alkohol bemerke, entscheidet sich das Erw-Ich für den weiteren Alkoholkonsum, und ein Rückfall nach einer Trinkpause ist nicht mehr zu verhindern, weil die oberste Instanz in mir dazu ja sagt, denn sie hat das Sagen. Das Erw-Ich zieht sich dann zurück und das Ki-Ich darf wieder spielen.

Ist das so, habe ich noch nicht richtig vor dem Alkohol kapituliert. Wenn Alkohol bewußt in meinen Körper gelangt, dreht sich auch sofort wieder das Suchtkrankenkarussell.

Diese Suchtkrankheit, die Alkoholkrankheit ist auch sofort wieder ausgebrochen. Aber auch alle anderen Suchtkrankheiten sind sofort wieder da, z. B. die Hörigkeit, die Liebe zum Suchtmittel (Haß-Liebe), die Beziehungskunde.

Spreche ich mit einem Freund darüber, veröffentliche ich meinen Rückfallplan, ist mein Plan hinfällig geworden und der Kreislauf wurde dadurch unterbrochen. Ich muß nicht weitertrinken. Das Erw-Ich behält die Oberhand.

Ehrlich fragen muß ich mich aber, habe ich mich wirklich schon vom Alkohol richtig verabschiedet? Wenn ja, warum habe ich dann bewußt weiter gegessen oder getrunken, als ich den Alkohol bemerkte? So decke ich meine Lüge auf.

Warum habe ich eine Flasche Wein aufgemacht und getrunken? Ein ehrlicher Umgang mit sich selbst ist das nicht. Es ist Betrug an mir. Ich belüge mich weiterhin.

Wenn das aber so ist, dann will ich von meinem Freund, dem ich das erzähle, nur vorübergehend eine Erleichterung haben, um nicht weitertrinken zu müssen und um mich wieder aushalten zu können.

Einen Rückfall mit dem Alkohol wird es wieder geben, nachdem die nächste Trinkpause beendet ist. Das kann nach einem halben Jahr oder noch später sein. *Damit muß jetzt Schluß sein! Ich werde in mir aufrichtig.* Besser ist für mich die erste Version. Gesünder ist die erste Version. Das Kapitulieren vor dem Alkohol ist für einen Suchtkranken-Alkoholiker ein "Muß". Aber nur dann, wenn er sich für das Leben entscheidet. Wenn ich nicht weiß, was ich will, muß ich zumindest wissen, was ich nicht mehr will! Sonst wird der Sk weiterkämpfen und seine innere Freiheit nie erreichen. Der Körper ist eine Persönlichkeit. Dieser fordert Nährstoffe beim UB an. Der Körper ist also hungrig, vielleicht auf einen Apfel. Der Körper fordert aber ohne Grund *keinen Alkohol* an! Es sei denn, daß durch den Alkohol, der in den Körper gelangt ist, zuviel ADH gebildet wurde und dieses ADH erst beim UB, später beim TB Alkohol anfordert, damit die große Menge ADH durch den Alkohol abgebaut wird. Dieser Komplex wird in meiner Therapie nochmals genauer besprochen. An dieser Stelle sollte er nur wieder kurz von mir so erwähnt werden, um darauf aufmerksam zu machen, daß unser Körper, diese Persönlichkeit, eine große Macht auf die Seele, auf das Bewußtsein ausüben kann. Hätte ich Peter bloß eher gefunden, dann hätte ich mir die zwei erfolglosen Therapien und einiges Leid, das glaube ich jetzt schon, ersparen können. Diese Hoffnung, die zur Zeit in mir ist, ist unbeschreiblich. Wahrscheinlich bin ich auch gerade wegen dieser großen Freude wieder rückfällig geworden. Also *muß* ich lernen, Freude auszuhalten!

Eine weitere Patientin meldet sich ganz kurz

Ich komme nur kurz zu Wort, kann aber alles auch auf mich beziehen, was Sie in Goldwaage II lesen. Besprochen haben wir schon fast alle Themen.
Mein geistiges Alter als Graphik dargestellt. Ich bin 37 Jahre alt.
Mein Ziel ist es, daß mein biologisches Alter mit meinem geistigen Alter übereinstimmt, ich nicht orientierungslos bin und ich mir jederzeit helfen kann.
Dann bin ich auch zufrieden und innerlich frei.

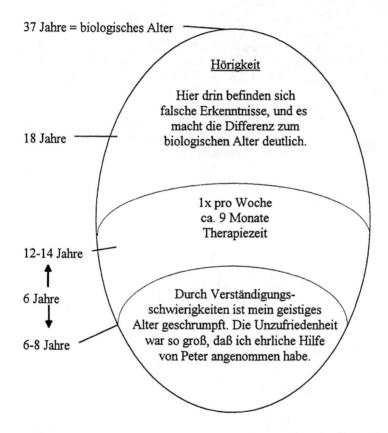

Meine Gesamtgenesungszeit beträgt: 3 bis 5 Jahre. Dann ist mein geistiges Alter wieder mit meinem biologischen Alter identisch.
Dieses Bild von 6 - 8 Jahren ist bei Peter im Kopf während unserer ersten Begegnung entstanden und hat sich durch meine Therapiezeit, wie dargestellt, entwickelt.

424

Erkenntnisse in einer meiner ersten Therapiestunden:
Dieser Prozeß, den ich im Augenblick durchlebe, der teilweise von Antriebslosigkeit, aber auch von großer Hoffnung begleitet ist, heißt
Entscheidungsfindungsprozeß.
Erstens muß ich mein Leben neu ordnen.
Das macht mir Schwierigkeiten.
Zweitens ist mir bewußt, daß ich mit der Vergangenheit aufräumen muß.
Das macht mir Schwierigkeiten.
Drittens muß ich meine berufliche Situation neu ordnen.
Das macht mir Schwierigkeiten.
Viertens muß ich mir in meinen Haushalt, einschließlich meiner Kindererziehung, eine neue Ordnung geben.
Das macht mir Schwierigkeiten.
Was ich nicht so weitermachen darf:
1.) So weitermachen wie bisher.
2.) meine ganze Familie nach den Richtlinien meiner Mutter steuern und lenken.
3.) Mich beruflich so engagieren, daß ich mein dreieckiges, berufsmäßiges Denken nicht auf die Familie übertrage, sondern im Privatleben rund denke.
Warum machen Kinder ihre Schularbeiten freiwillig?
Aus Angst vor Strafe.
Warum halte ich als Autofahrerin bei einer roten Ampel an?
Aus Angst vor Strafe.
Auf diese einfachen Erkenntnisse bin ich leider nicht allein gekommen.
Dazu brauchte ich Hilfe von außen.
Zu lange habe ich falsch gelebt. Jetzt werde ich es ändern. Heute, jetzt fange ich damit an!
In meiner Therapie gibt es viele Höhen und Tiefen. Jede Erkenntnis ist für mich sowohl eine Freude als auch ein wenig Trauer. Freude deshalb, weil ich im Laufe der Zeit erkannt habe, daß ich doch kein hoffnungsloser Fall bin.
Trauer deshalb, weil ich aus vielen Gründen ein schlechtes Gewissen habe.
- So lange im dunkeln gelebt zu haben.
- So lange nach meiner alten Erziehung gelebt zu haben.
- So lange das Genießen-Können versäumt zu haben.
- So lange unzufrieden mit allem gewesen zu sein.
- Warum konnte ich mich nicht von meinen Eltern lösen?
- Warum konnte ich ihre für mich falsche Erziehung nicht abschütteln?
- Warum bin ich suchtkrank geworden?
- Warum mußte ich hörigkeitskrank werden?
- Warum ist mir mein neuer Freund weggelaufen?
- Warum bin ich auf die vielen Erkenntnisse, die ich schon hatte, nicht allein gekommen? *Ich bin doch nicht dumm! Oder doch?*
- Warum habe ich erst so spät Hilfe von außen angenommen?

Diese vielen Fragen begleiten mich leider immer noch, aber es tut nicht mehr ganz so weh wie am Anfang meiner Therapie.

Dabei versuche ich den Anfangsrat, den Peter mir gab, zu befolgen:

"Pack deine Vergangenheit erst einmal in eine große Truhe, mach den Deckel zu und setze dich mit deinem Hinterteil darauf!

Kümmere dich um das Jetzt, Hier und Heute ganz bewußt, denn damit hast du genügend zu tun! Deine Vergangenheit mit deinen vielen offenen Fragen wirst du dir im Laufe der Zeit selbst beantworten können, nachdem wir die Grundlagen einiger Gesetzmäßigkeiten gelegt haben."

Er hat recht, aber meine Vergangenheit holt mich täglich ein, weil ich bisher von mir aus wenig geändert habe. Andere haben mich ständig geändert, indem sie mich vor vollendete Tatsachen gestellt haben.

Jetzt ändere ich mich!

Die devote Haltung gebe ich mit Sicherheit jetzt auf.

Ab sofort nehme ich mein Leben in meine Hände und werde Bestimmer über mich. Auch lasse ich meiner Familie mehr Freizeit zum Durchatmen.

Vorkenntnisse als Erkenntnisse habe ich reichlich von Peter dazu erhalten. Diesen Tag, als sich mein Leben wirklich geändert hat, wollte ich Ihnen, liebe Leser, nicht vorenthalten. Es hat zwar neun Monate Therapiezeit gekostet, aber besser jetzt als nie!

Patientin B kommt wieder zu Wort

Hätte ich die Informationen der Goldwaage I und II früher gehabt, wäre mir eine Menge Leid erspart geblieben.
Im ersten Buch, der Goldwaage, durfte ich einiges aus meinem Leben und etwas aus meiner Therapiezeit erzählen. Heute, im zweiten Buch, der Goldwaage II, melde ich mich wieder zu Wort. Diesmal mit einer weiteren authentischen Beschreibung: *Worüber ich mir Gedanken gemacht habe.*

Warum der Tannenbaum bis zum 8. Januar stehen bleibt.

Da stand er nun in der Stube, festlich geschmückt und herausgeputzt, er strahlte mit den Lichtern und glitzerte und gefiel mir sehr gut. Nun konnte das heilige Fest beginnen; doch ich war allein und fühlte mich von aller Welt verlassen. Dabei hatte ich doch alles: Unabhängigkeit, meine Eltern, ein schönes zuhause und einen kleinen Hund.
Die Einsamkeit war in mir, denn ich war krank, alkoholkrank.
Deshalb hatte ich es auch vorgezogen, allein in meinen vier Wänden die Feiertage zu verbringen. So konnte ich meiner Sucht frönen wie es mir beliebte, d.h. wohin die Krankheit mich schon gebracht hatte. Was mir fehlte, war meiner Meinung nach nur eine feste Beziehung, dann wäre es mit meinen Alkoholeskapaden vorbei. Daß es so aber nicht stimmen konnte, erkannte ich erst später. Im Inneren wußte ich bereits, daß ich meinen Abgrund der Hölle erreicht hatte, denn der Teufel Alkohol hielt mich im Griff. Soviel hatte ich mir an Wissen schon erworben und angelesen. Konnte aber meine Kapitulation noch nicht akzeptieren und mir ein Leben ohne diesen Freund einfach nicht vorstellen.
So fand ich immer wieder Gründe, meinen Kummer im Selbstmitleid zu ertränken, denn keiner liebte mich, am wenigsten aber ich mich selber! In den Spiegel mochte ich oft nicht mehr schauen, was war aus mir geworden? Da sah mich ein aufgequollenes, versoffenes Gesicht an, es war zum Heulen!
So ging das schon eine lange Zeit, bloß die trockenen Zwischenräume, in denen ich mich erstaunlich schnell regenerierte, wurden immer kürzer. Da konnte mir meine festliche Weihnachtsstube auch nicht darüber hinweghelfen. In dieser besinnlichen, doch für mich kummervollen Vorweihnachtszeit fing ich an, klassische Musik zu hören, und bekam einen kleinen Eindruck davon, wie es sein könnte, mit sich selber im Frieden zu leben. Meine Sehnsucht danach wurde immer größer, und ich ahnte, daß es einen Weg geben würde, wußte bloß nicht wo und wie. Bloß ohne Alkohol konnte ich es mir nicht vorstellen und plagte mich deshalb mit Selbstmordgedanken. So ging das Weihnachtsfest traurig vorbei, und das neue Jahr begann: Ich einsam in meiner Wohnung mit meinem ständigen Begleiter.
Vom Tannenbaum mochte ich mich noch nicht trennen, er war für mich ein Stück Freude und Hoffnung, es hieß doch "Friede auf Erden", vielleicht auch mal für mich. Außerdem sah er noch tadellos aus, ich hatte ihn mit Ballen gekauft, nicht

so ein entwurzeltes Etwas, wie ich mich fühlte. Leider half es nicht, meine Exzesse nahmen zu, und ich war nur noch traurig.

Die Wende kam Anfang Januar!

Eines Abends besuchten mich (auf Drängen meiner Mutter) zwei Personen einer Selbsthilfegruppe. Ich bekam einen Heidenschreck, was würden sie mit mir machen? Gedanken an eine Gummizelle gingen mir schlagartig durch den Kopf. Hereinkamen aber keine Leute im weißen Kittel, sondern zwei ganz "normale" Menschen, die sich mir als trockene Alkoholiker vorstellten: ein Mann und eine Frau. Die Frau bemerkte gleich: "Oh, hier steht noch ein hübscher Tannenbaum." Von dem weiteren Gespräch habe ich nicht mehr viel behalten, bis auf das letzte Wort des Mannes: "Na fein, dann sehen wir uns am Dienstag in unserer Gruppe!" Ich war perplex, was dachte der sich! Und weg waren sie.

Meine ersten Gedanken danach waren: Gott sei Dank, ich lebe noch und könnte mir noch etwas zu trinken kaufen. Aber irgendetwas hielt mich davon ab, ich erkannte die Möglichkeit, mein Leben eventuell zu ändern und griff nach dem Strohhalm der Hoffnung.

Von diesem Abend an, es war Freitag, der 8. Januar 1982, habe ich keinen Tropfen Alkohol mehr getrunken. Ich begann am Wochenende mich zu regenerieren, räumte auf und trennte mich von meinem kleinen Baum.

Vorsorglich fuhr ich schon mal am Sonntag in die Nordstadt, um zu sehen, wo die Tulpenstraße ist und wie ich dahin komme. Pünktlich war ich am Dienstag beim Gruppengespräch.. Daß mein Leben sich damals ändern könnte, zog ich noch nicht in Betracht, aber Alkohol rührte ich nicht mehr an.

Wie ich später erfuhr, sagte die Frau zu dem Mann, als sie den Abend bei mir wegfuhren: "Peter, das wird mal deine Frau werden!" Heute sind wir 12 Jahre verheiratet, haben eine gesunde Tochter und meinen, unser Leben im Griff zu haben.

Ach ja, und weil mein zweites Leben am 8.1.1982 begann und ich jedes Jahr dann meinen trockenen Geburtstag begehe, steht unser Weihnachtsbaum immer bis zum 8. Januar.

Wenn es mir heute gut geht, denke ich manchmal daran, daß sich noch so viele Menschen in ihrem Suchtkrankenkreislauf befinden und aus ihren Verständigungsschwierigkeiten nicht herausfinden. Deshalb habe ich auch Verständnis für die Arbeit meines Mannes.

Kleines Lexikon

24-Stunden-Krankheit: Eine Krankheit, die 24 Stunden am Tag, ohne Rücksicht auf Sonn- oder Feiertage, vorhanden ist. Z.B. die *Suchtkrankheiten oder die Hörigkeit.*

Abhängigkeit: = Sucht. Etwas Normales, etwas nicht Krankhaftes. So werden wir bereits geboren. Jeder Mensch ist von bestimmten Dingen abhängig, er muß sie wie zwanghaft immer wiederholen, ohne daß er diesen Zwang unbedingt verspürt. Z.B. das Erfüllen der körperlichen und seelischen Grundbedürfnisse wie Atmen, Essen, Trinken, Stuhl- und Wasserlassen.

abhängigkeitskrank: Kann aus einer Abhängigkeit entstehen, wenn man über einen kürzeren oder längeren Zeitraum durch Über- oder Untertreibungen sein Normalmaß verliert und davon krank wird.

Alkoholiker: Ist ein Mensch, der zwanghaft Alkohol trinkt.

Alkoholiker-Typen: *Nach Prof. Jellinek* gibt es sechs verschiedene Alkoholiker-Typen: Alpha-, Beta-, Gamma-, Delta-, Epsilon- und *nach Peter* noch den "Edelalkoholiker".

Alkoholkranker: Ist ein Mensch, der durch längeren, zu hohen Alkoholkonsum krank geworden ist.

Alkoholkrankheit: Jemand ist vom Alkohol krank geworden, weil er aufgrund seiner Kondition oder Konstitution die Kontrolle über den Alkohol verloren hat.

alkoholsüchtig: Ist derjenige, der wiederholt wie ein süchtiger Alkoholiker, also wie unter einem Zwang trinkt. Er ist zwar noch nicht krank, aber es ist nur eine Frage der Zeit.

Angst: Angst ist ein Gefühl, der dritte Teil der Seele, der Gegenspieler von Freude. Zum Schutz des Lebens und zum Erkennen der Realität ist sie positiv zu bewerten.

Astralleib: Die Seele mit all ihren Bestandteilen (TB, UB, Gefühl, Wille, Aura). Einen zusätzlichen Körper konnten die bisherigen Überlegungen nicht nachweisen. Deshalb behaupte ich, daß der Astralleib nur unsere Seele, einschließlich ihrer früher gemachten Erfahrungen, in ihrer Gesamtheit ist.

Astralreise: Ein Gedanke geht durch eine Mikroseele auf Reisen, auch über weiteste Entfernungen, und zwar ohne Zeitverlust.

Aura: Eine Energieform und der fünfte Teil der Seele. Ein Mantel aus unzähligen Energien, der "lückenlos"

	alle Seelenenergien und den Körper einhüllt. Ein Mantel, der durchlässig ist für Energien und Materie.
Bewertungssystem:	Ein System zur Bewertung von Vorgängen.
Bulimie:	Eßstörung, Freß- und Brechsuchtkrankheit. Oft einhergehend mit Magersucht. Zugrundeliegt immer die Hörigkeit.
Co-Alkoholiker:	Ist eine unverschämte Bezeichnung für einen Angehörigen eines Alkoholkranken.
Doppelworte:	Zusammengesetzte Worte. Nimmt man sie auseinander und dreht sie, wird der Sinn oft verständlich, z.B. Fußball, ein Ball für den Fuß, es wird mit dem Fuß Ball gespielt.
Drogenabhängiger:	Von Drogen vorübergehend abhängig, nicht Kranker; sein Zustand führt aber unweigerlich zur Krankheit.
Drogenkranke:	Durch Übertreibungen mit Drogen krank geworden.
Edel-Alkoholiker:	Der Alkoholiker, der sich nirgendwo einordnen läßt.
Eltern-Ich (Elt-Ich):	Ist ein Teil des TB und wird im Alter von 3 - 6 Jahren wach. Kann auch krank werden, läßt sich leicht vom Ki-Ich dominieren. Denkt und handelt elterlich mit großen Gefühlsanteilen. Nur mit dem Elt-Ich können wir genießen.
Emotionen:	Sind im engeren Sinne unklare Gedanken und unklare Gefühle, die im UB oder einer beratenden Ich-Form entstehen.
Ersatzdenken:	Denken als Ersatz ist kein Originaldenken.
Ersatzhandlung:	Ist eine Handlung als Ersatz für das Original.

Erwachsenen-Ich (Erw-Ich): kann die dominante Ich-Form im TB sein, wenn es das Ki-Ich zuläßt. Es wird aber leider meistens vom Ki-Ich unterdrückt, weil es erst im Alter von 6 bis 10 Jahren wach wird und das Ki-Ich die Vormachtstellung der zuerst wachgewordenen Ich-Form nicht hergeben möchte. Das Erw-Ich handelt am gerechtesten, sehr rational, also ohne große Gefühlsanteile

Erwartungen:	Sind einklagbare Forderungen und haben nur etwas im Berufsleben zu suchen.
Euphorie:	= Liebe, ist die größtmögliche Form der Freude oder der Liebe.
Evolution:	Weiterentwicklung über einen großen Zeitraum.
Frauen-Alkoholismus:	Alkoholabhängigkeit, Sucht oder Suchtkrankheit der Frauen. Auch dieser Alkoholismus ist später, nach der Hörigkeit, entstanden.

Freude:	Freude ist ein Gefühl, somit der dritte Teil der Seele. Zum Schutz des Lebens ist sie negativ zu bewerten.
Gefühl:	Ist der dritte Teil der Seele, besteht aus Angst und Freude und ist eine nicht-rationale Energieform.
gefühlskrank:	Eine Gefühlskrankheit gibt es nicht, weil nur das Bewußtsein der Seele krank werden kann. Ändere ich die Bewertung im Bewußtsein, ändert sich das Gefühl.
Gerechtigkeitssinn:	Ist ein Sinn für Gerechtigkeit und steht dem Bewußtsein und dem Körper zur Verfügung. Es ist das Bewertungssystem und der entscheidendste Teil unserer Goldwaage.
Gesamt-Bewußtsein:	Es besteht aus Energien, dem TB und dem UB. Es ist der erste und zweite Teil der Seele.
Geschäftsdenken:	Ein berufsmäßiges, dreieckiges, unrundes Denken, das im Privatleben zu Krankheiten führt. Von den Gefühlen werden nur Hemmungen, Mut (Angst) und mittlere Freude eingesetzt. Andere Gefühle haben im Berufsleben keinen maßgebenden Platz und werden somit vernachlässigt.
Glaubwürdigkeit:	Ein Mensch ist würdig, an ihn zu glauben. Seine Handlungen und Denkweisen sind vertrauenswürdig. Wer glaubwürdig ist, gilt als anständig.
Grundbedürfnisse:	Derer haben wir 13, und sie sind aufgeteilt in körperliche (8) und seelische (5).
Haß-Liebe:	Liebe und Haß, also Angst und Freude im Widerstreit.
Hilflosigkeiten:	Denk- und Handlungsunfähigkeit. Innerlich schreit alles nach erlösenden Ersatzhandlungen.
Hörigkeit:	Ist nichts weiter als eine Suchtkrankheit. Sie ergibt sich schleichend. Sie entsteht aus der Sucht. Eine schuldlose Zwangskrankheit. Eine Abhängigkeitserkrankung. Durch andere Menschen oder eine Sache zu leben, also durch sie Anerkennung und Liebe zu bekommen und sich selbst dabei längere Zeit vernachlässigen, ist eine Krankheit der Hörigkeit.
hörigkeitskrank:	Durch andere oder eine Sache zu leben und sich selbst dabei längere Zeit zu vernachlässigen, führt immer dazu, daß jemand hörigkeitskrank wird.
Hoffnungen:	Sind kleine Forderungen, aber auch Wünsche, die sich erfüllen können, weil sie gerne erfüllt werden.
Ich-Formen:	Es gibt drei Ich-Formen, Kindheits-Ich (Ki-Ich), Eltern-Ich (Elt-Ich) und Erwachsenen-Ich (Erw-Ich), die das Tagesbewußtsein (TB), den ersten Teil der Seele, bilden.

Kindheits-Ich (Ki-Ich): Die zuerst wach gewordene Ich-Form, ein Teil des TB. Eine Persönlichkeit, die noch kein Gedächtnis hat. Dieses setzt erst ein ab dem 3. - 6. Lebensjahr, wenn das Elt-Ich hinzugekommen ist.
Somit werden wir schizophren, als gespaltene Persönlichkeit geboren. Wir können uns noch nicht mit uns unterhalten.

kindisch: Sich im Erwachsenenalter kindlich verhalten.

Magersucht: Ist die Sucht nach Schlankheit, die nicht zum biologisch normalen Gewicht paßt. Ihr zugrundeliegt immer die Hörigkeit. Es ist eine falsche Vorstellung des Körperbewußtseins.

Mikro-Seelen: Gedanken, auf Reisen geschickt. Entweder im Körper oder nach außen. Mikro-Seelen können ohne Zeitverlust weiteste Strecken überwinden und ebenso schnell wieder zurückgeholt werden.

Mittelpunktsdenken: Das Denken dreht sich um den Mittelpunkt. Wie bei einer Waage wird auf den Mittelpunkt geachtet.

Mono-Aura: Ein aus einer Aura bestehender Mantel, der jede Materie umgibt.

Moral: Sie ist eine Wertvorstellung und unterliegt wechselnden Gesetzmäßigkeiten (andere Länder, andere Sitten).

Nachlachen: Das Lachen danach, also etwas später, wenn alle anderen schon gelacht haben. (Der Groschen fällt pfennigweise.)

Neigungen: Angeborene Sympathien (Zu-Neigungen) oder Antipathien (Ab-Neigungen), mit denen wir als körperliche oder seelische Anlagen geboren werden. Sie können sich aber durch Erziehung, Umwelt oder Erfahrungen jederzeit ändern oder zum Vorschein kommen.

Originalhandlung: Ist eine ursprüngliche Handlung.

Protesthaltungen: Sind Haltungen zum Protest, also gegen etwas.

Protesthandlungen: Sind Handlungen aus Protest, um das Dagegensein zu verdeutlichen.

Psychose: Chronisch kranke oder gestörte Seele, wobei in ihr nur das Bewußtsein gemeint ist.

Schizophrenie: Gespaltene Persönlichkeit, die Ich-Formen im TB können sich nicht mehr unterhalten - kommunizieren. Z.B. sich als Napoleon oder als Kind fühlen.

Seele: Ist eine Energieform. Die menschliche Seele besteht aus fünf Teilen (Tagesbewußtsein und Unterbewußtsein = Gesamtbewußtsein, Gefühl, Wille und Aura). Auch Kleinstlebewesen haben eine Seele. Sie besteht entweder aus drei Teilen (UB, Wille und Aura) oder aus vier Teilen (UB, Gefühl, Wille, Aura). Als nächstes käme dann das TB hinzu. Sie beseelt Lebewesen und entwickelt sich ständig weiter. Eine Seele kann nicht sterben, denn sie ist reine Energie, und Energien verbrauchen sich nicht (nach Newton).

Spieler: Ist derjenige, der mit der Hoffnung auf Gewinn spielt. Dazu bringt er seine Einsätze (z. B. Kraft, Konzentration, Geld usw.).

Spielkranker: Ist ein Mensch, der vom zuvielen Spielen krank geworden ist

Sucht: = Abhängigkeit.
Abhängigkeit ist normal, Sucht ist normal.
Aus Sucht kann eine Suchtkrankheit entstehen. Aus Abhängigkeit kann eine Krankheit werden. Wir werden süchtig = abhängig geboren, somit schwach und krankhaft veranlagt. Sucht ist etwas, was wir wie zwanghaft immer wiederholen müssen, ohne daß wir diesen Zwang unbedingt verspüren (z.B. Atmen, Essen, Trinken usw., oder das Bedürfnis nach Anerkennung, Liebe Harmonie, Geborgenheit oder Selbstverwirklichung).

Suchtkrankheit: Ist aus einer Sucht entstanden.
Wenn wir das zwanghaft zu Wiederholende über einen kürzeren oder längeren Zeitraum über- oder untertreiben und dabei unser persönliches Maß verlieren, laufen wir große Gefahr, davon krank zu werden. Dies gilt sowohl für stoffgebundene als auch für nicht-stoffgebundene Süchte.
Eine Krankheit der Sucht, aus der Sucht entstanden.
Eine schuldlose Zwangskrankheit.
Eine Abhängigkeitserkrankung.
Eine eingeredete Krankheit.
Eine Krankheit, die zum Stillstand gebracht werden kann.
Eine Familienkrankheit, weil die Familie oder Freunde immer davon mitbetroffen sind.
Eine 24-Stunden-Krankheit, die vor keinem Sonn- oder Feiertag haltmacht.
Eine Pandemie! Sie ist nicht örtlich oder zeitlich begrenzt. Sie überschreitet jede Grenze.
Eine Krankheit, die jeder verstehen kann.

433

Eine Krankheit, bei der es Hilfe gibt.
Eine Krankheit, vor der wir unsere Kinder schützen müssen.
Eine Krankheit, die wir beim Entstehen verhindern müssen und auch können!
Der Versuch, sich selbst zu helfen.
Die ständigen Versuche, sich selbst zu helfen, sind gescheitert.
Über- oder Untertreibungen, über einen kürzeren oder längeren Zeitraum, machen immer krank. Erst die Seele, später den Körper.

Tagesbewußtsein: Es besteht aus drei Energieformen des Bewußtseins.
Eine Energieform, aufgeteilt in drei Energieformen, die Kindheits-Ich (Ki- Ich), Eltern-Ich (Elt-Ich) und Erwachsenen-Ich (Erw-Ich) heißen.
Der erste Teil der Seele. Chef der Seele.
Bewußter Bestimmer der Seele und des jeweiligen Körpers, in dem die Seele zur Zeit ihren Sitz hat.
Ein Teil des Gesamtbewußtseins mit einem größenordnungsmäßigen Anteil bei Menschen von ca. 20% - 30%. Genau weiß es noch keiner.
Es gehört zum Bewertungssystem der Goldwaage.
Es enthält auch das Kurzzeitgedächtnis in Verbindung mit dem jeweiligen Gehirn und seinem Kurzzeitgedächtnis, also des Wirtskörpers.
Es hat ein großes Anlehnungsbedürfnis.
Es läßt uns bewußt denken und handeln.
Es bewertet bewußt, so daß sich das dementsprechende Gefühl anhängt.

Über-Ich: Alle in mir, an mir, zu mir gehörende Energieformen, einschließlich der früher gemachten Erfahrungen. Also alle mitgebrachten Erfahrungen der Seele aus früheren Existenzformen. Alles was meine Persönlichkeit durch die Seele ausmacht.
Also alle Energieformen zusammengenommen, die eine Persönlichkeit mit all ihren Verständigungsmöglichkeiten ausmachen, auch die Ausdrucksformen der Seele über den Körper (oft auch Karma genannt).
Die Seele bringt viele Schicksale mit.
Die Seele bringt auch einen Auftrag mit.
Das Beste aus der jeweiligen Existenz zu machen.
Die Seele bringt viel Wissen als Erfahrungswerte mit.
Dieses ist im Gedächtnis der Seele gespeichert, also,

Unterbewußtsein:	etwas genauer, im Gedächtnis des UB. Leider kommen wir mit dem TB nicht richtig an dieses Wissen heran. Eine Energieform. Das Unbewußte. Der zweite Teil der Seele. Am Gesamtbewußtsein hat es ca. 70 - 80% Anteil. Ausführungsorgan des Chefs der Seele, des TB, und Ausführungsorgan der seelischen und körperlichen Grundbedürfnisse sowie Ausführungsorgan der Erbanlagen der Seele und des Körpers, die wir als Neigung "zu" oder Neigung "gegen" bezeichnen (Zuneigung, Abneigung). Es ist auch Ausführungsorgan aller automatisch ablaufenden Reaktionen. Es gehört zum Bewertungssystem, zur Goldwaage. Es hat kein Anlehnungsbedürfnis. Es ist auch der größte Anteil des Gesamtbewußtseins. Es muß all das tun, wozu es vom TB beauftragt wird, weil es nicht kritikfähig ist, z.B. wird es durch die Hypnose bewiesen. Somit ist es eine kritiklose Instanz. Es ist die Ablage, der Speicher, das Archiv oder das Langzeitgedächtnis. Es ist, je nach Auftrag in der Größenordnung, anteilmäßig am Gesamtbewußtsein veränderbar. Durch die Konzentration des TB, Schlafphasen oder komatöse Zustände. Es ist unbewußter Steuermann des jeweiligen Wirtskörpers.
Verlierer:	Ist derjenige, der "regelmäßig" verliert. Jeder Sk ist Verlierer.
Vernunft:	Ist die eigene Gerechtigkeit. Alles was richtig und gesund ist, ist auch vernünftig.
Verständigungsschwierigkeiten:	Schwierigkeiten des Verstehens, mit sich oder mit anderen.
Vorfreude:	Ist eine Freude davor. Sie gehört jedem allein und besteht meistens aus drei Freuden.
Wahrheit:	Besteht immer aus einer Tatsache und einer Sichtweise. Ändert sich die Sichtweise, ändern sich die Gefühle und die Wahrheit. Es entsteht eine neue Tatsache.
Wille:	Eine Energieform, eine Kraft und der vierte Teil der Seele. Er macht nichts von allein.

Er steht dem TB und dem UB als Kraft für Vorstellungen auf Abruf zur Verfügung, aber auch, damit es handlungsfähig ist. Er könnte sonst keine Informationen bewegen.

Keine Gedanken und Ausführungen wären möglich.

Nur das Tages- (TB) oder das Unterbewußtsein (UB) können etwas mit dem Willen machen, wenn er vom TB oder UB für die Entwicklung einer Vorstellung, Idee, eines Planes oder für die Durchführung einer Tat angefordert wird.

Er kann ausschließlich nur für die Entwicklung von Gedanken, Vorstellungen und Plänen und deren Weiterleitung an Ausführungsorgane eingesetzt werden.

Damit ist der Wirtskörper gemeint, der als "Wirt" den "Gast" Seele beherbergt und es ihm ermöglicht, sich über einen Körper zu verwirklichen und zwar in dieser unserer realen Welt.

Wünsche: Kleine Forderungen, aber auch Hoffnungen, die sich erfüllen können. Einem Wunsch wird eher entsprochen als einer Forderung.

Danksagung

Mein ganz besonderer Dank gilt zuerst einmal meiner lieben Frau, ohne die dieses Buch nicht zustandegekommen wäre. Sie hat immer wieder Rücksicht auf meine Arbeit genommen und viel Verständnis für meinen Zeitmangel aufgebracht. Ohne ihre Hilfe und Unterstützung hätte ich es wohl nicht geschafft. Danke, Eva!

Dank gebührt auch allen anderen Mitarbeitern, die an der Fertigstellung dieses Buches maßgeblich beteiligt waren:
Wolfgang Hornig
Uwe Klünker
Björn Riegel
Edith Schrader
Ursula Voges
Vielen Dank euch allen!

Nicht weniger herzlich danke ich meinen Patienten, besonders denen, die in diesem Buch zu Wort kommen.
Vielen Dank für eure Mitarbeit und Unterstützung!

Dank schulde ich natürlich auch Herrn Peter Germann, Vizepräsident und Fachfortbildungsleiter im Bund deutscher Heilpraktiker e.V., für seine Bereitschaft, ein Vorwort für dieses Buch zu schreiben.
Danke für deine verständnisvollen Worte!

Klaus-Peter Pakert   Hannover, im Januar 1998